U0621471

中国经济规律研究会第二十六届年会·辽宁大学

中国经济规律研究报告（2016年）

程恩富　谢　地/主编

中国财经出版传媒集团
经济科学出版社
Economic Science Press

图书在版编目（CIP）数据

中国经济规律研究报告 . 2016 年/程恩富，谢地主编 . —北京：经济科学出版社，2017. 5

ISBN 978 - 7 - 5141 - 8038 - 1

Ⅰ. ①中…　Ⅱ. ①程…②谢…　Ⅲ. ①中国经济 - 经济规律 - 研究报告　Ⅳ. ①F12

中国版本图书馆 CIP 数据核字（2017）第 108387 号

责任编辑：范　莹
责任校对：王肖楠
责任印制：李　鹏

中国经济规律研究报告（2016 年）
程恩富　谢　地/主编
经济科学出版社出版、发行　新华书店经销
社址：北京市海淀区阜成路甲 28 号　邮编：100142
总编部电话：010 - 88191217　发行部电话：010 - 88191522
网址：www. esp. com. cn
电子邮件：esp@ esp. com. cn
天猫网店：经济科学出版社旗舰店
网址：http：//jjkxcbs. tmall. com
北京市京津彩印有限公司印装
787 × 1092　16 开　33. 75 印张　680000 字
2017 年 5 月第 1 版　2017 年 5 月第 1 次印刷
ISBN 978 - 7 - 5141 - 8038 - 1　定价：80. 00 元
（图书出现印装问题，本社负责调换。电话：010 - 88191510）
（版权所有　侵权必究　举报电话：010 - 88191586
电子邮箱：dbts@ esp. com. cn）

编　委　会

顾　　问： 刘国光　卫兴华　项启源　张薰华　吴宣恭
刘方棫　杨圣明

主　　编： 程恩富　谢　地

副主编： 杨　静　于金富　赵德起　和　军

编　　委： 胡乐明　侯为民　徐则荣　张广辉　谭　啸
张　伟

目录

Contents

第一篇：马克思主义政治经济学研究

第二篇：中国特色社会主义政治经济学创新研究

第三篇：供给侧改革问题研究

第四篇：当代现实经济问题研究

第一篇

马克思主义政治经济学研究

马克思宏观经济数理模型的系统构建*

白暴力　白瑞雪**

现代西方经济理论中的宏观经济数理模型，以总需求（消费需求与投资需求）为主要研究切入点，研究国民收入、就业、价格总水平上涨、经济周期和经济增长，并构建了相应的数理模型。然而，由于缺乏科学的基础，也存在一系列无法解决的困难。马克思经济理论，不仅对资本主义经济，而且对市场经济，从本质到现实，做出了深刻的研究和分析。在此基础上，构建系统的宏观经济数理模型，将克服现代西方宏观经济模型的一系列理论困难，既能够在理论上推进经济学的发展，也能够有效地分析中国的现实经济运行，为中国解决内需不足和投资膨胀与紧缩交替等问题、缓解经济周期性波动、治理价格总水平上涨以及保障经济持续平稳发展建立科学的理论基础。

本文将构建系统的马克思宏观经济数理模型，对宏观经济的主要实体经济变量进行系统讨论，为解决中国经济建设中的现实问题提供研究和决策的数理分析基础。同时，解决许多西方宏观经济理论无法解决的重大理论问题。

一、社会总消费需求模型

市场经济是需求约束型经济，社会经济运行主要由社会需求决定。消费需求是社会总需求的基础行为，因此，模型的建立从消费需求开始。社会总消费的主体是占人口大多数的劳动者的消费，而他们的消费又主要取决于其工资收入，所以，我们首先讨论劳动者工资收入的决定模型。

从马克思企业和劳动力价值理论出发，可以建立工资市场定位模型。① 这一

---

* 项目来源：国家社会科学基金重点项目“马克思宏观经济数理模型的系统构建”（14AJL002）。

** 白暴力，北京师范大学教授，博士生导师；白瑞雪，北京师范大学经济与资源管理研究院，副教授。

① 白暴力、白瑞雪：《马克思工资市场定位模型》，载于《当代经济研究》2010 年第 5 期。

模型可以用图1表示。

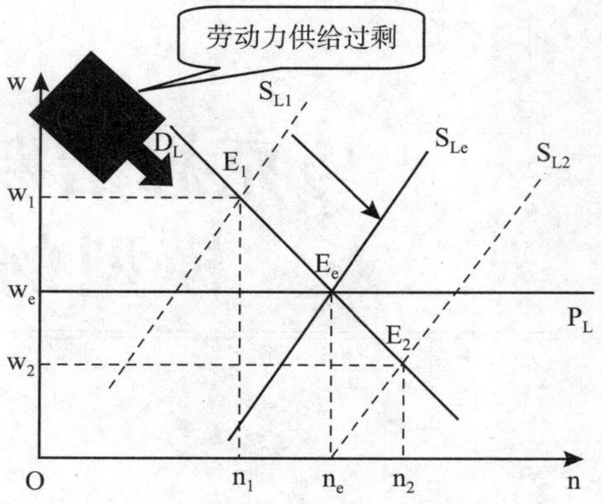

图1　马克思市场工资定位模型

图1中，横轴n表示劳动者数量；纵轴w表示实际工资率。其中，S_L是劳动力供给曲线；D_L是劳动力需求曲线；P_L是劳动力自然价格曲线。劳动力自然价格是劳动力价值的货币表现。在一定的时点上，劳动力价值是一个定值，因而，由劳动力价值决定的劳动力自然价格线P_L是水平直线。

在劳动力供求基本平衡的条件下，假定劳动力供给曲线为S_{L1}与劳动力需求曲线为D_L，这时，市场的均衡点为E_1，市场均衡工资率和均衡劳动者数量分别为w_1和n_1。但是，实际上，在古典产权制度下，均衡点E_1是不存在的。因为，古典产权制度企业的决策目标是单一的利润最大化，所以，在劳动力供给长期过剩的条件下，企业会利用劳动力供给过剩的压力迫使劳动力供给曲线一直从左上方向右下方移动。当劳动力供给曲线为S_{Le}时，市场均衡点为E_e，该点对应的劳动力市场均衡工资率和均衡劳动者数量分别为w_e和n_e。这时，均衡点E_e在劳动力自然价格曲线上，因此，工资率w_e正好等于劳动力价格。如果，劳动力供给曲线继续向右下方移动，从S_{Le}移动到S_{L2}，则市场均衡点从E_e移动到E_2，该点所对应的市场均衡工资率为w_2，因为$w_2 < w_e$，即劳动者所得工资低于劳动力自然价格。这时，劳动者无法购买到生产、维持、发展和延续劳动力所必需的生活资料，因而，这种均衡一般是不能长期存在的。

因此，在古典产权制度下，在劳动力供给相对过剩的条件下，劳动力市场均衡点在劳动力自然价格线上，它所决定的均衡工资率正好等于劳动力自然价格。

由于，社会总消费的主体是占人口大多数的劳动者的消费，而他们的消费又主要取决于其工资收入，因此，可以在上述模型下构建社会总消费需求模型。而工资被钳制于劳动力价值，正是社会总消费需求不足的主要原因。所以，这一消费需求模型，为解决中国内需不足问题建立了理论分析基础;[①] 同时，也解决了现代西方经济理论所面临的主要理论困难，即宏观经济的微观基础。

二、社会投资需求模型

社会消费需求会通过传递效应影响社会投资需求，同时，社会投资需求又有着倍加效应和周期性等自身的规律。在既定的社会经济条件下，社会消费需求是相对稳定的，而社会投资需求则是较为易变的，并由此引起社会经济的变动。

（一）消费对生产资料需求或投资需求的传递效应模型

消费需求，不仅自身构成总消费需求的一部分，而且会通过传递效应作用于投资需求。消费资料需求及其变化必然导致对生产资料的需求及其变化。我们将这种关系称为消费对生产资料需求即对投资需求的传递效应，简称传递效应。

在马克思社会再生产两大部类平衡理论基础上，可以构建消费对生产资料需求或投资需求的传递效应模型：[②]

$$\frac{W_1}{W_2}=\frac{(1+\alpha_1\beta_1+\gamma)(1+\beta_1)\beta_2}{(1+\alpha_2\beta_2+\gamma)(1+\beta_2)\beta_1}\times\frac{\alpha_2(1+\beta_2)x_2\gamma+\dfrac{\beta_2'}{\beta_2}}{\dfrac{1+\gamma}{\beta_1}(1+\beta_1)x_1\gamma+\dfrac{\beta_1'}{\beta_1}}$$

和传递效应强度模型：

$$W_1=f(\alpha_1,\ \alpha_2,\ \beta_1,\ \beta_2,\ \gamma,\ x_1,\ x_2)W_2$$

其中，W 表示社会总产品价值；α 表示预付不变资本的周转次数；β 表示资本有机构成；用 γ 表示剩余价值率；x 表示积累率，下标 1、2 分别表示第Ⅰ部类和第Ⅱ部类的量。

这个模型解决了消费与投资的关系，表明了消费需求对投资需求的重要作用及作用强度，对投资需求分析具有极为重要的意义。这也是现代西方宏观经济理论所没有解决的重大理论问题。由这一模型还可以得出以下两点结论。

第一，传递效应强度取决于多种因素，即是多元函数：

$$\frac{W_1}{W_2}=f(\alpha_1,\ \alpha_2,\ \beta_1,\ \beta_2,\ \gamma,\ x_1,\ x_2)$$

第二，由于 α，β，γ 都是由生产过程的技术条件决定的，所以传递效应强度主要取决于生产过程的技术条件。但是，积累率（x）是可以由社会（人）控

---

① 白暴力：《总消费需求不足的微观机制》，载于《教学与研究》2005 年第 6 期。

② 白暴力、白瑞雪：《消费对生产资料需求的传递效应》，载于《当代财经》2011 年第 2 期。

制和调节的，x 的变动区间为 $0 < x < 1$。因此，在一定程度内，社会可以通过控制和调节 x 值来控制和调节传递效应强度。这就是说，传递效应强度并不是唯一由技术条件决定的，社会只能被动适应的，而是在一定程度内可以由社会根据自身需要调节的。

（二）投资的倍加效应模型

一方面，消费需求透过传递效应作用于投资需求；另一方面，投资需求有自身的规律，投资需求的倍加效应是投资需求自身的重要规律之一，同时也是投资需求周期性运行的分析基础。因此，首先讨论投资需求的倍加效应模型。①

社会为了得到一定量的某种最终产品，需要直接进行相应一定量的投资，这个直接的初始投资必然导致等于其一定倍数的社会投资需求。我们将这种关系称为投资需求的倍加效应，将这个倍数称为投资需求的倍加效应系数。一个直接投资会形成比其中生产资料价值量大一定倍数的社会生产资料需求量。我们将这种关系称为投资对生产资料需求的倍加效应，将这个倍数称为投资对生产资料需求的倍加效应系数。这两个倍加效应系数是相等的，因此，将上述两个效应一并简称为倍加效应。

在马克思经济理论范畴的基础上构建投资的倍加效应模型，可以确定投资的倍加效应系数为：

$$\varepsilon = \frac{1}{r_1}$$

其中，r_1 是产值利润率。因为 $0 < r_1 < 1$，所以 $\varepsilon > 1$。这一模型揭示投资运动的一个重要的自身规律，为说明投资过热的原因和解决投资过热问题提供理论基础。

（三）投资周期与增长统一的动态模型

投资需求的另一个重要规律是投资需求的周期性。在马克思基本经济范畴基础上，基于投资的倍加效应模型，可以建立经济周期与增长统一的动态模型：②

$$I^t = A_1'\left[\frac{1+\sqrt{1+4rx}}{2}\right]^{t-1} + A_2'\left[\frac{1-\sqrt{1+4rx}}{2}\right]^{t-1}$$

其中，I^t 是第 t 期的投资量；r 是资金利润率；x 是积累率；A_1' 和 A_2' 是由初始条件决定的待定系数。在这个动态模型中，第 1 项（I_1^t）是一个随时间 t 而递增的量，表明投资和经济的增长关系；第 2 项（I_2^t）是一个随时间而振荡的量，

① 白瑞雪、白暴力：《投资的倍加效应与周期性运动》，载于《当代经济研究》2010 年第 11 期。

② 白暴力、白瑞雪：《投资增长与周期统一模型》，载于《中国高校社会科学》2013 年第 3 期。

也就是一个周期性变化的量，表明投资和经济的周期运动。图 2 表示了这种运动。

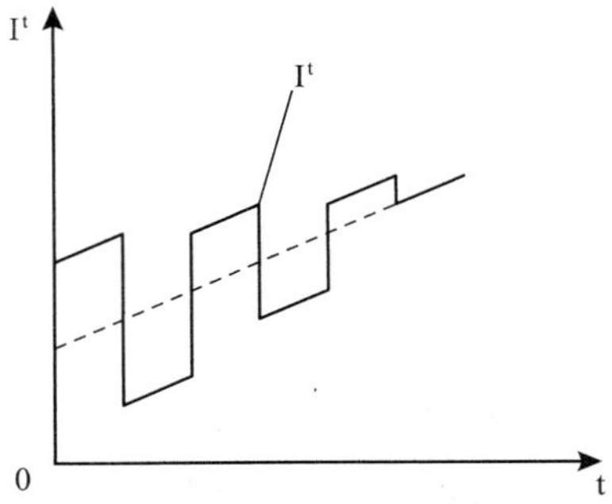

图 2

由这个模型可见，投资增长与投资周期性波动是对立统一的。这种对立统一性表现在投资增长 I_1^t 和周期运动 I_2^t 两者的大小都取决于 rx（资金积累率）这个同一因素。资金积累率 rx 较高，将使投资增长较快，导致经济增长较快，但是，这也将使投资周期性波动的震荡幅度较高，导致经济的不稳定性增强；相反，资金积累率 rx 较低，将使投资增长较低，导致经济增长较慢，但是，这也将使投资周期性波动的震荡幅度较低，导致经济的稳定性增强。

这个模型为我们理解宏观经济增长和周期性运行建立了基础，为治理投资和宏观经济周期性波动、保证宏观经济稳定持续增长提供了相关原理。首先，如果将社会资金积累率控制在一个合理范围内，则可将投资周期的震荡幅度控制在可接受的范围内。其次，投资的周期性来源于生产滞后期和投资生产能力形成滞后期，如果缩短这两个滞后期，就可以避免投资的周期性波动，并排除其对经济周期的影响，保证宏观经济稳定可持续发展。

在现代西方经济理论中，经济周期与经济增长是两个相互独立的模型。而本模型则是经济周期与经济增长两者统一的模型，更加深刻和全面地揭示了两者的相互关系。

三、社会总需求模型

上文分别说明了消费需求决定、消费对投资需求的传递效应、投资需求的倍加效应以及投资的周期性运行。这些因素不是孤立的，而是一个作用系统。这个作用系统构成总需求模型。① 图 3 说明了这个作用系统。

① 白暴力、白瑞雪：《总需求模型与经济周期》，载于《福建论坛》2013 年第 1 期。

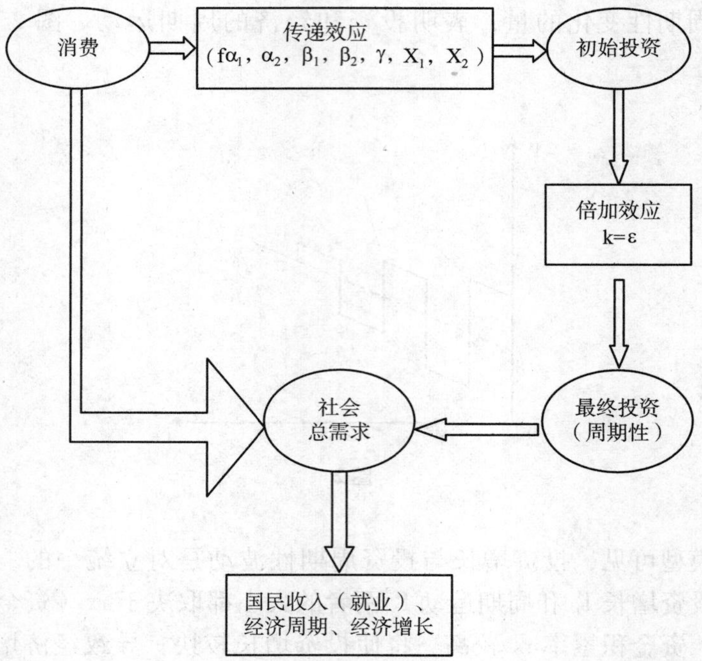

图3

一方面，消费通过传递效应决定初始投资，初始投资通过倍加效应决定最终投资，投资又有自身周期性运行规律，这样，消费通过一系列效应与投资自身的规律共同决定了总投资需求。另一方面，消费需求与投资需求相加构成了社会总需求。由于投资的周期性运行，社会总需求也就呈现了周期性运行的特性。

在不同的社会体系中，消费需求的运行特性是不同的。在资本——雇佣制度中，社会消费需求被约束并具有向下运行的趋势；而在生产资料公有制体系中，消费需求则具有软约束并具有向上运行的趋势。因此，在不同的社会体系中，社会总需求的周期性运行也呈现不同的特征。

市场经济是需求约束性经济，所以，这个总需求模型系统地表明了宏观经济运行情况。在此基础上，可以构建国民收入（就业）决定、经济周期和增长模型，为系统地进行宏观经济分析和决策提供了科学的理论基础。

四、价格总水平上涨模型

纸币体系建立以来，物价总水平上涨与市场经济如影随形，成为了市场经济自身的影子，无法摆脱，一直困扰着世界各国的人民和政府。因此，对纸币体系中物价总水平上涨的探讨，也是宏观经济理论的主要研究任务之一。

在以上模型的基础上，从马克思的价值、价格、货币与劳动生产率等理论出发，分析价格总水平上涨的因素与原因，可以系统地构建纸币体系中物价总水平上涨的理论模型。[①]

首先，在马克思价值、价格和货币理论基础上可以构建价格总水平上涨的结构性因素模型：

$$\vec{p} = f_m\left(\frac{1}{f_1}, \frac{1}{f_2}, \cdots, \frac{1}{f_n}\right)$$

其中，$\vec{p}$ 是相对价格体系向量；f_m 是生产参照商品的劳动生产率；f_i 是生产第 i 种商品的劳动生产率。

其次，还可以构建总量性因素模型：

$$\frac{\frac{dP_s}{dt}}{P_s} = \frac{\frac{dM}{dt}}{M} + \frac{\frac{dN}{dt}}{N} - \frac{\frac{dL}{dt}}{L} - \frac{\frac{d\theta}{dt}}{1+\theta} - \sum_{i=1}^{n} a_i \frac{\frac{df_i}{dt}}{f_i}$$

这一模型表明，在纸币体系中，社会物价总水平相对变化率等于流通中纸币量（M）的相对变化率加上货币流通速度（N）的相对变化率，再减去社会总生产劳动人数（L）的相对变化率、社会产品价值构成（θ）的相对变化率和社会劳动生产率（f_i）的相对变化率。其中，后四个因素主要是经济过程的自发因素，而流通中的纸币量则是一个可以由人（社会）在一定程度上影响的因素。

以这两个模型为出发点，将物价总水平上涨分为四大类、七种类型。第一大类是货币原因导致的物价总水平上涨；就是膨胀纸币型物价总水平上涨。第二大类是由市场微观经济行为所导致的物价总水平上涨[②]，有价值规律调节型、市场推进型（Ⅰ）和市场推进型（Ⅱ）等三个类型的物价总水平上涨。第三大类是宏观变量导致的物价总水平上涨，有生产劳动萎缩型和需求膨胀型两个类型的物价总水平上涨。第四大类是物价总水平上涨自身引起的物价总水平上涨，也就是自激型物价总水平上涨。

物价总水平上涨的各种原因有着不同的作用基础；也就是说，物价总水平上涨的不同类型，存在不同的经济条件。

（1）膨胀纸币型物价总水平上涨是主动性纸币膨胀所致，是在纸币体系条件下社会经济管理者的主观政策行为的有意所为，是间歇性大幅度物价总水平上涨的主要原因。这种类型的物价总水平上涨，有时是灾难性的，是应该避免的，也是能够避免。

（2）价值规律调节型物价总水平上涨，即劳动生产率相对变化的物价总水平效应，是最一般的物价总水平上涨类型，只要是商品经济，只要劳动生产率发生相对变化，这类物价总水平上涨就会出现。这类物价总水平上涨是无法避免的，客观存在的。这也就是自纸币体系出现以来，物价总水平一直在上涨的

① 白暴力、白瑞雪：《物价总水平上涨系统模型的构建》，载于《中共中央党校学报》2014 年第 2 期。

② 白暴力、白瑞雪：《价格总水平上涨的微观机制分析》，载于《经济纵横》2012 年第 1 期。

最基本的原因。

（3）市场推进型（Ⅰ）物价总水平上涨，即市场机制调节的物价总水平效应，也是最一般的物价总水平上涨类型，只要市场机制调节运行，这类物价总水平上涨就会出现。这类物价总水平上涨也是无法避免的，客观存在的。这也是自纸币体系出现以来，物价总水平一直在上涨的最基本的原因。

（4）市场推进型（Ⅱ）物价总水平上涨，即需求刚性的物价总水平效应，也是物价总水平上涨的一个基本原因，但它与市场结构和产品特性相关。这类物价总水平上涨，也是自纸币体系出现以来物价总水平一直在上涨的一个基本的原因。但是，它是可以治理的。

（5）生产劳动萎缩型物价总水平上涨，在相当大的程度上是非经济因素所导致的，是社会正常生活被打断的结果；治理的方法，在于迅速使社会生活回归正常。其中的非生产劳动膨胀型物价总水平上涨，虽然有其经济原因，但是，也是非正常的社会现象。

（6）需求膨胀型物价总水平上涨，与社会经济制度和体制相关，因为，在不同的社会经济制度和体制中，需求形成的机制和规律是不同的。但是，由于自身技术性原因，投资需求是周期的。投资需求，在各种不同的制度和体制中，都是周期性运行的。因此，对于需求膨胀型物价总水平上涨，要具体问题具体分析，详细分析不同社会制度和体制的情况，制定相应的治理对策。

（7）自激型物价总水平上涨，是物价总水平上涨自身引起的物价总水平上涨。当物价总水平上涨达到某一程度，会触动社会经济系统的固有频率，引起系统振荡，形成正反馈，物价总水平上涨会自身恶性循环，不断放大。自激型物价总水平上涨，一旦形成，很难治理。

任何一次具体的现实经济中的物价总水平上涨，都不是单一原因引起的，都不是单一类型的，而是若干种原因共同作用的结果，是不同类型的混成。在纸币体系中，即使在完全正常的社会经济运行下，价值规律调节型和市场推进型物价总水平上涨也会发生，如果发展到一定程度，产生自激型物价总水平上涨，就会形成社会震荡。投资需求的周期性运动，也会周期性的导致需求膨胀型物价总水平上涨，如果发展到一定程度，产生自激型物价总水平上涨，也会形成社会震荡。如果社会经济出现其他非正常因素导致的物价总水平上涨，对社会的影响就更复杂，就更具有危害性了。因此，对于物价总水平上涨的研究，是一个长期细致的学术工作，治理物价总水平上涨，则是政府的一项经常性工作，任何时期都不可松懈。本文建立的模型系统全面地研究了价格总水平上涨，为治理价格总水平上涨提供了系统的理论基础。

图4总结了对价格总水平上涨原因的讨论：纸币膨胀分为主动性和被动性。主动性纸币膨胀导致膨胀纸币型物价总水平上涨，引发自激型物价总水平上涨，产生现实经济中的物价总水平上涨。微观经济行为和宏观经济行为的物价总水

平效应，同样引发自激型物价总水平上涨，产生现实经济中的物价总水平上涨。而物价总水平上涨又导致被动性纸币膨胀。

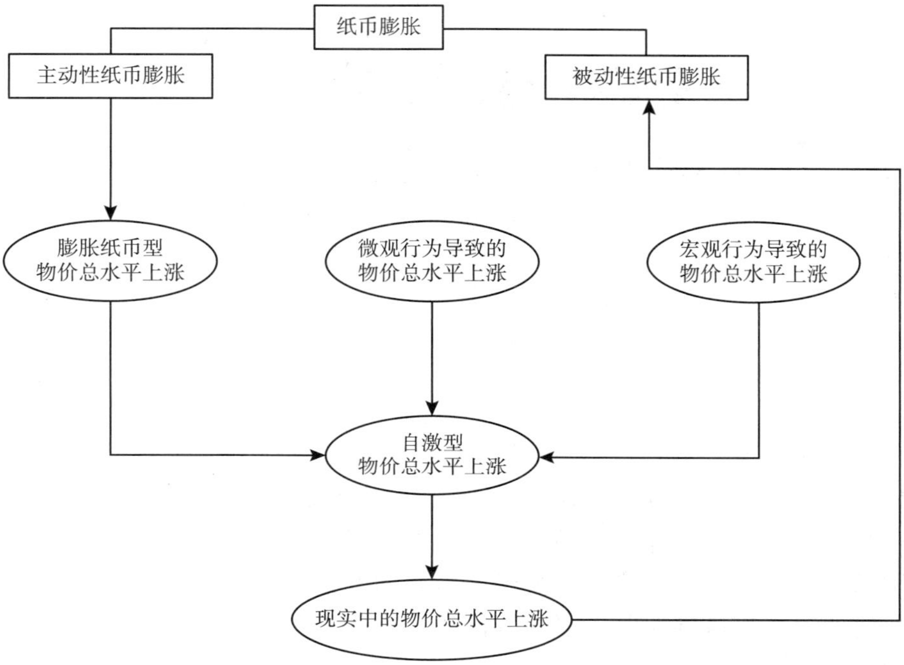

图 4

上述模型还突破了西方经济学从供给和需求两方面研究价格总水平上涨的传统。西方经济学中的需求供给理论，是对物价总水平上涨现象层面的描述，实际上，是本文所说明的物价总水平上涨类型的表象形式。西方经济理论中的所谓“成本推动物价总水平上涨”不过是微观经济行为物价总水平上涨效应的表象形式，即价值规律调节型、市场推动型（Ⅰ）和市场推动型（Ⅱ）三种物价总水平上涨的表象形式。西方经济学中的需求供给理论，将货币因素导致的物价总水平上涨刻意归到需求边的分析也是牵强的。

总之，本文在马克思经济理论基础上建立的模型，构成了系统的宏观经济模型。这一模型克服现代西方宏观经济模型的一系列理论困难，对宏观经济中的主要变量进行系统的讨论，既能够在理论上推进经济学的发展，又能够有效地分析中国的现实经济运行，为中国解决内需不足、缓解经济周期性波动、治理价格总水平上涨以及保障经济持续平稳发展提供了研究和决策的数理分析基础。

马克思主义政治经济学体系构建的基本方法

赵丽华　赵旭亮*

中国的改革和发展进入了一个新的阶段。改革进入了深水区，发展走上了转型期，改革和发展都遇到了前所未有的困局和难题。要破解这些困局和难题，必须进行理论创新。习近平总书记指出，要立足中国国情和发展实践，发展当代中国马克思主义政治经济学。关于中国政治经济学创新的问题，已经成为学术界研究的重点和热点问题，中国政治经济学的发展和创新，涉及许许多多的问题，诸如关于内容、原理、方法、制度、策略等方面的理论和实践问题，但最重要的是中国马克思主义政治经济学理论体系的构建问题。关于这个问题已有不少学者提出了各自的意见和看法，这些观点和看法不无益处，但人们都忽略了马克思主义政治经济学体系有其特有的构建方法。本文认为，构建中国马克思主义政治经济学体系，必须遵循马克思构建政治经济学理论体系的基本方法，只有这样，才能开拓新视野，打开新局面，提出中国马克思主义政治经济学体系发展和创新的新思路。

《资本论》是马克思主义政治经济学的经典著作，马克思在《资本论》中，运用唯物辩证法和历史唯物论，创立了研究资本主义生产方式的政治经济学理论体系。通过考察《资本论》的理论体系，我们可以看到马克思构建政治经济学理论体系的基本方法。

一、马克思构建理论体系的基本材料——经济范畴

《资本论》所创立的政治经济学理论体系，体现为经济范畴的逐步演进的理

* 赵丽华，太原科技大学思想政治理论教育部教授，硕士研究生导师，主要从事马克思主义理论的教学与研究；赵旭亮，山西大学商务学院教授，硕士研究生导师，主要从事马克思主义经济理论的教学与研究。

论体系，经济范畴是马克思构建经济学理论殿堂的基本材料。

范畴（希腊文为 Kategoria），原意为指示、证明，一般来说是指最高概念，是人的思维对客观事物的普遍本质的概括和反映。各门科学都有自己的一些基本范畴。马克思所讲的经济范畴，具有不同于其他学科，也不同于西方经济学所用的范畴、概念的特殊的规定性。马克思强调，范畴是现实的社会关系的理论抽象，是现实中人的存在形式和存在规定的理论反映。他指出："在研究经济范畴的发展时，正如研究任何历史科学和社会科学时一样，应当时刻把握住：无论在现实中或头脑中，主体——这里是现代资本主义社会——都是既定的；因而范畴表现这个一定社会即这个主体的存在形式，存在规定，常常是个别的侧面。"① 所以，马克思的经济学范畴，是现实的、社会的人的存在形式和存在规定的理论抽象，进一步说，是人的社会关系的本质的理论反映。那么，马克思主义政治经济学逻辑结构一定是运用现实的、社会的人的存在形式和存在规定的理论抽象即范畴作为材料构建起来的。

马克思的经济学范畴，具有以下特殊的多重规定性。

第一，自然规定性和社会规定性的统一。经济范畴都有自然规定性和社会规定性两个方面。前者是指经济范畴的自然载体或物质内容，后者是指经济范畴的由社会关系规定的本质。如商品是使用价值和价值的统一，前者是其自然载体，后者是其社会本质的体现。

第二，历史规定和逻辑规定的统一。经济范畴都具有历史性，随着一定的历史条件的产生，随着历史条件的改变而改变。经济范畴又具有内在的逻辑规定性，即经济范畴在逻辑体系中的地位的规定，各个经济范畴之间的逻辑联系性和区别性。如：货币，既有历史性，又有逻辑的规定性，货币是从商品价值到资本产生之间必要的中介环节和范畴。

第三，一般性规定和特殊形式的统一。经济范畴一方面既有一般经济关系的规定，另一方面又有特殊的形式表现。如剩余价值，一方面是剩余劳动的凝结，另一方面又体现着资本主义剥削关系。剩余价值还具体表现为：利润、利息、地租等特殊形式。

马克思的经济范畴是构建政治经济学体系的特殊材料。只有从具体的经济现象中，经过艰苦的研究，抽象出具有多重特殊规定性的经济范畴，才有可能构筑政治经济学的理论殿堂。

二、马克思理论逻辑结构构建的几大要素

在马克思看来，构建政治经济学理论体系，关键是要构建它的内在逻辑结

① 马克思：《〈政治经济学批判〉导言》，选自《马克思恩格斯选集》第 2 卷，人民出版社 1995 年版，第 109 页。

构。把客观事物的内在的有机联系反映出来，尤其要把一切有关的基本环节预先设想到。他认为经济学的理论逻辑结构应当是："（1）一般的抽象的规定，因此它们或多或少属于一切社会形式，不过是在上面所阐述的意义上。（2）形成资产阶级社会内部结构并且成为基本阶级的依据的范畴。资本、雇佣劳动、土地所有制。它们的相互关系。城市和乡村。三大社会阶级。它们之间的交换、流通、信用事业（私人的）。"① 事实上后来的《资本论》的确在此基础上构建起政治经济学的体系。按照马克思关于构建理论逻辑结构的论述，结合构建《资本论》一书的内在逻辑结构，可以认识到，马克思构建理论逻辑结构有以下几大要素。

第一，建立理论的逻辑结构要找到一个适宜的逻辑起点范畴。所谓逻辑起点，用恩格斯的话说，就是指"科学应该从何开始?"，它是范畴体系的起始范畴，是反映事物最普遍的、一般的规定的最抽象、最简单的范畴，是事物历史的和现实的起点，包含着事物生成发育的胚芽。

第二，理论的逻辑结构构建要找到一个理论主题或主线。理论的主题是这个理论体系所要回答的总的根本问题，主线是理论体系的发展脉络。主题或主线是全部理论所围绕、回答和解决的中心问题。

理论的主题是这个理论体系所要回答的总的根本问题。所谓理论主题就是对某一理论总体内容的抽象，是对其内在矛盾性质的总结概括。正确认识理论体系的前提是科学归纳和把握理论主题。只要把握科学理论体系的主要矛盾，就把握了理论主题和主线。理论的主线是理论体系的发展脉络，是围绕主题的深化和延展。只有弄清了理论主题和主线，才能抓住理论的纲领，从而更好地理解这个理论。

第三，理论的逻辑结构构建要有体现理论主线的中心范畴。中心范畴是全部理论所围绕的轴心和核心，是贯彻整个理论体系的核心思想和灵魂，是支撑整个理论逻辑结构和理论体系的基础和关键，在理论体系中具有特殊的地位和作用。确定了中心范畴，理论体系的展开就有了围绕的依托，理论体系和各个具体范畴之间的内在联系、逻辑结构、顺序，就能有序的确定下来。相反，如果中心范畴不明确，理论结构和体系必然是混乱无序的。马克思的经典著作《资本论》，就是以资本和剩余价值为中心范畴，构筑起了一部无产阶级政治经济学的不朽巨著。

第四，按科学抽象法的叙述方法构建政治经济学理论体系。以逻辑起点为源头，贯通理论主题和主线，围绕中心范畴形成一系列相互联系、逐步递进的理论范畴和基本原理，从简单到复杂，从抽象到具体，就可以构建起各个理论范畴和原理之间的理论逻辑结构。

---

① 马克思：《〈政治经济学批判〉导言》，选自《马克思恩格斯选集》第2卷，人民出版社1995年版，第111页。

以《资本论》为例，我们就会发现，马克思在其中构建了一个以商品范畴为起点，以资本和劳动关系为理论主线，以资本、剩余价值为中心范畴的科学的理论逻辑结构和理论体系，为政治经济学理论逻辑结构和理论体系的构建树立了典范。

三、政治经济学体系逻辑结构各个要素确立的依据

在马克思看来，现实的人类历史发展始终是概念、范畴产生的基础，理论的逻辑必须以实践活动的逻辑为基础。范畴的联系和转化反映的是实践活动的联系和转化。理论逻辑结构实际是人的存在和人的实践活动的内在联系的理论反映。依据马克思关于人的存在和发展的整体性理论思路，可以看出确立理论逻辑结构几大要素的基础是：

首先，从人的存在的现实背景和条件出发，抽象出反映人的存在本质的相应的理论起点范畴。起点范畴是人的一般的存在形式和社会规定的理论抽象。它反映了某一社会形态中人的共同的一般的、普遍的社会关系或社会本质。商品是资本主义社会中人存在的一般社会形式规定的理论抽象，所以，马克思将商品作为《资本论》的起点范畴。

其次，从特定历史时期人的特殊实践活动和特殊的社会关系结构出发，抽象出理论体系所要研究的主题或主线。主题或主线是特殊的社会关系结构和特殊的社会实践活动的理论再现，是特殊的社会实践发展规律的理论概括。资本主义社会特殊的社会关系结构是资本剥削雇佣劳动的关系。资本主义特殊的实践规律是其产生、发展、灭亡直至被社会主义所代替的发展规律。《资本论》正是以资本和劳动的关系为主题，以资本主义社会产生、发展、灭亡的实践为主线展开研究的。

最后，以作为社会主体的人的发展为轴心，揭示出体现人的发展的特殊要求的中心范畴。中心范畴是作为社会主体的人的特殊的存在形式、社会本质及其特殊的要求和利益在理论上的反映，资本体现了作为资本主义社会的主体——资产阶级的特殊的社会规定和社会本质，剩余价值是资产阶级的目的要求和利益的理论体现，所以马克思在《资本论》中，以资本和剩余价值作为中心范畴。以人的特殊实践活动和特殊关系为主线，构建出从抽象到具体，从简单到复杂的逻辑结构。把握马克思主义理论内在一致的逻辑结构，不仅可以理解马克思主义理论的整体性，而且可以运用这一理论思维方式开拓新领域，进行新研究，发展新理论，使马克思主义理论体系具有开放性。

在各具体领域的特殊的理论逻辑结构的基础上构建相应的理论体系。从理论逻辑结构到理论体系还要对从起点范畴到中心范畴，从中心范畴到各个具体范畴的理论环节进一步充实和完善，要进一步提出和阐述各个方面的具体范畴

和具体理论原理，由此才能形成一个系统的政治经济学理论体系。

四、马克思主义政治经济学理论体系的特征

综上所述，马克思主义政治经济学理论体系同西方经济学理论体系有重要的区别。

1. 理论体系的整体性不同

马克思主义政治经济学理论体系构建的材料是经济范畴，经济范畴是具有多重性规定的理论抽象。马克思主义政治经济学理论体系是经济范畴逻辑演进的体系。它有逻辑起点，有逻辑中心，又有逻辑的主题、主线。马克思主义政治经济学是具有逻辑整体性的理论大厦。西方经济学构建的材料是抽象的概念和抽象的理论模型，抽象的模型以种种假设为前提，概念和概念之间没有严密的逻辑递进关系，模型和模型之间也没有内在的逻辑联系。没有逻辑联系的概念和模型堆砌在一起，构成了西方经济学的理论大厦。这个大厦缺乏整体性，其突出体现在微观经济学和宏观经济学的不一致上。

2. 理论体系的包容性不同

马克思主义政治经济学理论体系依据人们的经济实践活动而展开，它可以包容人们的一切经济实践行为。马克思在他关于《政治经济学批判》的写作大纲中，曾拟分为六大册，其中除了《资本论》中写的劳动、资本、土地等内容外，还要考察国际贸易、信用、国际资本流动等重要内容。这说明马克思的政治经济学体系可以包容经济学的各门各类。马克思主义政治经济学吸取了包括西方古典政治经济学在内的人类优秀思想文化的科学成分，现在也可以汲取西方现代经济学的有益成分来发展自身。西方经济学貌似为全人类服务，实际上极为排斥马克思主义政治经济学的基本观点，其主流的理论体系实际上只包括对资本主义市场经济运行机制的研究。

3. 理论体系的开放性不同

马克思主义政治经济学理论体系实质上是不断与时俱进、不断开放的。马克思主义政治经济学不是理论教条，而是随着社会实践的发展，不断更新、不断变革的理论体系。中国马克思主义政治经济学理论体系，就是马克思主义政治经济学，在当代中国国情和实践的基础上，不断发展和创新的成果。中国马克思主义政治经济学同马克思的政治经济学具有一脉相承又与时俱进的关系。以理论模型为基础的西方经济学，都带有一定的封闭性，其随着实践的发展要作出相应的改变。只有放松原来的理论假设，越是成熟的西方经济学理论，越难以随着实践的要求作出重大的改变。这正是西方经济学各派林立、纷争不止的根本原因。

五、中国马克思主义政治经济学体系构建必须遵循马克思的方法

中国马克思主义政治经济学理论体系的构建，必须遵循马克思构建政治经济学体系的基本方法。在遵循马克思构建理论逻辑结构的方法的基础上，结合时代特征和实践经验，即在现实的、社会的人的存在关系结构的基础上，我们应当从中国的国情和实际出发，抽象出反映中国现实经济关系的各方面经济范畴来，我们应当抽象出中国马克思主义政治经济学理论体系的起点范畴、主题主线和中心范畴，并以此为依据构建中国马克思主义政治经济学理论体系的内在逻辑结构。

1. 起点范畴

按照马克思构建科学的理论体系的方法，构建科学理论体系的第一步是确定它的逻辑起点，即范畴体系的起始范畴。因为它是反映事物最普遍、一般的规定的最抽象、最简单的范畴，是事物历史的和现实的起点，是关于人的存在的社会形式和社会本质的“一般的抽象的规定”。具体到中国马克思主义政治经济学理论体系的构建中，就是要找到一个能够体现当代中国人存在的社会形式规定和社会本质的起点范畴。我们认为，这一起点范畴应是社会主义初级阶段的劳动范畴。劳动范畴既体现着社会主义的一般性质，也体现着社会主义初级阶段的特殊性质，还体现着各种所有制中劳动的特殊性质。

2. 理论主题或主线

理论的主题是这个理论体系所要回答的总的根本问题，主线是理论体系的发展脉络。建设和发展中国特色社会主义，是当代中国共产党人全部理论和全部实践的主题，必然也是马克思主义政治经济学理论体系的主题。围绕这一主题，我们党在十八大以后做出“四个全面”战略部署，这成为当前构建中国马克思主义政治经济学理论体系必须遵循的主线。

3. 中心范畴

中国马克思主义政治经济学理论体系的中心范畴是“人的自由全面发展”。人的自由全面发展，是科学社会主义的本质要求，即我们所要建设的社会主义，是人本的社会主义；“立党为公、执政为民”是党的执政理念，即我们要建设的党，是服务于人本的党；“发展为了人民、发展依靠人民、发展成果由人民共享”，我们要实现的发展，是人本的发展。“人的自由全面发展”是解决马克思主义政治经济学理论各个基本问题的中心和关键，体现在中国马克思主义政治经济学理论体系的各个方面。

4. 科学抽象法的叙述方法

按照由抽象——具体，由简单——复杂逐层递进的逻辑顺序，将中国马克思主义政治经济学理论体系各个范畴和各个原理有机地联系起来，就可以形成

中国马克思主义政治经济学理论体系赖以建立的科学的理论逻辑结构，并在此基础上不断丰富和发展中国马克思主义政治经济学理论体系的内容，继续推动马克思主义政治经济学理论体系与本国国情相结合、与时代发展同进步、与人民群众共命运，在实践基础上焕发出更加强大的生命力、创造力、感召力。

参 考 文 献

[1]《资本论》第1~3卷，人民出版社1975年版。

[2] 徐崇温：《关于中国特色社会主义理论体系的起点》，载于《天津行政学院学报》2008年第4期。

[3] 孙堂厚：《中国特色社会主义理论体系内容结构及其逻辑关系》，载于《思想理论教育导刊》第2009年第2期。

[4] 杨宏庭、杨宏伟：《论中国特色社会主义理论体系的内在统一性》，载于《兰州大学学报》2009年第3期。

中国经济走势的供求分析与马克思主义经济学分析

简新华　余　江*

中国经济已经进入新常态，怎样分析评估中国经济发展的现状和走势，如何认识、适应、引领新常态，是特别需要深入探讨的重大问题。为此，首先必须明确我们应该运用什么经济学理论和分析方法来研究中国经济现状和走势、提出合理的应对之策。习近平总书记 2015 年 11 月 23 日在中共中央政治局第二十八次集体学习时强调，要立足中国国情和中国发展实践，学习、研究、运用马克思主义政治经济学，发展当代中国马克思主义政治经济学，特别指出这是坚持和发展马克思主义的必修课。2015 年 12 月 21 日结束的中央经济工作会议中也明确提出："要坚持中国特色社会主义政治经济学的重大原则。"因此，我们现在应该运用马克思主义经济学特别是当代中国马克思主义政治经济学来分析中国经济走势。这可能也是习近平总书记和党中央接连强调要学习、研究、运用马克思主义政治经济学的重要原因。

一、经济走势的三种不同分析方法

怎样正确分析和认识中国经济发展的现状和走势？目前存在以三种经济学理论为基础、运用三种不同的方法研究得出的三种不同看法：一是以凯恩斯主义为理论基础，运用需求分析和需求管理的方法；二是以里根经济学即供给学派的理论为基础，运用供给分析和供给管理的方法；三是以马克思主义经济学为理论基础，运用制度分析和供求关系综合分析方法。前两种方法都是运用西方经济学的理论和方法，各有利弊，得出的结论不全面、也不完全正确；第三

* 简新华，武汉大学经济发展研究中心教授，博士生导师；余江，武汉大学人口资源环境经济研究中心副教授。

种是以马克思主义经济学的理论和方法为基础，同时吸收和借鉴现代西方经济学中有价值的理论和方法，得出的结论可能更符合实际，更全面、科学、正确、有效。

（一）需求分析和需求管理的利弊

改革开放以来，在传统的计划经济体制逐步转变为社会主义市场经济体制的过程中，人们碰到经济问题时，更多的是到西方经济学中找工具、方法，更多的是运用凯恩斯主义的需求分析和需求管理的理论和方法来分析中国经济状况、提出相应的对策。对中国近几年的经济下行态势，开始主要也是采用凯恩斯主义的理论和方法分析中国经济状况，认为经济下行是因为需求不足，导致产能过剩，主张保增长必须扩大消费、增加投资和出口。

这种分析和主张的“利”或者说正确有效的方面是，这种认识应该说抓住了经济下行的重要原因是需求不足，推动经济增长的“三驾马车”都出现乏力的现象——出口增幅大幅下跌，消费需求不足，大部分行业产能过剩，投资增长不能过多过快。这的确是导致近五年经济下降的重要直接因素。但是，在分析需求为什么不足时，这种分析和主张出现了两种不同情况的偏差，存在“弊”或者说缺陷，即不全面、不深入甚至不正确的方面。一种情况是找错了原因，认为需求不足是国有企业、土地制度和市场化的改革不彻底造成的，提出的国企进一步私有化、土地私有化、经济完全市场化、金融自由化的对策主张，也没有被国家采纳；另一种情况是没有深入分析和揭示国内需求不足的深层次原因，特别是包括所有制、分配制度等在内的制度原因，主要主张采取凯恩斯主义的财政政策、金融政策等治标不治本的刺激需求的宏观调控政策，再加上现在影响出口的国际性外因本国难以控制，结果采取的扩大内需、压缩产能的措施成效甚微，经济继续下行。

这种缺陷是凯恩斯主义的需求分析和需求管理的固有的通病：只重视短期、总量平衡，忽视长期、结构合理优化；只分析经济现象，不深入揭示生产关系实质和制度根源；只强调需求管理，轻视供给管理；提出的宏观经济政策只能暂时缓解短期总量问题，不能从根本上解决长期结构问题。

凯恩斯主义经济学的基本理论逻辑就是，资本主义国家之所以会产生生产过剩、经济衰退、失业，是由于有效需求不足。有效需求之所以不足又是因为财富与收入的分配有欠公平合理[①]，而且市场自身无法解决需求不足的问题，所以主张实行国家干预，由政府实行需求管理，通过宏观经济政策扩大需求，刺激经济增长。财富与收入的分配有欠公平合理的根源又是什么呢？凯恩斯以及其后的凯恩斯主义经济学家都没有再进行深入分析。由于凯恩斯主义经济学没

① 凯恩斯在其经典名著《就业利息和货币通论》中明确指出：“我们生存其中的经济社会，其显著缺点乃在不能提供充分就业，以及财富与所得之分配有欠公平合理。”引自商务印书馆1977年版，第317页。

有找到生产过剩经济危机的根源，所以开出的药方只能是“头痛医头，脚痛医脚”，只能“治标”不能“治本”，虽然在一段时间一定程度上能够缓解病情，但不能“根治”，甚至可能陷入“滞涨并发症”（经济停滞与通货膨胀并存）。凯恩斯主义虽然在第二次世界大战后给西方发达国家带来了二十年经济增长的“黄金时期”，凯恩斯也被尊称为“战后繁荣之父”，但是20世纪70年代西方发达国家陷入了“滞涨”的泥潭，患上了以前没有的“摩登病”，凯恩斯主义也陷入了“破产”境地。

至于西方经济学为什么不再深入分析、寻根问底，则可能是没有掌握科学方法，也可能是由于经济利益、政治立场、意识形态信仰等的局限而有意回避、视而不见，不愿、不能、不敢深挖制度根源。其实，马克思早就科学地揭示了资本主义社会财富和收入的分配有欠公平合理和生产过剩经济危机发生的根源。

需求分析和需求管理失灵，于是有人认为需求分析和需求管理有缺陷，特别是中国经济现在进入“新常态”，凯恩斯主义刺激经济增长的理论和方法更不行了，应该另找出路。

（二）供给分析和供给管理的利弊

朱镕基在2001年的《政府工作报告》中就提出新世纪中国经济增长的根本之策是扩大内需，但此后十多年来一直内需不足、扩大不易、原因不明。近几年实行的扩大内需、压缩产能措施的成效也不显著。有部分学者认为现在中国经济进入“新常态”，需求分析只是总量、短期分析，有局限性，已经不行了或者不够了，需求管理也难见成效；而供给分析是结构、长期分析，更重要、更符合中国实际，主张转向借鉴“里根经济学”的供给学派理论、采用供给分析方法，提出供给管理对策。他们认为中国经济下行的主要原因，不是需求不足，而是供给不足、经济结构失衡不优，应该采取供给侧结构性改革，调整优化经济结构，减少无效供给、增加有效供给。他们认为，只有这样才能实现中国经济的持续中高速增长，提高质量和效益。

这种分析和主张的“利”或者说正确有效的方面是，抓住了导致经济下行的供给方面的重要原因，是有价值的，对于克服以往的片面性也是有帮助的。比如，劳动力素质不高、技术不先进使得产业结构不优化、处于世界产业价值链低端，结果造成无效供给过度（产能过剩）、有效供给不足，也导致经济效益低下、收入不高，从而引起消费需求不足；相应提出的提高劳动力素质、鼓励创新、发展高新技术产业、现代服务业和高端制造业、产业升级、结构优化的战略对策和相关的“结构性改革”也是正确的。但是，这种分析和主张也存在“弊”或者说缺陷，即不全面、不深入甚至不正确的方面。应该说这种看法和主张是有价值的，对于克服以往的片面性也是有帮助的。值得注意的是，也需要避免重犯迷信、照搬凯恩斯主义那样的错误，转向迷信、照搬里根经济学。

“里根经济学”的供给分析和管理同样存在严重缺陷：只重视供给、结构分析，忽视需求、总量分析；只分析经济现象、不深入剖析生产关系实质和制度根源；只强调供给管理、轻视需求管理，基本否定需求分析和需求管理的必要性和有效性；开出的药方同样“只治标、不治本”，只能短期奏效，不能长期见效，并从根本上解决问题。“里根经济学”的实践结果本身就证明了这一点，虽然“里根经济学”为美国20世纪90年代“三低一高”（低通货膨胀率、低失业率、低赤字率和高增长率）的所谓美国“新经济”的出现打下了基础，但是2008年还是出现了严重的金融危机和经济危机。

因此，依据供给理论和供给分析方法得出的结论和提出的对策主张，虽然有一定合理性和有效性，但也存在缺陷，不能保证经济持续稳定增长。即使中国通过经济结构调整优化和科学技术创新，国民经济结构演变成像欧美发达国家那样的先进结构、科学技术水平也达到与欧美发达国家一样的高度、产业也升级到世界产业价值链的高端，经济就不会下行了吗？如果需求不足，照样也会导致经济下滑。欧美发达国家过去和现在的经济发展实践都证明，科学技术发达、经济结构先进、产业升级不能完全保证经济持续稳定增长，如果制度缺陷造成需求不足，依然会导致生产过剩、经济下滑，甚至发生严重经济危机。

另外，把美国里根总统20世纪80年代为了应对“滞涨并发症”实行的所谓供给管理政策，说成是与需求管理完全不同的经济政策，也是不准确的、不全面的。在里根政府当时采取的减税、削减政府社会福利开支、实施“星球大战计划”、增加军费开支、减少国家干预、放松政府行政管制、更多发挥市场调节作用、提高利率、减少货币供应量、反通货膨胀等政策措施中，有不少重要措施，实际上不仅是改善供给，而且也是调节需求，比如其中三项重要的政策措施减税、提高利率、实施“星球大战计划”与增加军费开支，就是如此。减税实际上就是财政政策，通过减税刺激投资和劳动，虽然能够促进技术进步、改善技术供给，同时也可以增加投资需求和收入，进而增加消费需求；提高利率会减少投资和投资需求；实施“星球大战计划”、扩大军费开支，同样既有利于科技进步，也增加投资需求，既增加有效供给，又扩大有效需求。有的措施还主要是影响需求，对供给没有多大直接作用，比如削减政府社会福利开支——本身就是财政政策——会减少有购买力的需求、减少财政赤字和货币发行、缓解通货膨胀，这些通过物价下降间接影响供给。

（三）马克思主义经济学的分析及其合理性

改革开放以来，社会上存在一种流行的观点，认为西方经济学是关于市场经济的理论，马克思主义经济学是革命和计划经济的理论、缺乏市场经济理论，中国要实行的是把传统计划经济体制转变为市场经济体制的改革，所以马克思主义经济学不能适应这种新变化、新要求、已经过时，中国改革和发展不能以马克思主义经济学作为理论基础，只能以西方经济学为指导。事实上，这是不符合实际的误解！

马克思主义经济学不仅是关于资本主义生产方式和无产阶级革命的科学理论，不只是分析了资本主义市场经济的基本特征和运行规律，而且提出了当时最完整最科学的商品经济即市场经济的一般原理（主要特征和普遍规律）。马克思的《资本论》，不仅是“资本主义生产方式论”“资本主义市场经济论”，而且也是一般商品经济即市场经济论。《资本论》中虽然分析的是商品生产和流通，没有“商品经济”“市场经济”的概念，但是所谓“商品经济”主要就是商品生产和流通，马克思不仅提出了包括商品、价值、价格、货币、价值规律、供求规律、竞争规律、货币流通规律、节约时间规律、社会再生产规律等基本范畴和普遍规律在内的系统的逻辑严密的商品经济一般原理，而且形成了马克思主义微观经济学、宏观经济学的理论基础。

马克思对资本主义企业的生产过程、资本的循环和周转的分析就是最早的马克思主义的微观经济学，而且非常实际、具体、深入、清楚、明白。马克思对资本主义企业运行的分析绝不亚于西方微观经济学，尤其对企业生产关系的分析更透彻、科学。实事求是地说，我们要知道市场经济条件下企业如何运营，甚至连企业家要想学习怎样管理企业、更好赚钱、实现利润最大化，去看西方微观经济学的教科书，很可能不知其然，读读《资本论》则很可能更加清楚明白。

马克思的社会总资本再生产和流通的理论就是最早的马克思主义的宏观经济学，马克思提出的社会总资本再生产公式就是最早的宏观经济数理模型，就是从产品总量和结构、投资总量结构、供求总量及其相互关系等方面综合分析了社会再生产的实现条件，揭示了产业结构必须合理、各个生产部门必须按比例协调发展，生产与消费、积累与消费也必须按比例协调发展，这是社会化大生产的普遍规律，形成了完整科学的经济危机和经济周期的基本理论。

需求分析和需求管理、供给分析和供给管理两种方法都是西方经济学的理论、方法和政策主张，以上对运用这两种方法利弊的分析说明西方经济学的理论和方法存在局限性，单独采用其中任何一种，都各有利弊，虽然有一定作用，但是得出的结论都有片面性、不完全正确。即使是把需求分析与供给分析结合起来进行综合分析，如果像西方经济学的普遍做法那样，偏重从生产力角度进行经济现象分析，不同时进行生产关系、基本经济制度的深入分析，得出的结论同样也不全面、深入，也不完全正确，提出的政策主张可能短期奏效，但是不能长期有效、从根本上解决问题。

我们认为，在分析研究中国经济起伏波动和周期性的时候，既要尽量借鉴西方经济学的需求分析和供给分析的理论和方法、凯恩斯主义的需求管理和“里根经济学”的供给管理的政策主张，更要采用与时俱进的当代中国马克思主义政治经济学的理论和方法[①]，特别是马克思主义经济学的基本原理和科学方法，从生产力与生产关系的状况及其相互关系、从供给和需求的状况特别是相互关系及其制度根源上进行分析。

供求关系是基本经济关系，马克思主义经济学也要分析研究，与凯恩斯主义和“里根经济学”的不同在于：不是只单方面分析或强调需求或者供给，而是在分别分析需求和供给的同时，更要重点综合分析两者的相互关系；不只是分析经济现象，更要深入揭示问题的实质；不只是分析供求的现状表现及其直接原因，更要从生产力与生产关系、基本经济制度的角度深入分析供求关系状况的深层次原因特别是制度根源；不只是片面强调需求管理或者供给管理的重要性，而是要多管齐下、综合治理，更要重视的是相关制度变革和创新。只有这样，才可能得出更全面、更深刻、更符合实际、更科学的结论，提出更合理有效的对策。

在研究资本主义经济危机和周期性时，马克思就是从生产力与生产关系的状况及其相互关系、从需求和供给两个方面及其相互关系和相关制度根源进行综合分析，得出生产过剩经济危机的根源在于生产社会化与资本主义私有制的基本矛盾导致了资本主义生产能力的巨大增长与广大劳动者有购买力的需求相对不足的矛盾，以及个别生产的有组织性与整个社会生产的无政府状态的矛盾的科学结论。

2008年美国次贷危机引发的金融危机和经济危机、欧盟国家的主权债务危机、经济衰退的发生及其根本原因，再次证明马克思主义经济学的科学性，表明马克思的资本主义生产过剩的经济危机理论没有过时[②]，无论是凯恩斯主义的需求分析和需求管理，还是里根经济学的供给分析和供给管理，都只能应付一时，不能从根本上长期解决问题，还是要回到马克思，进行制度变革。这也正是2008年危机发生后，《资本论》在欧美西方国家畅销的重要原因。甚至连世界银行前任首席经济学家、诺贝尔经济学奖获得者、美国著名经济学家约瑟夫·斯蒂格利茨都著书论证，美国2008年危机发生的原因不仅是虚拟经济膨胀、银行家贪婪、金融监管缺失、政府干预不当、过度消费等，更重要的原因是美国经济体制存在缺陷、财富和收入分配不平等的扩大。他指出，“金融危机给予了人们一个新认识：我们的经济体制不但没效率、不稳定，而且根本不公平”[③]。

程恩富教授也明确指出，“供求两方面是辩证关系，新自由主义供给学派片面强调供给，把减税作为主要内容，实际上是导致两极分化的一个重要原因，

① 习近平2015年11月23日在中共中央政治局第二十八次集体学习时强调，要立足中国国情和中国发展实践，学习、研究、运用马克思主义政治经济学，发展当代中国马克思主义政治经济学，参见2015年11月25日《人民日报》。

② 简新华、于海淼：《世界金融和经济危机的根源新特征、影响与应对》，载于《中国工业经济》2009年第6期。

③ 约瑟夫·斯蒂格利茨：《不平等的代价》，机械工业出版社2014年版。

而我们现在是用马列主义及其中国化理论来辩证认识供求关系，不能像凯恩斯主义那样只强调需求，也不能像供给学派那样只强调以减税为主要措施的理念”。他认为，供给侧改革，可以用“新三驾马车”——要素质量、结构优化和科技创新来拉动经济。①

的确，现代市场经济与马克思时代的市场经济相比，出现了许多新情况、新现象、新特点、新问题，马克思不可能研究和提出相关理论，现代西方经济学进行了研究，提出了一些新理论，值得我们像马克思在创立马克思主义经济学时认真参考借鉴当时的资产阶级经济学那样，在创新发展马克思主义经济学时认真参考借鉴现代西方经济学②。但是决不能本末倒置、弃而不用，甚至完全否定马克思主义经济学。而且，主要应该用当代中国马克思主义政治经济学的理论和方法分析和解释中国经济发展和改革中存在的现象和问题，不能只是口头上说要坚持、发展和运用马克思主义经济学，实际上却只是搬用西方经济学来分析和说明中国问题。

二、正确解读“供给侧结构性改革”

2015 年 11 月 10 日，习近平在中央财经领导小组会议上强调：“在适度扩大总需求的同时，着力加强供给侧结构性改革，着力提高供给体系质量和效率，增强经济持续增长动力，推动中国社会生产力水平整体跃升。”2015 年 11 月 18 日，习近平在亚太经合组织（APEC）工商领导人峰会发表演讲时表示：“要解决世界经济深层次问题，单纯靠货币刺激政策是不够的，必须下决心在推进经济结构性改革方面做更大努力，使供给体系更适应需求结构的变化”。正确理解和贯彻这个新的提法和要求，需要进一步明确的问题是，什么是“供给侧结构性改革”和“经济结构性改革”与经济结构调整是什么关系等。

（一）什么是“供给侧结构性改革”

“供给侧结构性改革”是中国经济讨论的热词、高频词，与“供给侧结构性改革”有关的说法目前有 5 种，即“供给侧”“供给侧改革”“供给侧结构性改革”“供给侧经济结构性改革”和“经济结构性改革”。

供给和需求（简称供求）是经济活动的两个基本方面，也可以说是供求两侧、供求两端、供求两方面。所谓“供给侧”也称“供给端”，我们理解就是指的供给方面，与“需求侧”或者“需求端”对应。“供给侧改革”则是与供给

① 霍文琦：《推动我国社会生产力水平整体改善》，载于《中国社会科学报》2015 年 12 月 25 日。

② 马克思的《资本论》之所以写了 40 年，去世前还只出版了第一卷，第二卷和第三卷是逝世后由恩格斯整理出版的，一个重要原因是马克思知道又出版了一本新的经济学著作，都要找来看了以后，再继续《资本论》的写作。

有关的制度改革，"供给侧经济结构性改革"也就是与供给有关的经济结构方面的制度改革，"供给侧结构性改革"则是"供给侧经济结构性改革"的简称。

供给包括两个重要方面：一是产品和劳务的生产供应；二是资本、劳动力、自然资源和技术等生产要素的供给情况。需求也包括两个重要方面：一是产品和劳务的需求；二是资本、劳动力、自然资源和技术等生产要素的需求。供求都既有总量、短期问题，也有结构、长期问题，都存在相关制度改革问题；供求两侧都既要进行总量、短期分析，也要进行结构、长期分析。说需求只是总量和短期问题、供给才是结构和长期问题，只有供给侧才有结构性改革问题，是片面的。既有总需求，也有总供给；既有长短期需求即需求情况的短期现状、长期变动，也有长短期供给即供给情况的短期现状、长期变动；既有由消费、投资、出口构成"三驾马车"的需求结构，也有由不同产品（包括生产资料和消费资料）和劳务构成的产品劳务供给结构及由劳动力、资本、自然资源和技术构成的要素供给结构；供求两方面都存在与其总量、结构、长短期有关的制度改革问题，优化供给需要供给侧结构性改革，需求合理也需要需求侧结构性改革。

因此，"供给侧改革"应该既包括供给总量方面的制度（如导致供给总量过剩或者不足的制度）变革和创新，又包括供给结构方面的制度（如造成供给过剩与不足并存、档次低、质量差、技术含量低、加工度低、附加值低、效益低的制度）变革和创新即供给侧结构改革。所谓"经济结构性改革"，我们理解是指的与经济结构调整优化有关的制度改革或者说是经济结构领域的制度改革。广义的经济结构，不仅包括主要从生产力方面看的由产业结构（含产品和劳务结构）、投资结构、流通结构、消费结构、供求结构、城乡结构、地区结构、技术结构、外贸结构等构成的国民经济结构，而且包括主要从生产关系方面看由所有制结构、分配结构等构成的社会经济结构；同样，广义的经济结构调整，也不仅包括从生产力方面看的国民经济结构调整，而且还包括从生产关系方面看的社会经济结构调整。因此经济结构性改革不仅是供给侧结构性改革即供给方面的结构改革，而且包括需求侧结构性改革即需求方面的结构改革，不仅是国民经济结构方面的改革而且包括社会经济结构方面的改革即基本经济制度方面的结构改革，比如所有制结构方面的结构性改革、收入分配结构方面的结构性改革。仅仅把经济结构性改革看成是供给侧经济结构性改革，是不全面的。

（二）经济结构调整与经济结构改革的区别和联系是什么

"经济结构性改革"或"经济结构改革"是与经济结构调整优化有关的制度改革，不是经济结构本身的改革。"经济结构改革"与"经济结构调整"是两个不同的概念，说的不是一回事，如果内涵和外延指的是一个意思，就没有必要再发明一个新词了。两者的区别和联系是：经济结构调整是经济结构本身的变革优化，经济结构改革则是促进经济结构调整优化的相关制度的改革，经济结构改革是要清除经济结构调整的制度障碍、为经济结构优化提供制度保障。改革的对象只是制度，国民经济结构不是制度、本身不存在改革的问题，只有演进、调整、优化升级的问题。

现在有的学者在分析中国经济下行的原因、寻找保持中高速增长的途径、论述经济结构性改革（主要是“供给侧结构性改革”）时，不仅没有全面清楚具体地说明哪些制度缺陷导致经济结构不优、供给侧结构性改革到底要改革以及怎样改革那些与经济结构调整优化有关的制度，而且往往也没有严格区分经济结构改革与经济结构调整，把两者混为一谈，讲到经济结构改革的具体内容时，不少是经济结构调整本身的任务，不是与经济结构调整有关的制度如何变革。比如，有专家在解读“供给侧改革”（即“供给侧经济结构性改革”）的内涵和路径时，提出“供给侧改革最终还是要落到结构改革上，结构改革最原始的意义就是通过比例的调整，实现改善效率的目的”（张军）；“供给侧结构性改革首先要在减产能方面切实加大力度，并且取得实质性进展”（刘世锦）；“供给侧结构性改革是强调在供给角度实施结构优化、增加有效供给的中长期视野的宏观调控”（贾康）。[①] 还有学者不是从需要改革什么制度来说明供给侧结构性改革的内容，而是把供给侧结构性改革能够增加要素高效投入、促进要素升级、培育创新主体、激发各主体的积极性和创造性、培育新产业和新产品五个方面的作用，说成是供给侧结构性改革的“五个方面的内容”[②]。而且大多数都认为中国经济下行的主要原因是供给问题，不是需求不足，保增长主要应该是进行供给侧结构性改革，改善供给。这种状况不利于正确把握经济结构改革和经济结构调整、更好地全面深化经济结构改革以促进经济结构调整优化，也不利于从供求的结合上全面分析把握中国经济下行的原因、同时进行供给侧和需求侧的改革、更好地促进经济持续稳定增长，需要予以澄清。

（三）强调供给侧结构性改革是因为供给侧改革比需求侧改革更重要吗，“稳增长”应该主要依靠供给侧结构性改革吗

的确，经济结构调整优化是现在中国经济发展的主攻方向，“十三五”时期中国经济发展的重点不是扩张经济总量，而是优化经济结构、提高经济增长的质量和效益，因此经济结构性改革是中国现在最重要的改革。但是为了“稳增长”，实现第一个百年奋斗目标，中国现在需要着力加强的结构性改革，不仅是供给侧结构性改革，同样重要的是需求侧结构性改革，不仅是与产业结构、城

① 马常艳：《权威专家解读“供给侧改革”内涵和路径》，载于中国经济网2015年11月20日。

② 林火灿：《结构性改革：改什么怎么改——访国务院发展研究中心资源与环境研究所副所长李佐军》，载于《经济日报》2015年11月23日。

乡结构、地区结构、技术结构有关的制度改革，更是与所有制结构、分配结构有关的制度改革。

如果从稳增长的角度和供求两侧来看，由于导致经济下行的主要直接原因是消费不足和无效供给过度、有效供给不足，所以增加有效需求、减少无效供给、增加有效供给（包括通过新供给创造新需求、增加总需求），都非常重要、都不可偏废。中国现在要实现供求平衡，既需要合理增加需求、以扩大内需特别是国内消费需求为主、优化需求结构，同时也要减少过剩产能、增加有效供给、优化供给结构。

怎样实现总供给与总需求的协调平衡？是主要增加或者减少总供给、还是主要增加或者减少总需求或者双管齐下？我们认为，无论什么情况下，都应该双管齐下即同时调节总供给和总需求，因为这样效果会更好；至于是主要调节总供给还是总需求，则应该具体情况具体分析，可能没有一个完全一样、固定不变的答案，需要根据不情况作出不同选择。当总供给大于总需求即生产过剩而且需求潜力巨大时，主要应该增加总需求，而不是主要通过减少总供给来达到总的供求平衡，更不能像资本主义生产过剩经济危机发生时那样通过销毁过剩产品来减少总供给，因为这时候的需求更可能是合理需求，应该尽可能增加；当总供给大于总需求即生产过剩而且需求潜力不大时，主要应该合理减少总供给，而不是主要通过增加总需求来达到总的供求平衡，因为这时候增加总需求可能不合理；当总供给小于总需求即供不应求而且需求潜力巨大时，主要应该增加总供给，而不是主要通过减少总需求来达到总的供求平衡，因为这时候的需求更可能是合理需求，应该通过增加供给尽可能满足；当总供给小于总需求即供不应求而且存在需求过度、不合理时，主要应该减少总需求，而不是主要通过增加总供给来达到总的供求平衡，因为这时候的需求是应该减少不合理的过度需求。

中国现在的情况是总供给大于总需求即生产过剩而且需求潜力巨大，正确的政策选择应该是扩大需求和压缩过剩产能、增加有效供给双管齐下，特别是增加有购买力的总需求。如前所述，无效供给过度、有效供给不足不是经济下行的重要直接原因之一，经济结构调整优化和相关的供给侧结构性改革非常重要，但仅此不够，同样重要的是全面深化与需求和收入分配有关的制度改革。因为消费需求不足特别是劳动者有购买力的需求不足也是经济下行的直接原因；消费需求不足的主要原因又是收入差距过大、劳动收入偏低；而收入分配不合理产生的原因，则主要是分配制度以及与收入分配紧密相关的所有制等制度的缺陷。

从一般经济学原理来看，市场经济是依靠有购买力的需求推动的经济，总体而言，在市场经济条件下，决定需求的主要不是供给，而是购买力即收入。的确，在一定条件下供给虽然可以创造新需求，但是一般情况下供给是为了满足需求，供给是为需求服务的，最终还是需求决定供给。马克思早就指出："没有生产，就没有消费，但是，没有消费，也就没有生产，因为，如果这样，生产就没有目的。"① 正是由于发明和生产出了手机，所以才产生了对手机的需求，表面上看好像是供给能够完全独立地创造需求，实际上最终还是因为人们有更快捷更方便更好地传递信息的需求，而手机正好能满足这种需求，说到底还是需求决定供给。② 所谓有效供给就是有现实市场需求的供给。如果需求不足，即使供给改善，经济仍然难以增长；如果需求充足，即使供给达不到要求、不能有效满足需求，也会刺激供给改善和增加，从而促进经济增长。所以，强调供给侧的重要性不能否定需求侧的最终决定作用。

总而言之，由于需求不足、无效供给过剩（产能过剩）、有效供给不足的根本原因是社会主义市场经济体制还不健全完善，所以必须全面深化改革、完善社会主义市场经济体制，这是稳增长的根本途径；由于导致经济下行的原因包括供给和需求两方面因素，所以必须同时进行供给侧和需求侧两端的改革；由于导致经济下行的原因包括供求两方面的结构因素，所以必须同时进行供求两侧的结构性改革；由于收入差距太大、劳动收入偏低导致有购买力的消费需求不足，是中国经济下行的重要的直接原因，所以保增长和结构性改革应该包括深化分配制度以及与分配有关的所有制等多种制度的改革。

三、合理有效应对经济下行，切实做到"三去一降一补"

中国经济目前呈现下行态势，增长速度从2010年的10.6%逐年下滑到2016年的6.7%。去产能、去库存、去杠杆、降成本、补短板（即"三去一降一补"）是中国现在应对经济下行、调结构、稳增长的五大任务。虽然只要努力去完成这五大任务，肯定能够促进经济结构向优、保持经济中高速增长，但是必须清醒地认识到"三去一降一补"的艰巨性，难以保证马上就能立竿见影、止跌回升，甚至可能继续下行一段时间。其原因主要有以下几点。

第一，去产能、去库存只是减少已经过剩的产能、积压的库存，特别是像资本主义国家以往应对生产过剩经济危机那样，采用人为销毁的方式（如强行关闭企业、拆除机械设备、低价抛售或毁坏过剩产品等），并不能增加生产、直接带来新的经济增长。

第二，如果不采取人为销毁的方式去产能、去库存，真正要做到去产能、去库存，多数必须有新需求或潜在的有购买力的需求，所以更重要的是还要看总需求是否能够有效扩大，只有总需求扩大，总供给才不会过剩并且才能扩大，经济也才能止跌回升。

---

① 《马克思恩格斯选集》第2卷，人民出版社1973年版，第94页。

② 贾康：《为何今天中国要搞供给侧改革》，载于《环球时报》2015年12月25日。

第三，去产能、去库存的任务，不是短期就能完成的。如果产能过剩部门通过转产、进入短缺部门和新兴产业来实现去产能，不是想转就能转的，必须具备相应的资金、技术、人才条件，需要有一个过程，短期还会增加投入成本、造成资产损失；采用向国外转移过剩产能和销售库存的方式，虽然可以促进经济增长，这也不是轻而易举、一蹴而就的，也需要措施得当、经过一个努力的过程。

第四，真正实现“三去一降一补”，困难不少、阻力不小、难度很大、任务艰巨。去杠杆、降成本虽然可以减轻企业负担、轻装上阵、更好发展生产、增加盈利，但是这只有在产能不足、产品短缺的产业部门才能奏效，产能过剩、产品积压的产业部门面临的任务是去产能、去库存，不是增加生产；补短板虽然能够实现瓶颈产业的发展、增加有效供给、促进经济增长，但是这需要相应的资金、技术、人才和制度条件，而且现在短板是少数，更多产业是产能过剩，即使补齐短板，总的状况可能还是过剩。

更重要的是，造成产能过剩、产品积压的原因是多方面的，除了市场调节和民间投资的自发性、盲目性之外，相当部分产能过剩也是政府部门和国有企业为了追求短期财政收入、政绩业绩而盲目直接过度投资造成的，有的也是地方政府参与支持保护鼓励推动民间投资甚至是少数官员参股操控谋利导致的。而去产能、去库存可能会造成经营亏损、资产贬值报废、既得利益受损，导致部分企业关闭、破产清算、相关债务难以偿还、加剧银行风险、减少地方政府财政税收、相关职工转岗下岗失业、相关企业高管的升降去留，所以很可能会受到地方保护，产能过剩部门的企业、投资者、少数利益相关的官员和部分相关职工、相关银行和金融机构的阻碍，这是去产能、去库存已经提出几年而成效不十分显著的重要原因，也是现在产能难压并且相当程度上要靠各级政府来压产能的重要原因。

基于以上情况，去产能、去库存主要应该是创造条件，合理增加有购买力的需求，以消化过剩产能和库存，向新兴产业、供给不足产业和国外转移，还可以降价销售，尽量不要采用销毁的方式。无论是国有的还是民营的过剩产能，首先都应该尽可能发挥市场的决定性作用、通过市场机制优胜劣汰、自然淘汰压缩；但是国有企业、政府投资、地方政府参与支持保护和少数官员参股操控的过剩产能的压缩，还必须发挥政府的调控作用，采取坚决、果断、有力的措施，真正做到壮士断腕断臂，同时坚持惩治与产能、库存、杠杆化有关的腐败，适当增加相关财政支出，鼓励创新创业，广开就业门路，切实安置好相关职工。

综上所述，应对经济下行，非一日之功、难以一招几招见效，必须迎难而上、坚持不懈、全面协调配套深化改革、供给与需求两端发力、长短期结合兼顾、对症下药、多管齐下、综合治理，才能奏效。

参 考 文 献

[1]《资本论》，人民出版社 1975 年版。

[2] 贾康、苏京春：《新供给经济学》，山西经济出版社 2015 年版。

[3] 刘世锦：《供给侧改革需打通要素流动通道》，载于《经济日报》2016 年 1 月 11 日。

[4] 丁任重：《高度重视供给侧结构性改革》，载于《经济日报》2015 年 11 月 19 日。

[5] 权威人士：《七问供给侧结构性改革——权威人士谈当前经济形势怎么看怎么干》，载于《人民日报》2016 年 1 月 4 日。

中国现阶段贫富差距的马克思主义政治经济学分析

崔朝栋*

一、问题的提出

中国现阶段贫富差距较大已是不争的事实，也是中国政治经济学界讨论的热点。中国政治经济学界对此问题的讨论主要是围绕着两个方面，一是中国现阶段的贫富差距究竟有多大，是否已经达到了贫富两极分化的程度？二是产生贫富差距的原因是什么？怎样消除贫富差距？

在这两个方面的讨论中，一种较为普遍的认识是，首先给贫富差距尤其是给贫富两极分化贴上政治标签，认为它是资本主义所特有，在此基础上对贫富两极分化的内涵作几条规定，然后以此为标准阐述自己对中国贫富差距是否达到贫富两极分化的看法，持肯定意见者认为我们已经走到了资本主义的危险境地，不能再继续走下去了，必须悬崖勒马，尽快缩小贫富差距了。持否定意见者认为我们虽然贫富差距较大，但是还没有走到资本主义的地步，我们的改革还没有失败，但是也必须警惕了。与此相联系，在中国现阶段贫富差距的主要原因及其对策问题上，形成的较为普遍的认识就是，贫富差距的根源是资本主义私有制，中国现阶段贫富差距较大的主要原因是非公有制经济发展过快，要解决贫富差距，必须限制非公有制经济发展，坚持公有制主体地位，发展和壮大公有制经济。

这种认识已经不能够很好地解释当代中国的现实。改革开放以来，中国虽然打破了公有制经济一统天下的格局，非公有制经济发展迅速，但是中国作为社会主义国家，始终是坚持公有制经济主体地位的。统计数据显示，当前公有

---

* 崔朝栋，河南财经政法大学教授，主要从事《资本论》和社会主义经济理论研究。

制经济的经营性总资产规模占整个社会经营性总资产的53%[①]，其主体地位的格局并没有改变。但是贫富差距却很大，甚至超过部分发达的私有制经济占主体地位的资本主义国家。当前中国居民财产分布的基尼系数已超过了0.7，最富的10%人群占有的财产总量已超过了60%，而最穷的10%人群的财产份额却不足1%。[②]

有人可能仍会坚持说，这种过大的贫富差距正是非公有制经济发展过快的结果，现在非公有制经济实际上已经不是上述统计数据所显示的那样。

中国改革开放前，公有制经济几乎一统天下，那个时候就不存在贫富差距了吗？北京大学历史系教授杨奎松2007年在《历史研究》第4期发表的论文指出，1955年8月，中国实行统一的等级工资制，将工资等级增加到30个级别，最高级别每月工资（包括津贴）649.60元，最低级别每月工资（包括津贴）仅有20.88元，两者差距31.11倍。而在国民政府时期，1946年颁布的公务员工资标准，除总统和五院院长等选任官外，文官共分为37个级别，最高一级的收入只是最低一级收入的14.5倍。杨奎松还指出，现在很多人怀念毛泽东时代，认为那个时代虽然说大家都穷，但是吃穿却不用发愁，生老病死都有国家包揽。但事实却是，毛泽东时代不到一亿的城市居民的种种劳保福利和铁饭碗等，都是建立在对大量乡村资源无偿占有的基础上的，是以5亿多农民的普遍贫困为代价换来的。[③] 当然，贫富差距都是历史的，相对的，中国改革开放前三十年的贫富差距，是普遍贫穷条件下的贫富差距。

上述认识看似坚持马克思主义政治经济学理论，实际上是教条主义照抄照搬。对于马克思主义政治经济学理论，不能教条主义地照抄照搬，而是要理解其精神实质，在此基础上根据当代中国的实际坚持和发展马克思主义政治经济学。正如习近平最近强调的："要立足中国国情和中国发展实践，揭示新特点新规律，提炼和总结中国经济发展实践的规律性成果，把实践经验上升为系统化的经济学说，不断开拓当代中国马克思主义政治经济学新境界。"[④]

马克思分析的是资本主义市场经济，马克思的《资本论》就是一部市场经济论。尽管资本主义基本经济制度与市场经济具有密不可分的联系，但是马克思还是较好地分析了两者的联系和区别。我们过去往往在很多方面把两者混在一起，把很多属于商品经济或市场经济的范畴、概念和理论等都看作是资本主义所特有。改革开放以来，中国政治经济学的创新和发展所取得的重大成果之一，就是把基本经济制度与经济体制及其经济运行机制区别开来，把商品经济

---

① 裴长洪：《中国公有制主体地区的量化估算及其发展趋势》，载于《中国社会科学》2014年第1期。

② 李实：《21世纪资本论与中国》，载于《东方早报》2014年6月10日第12版。

③ 杨奎松：《从供给制到职务等级工资制——新中国建国前后党政人员收入分配制度的演变》，载于《历史研究》2007年第4期。

④ 习近平：《立足我国国情和我国发展实践，发展当代中国马克思主义政治经济学》，载于《人民日报》2015年12月25日第1版。

或市场经济及其相关的范畴、概念和理论与资本主义基本经济制度区别开来。但是，我认为中国政治经济学研究在这方面还需要进一步解放思想。比如，既然资本、利润（剩余价值）等范畴社会主义就已经利用，劳动力成为商品及其雇佣劳动关系还是资本主义所特有吗？作为市场竞争及其优胜劣汰机制所导致的贫富差距甚至贫富两极分化还是资本主义所特有吗？

二、贫富两极分化根源问题的马克思主义政治经济学分析

第一，根据马克思主义政治经济学理论，贫富两极分化不是资本主义特有，而是商品经济或市场经济的必然产物。

马克思明确指出，资本主义市场经济的确立必须具备两个前提条件，一是生产资料在少数人手中集中；二是大量的失去生产资料的自由劳动者。这两个条件实际上就是贫富两极分化。既然资本主义市场经济确立的前提条件就是贫富两极分化，那么要探讨贫富两极分化的根源，就必须分析资本主义市场经济确立的两个条件的根源。根据马克思政治经济学的分析和历史事实，作为资本主义市场经济确立的两个前提条件即贫富两极分化，是在商品经济发展的基础上产生和发展起来的，同时又是通过资本原始积累实现的。这两个方面实际上是简单商品经济向资本主义商品经济或市场经济发展的必然过程中的两个密不可分的方面，它们都是商品经济或市场经济发展的必然。简单商品经济的发展及其价值规律的作用，必然会出现优胜劣汰，贫富两极分化。但是单靠小商品生产者的两极分化这种自然的温和的资本原始积累方式的“蜗牛爬行的速度，无论如何也不能适应各种大发现所造成的新的世界市场的贸易需求”①。为了满足日益扩大的市场需求，必须扩大生产经营规模，这就必然产生对生产资料和自由劳动力的更大的市场需求，于是，原始积累过程就必须来得更激烈些。在一方面是对利润贪婪的需求，另一方面是“蜗牛爬行速度”的自然原始积累的情况下，个人的暴力就必然被“集中的有组织的社会暴力”所代替，国家权力必然是毫无悬念地提到议事日程，以用来促进简单商品经济向资本主义商品经济或市场经济的过渡过程及缩短其过渡时间。这样一来，“狂想曲”取代了“田园诗”，一场充满奴役、暴力、征服的血与火的原始积累大戏，拉开了序幕。

可见，根据马克思的分析和历史事实，作为资本主义市场经济确立的前提条件就是贫富两极分化，这种贫富两极分化是商品经济或市场经济的必然产物。

第二，根据马克思主义政治经济学理论，在贫富两极分化基础上确立的资本主义市场经济，还必然会不断加剧贫富两极分化。之所以如此，仍然是市场经济规律尤其是按生产要素分配规律作用的必然结果。

---

① 《资本论》第1卷，人民出版社1972年版。

中国政治经济学界大都认为，生产条件的分配决定收入的分配是马克思分配理论的精髓。实际上马克思这一理论的一个重要内涵就是强调和肯定了按生产要素分配这一市场经济规律的必然性和重要性。因为不言而喻，生产条件的分配之所以能够决定收入的分配，就是因为谁拥有了生产条件，谁就能够凭借其所有权获取收入。如果不能凭借生产条件获取收入，生产条件本身的分配也就失去意义，就不会有生产条件本身的分配，更不会有生产条件的分配决定收入的分配。

既然资本主义市场经济确立的前提条件就是贫富两极分化，即“物质的生产条件以资本和地产的形式掌握在非劳动者的手中，而人民大众则只有人身的生产条件，即劳动力。既然生产的要素是这样分配的，那么自然而然地就要产生消费资料的现在这样的分配”①。即根据市场经济的按生产要素分配规律，资本和地产的所有者必然会凭借这些客观生产条件不断地获取劳动者创造的剩余价值，劳动者只能通过不断地出卖劳动力凭借劳动力所有权获取劳动力价值，这必然会不断地加剧一极是资本财富的积累和一极是劳动者贫困的积累的贫富两极分化。

第三，根据马克思主义政治经济学理论，市场经济具有不断拉大贫富差距的马太效应。

从上述马克思关于资本主义市场经济确立的前提条件就是商品经济发展结果的贫富两极分化，资本主义市场经济的按生产要素分配规律又不断地加剧了贫富两极分化的思想中，我们还可以总结出马克思关于市场经济条件下生产条件的分配与收入分配的相互关系思想，总结出市场经济条件下生产条件分配不均等与收入分配不均等之间的关系的思想。即贫富两极分化（也就是生产条件分配的不均等）是市场经济的必然产物，这种贫富两极分化或生产条件分配的不均等决定了收入分配差距和贫富差距的不断拉大，收入差距和贫富差距的不断拉大反过来导致生产条件分配的更加不均等，更加分配不均等的生产条件，会导致更大的收入分配差距和贫富差距等，这就是市场经济分配规律的马太效应。

第四，根据马克思主义政治经济学理论，贫富两极分化又是商品经济或市场经济进一步发展的必要条件。

因为它们能够将简单商品生产方式中的生产资料、劳动力等各种生产要素不断分离，然后在全社会范围内按照社会分工及其生产力进一步发展的要求，重新整合，实现优化配置。马克思不仅看到了形成资本主义市场经济确立条件的商品经济发展过程中，资本原始积累的残酷性，同时也肯定了它的积极作用。马克思一方面指出：“资本来到世间，从头到脚，每个毛孔都滴着血和肮脏的东

① 《马克思恩格斯选集》第3卷，人民出版社1995年版，第306页。

西。”① 另一方面又指出：“自然界不是一方面造成货币所有者或商品所有者，而另一方面造成只是自己劳动力的所有者。这种关系既不是自然史上的关系，也不是一切历史时期所共有的社会关系。它本身显然是已往历史发展的结果，是许多次经济变革的产物，是一系列陈旧的社会生产形态灭亡的产物。”②“暴力是每一个孕育新社会的旧社会的助产婆。暴力本身就是一种经济力。”③

三、中国现阶段的贫富差距与贫富两极分化关系问题的马克思主义政治经济学分析

这个问题主要涉及贫富两极分化的内涵问题。关于贫富两极分化的内涵，一些人首先把它定性为资本主义所特有，然后把贫富两极分化的内涵主要规定以下几点：(1) 从量上看是贫富差距悬殊。至于什么是悬殊，说法不一，有人说基尼系数达到0.4以上，有人说达到0.6以上等。(2) 从发展趋势上看是向贫富两极分化，即穷的越来越穷，富的越来越富。(3) 从质上看是形成了资本雇佣劳动的关系及其资本与劳动的对立。以此为标准，认为中国现阶段贫富差距还没有达到贫富两极分化程度的观点认为，中国现阶段贫富差距虽然很大，甚至超过发达资本主义国家，但是，我们不是穷的越来越穷和富的越来越富，而是在共同富裕的道路上有先有后的差距，并且，并没有形成资本与劳动的对立。认为中国现阶段贫富差距已经达到一定程度的贫富两极分化的观点认为，中国现阶段不仅基尼系数超标，而且出现了贫困阶层，劳资矛盾突出。

对于贫富两极分化是不是资本主义所特有的问题，前面已经进行了分析，这里着重就上述一些人对贫富两极分化内涵的几点规定谈些不同的看法。

第一，根据马克思主义政治经济学理论，劳动力成为商品及其资本雇佣劳动关系不是资本主义所特有，而是商品经济或市场经济的必然产物，同时又是商品经济或市场经济进一步发展的客观要求。

发达的商品生产是社会化商品生产，它客观上要求生产资料和劳动者分离，然后在全社会范围内按照生产力发展的要求重新优化整合配置。在发达的商品生产条件下，要投资办企业进行商品生产经营的人首先必须积累一定数量的货币资本，然后用货币资本建厂房，购买机器等设备和原材料，同时还要到劳动力市场购买劳动力。物质生产条件的商品形式与劳动力生产条件的商品形式结合才是发达的商品生产。从商品经济发展的历史进程看，随着劳动力成为商品及其资本雇佣劳动制度的形成，简单商品生产才转化为发达的商品生产。正如马克思所讲：“一旦劳动力由工人自己作为商品自由出卖，这种结果就是不可避免的。但只有从这时起，商品生产才普遍化，才成为典型的生产方式……说雇

① 《资本论》第1卷，人民出版社1972年版，第783页。
②③ 《资本论》第1卷，人民出版社1972年版，第157页。

佣劳动的介入使商品生产变得不纯，那就等于说，商品生产要保持纯粹，它就不该发展。”① “只有当雇佣劳动成为商品生产的基础时，商品生产才强加于整个社会；但也只有这时，它才能发挥自己的全部隐藏的潜力。”② “商品生产按照自己本身内在的规律”③ 必然发展成为资本主义商品生产。

当然也不可否认，作为商品经济必然产物和商品经济进一步发展的条件的资本雇佣劳动关系，在不同的社会制度下还体现不同的社会制度性质。正如有人讲的：“资本主义劳资关系是一种建立在生产资料私有制基础上的、具有阶级斗争性质的关系，体现的是无产阶级和资产阶级之间的剥削与被剥削的关系，是一种对抗性的阶级关系。在中国现阶段的‘以公有制为主体，多种所有制经济共同发展’的基本经济制度前提下，社会主义市场经济中的劳资关系具有了一系列的转化机制，因此从总体上说，更多的是体现为一种劳资双方对经济利益的诉求关系而非阶级斗争关系，是在社会主义劳动所有权和资本所有权实现过程中所发生的对立和统一的关系。”④

第二，根据马克思主义政治经济学理论，向贫富两极分化，即穷的越来越穷，富的越来越富，不能作为衡量贫富两极分化的普遍标准。

因为即使在马克思所处的那个自由竞争的资本主义市场经济时代，无产阶级的绝对贫困也不是一种普遍现象，作为普遍现象的主要是相对贫困化。马克思在讲到劳动力商品价值的时候，还讲它包括一个历史的和道德的因素。马克思在《雇佣劳动与资本》一书中分析资本主义关系时还说：“工资的显著增加是以生产资本的迅速增长为前提的。生产资本的迅速增长，会引起财富、奢侈、社会需要和社会享受同样迅速的增长。所以，即使工人得到的享受增加了，但是与资本家的那些为工人所得不到的大为增加的享受相比，工人所得到的社会满足程度反而降低了。……我们在衡量需要和享受时是以社会为尺度，而不是以满足它们的物品为尺度的。因为我们的需要和享受具有社会性质，所以它们具有相对而言的性质。”⑤ 人类社会总是在发展在进步的，从整体上看，任何社会都不可能是穷的越来越穷。

第三，从动态趋势上看，中国现阶段的贫富差距具有贫富两极分化的趋势；从静态的量上看，中国现阶段的贫富差距还没有达到贫富两极分化的严重程度，因为它并没有影响到国民经济发展和社会稳定，与改革开放前那种极度贫穷条件下的贫富差距相比，甚至更有利于国民经济发展和社会稳定。

根据以上分析，我认为判断贫富差距是不是贫富两极分化的标准主要有两个：一是从动态趋势看，是贫富差距不断拉大。贫富差距有不断拉大的趋势也

①② 《马克思恩格斯选集》第 2 卷，人民出版社 1995 年版，第 238 页。

③ 《资本论》第 1 卷，人民出版社 1972 年版，第 640 页。

④ 权衡：《当代中国“劳动—资本”关系的实践发展与理论创新》，载于《复旦大学学报》2015 年第 5 期。

⑤ 《马克思恩格斯文集》第 1 卷，人民出版社 2009 年版。

就是有贫富两极分化的趋势。这种贫富差距不断拉大的趋势，可以是穷的越来越穷，富的越来越富，也可以是在共同富裕的道路上先富与后富差距不断拉大。二是从静态的量上看，是贫富差距过大。什么是贫富差距过大？对此想具体阐述一个相关问题，那就是有人之所以一提起贫富差距（不管这种差距程度大小），就会产生一种恐慌，一种敌意，一概认为它是问题，其主要原因之一就是认为贫富差距本身是不合理不公平的。这种认识过于绝对化，缺乏具体分析。从一个社会整体的角度看，贫富差距本身有一个合理度问题。贫富差距程度过小也是一种不合理现象，因为人类社会、甚至包括动物界，个体之间天然地存在差别，贫富差距就如同个体强弱一样，是个体差别的一种表现形式。每个人的才能有大小，知识技能有多寡，只要存在竞争，尤其是在市场经济条件下，就一定会分出强弱，一定会形成贫富差距。这种贫富差距只要不是过大，就是合理的，它构成了参差多态的社会。要削峰填谷，劫富济贫，只会让有能力和才干的人失去创富的意愿和机会，让社会失去活力。从这种意义上讲，有贫富差距不是问题，没有贫富差距反而成了问题。当然，如果从社会整体上看，贫富差距程度过大也是不合理的。那么贫富差距的合理度怎样衡量呢？只能是看是否有利于国民经济发展和社会稳定。对此，国际惯例有一般的共识，比如，从收入分配差距看，国际惯例中认为，基尼系数小于0.3是过小，不合理；基尼系数超过0.4是过大，也是不合理的。过小过大都不利于国民经济发展和社会稳定。当然，这只是一般意义上讲的，不同国家有不同的国情，要具体情况具体分析。比如普遍贫穷条件下的贫富差距与普遍小康或普遍富裕条件下的贫富差距相比，就不能拿一个统一基尼系数数值来说明是否影响到国民经济发展和社会稳定。更何况影响国民经济发展和社会稳定的因素很多，不只是因贫富差距大小。所以，如果过高地看重贫富差距对国民经济发展和社会稳定的影响，可能会令我们因噎废食。2010年美国的基尼系数达到0.46，从1979年到2007年，美国最富的1%人口的收入增加了2.75倍，而最穷的20%人口同期收入只增加18%，富人收入增幅为穷人的15倍。收入越低的阶层收入增幅越小。也就是说，美国的贫富差距也在拉大，且超过了警戒线。按理说，美国社会阶层应该已经固化、撕裂，怨恨情绪炽烈，社会非常不稳定，可事实上并不是这样。

根据以上分析，我认为，从动态趋势上看，改革开放三十多年来，中国贫富差距的确在不断拉大，所以，中国现阶段的贫富差距具有贫富两极分化的趋势。当然，这是在普遍小康水平基础上的贫富两极分化趋势，是共同富裕道路上有先有后的贫富两极分化趋势。从静态的量上看，中国现阶段的贫富差距还没有达到贫富两极分化的严重程度，因为它并没有影响到国民经济发展和社会稳定，与改革开放前那种极度贫穷条件下的贫富差距相比，甚至更有利于国民经济发展和社会稳定。

四、中国现阶段贫富差距的主要原因及其对策问题的马克思主义政治经济学分析

有人之所以一提中国现阶段的贫富差距就会产生一种恐慌，一种敌意，认为它是问题，还有一个主要原因就是认为产生贫富差距的原因也都是不合理。实际上，中国现阶段贫富差距是多种原因综合作用的结果，既有合理的原因，又有不合理的原因。合理的原因导致的贫富差距再大，也无可厚非，非公平合理的原因导致的贫富差距再小，也是不可取的。比尔·盖茨是世界首富，但没有多少人会对他产生怨恨，相反还会高兴，因为他的钱赚得干净，他越富有，就越能为更多人提供就业机会。

第一，生产条件分配不公尤其是城乡生产条件分配不公是导致中国现阶段贫富差距的主要的不合理原因。因此，实现生产条件分配的公平，尤其是实现城乡生产条件公平分配，是缓解中国现阶段贫富差距较大的主要对策，这是要保证起点的公平。

不可否认，马克思设想的未来共同富裕的社会的确是消灭私有制，实现生产资料由社会共同占有。但是马克思这一思想的精神实质是实现生产条件的公平分配。马克思针对资本主义市场经济条件下生产条件分配不公所导致的收入分配不公及其贫富差距过大问题，设想未来社会应该是生产资料由社会共同占有，让一个社会中心组织通过计划经济优化配置或公平分配。并且，马克思设想的未来社会是生产力和科学技术等条件高度发达，这个社会中心通过计划经济不仅能够实现客观生产要素的优化配置或公平分配，而且能够让每一个有劳动能力的人都安排到适合发挥自己特长和聪明才智的工作岗位，也就是各尽所能地劳动，然后，这个社会中心组织能够精确地计算出社会的每个有劳动能力的人提供的劳动量，根据每个人提供的劳动量分配给个人相应的劳动券，劳动者个人用劳动券领取相应的个人消费品，这就是各尽所能，按劳分配。在这种条件下，由于生产资料归全社会共同占有，任何个人都不可能凭借生产资料所有权获取收入，只能凭借劳动获取收入，这就可以消除资本主义市场经济条件下，由于生产条件分配不公所导致收入分配不公及其贫富悬殊。但是根据马克思思想，即使是这样，也会出现贫富差距，因为不同个人劳动能力和家庭负担等可能有所不同，但是贫富差距不会太大，因为每个人在劳动能力方面各有自己的特长，每个人都有充分发挥自己特长的岗位，在这种条件下每个人提供的劳动量差别不会很大，从而每个人的劳动收入差别也不会很大。简而言之，马克思设想的社会主义社会之所以不会产生过大的贫富差距，是因为这个社会中心组织通过计划经济实现了客观生产条件和主观生产条件的公平合理分配或优化配置。

中华人民共和国成立后，中国建立起社会主义经济制度，按照马克思的设想实现了客观生产条件由社会共同占有，基本上消灭了私有制和取消商品经济或市场经济，由一个社会中心即社会主义国家政府通过计划经济在全社会范围内配置生产条件，个人消费品实行按劳分配，其目的就是要通过生产条件公平分配和收入的公平分配，实现马克思设想的消除贫富差距过大的共同富裕。但是，中国改革开放前三十年的实践经验教训证明，由于中国还处在社会主义初级阶段，生产力和技术等条件还没有达到马克思所设想的理想社会的那种高度发达的程度，通过计划经济统一配置全社会的生产条件来实现生产条件的公平分配，及其个人收入的公平分配，还是很不容易做到的事情，甚至使生产条件错配，使生产条件分配不公（主要是城乡生产条件分配不公，其突出表现就是长期固化的城乡二元结构），加上我们把共同富裕理解为同步富裕，限制商品经济和非公有制经济发展，挫伤了人们生产的积极性，破坏了生产力发展，从而导致了普遍贫穷条件下的城乡贫富差距拉大。

改革开放以来，这种历史上形成的城乡生产条件分配不公及其城乡二元经济结构的格局不仅没有从根本上改变，甚至还有所加剧。这是现阶段中国贫富差距较大的主要的不合理原因之一。除此之外，还主要有行业垄断和一些掌握重要生产条件的官员权钱交易和以公为私的腐败行为导致的生产条件及其收入分配的不公等，也是现阶段中国贫富差距过大的主要的不合理原因之一。

因此，实现生产条件分配的公平，尤其是实现城乡公共生产条件的公平分配，是缓解中国现阶段贫富差距较大的主要对策，这是保证起点公平的根本措施。

第二，市场经济机制和规律是导致中国现阶段贫富差距的主要的合理原因，中国现阶段之所以发展市场经济，就是要利用市场经济的优胜劣汰或贫富差距机制，以通过竞争及其先富带动后富的途径达到共同富裕。因此，要全面深化体制改革，让市场机制在资源配置中起决定性作用，这是要保证过程的公平。

改革开放以来，中国总结了改革开放前三十年的经验教训，认识到在生产力落后的社会主义初级阶段，单一的计划经济不能很好地实现社会资源的合理配置，促进社会经济的协调发展，认识到共同富裕不可能是没用贫富差距的同步富裕，追求没有贫富差距的同步富裕，必然会导致极度贫穷落后条件下的贫富差距。为此，必须发展市场经济。因为，一方面，市场经济机制和规律，包括价值规律及其竞争规律、剩余价值规律及其资本积累规律、按生产要素分配规律等的作用，必然导致优胜劣汰和贫富差距，这种优胜劣汰和贫富差距正是市场经济激励先进、鞭策落后和发展生产力的机制和内在要求，它可以使不同地区、不同企业、不同个人开展竞争，使一部分人、一部分企业、一部分地区先富起来，然后带动更多的人、企业和地区，一浪接一浪地富起来，逐步达到共同富裕条件下的贫富差距。另一方面，市场经济规律及其优胜劣汰和贫富差距机制，正是市场经济合理配置资源的机制，它可以使生产条件在全社会范围内按照社会分工及其生产力进一步发展的要求，实现公平分配，这既包括有利于打破城乡二元结构，促进城乡一体化，实现城乡生产条件的公平分配，也包括打破企业垄断、行业垄断和行政垄断等，实现生产条件在不同行业、不同企业和不同地区之间的公平分配。这有利于公平竞争，形成合理的收入分配差距和合理的贫富差距。

因此，要全面深化体制改革，让市场机制在资源配置中起决定性作用，包括让作为市场主体的企业自主经营和自负盈亏，理直气壮地追求利润，在市场竞争中优胜劣汰；贯彻生产要素按贡献分配原则，鼓励一部分人、一部分企业、一部分地区通过诚实劳动和合法经营先富起来等。这是要继续拉开贫富差距，保证过程的公平。

当然，在发展社会主义市场经济条件下，如前所述的市场经济分配规律的马太效应也必然会发挥作用，不断拉大贫富差距，这甚至比资本主义市场经济条件下表现更为突出。因为我们不是从自然经济和小商品经济向现代市场经济的自然转换，而是从计划经济向现代市场经济的转换，并且是渐进式转换，两种体制的摩擦导致的生产条件分配不平等更为严重。比如计划经济条件下的城乡二元结构不可能马上消除，甚至计划经济干预市场经济使城乡二元结构更为严重；一些垄断行业利用国家的保护政策获取垄断利润和收益；掌握重要生产条件的官员权钱交易和以公为私的腐败行为导致的生产条件及其收入分配的不平等；一些人利用两种体制空隙获取不正当收益等。生产条件的分配决定收入分配，这种生产条件分配的不平等在下一轮分配过程中与按生产要素分配这一市场经济原则相结合，也会产生出与生产条件和收入分配相互作用的马太效应，会使贫富差距越来越大。对此，一方面还是要全面深化经济体制改革，健全和完善市场经济运行的机制和规则；另一方面完善宏观二次收入分配制度，包括税收调节制度、社会保障制度和扶贫制度等，这是为了使社会整体贫富差距不至于过大，以保持社会稳定，也就是要保证结果的公平合理。

按比例发展规律及其实现机制*

段学慧**

一、引言

按比例发展规律是马克思主义政治经济学所揭示的一个重要经济规律，这一规律是马克思在1868年给库格曼的信中所提出来的："要想得到和各种不同的需要量相适应的产品量，就要付出各种不同的和一定数量的社会总劳动量。这种按一定比例分配社会劳动的必要性，决不可能被社会生产的一定形式所取消，而可能改变的只是它的表现形式，这是不言而喻的。"[1] 其实，在此之前，马克思在《资本论》一二三卷中就始终贯穿着按比例发展规律。随后，马克思、恩格斯在其他著作中做了进一步阐述。后来，列宁、斯大林、毛泽东等对按比例发展规律也都有不同程度的论述。尤其是斯大林在1952年《苏联社会主义经济问题》中提出"国民经济有计划（按比例）发展规律"是社会主义的经济规律以后，学界在20世纪50年代末60年代初对按比例规律进行了较热烈的讨论，反映了社会主义改造完成后要不要发展社会主义商品经济的争鸣及对社会主义经济规律探索的热潮；改革开放最初的前10年（1979～1989年），又掀起了对这一规律的研究，主要讨论按比例规律与价值规律、计划的关系等，反映了改革开放初期，社会主义和商品经济相结合过程中的冲突和矛盾；然而进入20世纪90年代中期以后，对按比例发展规律的研究几乎停止。① 时至今日，按比例发展规律已被大多数人淡忘甚至被完全抛到了脑后。究其原因，主要是改革开

* 2015年安徽省哲学社会科学规划项目"中国特色社会主义'三个自信'的《资本论》解读"（AHS-KY2015D35）。

** 段学慧，淮北师范大学经济学院教授，研究方向为政治经济学。

① 按比例发展规律研究在国内始于1959年，中国知网搜索到相关研究文献共86篇，其中1959～1965年共27篇，1966～1978年没有相关研究，1979～1995年，共有56篇，1996～2003年没有相关研究，2004年、2010年、2015年各1篇。

放以来，受西方经济学的影响，过分强调市场经济规律的作用，忽视了社会主义经济规律的作用的结果。尤其是在政治经济学领域广泛采用了“资源配置”这一概念之后，就不再提按比例发展规律的客观性了，只谈资源配置，不谈资源的合理配置；只谈资源配置的手段（市场），不谈资源配置的结果（是否合理）（张薰华，1998）[2]，片面夸大价值规律的作用，甚至以价值规律取代按比例规律，致使经济发展主要以 GDP 为导向、产业发展不平衡、就业结构与产业结构不协调、区域经济发展不协调、经济发展与资源、环境的矛盾日益突出。因此，按比例规律这个老话题，在当前形势下旧话重提显得格外迫切。

“按比例发展规律”是个简称，马克思著作中的提法为“按比例分配社会劳动”规律。然而，马克思并没有专门对这一规律的内涵作出进一步的解释，绝大多数学者把它仅仅理解为劳动时间的按比例分配，即将社会总劳动时间（包括物化劳动和活劳动）按比例地配置到不同产品和服务的生产和流通中去，使社会再生产协调发展。① 郭飞（1987）认为按比例发展规律应当确切地表述为“按比例分配生产要素规律”，因为按比例分配社会劳动规律只是按比例地分配劳动力和凝结着人类劳动的生产资料，却没有包括按比例地分配未凝结人类劳动的生产资料；而按比例分配生产要素规律则是按比例地分配劳动力和全部生产资料，包括按比例分配未凝结人类劳动的生产资料。[3]2015 年，赵华荃在《论社会主义的基本经济规律》一书中，提出按比例分配社会劳动规律实质上是“按比例协调发展规律”，包括按比例分配经济、社会资源以及保持经济、社会和人口、自然资源、环境的协调发展的规律。[4]这一理解更加宽泛，但是缺乏深入的研究论证。

遵循规律的前提是承认规律的存在即其客观性。在社会主义建设过程中要不要遵循按比例发展规律，首先要承认它的客观性。大多数学者遵照马克思的观点，认为按比例发展规律是一切社会的共同规律（江诗永，1957；骆耕漠，1961），蒋学模（2001）不仅从社会分工的角度论证了按比例发展规律是一切社会共有的经济规律，而且论证了按比例发展规律在宏观和微观领域都适用，进一步说明了这一规律的科学性和客观性。[7]然而，苏联有些经济学家和中国有些学者（何伟，1982；胡培兆，1987）否认这一规律的存在，认为按比例是客观经济发展的要求，仅仅是各种经济规律的表现形式，它本身并不具有特殊的内容和积极作用，不是客观经济规律。

由于对按比例发展规律的客观性的分歧，所以在关于按比例规律的实现形式上也产生了分歧。苏联和中国学者中有一种观点认为价值规律无所不包，还

① 有代表性的研究是蒋学模，他认为，按比例分配社会劳动规律就是按照社会生产力特定发展阶段上形成的分工协作关系，根据社会需要的构成及其变化，将社会总劳动时间（包括物化劳动和活劳动）按比例地配置到不同产品和服务的生产和流通中去，使社会再生产协调发展，以便在实现经济总量平衡和结构平衡的前提下提高经济效益。见蒋学模，《高级政治经济学》，复旦大学出版社 2001 年版。

能对社会主义制度下的经济比例起主要调节作用（卓炯，1979），这一观点显然夸大了价值规律的作用，社会主义条件下有计划按比例发展规律比价值规律的调节更有效（张继光，1964；索罗金，1981）。马克思主义的观点认为，在私有制商品生产条件下，按比例发展规律是通过价值规律来实现的，在社会主义公有制条件下是通过计划规律来实现的（骆耕漠，1961；魏杰，1980；孟繁炳，1982）。在社会主义商品经济条件下有计划、按比例发展规律和价值规律是同时发生作用的（杨坚白，1959）。

由于斯大林在“有计划（按比例）发展规律”中，把“有计划”与“按比例”并列，引发了对计划是规律还是手段的争论。依据列宁“经常地、自觉地保持平衡，实际上就是计划性”，那么计划就是社会主义的经济规律（杜纳也娃，1977；索罗金，1981；李家祥，1984）。然而，正如市场是手段一样，计划也只是社会主义条件下按比例规律的表现形式或手段，而不是规律（薛英，1983）。

综上所述，第一，关于按比例发展规律的内涵，学界仅有的两三种观点并未引起关注和争论，需要进行深入挖掘，明确其科学内涵。第二，按比例发展规律的客观性及其适用性学界虽有论述，但未达成共识，需要进一步系统论证。第三，按比例发展规律的实现机制学界争论激烈，涉及计划与市场的关系问题，但就目前情况来看，大有被“新自由主义”绑架的危险，迫切需要及时澄清。本文将在已有研究的基础上，运用马克思主义基本理论和方法，对以上三个方面进行系统研究。

二、按比例发展规律的内涵

要准确理解按比例发展规律的内涵，需要我们根据马克思主义经典作家的相关论述进行解读。本文认为，对“按比例分配社会劳动规律”的理解，关键在于对其中的“劳动”的含义的理解。

（一）按比例分配社会劳动的前提是劳动的无差别性和均质性

劳动本身是异质的，要按比例分配社会劳动，就要对不同的劳动进行比较；要对不同的劳动进行比较，就要把它们转化为没有差别的劳动。在商品经济条件下，这个“劳动”是无差别的一般人类劳动，不是具体劳动，是抽象劳动；不是复杂劳动，是简单劳动。在社会主义条件下，这个“劳动”是均质的社会劳动。马克思在1868年给库格曼的信中所说的“要想得到和各种不同的需要量相适应的产品量，就要付出各种不同的和一定数量的社会总劳动量”，马克思在讲这段话时是针对资产阶级经济学家攻击他在《资本论》中没有论“价值”一章、需要对价值概念加以证明而说的。说明了“在私人交换的社会制度下”，价值规律起作用从而使“需要量”与“产品量”相等。我们知道，马克思在价值规律的相关论述中，所讲的是抽象劳动，是撇开劳动的具体形式的无差别的人类劳动，是抽象掉劳动的复杂程度的简单劳动。其次，马克思在《资本论》第一卷第一章“商品拜物教”这一节中指出：“设想有一个自由人联合体，他们用公共的生产资料进行劳动，并且自觉地把他们许多个人劳动力当作一个社会劳动力来使用。”[18]“把许多个人劳动力当做一个社会劳动力来使用”就意味着未来社会的劳动是均质的社会劳动。接着马克思还说，未来社会“劳动时间的社会的有计划的分配，调节着各种劳动职能同各种需要的适当的比例”[18]，在这里马克思把劳动的按比例分配具体到劳动时间的按比例分配，而劳动时间的按比例分配的前提就是劳动的均质性。

劳动的均质性不是抽象劳动。在商品经济条件下，由于生产力水平还不高，劳动生产率在各部门之间的差异还比较大，所以在相互交换劳动的过程中，需要把具体劳动转化为抽象劳动。在马克思设想的未来社会，生产力高度发达，各部门各行业之间生产力水平的差异消失，即达到均质化的程度，所以相互交换劳动不需要通过价值，而是通过计划直接交换劳动。

（二）从劳动过程的三要素方面来理解按比例规律

“劳动过程的简单要素是：有目的的活动或劳动本身，劳动对象和劳动资料。”[18]从劳动三要素角度理解劳动，劳动就是劳动者运用劳动资料对劳动对象进行加工或改造的过程。其中劳动资料和劳动对象被称为生产资料，生产资料是随着劳动者的劳动支配或使用的。因此，按比例分配社会劳动规律，不仅包括“劳动者”的按比例分配，而且包括生产资料的按比例分配，还包括劳动者与生产资料之间比例的关系。进一步分析，按比例发展规律还包括以下内容。

第一，社会再生产过程不仅包括物质资料的再生产，还包括人口的再生产即劳动力的再生产。物资资料再生产是人口再生产的物质基础，人口再生产是物质资料再生产的前提。所以，物质资料的再生产要与人口的再生产保持一定的比例关系。

第二，劳动力的再生产作为社会再生产顺利进行的必要条件，那么劳动者的按比例分配，就不仅仅是指进入劳动过程的劳动者的按比例分配，而且还包括没有进入劳动过程的人口（劳动后备军）的按比例发展。要保证劳动后备军的再生产按比例进行，首先要处理好积累和消费的比例，以保证劳动后备军再生产的顺利进行。其次，控制人口数量也成为按比例发展的应有之义，否则就会出现因人口的过剩或不足而影响经济发展。

第三，劳动力的再生产（人口的再生产）除了物质生活资料的供给，还包括劳动力再生产过程中的教育、文化、医疗、卫生等社会资源的供给，这些都是构成劳动者体力和脑力的基本保障。因此，劳动力的按比例发展，要求教育、文化、医疗、卫生等社会资源按比例分配。只有处理好劳动者的物质生活资料的供给与社会资源的按比例分配，才能保证劳动力的数量和质量的协调发展。

第四，劳动资料包括未经过加工的“自然物”和“经过加工的劳动资料”①，即经过劳动创造的或物化劳动形态的物。劳动对象包括“天然存在的劳动对象”和“原料”②，即“已被劳动滤过的劳动对象”。因此，生产资料（劳动资料和劳动对象）包括活劳动的产物即物化劳动，也包括未经劳动加工或未凝结人类劳动的自然物。于是，生产资料的按比例分配，不仅包括对生产过程中的生产资料的按比例分配，而且包括对自然资源的按比例分配。

（三）从“劳动是人与自然之间物质变换过程”的角度来理解按比例发展规律

马克思认为，“劳动首先是人和自然之间的过程，是人以自身的活动来引起、调整和控制人和自然之间物质变换的过程”[18]，是“人类生活得以实现的永恒的自然必然性”。[18] 人首先是自然界的一部分，依赖自然界存在和发展。同时，人通过有目的的实践活动（劳动）改造自然利用自然。于是，劳动成为自然界与人类社会发生关系的中介，是人与自然统一的实现形式，并且自然条件是决定劳动生产力的因素之一。③ 在人与自然的关系中，一方面，自然界的客观规律要求人类社会必须顺应它；另一方面，人积极发挥主观能动性，努力从自然规律的约束中“解脱”出来，从而控制、支配和变革自然以满足自身的需要。当人类顺应自然规律从事实践活动时，人与自然的关系就表现出和谐或协调的状态；反之则表现相异化的不和谐、不协调的状态。在原始文明时代，人是自然的奴隶；在农耕文明时代，人对自然尚有敬畏之心；在工业文明时代，人类成为征服和驾驭自然的主宰。然而早在一百多年前，恩格斯就向人类发出了警告：“我们不要过分陶醉于我们人类对自然界的胜利。对于每一次这样的胜利，自然界都报复了我们。每一次胜利，起初确实取得了我们预期的结果，但是往后和再往后却发生完全不同的、出乎意料的影响，常常把最初的结果又取消了。”[19] 马克思、恩格斯关于劳动是人与自然之间物质变换的思想，说明了要做到按比例分配社会劳动，就要处理好人与自然之间的关系，即人类的经济活动与自然规律相适应，经济发展与资源、环境相协调。

① 《资本论》第一卷第三篇第五章“劳动过程和价值增殖过程”中的论述“劳动资料是劳动者置于自己和劳动对象之间，用来把自己的活动传导到劳动对象上去的物或物的综合体”“自然物本身就成为他的活动器官”“劳动过程只要稍有一点发展，就已经需要经过加工的劳动资料”。见《马克思恩格斯文集》第5卷，人民出版社2009年版，第209页。

② 《资本论》第一卷第三篇第五章“劳动过程和价值增殖过程”中的论述“已经被以前的劳动可以说滤过的劳动对象，我们称为原料”。见《马克思恩格斯文集》第5卷，人民出版社2009年版，第209页。

③ 《资本论》第一卷第一篇第一章中的论述“劳动生产力是由多种情况决定的，其中包括：工人的平均熟练程度，科学的发展水平和它在工艺上应用的程度，生产过程的社会结合，生产资料的规模和效能，以及自然条件”。见《马克思恩格斯文集》第5卷，人民出版社2009年版，第53页。

综上所述，按比例发展规律不仅是指劳动时间的按比例分配，即物化劳动和活劳动的按比例分配及其所包含的劳动者的按比例分配和生产资料的按比例分配，还包括物质资料的再生产与人口再生产的按比例发展，以及劳动人口与劳动后备军之间的比例关系，劳动者的物质生活资料与社会资源之间的比例关系，社会资源本身在劳动者之间的按比例分配，经过人类加工的生产资料的按比例分配和自然资源的按比例分配，经济发展与环境的协调发展。因此，按比例发展规律不仅是经济增长的规律，而且包括经济增长与人口、社会资源、自然资源、环境之间的协调发展。所以按比例发展规律实质上是经济、社会、人口、自然、环境的协调发展规律。

三、按比例发展规律的客观性及适用性

（一）按比例发展规律是一切社会共有的经济规律

按比例发展规律是马克思揭示的一切以分工为基础的社会生产的共同规律。从根本上来说，按比例发展规律是社会分工的必然要求。一方面，社会分工不断地促进了生产的专业化，发展了“社会劳动过程的质的划分”，从而将社会经济（劳动）区分为若干相对独立、生产特定产品或从事特定局部劳动的产业部门、企业和劳动者，其结果是极大地提高了社会劳动生产率。另一方面，社会分工也不断地促进了生产的社会化，发展了社会劳动“量的规则和比例”，使各个产业部门、企业和劳动者结成了一个联系密切、相互依存的有机体。处在社会分工体系中的任何一种产品的生产者，都不再能通过自己的生产满足自身多方面的需要，而必须生产某种使用价值，去满足某种特殊的社会需要。由于各种各样“社会需要的范围在数量上是各不相同的”，社会也就必须决定在它所能支配的劳动中能用多大的份额去生产某种特定的产品，即社会必须使生产这些产品的劳动以及所生产的产品保持一定的比例关系。社会分工越发展，生产的专业化和社会化程度就越高，各产品生产者和生产部门之间的相互联系和相互依存就越密切，按比例分配社会劳动的要求就越迫切。因此，不管哪种形式的社会分工，无论是纵向的还是横向的，无论是在自然经济、商品经济还是产品经济条件下，也无论是在原始社会、奴隶社会、封建社会、资本主义社会还是社会主义社会，按比例这个“铁的规律”都要发挥作用。只是在不同的历史阶段，随着生产社会化程度的提高，按比例发展规律发挥作用的形式有所不同。在自然经济条件下，社会分工不发达，生产以家庭为单位自求平衡，按比例分配劳动主要体现为家庭内部的自主调节。在生产以交换为目的商品经济条件下，对按比例的要求就扩展到企业及全社会，这时按比例发展规律表现为价值规律，价值规律的自发调节使社会生产按比例进行。尤其是在发达的商品经济条件下，

社会分工更发达，生产的社会化程度更高，按比例规律的要求就更加迫切。然而，价值规律的自发调节往往导致按比例的滞后性，于是，经济活动的自觉调节开始为人类所使用，那就是计划。资本主义国家在第二次世界大战后实行的经济“计划化”在更大程度上克服了价值规律的自发性所带来的比例失调。社会主义国家在计划经济时期采取计划手段调节经济，以保持经济的按比例发展，在市场化改革过程中采取市场与计划共同调节的方式。以上不同经济制度、经济形式下所采取的不同的调节方式，都是按比例发展规律发挥作用的不同表现形式。正如马克思所说：“这种按一定比例分配社会劳动的必要性，决不可能被社会生产的一定形式所取消，而可能改变的只是它的表现形式。”[1]

（二）按比例发展规律普遍作用于社会再生产的各个环节

马克思在《〈政治经济学批判〉导言》中，把社会生产分为生产（直接的生产过程）、交换、分配、消费四个环节。马克思所讲的“要想得到和各种不同的需要量相适应的产品量”看似是一种需求导向的按比例，其背后是劳动量即“就要付出各种不同的和一定数量的社会总劳动量”，马克思在这里论述的是需要量与劳动量之间的比例关系，即需要量是由劳动量决定的且需要量等于劳动量。因此，按比例发展规律首先是按比例生产规律。生产劳动量的多少决定了生产的产品量，即供给量；而需要分为投资需求和消费需求，这就要求生产资料的生产要与对生产资料的需求相等，消费资料的生产要与对消费资料的需求相等。总之，各种产品的生产都要与需求相等。

分配是生产的“背面”，即分配方式是由生产方式决定的，二者是同一问题的两个方面。因此，按比例分配社会劳动也是按比例分配社会消费品。正如马克思所说：“社会的一部分人，由于分工的缘故要把他们的劳动用来生产这种既定的物品，这部分人，当然也要从体现在各种满足他们的需要的物品上的社会劳动得到一个等价物。”[20]只是在不同的经济形式下，分配的方式不同。资本主义商品经济条件下是按要素分配，而不是按付出的劳动的比例来分配，没有进行劳动的资本在分配中居于主导地位而占有剩余价值，而参与劳动的劳动者在分配中居于不利地位，只能获得相当于劳动力价值的工资，导致收入分配的两极化。这种分配格局传导到需求上，就体现为需求不足，当需求不足累积到一定程度，就要通过危机的方式强制地使比例平衡。在产品经济条件下，按劳分配就是按照劳动的数量和质量进行分配，劳动就成了唯一的分配依据，为按比例分配奠定了基础。可见，按比例分配规律首先要求分配要与劳动成比例，其次分配的结果要成比例（减少分配的差距）。

生产上的按比例形成供给，分配上的按比例形成需求。供给和需求之间有一个桥梁，那就是交换。《资本论》第一卷第一篇第二章《交换过程》，说明了商品交换过程中的比例关系即供给和需求要相等，交换才能顺利进行。商品交换中按价值量相等的原则进行交换就是按比例交换，商品交换表面上交换的是商品，其实交换的是生产商品的劳动。所以，等价交换就是等量劳动相交换。于是，按比例分配社会劳动规律在商品经济条件下就体现为等价交换规律。在产品经济条件下，生产本身就是社会性的，不需要商品交换这个中介形式，而是采取计划分配的方式，即社会按照每个劳动者劳动的数量和质量，分配个人消费品，实际上是社会把每个劳动者的劳动产品分配给了其他劳动者，最终结果是每个劳动者与其他劳动者的劳动相交换。可见，只要存在着分工，就存在交换，只是交换形式和所依赖的途径不同而已。但是，交换的内容和实质是一样的，即社会劳动的交换。这样一来，交换可以检验劳动在生产环节是否按比例分配。如果劳动是按比例分配的，那么各种劳动的产品之间必然也是成比例的，否则，就会出现产品不足或过剩。所以，按比例交换规律是以按比例生产规律为基础的，受制于按比例生产规律。

综上所述，按比例分配社会劳动规律，似乎只和生产环节有关，其实是贯穿于社会再生产各个环节的。它不仅要求在消费需求导向下按比例生产，还要求按比例分配和按比例交换和消费。

（三）按比例发展规律不仅适用于宏观经济领域，而且适用于微观经济领域

我们前面分析过，按比例规律根源于分工。马克思在《资本论》第一卷第十二章《分工和工场手工业》中把分工分为三种："单就劳动本身来说，可以把社会生产分为农业、工业等大类，叫做一般分工；把这些生产大类分为种和亚种，叫做特殊的分工；把工场内部的分工，叫做个别的分工。"[18]马克思把一般分工和特殊分工叫做社会内部的分工，于是分工就简化为社会内部的分工和工场手工业内部的分工。恩格斯在《反杜林论》中也说："到目前为止的一切生产的基本形式是分工，一方面是社会内部的分工，另一方面是每个生产机体内部的分工。"[19]撇开工场手工业的资本主义性质，工场手工业内部的分工其实就是企业内部的分工。于是，分工就可以分为两大类：社会内部的分工和企业内部的分工。马克思在《资本论》第二卷《资本的流通过程》，就是从社会分工和企业内部的分工两个角度分别从宏观、微观考察了产业资本运动的形态变化和实现条件，说明了企业内部以及整个社会生产中如何保持一定的比例关系，才能保证单个资本和社会总资本的顺利运行。

1. 企业在生产过程中要保持一定的比例关系

《资本论》第二卷第一篇《资本形态变化及其循环》中，把产业资本的运动分为购买、生产和售卖三个阶段，与之相对应，分别执行货币资本、生产资本、商品资本三种职能形式。马克思首先分析了每个阶段的资本运动所应保持的比例关系：在购买阶段，资本家购买的生产要素生产资料与劳动力，在质上要互相适应，在量上必须保持一定比例；在生产阶段，企业必须按比例分解劳动职

能，按比例地实现劳动者和生产资料的结合，按比例地分配各道工序上的局部劳动时间；在销售阶段，企业必须按比例地出售商品，并随之合理确定积累和消费基金的分配比例。其次，马克思在总循环中分析了产业资本连续运动的条件：空间上并存和时间上继起，即资本所有者必须把全部资本按一定比例分成三个部分，同时并存于货币资本、生产资本和商品资本三种职能形式上，使这些并存着的资本的每一种职能形式都必须同时连续不断地顺次通过三个阶段，相应变更它们的职能形式，以此循环往复，在运动中不断增殖。在《资本论》第二卷第二篇《资本周转》中，马克思论述了要保证资本周转的顺利进行和提高资本的周转速度，就要使固定资本与流动资本保持一定的比例关系；就要使资本的生产时间（劳动时间和非劳动时间）和流通时间保持一定的比例关系，劳动时间与非劳动时间保持一定的比例关系；就要保持固定资本的磨损和更新（补偿）之间的比例关系，否则生产就会中断。

撇开资本与雇佣劳动的剥削关系，马克思以单个资本的运动为研究对象对企业生产过程中的各种比例关系的研究，体现了微观领域按比例发展的重要性。

2. 社会再生产过程要按比例进行

马克思在《资本论》第二卷第三篇《社会总资本的再生产和流通》中，把社会生产分为两大部类，即生产生产资料的第一部类和生产消费资料的第二部类，并分别从简单再生产和扩大再生产两个角度分析了社会总资本再生产的实现条件。通过分析说明了社会总资本再生产要顺利进行，不仅两大部类之间即生产资料的生产要与消费资料的生产保持平衡，而且各部类内部不同产业之间的生产也要保持平衡，即供求的总量平衡和供求结构的平衡。马克思对社会总资本再生产和流通进行的一般考察或理论抽象所揭示的社会再生产规律，其目的是为了说明：任何社会生产都要按比例进行，而在资本主义商品经济条件下，个别企业生产的有目的性和整个社会生产的无政府状态，无法实现社会生产的按比例进行，进一步揭示了以追逐剩余价值为目的、以生产无政府状态为特征的资本主义再生产的内在矛盾，阐明了资本主义的无政府状态被社会主义的计划性所替代的历史必然性。

撇开马克思分析社会总资本再生产的资本主义性质，这一原理所揭示的社会生产按比例发展具有普遍的适用意义。正如斯大林所指出的："马克思的再生产公式决不只限于反映资本主义生产的特点，它同时还包含有对于一切社会形态——特别是对于社会主义社会形态发生效力的许多关于再生产的基本原理。"[21]社会资本再生产的基本原理，还为我们遵循按比例发展规律提供了一种分析思路和方法。社会再生产不仅要保持两大部类之间的比例关系，而且要保持社会再生产中各个产业之间、各产业内部各部门之间的比例关系，以及社会生产与人口、资源、环境的协调发展。

3. 按比例发展规律在宏观和微观领域的相互作用

首先，微观经济按比例是宏观经济按比例的基础。宏观经济是无数个微观经济主体相互联系的整体，整个经济活动一般是由几个大的产业部门或部类组成的，每个大的产业部门或部类中又由若干个行业组成，每个行业里又有许许多多的企业。因此，企业内部的比例是行业之间比例的基础，每个行业的按比例发展是每个产业内部按比例发展的基础，而每个产业的按比例发展又是整个经济按比例发展的基础。

其次，微观领域能否按比例发展要受宏观比例的制约。企业的计划性受整个宏观经济比例的影响，当宏观经济比例严重失调而发生经济危机的时候，企业原来的比例就会被打破，个别企业的破产就在劫难逃。此外，在市场经济条件下，企业为了获得更多的利润，必然不断进行积累和扩大再生产，而价值规律的自发调节又会导致整个宏观经济比例的失调。可见，宏观经济按比例的必然性是微观经济按比例发展的外部制约条件。

四、按比例发展规律的作用机制和实现条件

经济规律的作用机制和实现条件就是指经济规律发挥作用的条件、原因及其具体表现形式。

按比例发展规律的作用机制和实现条件的主要决定因素是社会分工主体之间的联系方式以及社会制度。首先，从社会分工主体之间的关系来看，分工可以分为纵向分工体系和横向分工体系。纵向分工体系不必以商品交换为媒介，一般直接通过计划这只“看得见的手”发挥调节作用，但在商品经济条件下，计划往往又以“看不见的手”为杠杆而发挥调节作用。横向分工既可以通过“看得见的手”调节，也可以通过“看不见的手”调节。于是，以分工为基础的按比例发展规律的调节机制就有两种形式：计划机制和市场机制。其次，按比例发展规律在不同社会制度背景下的表现形式不同，在同一个国家或地区内部的不同所有制的行业、部门或地区的表现形式也有所不同。马克思在《资本论》中分析了包括原始共同体内的按比例规律的作用形式，重点分析了资本主义社会以私有制为基础的商品经济和未来自由联合体两种制度下按比例发展规律的实现形式。

（一）在私有制为基础的商品经济条件下，按比例发展规律表现形式是价值规律，其实现机制是市场机制

马克思在1868年致库格曼的信中说道：“在社会劳动的联系体现为个人劳动产品的私人交换的社会制度下，这种按比例分配劳动所借以实现的形式，正是这些产品的交换价值。”[1]马克思笔下的资本主义正是以私有制为基础的发达的商品经济（市场经济）。

按照价值规律的要求，商品的价值量由生产商品的社会必要劳动时间决定，

商品交换要以价值量为基础实行等价交换。价格要与价值一致，首先要求商品有价值即耗费了人类劳动，商品交换过程中的等价交换，其实是等量劳动相交换，而这些等量劳动是抽象的无差别的人类劳动，于是商品的价值量就由生产商品的社会必要劳动时间决定。马克思在《资本论》第一卷中正是在假设供给与需求相等时，分析社会必要劳动时间决定商品价值量的（第一种含义的社会必要劳动时间）。然而受供求关系的影响，价格围绕价值波动，其实质是围绕它所包含的劳动量波动。“价格是对象化在商品内的劳动的货币名称”。[18]商品价格表面上看反映的是供求关系是否平衡，其实反映的是社会劳动的分配是否合理。马克思在《资本论》第三卷第十章，通过第二种含义的社会必要劳动时间充分说明了这个原理，指出“只有当全部产品是按必要的比例进行生产时，它们才能卖出去。社会劳动时间可分别用在各个特殊生产领域的份额的这个数量界限，不过是整个价值规律进一步发展的表现。”[20]“如果某种商品的产量超过了当时的社会需要，社会劳动时间的一部分就浪费掉了，这时，这个商品量在市场上代表的社会劳动量就比它实际包含的社会劳动量小得多。因此，这些商品必然低于它们的市场价值出售。”[20]也就是说，当某种商品供给大于需求时，说明用在这种商品上的劳动时间在全社会总劳动时间中占的比例太大；当某种商品的供给小于需求时，说明这种商品的劳动时间在全社会总劳动时间中占的比例太小。马克思所讲的两种含义的社会必要劳动时间是商品经济条件下按比例分配社会劳动的依据。社会只有按照第二种社会必要劳动时间把劳动分配到不同的产品的生产中去，由第一种社会必要劳动时间所决定的商品的价值量才能实现。否则，就会通过市场价格的波动迫使生产（供给）按比例地进行。可见，市场价格波动的规律一方面是商品价值（或生产价格）实现的规律，另一方面是实现供给与需求平衡的规律，其深层次联系则是社会劳动的按比例分配。

价值规律通过价格机制与供求机制的相互作用调节着社会劳动的按比例分配，其背后是市场主体基于自身利益的竞争，生产者以利润最大化为目标、消费者以效用最大化为目标调节他们的生产和消费行为，从而导致价格和供求的变动，并使价格与价值趋于一致、供给与需求趋于一致，这种价格、供求、竞争之间的相互作用形成的机制就是市场机制。市场机制正是价值规律作用的基本实现形式。

然而，在私有制为基础的资本主义商品经济条件下，尤其是资本主义自由竞争时期，信奉“市场万能论”，主张“无为政府”，企业内部生产虽然是有计划的，但整个社会生产是没有计划的。当企业对剩余价值的追求使得生产的过剩与有限的社会需求之间的矛盾积累到一定程度后，价值规律的自发调节，就使得按比例分配劳动只是在事后作为一种内在的无声的自然必然性在起作用——经济危机就不可避免地爆发了。

1929~1933年的“大危机”促使资本主义对市场调节的反省，“凯恩斯革命”引入了政府的计划调节，正如列宁所说：“资本主义已经把劳动社会化推进得这样远，甚至连资产阶级的著作也在大声喊叫必须‘有计划地组织国民经济’了。”[22]第二次世界大战以后，国家垄断资本主义形成，资本主义国家加强了计划调节。然而，国家垄断资本主义的形成，计划调节的增加，并没有消除经济危机，危机的周期虽拉长了，但危机的影响范围扩大了、危害程度加深了。因为国家垄断资本主义并没有改变资本主义私有制的性质，建立在私有制基础上的资本主义商品经济，市场调节就必然发挥主导作用，计划只是一种辅助手段，价值规律只能作为事后的强制性为按比例发展规律开辟道路。因此，马克思说：“资产阶级社会的症结在于，对生产自始就不存在有意识的社会调节。合理的东西和自然必需的东西都只是作为盲目起作用的平均数而实现。”[1]

（二）在未来自由人联合体中，按比例分配社会劳动是通过计划手段来实现的

在对资本主义经济规律进行充分研究的基础上，马克思、恩格斯认为代替资产阶级旧社会的将是消灭了私有制、把人从奴役状态中解放出来、把人从对物的依赖中解放出来的“自由人联合体”，即未来的社会主义和共产主义社会。他们认为只有废除资本主义私有制，使生产的社会化同生产资料的公有制相结合，并且有计划的组织生产，按比例发展规律才具备实现的客观条件和可能性。恩格斯早在1847年《共产主义原理》中就指出，在彻底废除私有制以后，“社会将按照根据实有资源和整个社会需要而制定的计划来支配这一切东西”[23]。马克思在《资本论》第一卷中分析商品拜物教时，对“自由人联合体”中有计划的分配社会劳动从而实现按比例发展进行了较全面地概括：“设想有一个自由人联合体，他们用公共的生产资料进行劳动，并且自觉地把他们许多个人劳动力当作一个社会劳动力来使用。”[18]“劳动时间的社会的有计划的分配，调节着各种劳动职能同各种需要的适当的比例。另外，劳动时间又是计量生产者在共同劳动中个人所占份额的尺度，因而也是计量生产者在共同产品的个人可消费部分中所占份额的尺度。在那里，人们同他们的劳动和劳动产品的社会关系，无论在生产上还是在分配上，都是简单明了的。”[18]在《资本论》第二卷中，马克思对未来社会生产中的计划调节和按比例发展规律进行了进一步地展开，提出在共产主义社会也要注意区别劳动期间长和劳动期间短这两类企业并处理好两类企业的关系。他指出，劳动期间长的企业，在较长时间内只耗费劳动力和生产资料，而不提供任何有效用的产品；劳动期间短的企业，不仅在一年内不断地或者多次地投入劳动力和生产资料，而且也提供生活资料和生产资料。“在社会共有的生产基础上，必须确定前者按什么规模进行，才不致有损于后者。在社会共有的生产中，和在资本主义的生产中一样，在劳动期间较短的生产部门，工人将照旧只在较短时间内取走产品而不提供产品；在劳动期间长的生产部门，则在提供产品之前，在较长时间内不断取走产品。”[24]马克思又说：“如

果我们设想一个社会不是资本主义社会，而是共产主义社会……社会必须预先计算好，能把多少劳动、生产资料和生活资料用在这样一些产业部门而不致受任何损害，这些部门在一年或一年以上的较长时间内不提供任何生产资料和生活资料，不提供任何有用效果，但会从全年总生产中取走劳动、生产资料和生活资料。”[24]在《资本论》第三卷中，马克思强调了在未来社会只有计划才能实现供给（“生产某种物品的社会劳动时间的数量”）与需求（“满足社会的需要”）的平衡。他指出：“只有在生产受到社会实际的预定的控制的地方，社会才会在用来生产某种物品的社会劳动时间的数量，和要由这种物品来满足的社会需要的规模之间，建立起联系。”[20]“社会化的人、联合起来的生产者，将合理地调节他们和自然之间的物质变换，把它置于他们的共同控制之下，而不让它作为盲目的力量来统治自己。”[20]恩格斯在《反杜林论》中也指出“一旦社会占有了生产资料，商品生产就将被消除，而产品对生产者的统治也将随之消除。社会生产内部的无政府状态将为有计划的自觉的组织所代替。”[19]

综上所述，在马克思、恩格斯看来，只有消灭资本主义私有制，实行生产资料的公有制，消灭商品生产（市场调节），实行计划调节，按比例发展规律才能实现。然而，实现计划调节和按比例发展的条件“本身又是长期的痛苦的发展史的自然产物”。[18]需要“对我们的现今的整个社会制度实行完全的变革”。[25]

（三）社会主义初级阶段，实现按比例发展的手段或机制

马克思、恩格斯认为，市场经济将伴随资本主义走完全部路程，资本主义是市场经济最高最后的形式，未来社会只能建立在消灭商品货币关系的产品经济基础之上，商品经济、市场调节与资本主义私有制是天然的结合体，产品经济、计划调节与社会主义公有制是天然的结合体。按比例发展规律作为一切社会共有的经济规律，在资本主义商品经济条件下表现为市场的自发调节并通过价值规律强制地实现经济发展的比例性，在社会主义条件下只能通过计划调节来实现经济发展的比例性。因而，计划调节和市场调节在马克思、恩格斯那里是对立的。然而现实经济生活向我们展示的是人类进入社会主义的初期，商品经济、私有制没有消灭，计划和市场并存。是马克思、恩格斯的理论过时了？否！学界都知道，马克思、恩格斯研究的主要是资本主义经济规律，他们只是在对资本主义经济研究的基础上，提出了关于未来社会的设想和蓝图，并没有对社会主义经济发展的各个阶段进行详细的研究。他们预测的未来社会的经济特征，是一个完成形态的或成熟的社会主义，也可以理解为社会主义的共性，而不是初级阶段的社会主义的具体形态。因此，我们不能把马克思、恩格斯对未来社会的设想生搬硬套到社会主义初级阶段。

从社会主义初级阶段产生的基础来看，走上社会主义道路的国家都不是经济发达国家，而是经济比较落后的国家，生产力水平比较低，建立在这种较低

水平的生产力基础上的经济制度自然就不是纯粹的公有制和按劳分配，而是多种所有制和多种分配方式并存；建立在分工基础上的不同性质的经济利益主体的存在，决定了社会主义初级阶段不可能消灭商品、货币，还必须发展商品经济，价值规律依然要发挥作用，市场调节就成为经济活动的一种调节方式。然而，从社会主义初级阶段属性来看，社会性质是社会主义，决定了在多种所有制结构中，生产资料公有制是主体；在多种分配方式并存的情况下，按劳分配是主体，与公有制和按劳分配的主体地位相对应的调节的方式是计划机制。

因此，社会主义初级阶段要遵循按比例发展规律这一人类社会共有的经济规律，必须做到以下两个方面：

第一，要坚持公有制的主体地位。社会主义公有制是政府进行宏观调控实现按比例发展的经济基础。第二次世界大战后资本主义国家尽管加强了宏观调控，但危机并没有避免，根本原因就在于资本主义私有制。所以，社会主义初级阶段不能步资本主义的后尘，只有充分发挥公有制为主体的制度优势，才能保证经济、社会、资源、环境按比例协调发展。

第二，要发挥计划和市场的双重作用，处理好政府与市场的关系。改革开放以来，在发展社会主义商品经济和建立社会主义市场经济过程中，理论和实践上有一种错误倾向，片面夸大价值规律的作用，逐渐淡化按比例发展规律，甚至以价值规律代替按比例发展规律，其实质是只要市场，不要政府，不要计划。党的十八届三中全会强调“市场在资源配置中起决定性作用和更好发挥政府作用”，体现了对市场和政府关系认识的深化。然而，这一论断被一些人断章取义地强调“市场的决定作用”而忽略政府的作用，并成为他们宣扬新自由主义“政府角色最小化”的借口。习近平主席明确指出：“市场在资源配置中起决定性作用，并不是起全部作用。”市场的决定性作用是为了“大幅度减少政府对资源的直接配置”，目的是为了遵循经济规律、转变政府职能、抵制消极腐败现象，提高政府的宏观调控和科学管理水平，更好发挥政府作用。

在社会主义市场经济条件下，遵循按比例发展规律，处理好政府和市场关系的关键在于政府是否遵循经济规律。首先，政府要遵循市场经济规律。市场经济的基本规律是价值规律，价值规律本身就反映了按比例分配社会劳动的要求。然而市场经济条件下，如果没有政府的干预和引导，价值规律的自发作用是不能实现按比例发展的，之所谓事后的强制实现的比例，只能是社会资源的巨大浪费和经济的剧烈波动。所以政府在遵循价值规律时，一方面要按照价值规律的要求实现资源的合理配置，另一方面，在发挥市场的决定作用时，要以市场配置资源“是否合理”（能够在多大程度上遵循按比例规律）为标准来决定政府是否干预，及时弥补市场失灵。其次，政府要遵循计划规律。学界曾争论计划是手段还是规律的问题，本文认为，计划首先是手段，要正确发挥这一手段，就要遵循计划规律，否则就会出现计划（政府）失灵。计划表面上来看是人为的主观因素，但是要做出科学的计划，必须遵循计划规律，做到主客观的统一。所谓计划规律就是计划体系中主、客体之间结成的有机联系和相互作用所形成的内在联系，以及这些联系和作用对资源配置的调节所产生的影响。计划主体即所谓“计划者”，它通常是指代表科层组织最高权力机构的计划机构。在宏观计划经济体系中，计划者通常是政府的计划部门；在微观计划经济体系中，计划者通常是企业所有者或代表所有者意志的计划机构。计划客体首先是指“计划的执行者”，通常是科层组织中位于计划者下级层次的组织和个人，然后才是计划者可以支配的各种有形和无形的经济资源。因此，计划规律其实就是实现计划科学性的规律，要求在制订计划时要深入调查研究，科学分析，制订切实可行的计划，计划执行过程中执行者与被执行者要进行充分的信息沟通等。因此，不能把计划等同于计划规律。之所以存在计划或政府失灵，主要原因就在于在运用计划手段时，没有自觉遵循计划规律，不遵循计划规律的计划，也就不可能合乎按比例发展的客观经济规律。正如毛泽东所说：“计划是意识形态。意识是实际的反映，又对实际起反作用。”[26]但是，对计划人员来说，“在于是否善于利用这个规律，能利用到什么程度”。[26]

五、结论

按比例发展规律是对马克思提出的“按比例分配社会劳动”规律的简称，理解这一规律的关键在于对“劳动”内涵的理解。通过对“劳动”内涵的解读，我们发现这一规律不仅包括按比例分配直接劳动过程中的劳动力和生产资料，还包括按比例分配所有经济资源和社会资源，以保持经济和社会、人口、资源、环境的协调发展。从按比例发展规律的客观性和适用性来看，它是马克思所揭示的一切以分工为基础的社会生产的共同规律，贯穿于社会再生产的每个环节，既适用于宏观经济领域，也适用于微观经济领域。从按比例发展规律的实现机制来看，社会分工主体之间的联系方式以及社会制度起着直接影响作用。马克思、恩格斯的研究表明，在私有制为主体的商品经济条件下价值规律强制性地为按比例发展规律开辟道路；在未来的自由人联合体中，按比例发展规律是通过计划手段来实现的。在社会主义初级阶段，要自觉运用按比例发展规律，就不能教条地运用马克思、恩格斯的理论，应当立足于社会主义初级阶段的特点，把计划调节和市场调节结合起来，处理好政府与市场的关系，市场要受计划调控，政府要遵循价值规律和计划规律。

参考文献

[1] 马克思：《致库格曼》（1868年7月11日），选自《马克思恩格斯文集》（第10卷），人民出版社2009年版。

[2] 张薰华：《价值规律与宏观调控》，载于《财经研究》1990年第2期。

［3］郭飞：《必须区分按比例分配社会劳动规律与按比例分配生产要素规律》，载于《经济纵横》1987 年第 2 期。

［4］赵华荃：《论社会主义的基本经济规律》，当代中国出版社 2015 年版。

［5］江诗永：《再论社会生产发展的比例规律》，载于《北京大学学报》1962 年第 5 期。

［6］骆耕漠：《关于有计划（按比例）发展观律的几点研究》，载于《经济研究》1961 年第 11 期。

［7］蒋学模：《高级政治经济学》，复旦大学出版社 2001 年版。

［8］何伟：《对计划经济和价值规律的再认识》，载于《财贸经济》1982 年第 3 期。

［9］胡培兆：《价值规律和有计划商品经济》，载于《马克思主义研究》1987 年第 4 期。

［10］卓炯：《谈谈社会主义商品生产和价值规律》，载于《学术论坛》1979 年第 1 期。

［11］张继光：《价值规律与国民经济有针划按比例发展规律的相互关系—与蒋明同志商植》1964 年第 10 期。

［12］转引自张林山：《苏联经济学界关于有计划按比例发展规律问题的争论》，载于《苏联东欧问题》1983 年第 2 期。

［13］魏杰：《试谈按比例规律在社会主义条件下的实现形式》，载于《西北大学学报》1980 年第 3 期。

［14］孟繁炳：《按比例发展规律及其在社会主义条件下的实现形式》，载于《安徽师大学报》1982 年第 3 期。

［15］杨坚白：《按比例发展观律与价值观律》，载于《经济研究》1959 年第 2 期。

［16］李家祥：《按比例分配劳动规律的表现形式也是客观规律》，载于《教学与研究》1984 年第 3 期。

［17］薛英：《国民经济计划要以按比例发展规律为基础》，载于《经济研究》1983 年第 6 期。

［18］《资本论》第 1 卷，选自《马克思恩格斯文集》（第 5 卷），人民出版社 2009 年版。

［19］恩格斯：反杜林论，选自《马克思恩格斯文集》（第 9 卷），人民出版社 2009 年版。

［20］《资本论》第 3 卷，选自《马克思恩格斯文集》（第 7 卷），人民出版社 2009 年版。

［21］斯大林：《苏联社会主义经济问题》，人民出版社 1961 年版。

［22］列宁全集（第 1 卷），人民出版社 1984 年版。

［23］恩格斯：《共产主义原理》，选自《马克思恩格斯文集》（第 1 卷），人民出版社 2009 年版。

［24］《资本论》第 2 卷，选自《马克思恩格斯文集》（第 6 卷），人民出版社 2009 年版。

［25］恩格斯：《自然辩证法》，选自《马克思恩格斯文集》（第 7 卷），人民出版社 2009 年版。

［26］《毛泽东文集》（第 8 卷），人民出版社 1999 年版。

马克思经典社会主义经济理论与中国特色现代社会主义模式

于金富*

马克思主义理论是一个宏大的、系统的科学理论体系，其中经典社会主义经济理论是马克思主义理论的重要组成部分。作为科学社会主义的创始人，马克思、恩格斯在马克思主义哲学特别是历史唯物主义理论的指导下，对资本主义生产方式进行了全面、深入而系统的科学分析，揭示了资本主义生产方式的本质与运动规律。在此基础上，确立了关于社会主义生产方式本质特征的基本原理、提出了关于未来社会主义生产方式实现形式的一些设想。马克思经典社会主义经济理论不仅包括关于社会主义生产方式本质特征的基本原理，而且包括关于社会主义生产方式实现形式的具体结论。认真学习与准确理解马克思经典社会主义经济理论，对于我们科学地认识与解决当代中国特色社会主义经济的发展方向具有十分重要的意义。

一、马克思经典社会主义经济理论的主要内容

马克思、恩格斯阐明了未来社会主义社会的本质特征，确立了科学社会主义的基本原则和马克思经典社会主义的基本原理。马克思、恩格斯在《共产党宣言》中指出："代替那存在着阶级和阶级对立的资产阶级旧社会的，将是这样一个联合体，在那里，每个人的自由发展是一切人的自由发展的条件。"[①] 这就是说，未来社会主义社会的本质特征在于它是一个以人的自由为基础、以人的社会联合为纽带、以人的全面发展为目标的真正的共同体——"自由人联合体"。对此，恩格斯在1894年仍然认为用《共产党宣言》的"自由人联合体"

* 于金富，辽宁大学中国经济转轨研究中心主任，博士生导师，中国《资本论》研究会常务理事；研究方向是马克思主义经济理论与中国特色社会主义经济。

① 《马克思恩格斯选集》第1卷，人民出版社1995年版，第294页。

来表述未来社会主义社会的本质特征是最合适不过了，除此之外再也找不出合适的了。这是因为，马克思主义是关于人类解放的科学。社会主义的根本宗旨就是使人类摆脱自然的奴役、社会的奴役，消灭是人们奴隶般服从的旧的社会分工，从而实现人的全面解放，达到个人自由、社会联合与全面发展，最终建立“自由人联合体”。在《德意志意识形态》一书中，马克思和恩格斯用生动形象的语言描述了共产主义社会“每个人自由发展”的情景：“在共产主义社会里，任何人都没有特殊的活动范围，而是都可以在任何部门内发展，社会调节着整个生产，因而使我有可能随自己的兴趣今天干这事，明天干那事，上午打猎，下午捕鱼，傍晚从事畜牧，晚饭后从事批判，这样就不会使我老是一个猎人、渔夫、牧人或批判者。”[①] 马克思在《资本论》中进一步指出，共产主义社会是“更高级、以每个人的全面而自由的发展为基本原则的社会形式”，是人类社会由“必然王国”向“自由王国”的飞跃。人的自由和全面发展理论是马克思主义政治经济学对于未来社会发展目标的定位，是马克思主义政治经济学最重要的理论。马克思主义政治经济学认为，人的自由和全面发展包括三方面主要内容：一是使人从不合理的社会关系与社会制度的奴役下解放出来，实现人的真正自由和人的彻底解放；二是全面丰富与发展人们的社会关系，实现人的全面社会联合；三是消除旧的社会分工对人们的奴役，实现人的个性的全面发展。在马克思主义政治经济学中，把是否实现个人自由和全面发展作为衡量社会主义制度的根本标准，把人的自由和全面发展的状况作为评判社会主义制度完善程度的价值尺度。在马克思主义政治经济学看来，在资本主义生产方式下，既不能实现人的全面发展也不能真正实现人的自由，在商品拜物教与资本拜物教的统治下人们都是物质力量的奴隶，雇佣工人是资本家的奴隶，全体人民是旧的社会分工的奴隶，从而使个人失去自由和个性，每个人不能平等地得到或实现自由而全面的发展，反而使社会发展以牺牲个人的自由而全面的发展为代价。社会主义生产方式的本质特征与根本目标就是把人们从“人的依附关系”和“物的依赖性”中解放出来，以求真正实现人的“独立性”即人的自由而全面的发展。为了实现人的自由和全面发展，必须切实体现社会主义生产方式的本质特征，全面构建社会主义生产方式与生产关系，必须重建个人所有制，即建立劳动者联合的个人所有制；必须实现对生产过程自觉地社会调节、使社会生产按比例协调发展；必须实现劳动者对生产过程的民主管理，使劳动者真正成为生产过程的主人；必须贯彻按贡献分配原则，全面消灭剥削。

从其实现形式来看，马克思、恩格斯所设想的经典社会主义模式是以产品生产与计划经济为基础的社会主义模式——“计划社会主义模式”。计划社会主义模式的基本特征，适应产品生产与计划经济的客观要求，实行生产资料的全

---

① 《马克思恩格斯选集》第1卷，人民出版社1995年版，第85页。

社会范围的公有制——社会所有制，即由社会公开地和直接地占有全部生产资料，使社会成为生产资料的唯一所有者；在社会所有制的基础上对全部经济活动实行统一的社会经营，全面实行产品经济，对全部资源实行统一的计划配置；实行社会总产品的集中分配、个人消费品的按劳分配。这种计划社会主义模式一方面是以生产力高度发展、商品经济充分发展并已经消亡为经济条件的；另一方面是以阶级消灭、国家消亡、建立自由人联合体为政治条件的。很显然，这种经典社会主义模式是马克思以经济发达国家的客观条件为基础提出的，因而只能在经济发达国家才有可能实现。相反，在经济落后、商品经济没有充分发展的经济条件下、在阶级与国家存在的政治条件下，这种经典社会主义模式是不应当也不可能付诸实施的。因此，在各国社会主义实践中既应当坚持马克思主义政治经济学的基本原理、体现社会主义生产方式的本质特征，又应当从本国国情与发展要求出发突破马克思经典社会主义经济理论的某些具体结论、创新社会主义生产方式的具体实现形式。

二、中国社会主义经济形式的历史发展

改革开放三十多年来，中国共产党根据“走自己的道路，建设中国特色的社会主义”的基本思想，克服照抄马克思具体结论、照搬苏联模式的教条主义倾向，从实际出发，不断实现理论创新，努力探索与创造中国社会主义的崭新形式。特别是探索中国特色的社会主义市场经济体制。中共十四大报告提出中国经济体制改革的目标是建立社会主义市场经济体制，十四届三中全会提出了社会主义市场经济体制的基本框架，十六届三中全会进一步提出了完善社会主义市场经济体制的重要举措。改革开放以来，在社会主义经济体制问题上，不断推进市场化的理论创新与制度创新，努力使市场对资源配置发挥决定作用。在社会主义所有制问题上克服教条主义观点，不断进行理论探索与实践创新：提出公有制为主体、多种所有制经济共同发展，承认与保护公民私有财产，不断调整与完善所有制结构，逐步确立中国特色社会主义基本经济制度；提出积极发展股份制、股份合作制，努力使股份制成为社会主义公有制的崭新形式。在分配制度方面，根据社会主义市场经济的要求，实现了社会主义分配制度的重大理论创新与实践创新：首先是突破单一按劳分配的格局，实行按劳分配为主体、多种分配方式并存的分配制度；其次又进一步肯定生产要素参与分配，努力构造劳动、资本、技术与管理等生产要素按贡献参与分配的中国特色社会主义分配制度。在政治上，批判个人专断与个人崇拜，废除党和国家领导职务的终身制，完善人民代表大会制度，健全法制，承认与保护人权，努力建设民主法治的新型国家。从总体上来看，经过三十多年的探索，我们开始形成了一条既不同于经典社会主义又不同于传统社会主义的崭新社会主义道路，形成了

别具特征的中国模式，为构建中国特色的现代社会主义模式奠定了初步基础。

三、构建中国特色现代社会主义生产方式的崭新模式

根据中国社会主义事业发展的实践经验，构建中国特色现代社会主义经济模式首先应当坚持马克思经典社会主义的基本原理，体现社会主义的本质特征。具体说来，我们应当从以下几个方面坚持马克思经典社会主义的基本原理：一是坚持实现个人自由的基本原理。在财产自由、经营自由、就业自由与消费自由等方面全面确立公民的经济权利，使公民成为独立的产权主体和经济利益主体。在此基础上，落实宪法赋予公民的各项自由、人权和民主权利。二是广泛发展公民的社会自治和社会联合，实现公民广泛的、多层次和有序的政治参与。广泛发展横向的社会经济联合，建立各种经济联合体，建立与发展各种民间社团和社会组织，促进公民的社会联合的发展。只有遵循实现人的自由权利、社会联合与全面发展的科学社会主义基本原则，才能消除传统社会主义的弊端，使社会主义在中国获得更广大的发展空间与更广阔的发展前景。

在实现形式方面，我们必须适应中国国情与时代特征，创造具有中国特色的社会主义模式。改革开放初期，邓小平就已提出："我们的现代化建设，必须从中国的实际出发。无论是革命还是建设，都要注意学习和借鉴外国经验。但是照搬别国经验、别国模式，从来不能得到成功。这方面我们有过不少教训。把马克思主义的普遍真理同中国的具体实际结合起来，走自己的路，建设有中国特色的社会主义，这就是我们总结长期历史经验得出的基本结论。"① 因此，构建中国现代社会主义模式必须从中国国情出发，探索中国特色的社会主义发展道路与制度模式。当前，中国的基本国情是仍然处在并将长期处在社会主义初级阶段。社会主义初级阶段是在亚细亚生产方式普遍存在与长期延续的历史条件下建设社会主义所必然经历的特殊历史阶段。社会主义初级阶段的历史任务是改革高度集中的政治体制，建立民主法治的国家制度；改革行政化的传统计划经济体制，建立市场化的社会主义经济体制；从农业人口占很大比重、主要依靠手工劳动的农业国逐步转变为非农业人口占多数、包含现代农业和现代服务业的工业国。社会主义初级阶段的发展目标，就是通过全面改革和持续发展，建立与完善社会主义市场经济体制、民主政治体制，全面构建中国特色的现代社会主义模式。

就其实质来说，中国特色的现代社会主义模式是社会主义本质特征与当代中国国情相结合的崭新的社会主义模式；就其基本特征来说，中国特色的现代社会主义模式是既不同于马克思经典社会主义模式也不同于传统社会主义的国

① 《邓小平文选》第3卷，人民出版社1993年版，第2~3页。

家社会主义模式，既不同于西方自由资本主义模式也不同于中国现存的以二元体制混合为特征的“中国模式”，它是以市场化的生产方式为基础、以公民为主体、以公民权利为核心的崭新社会主义模式——“公民社会主义模式”。中国特色现代社会主义模式最突出的特征就是实行市场经济体制。党的十五大报告指出：“中国特色社会主义的基本经济特征，就是在社会主义条件下发展市场经济，使市场在国家宏观调控下对资源配置发挥基础性作用，不断解放和发展生产力。”① 党的十八届三中全会进一步提出，要使市场在资源配置中发挥决定作用。发展中国特色社会主义事业，必须构建市场化的社会主义模式。市场化的社会主义模式的主要特征是商品化、市场化的经济体制，自主化的经营方式，民主化的管理体制，股份化的公有制形式和多元化的所有制结构，公司化的企业制度和科学化的管理制度。从政治方面来说，市场化的社会主义模式的特征是以公民自由为基础、以平等权利为核心、以民主法治的国家制度为载体的社会主义民主政治体制。

从总体上说，市场化的社会主义模式就是实行市场经济的社会主义，坚持社会主义道路就必须努力构建市场化的社会主义模式，实现从行政社会主义转变为市场社会主义、从国家社会主义转变为公民社会主义的历史性变革。因此，由传统的计划经济转变为市场经济绝不只是资源配置方式的转变，而是一场全面的社会变革。这是社会主义模式的更新，是社会主义制度的自我革命与自我扬弃。为此，必须在科学社会主义基本原则的指导下，全面深化与持续推进市场化的经济改革与制度创新。具体说来，应当适应社会主义市场经济的要求，大力推进国有企业与农村土地的产权制度改革，使城乡劳动者真正成为产权主体，全面构造市场化的企业制度与土地制度，真正实现重建个人所有制的目标。大力推进政治体制改革，完善人民代表大会制度，实行人大代表的差额化、竞争性选举，强化人民代表大会作为立法机构与权力机构的权威，建立健全人民代表大会的民主、科学的决策机制；实行县乡行政官员的直接选举，推进政府改革，全面转变政府职能。进一步修改完善作为国家根本大法的宪法，强化宪法的民意基础与法律权威，建立健全违宪追究机制。在此基础上，大力推进技术创新、组织创新与管理创新，加快实现工业化、市场化和农业现代化，加快产业调整与升级，加快转变经济发展方式。为此，我们应当遵循马克思关于社会主义本质特征的基本原理，在以往改革成果与实践经验的基础上继续深化改革，兴利除弊，实现全面制度创新，努力构建中国现代社会主义模式，夺取建设中国特色社会主义事业的完全胜利，在社会主义的基础上全面实现民族复兴的中国梦。

① 江泽民：《高举邓小平理论伟大旗帜，把建设有中国特色社会主义事业全面推向二十一世纪——在中国共产党第十五次全国代表大会上的报告》，载于中国网1997年9月12日。

参考文献

［1］汪青松：《马克思主义中国化与中国特色社会主义道路》，载于《当代世界与社会主义》2007 年第 12 期。

［2］吴雄丞：《坚持科学社会主义基本原则同中国实际相结合的探索》，载于《高校理论战线》2007 年第 9 期。

［3］王友洛：《中国特色社会主义道路与科学社会主义基本原则》，载于《学习论坛》2009 年第 4 期。

［4］汤子琼，张平：《论马克思主义经济学中国化的模式选择——中国市场模式的建立》，载于《经济师》2012 年第 3 期。

马克思主义政治经济学边缘化引发的高校意识形态安全问题研究

刘美平 *

一、马克思主义政治经济学边缘化引发的执政安全问题

中共中央之所以如此高度重视高校意识形态教育问题，是因为我们国家经济、政治、社会、文化、科技、教育、体育、生态、外交、军事和国防、党建等诸多领域出现的问题都直接或者间接与意识形态有关系。为此，必须从立足于培养中国特色社会主义事业接班人的角度，借鉴美国思想政治教育经验，从中探寻出意识形态教育规律并依据意识形态教育规律，从加深马克思主义政治经济学的认识和加强马克思主义政治经济学意识形态教育两个方面对高校进行深刻的全面改革。

近年来，在马克思主义理论体系中，马克思主义政治经济学是被边缘化最为严重的学科。各个高校的经济学院很少开设政治经济学、《资本论》专题、马克思主义经典著作导读等课程，马克思主义学院或者思政部亦或马列部也很少开设政治经济学等课程，因为该课程已经被并入到《马克思主义基本原理》课程中，这样一来，政治经济学就被双方边缘化了。然而习近平总书记要求国家各级党委和政府都要学好用好政治经济学，当高校把这门总书记要求学好用好的课程边缘化以后，各级党委的官员们又如何能懂得政治经济学的真谛呢?《西方经济学》课程，这是全国凡是有经济类专业的高校都要开设的一门课。此专业课教师既可以把《西方经济学》讲成经济学的“圣经”，也可以运用马克思主义经济学理论对《西方经济学》进行深刻的批判。现在的问题是，我们很多专业课教师这种批判能力非常有限，甚至根本没有马克思主义经济学理论功底，

---

* 刘美平，河南财经政法大学产业经济研究所所长兼经济学院副院长，主要研究政治经济学和产业经济学。

既没有批判意识，也没有批判能力，他自己都不知道《西方经济学》庸俗到哪里，错在哪里，他的课堂教学又怎会自觉的传播马克思主义经济学呢?《政治经济学》课程建设、学科建设与师资培养都处于被边缘化的境地已是不争的事实。

高校不仅是人才培养的基地，更是国内外各种思想、思潮交汇的阵地。为了从长远角度夯实中国共产党的执政根基，高校必须高度密切注视和及时应对当前出现的各种影响、阻碍、危及我党执政权安全的错误思潮、反动思想。在这些错误思潮和反动思想中，尤其以西方宪政民主、西方新自由主义、西方新闻观、西方“普世价值”、历史虚无主义等为主要代表。值得一提的是，当前中国正在大力发展有中国特色社会主义市场经济，一些别有用心的反华势力就开始利用西方经济学反对马克思主义经济学。由于全国高校中几乎90%的学校都有经济学院或者经济管理学院，又都开设西方经济学这门课程，而西方经济学这一既具有学术性又具有政治渗透性的西方经济理论对大学生形成西方人生观、价值观和世界观的影响最长久也最深刻。

一个成熟的执政党一定是自身有信仰又高度重视信仰并且号召他领导的人民也有信仰的政党。政党信仰、民族信仰和公民信仰是一个国家的信仰体系。政党信仰是执政党执政安全的思想根基，民族信仰是全民构筑梦想、凝聚力量和奋发有为的思想灵魂，公民信仰是社会安定团结、建立良好秩序并按照秩序高效平稳运转的自律准绳。信仰的形成、发展、确立和传播是在家庭、社会和学校中进行的，学校特别是高校就是让每一个经过高等教育的大学生形成信仰的主阵地。哪个政党占领了这一主阵地，哪个政党就会夯实执政安全的思想根基。正是从这个意义上讲，作为执政党的中国共产党，一定会积极主动占领高校这一马克思主义意识形态信仰的主阵地。

中国共产党是有信仰、有文化、有思想的政党。没有信仰，就没有文化，信仰是文化的精髓，文化是信仰的血液；没有文化，就没有思想，思想是文化的源泉，文化是思想的土壤。一个民族如果没有信仰、没有文化、没有思想，就距离灭亡不远了；一个政党如果没有信仰、没有文化、没有思想，就不能实现国家发展和人民幸福的梦想。我们中国共产党是人民的政党，是信仰马克思主义的政党，是有马克思主义先进文化的政党，是吸取了中华传统文化精髓和西方文化有益成分有思想的政党，是坚决维护包括本国人民在内世界各国人民根本利益的政党，是有信仰、有文化、有思想的政党，是在革命、建设、改革中历经千锤百炼日益成熟的执政党。中国共产党不仅现在信仰马克思主义，而且会永远信仰马克思主义，并始终保持马克思主义本色使其既不褪色也不变色。

马克思主义政治经济学理论的真谛并不是每一位高校领导和高校教师都能深刻理解的。同关怀现实、关注当前和关心个人利益的西方经济学相比较，马克思主义政治经济学是着眼于人类命运、人类未来、人类文明的宏大理论，是着眼于世界各国长期和平发展的宽广理论，是指导不同民族、不同国家争取独立自由和走向富强平等的正义理论，是站在全世界无产阶级立场、维护全世界无产阶级长期根本利益的革命真理，具有世界性、历史性、阶级性和思想性的特点，因此，具有强烈的意识形态属性。高校领导和高校教师如果从内心深处信仰马克思主义，那他一定会将马克思主义内化于心和外化于行，一定会竭尽全力为全世界无产阶级独立自由和富强民主而深入研究并切实传播马克思主义，否则，他一定是有意识或者无意识的积极认同并大肆宣传资产阶级思想的人，一定是迷信西方新自由主义而抛弃自身民族信仰的叛徒，也一定会不加批判而且不遗余力的宣传西方经济学，还一定会为资产阶级根本利益而摇旗呐喊。

实践证明，中国共产党信仰马克思主义既是历史的选择，也是人民群众的选择。这一选择的过程是艰难的，但是选择的结果却是伟大和正确的！正是马克思主义引领中国共产党和中国人民从失败走向胜利，又从胜利走向更大的胜利。世界各国执政党的执政经验告诉我们：能够治理国家的政党一定是有信仰的政党，有信仰的执政党才能实现国家的长治久安和可持续发展。中国共产党不仅是有信仰的执政党，而且是笃信马克思主义的执政党，在中国共产党的领导下，中国真正实现了世界上最大的发展中国家的崛起梦想，这是中国共产党领导人民进行革命、建设、改革过程中取得的胜利，更是马克思主义光辉理论的胜利。由此可见，马克思主义政治经济学是夯实中国共产党执政安全的理论基石。

二、美国的意识形态教育经验分析及其意识形态教育规律探析

美国是目前世界上最发达的国家，也是最重视意识形态教育的国家。美国意识形态教育的最终目的是培养符合资产阶级要求和符合美国政治文化标准的人才。美国政府强调，在一个多民族、多宗教的国家中培养共同的文化是必不可少的，这种“共同文化”就是资产阶级的政治文化。美国一贯鼓吹本国的主流政治文化，同时排斥、抨击与扼杀与其格格不入的其他思想文化。第二次世界大战以后的美国，政府规定共产党人不能在国防、宣传部门任职，隐瞒身份为非法，可判处徒刑或处以重罚；同时，美国政府还规定不允许共产党人担任教师，也不允许在学校讲授马克思主义和共产主义。

20 世纪 60 年代以后，上述情况有所改变，美国的小学、中学、大学都可以讲解共产主义和马克思主义的相关知识，特别是可以开展马克思主义研究，但其目的并不是让美国的学生信仰马克思主义，也不是要宣传马克思主义，而是要把马克思主义作为批判的靶子，最终目的是为了毁灭共产主义必然胜利的神话，从而让美国学生坚定不移的信仰他们传播的“共同文化”。在对待马克思主义问题上，美国主要是通过研究来歪曲、修正、丑化马克思主义，把马克思主义庸俗化、边缘化和碎片化，使之成为不危害美国资产阶级统治的社会思潮。

美国思想政治教育名目众多，内容繁杂，但主题是美国式政治教育。所谓美国式政治教育，就是美国的大资产阶级为了维护自己的统治，有目的、有计划地对学生灌输本阶级的政治思想，并对其进行政治文化熏陶和政治行为诱导。美国在其历史发展过程中，思想政治教育常抓不懈，而且高度重视并导向明确，旗帜鲜明，方法得当，措施得力。美国是一个迅速发展、崇尚个性、看重财富的国家，相对主义、个人主义、实用主义、利己主义十分流行，然而就是这样的文化氛围，思想政治教育的核心内容却长期保持了一致性、稳定性和连续性。由于美国没有历史包袱，从争取独立起就为资产阶级共和国而奋斗，所以它的爱国主义与爱资本主义自然而然地融合在一起。爱国主义教育、反共产主义教育、反马克思主义教育、公民权利和义务的教育、国民精神教育五个方面的思想政治教育做到了全面铺开、循序渐进、持之以恒、行之有效。

美国式思想政治教育非常重视对青少年的影响和熏陶。美国政府深深的懂得，青少年代表国家的未来，谁抓住了青少年，谁就抓住了未来。更为重要的是，美国不仅要在未来抓住本国青少年的思想，还要抓住其他国家特别是社会主义国家青少年的思想和未来，而这正是美国反华势力为何要对中国高校大学生进行文化渗透、思想渗透、信仰渗透、学术渗透进而实施政治渗透的真实目的。美国想渗透别人并颠覆他国，首先要夯实自己国家思想政治教育。因此，美国把思想政治教育与青少年教育以及国家政治统治密切联系起来。更进一步讲，美国要将这种青少年思想政治教育放置在公民教育体系的核心，通过政治社会化让青少年形成最初的政治意识，从而实现公民对国家政治和政治制度的深刻认同和自觉拥护，达到维护社会秩序和形成共同信仰的目的，这样就可以从根本上来巩固资本主义制度，实现国家的长治久安。因此，最关键和最紧要的问题是，如何把美国共同文化中最核心的、最公认的价值观传递给青少年。

第一，确立道德标准、培养合格公民。美国思想政治教育的培养目标是多种多样的：如美国公民、好公民、合格公民、民主公民等，但究其实质都是培养具有美国式民主思想和民主行为的好公民。为了更好的进行美国式思想政治教育，美国设置思想政治教育督导，培养专门的思想政治课程研究德育问题专家，以此来督促美国式思想政治教育的深刻进行。美国要求学校的道德教育既要符合美国传统又要富于时代创新，以培养道德上成熟的人。美国教育所培养的道德上成熟的人，不仅包括诚实、守信、勇敢、勤奋等一般的道德品质，而且还要特别强调美国社会的世界观、人生观和价值观以及美国政治的核心信仰。

第二，崇尚个人主义，鼓励个性张扬。个人主义在西方发达国家资产阶级眼中是一种政治哲学和社会哲学，它高度重视个人自由，突出强调自我价值、自我支配、自我控制和不受外来约束的个性和自我。这种政治和社会哲学，包含着一种价值体系，一种崇拜个人主义的人性理论，一种对于西方政治、经济、社会、文化和宗教行为的总的态度、信念和价值取向。个人主义不只是伦理意义上的关于资产阶级的道德原则，而且是一种关于政治制度、经济制度及思想文化制度的全面的资产阶级意识形态体系。在美国，个人主义至上原则充斥着经济生活的各个方面，也渗透在每一个公民的内心深处，被广大美国青少年所认同并接受。

但是，个人主义却给美国社会带来诸多问题。在美国，以个人主义为核心的意识形态体系很容易滋生出拜金主义、利己主义和享乐主义。追求财富本身没有错，但是如果人们不遗余力、不择手段追求财富就是病态社会；正常消费也没有过错，但是如果通过信贷消费来支撑过度消费甚至浪费就是畸形社会。个人主义还让很多人精神萎靡、思想颓废、内心空虚和道德败坏，形成了人与人之间少有的冷漠、孤独和寂寞。从美国社会现实情况来看，个人主义与利己主义形影相随，特别是当个人主义缺少必要的道德与法律制度约束时，利己主义就不可避免。为了有利于自己，美国社会中的弱肉强食、生存竞争成为人们的共识。在美国，个人主义已经成为一种最具危险性和威胁性的西方社会思潮，在个人主义、利己主义这些思想影响下，美国不断出现自杀率增长、社会混乱、种族歧视和集体意识淡薄以及恶性竞争、金钱政治等严重的社会、经济、政治问题。

第三，培育爱国主义，形成美国意识。美国的思想政治教育成效表现为美国人有着较为浓厚的爱国主义情感。美国人有较强的公民责任感、公民义务意识。这一点和我们中国大学生当前缺乏社会责任感形成鲜明对比，建立在爱国主义之上的社会责任感教育是我们要像美国学习的地方。20 世纪 80 年代初，国际民意测验一次调查发现，分别有 70% 和 80% 的美国青年赞同“国家利益重于个人利益”和“青年不为国家出力就意味着背叛”的观点。实践证明，美国人的这种“义务感”是与其有效的爱国主义教育分不开的。通过爱国主义教育，美国人总是认为自己作为美国人是幸福的，是值得自豪和骄傲的。所以，美国人有很强的民族自尊心和自豪感。在美国，无论是小学、中学，还是大学，都必须学美国历史。需要指出的是，美国大学的历史教育被规定为核心课程，要求大学生对重大历史事件产生的社会背景、重要作用以及历史人物的思想、生活进行综合学习和研讨。美国将爱国主义教育融在美国历史中进行，这是最值得中国借鉴的。但是在中国，我们则把伟大的“中国历史”扔进垃圾堆中，从高考弱化并减少历史考试分值到小学、中学、大学将历史课列为非核心课程并逐渐边缘化来看，我们的融入了爱国主义的思想政治教育的确应该从美国的历史教育中获得启示。

通过分析了美国思想政治教育，我们从中发现了点滴意识形态教育规律：第一，间接的意识形态教育效果优于直接的意识形态教育效果。由于青少年或多或少对直接的思想政治教育有逆反心理和反感情绪，因而通过间接的教育方式让他们自己悟出来其中的道理更有效果。第二，渗透性的意识形态教育效果优于灌输式的意识形态教育。填鸭式的满堂灌只能降低他们的学习兴趣，没有思想性、启迪性、文化性的说教只能引起学生们的厌学情绪，而渗透性的、浸润性的教育则在无声无息中收到了沁人心脾、入脑入心的良好效果。美国将爱国主义融入美国历史教育中就是成功的渗透性、浸润性意识形态教育最好例子。第三，体验式意识形态教育效果优于说教式意识形态理论说教。通过组织大学生到大型国有企业、政府工作机关、基层社区去亲身感受和体验国家的变化和伟大，让大学生切切实实看到中国发展成绩，真真切切地感受到我们的国家正在向着社会公平和正义的方向发展，清清楚楚认识到中国建国仅仅67年就实现从一穷二白到世界第二大经济体的历史性跨越这一伟大成就。为了按照这样的意识形态教育规律进行教育，就必须从改革高校干部任免制度入手，把意识形态教育一直深入到大学生思想内心深处。

三、高度重视马克思主义政治经济学教育与全面深化高校改革

为了加强高校意识形态教育工作，必须以理论经济学一级学科中二级学科马克思主义政治经济学的学科建设和马克思主义理论一级学科中二级学科马克思主义基本原理学科建设为主要抓手和突破口，以课程改革为中心，以高校干部任免、人才培养、职称评审、科学研究、社会服务等方面为重点，进行深刻的高校层面意识形态教育工作全面改革。

（一）改革高校干部任免制度

高校是否重视意识形态工作可以从各个方面反映出来，中层干部任命就是检查一所高校主要领导是否重视意识形态工作的一个重要方面。每一所高校作为一个相对独立的单位，高校内部的中层干部任命都是由校党委来组织考察任命的。在高校内部干部任命问题上，虽然也有民主集中制等来约束，但从高校实际干部任免情况来看，基本上是校党委主要领导即党委书记说了算，极个别的高校校长具有一定的候选人建议权，其他的校党委委员基本上不干涉高校校内中层干部任免事项。这样一来，高校内部干部任免问题交给了校党委书记，而校党委书记是否能从政党执政安全角度、是否能从国家创新战略角度、是否能从重用人才角度、是否能从学校长远发展角度来任命干部，的确是校党委书记自身政治素质的集中体现。

要想让意识形态工作深入到高校的每一个细胞，必须在国家宣传思想文化战线“四个一批”人才、国管专家、长江学者、省管专家与省宣传思想文化战线“四个一批”人才中优先选拔高校校级干部和高校中层干部。国管专家和省管专家是分别由中组部、省委组织部评选出来的符合政治要求的专业性人才，而国家“四个一批”人才和省“四个一批”人才分别是中宣部、中组部和省委

宣传部、组织部评选出来的符合政治要求的专业性人才。我们评选出来了这些优秀人才，却没有为这些优秀人才提供为党的事业奉献力量的机会，这是最大的人才浪费。对于一个国家而言，人才浪费是所有的资源浪费中最严重的浪费，也是让国家损失最严重的浪费。可见，只有让政治素质过硬的人才进入高校干部队伍，才能筑牢高校意识形态教育这个大堤！

（二）改革高校教师职称评审制度和科研经费管理制度

建议鼓励教师在党报党刊上发表文章，鼓励教师在新媒体中传播正能量，鼓励教师在学术研究中坚持正确思想导向，鼓励教师对大学生进行耐心细致的马克思主义理论教育和引导，让政治素质高和专业素质高的“双高”教师成为职称更高的教师。建议在国家层面设立最高马克思教学贡献奖和最高马克思学术研究奖，每年与国家最高科技奖同时颁发。凡是获得国家最高马克思教学贡献奖、最高马克思学术研究奖的教师可以破格晋升高一级职称，获得省级马克思教学奖、马克思学术研究奖的教师可以优先晋升高一级职称。

与此同时，一方面要在国家社科基金项目中加大对马克思主义理论体系中各个分支学科研究方面的项目经费支持力度，另一方面要改革科研经费管理制度。为了让高校教师和专门研究机构研究人员潜心研究，要改革科研经费管理制度。建议财政部门在各级各类项目经费中要充分考虑研究者体力劳动与智力劳动的酬劳，实行将研究经费其中一部分例如40%作为智力劳动酬劳直接划拨到教师和研究者个人账户，剩余60%作为奖惩基金：按时保质保量完成科研任务者重奖，不能按时保质保量完成者惩罚，奖罚分明。这样做的目的是，一是制度导向非常明晰，二是财务部门减少大量繁琐的工作任务，三是能够让教师和研究人员有时间有精力从事科学研究，省去他们到财务部门报账的时间和辛苦，最重要的是，这样做可以从整体上提高国家创新效率！

最高马克思教学贡献奖和最高马克思学术研究奖这些奖项是引导高校重视马克思主义意识形态学术研究工作的指挥棒。谈到学术研究，我们非常有必要纠正国内一些杂志的西方经济学办刊导向，这些刊物的西方价值观导向太严重！虽然现在个别刊物已经有所改变，但过去相当长一段时间内造成的不利于马克思主义政治经济学研究和传播的影响却远远没有肃清。这些期刊在改革开放前是坚持马克思主义政治经济学的，但是随着改革开放步伐的加快和程度的加深，这些期刊越来越以西方经济学为主要理论支撑，以一系列不切合实际的假设为前提条件，以数学模型为主要研究方法，严重脱离中国国情。令人担忧的是，目前全国高校却都在下大力气奖励教师在这些刊物上发表文章，而不是奖励在《求是》《马克思主义研究》《马克思主义与现实》上发表文章，这使得中国的经济学越来越偏离马克思主义经济学轨道，越来越偏离政治经济学轨道。值得反思的是，中国改革开放大业取得举世瞩目成就，而作为总结中国改革开放实践经验的“中国特色社会主义经济学”却没有因此而获得繁荣发展并取得世界性认可，这不能不说明我们经济学界自身既没有高度重视也没有深入研究我们成功的经验，更没有深刻研究中国特色社会主义经济规律。

（三）推行精细高等教育模式，改革本科生课程设置，确保高校正确办学方向

历史证明，一国高等教育有多精细，该国经济发展方式就有多精益，精益生产方式需要精细高等教育模式为先导。首先，建议取消高校大班额授课，改为小班额上课，这是推行精细教育模式的第一步。由于高校扩招，思政课基本上都是大班额上课，而面对当前严峻的意识形态危机，大班额上思政课从课堂教学效果上就降低了大学生的学习效率，大班额上课根本没有师生互动对话的机会，教师没有办法及时掌握大学生的思想动态，也不能迅速对大学生的不正确思想萌芽进行及时的校正和纠偏，进而就降低了全国高校的马克思主义理论教育效果。

其次，将本科生导师制落到实处，实行思想与专业导师责任制。导师不仅负责大学生的专业指导任务，还要负责大学生的思想教育任务，让大学生的思想成熟起来比让他的专业成熟起来更重要。实行导师制可以将大学生的一些细小的、零散的、碎片化的点滴思想进行儒化教育，将问题消灭在萌芽状态，而不至于出现越演越烈的事件。

再次，改革马克思主义理论课程内容，变直接的马克思主义理论教育为间接、渗透式的、浸润型的马克思主义理论教育。建议在全校本科生中增加“马克思主义经济学”“马克思主义法学”“马克思主义哲学”“马克思主义文学”等课程的课时量，增设“世界历史”“中国历史”“社会主义历史”这三个历史方面的课程。这样做的目的是，让大学生在世界历史中认识中国历史的厚重性和深远性，让大学生在中国历史中感受中国发生的巨大变化。例如，习近平主席访问英国，1840 年英国侵略中国，发动侵华战争。175 年以后的 2015 年，习近平主席访问英国，英国首相卡梅伦表示英国要做中国在西方最坚定的支持者、最开放的合作伙伴。这说明中国综合国力强大了，中国国际影响力提高了，中国不再是 1840 年时任人宰割的旧中国了。这样的爱国主义教育一定会激发大学生对国家的热爱，对祖国的自豪感！让大学生认识到中国选择社会主义道路的客观性和现实性。同时，减少非马克思主义理论课程，特别是要大幅度减少西方经济学课程，在与国际接轨中保持住中国自己的意识形态安全，切实提升马克思主义理论体系教学质量，突出马克思主义意识形态教育。

最后，建立科学的、全面的、具有政治导向性的教学质量评价制度。教学质量评价要从“教”与“学”两个方面着手，改革过去单一的“学生评教制度”，降低学生评价所占比重。从评价教师教学质量方面来讲，一节高水平的课堂教学应该是这样的：教学内容的政治导向明确、思想阐释深刻、逻辑体系严谨、理论前沿高远、案例资讯丰富、语言艺术幽默。本着这六个方面才能全面考察教师课堂教学质量的政治性、思想性、理论性、时代性、前沿性和系统性。从评价大学生学习勤奋程度方面来讲，还要严格要求学生，我们不能只要求教师，而忽视对大学生的严格要求（大学生课堂上玩手机已经成为一种普遍现象，手机已经越来越将大学生的学习意志软化，越来越将大学生的奋斗精神磨灭掉）。建议大学生上课时不许玩手机，利用信息技术，实行教室内信号屏蔽，大学生自然无法上课玩手机。实行入学考试、毕业考试并举的制度，毕业考试以马克思主义理论课、综合专业课、体育课来进行，这是严格要求大学生勤奋学习的具体措施。高考入学考试实行全国一张卷，以此解决高考移民和招生腐败问题。

（四）改革意识形态教育的课堂教学方式

互联网时代的到来，揭开了自媒体的全新面目。信息化让大学校园成为各种思想、各种思潮的集散地、聚集地和传播地。这使得以往直接的、灌输式的意识形态教育面临着巨大的挑战。事实上，每一门自然科学课程、哲学社会科学课程和人文社会科学课程当中都或多或少的蕴含着意识形态教育，只是我们的教师是否具有意识形态教育意识，是否有这种政治敏锐度，是否有为国家培养社会主义接班人的这种高度责任感。如果有的话，就会在自己的课堂教学中自觉地融入这些正能量的元素，从而来传播马克思主义，来进行意识形态教育。如果没有，即使是思想政治理论课，也会讲成让人讨厌的课。

为此，我们要借鉴美国的政治教育经验，将融入了马克思主义意识形态理论的隐蔽性课程呈现在大学生面前。建议开发融入了马克思主义意识形态教育的专业课教学视频课件和案例库课件。有条件的高校可以通过一线专业课教师的讲授学习这样的专业课，没有条件的高校可以通过信息化手段学习，实现优质专家课资源的均质传播。现在已经进入大数据时代，高校也要利用好大数据、云计算这些信息网络平台。建议中宣部和教育部从各个高校抽调主要专业和新专业的部分骨干教师，组织专门的专业化队伍进行教学视频课件的制作和案例库的选择与制作。制作好以后的课件和案例库可以免费发放给一线专业课教师，也可以将其传到数字化教学资源中，让大学生自学其内容。目前，已有的“爱课程”网是教育部、财政部“十二五”期间启动实施的“高等学校本科教学质量与教学改革工程”，是支持高等教育课程资源共享平台建设的专门网络课程体系。但是，当我们浏览该中国大学（MOOC）慕课网站会发现，符合我们意识形态教育理念的专业课课程并不多。为此，还需要加强并改进该网站的内容建设和管理体制，并且想方设法提高网站的点击率。

（五）建设大学生暑期社会实践综合实训基地，改革大学生暑期社会实践内容，创新体验式意识形态教育方式

以往各高校进行暑期大学生社会实践都是学院自己联系实习地点，甚至让

学生自己找地方进行实习，即使组建几个实习队也是有选择的，其学生受益面十分有限，大学生暑期社会实践处于没有专门的组织者、没有专项经费支持、没有固定官方指定实习地点的“三无”状态。为此，我们要在财政资金的主持下，在优秀的企业、高效的政府机关、积极意义突出的博物馆等地方建设一批正规的大学生指定实习基地，并在这些实习基地设有专门的宣传接待中心，从而让大学生的暑期社会实习正规化、制度化、安全化。

改革大学生暑期社会实践方式，变无意识形态导向的单一型参加社会实践活动为意识形态导向明确的复合型社会实践体验。具体做法如下：一是组织大学生参观一家优秀企业、一个高效率政府治理机构、一个专业性博物馆。通过实际考察，让大学生切感受中国企业特别是国有企业的创新精神、经济实力和国际影响力。参观高效率政府管理机构是让大学生切身感受政府公信力，因为我们的各级政府机关的确有很多非常敬业的一线公务员和基层干部，看看他们的服务效率和服务流程。参观各类博物馆、纪念馆、展览馆等也是让大学生开阔视野的实践基地之一，目的是让大学生感受我们国家这些年的深刻变化和取得的巨大成就。在这里，高校组织者的马克思主义意识形态观念很重要，组织者自己和组织活动的高校自身要明白这些活动的真正意图，不一定要明确地告诉学生，防止大学生产生逆反心理，我们要让活动之后能够收到马克思主义教育的活动效果，这正是意识形态教育在“润物细无声”之中达到沁人心脾的巧妙方法。

二是听六个专题的高水平时代化马克思主义理论课，目的是提高大学生的理论素养、理论水平、国家安全意识和民族自豪感。这六个专题分别是《中国外交风云录》《中国抗日战争史》《国家安全体系框架》《美好人生从梦想开始》《“三个自信”的综合国力分析》《世界格局演变中的中国国际影响力》，上述六个专题大体对应的是爱国主义、英雄主义、集体主义、理想主义、社会主义和国际主义教育。马克思主义意识形态教育从认同开始，让我们的大学生认同我们国家的最高领导人，从心底里佩服、崇拜、敬仰我们的最高领导人，大学生们才能够逐渐热爱我们的国家、我们的民族和我们的社会主义制度，这正是我们要从中国老一辈革命家毛泽东、周恩来讲起一直讲到今天的习近平总书记的根本原因。特别要培养大学生的国际视野和历史思维模式，让大学生在历史的长河中体会中国共产党和中华民族的奋斗历程和艰难选择，让大学生在国际范围内审视中国崛起的伟大魄力和英雄气概。

三是让大学生讲一节生动的专业课。我们高校的专业课课堂教学都是老师在讲，很少给学生讲课的机会，当然这与我们的教学方式方法有关，也与中国的教育制度有关。为了改变传统课堂教学的不足，在暑期大学生实践期间，让大学生走向讲坛，让他结合暑期实践收获讲授一节自己感兴趣的专业课，对他来说是一次很好的锻炼。从此，大学生教育令其迈开了腿（走向一线企业）、张开了嘴（走向讲坛），提高其语言表达能力，在其备课过程中也让其体会老师的不容易。

四是让大学生写一篇暑期综合社会实践心得体会，并开展一年一次的国家级、省级、校级层面的心得体会评比活动。大学生把自己在暑期综合社会实践中看到的、听到的感受以心得体会的形式写出来，是对其创新能力、创新精神、创新勇气和创新才干的一次综合考察。中国现在的大学教育存在与高中教育严重脱节的问题，其中之一就表现在作文方面。高中几乎一周一篇作文，进行应试教育训练。而到了大学同学们则放下了笔，直到大学四年级开始动笔写学士毕业论文，能够完全独立完成的学生很少，从网络上复制粘贴是最常用的方法，出现离开手机、电脑而不会写文章的低能力现象。为此，我们锻炼大学生的独立写作能力和创新能力实在是势在必行！

发展当代马克思主义政治经济学两个相关重大问题的思考

程启智*

2015年11月，习近平总书记在政治局第28次集体学习马克思主义政治经济学基本原理和方法论会议上强调：要立足中国国情和发展实践，将其经验上升为系统化的经济学说，不断开拓当代中国马克思主义政治经济学新境界。这无疑是向马克思主义政治经济学工作者提出了一项十分重大而艰巨的理论任务。为了实现这一宏愿，本文就如何发展与发展什么这样两个相关的重大问题，提出我们的看法，以就教于同仁。

一、发展路径选择：综合与细分

我们知道，马克思主义政治经济学的源泉和主体，是由马克思在政治经济学批判名目下创立的全部经济理论和经济思想，从其内容看，就像它的来源古典政治经济学如斯密的理论一样，涵盖了现在所称谓的经济科学几乎全部内容。因为除传统的政治经济学内容外，马克思还研究了生产一般即所谓的纯经济问题，也研究了现代制度经济学的“制度”（Institutions）问题，甚至还研究了应用经济学许多诸问题比如部门经济学和区域经济学等问题，他说：“不是土壤的绝对肥力，而是它的差异性和它的自然产品的多样性，形成社会分工的自然基础。”① 这种涵盖众多领域和内容的理论综合性，实则是一切古典科学知识具有的共同特征。所以，我们现在所说的承袭马克思全部经济理论和思想的马克思

* 程启智，教授，博士生导师，中南财经政法大学马克思主义当代发展研究院副院长，生态文明与可持续经济研究中心主任，中国经济规律研究会常务理事。

① 《资本论》第1卷，人民出版社1975年版，第561页。

主义政治经济学，实则有两个含义：一是由《资本论》的主体理论①所构成的政治经济学，即由剩余价值的生产、流通和分配三过程所构成的理论体系，亦即传统的马克思主义政治经济学，我们可称之为狭义政治经济学；二是具有经济科学综合性质的马克思主义政治经济学，可称之为广义政治经济学②，亦即现在人们所说的马克思主义经济学。马克思主义经济学这一称谓，也是近三十年以来才出现的，实际上，它反映了人们不再满足于在狭义政治经济学内发展马克思经济理论的愿望，以及想扩宽马克思主义经济科学的创新追求。

那么，如何发展上文所说的广义马克思主义政治经济学？我认为，有两条路径选择：一是仍然在马克思当年创立的带有综合性质的政治经济学基础上发展马克思主义政治经济学，例如在资本论基础上沿着他设想的六个分册思路来发展马克思主义政治经济学。程恩富教授等人主编的《现代政治经济学新编》就是这一发展路径的代表作，他们按六分册思路，在国内外首创了政治经济学五过程体系，也就是在《资本论》的三过程基础上增加了“国家经济过程”和“国际经济过程”。③ 二是在清理马克思全部经济理论和思想遗产的基础上，将广义的马克思主义政治经济学细分为若干分支学科，从而各自在每一分支学科领域内独立发展马克思主义经济学。为繁荣马克思主义经济科学，我们认为，应该鼓励和支持这两条发展道路同时并存。④

后一发展路径是笔者近几年主张并不断为之努力的，因此需要在这里阐明其理由。第一，它符合人类科学知识发展的一般规律。考察人类的科学知识史，越往前追溯，人们对自然和社会的认识越是不分学科的，因此世界各民族的先哲们对世界认识的知识体系都是十分庞大、多样而综合的。例如，古希腊的亚里士多德，被称为百科全书式的思想家，他的思想不仅涉及伦理学、形而上学、心理学、经济学、神学、政治学，而且还涉及自然科学；再如东方的孔子、荀子等先哲们，其思想体系也是十分庞大而综合的，他们的思想不仅涉及道德、政治、经济、教育等哲学社会科学领域的问题，而且也涉及自然科学，例如荀子在《天论》中就说：“列星随旋，日月递炤，四时代御，阴阳大化，风雨博施，万物各得其和以生，各得其养以成，不见其事而见其功，夫是之谓神。”由此可见，人类认识世界的科学知识体系，只是在近代才开始分门别类，细分为不同学科的。例如，自然科学中的物理学、化学、生物学、天文学等学科，社

① 从《资本论》所涉及的全部内容来看，它本身就具有经济科学的综合性，因为除主体理论即生产关系所有制理论范式政治经济学外，马克思同时还研究了我们现在所说的纯经济学问题和应用经济学诸问题。

② 当然，这里所说的广义政治经济学与恩格斯在《反杜林论》中所定义的广义政治经济学有所不同（虽然这里的狭义政治经济学与他的定义是相同的），它是在经济科学的广义上定义马克思当年研究的全部经济理论和经济思想。由于这些理论和思想都是马克思在政治经济学的名义下所做的工作，故我们称之为广义政治经济学。我们知道，当时也只有这一门经济学称谓即政治经济学。

③ 程恩富、冯金、马艳：《现代政治经济学新编》，上海财经大学出版社2012年版，第417~566页。

④ 当然也不排除其他发展路径选择。

会科学中的经济学、政治学、社会学、法学等学科，是近代以来才逐渐分化开来并各自独立发展成为不同的学科门类的。而且每一学科，从20世纪以来也都在进一步细分为多个分支学科。比如，研究物质运动最一般规律和物质基本结构的物理学，现在有许多分支学科如经典物理学、量子物理学，在量子物理学基础上又进一步细分为原子物理学、固体物理学、核物理学、粒子物理学等分支学科。再如经济学，自19世纪70年代的边际革命①，抛弃了古典政治经济学中所包含的生产关系属性的内容，而集中研究生产一般即纯经济学的问题，从而发展出了自称为新古典经济学；20世纪60年代以来科斯等人在洞悉新古典经济学缺少社会属性的缺陷基础上，将生产关系即人们之间的交往与合作关系而非马克思的所有制生产关系引入进来，发展出了新古典主义范式的新制度经济学分支。而且，在新古典主义范式下西方的经济科学还发展出了众多的应用经济学分支，如公共经济学、产业经济学、区域经济学等。由此观之，广义的马克思主义政治经济学发展也如上述其他学科发展一样，应该遵循科学知识发展的一般规律，通过细分为若干分支学科来获得进一步发展。

第二，这也是知识分工的要求和好处。我们知道，现实世界是一个极其复杂的有机统一体，一个人就是穷极一生也难以认识和研究它的每一精微之处。所以，近现代以来，学者们为响应现实社会发展对自然和社会各不同领域的知识渴求，不再向往和追求古代先哲们的全知型学术生涯，而是专一在自然科学或社会科学中某一领域内甚至更小的范围内集中精力进行研究，以探求其精微之处，于是才有20世纪自然科学和社会科学且门类齐全的各门学科的兴旺和发达，从而深化和扩展了人类对现实世界的认识。所以，马克思主义广义政治经济学的发展，也需要将其细分为不同的分支学科，以便马克思主义学者们进行知识分工，从而在马克思主义经济学范式基础上，集中精力研究各门分支学科的精微之处，以便更好地繁荣和发展马克思主义经济科学。

第三，这样做在借鉴其他不同范式经济学的研究成果时相对来说或许更容易些。固然，20世纪后期以来，人们开始认识到这种知识分工所带来的问题即“瞎子摸象”，因而正在努力对学科进行综合如美国桑塔费学派所做的工作，以便更全面更准确地认识现实世界的规律性。但是，这种发展路径，显然是一个螺旋式上升过程，符合马克思所强调的“否定之否定”规律。所以，如果没有对旧综合知识的“否定”，即通过知识分工对它进行细分，就不会有新综合的出现。当然，马克思主义经济学新综合，也可以不经细分工作而直接借鉴别人的“细分”成果来取得。但是，马克思主义经济学是有其自身的范式和硬核的，因

① 就这一点而言，“边际革命”还是很有意义的，因为如此，它才能发展出众多的、精细化的、数理的分析方法和技术。但问题是，它自己并没能看清这一点，相反把它当成理论经济学的全部，用其理论直接解释现实经济问题就成了大问题。例如，它的企业理论即无社会属性的生产理论，用在解释企业现实问题如企业治理及其绩效问题就解释不通。

此它在这种综合过程中直接借鉴别人不同范式的成果，是较难融入进来的，因为这些成果几乎都是学科细分后的各分支学科研究中所取得的。例如，新制度经济学的产权理论，如果在马克思主义政治经济学综合过程直接借鉴过来，就容易混淆其“产权”概念与所有制理论的所有权概念，而看不清这两个范畴的实质性区别①：前者，是从人们在经济生活中平等交易与合作的社会关系意义上讲的财产权，因而其产权交易是一种平等自由的契约关系，无论是从流通领域还是生产领域来看都是如此；而后者，是从人们在生产中不平等的生产资料占有的社会关系而言的财产权，因而其产权交易体现的只是形式上的平等自由而事实上的不平等不自由。所以，马克思在《资本论》第一卷第四章末了才会说：“劳动力的买和卖是在流通领域……进行的，这个领域确实是天赋人权的真正乐园。那里占统治地位的是自由、平等、所有权和边沁。”但一离开流通领域，立即“就会看到，我们的剧中人的面貌已经起了变化。”② 这里所说的“面貌”的“变化”，显然是要运用马克思独创的所有制理论在生产领域中才能剖析出来的，即马克思所说的所有权规律“变化”为占有规律。虽然马克思对此处理得很好，但是，我们在承袭马克思的综合思路进行研究时，能否且处处都做得很好，是很存疑的？因为综合性研究本就是极其复杂、庞大而艰难的科研工作，或许这就是马克思当年放弃六分册的研究工作而集中精力撰写《资本论》的一个重要原因。所以，我主张细分路径，通过对马克思主义广义政治经济学进行细分，以便可以较容易且不失其范式和硬核地在细分的各个分支学科领域内，借鉴西方的经济科学不同范式的成果，以发展马克思主义经济科学。

二、细分选择：发展马克思主义理论经济学三个分支学科

在中国经济学界，通常把经济科学分为理论经济学和应用经济学两个大类，而理论经济学又分为马克思主义政治经济学和西方经济学这样两个具有完全不同理论范式或研究纲领的学科。后者，在西方世界被称为主流经济学，而且在新古典主义范式影响下，它还发展出了一个具有众多分支学科的大家族的经济科学：例如，理论经济学除新古典经济学外，还有新制度经济学，新制度经济学又细分为产权经济学、契约经济学、交易成本经济学、新经济史学、新政治经济学、法经济学等；再如，新古典范式的应用经济学也有公共经济学、产业经济学、区域经济学等众多分支学科。相对而言，马克思主义经济科学家族就显得十分单薄，也因此，虽然马克思主义经济学的宏大理论框架比西方主流经济学理论框架在解释力上更有优势，但它无法一身担多任地深入剖析现实经济

① 我自己在20世纪90年代也没有搞清楚。程启智：《关于马克思产权理论若干问题的研究》，载于《财经研究》1992年第3期。

② 《资本论》第1卷，人民出版社1975年版，第199~200页。

社会中多个不同领域、不同层次、不同方面且精微之处的问题，这或许是20世纪90年代以来马克思主义经济学在中国日渐式微的一个原因。所以，为了发展和繁荣马克思主义经济科学，首先要在理论经济学方面对其细分，因为它是为应用经济学的发展提供理论和方法的。对此，我主张从历史唯物主义出发，将马克思主义理论经济学分为三个分支学科：一是以马克思二维生产力理论为范式的马克思主义纯经济学，二是以马克思生产关系所有制理论为范式的狭义马克思主义政治经济学，三是以马克思生产关系依赖理论为范式的马克思主义制度经济学。

（一）二维生产力理论范式的马克思主义纯经济学创立和发展

所谓纯经济学，是指撇开了生产社会形式或生产关系的研究生产一般即研究纯粹经济问题的经济学。这可能让人联想到新古典经济学和马克思曾批判过的庸俗经济学，因为它们的理论特征，就是抽掉了经济范畴特定的生产关系或社会属性。但是，在这个问题上，我认为要把马克思批判的“庸俗”内容，与它们的可借鉴的、具有科学成分的内容区别开来。况且马克思并不否定研究生产一般，他说：“生产一般是一个抽象，但是只要它真正把共同点提出来，定下来……它就是一个合理的抽象。”[①] 可见，对撇开了生产关系和社会形式的生产问题即纯经济问题进行研究，与“庸俗”无涉，它也是马克思曾涉及的一项重要研究内容。其次，如果要创立马克思主义范式的应用经济学，创立和发展马克思主义纯经济学就是必不可少的先行环节。

实际上，马克思不仅在《〈政治经济学批判〉导言》中研究了生产一般，即撇开生产关系属性的生产、交换、分配和消费及其之间的关系，而且在《资本论》中也研究了撇开生产关系属性的生产及其生产力问题即纯经济学的问题。据笔者研究[②]，马克思的生产及其生产力理论，就是一个撇开了社会属性的由要素生产和协作生产、要素生产力和协作生产力构成的二维理论体系，而且这种二维理论体系有助于分析生产力自身发展的内生演进机制。由于篇幅关系，这里不再详述（有兴趣的读者可参看拙作），只拟简要举例说明，马克思主义纯经济学的创立和发展，可以积极地借鉴[③]新古典经济学即所谓西方主流经济学的纯经济研究成果。

例如，新古典经济学的边际分析方法，在研究纯经济问题时是一个较好的方法，可为马克思主义纯经济学研究提供借鉴。实际上，马克思本人并不排斥

① 《马克思恩格斯全集》第30卷，人民出版社1995年版，第26页。

② 程启智：《生产力的二维理论：要素生产力和协作生产力及其互动演化——兼论马克思主义经济学在当代的发展与借鉴》，载于《河北经贸大学学报》2014年第1期。

③ 任何含有创新意义的借鉴，都不可能不是批判性的，也就是说，批判（中性而无价值判断的概念）是理论创新必不可少的方法或者说技术路线。

边际分析法，例如他在研究级差地租Ⅱ时，就使用了这一方法，来说明为什么连续追加投资一般是先投在较好而非较差土地上的，因为投在较差地上只可能产生较少甚至不能产生超额利润，而且他还举例说明在较好土地上的连续追加投资，是一个边际收益递减过程。他说："以四个独立资本的形式（每个2.5镑）……分别投在四级土地A、B、C、D各一英亩上的这10镑资本，改变一下投资的方法，把它分为四次投资，相继投在D级土地（即最优土地—引者注）的同一英亩上，第一次投资提供了4夸特，第二次投资提供了3夸特，第三次投资提供了2夸特，最后一次投资提供了1夸特。"[①] 由此也可看出，研究生产关系属性的经济问题如资本主义级差地租时，也需要纯经济学的研究成果为其提供理论和方法支持。这在《资本论》的很多地方都可看到。

再如，在新古典经济学的生产和增长理论中，柯布—道格拉斯生产函数理论处于一个核心地位。但是，如果把生产函数中的资本要素K，看成生产资料要素，那么，它就成了马克思要素生产理论的数学表达。因为生产函数左边的产量Q，即是马克思生产理论中所说的，劳动者借助劳动资料将其活动传达到劳动对象上使其发生预定变化，而创造的使用价值量。所以，从数量关系上来说，马克思要素生产理论所论述的内容，即是生产函数理论。至于生产函数中的技术因素A，与马克思的劳动生产率和使用价值量同比关系的分析是相通的，而马克思所说的影响劳动生产率的"科学的发展水平和它在工艺上应用的程度""生产资料的规模和效能"等因素，即是生产函数中的技术因素。生产函数中的另外两个参数即α和β，我们知道，当二者之和等于1时，表示规模报酬不变，大于1时，表示报酬递增。这种规模报酬不变和增加，实际上就是要素生产力的不变和提高。可见，新古典经济学的柯布—道格拉斯生产函数理论，是可以借鉴和整合到马克思主义纯经济学的生产及其生产力理论中去的。

又如，新古典增长理论与新增长理论的重要区别在于，前者把技术当作外生变量，并假定规模报酬不变，而后者则把技术内生化了，并假定报酬递增。因此，新古典增长理论的缺陷，在一定意义上，如同马克思主义传统的要素生产力理论的缺陷一样，缺少了技术演进思想即生产力演进的内在机制分析。而新增长理论，撇开其先进的数学工具，更重要的是，它有一个技术内在的演进思想。因此，所谓新增长理论的"新"，就在于它把技术进步处理成内生因素，从而揭示了众多影响技术进步和增长的内生机制，如"知识外溢""人力资本""研究和开发""收益递增""劳动分工和专业化""干中学"等，从而重新阐释了经济增长率和人均收入的广泛地跨国差异，为长期经济增长提供了一幅全新的图景。下面我们试图用马克思的二维生产力理论重新解释上述新增长理论所发展出来的这些关键词，即内生机制关系。

① 《资本论》第3卷，人民出版社1975年版，第763~764页。

“人力资本”，从要素生产力理论来看，实际就是劳动力要素或人力要素。把它改称为人力资本要素，只不过是强调和突出了，要素生产力理论中人力要素所掌握的知识及其智力因素和健康因素对提高生产力的作用，以及作为微观机制促进经济增长的重要性。因此，新增长理论中的“人力资本”因素与要素生产力理论强调和突出人力要素的重要性是相通的。

与人力资本因素相关的“知识外溢”和“干中学”两个因素，显然与协作生产力有关。因为新增长理论中的外溢“知识”和干中学的“知识”，更多的是默会知识，也就是说，只能是在协作生产过程中通过干而学到的知识和在企业内和企业之间发生的外溢知识。无论是企业内还是企业外，通过知识外溢和干中学，既可以提高要素生产力如劳动者个人生产力，也可以提高他们之间的协作生产力，从而使收益递增。

马克思的二维生产力理论认为，“分工和专业化”一方面会促进要素生产力的完善、改进和变革，另一方面它本身就是协作生产力发展的要义。而前述的“人力资本积累”和“知识外溢”及“干中学”，都与“分工和专业化”有关。因为，分工的深入会促进人力资本积累，进而促进发明、创新，以及物质资本等生产力要素的积累；社会分工对人力资本积累的促进，包括学校、家庭、厂商对人力资本的直接投资，以及政府、家庭和学校对“研究和开发”的直接、间接影响；工厂内部的分工则主要通过干中学以及“研究和开发”部门的贡献来促进人力资本和物质资本等生产力要素的积累；“分工和专业化”基础上的产业“集聚”，则导致产业之间相互的“知识外溢”；而资本存量即生产要素积累的提高又会有助于发明和创新的产生。

“收益递增”和“外部效应”，均来源于分工和专业化及其规模经济，而这与协作生产及其生产力有关。因为马克思认为，协作首先源于生产要素在一定空间内的集聚，即使要素本身没有变，单是数量的集聚，就会导致生产力的本质变化，即不仅提高单个要素的生产力，还产生新的协作生产力。这种协作生产力，用现代经济学术语表述，即是规模效应和外部效应；而协作生产力与要素生产力之间的互动演进过程，从回报来讲，即是收益递增过程。因此，二维生产力的互动演进过程在收益递增理论看来，就是生产力系统不断自我增强的正反馈过程。

由上观之，新古典经济学中的纯经济问题的研究成果，由于撇开了经济问题的生产关系属性，因此它们是可以为马克思主义纯经济学的创立和发展提供借鉴的。

（二）生产关系所有制理论范式的马克思主义政治经济学发展

马克思创立的所有制理论范式政治经济学，集中体现在他竭尽全力撰写的《资本论》中。虽然《资本论》也包含了经济科学的很多内容，但是，它的主体理论是所有制理论，也就是说，其主题是在生产关系所有制理论范下，研究资本所有者与劳动力所有者之间的生产关系，以揭示现代社会两大对立阶级即资产阶级（包含资本化了的地主阶级）与无产阶级之间对立的经济根源，以及资本主义与社会主义两大社会形态更替的规律。之后，主要是苏联的马克思主义学者们将其发展为所有制理论范式的马克思主义政治经济学，并成型为“经典教科书”。我认为，应该肯定苏联学者们（包括斯大林本人）对马克思经济学发展的这一贡献，即将《资本论》的主体理论独立出来，成型为马克思经济学的一个分支学科。但问题是，他们自己并不清楚所做这一工作的理论意义，更重要的问题还在于，他们将该教科书的理论视为马克思全部的、正宗的经济学理论，并固化为教条。后来国内外马克思主义学者们虽然批评了其理论教条，但没有认识到这一发展的理论价值之所在，因此，其所有的工作仍然是在政治经济学这一面大旗下发展马克思主义经济科学。由于所有制理论范式政治经济学的发展方向是清晰的，且国内外马克思主义学者们也在这上面做出了众多贡献，例如：根据现代资本主义社会和社会主义社会发展的实践经验，对劳动价值理论、资本积累理论、再生产理论、价值转型理论、利润率下降趋势理论、经济危机理论、社会主义初级阶段及其基本经济制度理论等理论发展所做的贡献。这是周知的，故这里不再赘述。

（三）生产关系依赖理论范式的马克思主义制度经济学创立和发展

首先，我们要回答：为什么所有制理论不可以依赖理论而可以成为马克思主义制度经济学的理论范式？固然，所有制理论范式的政治经济学，也可以称之为制度经济学，因为它揭示了社会制度的本质和更替规律，但是，所有制理论所说的制度，显然是指五大社会形态即通常所说的原始社会、奴隶制社会、封建制社会、资本主义社会和社会主义社会的基本经济制度，它是由人们在生产资料占有上的不同而引起的生产关系及其制度。因此，这种用所有制理论和方法揭示和分析的制度，跟现代制度经济学所说的“制度”，或者说与中国社会转型中的制度变迁的“制度”，是两个性质完全不同的概念，它们在内涵上有根本的区别，因为后者所说的“制度”，是指人们在生产中必然的交往与合作关系所形成的、约束他们在经济活动中的行为的规则。例如在资本主义社会，从这种制度理论来看，资本家与工人之间就不是一种对立的剥削关系，而是一种平等自由的产权交易关系，即工人用他们的劳动力产权与资本家的资本产权进行等价交换的社会关系，并在平等协商（虽然是形式上的）的基础上签订交易合约，结果其契约即制度便规定了他们在经济活动中各自的权益和行为边界，以便有秩序地合作。但是，在所有制理论看来，制度经济学所说的人们之间这种平等自由的交易与合作关系，只是形式上的，一旦进入生产领域，用所有制理论和方法进行剖析，就可知道，实质上是资本家剥削工人剩余价值的社会关系，并由此规定了资本主义社会的基本经济制度。由此可见，所有制理论不可能成为研究上述所说的规范人们交往与合作关系的“制度”的理论范式，否则，它就真有庸俗化的危险！

其次，我们还要证明，生产关系依赖理论是马克思生前研究过的不同于所有制生产关系的另一维度的生产关系，且在理论层次上属于现代制度经济学的研究对象即“制度”。据笔者研究[①]发现，马克思早期就论述过人与人之间的依赖关系，他说：“只有在社会中，自然界对人来说才是人与人联系的纽带，才是他为别人的存在和别人为他的存在。”[②] 然后，在《德意志意识形态》中马克思和恩格斯又从人们交往与合作的角度或者相互联系角度论述过这类生产关系。他们认为，人们在生产中的社会关系“是指许多个人的合作”，这种合作就是人们之间的“物质联系”。[③] 最后，马克思在《1857～1858 年经济学手稿》中把这一维度的生产关系正式表述为“依赖关系”术语。他说：“一切产品和活动转化为交换价值，既要以生产中人的（历史的）一切固定的依赖关系的解体为前提，又要以生产者互相间的全面的依赖为前提”[④]，并把前者定义为“人的依赖关系”，把后者定义为“物的依赖关系”。[⑤] 马克思这里所说的人与人之间的“依赖关系”，与现代制度经济学所说的人与人之间的“交易与合作关系”是相吻合的。例如，马克思的“人的依赖关系”概念，相当于制度经济学所说的“人格化交易及其制度”；而“物的依赖关系”概念，相当于“非人格化交易及其制度”。

让我们用现实的经济问题为例，以进一步证明依赖关系的制度含义。在计划经济体制中，人们之间的交往与合作关系，我们知道，是遵循该体制所赋予的每个人的职位及其名分如厂长、车间主任、工人等“规定性”的名分和职位，来规范和界定他们在经济活动中各自的权益和行为边界，以进行合作，而这就是马克思所说的“人的依赖关系”，即“个人之间的关系表现为较明显的人的关系，但他们只是作为具有某种规定性的个人而互相发生关系”[⑥]；当我们转型到市场经济体制里，人们之间的交往与合作关系就发生了变化，他们这时不再以名分和职位来界定他们之间的生产关系，而是按照各自拥有的不同要素产权如资本、管理、技术、劳力等产权，通过双方平等协商和交易，来规范和界定他们在经济活动中各自的权益和行为边界，以进行合作，这就是马克思所说的“物的依赖关系”，即“他们的相互联系，表现为对他们本身来说是异己的、独

---

① 程启智：《马克思生产关系二维理论体系形成过程的系统考察》，载于《学海》2013 年第 1 期。

② 马克思：《1844 年经济学哲学手稿》，选自《马克思恩格斯全集》第 3 卷，人民出版社 2002 年版，第 301 页。

③ 《马克思恩格斯选集》第 1 卷，人民出版社 1972 年版，第 34 页。

④ 《马克思恩格斯全集》第 30 卷，人民出版社 1995 年版，第 105 页。

⑤ 《马克思恩格斯全集》第 30 卷，人民出版社 1995 年版，第 107 页。

⑥ 《马克思恩格斯全集》第 30 卷，人民出版社 1995 年版，第 113 页。

立的东西，表现为一种物。在交换价值上，人的社会关系转化为物的社会关系”①。综上所述，马克思的依赖理论是不同于他的所有制理论的又一生产关系理论，而且，马克思是在交往与合作的意义上即现代制度经济学所说的制度意义上定义的生产关系，所以，我们完全有理由把依赖理论作为创立和发展马克思主义制度经济学的理论范式。

固然，马克思生前并没有系统地研究过依赖关系的经济学，一是因为当时他几乎把全部精力用在研究所有制理论范式的政治经济学上，而无暇顾及依赖关系理论；二是因为当时的社会实践还没有提出该理论任务，也就是说，在马克思看来，当时的社会实践急需要的是，为即将到来的无产阶级社会主义革命提供理论武器，即创建所有制理论范式的政治经济学。但是，现今就不同了，尤其是在当下中国，急切而强烈地提出了该理论任务。因为中国正在发生一场伟大的经济和社会转型及其制度变迁过程。说“伟大”：一是因为它在人口众多的超级大国中发生，其经验必将对世界产生重大影响；二是因为这场社会和经济转型，远了说至少是自明代就开始了②，近了说是自 1840 年鸦片战争以来就开始了，但在我们这个大国却几经周折和磨难，历经数百年或一百多年，才在 20 世纪 70 年代末以来的社会主义市场经济变革中，让我们真正地看到了它成功的曙光，以及它所带来的经济繁荣之希望。对此，难道我们不应该创建属于中国自己的制度经济学，即有自己话语体系的制度经济学，来解答中国转型及其制度变迁问题吗，而还是亦步亦趋地跟在西方老师的后面用新制度经济学的话语体系来解答中国的问题?

创建属于中国自己话语体系的制度经济学，可以有不同的理论范式选择。目前显然有两大范式可选：一是新古典经济学范式，亦即新制度经济学范式，在此范式下，我认为基本上是用中国的经验重写属于西方经验的新制度经济学；二是马克思主义经济学范式，亦即马克思的生产关系依赖理论范式，在该范式下是用中国的经验创建马克思主义制度经济学。从理论竞争及其繁荣来说，这两种范式的制度经济学当然可以并行不悖。但是，从建立中国改革的理论自信来说，选择后者，则更有理论逻辑的自洽性和意识形态的合法性（暂且不论其范式的优势）。

20 世纪 70 年代末以来中国走的是一条社会主义市场经济变革之路，但我们知道，马克思主义理论曾认定市场经济与公有制是不相容的，它乃资本主义道路。可见，中国这场伟大的社会变革不仅涉及利益关系的重新调整，更重要的是，它还涉及意识形态和理论观念的革命，也就是说，能否合乎马克思主义内

---

① 《马克思恩格斯全集》第 30 卷，人民出版社 1995 年版，第 107 页。

② 从五大社会形态理论来说，大多学者认为，中国自明代就有了资本主义萌芽；但从马克思的三大社会形态理论来说，经过宋、元两朝商品经济的繁荣和发展，明代社会则较为普遍地出现了物的依赖关系及其社会形态的萌芽，例如众多文献（包括文学作品）就记载了当时人们对金钱及其世俗崇拜的现象。

在逻辑地解答社会主义与市场经济相容问题，关系到这场变革是否合法性。客观讲，中国的马克思主义学者们在20世纪80年代运用马克思创立的所有制理论范式政治经济学原理，在这一点上做出了不可磨灭的贡献，例如：关于商品经济不可逾越的讨论、关于所有制结构与所有制社会结构的区分、关于所有制与所有制实现形式的辨析、关于基本经济制度与经济体制的划分、关于社会主义初级阶段的确认等。正是有了学者们十多年的这些前期理论探讨，才有中国共产党十五大报告对社会主义基本经济制度重新定义，并正式确认：公有制为主体、多种所有制经济共同发展，是中国社会主义初级阶段的基本经济制度。应该说，这是中国共产党对传统的社会主义理论一个重要的创新和突破，它解决了社会主义与市场经济相容的理论难题，使这场伟大的社会变革，从基本经济制度来说，在逻辑上与合法性上有了马克思主义的理论自信；而且，中国三十多年的经济发展实绩也证明，这一社会主义基本经济制度和市场经济是相容的。

然而，我们对随之而来的计划经济体制向市场经济体制转型的制度变迁，却一直缺少马克思主义理论自信，或者说，掌握这场制度变迁的话语权几乎被新古典主义范式的新制度经济学所垄断。当然，我们在这里并非说新制度经济学的理论和方法不能借鉴和应用，而是说相应的体制转型及其制度变革的讨论与理论支撑，缺少了马克思主义范式制度经济学的声音，这对于一个以马克思主义为主流意识形态的国家来说，显然是不正常的，也是不应该的。所以，我们必须在生产关系所有制理论范式的政治经济学之外，创立另一维度的生产关系理论即依赖理论范式的马克思主义制度经济学，以解答体制转型中的制度问题，从而在制度变迁问题上也能树立起马克思主义的理论自信。如此一来，中国这场社会主义市场经济变革就都能统一在马克思主义理论基础之上。

虽然我们竭力宣传马克思主义经济科学繁荣和发展的细分道路，并不断证明二维生产力理论范式的马克思主义纯经济学和依赖理论范式的马克思主义制度经济学的创立和发展，但这显然是一项极其浩大而艰巨的工程，不是几个人就能完成的，而是需要众多的马克思主义学者们齐心协力且持久而不懈地努力才可实现的。

参考文献

[1]《资本论》第1卷、第3卷，人民出版社1975年版。

[2]《马克思恩格斯全集》第30卷，人民出版社1995年版。

[3]《马克思恩格斯全集》第3卷，人民出版社2002年版。

[4]《马克思恩格斯选集》第1卷，人民出版社1972年版。

[5] 程启智：《马克思生产关系二维理论体系形成过程的系统考察》，载于《学海》2013年第1期。

[6] 程启智：《物的依赖关系与马克思主义产权经济学之当代重建》，载于《马克思主义研究》2007年第4期。

［7］程启智：《论马克思生产关系二维理论：所有制和依赖理论》，载于《当代经济研究》2009 年第 6 期。

［8］程启智：《生产力的二维理论：要素生产力和协作生产力及其互动演化——兼论马克思主义经济学在当代的发展与借鉴》，载于《河北经贸大学学报》2014 年第 1 期。

马克思消费理论与西方消费理论的比较分析

徐　敏　张桂文　张大为*

一、对马克思消费理论与西方消费理论的界定

在就马克思消费理论与西方消费理论进行比较之前，有必要对马克思消费理论和西方消费理论进行简单介绍。马克思对消费的论述散见于他不同时期的作品，特别在《1844年经济学哲学手稿》《〈政治经济学批判〉导言》《资本论》中有较多论述。归纳起来，马克思消费理论的内容囊括了消费与消费结构理论、消费在社会再生产中的地位和作用理论、生产和消费比例关系理论、消费力理论、消费信贷理论、消费观理论。①

西方消费理论泛指西方的消费理论，这是一个庞大的理论体系，内部包含了不同理论派系的不同观点，限于篇幅这里仅以不同时期的主流消费理论为代表对西方消费理论进行概括。从历史上来看，古典经济学消费理论、新古典经济学消费理论、当代西方主流消费理论是在西方消费理论发展史上最具有代表性的消费理论。其中古典经济学消费理论是指"边际革命"之前出现的以威廉·配第、亚当·斯密、大卫·李嘉图为代表的消费理论，新古典经济学消费理论是指"边际革命"之后出现的基数效用论和序数效用论，当代西方主流消费理论是"凯恩斯革命"之后出现的消费理论，包括绝对收入假说、相对收入假说、持久收入假说、生命周期假说、随机游走假说、预防性储蓄假说、流动性约束假说、缓冲存货储蓄假说等。

* 徐敏，长春师范大学政法学院副教授，硕士生导师，主要从事马克思主义经济学的研究；张桂文，辽宁大学经济学院、转型国家政治经济研究中心教授、博士生导师，从事发展经济学中国化研究；张大为，沈阳药科大学工商管理学院讲师，博士，主要从事西方经济学研究。

① 国内学术界对马克思消费理论的内容体系还没有达成共识，本文对马克思消费理论六大内容体系的界定是基于马克思不同时期的文献，同时也是对国内各种观点的综合。

二、马克思消费理论与西方消费理论的比较

（一）哲学基础的比较

马克思消费理论以“历史的现实的人”为基础，从历史和唯物的角度来研究消费。首先，以“历史的现实的人”为哲学基础，马克思从历史演进的角度对资本主义社会以前的社会的生产和消费的关系、资本主义社会生产和消费的关系、未来社会生产和消费的关系都进行了研究，从而形成了对生产和消费关系的科学认识。其次，以“历史的现实的人”为哲学基础，马克思既研究消费的一般属性，同时又重点对资本主义社会中生产和消费的矛盾关系进行了专门研究，从而对消费在社会再生产中的地位和作用有了更深刻的认识。最后，以“历史的现实的人”为哲学基础，马克思对消费与消费结构、消费在社会再生产中的地位和作用、生产和消费的比例关系、消费力、消费信贷、消费观等进行了广泛而深入的研究，从而形成了系统的马克思消费理论。

而西方消费理论是以“经济人假设”为前提的。“经济人假设”以个人利益最大化为假设前提，这是古典经济学消费理论的代表人物亚当·斯密所提出的方法论哲学基础，并在新古典经济学消费理论、当代西方主流理论中都有明显的体现。古典经济学消费理论认为市场能有效配置资源，只要充分发挥市场配置资源的作用，整个社会的生产和消费就会自动平衡。在这种理论前提下，古典经济学消费理论在生产和消费的关系上更重视生产。新古典经济学消费理论更是将“经济人假设”发挥到极致，按照新古典经济学消费理论，只要消费者最优化自己的行为就可以获得个人效用最大化。当代西方主流消费理论依然以“经济人假设”为前提对收入和消费的关系进行研究，比如生命周期假说就特别强调消费者追求一生效用最大化。

（二）方法论的比较

西方消费理论与马克思消费理论都采用了归纳演绎、抽象等方法对消费进行研究。然而，由于哲学基础的不同，两者在制度分析与非制度分析方法、总量分析与个量分析方法、结构分析与非结构分析等方法论方面存在较大差异。

1. 制度分析与非制度分析方法的差异

以“历史的现实的人”为前提，马克思消费理论在对消费问题进行研究时采用了制度分析方法。在马克思看来，消费是一种受社会生产关系或社会制度制约的行为，在消费中，产品并没有脱离社会生产关系运动。所以，马克思从生产关系角度出发，运用制度分析方法对资本主义社会消费及消费结构、生产和消费、分配和消费、交换和消费、消费力、消费信贷、消费观等进行了深入

的研究。

以“经济人假设”为前提，西方消费理论采取了非制度分析方法。古典经济学消费理论将资本主义制度作为永恒的制度，因此没有对消费问题进行制度分析。新古典经济学消费理论主要应用数理分析方法和经济模型分析方法对单个消费者的最优消费行为进行技术研究，将制度作为外生变量，因此根本不涉及制度分析。当代西方主流消费理论将制度作为外生变量，也同样是在现有制度范围内对收入和消费的关系进行研究，并没有制度分析。

2. 总量分析与个量分析方法的差异

以“历史的现实的人”为前提，马克思消费理论所研究的是社会的总消费而不是单个个体的消费行为。马克思采用总量分析方法对总消费进行研究，这主要表现在以下三个方面：（1）马克思消费理论以生产和消费的关系为切入点，在社会再生产运动中研究消费问题，并侧重研究生产、分配、交换、消费的关系，因此是对总消费的研究；（2）马克思将个人消费划分为工人阶级的消费和资本家阶级的消费，并侧重研究工人阶级和资本家阶级的整体消费行为，而不研究单个工人或者单个资本家的消费行为；（3）马克思对生产和消费比例关系理论进行了研究，提出了与生产力相对应的消费力概念，对消费领域所出现的消费信贷进行了研究，并对资本主义社会中不公平和奢侈的消费现象进行了批判，马克思对以上这些领域的研究都是对总消费的研究而不是对个体消费的研究。

以“经济人假设”为前提，西方消费理论更关注单个个体的消费行为，这在新古典经济学消费理论和当代西方主流消费理论中更为明显。新古典经济学消费理论研究消费者在既定的收入水平下如何选择最优的商品组合，以实现效用最大化。新古典经济学消费理论研究的对象是单个的消费者，因此是典型的个量分析方法。当代西方主流消费理论虽然是宏观消费理论，却以“代表性消费者”的消费行为为基础构建总消费函数，因此实际上还是采用了个量分析方法。

3. 结构分析与非结构分析方法的差异

马克思消费理论还使用了结构分析方法。马克思将消费划分为生产的消费和个人的消费，将个人消费划分为工人阶级的消费和资本家阶级的消费，从而完成了对消费结构的基本界定和划分。工人阶级和资本家阶级之间的消费差距是马克思研究消费问题的切入点，马克思通过大量的调查和研究揭示出工人阶级和资本家阶级之间的消费差距以及引起消费差距的收入分配因素和社会制度因素，并进而揭露资本主义社会的本质。马克思的结构分析方法特别是马克思对工人阶级和资本家阶级之间收入分配差距和消费差距的研究，奠定了马克思消费理论结构分析的基础。

而西方消费理论基本都采用了非结构分析方法。古典经济学消费理论虽然将消费划分为生产的消费和非生产的消费，但是主张节制非生产的消费即个人消费，因此重点关注生产的消费，并没有对消费进行结构分析。从新古典经济学消费理论的研究方法来看，新古典经济学消费理论对单个消费者的最优消费行为进行技术研究，而并不考虑不同消费者之间的比较，更没有对消费结构进行研究。当代西方主流消费理论中的相对收入假说考虑了其他消费者消费支出对消费者消费支出的影响，但是并没有研究不同消费者之间的消费差距，而相对收入假说以外的其他当代西方主流消费理论更是没有考虑不同消费者之间的比较。特别是当代西方主流消费理论的个量分析方法假定所有个体的消费行为都是一致的，根本不考虑社会阶层的差别，这使当代西方主流消费理论没有办法对经济中日益扩大的消费差距进行研究。

马克思采用总量分析方法对消费问题进行研究，同时马克思将消费划分为工人阶级的消费和资本家阶级的消费，并对工人阶级和资本家阶级之间的消费差距进行了研究，因此马克思对消费问题的研究实际上是总量分析和结构分析的结合。

（三）研究视角的比较

在马克思所处的时代，生产相对过剩的经济危机时常爆发，生产和消费的矛盾日益激化，古典经济学消费理论所倡导的生产决定消费，供求自动平衡的传统观念已经行不通。马克思所处的时代呼唤一种新的理论出现，这种理论要能够科学界定生产和消费的关系，要能科学界定消费在社会再生产中的地位和作用。马克思消费理论的研究视角立足于对生产、分配、交换和消费关系的解读，立足于对资本主义社会中生产和消费矛盾运动的解读。因此，马克思消费理论的研究以整个社会的消费为研究对象，对消费及消费结构、消费在社会再生产中的地位和作用、生产和消费比例关系、消费力、消费信贷、消费观进行分析，彰显了其研究视角的宏观性。

西方消费理论的研究视角具有一定微观性。服务于产业资本扩大积累的需要，古典经济学消费理论的研究视角是扩大生产和增加社会资本，因此古典经济学消费理论只在生产和消费的关系中研究消费，而没有对消费进行深入和广泛的研究。新古典经济学消费理论则是典型的微观经济学研究，无论是基数效用论还是序数效用论都只是研究单个消费者如何实现个人效用最大化的问题，因此其研究视角具有明显的微观性。而纵观整个当代西方主流消费理论的发展脉络，虽然不同的理论得出的结论不同，但都是在研究各种收入对消费的影响，可以说当代西方主流消费理论仅就消费而谈消费，其研究视角具有一定的狭隘性。当代西方主流消费理论旨在研究总消费，却以单个消费者的收入和消费关系为基础推导总消费函数。但单个消费者的简单加总并不能得出真正的总消费，因此，这种研究依然属于对微观个体的研究，这进一步说明西方消费理论研究视角的微观性。

从以上的分析来看，马克思消费理论以对整个社会生产、分配、交换和消费关系的解读，以对资本主义社会中生产和消费的矛盾运动为研究视角，其研究视角具有宏观性。而古典经济学消费理论以扩大生产和增加社会资本为研究视角，新古典经济学消费理论以个体消费的最优化选择为研究视角，当代西方主流消费理论以收入和消费的关系为研究对象。归纳起来，西方消费理论的研究视角与马克思消费理论相比较具有明显的微观性。相比较而言，马克思消费理论倾向于对消费问题进行历史的、宏观的总体研究，而西方消费理论则越来越局限于对某一领域消费问题的研究。

（四）研究结论的比较

马克思认为资本主义社会生产和消费的矛盾对立主要是由资本主义社会的分配制度决定的，而资本主义分配制度是资本主义社会的本质要求。马克思在《资本论》中对资本主义社会生产和消费矛盾对立的制度性成因进行了深刻剖析，并得出结论：生产无限扩大的趋势同劳动人民有支付能力的需求相对缩小之间的矛盾是由社会化大生产和资本主义生产资料的私人占有之间的基本矛盾造成的。生产的社会化和生产资料的私人占有之间的基本矛盾是资本主义社会本身所固有的，依靠其自身是无法根除的。因此，改变这种生产和消费的矛盾只能推翻现有制度。

而西方消费理论的研究结论是在现有制度框架内寻求其他解决办法。古典经济学消费理论认为生产和消费会自动平衡，因此无须政府采取任何措施，社会就会实现良好运行。新古典经济学消费理论的研究表明消费者只要能优化自己的消费行为就能实现效用最大化，因此无须政府采取任何措施。当代西方主流消费理论比如凯恩斯的绝对收入假说已经注意到了消费不足的矛盾，但主张通过政府宏观调控来纠正市场失灵。因此，西方消费理论既没有从制度因素寻找消费问题的解决，更不主张推翻现有制度，而是主张在现有制度范围内进行一定程度的改良。

三、启示与借鉴

西方经济理论中的“三驾马车”之说对中国产生了深刻影响，长期以来中国一直将投资、消费、出口作为拉动经济增长的“三驾马车”，并认为消费是拉动经济增长的最终动力。马克思明确指出，生产既支配着与其他要素相对而言的生产自身，也支配着其他要素。过程总是从生产重新开始。交换与消费不能是起支配作用的东西，这是不言而喻的……一定的生产决定一定的消费、分配、交换和这些不同要素相互间的一定关系。当然，生产在其单方面形式来说也决定于其他要素。毫无疑问，马克思早就指出生产才是拉动经济增长的最终动力，消费并不是拉动经济增长的最终动力。中国当前宏观经济中消费需求不足的问题日益凸显，其实不是消费需求不足，而是产能过剩，是中国的产业结构、产品结构没有适应消费结构升级和优化的要求，市场供给严重滞后于消费需求。由于大量投资都是低水平重复投资，产品趋同现象颇为严重，中国中低端产品产能过剩，而高端产品供给却严重不足。因此，扩大内需的关键不在于扩大消费需求，而在于加强产业结构调整等供给侧的管理。

在中国扩大内需、调整经济结构的过程中，马克思消费理论必须占有绝对的主导地位，这既是由中国的国情决定，同时也是由马克思消费理论自身的科学性所决定，是符合中国经济社会发展规律的。

产权新论：基于马克思主义政治经济学的分析

黄文义*

西方产权理论将产权范畴界定为权利束，并认为只要产权界定清晰，市场机制就会自动让资源得到最优配置，而私有产权无疑是最清晰的，因此私有产权界定是市场化的前提条件。这一理念随产权理论传入中国而被很大一部分人用以指导中国经济改革，尤其是国有企业市场化改革。然而，国企改革实践却对这一指导它的理论本身提出了最为严苛的批判。在国企改革中，私有产权界定的结果就是私有化，伴随国企改革的是腐败滋生、国有资产流失，尤其是拥有巨大权力的国企领导对一般员工权利的“侵权”现象十分严重。那么，为什么一般员工在产权界定十分清晰的情况下，仍然不能排除被市场抛弃的命运？西方产权理论对产权范畴的界定是否科学？这些问题的答案只能从马克思政治经济学的产权理论中去寻找。

“科斯定理的提出，是为了进一步证明不受干涉的市场机制的作用，为最彻底的经济自由主义提供新的理论依据”。[①] 因此，西方产权理论本质上依然是资本主义的辩护词，已经被实践证明并不能生搬硬套于中国改革，指导中国经济尤其是国企改革的科学理论只能是马克思主义产权理论。在马克思主义政治经济学中，产权始终与所有制相联系，对产权范畴界定依然不能出社会经济关系的所有制范畴之外。受“马克思定理”启示，本文对马克思主义产权理论中的产权范畴进行重新阐释，揭示产权范畴除“权利”之外的另一个“权力”范畴。这一新阐释不但是对马克思主义产权理论的深化认识，还是正确理解产权界定清晰前提下，仍然存在各种“侵权”现象的关键，具有重要理论和现实意义。

---

* 黄文义，经济学博士，三明学院经济学院讲师，研究方向为马克思主义政治经济学。

① 吴宣恭：《西方现代产权理论的影响和社会实践——从与马克思主义产权理论的比较看》，载于《学术月刊》2000 年第 2 期。

一、马克思主义政治经济学中的产权范畴

仅仅将产权定义为“权利”，理论上并不能定义完整的产权范畴，在实践中也是行不通的。在现实市场运行中，一些明明清晰界定的“权利”会被侵害，或权利主体在行权过程中仍然会发生争执，即使第三者也无法裁定。这说明，权利的顺利实施与权利的界定一样，是“权利”本身无法解决的，存在一个“权利”背后的机制。马克思主义产权理论正是科学揭示了这个背后的“秘密”。

“至今一切社会的历史都是阶级斗争的历史”，在资本主义私有制的社会下，“整个社会日益分裂为两大敌对的阵营，分裂为两大相互直接对立的阶级：资产阶级和无产阶级”。[①] 马克思和恩格斯在《共产党宣言》中这两句话所要表达的是：一定所有制形式总是以阶级对抗表现出来，资本主义私有制就是以资产阶级和无产阶级之间的对抗表现出来，而阶级斗争最直接的表现就是统治阶级与被统治阶级之间“权力”的不对等。马克思说：“最初，在我们看来，所有权似乎是以自己的劳动为基础的。……现在，所有权对资本家来说，表现为占有别人无偿劳动或产品的权利，而对工人来说，则表现为不能占有自己的产品。”[②] 资本所有权为什么能够不仅表现为占有别人无酬劳动或产品的权利，而且转化为日益扩大的占有别人无酬劳动或产品的权利？就是因为资产阶级处于统治地位，比无产阶级拥有大得多的“权力”。“在这里，资本主义积累的对抗性质，从而整个资本主义财产关系的对抗性质，表现得如此明显”[③]，在马克思看来，不管是何种具体形态财产权，这种权利关系背后总是内在地包含了一定所有制下不同阶级之间的权力对抗关系。“权利”在所有制里只是反映经济主体的“相互关系”，即权利关系，这个权利能否实现，则取决于“所处的地位”，这个地位是决定权利大小和能否获得的关键。

马克思在《资本论》第一卷第八章论述资产阶级和无产阶级在围绕工作日问题上展开斗争时，详细地探讨了“权利”和“权力”之间的关系。资本家为了组织生产，在市场上找到劳动力这种商品，按照“等价交换”原则，资本家购买劳动力，获得了劳动力的使用价值，即劳动。所以，他有权要求工人在一个工作日之内为他做工，他有权消费劳动力的使用价值，这是他的权利，而且这种权利一旦在市场上以独立商品交易者身份发生交易后，就已经清晰地界定了。资本家使用劳动力为自己创造剩余价值，但他们贪欲是无止境的，他们通过绝对地延长一个工作日长度来尽可能地榨取工人的剩余劳动和剩余价值。但同时，工人阶级也有自己的权利，因为在市场上出卖自己劳动力时，他是以独

① 《马克思恩格斯全集》第4卷，人民出版社1958年版，第465~466页。

② 《资本论》第1卷，人民出版社2004年版，第673~674页。

③ 同上书，第758页。

立商品交易者身份出现。工人的权利是要求资本家正常地使用劳动力，他们会说："……你使用三天的劳动力，只付给我一天劳动力的代价。这是违反我们的契约和商品交换规律的。因此，我要求正常长度的工作日。"[①] 工人阶级这样"疾风怒涛"般的声音，正是宣告了自己的权利，而且这一点在市场上劳动力交易发生时就已经明确了。"于是这里出现了二律背反，权利同权利相对抗，而这两种权利都同样是商品交换规律所承认的。在平等的权利之间，力量就起决定作用"[②]，这种"力量"就是阶级对抗中的"权力"。

马克思上述论述，程保平（2000）仿照"科斯定理"，将其归纳为"马克思定理"[③]。"马克思定理"的内涵是，如果工人的产权同资本家的产权出现冲突与摩擦，必须依赖产权背后的阶级力量对比关系来明晰二者各自的产权界区。从而，"马克思定理"的启示是：一个科学的"产权"范畴应该包括两个维度，一个是法权上"权利"，一个是通过经济关系表现的"权力"，且后者决定前者。

二、产权：权力与权利的矛盾统一体

"产权"中的"权"应该有两层含义，一是权利（rights），二是权力（power），前者是法律属性，后者是经济属性，它们作为产权范畴中的对立面统一于产权。现实经济中，不管是何种形态的产权，总是内在地包含了这两个方面内容：一方面清晰界定的产权是法律上所认可的一系列权利或权利束，另一方面，这些清晰界定的权利是受法律保护，而一国中法律总是统治阶级的意识体现，因此法律所"愿意"保护的权利内容则取决于一定社会经济关系下不同产权主体之间的权力对等关系。这两个方面内容构成了一个社会中形形色色的产权：从所有制角度，有公有产权和私有产权；从阶级对抗角度，有统治阶级产权和被统治阶级产权；从产权具体形态角度，有集体产权和个人产权。

产权两个属性之间是对立统一关系。首先，它们共同统一于产权，双方相互依存，并在一定条件下可以互相转化。一方面，权力是权利的保障，不同产权主体之间权力对等关系的变化在特定条件下可以转化为法定权利，例如工人通过组织工会增强自身权力，并在与资本家的斗争中争取到了八小时工作制的法定权利[④]，不过这种保障作用也要通过社会强制力（通常就是法律）来实现。

---

① 《资本论》第一卷，人民出版社 2004 年版，第 270 ~ 271 页。

② 同上书，第 271 ~ 272 页。

③ 程保平：《科斯案例及定理与马克思案例及定理——重读〈资本论〉第一卷的一点体会》，载于《当代经济研究》2000 年第 7 期。

④ 马克思说："工人必须把他们的头聚在一起，作为一个阶级来强行争得一项国家法律，一个强有力的社会屏障，使自己不致再通过自愿与资本缔结的契约而把自己和后代卖出去送死和受奴役。"（《资本论》第 1 卷，人民出版社 2004 年版，第 349 页）。也就是说，工人阶级想要保障他们的产权，只有团结起来同资本家阶级作坚决斗争。

另一方面，法律上界定的权利是不同权力对抗的目标和原因，如果没有特定的权利目标，不同产权主体之间也就失去了权力抗争的动力和意义。例如，如果工人觉得十小时、十二小时工作日属正常，并没有一个争取八小时工作日的法定权利目标，那么他们也就不会组织起来与资本家抗争，因为没有动力。其次，这两个属性也会互相排斥，互相冲突。一方面，对同一个产权主体，更大权力并不意味着更多权利，例如政府官员如果凭借自身权力获得了超出法律规定范围之外的权利，他就有可能受到国家公权力的惩罚，权力和权利尽失。另一方面，不同产权主体之间一方对另一方的“侵权”总是体现为权力对权利的胜利。例如，在土地征用和房屋拆迁中，土地所有者和房主的“权利”常常会受到“暴力”（权力）践踏！

完整的产权范畴是权利和权力的矛盾统一体，同一主体产权中，权力是权利的保障，不同主体产权之间“侵权”则表现为权力对权利的胜利。因此，产权中的权力应该受到监督和约束，或者提升弱势一方产权主体的“权力”，使权利与权力匹配。现实中，可以通过法律保护等措施提高弱势群体的权力，以保障其权利，也可以通过弱势产权主体有意识的结成一个组织群体，通过强调集体产权来提升权力，保障群体中个人的权利。

三、现实分析：不同产权类型中权力与权利

现实市场经济运行中各种类型的产权主体总是相互交错存在，产权主体之间相互关系大致表现为下列几种：集体产权之间、集体产权与个人产权之间、集体内部个人产权之间以及个人产权之间的相互关系和相互作用，正是不同产权主体之间相互影响和相互作用，构成了繁纷复杂的市场经济活动。

经济活动中最重要的集体产权无疑是企业产权，此外作为统治阶级产权具体形态的政府产权也属集体产权。首先，不同企业产权主体之间相互作用是通过市场中的交易活动体现出来，每个企业在进行市场交易时必须拥有完整产权，一方面他们有独立决定是否进行市场交易的权利，另一方面他们在市场交易中都会拥有一定的市场势力（权力），这种市场势力决定了企业在市场交易中能够实现多少权利。市场中经常出现拥有较大市场势力的垄断企业对其他弱势企业进行排挤，制定垄断价格，获得超额利润，甚至利用价格和产量等决策来构筑一个行业的进入壁垒，这实际上就是垄断企业对弱势企业的“侵权”，而侵权背后就是双方市场势力的比拼。

其次，企业产权与员工个人产权之间就表现为企业与员工之间的关系，属于集体产权与个人产权之间关系。这在马克思主义产权理论尤其在“马克思定理”中已经作过透彻的分析，代表企业的资本家和企业工人虽然都拥有完整权利，然而工人作为企业员工，其产权中权利背后的权力相比于企业要小得多，

因此几乎总是员工服从于企业安排，企业不仅有权决定给员工多少工资，也有权决定要不要继续雇用员工，或者在招聘时有权决定要不要聘用应聘者。当然，应该看到，很多时候，企业产权和员工个人产权是合作关系，员工的所作所为服务于企业目标，企业产权的实现是员工个人产权实现的前提，而且企业产权实现越好，员工产权也会更好地实现。不过，在企业产权本身出现问题得不到保障的情况下，就会出现企业产权与员工产权之间的冲突，由于双方权力不对等，所以在这过程中总是以牺牲员工产权结束，同时原有企业产权也会在这过程中丧失。例如，中国20世纪90年代后期的国企产权改革中，国企领导对一般员工的“侵权”现象十分严重，同时原有企业作为国有企业的产权也被蚕食殆尽。企业中权利的配置，或曰“收益权”，是由“权力”——“控制权”的大小来决定。企业中产权是“收益权”与“控制权”的统一体。

最后，企业内部个人产权之间相互关系。一个企业内部，有企业所有者、经营管理者和一般员工，他们在企业中的不同地位和不对等权力决定了他们实现权利的程度不一样。在传统资本主义企业中，由于物质资本是企业的紧要资源，所以“物质资本产权”对企业拥有绝对的控制力，而“人力资本产权”则要服从于“物质资本产权”。随着现代企业的出现和发展，物质资本不再是企业唯一的关键资源，“专用性人力资本投资”的出现使得“人力资本产权”在企业中会获得一定控制权，因为专有人力资本是对企业组织租金的创造起重大作用但又无法替代的人力资本部分。

四、结论

西方产权理论对产权概念范畴的界定并不完整，仅仅将其界定为法权上的权利束，忽视了不同产权主体之间背后的权力对等关系。这一不清楚的产权概念界定随西方产权理论在20世纪80年代末传入中国后被用于中国国企改革，使得改革中所谓“产权清晰”成了一个“不清晰”的“清晰”。一些别有用心的人故意将产权混同为所有权，把所有权定义为依法享有对自己财产进行占有、使用、收益和处分的权利，把产权定义为包括财产占有、使用、收益、处分的一组权利束，二者都是权利束，且没有了差别。这样，建立在混乱的产权范畴基础上所谓“产权清晰”就是将公有制化为私有制，大肆化公为私，给国有企业改革实践带来损失。因此，清晰的产权范畴界定不仅是理论上的需要，也是实践发展的需要。根据马克思主义产权理论，本文受“马克思定理”启示，提出一个科学完整的产权范畴，即产权是权利和权力的矛盾统一体，包括法权属性上的权利和经济属性上的权力。

产权范畴中权利和权力是一个不可分割的矛盾统一体，其中权力大小决定了权利能够实现的程度。因此，要解决市场运行中存在的“侵权”现象，就要使权力与权利相匹配。一方面，对于拥有巨大权力的产权主体要用社会公权力进行监督和限制。例如，《反垄断法》就是对企业市场势力的限制，而中国目前的反腐就是对政府产权主体权力的威慑和限制。另一方面，要给予市场的弱势产权主体以相应的权力，增强其在是市场事务中的谈判能力。

劳动力成本、资本生产率与新常态下可持续增长

——基于马克思主义政治经济学视角

吴绍鑫*

一、引言

近几年来中国经济增长面临着下行的压力，2012 年和 2013 年的国内生产总值（GDP）增长率均只有 7.7%，2014 年甚至降至 7.3%（见图 1）。研究表明，这一时期的经济减速是由于全球金融危机、过度出口依赖以及世界范围需求疲软所导致的。除了外部因素的影响，中国经济所面临的某些内部问题更值得加

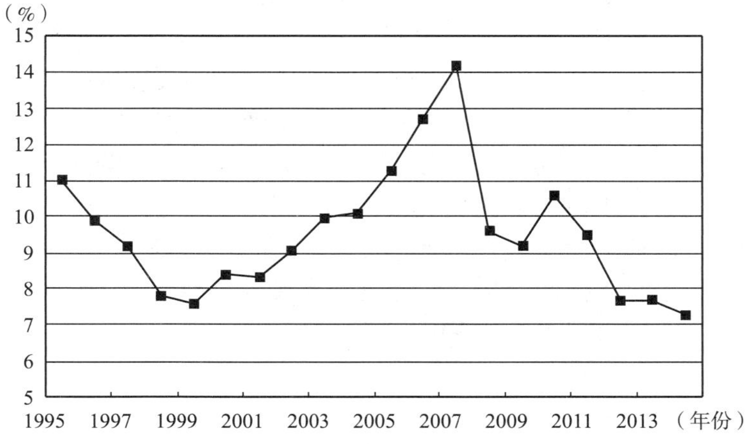

图 1　1995～2014 年中国国内生产总值（GDP）年增长率（%）

资料来源：国家统计局。

* 吴绍鑫，辽宁大学经济学院博士研究生，研究方向为政治经济学、区域经济学、宏观经济政策。

以深层次考察。2012以来的多项研究提出中国经济正步入“中等收入陷阱”①，有学者质疑中国经济是否仍然能够保持过去三十年间的增长水平。

“中等收入陷阱”这一概念最早是在世界银行2007年的一份报告中提出的，它是指新兴市场国家在人均收入达到某种水平时可能会出现的增长速度的显著下降。根据世界银行的定义，包括中国在内，全世界共有86个国家处于这种中等收入水平。这些国家中仅有很少数的国家加入到年人均12615美元以上的高收入国家行列中。②

一般认为，劳动工资的提高是中国竞争力逐步削弱和经济下行压力的原因，本文第一部分针对这一问题的成因进行了初步分析和阐释。第二部分重点考察了经济增长放缓的主要原因——资本生产率下降和技术赶超效应。第三部分分析了中国资本生产率下降的多种表现形式。最后，重点探讨了马克思在19世纪，对资本积累过程所必然造成的各种问题做出的诠释，运用马克思主义政治经济学视角对中国经济的可持续增长问题加以重新审视。

二、劳动成本递增与增长率放缓

（一）刘易斯转折点与劳动者工资上涨

1. 刘易斯转折点

发展经济学家W. 阿瑟·刘易斯（W. Arthur Lewis）发现，较低的劳动成本起初能为投资提供强大动力，助力工业化进程，但在国民经济的长期发展过程中，来自农村的过剩劳动力供给数量终将面临枯竭。一旦到达了这个劳动力由过剩转为短缺的刘易斯转折点，伴随着城市用工需求不断增长的预期，劳动力成本就会攀升，工资水平由农业低生产率决定的这种二元经济结构将会终结。③有研究者认为这个转折点的出现就是中等收入陷阱的主要成因。

然而，中国国民经济距离刘易斯转折点仍很遥远。戈利和龚（Golley & Kong）④研究发现，从21世纪初开始，中国出现了工业向内陆省份迁移的现象，这不仅使人口向沿海大城市转移的速度减缓，也解释了为什么中国经济未能达到刘易斯转折点的原因。工业迁移减缓了劳动成本的增速，同时，也有助于缩小收入差距，促进收入协调增长。从全国范围来看，20世纪90年代，东南部地区集中了全国70%的工业生产，2011年降到60%。

---

① 陶双桅：《“中等收入陷阱”研究文献综述》，载于《管理学刊》2015年第5期。

② 张德荣：《“中等收入陷阱”发生机理与中国经济增长的阶段性动力》，载于《经济研究》2013年第9期。

③ 张桂文：《二元转型及其动态演进下的刘易斯转折点讨论》，载于《中国人口科学》2012年第4期。

④ Golley, J., S. T. Kong. Inequality in Intergenerational Mobility of Education in China [J]. China & World Economy, 2013 (2): 15–37.

2. 劳动者工资上涨的必然趋势

当前劳动力不足的趋势使人担心中国国民经济是否已接近刘易斯转折点。以人口形势为例，计划生育政策为国民经济做出巨大贡献，但也放缓了中国的人口增长。中国人口增长自2001年以来一直在下降。[①] 联合国的预测数据显示，中国的劳动力人口将从2020年开始下降。图2显示出中国现行人口政策下未来劳动适龄人口的发展趋势。2015年以后，劳动适龄人口的预测曲线呈现出明显的下降趋势。显然，劳动力供给减少也是劳动力工资增长的助推因素之一。

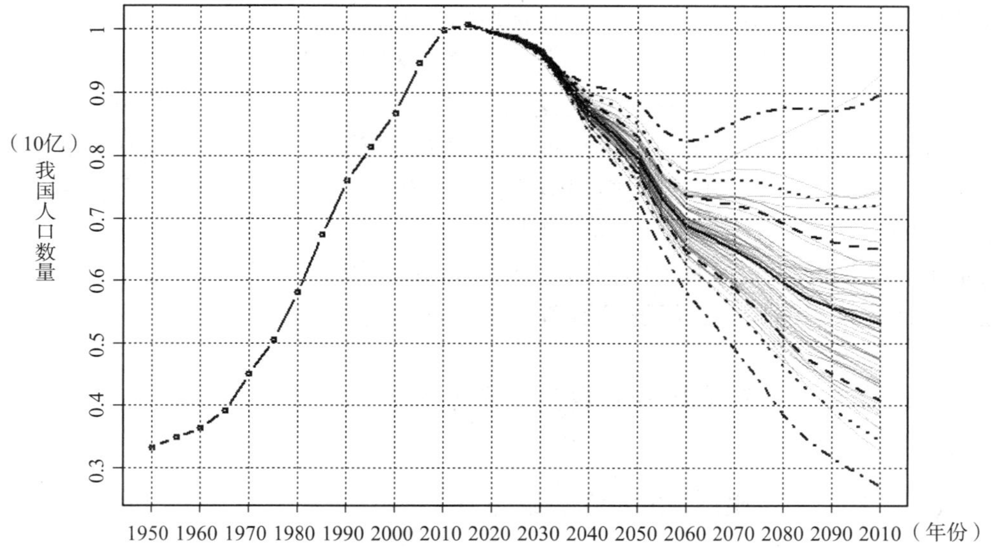

图2　中国劳动适龄（15～64岁）人口数量的变化趋势

资料来源：联合国经济与社会事务部。

（二）工资上涨带来的挑战与机遇

1. 单位劳动成本上升与竞争力下降

劳动成本的提高表现在两个方面：一方面是劳动工资水平的上升；另一方面是单位劳动成本的提高。其中，单位劳动成本是指小时工资报酬与劳动生产率之间的比率，这个指标在分析中国当前经济增长的形势时非常有用。

从表面上看，2000年起中国的劳动工资水平一直在升高，直接影响了中国的国际竞争力。但对于单位劳动成本这一指标，只要其处于较低水平，那么较高的劳动工资水平不会阻碍生产率水平。中国的单位劳动成本的增长率自2008年起就一直超过美国，处于高位。1988年中国单位劳动成本只有美国的20%，

① 杨凤茹：《我国“人口红利”与经济发展的统计研究》，载于《经营管理者》2014年第5期。

而到了2013年，就已经达到了美国单位劳动成本的54%。中国的外商直接投资自2000年末以来一直呈下降趋势，这也部分地反映出劳动成本上升的后果。

2. 劳动者收入与可持续增长

劳动成本的上涨在短期会降低中国生产部门的国际竞争力，但长期来看，则有助于调节收入分配，提高居民消费水平。国家统计局的数据显示，过去十年来中国收入不平等现象得以改善，2008～2012年，中国城镇地区基尼系数从0.34下降到0.32，农村地区基尼系数从0.385降到0.37，总体基尼系数从0.491降至0.474。近期劳动工资的增势也从侧面反映出新常态下收入分配制度改革成果为实现"中国梦"的经济目标所做出的贡献。

增加收入水平较低阶层群体的收入，更有利于拉动居民消费。因此，建立统一的城乡居民基本养老保险制度这项政策，不仅有利于充分发挥家庭养老等保障方式的积极作用，在经济上更能够起到减少预防性储蓄和拉动居民消费的作用。[①] 事实上，自2007年起中国消费占国内生产总值的比例停止了下降趋势。收入差距的缩小将使中国新时期经济增长摆脱对出口的依赖，有助于政府加大技术工人培训的投入，加速国民经济向高端市场的转型，提高经济增长的稳健性和可持续性，避免国民经济发展落入中等收入陷阱。

三、资本生产率下降及其政治经济学分析

（一）中国资本生产率的下降趋势

1. 资本生产率下降及成因

与劳动工资上升相比，资本生产率的下降对中国经济增长造成的压力更大。由于资本生产率下降导致的中国全要素生产率的停滞，是造成中国近年来经济放缓的主要因素。1978～1996年，资本生产率对中国经济增长的贡献率达到30%～58%，而自2008年起，这一贡献率仅在7.8%左右徘徊。全要素生产率的停滞是导致许多中等发达国家经济增长放缓的重要原因。

资本生产率可以简单定义为产出与固定资本存量的比率，它是衡量固定资本效率的重要指标。中国资本生产率的计算结果（见图3）表明，中国资本生产率从1990～2012年呈现出明显的下降趋势。有研究指出，中国资本生产率下降的一个主要原因就是由于产能过剩。[②] 根据马克思主义政治经济学原理，中国目前诸多行业中所存在的产能过剩问题表现为资本存量远高于产业部门的价值产出。投资过剩的同时，中国居民消费需求也明显不足。宏观数据表明劳动工资

① 白重恩、吴斌珍、金烨：《中国养老保险缴费对消费和储蓄的影响》，载于《中国社会科学》2012年第8期。

② 谢地、孔晓：《基于产业组织视角的产能过剩治理研究》，载于《学习与探索》2015年第7期。

上涨明显，可消费对国民收入贡献率一直呈下降趋势，从 1992 年的 63% 降至 2008 年的 48%。

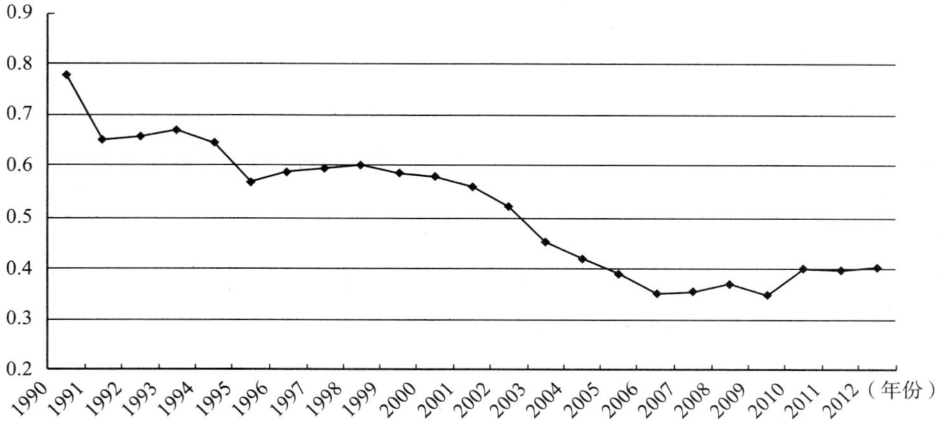

图 3　1990 ~ 2012 年中国的资本生产率

资料来源：国家统计局。

2. 可持续经济增长路径的理论探索

多数中等收入国家在发展过程中都经历过资本生产率水平的下降。中国已经发展成为中等收入国家，对于资本生产率下降的趋势应给予足够的重视，从经济增长和政治经济学理论出发，探寻可持续增长路径。

新古典增长理论认为，缺乏以实际技术进步为支撑的经济增长会随着资本生产率的下降而减速。内生增长理论则为超越这种稳态提供了新的理论基础，以全要素生产力为测度的技术进步是可以通过经济增长、投资及人力资本积累来实现的。从中国的情况来看，资本生产率的下降的实质是源于人力资本投资不足，而后者是由于在教育和医疗卫生方面不断加剧的城乡投入差距造成的。尽管近年来中国加大了教育投入，但仍有许多学生难以继续接受较昂贵的高中或高等教育。截至 2010 年，接受过大专以上教育的农村学生还不到农村人口的 1%，而对于城镇学生，这一比例却高达 17%；54% 的城镇青年具备高中毕业以上文化程度，农村青年中这一比例只有 19%。① 人力资本投入不足对中国产业未来冲击国际高端市场构成隐忧。

上述以新增长理论为基础的分析表明，中国经济的可持续稳定增长所面临的最大问题不是劳动成本的上涨，而是人力资本投入不足。然而，这种分析不仅可能会低估中国在研发和教育方面的实际投入，而且也忽视了一个事实，即几乎所有从中等收入向高收入转变的国家，都经历过由于资本生产率下降所造

① 李鹏、王明华：《城乡教育差距与收入差距关系的实证研究》，载于《山西财经大学学报》2014 年第 12 期。

成的经济增长放缓。不论是新古典增长理论，还是新增长理论，都没有对后一个问题给出令人满意的解答。

（二）基于马克思主义政治经济学原理的经济分析

1. 基于利润率下降规律的理论分析

中等收入国家要实现可持续增长，必须实现技术赶超，保持实体经济的国际竞争力。根据马克思主义政治经济学原理，任何国家只有依靠技术进步，才能保持自身的竞争力，可持续的技术进步是产业部门保持长期营利性的基础。马克思对资本积累方面的理论超越了斯密和李嘉图，他以劳动价值论为基础，论证了资本积累会不断地削弱生产价值。马克思认为，竞争和逐利会使企业更大量地使用不变资本 C，而相应地减少可变资本 V 的使用。企业越来越多地转而利用物化劳动，从而排挤活劳动。①

随着生产的扩大，大量使用可变资本会提高企业的生产率，这种企业在市场上与其他企业一起，以平均价格销售其产品。与其他企业较低的生产率相比，使用较多可变资本的企业会有较高的生产率，因此即使相同的市场价格也会给该企业带来丰富的超额利润。但是，新工艺或新设备会逐步向全行业推广，能够创造超额利润的可变资本份额下降，利润率也会随之下降。利润率下降的规律也是马克思对劳动价值论的进一步发展和贡献。

利润率的公式可表示为：$ROP = S/(C + V)$。其中，ROP 是利润率，S 是剩余价值，C 是不变资本，V 是可变资本。我们对上述公式加以变换，用可变资本 V 同时去除分子和分母，就会得到：$ROP = (S/V)/[(C/V) + 1]$。其中，C/V 就是资本有机构成。在其他条件不变的情况下，资本有机构成的提高就会导致利润率下降。从马克思主义政治经济学的视角来看，企业为了保持竞争力必然要提高资本有机构成（C/V），因此，资本生产率的下降也就不可避免了。

2. 中国利润率下降的实证分析

中国目前存在着投资过度的问题。全要素生产率的下滑导致资本效率下降，从而造成劳动生产率的大幅提高。产业部门就业劳动力数量减少，资本投入过多，虽然使产出增大，但并没有带来实际的技术进步。单纯依靠不变资本投资带来的后果很明显，1990 年时，中国经济仅需要投资 1.25 元就能带来 1 元的增长，而 2012 年中国却需要投入 2.5 元。根据马克思主义政治经济学原理，经济增长必然伴随资本效率的下降和资本有机构成的提高，继而导致利润率降低。即便从全球范围来看，单位资本成本的增加也比劳动成本的增加更具有危险性。

① 胡莹、田曦：《关于马克思利润率下降趋势理论的论战及评析》，载于《海派经济学》2015 年第 2 期。

1995～2014 年中国企业利润率趋势图（见图 4）显示出，中国利润率在 2009 年略有改善，但总体仍然呈下降趋势。显然，仅依靠调整投资结构的做法，并不能使中国经济走上稳定可持续的增长道路。劳动生产率的提高是一种积极的现象，这有助于提高中国的居民消费水平，也为技术进步提供更有效的激励机制，这样才能为长期提升资本的投资效率奠定良性循环基础。

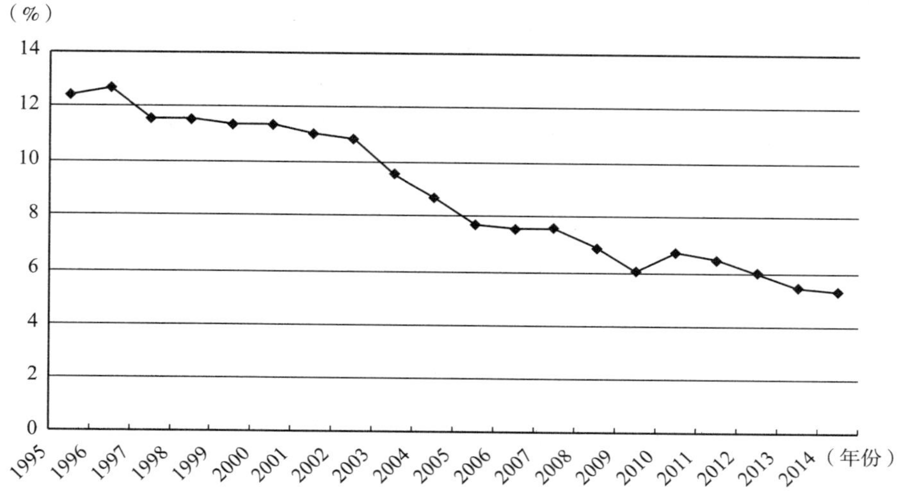

图 4　1995～2014 年中国企业利润率趋势

资料来源：国家统计局。

四、结语

围绕着刘易斯转折点和中等收入陷阱等争议所进行的统计分析，为深入发掘中国经济增长如何在新常态时期实现稳定性和可持续性提供了有益视角。近年来，随着中国全面深化改革，调整产业结构，加大技术投入和创新支持，中国经济增长逐渐剔除掉了“水分”和“泡沫”，为中国从中等收入国家向高收入国家转变提供了有力保障。

有些研究将中国经济下行压力归结到中等收入陷阱理论中，认为中国人口结构变动造成的单位劳动成本增加，是导致中国国际竞争力下降的主因。然而，上述分析表明，中国经济当前的主要问题不是由劳动成本上涨造成的，而是源自资本生产率的下降。但不论劳动成本上涨，还是资本生产率下降，中国产业部门当前面临着深刻的结构性问题。

对于结构性问题的深入理解必须建立在重新审视马克思主义政治经济学基本原理的基础上。只有充分理解了马克思关于利润率下降的规律，才能认识到资本生产率的下降不仅是当下中等收入国家所面临的问题，也是每个高收入国家在经济发展过程中经历过的阶段性问题。对资本有机构成理论和中国利润率下降现象的深入考察，使我们对当前的结构性调整充满信心。在中国经济步入新常态后，宏观经济政策的指向完全符合马克思主义政治经济学基本理论的指导方向。新常态下中国经济增长的可持续性必须源自稳健的人力资本投入和脚踏实地的技术创新。

第二篇

中国特色社会主义政治经济学创新研究

要坚持中国特色社会主义政治经济学的八个重大原则

程恩富*

2015 年 12 月，中央经济工作会议公报强调，要坚持中国特色社会主义政治经济学的重大原则。本文结合知识界的不同观点，阐述其中八个重大原则。

一、科技领先型的持续原则

政治经济学的原理之一，是生产力决定生产关系，经济基础决定上层建筑，生产关系和上层建筑又具有反作用；其中，生产力是最革命、最活跃的因素，而掌握先进科技和管理方式的人，对生产力起着核心作用；生产力的发展，主要涉及劳动力、劳动资料和劳动对象三大实体性要素，以及科技、管理和教育这三大渗透性要素，其中科技具有引领生产力发展的决定性功效；人口的生产应与物质文化生产相协调，由自然环境构成的自然力应与劳动力和科技力相协调。

中国特色社会主义政治经济学必须坚持科技领先型的持续原则。它依据政治经济学的一般原理，强调解放和发展生产力是初级社会主义的根本任务，是社会主义本质的组成部分之一，是社会主义社会的物质技术基础，经济建设是中心工作；强调人口、资源与环境三者关系的良性化，应构建“人口控减提质型社会”“资源节约增效型社会”“环境保护改善型社会”的“三型社会”；强调自主创新，建设创新型国家，创新是发展的第一动力，要实施创新驱动战略。

目前，要认真贯彻习近平关于创新是引领发展的第一动力的思想。中国经济社会发展的“瓶颈”是老动力不足、新动力缺乏。党的十八届五中全会提出

---

* 程恩富，中国社会科学院学部委员、学部主席团成员兼马克思主义研究学部主任、经济社会发展研究中心主任，世界政治经济学学会会长，中华外国经济学说研究会会长，中国经济规律研究会会长；主要研究方向为中外马克思主义及其经济学。

的创新理念，实质是解决发展动力问题，因而迫切需要通过科技创新和领先来解决动力不足问题，给经济社会可持续发展注入强大动力。在经济新常态的格局中，只有紧紧抓住创新这个发展第一动力，才能化解“三期叠加”风险、破解产能过剩难题，实现经济结构转型升级，跟不上世界科技革命步伐。只有把创新作为推动发展的第一要务，以创新转换老动力，用创新培育新动力，使老动力焕发新活力，让新动力层出不穷，才能给经济社会可持续发展注入强劲动力。应扭转“造不如买、买不如租”“以市场换技术”等传统观念，正确处理原始创新、集成创新与引进消化再创新之间的关系。

二、民生导向型的生产原则

政治经济学的原理之一，是关于生产目的的理论。它揭示资本主义私有制直接和最终的生产目的是最大限度地获取私人剩余价值或私人利润，生产使用价值是为生产私人剩余价值和（或）私人利润服务的。而社会主义公有制的直接和最终生产目的，是为了最大限度地满足全体人民的物质和文化需要，生产新价值和公有剩余价值是为生产使用价值服务的，因而体现了“人民主体性”和民生导向性的生产目的。

中国特色社会主义政治经济学必须坚持民生导向型的生产原则。它依据政治经济学的一般原理，强调初级社会主义的一个主要矛盾就是人民群众日益增长的物质文化需求同落后的社会生产之间的矛盾，而又好又快地发展生产和国民经济的目的，便能缓解这一主要矛盾；强调发展是硬道理，发展是第一要务，要用进一步发展的方法来解决某些发展中的问题；强调要坚持以人民为中心的发展思想，这是马克思主义政治经济学的根本立场，要坚持把增进人民福祉、促进人的全面发展、朝着共同富裕方向稳步前进作为经济发展的出发点和落脚点，部署经济工作、制定经济政策、推动经济发展都要牢牢坚持这个根本立场；强调人民主体性，发展要依靠人民、发展的目的是为了人民、发展的成果要惠及人民，改善民生就是发展，体现了社会主义性质的生产目的性原则和根本立场。

目前，落实习近平关于“改善民生就是发展”的价值导向，与社会主义生产和经济发展的根本目的是内在统一的。我们要继续坚持以经济建设为中心，坚持发展是硬道理的战略思想，变中求新、新中求进、进中突破，推动中国发展不断迈上新台阶。但是，发展生产和经济的出发点和归宿点是改善民生，因而必须以全面建设小康社会为攻坚目标，从改善民生就是发展的战略高度来谋划财富和收入分配、扶贫、就业、住房、教育、医疗卫生、社会保障七大领域的民生改善。要抓紧解决民生领域群众意见最大的某些问题，全力以赴，速补短板，限期缓解，这是新常态下民生导向性的生产原则和协调经济发展与社会发展的主要工作。

三、公有主体型的产权原则

政治经济学的原理之一，是生产不断社会化与资本主义私有制的基本矛盾，必然导致个别企业的生产经营有计划与整个社会生产和经济活动的无政府或无秩序状态之间的矛盾，导致社会生产经营的无限扩大与人民群众有支付能力的需求相对缩小之间的矛盾，导致生产和国民经济周期性地发生衰退和各种危机，以及贫富阶级对立和经济寡头垄断等一系列严重问题。因此，用生产资料公有制取代私有制，社会主义经济制度取代资本主义经济制度，是历史的必然。

中国特色社会主义政治经济学必须坚持公有主体型的产权原则。它依据政治经济学的一般原理，强调初级社会主义由于生产力相对不发达，因而必须坚持公有制为主体、国有制为主导、多种所有制共同发展的基本经济制度；强调要毫不动摇巩固和发展公有制经济，毫不动摇鼓励、支持、引导非公有制经济发展，推动各种所有制取长补短、相互促进、共同发展，同时公有制主体地位不能动摇，国有经济主导作用不能动摇，这是保证中国各族人民共享发展成果的制度性保证，也是巩固党的执政地位、坚持中国社会主义制度的重要保证；强调这一基本经济制度有别于私有制为主体、多种所有制共同发展的当代资本主义基本经济制度，如果操作得法，公有制不仅可以与市场经济有机相融，而且可以比私有制实现更高的公平与效率。

目前，必须认真领会和坚决落实习近平关于国有企业是社会主义经济基础的支柱、发展混合所有制和改革的目的是为了做强做优做大国有企业等战略思想和方针，汲取过去国有企业改革形成暴富阶层的严重教训，重点发展公有资本控股的双向混合的混合所有制，大力发展农村村级集体层经济和合作经济，提升公有经济的活力、竞争力、控制力和抗风险力。应牢固确立邓小平关于发展私有制的目的是为发展公有制和社会主义经济服务的基本思想。对于中外私有经济，不仅要支持，更要引导和监管，以发挥其正能量，减少负效应。依据资本主义国家的先进经验和华为企业的某些超前做法，中国应鼓励和引导私营企业开展职工持股的改革，以推动劳资两利，共同富裕。

四、劳动主体型的分配原则

政治经济学的原理之一，是生产关系中的所有制决定分配关系，资本主义私有制决定分配上必然是按资分配，雇佣劳动者只能凭借法律上的劳动力所有权获得劳动力的价值或作为其转化形式的广义工资。在这个大框架和前提下，雇佣劳动者在某一企业的具体工资与具体岗位和绩效挂钩，但这不属于社会主义经济性质的按劳分配。而某些企业、某些部门和全社会的雇佣阶级总体工资状况，则取决于与资产阶级的实际斗争及其成效。资本主义私有制范围内的分配，表象是按生产要素的贡献分配，其实质是按生产要素的产权分配。

中国特色社会主义政治经济学必须坚持劳动主体型的分配原则。它依据政治经济学的一般原理，强调初级社会主义由于生产力相对不发达，由于坚持公有制为主体、多种所有制共同发展的产权制度，因而必然实行按劳分配为主体，各种生产要素凭借产权的贡献参与分配这一基本分配制度；强调消灭剥削、消除两极分化，逐步实现共同富裕，这是社会主义的一个本质内容；强调共同富裕是中国特色社会主义的重要原则，要完善按劳分配为主体、多种分配方式并存的基本分配制度（党的十八大报告用语）；强调要缩小收入差距，坚持居民收入增长和经济增长同步、劳动报酬提高和劳动生产率提高同步，健全科学的工资水平决定机制、正常增长机制、支付保障机制，完善最低工资增长机制，完善市场评价要素贡献并按产权贡献分配的机制。

目前，要落实党的十八届五中全会公报提出坚持共享发展的新理念，必须坚持发展为了人民、发展依靠人民、发展成果由人民共享，作出更有效的制度安排，使全体人民在共建共享发展中有更多获得感；要增强发展动力，增进人民团结，朝着共同富裕方向稳步前进。坚持共享发展，主要涉及民生和共同富裕的问题，其中分配问题当下最为突出。中国现在财产和收入的分配差距都比较大，基尼系数超过美国；1%最富家庭已拥有中国家庭财产的1/3，与美国相同。要注意的是，贫富分化的第一指标不是收入。收入只是财富的流量，而关键是财富的存量，即家庭净资产。家庭净资产才是衡量贫富分化的首要指标。[①]最近十几年来，党中央文件一直强调要“缩小收入差距”，但在学界和政界一直有争议，甚至有文章笼统地赞扬“富豪是经济引擎，也应是社会楷模”。一种极其流行的错误观点认为，目前贫富差距问题不是首要问题，不是非公经济的大规模发展导致的，而所谓“中等收入陷阱”才是需要担心的问题。事实上，正是发明“中等收入陷阱”一词的新自由主义导致拉美国家陷入所谓中等收入陷阱，导致高收入的美欧日国家陷入金融危机、财政危机和经济危机，导致低收入的非洲等国家陷入发展缓慢。现在，中国只有尽快落实邓小平多次强调在20世纪末就要把解决贫富分化和共同富裕的问题提到议事日程上的指示，遵照劳动主体型的分配原则来改革财富和收入的分配体制机制，才能真正使共享发展和共同富裕落到实处，使广大劳动人民满意。

---

① 据2015年10月17日《参考消息》报道，最新胡润财富报告说，中国亿万富翁人数已经超过美国。这份追踪财富状况的调查报告说，中国经济虽然放缓，但是2015年亿万富翁人数增加了242人，达到596人。相比之下，美国亿万富翁人数为537人。上述中国亿万富豪人数不包括港澳台地区。

五、国家主导型的市场原则

政治经济学的原理之一，是价值规律是商品经济的基本矛盾即私人劳动或局部劳动和社会劳动之间矛盾运动的规律。其内涵是：商品的价值量由生产商品的社会必要劳动时间所决定，生产某种商品所耗费的劳动时间在社会总劳动时间中所占比例须符合社会需要，即同社会分配给这种商品的劳动时间比例相适应，且商品交换按照价值量相等的原则进行，而供求关系、竞争和价格波动在资源配置中的作用以市场价值为基础，是价值规律的具体实现形式；在社会主义国家的计划经济中，按比例规律主要表现为整个社会内有组织的分工与生产单位内部有组织的分工相结合，按比例规律靠占支配和主体地位的计划规律和占辅助地位的价值规律相结合来实现；在资本主义市场经济中，按比例规律主要靠价值规律自发调节，计划调节或国家调节作用较为有限。

中国特色社会主义政治经济学必须坚持国家主导型的市场原则。它依据政治经济学的一般原理，强调社会主义可以实行市场经济，而社会主义本身包含国民经济的有计划和按比例发展，要在国家调控主导下发挥市场在资源配置中的基础性作用，使市场在一般资源配置中起决定性作用和更好发挥政府作用；强调着力解决市场体系不完善、政府干预过多和监管不到位问题，就必须积极稳妥从广度和深度上推进市场化改革，大幅度减少政府对资源的直接配置，推动资源配置依据市场规则、市场价格、市场竞争实现效益最大化和效率最优化；强调政府的职责和作用主要是保持宏观经济稳定，加强和优化公共服务，保障公平竞争，加强市场监管，维护市场秩序，推动可持续发展，促进共同富裕，弥补市场失灵。

目前，应贯彻习近平关于“要坚持社会主义市场经济改革方向，坚持辩证法、两点论，继续在社会主义基本制度与市场经济的结合上下功夫，把两方面优势都发挥好”① 的讲话精神，充分认识在中国社会主义市场经济中，市场调节规律（或价值规律）主要是在一般资源的配置领域发挥决定性作用，但发挥作用的条件与资本主义市场经济不同。因为中国社会主义市场经济是建立在公有制为主体、国有制为主导、多种所有制共同发展的基础之上的，包括人大、政府在内的整个国家从法律、经济、行政和伦理等多方面的调节力度和广度，必然略大于资本主义市场经济，从而显示出中国特色社会主义市场经济的优势和高绩效。

我们不能因为国家规划、计划和调节是有人参与的，就否认其中包含客观性，进而认为“国家调节规律”“计划规律”等概念不成立。照此逻辑推论，市

---

① 习近平在主持中共中央政治局2015年11月23日下午就马克思主义政治经济学基本原理和方法论进行第二十八次集体学习时的讲话，新华网2015年11月24日。

场活动也是有人参与的，其主体就是人，那也就不存在“市场调节规律”“价值规律”等相似的概念。市场调节说到底，是经济活动的自然人和法人的行为变动，也可以说就是企业的行为或调节，在产品、价格和竞争等方面的所作所为。因此，市场调节规律和国家调节规律都是在形式上具有人的活动主观性，在内容上具有人的活动客观性；良性而有效的微观和宏观经济活动，要求在企业和政府工作的所有人，均应努力使人的主观能动性符合有人参与的经济活动的客观规律性，以便实现主客观的有效统一性。

六、绩效优先型的速度原则

政治经济学的原理之一，是经济增长速度与经济发展绩效要互相协调，有较高绩效的增长速度是最佳速度；资源没有充分利用的较低增长速度，不利于充分就业、积累财富和提升福利，而资源粗放利用的较高增长速度，又不利于保护生态环境、节约资源和积累真实财富；要辩证分析和对待国内生产总值这一指标，它既有积极作用又有严重缺陷，不应过度追求；经济增长与经济发展，经济效率、经济效益与经济绩效，都是有异同点的，应突出经济发展的整体绩效优先的经济增长速度。

中国特色社会主义政治经济学必须坚持绩效优先型的速度原则。它依据政治经济学的一般原理，强调中国20世纪八九十年代在不断提高经济效益的基础上，国内生产总值大体翻两番，而到2020年，将实现国内生产总值和人均国内生产总值比2010年翻一番，基本建成全面小康社会；强调在高速增长30多年的情况下，从2013年开始中国进入经济新常态，其标志之一是从高速增长转向中高速增长，重点是过去突出增长速度的粗放型经济发展方式向突出经济绩效的集约型经济发展方式转变，以提质增效为中心。

目前，要切实贯彻2015年末中央经济工作会议关于“推动经济发展，要更加注重提高发展质量和效益。稳定经济增长，要更加注重供给侧结构性改革”的精神。中国经济下行压力不断增大，其原因主要在于长期形成的结构性矛盾和粗放型增长方式尚未根本改变，高度依赖物质投入和资源消耗，自主创新能力不强。国内外形势的新变化，迫切需要推动中国经济从速度型发展向质量型发展升级，实现发展动力的转换、发展模式的创新、发展路径的转变、发展质量的提高。中国经济应向形态更高级、分工更复杂、结构更合理的阶段演化，经济发展方式应从规模速度型粗放增长转向质量效率型集约增长，经济结构应从增量扩能为主转向调整存量、做优增量并存的深度调整，经济发展动力应从传统增长点转向新的增长点，以便从总体上坚持绩效优先型的速度原则。

七、结构协调型的平衡原则

政治经济学的原理之一，是按比例分配社会劳动的规律（简称按比例规律），是社会生产与社会需要之间矛盾运动以及整个国民经济协调发展的规律。其内在要求是，表现为人财物的社会总劳动要依据需要按比例地分配在社会生产和国民经济中，以便保持各种产业和经济领域的结构平衡；在社会再生产中，各种产出与社会需要在使用价值结构和价值结构上均保持动态的综合平衡，从而实现在既定的生产经营水平下以最小的劳动消耗来取得最大的生产经营成果；广义的经济结构协调表现为合理化和不断高级化，包括产业结构、地区结构、外贸结构、企业结构、技术结构、供求结构、实体经济与虚拟经济结构等。

中国特色社会主义政治经济学必须坚持结构协调型的平衡原则。它依据政治经济学的一般原理，强调中国产业结构应从中低端向中高端提升，一二三次产业内部和之间在不断现代化基础上保持平衡，省市和区域结构应异质化发展，外贸结构应增加高新技术含量和自主品牌，企业结构应构建中国大型企业集团支配、中小企业和外资企业并存的格局，技术结构应增大中国自主创新核心技术和自主知识产权比重，供求结构应保持供给略大于需求的动态总量平衡，金融发展应为实体经济服务，虚拟经济不宜过度发展，新型工业化、信息化、城镇化、农业现代化应相互协调。

目前，要贯彻以习近平为总书记的党中央关于经济新常态和结构性改革的理论和方针政策，要在适度扩大总需求的同时，着力加强供给侧结构性改革，抓紧各种经济结构和重大经济比例的调整和改革，特别是加快缓解结构性产能过剩。要有针对性地去产能、去库存、去杠杆、降成本、补短板，提高供给体系质量和效率，提高投资有效性，加快培育新的发展动能，改造提升传统比较优势，增强持续增长动力。要消除一种长期流行的错误观点，认为只要克服行政干预的经济过剩，而市场化形成的产能过剩和产品过剩是正常的，会自动平衡的，不用事先、事中和事后来积极预防和解决。这种新自由主义误论及其做法既是形成中国结构性产能大量过剩的重要原因，又会妨碍向中央经济工作会议精神看齐和落实工作，必须予以消除。

八、自力主导型的开放原则

政治经济学的原理之一，是依据国际分工、国际价值规律、国际生产价格、国际市场、国际贸易、国际金融、经济全球化等理论，在一国条件具备的情况下经济适度对外开放，有利于本国和世界的经济增长、资源优化配置、产业和技术互动、人才发挥作用等；一国对外经济开放的方式、范围和程度等，应视国内外复杂多变的情况而灵活有序地进行，发展中国家对发达国家的开放更要讲求战略和策略，因为开放的实际综合利益具有一定的不确定性。

中国特色社会主义政治经济学必须坚持自力主导型的开放原则。它依据政治经济学的一般原理，强调中国要在自力更生主导的基础上坚持双向对外开放基本国策，善于统筹国内国际两个大局，利用好国际国内两个市场、两种资源，发展更高层次的开放型经济，积极参与互利共赢型的全球经济治理，同时坚决维护中国发展利益，积极防范各种风险，确保国家经济安全；强调引进来与走出去并重、后发优势与先发优势并重的方针，要大力发展中方控股股份、控技术（核心技术和技术标准）和控品牌（世界名牌）的“三控型”跨国公司，防止陷入传统的“比较优势陷阱”，实行自主知识产权优势理论和战略。

目前，贯彻2015年末中央经济工作会议精神，要继续抓好优化对外开放区域布局，防止区域开放的雷同化和恶性竞争；要推进外贸优进优出，提高国际分工的层次，加强国际产能和装备制造合作，妥善开展自贸区及投资协定谈判，积极参与全球经济治理，在充分利用中资和外汇储备的基础上有效利用外资；要尽快借鉴日本、韩国和美国对待外国企业的经验和措施，防止外企在中国的“斩首”性兼并和支配日渐增多的产业部门和大众化网站等，大力提升对外开放的质量、层次和绩效；要加快“一带一路”的国际合作和建设措施，发挥好亚投行、丝路基金等机构的融资支撑作用，抓好重大标志性工程落地；要积极利用人民币的国际化优势，但资本项目近期不宜开放，以有效抵御金融风险，维护国家金融安全和国民利益。

关于创建中国特色政治经济学的几点建议

杨圣明*

习近平2015年11月23日在中央政治局学习会议上强调指出："要学习马克思主义政治经济学基本原理和方法""不断丰富和发展马克思主义政治经济学"。为了实现这些要求，创建中国特色的马克思主义政治经济学，本文提出几点意见，供参考。

一、政治经济学的沿革

据有的同志考察，第一个使用"政治经济学"这个术语的是法国人蒙克莱田。① 马克思写道："政治经济学作为一门独立的科学，是在工场手工业时代产生的，它只是从工场手工业分工的观点来考察社会分工。"② 19世纪初在欧洲各国出现了不少政治经济学著作。1803年萨伊出版了《政治经济学概论》，1817年李嘉图出版了《政治经济学及赋税原理》，1819年西斯蒙第出版了《政治经济学新原理》，1820年马尔萨斯出版了《政治经济学原理》。当代西方有各种各样的名目繁多的政治经济学著作。简而言之，它们都是资产阶级的或者说资本主义的政治经济学。

当前我们关注的是无产阶级的社会主义政治经济学，或者说马克思主义政治经济学。在这方面，首先是马克思的《政治经济学批判》《资本论》《哥达纲领批判》，恩格斯的《反杜林论》，列宁的《帝国主义论》。第二次世界大战结束后苏联科学院的一批经济学家在20世纪50年代初集体撰写了一本《政治经

* 杨圣明，曾先后五次荣获我国经济学界最高奖——孙冶方经济科学奖，四次荣获中国社会科学院优秀科研成果奖，一次荣获安子介国际贸易研究奖以及多项其他奖励。

① 刘永佶：《承继马克思原则，探索中国政治经济学方法论》，载于《马克思主义研究》2016年第2期。

② 《资本论》第1卷，人民出版社1975年版，第404页。

济学教科书》。斯大林既肯定了这本书的好的方面，又指出了它的不足。他写道："我以为，同志们没有估计到政治经济学教科书的全部意义。这本教科书不仅对于我们苏联的青年是需要的。它对于各国共产党人以及一切同情共产党人的人们是特别需要的。""一本好的政治经济学教科书的出版，不仅具有国内的政治意义，而且具有巨大的国际意义。因此，需要一本能够不仅是国内青年而且是国外青年的必读的教科书。""我们需要一本五百页至多不超过六百页的教科书。这将是马克思主义政治经济学的必读书，是给予世界年轻共产党人的良好的礼物。"①

以孙冶方为首的中国的经济学家也十分重视政治经济学。他在《论价值在社会主义以至于共产主义政治经济学体系中的地位》一文中特别强调了政治经济学的作用与地位。② 孙冶方还写了《关于政治经济学和经济规律问题》《论作为政治经济学对象的生产关系》《经济规律的内因论与外因论——兼论政治经济学的方法》《政治经济学也要研究生产力》等文章。③ 于光远、苏星二人主编了《政治经济学》一书。④ 徐禾等人还集体写出了《政治经济学概论》一书。⑤ 李慎明、程恩富等同志出版了《马克思、恩格斯、列宁、斯大林论政治经济学》一书。⑥

二、政治经济学的研究对象和方法

恩格斯在《反杜林论》中写道："政治经济学，从最广的意义上说，是研究人类社会中支配物质生活资料的生产和交换规律的科学。"他又说："政治经济学作为一门研究人类各种社会进行生产和交换并相应地进行产品分配的条件和形式的科学——这样广义的政治经济学尚待创造。"⑦

马克思在《资本论》第一卷第一版的序言中指出："我在这本书研究的是资本主义生产方式以及和它相应的生产关系和交换关系。到现在为止，这种生产关系的典型地点是英国。因此，我在理论上主要用英国作为例证。"⑧ 马克思在《资本论》第一卷第二版跋中写道，只要政治经济学是资产阶级的政治经济学，就是说，只要它把资本主义制度不看作历史上过渡的发展阶段，而是看作社会

---

① 斯大林：《苏联社会主义经济问题》，人民出版社1952年版，第33~34页。

② 孙冶方：《论价值在社会主义以至于共产主义政治经济学体系中的地位》，载于《经济研究》1959年第9期。

③《孙冶方全集》第2卷、第3卷，山西经济出版社1977年版。

④ 于光远、苏星：《政治经济学》（上），人民出版社1977年版。

⑤ 徐禾等：《政治经济学概论》，人民出版社1975年版。

⑥ 李慎明、程恩富等：《马克思、恩格斯、列宁、斯大林论政治经济学》，中国社会科学出版社2010年版。

⑦《马克思恩格斯文集》第9卷，人民出版社2009年版，第153页、156页。

⑧《资本论》第1卷，人民出版社1975年版，第8页。

生产的绝对的最后的形式，那就只有在阶级斗争处于潜伏状态或只是在个别现象上表现出来的时候，它还能够是科学。拿英国来说。英国古典政治经济学是属于阶级斗争不发展时期的。它的最后的伟大的代表李嘉图，终于有意识地把阶级利益的对立、工资和利润的对立、利润和地租的对立，当作他的研究的出发点，因为他天真地把这种对立看做社会的自然规律。这样，资产阶级的经济科学也就达到了它的不可逾越的界限。

根据马克思和恩格斯的论述，我们认为，政治经济学的研究对象就是社会生产方式以及和它相适应的生产关系和交换关系。应强调指出，马克思还提出了政治经济学的特殊性。他说："在政治经济学领域内，自由的科学研究遇到了敌人，不只是它在一切其他领域内遇到的敌人。政治经济学所研究材料的特殊性质，把人们心中最激烈、最卑鄙、最恶劣的感情，把代表私人利益的复仇女神召唤到战场上来反对自由的科学研究。"①

关于政治经济学研究的方法，确实是马克思独创的。他写道："分析经济形式，既不能用显微镜，也不能用化学试剂。二者都必须用抽象力来代替。对资产阶级社会来说，劳动产品的商品形式，或者说商品的价值形式，就是经济的细胞形式。在浅薄的人看来，分析这种形式好像是斤斤于一些琐事。这的确是琐事，但这是显微镜下的解剖所要做到的那种琐事。"② 根据这种抽想法，马克思提出了"抽象劳动"这个范畴。如果没有这个范畴，马克思的劳动价值学说就难于确立。现在看来，任何的社会科学都必须采用抽象法。甚至美术、绘画都有抽象派，何况经济学呢！

三、马克思主义政治经济学在中国的创新

马克思主义政治经济学随着时代的变化而不断创新。中国道路的探索为发展当代马克思主义政治经济学提供了难得的机遇。中国共产党把马克思主义政治经济学的基本原理同实践结合起来，丰富和发展了马克思主义政治经济学，形成了具有中国特色的社会主义政治经济学。这里所说的特色主要有以下几点。

（1）政治经济学研究对象的特殊性。资本主义政治经济学的研究对象是私有制中的生产关系、分配关系、交换关系和消费关系。而社会主义政治经济学的研究对象则是公有制中的生产关系、分配关系和消费关系。公有制与私有制的不同可以表现出政治经济学的内容、体系、结构等的差异。

（2）政治经济学理论基础特殊性。马克思主义政治经济学的理论基础是辩证唯物主义和历史唯物主义。

（3）政治经济学的阶级属性不同。马克思写道："《资本论》在德国工人阶

① 《资本论》第1卷，人民出版社1975年版，第12页。
② 《资本论》第1卷，人民出版社1975年版，第8页。

级广大范围内迅速得到理解，是对我的劳动的最好的报酬。”他又说：“英国古典政治经济学是属于阶级斗争不发展时期的。”① 当今在中国，政治经济学同样具有强烈的阶级性。有人研究政治经济学是为工人阶级和广大劳动群众服务，而另一些人可能秉持西方政治经济学的观点。在讨论同一个问题时，由于各人的认识不同，观点有明显的差异。

我认为发展当代马克思主义政治经济学的关键是要站在历史唯物史观的高度来理解发展，从认识论、发展论和价值论的统一来理解发展。

要使马克思主义政治经济学在当代中国获得巨大的发展，关键在于培养和选拔人才。没有坚持马克思主义的人才，哪来的马克思主义政治经济学在中国的普及与创新。当前，在不少高等院校开设马克思主义政治经济学的课程相当困难。一缺少教师，二缺少教材。在中国的理论经济学中，尤其政治经济学中“西化”问题比较严重。要改变这种局面，必须更多努力。

① 《资本论》第1卷，人民出版社1975年版，第15页。

中国特色社会主义政治经济学的历史定位

程言君[*]

中共十八大以来，关于马克思主义政治经济学创新发展问题，习近平发表了一系列重要讲话，强调了中国特色社会主义政治经济学对改革开放的指导，创新发展了一批新成果，并发出了“要深入研究世界经济和中国经济面临的新情况新问题，为马克思主义政治经济学创新发展贡献中国智慧”的号召，无疑，对于扭转中国长期以来新自由主义不时甚嚣尘上倾向意义重大。[①] 但若从全面深化改革构建开放型经济体制并引领全球治理体制变革视野历史地看，意义更为深层重大，影响也更为深远的，应该是标志着定位了之于当代中国的三重历史地位：彰显中华文明立于世界民族之林的经济理论品牌、指导中华民族伟大复兴即将成熟定型的经济理论体系和引领全球构建合作共赢世界的经济理论旗帜。

一、当代中国彰显中华文明立于世界民族之林的经济理论品牌

中国特色社会主义政治经济学是马克思主义政治经济学，但不是一般的马克思主义政治经济学，而是与马克思政治经济学以及其他国家的马克思主义政治经济学相比较，具有中国特色、中国风格、中国气派的马克思主义政治经济学，是当代中国彰显中华文明立于世界民族之林的经济理论品牌。

所谓中国特色，主要指中国国情特征——深深打着中国社会主义建设探索烙印的马克思主义政治经济学。众所周知，中国国情基本特点是人口多、底子

* 程言君，江苏师大中俄研究院副院长、教授，研究方向为马克思主义政治经济学。

① 长期以来，改革开放的理论基础是马克思主义政治经济学还是新自由主义或其他什么理论，学界、政界一直分歧严重，不仅出现新自由主义不时甚嚣尘上现象，而且出现大学西方原版经济学教材占主体地位和改革套搬西方的现象，甚至有人因长期以新自由主义为圭臬直至当下而成“著名经济学家”，马克思主义政治经济学被边缘化的现象严重。参见刘国光：《对经济学教学和研究中一些问题的看法》，载于《高校理论战线》2005 年第 9 期。

薄、发展不平衡，但现在看来还需要加上经济体量大（全球第二大经济体，而据购买力平价计算中国GDP早已超美[①]）、全球影响大（对全球GDP增长贡献率超过1/4，[②] 占全球经济增长的1/3[③]）和发展潜力大（增速长期保持世界第一）。而形成新“三大”国情的根本原因，是改革开放坚持以马克思主义及其政治经济学为指导形成中国特色社会主义道路。国际社会誉为“中国模式”是对中国特色社会主义道路的肯定，也是对其经济理论基础——中国特色社会主义政治经济学的肯定，因为改革开放的历史过程，就是依据国情创新发展马克思主义政治经济学指导，形成中国特色社会主义政治经济学的历史过程。

所谓中国风格，主要指中国文化特征——具有华语语言风格，融合中华民族文化内涵，具有中国人文风貌的马克思主义政治经济学。这一点，在当下，习近平的创新发展最具代表性。陈锡喜主编的《平易近人——习近平的语言力量》，萃岚的《领略习近平语言风格的八大特点》等语言层面的研究结论，[④] 适用于习近平对中国特色社会主义政治经济学的创新发展。例如，陈锡喜概括的“五有”风格就可以这样界定：有“魂”，即建设社会主义、实现共产主义信仰的坚定带来的定力之魂，根于马克思主义政治经济学的“剥夺剥夺者”原理，是中国特色社会主义政治经济学之魂；有“势”，即中华民族伟大复兴梦想成真不可阻挡气势，最为突出的变化就是中国特色社会主义政治经济学见之于实践形成“中国模式”而引领全球发展的举世瞩目；有“情”，即为广大人民利益服务的真挚感情，是中国特色社会主义政治经济学的本质属性，根于马克思政治经济学的阶级性与科学性有机统一性质；有“趣”，即深入浅出的生活情趣化表达，是习近平政治经济学“范式”，也是中国特色社会主义政治经济学普及大众、掌握群众的本质；有“典”，即引据中华经典，作为中国特色社会主义政治经济学的重要标志，何止是“有”？习近平用“志合者，不以山海为远”“兄弟同心，其利断金”“既以为人，己愈有；既以与人，己愈多”等，简直如数家珍般地用以表达建构合作共赢世界中优势互补、共建共享的可能性、必要性和重要意义，中国风格，十分了然。

所谓中国气派，主要指中华民族的博大格局——展现中华民族复兴奋起非同凡响格局气节的马克思主义政治经济学。中国共产党带领中华民族实现伟大复兴造福全球引领合作共赢的大气，五千年文明积淀铸就的中华民族实现世界大同舍我其谁勇敢担当的豪气，世界人口大国立于世界民族、国家之林奉行合作共赢而不以邻为壑的义气，胸怀正义维护主权不畏强权推动全球治理体制变

① 宋宇：《中情局据购买力平价计算：去年中国GDP继续超美》，载于《参考消息》2016年4月6日。

② 《国家统计局：2011～2014年中国对世界GDP贡献率超1/4》，载于中国经济网2015年10月13日。

③ 李勇等：《中国占全球经济增长的1/3　世界聚焦“下个五年”》，载于《环球时报》2015年10月27日。

④ 萃岚：《领略习近平语言风格的八大特点》，载于人民网—中国共产党新闻网2013年12月12日。

革的骨气等，在习近平系列讲话中已经充分表达。如在第七十届联合国大会发表的讲话，外媒就高度评价为向国际社会展现了中国负责任大国形象，显示了中国在国际舞台上的领导力，等等。[①]

回顾前瞻改革开放，可以说历史已经表明并在继续表明，基于中国国情、凸显中国风格、体现中国气派的中国特色社会主义政治经济学，已经是当代中国彰显中华文明立于世界民族之林独领风骚的经济理论品牌。相比较，那种长期把新自由主义奉为“圭臬”直至当下依然不悟的仰人鼻息现象，[②]不仅显得可笑，而且有些不可理喻！

二、当代中国指导中华民族伟大复兴即将成熟定型的经济理论体系

从动态发展历史过程、作用及地位看，习近平有关系列讲话揭示了马克思主义政治经济学，在指导新中国社会主义建设中创立并丰富发展起来及至当下，已经到了向成熟定名、定型理论体系历史阶段转变的时候了。

也就是说，马克思主义政治经济学与中国革命和建设实践相结合创立发展，现已凸显为两个历史阶段，即创立构建阶段和成熟定名、定型理论体系阶段。创立构建阶段的主要特点是传承马克思政治经济学，在指导社会主义建设实践过程中创立中国架构并不断积累新成果，虽然其间不乏创建理论体系的努力，但由于社会主义初级阶段制度有待成熟定型等客观条件不充分，而致理论体系上难以成熟定型。但这种情况现已发生并正在发生根本性变化，即成熟定名、定型理论体系的政治环境、实践经验和创新成果条件已经基本具备。

首先，从政治环境条件看，中共十八大以来，中央高层对创新发展马克思主义政治经济学比过去任何时候都更加重视，并率先垂范。所谓“更加重视”，是指改革开放前后都曾经很重视。毛泽东曾亲自组织学习和研究苏联政治经济学教科书，发现了其中的问题，提出了建构中国特色政治经济学的任务，出现了一批理论创新成果，但鉴于时代的局限性而没有持续下来。[③]改革开放初期，中共十一届三中全会决定被邓小平称为“中国版政治经济学”，并作为指导改革开放的理论基础再次被重视。但由于后来受到新自由主义等西方思潮的干扰而被严重边缘化，以致改革开放出现过度私有化、市场化、自由化，以及公有经济主体地位严重削弱、两极分化、腐败等问题。因而，中共十八大以来，以习近平为首的党中央以前所未有的力度强调了马克思主义政治经济学对改革开放的指导地位，同时，率先垂范地梳理原有成果界定出一套“重大原则”，创新发展了一批新成果，并发出“为马克思主义政治经济学创新发展贡献中国智慧”

① 刘世东：《外媒：习近平联大讲话展现中国负责任大国形象》，载于中国日报网2015年9月29日。
② 何干强：《揭开把改革引向私有化的面纱》，载于《管理学刊》2015年第4期。
③ 邓力群：《毛泽东如何读苏联〈政治经济学教科书〉》，载于马克思主义研究网2015年3月2日。

的号召。[①] 所有这些，都标志着中国特色社会主义政治经济学成熟定名、定型理论体系历史阶段已经到来。或者，已经开始并初见成效。

其次，从实践经验积累条件看，中国的马克思主义政治经济学成熟定名、定型理论体系，是全面深化改革更加成熟定型中国特色社会主义制度的客观要求。恩格斯说："社会一旦有技术上的需要，则这种需要会比十所大学更能把科学推向前进。""经济上的需要曾经是，而且愈来愈是对自然界的认识进展的主要动力。"[②] 中国目前正是这种情况。就社会主义市场经济体制基本架构而言，早在2000年就建构完成，但由于受新自由主义等西方思潮干扰误导而出现套搬西方走"邪路"现象，迟滞了完善发展。对此，习近平就中共十八届三中全会决定作说明时明确指出："党的十八大统一提出了全面建成小康社会和全面深化改革的目标，强调必须以更大的政治勇气和智慧，不失时机地深化重要领域改革，坚决破除一切妨碍科学发展的思想观念和体制机制弊端，构建系统完备、科学规范、运行有效的制度体系，使各方面制度更加成熟更加定型。"[③] 使"各方面制度更加成熟定型"，必然强烈要求其经济理论基础——中国化马克思主义政治经济学一要名正，二要理论体系尽快成熟定型起来。

最后，从理论创新成果丰富程度看，经过新中国67年的创新发展，中国的马克思主义政治经济学成熟定名、定型理论体系的成果积累条件已经比较充分。其中，最为重要的，是中共十八大以来开创的"政治经济学的新高峰"形成的"习近平政治经济学"。[④] 所谓习近平政治经济学，主要指习近平个人的创新发展成果，包括对中国的马克思主义政治经济学规范正名，但不应包括习近平对已有成果梳理界定的"重要原则"，虽然这种梳理界定也是带有创新发展的性质。这就是说，中国特色社会主义政治经济学是以习近平政治经济学为主体的，新中国学界、政界创新成果的综合称谓。其具体内容，鉴于学界论述已经甚多，这里不罗列赘言了。这里想要赘言的，是"规范正名"之于当代中国全面深化改革的指导地位定位的深刻内涵和意义。

"名正才能言顺"。习近平提出"中国特色社会主义政治经济学"称谓，从中国的马克思主义政治经济学自身发展看，最直观的意义就是规范正名而使过去的诸多名称，如社会主义市场经济理论、现代政治经济学、政治经济学、共同富裕经济学、当代中国经济等，都成为创立、成长过程中的"乳名"，从而标志着创立构建阶段的结束和成熟定名、定型理论体系历史阶段的到来。不过，其意义并不仅仅如此，还有更为深层的内涵和意义。从国际经济理论思潮看，

---

① 《习近平与中国特色社会主义政治经济学》，载于中新网2015年12月23日。

② 《马克思恩格斯全集》第4卷，人民出版社1972年版，第505页。

③ 习近平：《关于〈中共中央关于全面深化改革若干问题的决定〉的说明》，载于《半月谈》2013年第22期。

④ 陈林：《为什么说习近平开创了政治经济学新高峰?》，载于人民论坛网2016年1月9日；胡鞍钢、杨竺松：《习近平政治经济学"六论"》，载于中国经济网2016年1月8日。

是对国际社会“北京共识”的矫正性回应，也是对国内奉新自由主义为圭臬误导改革开放者的当头一棒，具有正本清源的性质。从中国特色社会主义理论体系完善发展看，这是为其打上中国特色社会主义理论体系的隶属关系烙印——“中国特色”，从而确认其在中国特色社会主义理论体系中的重要地位——中国特色社会主义理论体系“最深刻、最全面、最详尽的证明和运用”，如列宁所说。① 这些深刻内涵和意义集中到一点，就是夯实中国特色社会主义道路更加成熟定型的经济理论体系。

三、当代中国引领全球构建合作共赢世界的经济理论旗帜

从习近平合作共赢世界理论看，强调中国特色社会主义政治经济学对改革开放的指导地位，就是定位其之于当代中国引领全球建构合作共赢世界的经济理论旗帜历史地位，表达的是中华民族伟大复兴兼济天下造福全球的博大格局。

习近平合作共赢世界理论，是习近平对马克思主义政治经济学国际关系理论创新发展成果的简称，指习近平依据全球治理格局和体制大变局趋势，扬弃中国长期以来“学习适应”被动“接轨”开放理论，② 创立的主动引领构建合作共赢世界的“改革促进”理论。其重大实践价值，即推动中国对外开放由被动“接轨”向主动引领转变，开启建构合作共赢世界的大幕。其重大理论价值，从创立由“宏大目标”“依靠主体”“主要载体”“两大杠杆”和“三大革命”构成的新型国际关系理论体系看，可谓树起一座中国特色社会主义政治经济学国际关系理论丰碑。

（一）“宏大目标”——建构合作共赢世界

当今世界是命运共同体日趋形成和各国日益开放而必须共建共享合作共赢的世界，但国际垄断资本集团攫取“霸权红利”的一元独霸全球治理格局和体制，却在经济上攫取全球财富和政治上一元独霸两个方面成为障碍。也就是说，

---

① 列宁：“使马克思的理论得到最深刻、最全面、最详尽的证明和运用的是他的经济学说。”《列宁专题文集·论马克思主义》，人民出版社 2009 年版，第 17 页。

② “学习适应”被动“接轨”开放理论，指力主融入西方主导的全球化体制建构以出口为导向的“外向型经济”希冀“借船出海”的理论。但这种体制是国际垄断资本集团掌控的霸权国家（美国为首）以“打白条”等方式攫取“霸权红利”的经济殖民体制，因而代价惊人。“打白条”指美国用白条（美债）拿走商品的“朝贡”式贸易（何新：《中美特殊的奇妙的经济贸易关系》，载于昆仑策网 2015 年 9 月 28 日）。“霸权红利”，指国际垄断资本集团凭借全球霸权攫取的全球财富。“霸权红利”不仅具有掠夺性、寄生性、腐朽性等经济殖民性质，而且其敲骨吸髓的严酷性超出常人想象。中国科学院《国家健康报告》披露：2011 年，美国 GDP 的 52.38% 通过霸权攫取，总额达 73960.9 亿美元，人均占有达 23836.7 美元；其中的 47.9%（36634 亿美元）来自中国，占中国 GDP 的 51.45%，中国人均损失 2739.7 美元，相当于年人均可支配收入的 1.2 倍、军费开支的 33 倍、科技投入的 44 倍、教育投入的 16 倍和医疗卫生投入的 37 倍。“中国人 60% 左右的工作时间为国际垄断资本创造‘剩余价值’”（孙自法：《美国 2011 年攫取霸权红利 7 万亿美元近半来自中国》，载于中国新闻网 2013 年 1 月 9 日）。

当今世界全球一元独霸体制与全球各国亟须合作共赢矛盾的日趋激化，决定了全球治理格局和体制大变局转折点已经到来。在全球治理格局和体制大变局选择走向之际提出建构合作共赢世界，可谓正当其时。习近平分析说：新兴市场国家和一大批发展中国家快速发展，国际影响力不断增强，是近代以来国际力量对比中最具革命性的变化。全球治理体制变革正处在500年来大变局的历史转折点上。推进全球治理体制变革“不仅事关应对各种全球性挑战，而且事关给国际秩序和国际体系定规则、定方向；不仅事关对发展制高点的争夺，而且事关各国在国际秩序和国际体系长远制度性安排中的地位和作用”。因而，中国在构建国际秩序中必须从“学习适应”向“改革促进”转变。①“我们要继承和弘扬联合国宪章的宗旨和原则，构建以合作共赢为核心的新型国际关系，打造人类命运共同体。”“各国应该共同推动建立合作共赢为核心的新型国际关系，各国人民应该一起来维护世界和平、促进共同发展。”②

（二）“依靠主体”——新兴市场经济国家和广大发展中国家

处于全球治理体制500年来大变局历史转折点上的当今世界谁来推动？将决定变局走向和成败。无疑，建构合作共赢世界离不开发达国家，但发达国家不可能是依靠主体，因为国际垄断资本集团掌控的发达国家一元独霸治理体制是建构合作共赢世界的否定对象。也就是说，利益关系决定了变革依靠主体只能是强烈要求变革的国家，而不可能是力求维持现状的变革对象。因而，建构合作共赢世界的依靠主体，只能是强烈要求变革的新兴市场经济国家和广大发展中国家。可喜的是这一依靠主体已经历史地形成。习近平说：“一大批新兴市场国家和发展中国家走上发展的快车道，……多个发展中心在世界各地区逐渐形成，国际力量朝着有利于世界和平与发展方向发展”“任何国家或国家集团都再也无法单独主宰世界事务。”③

（三）“主要载体”——“一带一路”为主的全球命运共同体建设载体

习近平说：“为了使我们欧亚各国经济联系更加紧密、相互合作更加深入，我们可以用创新模式，共同建设‘丝绸之路经济带’。这是一项造福沿途各国人民的大事业。”“丝绸之路经济带总人口近30亿，市场规模和潜力独一无二。”“东南亚地区自古以来就是‘海上丝绸之路’的重要枢纽”“发展好海洋合作伙伴关系，共同建设21世纪‘海上丝绸之路’。”“‘一带一路’是互利共赢之路，将带动各国经济更加紧密结合起来，推动各国基础设施建设和体制机制创新，

---

① 《习近平在中共中央政治局第27次集体学习时讲话》；李建广等：《500年未有之大变局！习近平对国际局势做出5点最新判断》，载于《人民日报》2015年10月14日。

② 《习近平在第70届联合国大会一般性辩论时的讲话》，载于《人民日报》2015年9月29日。

③ 《习近平谈治国理政》，外文出版社有限责任公司2014年版，第272页。

创造新的经济和就业增长点，增强各国经济内生动力和抗风险能力。"[①] 当然，这里的"一带一路"不是仅指丝绸之路经济带和21世纪海上丝绸之路，而是借以代指构建合作共赢世界而构筑全球命运共同体的所有载体，基于"一带一路"战略是突破国际垄断集团一元独霸全球治理格局和体制，建构全球合作共赢格局和体制的根本性举措。[②]

(四)"两大杠杆"——中美、中俄两个大国关系

中美、中俄两个大国关系，是建构合作共赢世界撬动全球的"两大杠杆"。就中美关系而言，习近平说："中美合作好了，就可以做世界稳定的压舱石、世界和平的助推器。""中美冲突和对抗，对两国和世界肯定是灾难。"[③] 这就是说，虽然美国不是建构合作共赢世界的依靠主体，但作为当今世界一元独霸霸主，无论对于中国改革开放还是对于建构合作共赢世界，中美关系都是撬动全球的杠杆，具有"压舱石"的意义。再就中俄关系而言，"中俄关系是世界上最重要的一组双边关系，更是最好的一组大国关系。一个高水平、强有力的中俄关系，不仅符合中俄双方利益，也是维护国际战略平衡和世界和平稳定的重要保障。""中俄关系一定能够乘风破浪、扬帆远航，更好造福两国人民，更好促进世界和平与发展。"[④] 为什么？因为虽然俄罗斯国际影响力次于美国，但却是当今世界牵动美国以及整个西方发达国家乃至全球的大国，中俄关系不能不是建构合作共赢世界撬动全球不可或缺的杠杆。如果再考虑到美俄在联合国安理会对全球问题解决方案都具有一票否决权，美、俄之于建构合作共赢世界的"杠杆"作用，就更加毋庸置疑了。

当然，"两大杠杆"在建构合作共赢世界中的地位和作用不同。俄罗斯是强烈要求变革当今世界一元独霸治理格局和体制的国家，是合作共赢世界建构的天然盟友。而美国则是建构合作共赢世界的天然障碍。对此，美国当下对中俄的遏制就是铁证。但是，这不是说中美关系没有处理好的可能性。因为合作共赢世界建构是不可阻挡的全球大势，"任何国家或国家集团都再也无法单独主宰世界事务"已是现实。对此，西方许多有真知灼见的学界、政界人士都看到很清楚。沃勒斯坦2011年就断言，"我们正见证资本主义的最后表演""资本主义可能很快要崩溃"。[⑤] 英国等许多美国盟友不仅看得很清楚，而且已经行动——不听美国招呼加入中国主导的"亚投行"，等等。

---

① 《习近平谈治国理政》，外文出版社有限责任公司2014年版，第287～293页。

② 乔良：《美国东移中国西进　中美博弈之中国战略》，载于环球网2015年5月4日。

③ 李仕权：《从1数到6，轻松听懂习近平西雅图讲话》，载于人民网2015年9月24日。

④ 《习近平谈治国理政》，外文出版社有限责任公司2014年版，第275、276、277～280页。

⑤ 格雷戈瑞·威廉姆斯著，杨智译：《沃勒斯坦：资本主义可能很快要崩溃》，载于《国外理论动态》2014年第4期。

（五）“三大革命”——全球治理理念、治理主体、治理格局与体制革命

建构合作共赢世界必须实现“三大革命”。所谓“三大革命”，即全球治理理念、治理主体、治理格局与体制革命。治理理念革命，指合作共赢共建共享理念对零和博弈金钱至上乃至以邻为壑弱肉强食理念的革命。治理主体革命，指多元（全球各国）共同治理对国际垄断资本集团一元独霸治理的革命。治理格局、体制革命，指建构全球合作共赢治理格局、体制对国际垄断资本集团一元独霸治理格局体制的革命。

“三大革命”是习近平合作共赢世界理论的核心内容，集中表现为建构合作共赢世界的历史过程是一个相辅相成地推动“三大革命”的历史过程。治理理念革命是确定全球变革宏大目标、治理主体和格局体制的思想理论基础，亦即行动的前提；治理主体革命是确定推动全球治理理念和治理格局、体制革命的主体，也是决定成败的关键；治理格局、体制革命是全球变革的出发点和归宿，也是变革的目标、方向和动力所在。所以，可以说“三大革命”是建构合作共赢世界的“牛鼻子”，也是具体抓手，三者的相辅相成，可谓习近平合作共赢世界理论的精髓。

四、结语

纵览新中国社会主义建设及至当下，可以说中国特色社会主义政治经济学之于当代中国的三重历史定位，是习近平统筹国内国际两个大局思想落到实处的必然，更是“四个全面”与建构合作共赢世界有机一体治理方略使然。台湾地区的“中央研究院”院士朱云汉指出，当前人类正处于数百年难遇的走向“协力共有”模式（即合作共赢模式）的“巨变时代”，中国大陆的兴起和中国模式对于世界而言，是一场石破天惊的历史巨变。由此看作为指导这种巨变的中国特色社会主义政治经济学，其“三重历史定位”反映的就是当今全球变革的客观要求。甚至于可以说，只有这“三重历史定位”才能充分表达中国模式之于全球的“石破天惊的历史巨变”影响。就中华文化影响而言，以孔子学院为代表的中华传统文化走向全球虽然意义重大，但与涉及全球治理格局和体制变革的中国特色社会主义政治经济学相比，或只能是配角，甚至是难望项背的配角。这一点的初步历史性见证，就是三大标志性事件标志着中国特色社会主义政治经济学，尤其习近平合作共赢世界理论，推动全球治理格局和体制变革的帷幕已经拉开。一是由57国参与，成员遍及全球各州的“亚投行”于2016年1月16日在北京盛大开业，标志着以“一带一路”为主要载体的合作共赢格局和体制建构已经顺利起步。二是人民币加入特别提款权，成为可以与美元、欧元等比肩的国际货币，标志着人民币国际化迈出了关键一步。虽然历史不可

能重复，但美元、英镑国际化推进资本主义全球化的历史，应该已经表明了人民币国际化之于当代中国引领建构合作共赢世界的重要意义以及其光明前景。三是建构合作共赢世界的理念、主张，正日渐加速地成为全球性共识，替代零和博弈金钱至上乃至以邻为壑弱肉强食理念是或迟或早的必然，上述两个事件是初步历史见证，相信更多更有力的历史见证还在后面。历史必将证明，中国特色社会主义政治经济学之于当代中国的三重历史定位，是中华民族伟大复兴兼济天下舍我其谁的必然，更是人类发展至今天降大任于中华民族的必然。①

参考文献

［1］《马克思恩格斯文集》第2卷，人民出版社2009年版。

［2］《习近平在第70届联合国大会一般性辩论时的讲话》，载于《人民日报》2015年9月29日。

［3］《列宁专题文集·论马克思主义》，人民出版社2009年版。

［4］李建广等：《500年未有之大变局！习近平对国际局势做出5点最新判断》，载于《人民日报》2015年10月14日。

［5］程恩富：《社会主义市场经济理论是重大创新》，载于《中国社会科学报》2015年12月24日。

［6］何干强：《揭开把改革引向私有化的面纱》，载于《管理学刊》2015年第4期。

① 郑彪：《中国的人类使命和国际定位》，载于红歌会网2011年9月8日。

中国需要什么样的政治经济学

张 旭[*]

新中国成立后，中国在短时间内构建起比较完备的工业体系。改革开放以来，经过艰苦的努力，中国成为当今世界第二大的经济体。这些成就都是举世瞩目的。当前，中国处于全面深化改革的攻坚时期，处于到2020年全面建成小康社会的决胜阶段。如何系统地总结和梳理中国经济发展中的理论观点，形成中国特色社会主义政治经济学的理论体系，引领中国经济向更高水平发展，是十分迫切的重大课题。2015年11月中央政治局就“马克思主义政治经济学基本原理和方法论”进行了第二十八次集体学习。中共中央总书记习近平在主持学习时强调，要立足中国国情和中国发展实践，揭示新特点新规律，提炼和总结中国经济发展实践的规律性成果，把实践经验上升为系统化的经济学说，不断开拓当代中国马克思主义政治经济学新境界。构建中国特色社会主义政治经济学成为经济理论界的重大历史使命。

一、中国特色社会主义政治经济学的形成历程

理论既是对实践的总结和提升，也直接指导着实践的发展。事实上，新中国成立以后，就一直进行着对中国特色社会主义政治经济学的探索。这些探索集中表现在三个方面：一是对苏联范式的政治经济学的中国化；二是针对国情，对伟人和领袖经济思想的总结；三是根据马克思主义的基本立场、观点和方法，对中国改革进行不断的理论创新。

新中国成立后，在经济理论上我们最早接受的是苏联的政治经济学，在经

---

* 张旭，经济学博士、教授、博士生导师，中国人民大学马克思主义学院副院长，中央“马工程”专家组主要成员，中国经济规律研究会常务理事；主要研究领域为政治经济学及其相关问题、马克思主义经济思想史。

济实践上以苏联模式作为自己的发展模式。但是我们很快意识到，由于发展初始条件的不同，中国不能简单地模仿苏联，开始了中国化的探索。“我们的方针是，一切民族、一切国家的长处都要学，政治、经济、科学、技术、文学、艺术的一切真正好的东西都要学。但是，必须有分析有批判地学，不能盲目地学，不能一切照抄，机械搬用。他们的短处、缺点、当然不要学。对于苏联和其他社会主义国家的经验，也应当采取这样的态度。”① 我们今天所取得的成就，就是既继承、吸收，又根据国情、世情创新的结果。同时，我们还通过对毛泽东、陈云、张闻天、邓小平等领袖人物的经济思想的研究，形成了一系列的专门的理论成果。而根据变化着、改革着的实践，不断提出和完善了社会主义初级阶段基本经济制度的理论、共同富裕的理论、社会主义市场经济理论、可持续发展理论，等等。

党的十八大以来，又进一步发展出关于树立和落实创新、协调、绿色、开放、共享的发展理念的理论，关于发展社会主义市场经济、使市场在资源配置中起决定性作用和更好发挥政府作用的理论，关于中国经济发展进入新常态的理论，关于推动新型工业化、信息化、城镇化、农业现代化相互协调的理论，关于用好国际国内两个市场、两种资源的理论，关于促进社会公平正义、逐步实现全体人民共同富裕的理论，等等。因此，中国特色社会主义政治经济学的形成过程，就是中国特色社会主义经济建设过程的理论总结，同时，创新的经济理论又直接指导着中国特色社会主义经济体制改革和促进了经济发展。

二、中国特色社会主义政治经济学体系化中面临的问题

形成了理论观点是一回事，形成理论体系是另一回事。作为一个科学的体系不是任意制造的，而必须有科学的概念和范畴、紧密的内在逻辑、合乎规律的逻辑展开。从这个意义上讲，严格的科学的中国特色社会主义政治经济学体系还远未形成。

诚然，在中国社会主义建设和改革开放的历程中，已经形成了比较丰富的理论观点，但是，这些理论观点中，哪一个观点是居于理论体系核心地位的，尚未达成共识。我们知道，一个科学严密的体系，首先要有大量的概念、范畴。目前，存在着三套概念、范畴体系：一是马克思经济学给我们提供的宝贵遗产；二是现代经济学提供的各种工具；三是中国社会主义建设中形成的政策经验。

在这三部分可作为构建中国特色社会主义政治经济学思想来源的内容中，有些概念范畴是含义相同可以通用的，比如商品、货币、利率、市场，等等。有些概念范畴含义是不同，比如马克思经济学的资本概念和现代经济学的资本

① 《毛泽东文集》第7卷，人民出版社1999年版，第41页。

概念是有着本质区别的。还有些概念范畴是在中国社会主义建设中形成特有的，比如社会主义市场经济。因此，能否形成一套新的概念范畴体系来组织整个逻辑结构，形成中国特色社会主义政治经济学，需要深入细致的科学研究。这是一个科学的约束。

另一个困难在于，中国特色社会主义政治经济学从理论层次上来说，是马克思主义政治经济学的有机组成部分，是马克思主义政治经济学的中国化和时代化。对于这一点大家基本意见是一致的。但是，中国特色社会主义政治经济学又处于马克思主义政治经济学中国化的发展形态，是发展过程中的形态。由于中国特色社会主义经济体制尚未完全定型，中国的工业化还处于发展的加速期，距离全面的现代化还有较大的差距，一些规律性的东西还看不很清楚，这就使得难以科学地、逻辑一贯地将各种理论观点和政策举措有机地整合起来。这可以说是一个实践的约束。

三、中国特色社会主义政治经济学体系建构的原则

事实上，中国特色社会主义政治经济学的体系建构是始终伴随着中国特色社会主义经济建设过程的。如果说改革开放前，主要是反思苏联政治经济学，力图摆脱苏联政治经济学影响，改革开放后，则主要是运用马克思主义政治经济学基本立场、观点、方法，针对中国的国情和具体实践不断展开的。在国家层面是“有中国特色社会主义道路”的探索，学术界则主要围绕构建“中国经济学”的探索[①]。这些探索的直接理论成果，就是形成了一系列的理论观点；这些探索的直接实践成果，就是中国经济的持续增长，人民生活水平不断提高，国家综合实力和国际地位不断提升。

关于中国特色社会主义政治经济学体系构建原则的讨论，其实质是中国需要什么样的政治经济学。至少应该遵循以下原则：

一是马克思主义原则。中国是以马克思列宁主义为指导、中国共产党领导的社会主义国家，必须坚持马克思主义的基本原理，必须把马克思主义基本原理与中国改革开放的实践相结合。这是必须坚持的首要原则，离开了这一点，就不是社会主义政治经济学。因此，迫切需要经济理论工作者重新认真学习马克思主义政治经济学的基本概念、范畴、理论和方法，正本清源。分清哪些是属于马克思主义的，哪些是附会在马克思主义之上而不是马克思主义的。即便是属于马克思主义的，也要分清哪些是教条的马克思主义，哪些是发展了的马克思主义。只有这样，才能实现中国特色社会主义政治经济学对马克思主义政治经济学的继承、发展和创新。

① 张旭：《中国经济学的构建与发展》，中国经济出版社2000年版。

二是中国原则。必须立足于中国的实际，立足于中国的国情、社情，不能好高骛远，也不能食洋不化。中国特色社会主义政治经济学应该是经济学的中国学派，是解决和解释中国特色社会主义经济发展的，是马克思主义政治经济学在中国的运用和总结。这就需要我们在认真学习和研读经典著作的同时，要深入研究中国的现实，对现实情况不清是比较普遍的现象，会导致研究的片面化和碎片化。

三是发展原则。"发展"在这里有两个含义：(1)中国特色社会主义政治经济学本身是在不断发展、不断完善中的，不宜草率地进行体系的固化，目前看，形成完整科学的中国特色社会主义政治经济学体系的条件尚不成熟。马克思在《政治经济学批判》第一分册"序言"中指出："人类始终只提出自己能够解决的任务……任务本身，只有在解决它的物质条件已经存在或者至少是在生成过程中的时候，才会产生。"① 中国特色社会主义政治经济学理论体系的建构也必须以此为依据。(2)要合理吸收现代经济学中的科学成分。正如马克思主义不是固步自封的一样，中国特色社会主义政治经济学在强调"特色"的同时，也不是脱离现代经济学发展之外的，要有独立性，也要有兼容性，不仅是对马克思主义政治经济学的贡献，也是对现代经济学的贡献。

① 《马克思恩格斯文集》第2卷，人民出版社2009年版，第592页。

五大发展理念是社会主义基本经济规律内涵的深化拓宽和高度概括

吴宣恭*

任何社会经济形态都在一定的生产资料所有制的基础上，形成一定的生产关系，并按照这种生产关系的本质要求、内在联系和必然发展趋势，有规律地发展。经济规律具有不以人们意志为转移的客观必然性，有什么样的生产关系，就必然产生与之相应的经济规律。人们不能创造、改造和消灭经济规律，违反规律将使经济发展遭到挫折和失败。但是，人们通过实践却能逐步发现、认识经济规律，并在一定程度上加以利用，为社会谋福利。中国共产党一向重视经济规律的作用，力求按照经济规律发展社会主义事业。党的十八届五中全会总结中国经济发展的经验，创造性地提出具有内在联系、相辅相承的“五大发展理念”，作为引领今后改革和发展的纲领性指导思想，全面反映了社会主义经济的本质要求，是对社会主义基本经济规律内涵的深化拓宽和高度概括，极大丰富了马克思主义的科学发展观，将对中国经济的持续健康发展发挥重大的指导作用。

一、创新，是生产力发展的首要推动力，是从生产方面对社会主义基本经济规律内涵的高度提炼

马克思列宁主义论著反复提出，在建立生产资料公有制之后，社会生产具有与资本主义根本不同的性质和目的，生产成果直接归生产者共同支配和享用，生产和消费之间具有直接的联系，社会生产的目的就是充分满足人的需要和保

---

* 吴宣恭，厦门大学经济研究所教授、博士生导师，中国特色社会主义经济建设协同创新中心研究员。

证人的全面发展。要实现这种社会生产目的，必须具备两方面的条件，一是必须有高度发展的生产力，能提供充足的产品；二是必须有能够协调各种供求关系的完善的经济结构（这在后面再分析）。关于发展生产力，其根本手段就是迅速提高劳动生产率。只有这样，才能以较少的劳动时间创造出丰富的产品，同时增加劳动者自由支配的时间，利于劳动者的多方面发展。而劳动生产率的提高取决于多种因素，除了自然和物质条件以外，包括劳动者的熟练程度、科学技术的水平、生产过程的组织和管理。因此，从生产方法、管理体制、产业组织和科学技术等方面进行创新，是提高劳动生产率，发展社会生产，更好满足人们需要的重要途径。这些关系表明，通过创新促进社会生产的进一步完善和发展，是社会主义基本经济规律在生产方面的要求，也是社会主义基本经济规律发挥作用的物质保证。

中国共产党遵循社会主义基本经济规律的要求，正确处理发展生产和满足人民需要的矛盾，将发展生产作为第一要务，不断探索发展的有效途径。习近平总书记总结中国和国际的经验，多次强调了创新对促进生产力的巨大作用。2015 年 3 月，他在参加全国两会上海代表团审议时，首次明确提出“创新是引领发展的第一动力”的论断，指出“要使创新成果更快转化为现实生产力”。党中央把创新列在五大发展理念的首位，正是深刻认识到社会主义基本经济规律的内在要求，抓住提高生产力的关键，强调其对发挥社会主义基本经济规律作用的重大意义，是对社会主义基本经济规律要求的深刻理解，是马克思主义政治经济学的重要理论发展。

人们可能认为，资本主义经济也很重视创新并且在创新方面获得巨大成就，长期走在世界前列。但是，从生产关系的本质和经济规律的必然作用看，只有社会主义制度才能为创新提供繁茂成长的土壤和充分发展的空间，而资本主义囿于私有制的本性，在进行创新的同时又具有很大的局限性。这是因为，与发展生产满足人民需要的社会主义基本经济规律不同，资本主义的基本经济规律是剩余价值规律，一切经济活动都要服从追求最大利润的目的，只要不利于这一目的的实现，创新就难以开展。比如，创新投资可能存在许多风险，包括研发的成功率难定、市场需求变幻莫测等，有些资本家宁可管好当前的营运，获取稳定的收益，不愿意承担创新的风险；创新，尤其是高端的创新，需要较多的研发人才和设备，支付较大成本，或者要求增加资本投入，或者会降低眼前的利润率，都会大大削减创新的动机；某些已经控制了高新技术的企业，为了保持既有利益，会采用各种手段，或者拖延新研究成果的公开使用，或者索求高价，或者压制、扼杀后来者的赶超；创新需要各种协作，但私有制使人们彼此隔离，甚至互相封锁，以邻为壑，除了市场交换，缺乏更为有效的社会协调；资本主义企业创新的收益不归雇佣劳动者所得，有时还会加重他们的学习和劳动负担，加上苛刻的管理制度和劳动纪律，都不利于调动广大劳动者参与创新的积极性。这些在国际上和中国都有明显的例证，极大地妨碍了创新的广泛展开和成果的普遍运用。

总之，要广泛开展创新，取得有效成果，需要一些条件。一是解除对劳动者的压制和禁锢，最大限度激发人的积极性主动性，突出人的能动作用。同时运用好激励机制，鼓励群众的创新热情。习近平总书记强调："人才是创新的根基，创新驱动实质上是人才驱动。"① 二是突破各谋其利、各自为政的私有制壁垒，共享创新的信息和资源，在竞争中互相支持、互相促进。三是组织协调，建立创新的社会体系，聚合各种社会力量，充分发挥协作功能，提高创新的效率。显然，社会主义迫切要求通过创新去迅速发展生产，也只有社会主义公有制能够提供这些有利的创新条件。两者互相促进、转化，形成良性循环，必然有力地提高社会生产力的水平。统计数据表明，在中国高端技术领域获得重大创新成果的单位中，国有企业在比重上远远高于私有企业，表明创新是社会主义经济的必然趋势，是社会主义基本经济规律的基本要求。

二、协调，反映了社会协调发展规律的要求，是社会主义基本经济规律发挥作用的社会条件

从整个社会有机体观察，人类社会存在生产关系与生产力、上层建筑与经济基础互相作用和反作用，经济、政治、法律、文化互相联系、互相促进的基本规律。全面协调发展是这一基本规律的具体体现和根本要求。但是，在人类社会的漫长岁月里，对社会协调发展规律的认识一直陷于黑暗之中，这一规律只能在反复的社会矛盾碰撞中显示出它的必然作用。马克思和恩格斯奠立的辩证唯物主义和历史唯物主义揭开了这个黑幕，使人们开始和逐步走上认识、尊崇规律和运用规律的道路。中国共产党适应生产力的要求，组织生产资料所有制的多次变革，继20世纪50年代全面建立了社会主义公有制之后，根据对生产力条件的客观分析，发起和主导了改革开放，建立了公有制为主体、多种所有制经济共同发展的基本经济制度，在这基础上形成中国特色社会主义的生产关系；同时强调经济、政治、文化、社会、生态各方面的均衡全面发展，协调推进了社会主义物质文明、政治文明、精神文明、社会文明和生态文明建设。这些都是根据历史唯物主义的基本理论和基本方法，正确认识和自觉运用社会发展规律，协调社会总体关系的光辉典范。

从社会经济的层面观察，社会劳动根据各种需要按比例地进行分配，是正常实现社会再生产的条件。马克思强调，社会再生产要顺利进行，必须保持社会生产各方面的比例关系，指出："按一定比例分配社会劳动的必要性，决不可

---

① 习近平：《2015年3月5日参加十二届全国人大三次会议上海代表团审议时的讲话》。

能被社会生产的一定形式所取消，而可能改变的只是它的表现形式。”① 他还进行了多方面的分析，论证经济制度决定按比例发展规律的实现方式。

资本主义的一切活动只服从于追求最大剩余价值的目的，私有制则把所有的生产者彼此分隔开，他们唯一能够取得的信息只来自市场，而市场的竞争性、自发性和滞后性又往往扭曲了真正的供求状况，导致了经济活动的盲目性。马克思指出：“资产阶级社会的症结正是在于，对生产自始就不存在有意识的社会调节。合理的东西和自然必需的东西都只是作为盲目起作用的平均数而实现的。”② 资本主义企业生产的有组织与社会生产的盲目无政府状态的矛盾造成了部门、产业之间经常性的比例失调和经济的混乱，加上生产迅速扩大的趋势与有支付能力的需求不足的矛盾形成产品和产能的相对过剩，使经济陷入长期震荡，最后只能通过经济危机的剧烈破坏，消除过剩生产力，以社会资源的巨大浪费为代价，强制地建立社会经济的暂时平衡。

社会主义公有制，特别是国家所有制，使劳动人民成为生产资料和生产过程的共同主人。劳动者的根本利益一致，不存在利益的对立，在生产和交换过程结成互助协作关系，有可能在社会中心（现阶段的社会主义国家）的领导下，利用社会共享的信息，根据社会需要配置物质资源，组织社会劳动，及时发现和补齐发展中的薄弱环节，解决资本主义长期无法对付的发展不平衡的问题，做到通过“有意识的社会调节”实现社会经济的协调。党的十八届五中全会将协调作为五大发展理念之一，正是对社会主义基本经济规律和有计划按比例发展规律的确认和自觉运用，是充分发挥社会主义优越性，达到全面建成小康社会目标的重要经济战略指导，具有重大理论意义和实践指导作用。

但是也要看到，当前中国经济出现一系列结构失调和秩序混乱。大量产品产能过剩，生态被严重破坏，市场上投机、欺诈活动丛生，假冒伪劣和有害有毒产品充斥，哄抬生活必需品价格，掠夺广大群众，严重危及人民生活。这些现象都是有悖于社会主义原则的。为什么它们会大量出现在号称社会主义国家的中国？这就必须正确了解中国特色社会主义的特色所在。从最根本的关系分析，其特色就在于，中国现阶段在生产资料所有制二元化的基础上，形成生产关系、经济规律和社会矛盾的二元化。社会上同时存在两种生产资料所有制，即以社会主义国家所有制为主的公有制和以资本主义所有制为主的私有制；相应的，在不同所有制的基础上形成了两种生产关系，即社会主义生产关系和资本主义生产关系；两种生产关系各自按照它们的本性有规律地运行，产生各不相同的社会矛盾。两种性质不同的生产关系共同存在于一个社会之中，互相影响，支配它们运动的规律和社会矛盾也互相影响。哪类生产关系拥有的经济力量大，对社会经济的影响力就强，它所固有的经济规律的作用和产生的社会矛

① 《马克思恩格斯选集》第4卷，人民出版社1972年版，第368页。

② 《马克思恩格斯选集》第4卷，人民出版社1972年版，第369页。

盾的影响就大。认清中国特色社会主义的基本特点之后，就不难了解前述那些问题产生的根源。原来，它们就是私有经济追逐高额剩余价值引起的结果，是资本主义基本经济规律的表现。它们在中国愈演愈烈，根源就在于资本主义私有制的迅猛扩张。这就充分暴露出，资本主义经济深受私人利益局限和强烈的逐利冲动与整个社会经济的协调发展之间产生巨大矛盾。它们不利于国家经济结构的优化和升级，不利于国民经济的全面协调和可持续发展，最终不利于社会进步和民生改善。固然，完善法制建设，加强国家的管理和引导，在某种程度上有利于问题的解决，却无法改变、消除资本主义经济规律的必然作用。因此，必须逐步扩大社会主义公有制，并依靠强大的国有经济的力量，增强社会主义经济规律的积极影响，减少资本主义经济规律的破坏作用。

三、绿色，是人与自然之间的协调规律与社会主义基本经济规律的结合，也是社会主义基本经济规律在“天人关系”上的延伸和深化

绿色发展实际上就是人与自然之间物质变换的协调关系，是攸关人类社会发展的根本问题。马克思主义认为，人类是自然界的一个组成部分，又相对独立于自然界，同自然界存在一定的物质交换关系。自然界是人类赖以生存的条件，人类依存于自然界；同时，人类又能够通过自身的自觉活动，即劳动，从自然界取得生活所需物品，在局部上改造自然界，体现出对自然界的一定的影响。人和自然之间的这种物质变换关系，“是人类生活的永恒的自然条件，因此，它不以人类生活的任何形式为转移，倒不如说，它是人类生活的一切社会形式所共有的”[①]。但是，在不同性质的生产关系中，这种“一切社会形式共有”的人与自然的物质变换关系，却不可避免地会受到人与人的关系及其发展规律的影响，形成迥然不同的结果。

资本主义经济的生产目的是追逐最大限度的剩余价值。在剩余价值规律的驱动下，资本家一方面努力扩大生产，进行大规模开发，采取各种手段占有、使用乃至滥用和掠夺自然资源，不惜破坏生态环境，产生和加剧生产发展同自然界供给有限性之间的矛盾；另一方面，资本家为了节省开支，降低生产成本，随意排放生产过程的各种废弃物，严重污染生态环境，特别是城市的生产和生活环境，“使工人身体衰弱，精神萎靡不振”“健康受到致命的摧残”[②]，造成剥削者同劳动人民之间的阶级矛盾。资本主义在很长时期存在为谋取高额利润而牺牲和破坏生态的罪恶历史，并将其结果施加在劳动人民身上，使人与自然之间的矛盾同人与人之间的矛盾交集在一起，既危害自然界，又残害劳动人民。这些矛盾的根源就在于生产资料的资本主义私有制。

① 《资本论》第1卷，人民出版社2009年版，第208～209页。

② 《马克思恩格斯全集》第2卷，人民出版社1957年版，第463、497页。

在取代资本主义的新社会，劳动人民在共同占有生产资料的基础上建立起“自由人联合体”，社会生产的目的是满足人民不断增长的物质文化需要，促进人的全面发展，即不仅要迅速增加物质资料的数量和质量，还要不断提高人民的精神文化素质和体魄健康水平。这就要求人们在互助合作，协调相互关系的同时，加强生态文明建设，建立起与自然界之间物质变换的协调关系，把人与自然之间的协调规律与社会主义基本经济规律结合起来。绿色的发展理念，就是强调以发达的生态文明促进社会、经济、政治、思想意识多方面的发展，是正确反映社会主义基本经济规律、人与自然协调规律和社会关系协调发展规律的综合要求，是对社会主义基本经济规律内涵的扩展和深化。认真践履绿色理念，对实现经济社会发展的根本目的具有重要意义。

但是，由于中国当前阶段存在生产资料所有制的二元化，社会主义生产关系与资本主义生产关系同时并存，社会主义经济规律与资本主义经济规律同时发挥作用并互相影响，由此，在生态和社会经济关系上产生一系列问题和矛盾。不少企业为了赚取暴利，掠夺性使用自然资源，狂挖乱采，不仅造成巨大浪费，而且严重破坏生态环境。无数实践证实，中国生态遭到日趋严重的破坏，与中国资本主义私有经济在二三十年来迅速膨胀密切相关。

所以，我们不仅要根据马克思主义关于自然、社会、经济、政治、思想关系的理论树立正确的生态文明建设目标，加强培养和传播先进生态理念，还要分析生态发展实践中的深层次问题与矛盾，找出生态破坏的经济社会根源，在建立有效的检查监督管理体系的同时，重视和设法解决这个根源性的问题。

四、开放，是社会发展规律和社会主义基本经济规律内涵在国际范围的拓展

如果说，绿色发展理念表示对社会主义基本经济规律内涵在纵向的升华和加深，那么，开放发展理念则是在横向对社会主义基本经济规律内涵的扩充和拓展。

经济国际化和经济全球化是生产力发展和生产社会化的必然结果和客观要求。这一过程首先发端于资本主义生产方式。在资本主义条件下，社会分工提高了劳动生产率，促进生产的发展，增加了相对剩余价值，加速资本积累。生产的发展和资本积累扩大了对各类资源的需求，迫切要求拓宽能消化产品实现剩余价值的市场。当一国的资源和市场无法满足发展生产和增大利润的需求，或者别国能够提供更廉价的资源和更有利的市场时，资本便会突破国家的界线，在国外寻找机会，于是形成了国际市场和国际分工。随着生产力的发展，国际市场不断扩大，国际分工不断细化，特别是，经过新的科技革命，生产力快速发展，经济国际化进一步发展为经济全球化。不仅大多数资本主义国家，连社

会主义国家也都深深卷入经济国际化、全球化的洪流。这个发展进程和趋势表明，经济国际化、全球化符合扩大市场、深化分工、发挥各国优势、推动世界经济发展的规律的要求，是生产关系要适合生产力要求的社会发展规律先在资本主义国家间、继之在世界范围的体现。中国经济几十年迅速发展，已是位居世界伯仲的经济大国、贸易大国和投资大国，与世界各国具有广泛联系，深深介入了国际经济关系，不可避免地要受到这一规律的制约。同时，为了更好实现社会主义基本经济规律，必须考虑国内发展和国际发展的联动性，积极参与国际经济事务，充分发挥国内既有的比较优势，更好发挥在全球经济治理中的重要作用，同时也从国外争取发展所必需的资金、人才、资源和市场，创造更多社会财富，为增进中国人民的利益和各国人民的利益作出更大的贡献。

2013 年 1 月 28 日，习近平总书记在主持中央政治局第三次集体学习时提出："我们要坚持从中国实际出发，坚定不移走自己的路，同时我们要树立世界眼光，更好把国内发展与对外开放统一起来，把中国发展与世界发展联系起来，把中国人民利益同各国人民共同利益结合起来，不断扩大同各国的互利合作，以更加积极的姿态参与国际事务，共同应对全球性挑战，努力为全球发展作出贡献。"这一指示连同其他有关坚持开放、推动国际发展合作的系列重要讲话，体现了党对国际社会发展规律和社会主义基本经济规律认识的深化，科学地将两种规律的要求结合在一起，既顺应世界发展潮流，又符合中国发展要求，为协调国内、国际经济关系、合作共赢、全方位发展的指导思想奠立理论基础。

不过也要清醒地看到，在当今国际市场中，各国之间既存在一定的共同利益，需要携手应对全球发展中的各种问题，又存在互相争夺资源以及商品市场和资本市场，抢占全球产业链、供给链、价值链的高端核心地位，争取和掌握国际经贸规则话语权的激烈竞争。发达资本主义国家，尤其是美国，利用其军事、政治、科技、金融优势，在国际市场和国际货币体系中占据主导地位，强制推行自己的规则，大量印发钞票，谋取本国利益，将通货膨胀转嫁给其他国家；疯狂进行金融投机、低价收购别国金融机构；在不发达国家遍设跨国公司，打击、扼杀和并吞本土企业，攫取高额利润，剥削和掠夺全世界人民，特别是发展中国家的人民；对社会主义中国更是采取敌视态度，使尽封锁、打击之能事。这些都对中国进一步开放以及国民经济的发展造成重大的不利影响。对此，必须总结经验，谋划扩大开放的战略和措施。一要检讨过去那种对外来资本大门洞开、来者不拒的做法，按照有利于中国人民的原则，权衡利弊，进行必要的选择和控制，对外资进入重要行业和并购中国企业事项实行审查，保护民族工商业，对其经营管理进行必要的监督，维护劳动者权益，禁止污染和有害产品和技术进口，严防对生态环境的破坏。二要改变过去那种单打独斗闯江海的做法；发挥中国的制度优势，以国有公司、集团和非国有的大型企业为骨干，采取多种方式和形式，将众多的涉外经济企业和机构凝聚起来，建成有雄厚力量的海外大军，减少内耗，团结一致，增强国际经济竞争力和影响力。三要通过灵活有效的经济外交活动，联合可以团结和有一定实力的国家，积极参与全球经济治理，改变少数发达国家对国际经济贸易金融体系话语权的垄断，争取建立“平等公正、合作共赢”的国际经济新秩序。

五、共享，是社会主义基本经济规律所体现的社会生产目的，是社会主义的本质要求，也是五大发展理念的核心

经过生产资料所有制的社会主义改造，中国建立了生产资料归劳动人民共同所有的基本经济制度。在这种制度下，劳动者成为生产资料和生产过程的共同主人，消灭了小部分人凭借对生产资料的垄断权力压迫、剥削广大劳动者的关系，劳动成果归劳动者共同所有，在扣除扩大再生产和必要的社会共同需要之后，生活消费品根据按劳分配原则分配给劳动者享用。这是人类社会经历几千年剥削阶级统治之后，首次出现的生产资料和劳动产品归劳动人民共享的制度。它在经济上粉碎了长期禁锢劳动者的枷锁，使劳动者真正焕发出巨大的创造力，推动社会生产以前所未有的速度持续发展，为社会主义基本经济规律开辟了发挥作用的广阔空间。1992 年，邓小平在南方谈话时指出：“社会主义的本质就是解放生产力，发展生产力，消灭剥削，消除两极分化，最终达到共同富裕。”① 2015 年 8 月 21 日，在中共中央召开的党外人士座谈会上，习近平提出：“广大人民群众共享改革发展成果，是社会主义的本质要求，是我们党坚持全心全意为人民服务根本宗旨的重要体现。我们追求的发展是造福人民的发展，我们追求的富裕是全体人民共同富裕。改革发展搞得成功不成功，最终的判断标准是人民是不是共同享受到了改革发展成果。”这些重要讲话是对社会主义生产关系基本特点和社会主义基本经济规律核心内涵的高度概括，突出发展生产、共同富裕对坚持社会主义道路，发挥社会主义优越性的重要意义，特别是将是否做到全体人民共享发展成果提高为改革成败的最终判断标准，是中国深化改革须臾不可离开的基本指导思想。

但是，在现实经济生活中，中国在实践共享理念方面还有巨大的差距。根源就在于生产资料所有制。改革开放以后，中国建立的基本经济制度，实质上是社会主义公有制与资本主义私有制并存的二元化结构。在此基础上，产生了生产关系、经济规律、社会主要矛盾的二元化。中国资本主义经济从零开始，经过三十多年的迅猛发展，今日已在全国经济领域占据“半壁江山”。中国的私营企业主利用中国资金严重短缺，待业队伍庞大的特点，在劳动力市场中拥有绝对优势，在生产中占据无上权威的地位，延长劳动时间，压低工资待遇，长

① 《邓小平文选》第 3 卷，人民出版社 1993 年版，第 373 页。

时期剩余价值率高达240%。通过生产领域和流通领域的超重剥削，中国在短短的二三十年间造就了一大批千万级、亿万级富豪。他们以年均高达31%～56%的积累率集聚了巨额财富和资本。据《胡润百富榜》的资料，2015年，中国1.7万名富豪坐拥31万亿元财富，相当于中国当年GDP的一半；登上富豪榜的门槛从2008年的7亿元上升到20亿元；上榜者平均财富由30亿元上升到64亿元；百亿富豪人数由50人扩大到176人。而在社会的另一极，私有企业雇佣劳动者的收入长时间得不到明显的增加，他们的收入占社会新创造价值的份额不断下降，大部分家庭的生活水平无法随生产的发展相应提高，此外，中国农村还有7千多万人生活在贫困线以下。财富快速向占人口少数的资产阶级集中，他们过着骄奢极侈的生活，在一个人均GDP长期处于世界百名之后的国家创造出全球最大的奢侈品市场，买走了世界47%的奢侈品。另一方面，劳动者收入占新创造价值的份额明显下降，有13%的人每天的生活费低于1.25美元，约5%的家庭生活极端困难。中国的基尼系数，1978年仅为0.16，2006年就跃升为0.49，超过绝大多数发展中国家和发达国家的水平。根据统计资料进行历年排列对比可以看出，中国分配不公和财富悬殊明显地是与资本主义经济的增长同步加剧的，表明它是仍然在中国发挥作用的资本主义基本经济规律（剩余价值规律）的必然后果，其真正的根源是资本主义私有制的迅猛发展。这种社会两极分化日趋严重，不仅极大挫伤了广大劳动者的积极性和主动性，而且引发一系列社会矛盾，破坏生产和消费的正常关系，成为近年来中国经济出现明显颓势的主要原因。在改革开放近四十年之际，习近平总书记强调共享成果是我们进行改革发展所追求的目标，并且将是否做到共享确定为衡量改革发展成败的最终标准，表明中央领导警觉到现存的高度背离共享原则的现象，对必须坚守社会主义本质，遵循社会主义基本经济规律提出更加明确的要求。这对中国端正改革方向，坚持社会主义制度和道路，解决存在的问题和矛盾，发展社会主义事业具有特别的重大指导意义。

六、发展社会主义公有制，增强社会主义基本经济规律的作用

综上所述，五大发展理念紧紧围绕满足人民群众日益增长的物质文化需要、促进人的全面发展这一根本目的，集发展方向、发展方式、发展条件、发展维度、发展路径、发展目标为一体，涵盖全面且具有紧密的内在联系，高度概括和综合了社会主义基本经济规律多维度加深扩展的内涵，体现社会主义所特有和能够实现的要求，应该大力加以宣传，切实贯彻实施。但是，中国当前阶段，在生产资料所有制二元化的基础上，存在着与社会主义性质截然不同的资本主义生产关系，在资本主义经济规律的作用下，不可避免地会经常发生与五大发展理念相违背的行为和现象，而且其范围和程度还会随着资本主义经济所占比

重的增大而扩展和加剧。这是客观存在和不容忽视的。治理的根本途径是适应中国迅速发展的生产力，发展社会主义公有制，特别是做大、做强、做优社会主义国有制经济，不断强化社会主义经济规律发挥作用的根基，使社会主义基本经济规律真正成为主导力量。

1999 年 9 月 22 日，党的十五届四中全会《关于国有企业改革和发展若干重大问题的决定》指出，社会主义国有经济“是国家引导、推动、调控经济和社会发展的基本力量”“国有经济在关系国民经济命脉的重要行业和关键领域占支配地位，支撑、引导和带动整个社会经济的发展，在实现国家宏观调控目标中发挥重要作用”。十七年来的实践证明，《决定》关于国有经济在社会经济发展中重要作用的评价完全正确。习近平总书记多次明确指出：“国有企业特别是中央管理企业，在关系国家安全和国民经济命脉的主要行业和关键领域占据支配地位，是国民经济的重要支柱，在我们党执政和中国社会主义国家政权的经济基础中也是起支柱作用的，必须搞好。”[①]“国有企业是推进现代化、保障人民共同利益的重要力量，要坚持国有企业在国家发展中的重要地位不动摇，坚持把国有企业搞好、把国有企业做大做强做优不动摇。”[②] 这是进入新时期以来，总书记针对新的经济形势发出的高瞻远瞩的宣示。“做大做强做优国有企业”，是运用历史唯物主义方法，掌握社会主义经济规律的要求，对国有经济重要作用的充分肯定，更是解决当前各种经济问题和矛盾的重大战略部署。

做大做强做优国有经济完全符合中国生产力的发展现状。几十年来，中国的社会生产以举世瞩目的速度迅猛增长。早在 2010 年就在工业规模上超过美国，成为世界第一工业生产大国，在世界 500 种主要工业品中，有 220 多种产品的产量位居世界第一。2015 年中国 GDP 达到 67.67 万亿元，比 1978 年开始改革开放时的 3645 亿元，增长近 185 倍。目前，中国已具备日益先进的物质技术基础，在许多重要部门掌握了尖端的技术，拥有素质不断提高的庞大劳动队伍，社会生产力水平已经进入世界前列，加上迅速增长的巨额经济总量，按照生产关系要适应生产力的规律，中国已经有充分的条件支持国有经济更大规模的发展。扩大和优化社会主义公有制经济，是关系到中国社会发展方向和国运兴衰的根本大计，既有迫切的必要，又具备应有的条件，应该在经济发展进入新阶段之际，抓紧时机，毫不动摇地加以实施。这是增强社会主义经济规律的作用，减少资本主义经济规律不利影响的有效途径，全体劳动人民应该为此努力奋斗。

---

① 习近平：《2014 年 8 月 18 日在中央深化改革领导小组第四次会议的讲话》。

② 习近平：《2015 年 7 月 17 日在吉林调研时发表的重要讲话》。

以共享发展促进共同富裕现实进程

——再论对中国特色社会主义经济制度的丰富完善*

李炳炎　王新建**

一、引言

胡锦涛同志2011年“七一讲话”提出了“中国特色社会主义制度”概念，而在中国特色社会主义制度范畴中，中国特色社会主义经济制度是其重要组成部分。在十八届五中全会提出五大发展理念之后，笔者在多年研究①并参考学界研究成果②的基础上，鲜明地提出把“以共享发展促进共同富裕”纳入中国特色社会主义经济制度之中，与“公有制为主体、多种所有制经济共同发展”的基本经济制度和其他经济制度一起，作为中国特色社会主义经济制度的有机组成部分。这种意见既能凸显作为五大发展理念归结点的“共享发展”在中国特色社会主义经济制度中的地位和作用，③ 同时又是由“共享发展”在新常态下建成全面小康社会和实现第二个百年目标的规律性要求所决定的。

二、现实峻切之倒逼，发展肯綮之要求

国内对“共享”的关注，几近与改革开放亦步亦趋。以“共享改革发展成

* 项目来源：国家社科基金一般项目“中国经济发展方式包容性转变的体制机制研究”（11BJL003）。

** 李炳炎，经济学博士，中共江苏省委党校特岗教授，中央财经大学博士生导师，研究方向为理论经济学；王新建，淮阴师范学院马克思主义学院教授，浙江理工大学兼职教授，硕士生导师，研究方向为创新马克思经济学。

① 李炳炎：《利益分享经济学》，山西经济出版社2009年版。

②③ 郑志国：《共同富裕的制度设计与安排》，载于《马克思主义研究》2015年第9期。

果”为完整关键词在中国知网上显示仅有研究成果657篇，但这“惊鸿一瞥”，匆匆一眼却给人留下强烈的冲击：一个长期“均贫富”思想根深蒂固的国度，在走上了与初衷差距太大的“让一部分人先富起来”的道路之后，“先富带后富”的共同富裕之路为什么却这样的踟蹰和蹒跚？中央扶贫攻坚的“超常规举措”，又怎样开拓以共享发展促进共同富裕现实进程的新路向？

自党的十五大报告首次提出“人民共享经济繁荣成果”到党的十六届六中全会的“共同享有”，再到党的十七大的3个“共享”，十八大的6个“共享”，十八届五中全会的11个“共享”，党的共享理念其内涵和外延不断扩大，体现出党和人民对共享发展的殷殷期许。然而人们看到的却是：我们一度顺应历史必然让有条件先富起来的地区在政府优惠政策的强力推动下先富起来，强调“这是一个事关大局的问题”，继而实现了阶段性战略设计。而沿海地区发展到一定时候，应该拿出更多力量来帮助内地和西部发展，“这也是个大局”，应是政府通过推行非均衡战略最终达到均衡发展的战略举措。但问题是许多地区强势者受益后并未及时地对弱势者进行补偿和帮扶，却在以效率为取向的政府运作模式的惯性推动下，进一步淋漓尽致且充分发挥着其市场主体谋求自身利益最大化的“应有”行为；并在能力膨胀之下，与部分官员结盟，采取打擦边球甚至影响政策制定等方式获取更高收入，使收入差距快速扩大且分化加剧，这样弱势群体便显性化地蔓延开来。[①] 熊友华先生所揭示的这种不能“共享”，与中国基尼系数的走向互相印证。那么，在京津冀协同发展理念催生出没有河北的发展就没有京津双核的继续发展，“一带一路”让人们认识到人类命运共同体，脱贫冲刺阶段终将认识到必须拿出“超常规举措”（因为没有最后7000万国人的小康就谈不上全面小康），以及新常态下对保持经济继续平稳发展动力的“寻寻觅觅”等背景下，作为与多年倾向于“独占式”发展而导致贫富分化相悖的发展模式，作为与先富之后好似淡忘了后富和共富做派相悖的发展制度和政策，“共享发展”理念以国家观念的身份并承载着中央政府对共同富裕的殷殷期许而闪亮登场了。要体现现实峻切的倒逼，反映发展肯綮的要求，就很有必要把“以共享发展促进共同富裕”明确纳入中国特色社会主义经济制度之中。

三、积年流弊之抛却，“共享”自觉之奠立

中国居民收入和财富差距的峻切现实，几近积重难返[②]。这突出表现在微观和宏观两个方面。首先讨论微观方面的不能共享问题。这极其典型地和集中地体现在初次分配领域：劳动较资本的弱势地位让初次分配几成资本“独占”的代名词。而那些所谓依靠二次、三次甚或四次分配的“先做大蛋糕”等主张，

① 熊友华：《弱势群体的政治经济学分析》，中国社会科学出版社2008年版，第201～202页。

② 李炳炎：《共同富裕经济学》，经济科学出版社2006年版，第18页。

在蛋糕做大之后，为什么就不能甚或不想“分好蛋糕”了呢？“伴随着再分配的讨价还价过程，不管是和平但漫长的街道游行还是暴力行动，成本都会很高。”①君不见在一些私企业主的行为中，至今仍可看到一个世纪前欧美资本家的那种极端贪婪和野蛮：增劳动强度、延劳动时间、克扣工资、随意解聘等，无所不用其极。而有的经济学家却坚持认为：“如果把低素质劳动力的工资提得太高，中国企业就失去了成本优势”，② 因为“如果我们把创业的人吓住了，没有人愿意做企业了”，③“建议果断停止新的劳动合同法中限制合同自由的条款，让劳动合约更自由。”④

而今反思贫富分化的原因，必然要追溯到改革的指导理论问题：社会主义市场经济理论只能解决公有制与市场经济相结合的问题，从而引入市场机制，提高经济效率，而且这种“结合”一向受到新自由主义的异化，使作为点睛之笔的“社会主义”备受挤压。事实说明，社会主义市场经济理论不能解决在经济增长的同时实现收入分配的公平和均衡，以及实现社会公平和人民共同富裕的目标。这一理论和实践上的严重缺陷，多年来并未被经济改革决策者所发现。或至十八届五中全会“共享发展”理念的提出，人们方有所悟：曾几何时，我们的经济改革理论片面地强调产权改革却把分配问题排除在外，导向企业“利润最大化”，工人工资最小化。

长期致力于《资本论》研究的陈俊明教授指出，看到黑煤窑矿难频发，你会强烈感觉到，马克思在《资本论》中说“这正是说的阁下的事情”还真的是给说着了。一些拥有巨额财产的私企业主及其代言经济学家千方百计地鼓吹私有化，甚至要修改宪法中关于公有制的字眼。⑤ 笔者认为，当前亟须明确和必须反复强调的是：在比重日益增长的非公经济中，其资本要素超越劳动而在初次分配中起着主导作用，才是导致收入差距过大现象的根源；公有制经济比重的快速下降，私营企业的过快上升，以及伴随着这“两快”所出现的公、私企业收入分配上的巨大反差。⑥ 一如马克思所说，“消费资料的任何一种分配，都不过是生产条件本身分配的结果；而生产条件的分配，则表现生产方式本身的性质。”⑦ 所有制决定了分配制，财产关系决定着分配关系，这既是马克思政治经济学批判理论的根本点，亦是经典作家超越仅看到分配正义的早期社会主义者而开拓出的更为科学和根本的理论境阈。

笔者认为，社会主义的初次分配不能套用资本主义成本价格公式 $k = c + v$ 和

① 林毅夫等：《以共享式增长促进社会和谐》，中国计划出版社 2007 年版，第 25 页。
② 张维迎：《市场的逻辑（增订版）》，上海人民出版社 2012 年版，第 150 页。
③ 张维迎：《市场的逻辑（增订版）》，上海人民出版社 2012 年版，第 318 页。
④ 张维迎：《市场的逻辑（增订版）》，上海人民出版社 2012 年版，第 333 页。
⑤ 陈俊明：《〈资本论〉经济行为理论的具体化》，中央编译出版社 2010 年版，第 451 ~ 453 页。
⑥ 李炳炎：《共同富裕经济学》，经济科学出版社 2006 年版，第 35 ~ 42 页。
⑦ 《马克思恩格斯文集》第 3 卷，人民出版社 2009 年版，第 436 页。

资本主义价值构成公式 $w=(c+v)+m=k+p$，否则在“强资本弱劳动”的劳资关系格局下势必造成国民收入初次分配中劳动报酬 v 占比愈来愈低，利润 m 占比愈来愈高的不合理格局走势。而应采用 $w=c+(v+m)=c+n=c+(n_1+n_2+n_3)$ 的“分享型经济发展”方式，着力提高劳动报酬在初次分配中的占比，并使劳动报酬随 GDP 的增长而同步增长，才能彻底克服劳动报酬占比较小的收入分配失衡状况。实践证明，“分享型经济发展”方式将一改初次分配的积年流弊，使十八届五中全会的“共享发展”理念在最关键的初次分配上得以彰显。①

其次讨论宏观方面的不能共享问题，这可以从对以下命题的分析中得到清晰的答案。“发展为了人民、发展依靠人民、发展成果由人民共享”是党的十七大提出的执政理念。这一“共享式”理念，必须也只能理解为发展的“初衷、手段和目的”三个方面规定性的有机统一。但现实中有些人却只知“初衷”“目的”而漠视了“手段”，或嘴上说着“发展为了人民”和“由人民共享”，而不知“发展依靠人民”，不愿甚至极力排斥人民。以人为本，首先应该理解为“现实的运动”，是现实经济活动的前提、出发点、实施手段和首要遵循的原则。实现经济发展最基本的路向，就是把人（最广大的人民群众）作为实施的主体，以人的发展为基础，在人力的作用下促进经济的健康发展，真正做到发展“依靠”人民，这是唯物史观的基本原则。我们的党员干部谁不知道“发展为了人民”的道理？又有谁不是张口闭口“为了人民”和“让人民共享”呢！倘若仅把“为了人民”和“让人民共享”喊得震天响，而不懂得，不能意识到，也不能做到“发展依靠人民”，何谈“为了”和“共享”？人民（尤弱势群体）哪有机会和“资格”去共享呢？还能做到“为了”和“共享”吗？现实生活中排斥人民群众的做派，把机会弱势群体排斥在“发展”之外的做派，可谓历历在目、触目惊心。

国有企业减员增效。曾几何时，中国经济学界的一些人士把新自由主义奉为圭臬，颇具“创造性”的提出诸多夺人眼球的观点，如“代价论”“靓女先嫁论”“冰棍论”“烂苹果论”，乃至“社会财富向‘精英’倾斜论”“为了达到改革目标，必须牺牲一代人”等“改制思想”。于是，“效率优先”把“兼顾公平”抛掷到九霄。而这“一代人”，竟然是为共和国奠定工业化基础的 5000 万下岗工人。② 这个 5000 万，这么多年依靠什么“共享”？他们的子女们又凭借什么“共享”？

农民被上楼现象。许多地方城镇化建设的主要动因多是解决用地缺口，而非随着工业化发展到一定程度的人口聚集。失之毫厘谬以千里，况初衷已谬？土地变成了楼房之后，人是“上楼”了，而符合本地特色的工业企业却不知

① 李炳炎：《利益分享经济学》，山西经济出版社 2009 年版，第 122 ~ 135 页。

② 李炳炎：《共同富裕经济学》，经济科学出版社 2006 年版，第 5 ~ 6 页。

何处，提供的就业机会寥寥，甚或原本就没有考虑失地农民的就业。这种为了政绩和升迁的所谓“发展”，依靠的只能是开发商，甚或是开发商与政府联手的逼迫和强拆。而“发展”的成果呢，自然只能是“资本”与“权力”的共享。

而作为提升“人力支撑”最有效的教育，在“依靠”人民方面更是羞羞答答，犹抱琵琶。近几年中央对办公用房面积的严格规定，反衬出多年来政府大楼高高在上而学校教室拥挤不堪的见怪“不怪”。城乡之间和东西部之间的巨大反差，令人对教育公平的现实峻切唏嘘不已。据中国青年报报道，首届中国贫困地区小学校长论坛2012年9月在人民大会堂举行，贵州赫章县的校长郭昌举感慨：我们村离县城至少差20年，县城离北京又差50年。另一位赫章县的校长聂章林吃惊地发现，北京学生白又胖，而他那些山里的学生都显得那么瘦小。校长们慨叹：城乡之间差距已成现实，永远无法改变。[①] 而针对全国性高校的抽样调查显示：相对农民子弟，985大学非农子弟为2.7倍，211大学是1.3倍；在大学保送的机会上，私企业主子弟是农民子弟的7.6倍，管理层子弟为8.5倍，技术层子弟为10倍；在自主招生名额上，管理层子弟为12.7倍，技术层子弟为9.5倍。显然寒门子弟离一流大学越来越远，在升学竞争中处于明显劣势。[②] 全国政协委员葛剑雄教授在接受“新闻1+1”记者采访时指出，凭国家综合国力，教育均等化是可以较快做到的事情。如果说做不到，那么套用一句老话就是，“非不能也，是不为也”。试问，当“教育改变命运”的路途受到如此梗阻，“发展”所“依靠”的，究竟是哪些人呢？而排斥了最广大弱势子弟的所谓发展，让他们“共享”什么呢？

基于上述对积年流弊的讨论，在中国特色社会主义经济制度中增加“以共享发展促进共同富裕”，使这一经济制度的“新条目”成为人们认识和实践上的自觉自为，促进新常态下“以共享发展实现共同富裕”在微观和宏观方面的具体制度设计和体制机制建设，做到既正视听、又促实践，便是顺理成章和亟待明确的问题了。

四、五大理念之归结，百年目标之路向

把“共享发展”作为创新、协调、绿色、开放、共享五大理念的归结点，这是由五大理念其内在的逻辑关系所决定的。一方面，五大理念最集中地承袭和反映出我们党所倡导的包容性发展理念最主要的几方面内涵：“创新发展”，是包容性发展对粗放式和低端价值链发展方式的反对；“协调发展”，体现出包容性发展对制约经济健康发展的“短板”的反思和对短板变长的包容；“绿色发

① 胡乐乐：《义务教育学校标准应全国统一》，载于《光明日报》2012年9月3日第2版。

② 吴锡平：《教育公平才能打破社会阶层固化》，载于《深圳特区报》2012年3月6日第B11版。

展”，是经济发展包容资源能源和生态环境这一时代内涵的体现；“开放发展”，是包容性发展对物质、能量、信息等要素交换的要求和依赖；至于“共享发展”，原本就是包容性发展的同义词，“包容性发展”的前身“包容性增长”，原本就叫“共享式增长”。包容性发展不论是过去、现在还是未来，其最直接、最根本的表现形态就是共享发展。可见，我们把“共享发展”作为五大理念的归结点，是符合概念演进的历史的和现实的要求的。另一方面，从逻辑归宿上说，“创新”只能是为了人民共享发展成果的“创新”，“协调”只能是为了人民共享发展成果的“协调”，“绿色”只能是为了人民共享发展成果的“绿色”，“开放”也只能是为了人民共享发展成果的“开放”，即离开了以“共享”为目的和归宿的任何发展，都只能是不着边际、没有根基、没有方向的发展，也不可能是健康的和可持续的发展，最终也只能是得不到最广大人民支持的发展。

以共享发展来促进共同富裕的现实进程，更是中国实现第二个百年目标的不二选择，是走向共同富裕不可规避的线路图，舍此再无其他路途。因为中国梦归根结底是全体中国人民的梦，这是最简单、最朴实却又是最根本的道理。很难想象，排斥了广大基层民众幸福生活的所谓第二个百年目标，能够成为现实？同时，“改变社会上存在的不公平现象，使人民公平共享发展成果，不能靠过去‘文化大革命’时期的方法，更不能再来一次‘打土豪’，解决问题要靠制度”①。笔者在研究中曾陆续提出“以共享发展促进走向共同富裕现实进程”的制度和体制设计，如以社会主义价值观为改革方向，保持“社会主义”与“市场经济”的“同世而立”；以“发展依靠人民”为基点，消除机会弱势群体参与共享发展的机会边缘化；以“先为教育”的经济发展方式转变为切点，较快地提升机会弱势群体的人力支撑；以“公平与效率互促同向变动”为定点，以“分享型经济发展方式”[12]为导引着眼于初次分配内公平问题的基本解决；以强力度的工资、税收、金融、社保等制度改革，缩小收入和财富差距；以大力度的“超常规举措”，加快地域间基本公共服务均等化的步伐等。至于这些制度和体制设计的运行机理，笔者会另文详著。

五、结语

早些年笔者就已深入探讨过把“分享经济制度”纳入中国特色社会主义经济制度范畴的问题。② 本文明确提出把“以共享发展促进共同富裕”纳入中国特色社会主义经济制度范畴中，也是进一步学习十八届五中全会五大发展理念并结合和针对经济社会发展肯綮的心得体会。作为五大基本理念的归结点，“共享

---

① 杨瑛等：《深入学习中国梦战略思想热点·面对面》，中共中央党校出版社 2014 年版，第 47 页。

② 李炳炎：《构建中国特色社会主义分享经济制度的探索》，载于《当代经济研究》2012 年第 7 期。

发展”理念的提出，标志着我们党的“共享”思想由执政理念到理论体系、由思想意识到制度体系的升华。促进“共享发展”理念深入人心，为全社会牢固树立“以共享发展促进共同富裕”的思想观念并为其理论体系和制度体系的构建提出自己的思考和建议，是学习的当然之责。

实现共享发展必须坚持和完善社会主义基本经济制度*

侯为民**

共享发展理念是社会主义经济改革和发展的内在要求，是中国经济新常态下的目标指向。2015年8月，习近平总书记在中共中央为征求“十三五”规划建议意见召开的党外人士座谈会上指出，“广大人民群众共享改革发展成果，是社会主义的本质要求，是我们党坚持全心全意为人民服务根本宗旨的重要体现。我们追求的发展是造福人民的发展，我们追求的富裕是全体人民共同富裕。改革发展搞得成功不成功，最终的判断标准是人民是不是共同享受到了改革发展成果”。① 共享发展理念是对邓小平理论关于中国走社会主义共同富裕道路的具体化，是当前指导中国全面深化改革、保障“两个百年”目标如期实现的重要原则。

共享发展的前提是雄厚的物质基础，这既源于中国改革开放取得的历史成就，又要通过经济发展和改革中的纠偏来实现。改革开放固然为中国走向共享发展的道路奠定了物质前提，但中国社会主义初级阶段的基本国情没有变，加快经济发展的主题没有变，提高人民物质生活水平的目标没有变。“行百里者半九十”，在当前贫富差距过于拉大且呈固化趋势的局面下，如果不重视调整导致贫富差距过大的深层次因素，不重视从体制上解决贫困群众共享改革成果的难题，中国经济持续健康发展就没有可靠的保证，改革的初衷也有可能会落空。而要实现共享发展，需要在理论上回答三个不同层面的问题，即共享发展的制度属性、现实指向和目标路径问题。

---

* 项目来源：本文系中国社会科学院马克思主义理论研究和建设工程项目《完善基本经济制度视域下的共同富裕道路研究》课题的阶段性成果。

** 侯为民，中国社会科学院马克思主义研究院研究员、经济社会发展研究中心副主任、思想政治教育研究室主任。

① 《中共中央召开党外人士座谈会征求对中共中央关于制定国民经济和社会发展第十三个五年规划的建议的意见》，载于《人民日报》2015年10月31日。

一、共享发展的制度属性和价值目标

"共享发展"是社会主义制度属性与价值诉求的统一，是中国的改革实践与社会主义现代化建设最终目标的统一。共享发展理念的确立，为中国推进全面深化改革确立了科学、明晰和具体的方向。

在社会共同占有生产资料基础上共享改革发展成果，从而最终走向共同富裕，这是马克思主义从历史发展规律得出的科学结论。在马克思关于未来社会的设想中，共享发展首先是作为"劳资对立"的对立物而存在，而共同富裕则是作为"两极分化"的对立面而出现的。在马克思看来，资本主义条件下的"两极分化"所具有的历史暂时性，是由全社会私人占有生产资料的制度属性决定的。马克思指出："资产阶级运动在其中进行的那些生产关系的性质绝不是一致的单纯的，而是两重的；在产生财富的那些关系中也产生贫困，在发展生产力的那些关系中也发展出一种压迫的力量。"[①] 私人占有生产资料的经济制度，必然会导致财富积累和贫困扩大现象并存，只有消灭社会剥削赖以存在的私人财产占有制度，才能从根本上消除资本主义社会中少数人占有多数人的劳动成果的不合理现象。而在未来的社会制度中，将"把生产发展到满足所有人的需要的规模……结束牺牲一些人的利益来满足另一些人的需要的状况"[②]。可以看出，共同富裕目标和共享发展理念从一开始就被写在科学社会主义的旗帜上，成为社会主义运动的价值诉求。

共享发展是以共享为发展的条件，而不单纯将共享作为发展的结果。这意味着共享发展不是仅仅注重于国民收入分配的事后调节，不是简单地通过再分配领域来激发经济发展的动力，而是在初次分配领域就注重发展的共享特征。实际上，对于社会主义国家来说，仅仅将共同富裕作为社会主义实践的最终目标还远远不够。在现实中，只有社会主义制度的确立，才最终为全体劳动人民共享发展成果提供了历史条件。中国作为一个发展中大国，如果忽视共同富裕目标而选择西方国家工业化的道路，不通过生产资料公有制凝聚全社会的力量加快发展生产力，就不可能摆脱资本主义国家原始积累阶段的血腥发展，不可能避免发展过程中的不平等扩大现象，从而也不可能打破历史的荣衰交替和治乱循环。西方资本主义国家中的所谓"劳资和谐""利润分享""涓滴效应"等理论观点，都是建立在资本主义私有制基础上的主张，不仅在其国内没有实现的可能，而且被近年"占领华尔街"运动的现实无情地粉碎。中国作为社会主义国家，由于在改革开放中坚持社会主义初级阶段的基本经济制度，在市场化改革中重视公有制经济的主体地位，才使实现共享发展留有了可靠的物质基础

---

① 《资本论》第1卷，人民出版社1975年版，第708页。

② 《马克思恩格斯选集》第1卷，人民出版社1995年版，第243页。

和制度保证。可以说，共享发展并进而实现共同富裕不仅是社会主义的价值诉求，它还根源于社会主义制度本身，是社会主义制度属性所固有的。

共享发展是社会主义本质决定的。邓小平同志指出："社会主义的本质，是解放生产力，发展生产力，消灭剥削，消除两极分化，最终达到共同富裕。"① 邓小平对社会主义本质的阐述中，五个方面是相互关联、不可分割的统一体。生产力的解放和发展以社会主义制度的改革和完善为前提，剥削现象的消除和两极分化的遏制需要以公有制为基础，共同富裕的最终实现也需要以人民群众共享发展成果来体现。1986 年 9 月邓小平回答美国记者迈克·华莱士提问时指出，"社会主义财富属于人民，社会主义的致富是全民共同致富。社会主义原则，第一是发展生产，第二是共同致富。……我们的政策是不使社会导致两极分化。"② 明确将社会主义的致富与"两极分化"相区别，实质上是阐明了中国改革开放条件下社会主义经济发展的原则和要求。

共享发展是对中国经济社会发展方向的新概括，其价值目标是以"人民为主体"和促进社会公平正义。共享发展有别于单纯发展成果的共享，而是将共享融于发展过程之中，以共享促进发展。在共享发展下，中国经济社会发展的目的、发展的动力和发展的成果在根本上都统一于人民，人民是发展的目的，发展要"以人民为主体"，发展成果的享有则要"以人民为中心"。党的十八届五中全会《建议》指出："坚持共享发展，必须坚持发展为了人民、发展依靠人民、发展成果由人民共享，作出更有效的制度安排，使全体人民在共建共享发展中有更多获得感，增强发展动力，增进人民团结，朝着共同富裕方向稳步前进。"③ 共享发展需要在现实中逐步消除贫困，加快改善民生，重视缩小贫富差距。它既要求人民群众实现利益共享，也要求发挥人民群众参与社会生产的积极性，通过社会的共建共享，保障个人的生存权和发展权，使全体人民在共建共享中实现生活水平和生活质量的普遍提高。

二、"共享发展"理念的现实指向

共享发展具有科学的现实指向性。这种指向性主要存在于两个方面，一是它要解决中国基尼系数早已超过 0.4 的国际警戒线、贫富差距日趋严重这一难题，且要解决中国还存在着 7000 万贫困人口的困局。二是它还需要面对中国经济新常态、如何激发改革发展新活力的新挑战。

正如马克思指出的那样，人类始终只能提出自己所能解决的任务。改革开放至今，中国经济社会发展面临的外部形势和内部条件已经发生了很大的变化，

---

① 《邓小平文选》第 3 卷，人民出版社，1993 年版，第 373 页。

② 《邓小平文选》第 3 卷，人民出版社，1993 年版，第 172 页。

③ 《中共十八届五中全会在京举行》，载于《人民日报》2015 年 10 月 30 日。

改革开放初期的普遍贫穷局面已在改革以来的发展中得到根本改观。邓小平同志提出的全国不同地区从各自特点和条件出发谋求发展，“一部分人先富裕起来，一部分地区先富裕起来”的设想早已实现，但改革发展成果如何分享的问题却日益凸显。实际上，邓小平早在1993年9月就曾尖锐指出，“少部分人获得那么多财富，大多数人没有，这样发展下去总有一天会出问题。分配不公，会导致两极分化，到一定时候就会出来。这个问题要解决”。[①] 但囿于种种原因，中国分配领域存在的问题一直难以根本上化解。2005年10月，党的十六届五中全会通过的《中共中央关于制定国民经济和社会发展第十一个五年规划的建议》提出，“更加注重社会公平，使全体人民共享改革发展成果”。[②] 这一建议初步改变了过去长期流行的“效率优先、兼顾公平”的提法。然而，在实践中随着市场化改革的推进，中国居民收入差距固化趋势却日益增强，且差距越来越大。特别是，伴随着产权制度、住房体制等市场化改革的深入，中国居民财富的占有方面分化更加严重。

中国居民收入差距主要体现为行业差距、城乡差距和地区差距。行业差距是中国产业结构变动过程的伴随物，它随着市场竞争中不同行业的命运不同，对不同社会群体产生了至关重要的影响。城乡差距是改革开放前就存在着的现象，但改革开放以后这一差距进一步拉大了：20世纪80年代中期以来，城乡居民收入差距由1985年的1.88∶1（以农村为1）演变为1990年的2.21∶1，2005年扩大到3.48∶1，2009年更进一步扩大到3.66∶1。[③] 地区差距与历史因素有关，也与地理、政策、资源禀赋等因素相关，但中国东、中、西部地区差距扩大呈急剧趋势，三者的人均收入比1978年为1.37∶1.18∶1，2008年达到1.51∶1.01∶1（城镇）和1.88∶1.27∶1（农村）。[④]

众所周知，财富指标和收入分配指标是社会分配状况的主要衡量指标。但收入分配差距对衡量分配只具有短期意义，财富差距则具有较长期和更加本质上的意义。这是因为，财富差距不仅会来自于人们的收入差距，更来自于不同群体对生产资料的占有程度的差别。在西方资本主义国家，其两极分化往往通过财富占有的差距来体现，斯蒂格利茨就指出：“美国上层1%的人现在每年拿走将近1/4的国民收入。以财富而不是收入来看，这塔尖的1%控制了40%的财富。他们人生的财运节节走高，25年前，这两个数字分别是12%和33%。”[⑤] 显然，如果不触动财产占有制度，西方某些学者所谓的“滴漏型经济”根本不可能实现。

就中国的情况而言，当前贫富差距的局面已不容乐观。从反映贫富分化的

① 《邓小平年谱（1975~1997）》（下），中央文献出版社2004年版，第1364页。

② 《十六大以来重要文献选编》（中），中央文献出版社2006年版，第1064页。

③④ 何玉长：《国民收入分享的结构性失衡及其对策》，载于《毛泽东邓小平理论研究》2011年第4期。

⑤ 约瑟夫·斯蒂格利茨：《1%的“民有、民享、民治”》，载于《环球时报》2011年10月18日。

基尼系数指标来看，世界银行测算的数值为 0.47，多数学者估算的数值则在 0.45 ~0.49 之间，两者均超过了国际公认的警戒线。可以说，中国贫富差距已经逼近社会容忍的“红线”。[①] 分析其原因，一是在于中国改革开放过程中，在市场化、民营化的口号下，中国的矿产、土地等资源大量为私营经济所占有，部分地区和部门采取了过度民营化的政策，也使大量国有资产通过改制流向私有经济，从而大大加快了中国贫富分化的趋势。二是在私有经济中，资本和劳动博弈失衡，占人口绝大多数的劳动者在劳动力市场的议价能力缺失，导致劳动收入被长期压低，加速了资本积累和劳动者的贫困。国家统计局数据表明，仅 1990 ~ 2009 年的二十年间，中国劳动者报酬占比就由 53.42% 下降到 46.62%。实际上，即使是从收入角度看，城乡居民收入差距的深层次原因也与私有制经济快速发展并主导工业化和城市化有关。客观地说，建立在廉价农民工基础上的工业化和建立在廉价征地基础上的城市化，是农村居民利益受损的主要原因。同样，中国地区差距的过分扩大，也可以从外资主导下中国外向型的发展模式及政府缺乏相应的宏观调控等方面得到说明。

共享发展是对中国经济发展经验的总结，是在新一轮全面深化改革中激发经济发展动力的客观需要。党的十八大以来，以习近平为总书记的党中央在对改革开放以来中国发展经验进行全面总结的基础上提出了共享发展理念。正如习近平总书记所指出的那样，共享发展理念“是改革开放 30 多年来中国发展经验的集中体现，反映出我们党对中国发展规律的新认识”[②]。贫富差距过大、地区发展失衡不利于社会总供给和总需求的平衡，也不利于在最大限度上充分利用中国经济发展的潜在资源。由于中国在过去的发展中过于注重发展速度，政府投入和政策倾斜忽视了应有的普惠性，导致中国的民生事业发展相对滞后。这就既加重了普通民众的生活负担，也不利于扩大社会总需求，使中国产能过剩的情况恶化，发展也难以保持稳定性和持续性。应当说，民生事业进步本身就直接体现为社会的共同富裕，是民众更多地分享发展成果的标志。在民生事业建设方面，扩大社会福利的覆盖面，为基层民众提供基本的社会保障，可以有效缓解不同地区、部门和社会群体之间收入差距过大对经济发展的负面影响。

三、实现“共享发展”需要坚持和完善基本经济制度

“共享发展”理念为全面深化改革提供了新的方法论。推进共享发展，一方面需要正视当前社会主体分化、利益分化的现实，从现阶段不同经济主体和不同社会群体的多元化利益出发，正确落实十八大以来的方针政策，正确反映和兼顾不同方面群众的利益。另一方面，则要科学分析改革的依靠力量、改革对

① 韩咏红：《中国贫富差距正逼近社会容忍红线》，载于《经济参考报》2010 年 5 月 11 日。

② 《中国共产党第十八届中央委员会第五次全体会议文件汇编》，人民出版社 2015 年版，第 96 页。

象和改革范围，使改革受广大人民支持、靠广大人民推动、为广大人民谋利，真正使市场经济体制中的社会主义因素成为经济社会发展的基础性力量。从这两个方面来说，坚持和完善中国特色社会主义的基本经济制度都是首要的任务。

（一）坚持“国民共进”格局，做强做大公有制经济

公有制为主体、多种所有制共同发展的基本制度，是中国特色社会主义之基，也是中国全面深化改革的立足点。改革的对象和内容始终要取决于改革的性质，全面深化改革在本质上是社会主义制度的进一步调整和完善，因而仍然需要坚持生产资料公有制的主体地位。在社会主义市场经济条件下，共享发展成果并逐步实现共同富裕与公有制主体地位是不可分割的。正如邓小平同志指出的：“在改革中我们始终坚持两条根本原则，一是以社会主义公有制经济为主体，一是共同富裕。”[①] 只有巩固和发展公有制经济，才可以从根本上保证劳动大众对生产资料的所有权，才能够逐步消除劳动力与生产资料相结合的制度障碍，从而调动起广大劳动者的积极性，使发展成果的全民共享能够在全社会生产力的快速提高中得到实现。

诚然，在当前中国社会发展阶段，私有制经济在一定范围内的存在和发展，对于社会整体经济发展仍具有积极意义，但私有制经济占比过大，也不利于共享发展的实现。这是因为私有制经济下企业主的积累往往是以劳动者利益的受损为代价。已有的研究表明，市场化改革以来中国的劳动收入增长和资本收益增加之间的关系是此消彼长，并且这种关系激化了资本家和劳动者之间的矛盾。[②] 同时也要看到，在社会主义市场经济条件下，公有制和私有制经济间存在着竞争，且竞争的领域随着私有制经济的发展在拓展，竞争的形式也日益深化。主要体现在：两者在经济资源和市场占有率方面的竞争，围绕专业技术人才的竞争，公有制经济中假公济私的机会主义行为，混合所有制企业中私人资本对公有资本的排斥等方面。可见，社会主义初级阶段的市场经济条件下，公有制和私有制经济间的矛盾关系是客观存在着的事实，坚持国民共进的发展思路，需要正视这种矛盾并着力化解之。

坚持公有制为主体之所以能够防止财富差距过大，一方面是其能够为贯彻落实按劳分配制度奠定基础，从而遏制劳动收入占比的下降；另一方面，与私有制经济中的私人资本积累不同，公有制经济中企业的利润能够转化为全社会的财富，为普惠型的经济增长创造条件，并为社会保障程度的持续提高奠定物质基础。相比而言，公有制企业在微观层面也更容易推进科学管理，更注重保护劳动者权益，这是实现共享发展的基本前提。只有强化职工、技术人员和管理人员的主体地位，才能保障企业中利益主体的根本平等。因此，在全面深化

① 《邓小平文选》第3卷，人民出版社1993年版，第142页。

② 简新华：《和谐社会与劳资关系和阶级斗争》，载于《海派经济学》2008年第4期。

改革过程中，不宜片面强调民营经济中的先富效应，更应该注重公有经济内在的共富机制。在巩固和发展国有经济之外，要大力鼓励和发展集体经济和各类合作经济。从中国农村脱贫解困的出路看，最终还需要积极发展农村集体经济。只有农村集体经济发展起来了，脱贫工程才有可靠的保证，这既有利于农村经济走向规模化、集约化和现代化，又能促进城乡协调发展，缩小城乡差距。

（二）用好并盘活国有资产，发挥国有资产的基础性和主体性作用

在完善基本经济制度基础上促进共享发展，重点是要用好和盘活国有资产。一方面，国有资产是国家投资、政府管理的经营性资产，在市场经济条件下它本身需要通过竞争发展壮大，实现总量的扩张和质量的提升。这样，政府才能在国民经济的重要领域保持主体地位，并保持较强的盈利能力，进而使国有资产经营收益转用于民生问题的解决，促进发展过程中的共享。一般而言，国有及国有控股企业中劳动者保持较高的工资水平和福利待遇，可以从一定程度上遏制财富占有的分化，且能带动整个社会就业者收入的提升，有利于缩小收入差距。另一方面，国有资产的用好盘活，有益于政府履行执政和保障义务，提升其公共服务能力。用好盘活国有资产，既要坚持在总量上保持其对国民经济重要领域的控制力，也要兼顾其适应竞争需要的适当流动和增强活力的作用，既不能用“国退民进”“全民分股”等做法，也不能束缚国有资产，而应当通过发展规范的混合所有制形式促进其提高控制力和影响力。显然，保持较大规模的国有资产并使之健康运转，规范其利润上缴形式，可以从整体上促进共享发展。

（三）发挥公有制经济在民生事业建设中的导向作用

共享发展既是经济的发展，也是民生与经济的协同发展。推进共享发展，要坚持以人民为中心的发展思想，用共享发展破解民生发展难题。按照共享发展理念保障和改善民生，是中国经济社会发展的目标和方向。习近平总书记指出：“全面深化改革必须以促进社会公平正义、增进人民福祉为出发点和落脚点。这是坚持我们党全心全意为人民服务根本宗旨的必然要求。全面深化改革必须着眼创造更加公平正义的社会环境，不断克服各种有违公平正义的现象，使改革发展成果更多更公平惠及全体人民。如果不能给老百姓带来实实在在的利益，如果不能创造更加公平的社会环境，甚至导致更多不公平，改革就失去意义，也不可能持续。”①

共享发展是以民生建设为重要依托的发展模式，需要公有制经济发挥重要的支柱作用。其一，公有制经济应当成为中国民生建设投入的重要来源。国有

① 习近平：《切实把思想统一到党的十八届三中全会精神上来》，载于《求是》2014 年第 1 期。

企业不仅要肩负国有资产保值增值功能，还需要合理控制工资水平的增长，防范“内部人控制”现象，完善对垄断行业工资总额和工资水平的双重调控政策，从而为国家民生事业提供更多的资金。特别是在养老保险等社会保障领域，考虑到国有企业改革过程中大量工人下岗、转岗的体制因素和养老基金的历史亏空，国有资产收益更应当成为社会养老基金的重要补充来源。其二，公有制经济应当在就业、失业保障、安全防护、劳动者权益保护等方面发挥引领作用，促进农村居民向城镇的有序规范流动，提高劳动者的权益保障水平。通过自身的发展，公有制经济应当在扭转市场经济主体“关系”盛行的行为模式、防止随意侵蚀劳动者权益等方面发挥积极影响力。其三，公有制经济要在社会发展和生态建设方面发挥主导作用。当前中国经济社会发展中还存在着一些深层次问题，如：利润导向压倒社会发展目标和生态建设目标、资源过度开发、粗放式增长致使生态日益恶化等问题，这就需要公有制经济更多地注重其社会责任，更加重视对环境、生态和社会治理等方面的投入和支持，更好地满足居民的生存需要和发展需求。此外，公有制经济也需要通过合理区域布局挖掘发展潜力，在缩小城乡和地区收入差距方面发挥自己的独特作用，使自身发展与中国新时期的脱贫解困攻坚之战、与全面建成小康社会共命运，真正体现共享发展理念的现实意义和时代价值。

参考文献

[1]《中共中央召开党外人士座谈会征求对中共中央关于制定国民经济和社会发展第十三个五年规划的建议的意见》，载于《人民日报》2015 年 10 月 31 日。

[2]《资本论》第 1 卷，人民出版社 1975 年版。

[3]《马克思恩格斯选集》第 1 卷，人民出版社 1995 年版。

[4]《邓小平文选》第 3 卷，人民出版社 1993 年版。

[5]《中共十八届五中全会在京举行》，载于《人民日报》2015 年 10 月 30 日。

[6]《邓小平年谱（1975 ~ 1997）》（下），中央文献出版社 2004 年版。

[7]《十六大以来重要文献选编》（中），中央文献出版社 2006 年版。

[8] 何玉长：《国民收入分享的结构性失衡及其对策》，载于《毛泽东邓小平理论研究》2011 年第 4 期。

[9] 约瑟夫·斯蒂格利茨：《1% 的“民有、民享、民治”》，载于《环球时报》2011 年 10 月 18 日。

[10] 韩咏红：《中国贫富差距正逼近社会容忍红线》，载于《经济参考报》2010 年 5 月 11 日。

[11]《中国共产党第十八届中央委员会第五次全体会议文件汇编》，人民出版社 2015 年版。

[12] 简新华：《和谐社会与劳资关系和阶级斗争》，载于《海派经济学》2008 年第 4 期。

[13] 习近平：《切实把思想统一到党的十八届三中全会精神上来》，载于《求是》2014 年第 1 期。

论市场经济中社会共享的基础与实现路径

贾后明*

党的十八届五中全会提出创新、协调、绿色、开放、共享的五大发展理念，其中共享理念是习近平总书记治国理政的主要特色之一。长期以来，我们推动市场经济体制建设，注重经济发展的增速和经济效率，在收入分配领域却出现了较为严重的差距，民生领域的改善也没有与经济发展同步，引发了社会对市场经济改革方向的质疑。在市场经济条件下，在保证经济运行效率前提下，能否通过社会努力改善和解决收入分配差距，减少收入分配矛盾，增加民生领域投入，把政府工作的焦点放到促进人民福祉的提升，实现整个社会成员共同建设、共同分享的社会主义目标，是新时期国家治理的重要问题。

一、社会主义共享目标实现路径的多样性

共享是社会主义价值观的基本要求，社会主义不仅要实现生产力的更快发展，还要实现旧的社会制度不能实现的社会共享。马克思坚持劳动价值论，就是要说明社会财富的价值是劳动创造的，劳动者有权也应该共享劳动成果。按劳分配思想是马克思对社会主义阶段劳动者共享劳动成果的一种分配设想，是对劳动伟大和劳动者平等的认识。因此，社会主义追求的目标就是建立共享的社会制度。

另外，共产主义要实现人的自由与全面发展，这些目标虽然在社会主义阶段还达不到，但是，共产主义理想和追求也是社会主义价值观的内在要求。相对于资本主义社会中人的异化，社会主义应该使人真正成为人，不仅劳动者应

* 贾后明，盐城师范学院法政学院教授，主要从事马克思主义政治经济学、西方经济学、西方经济思想史和社会主义市场经济等课程的教学与研究。

该共享劳动成果，全体社会成员也可以从社会发展中共享发展成果，共享社会财富。

不过，实现社会共享的理念虽然是传统社会主义理论的内在要求，但是，传统社会主义理论将这种共享实现路径单一化和简单化了，认为只要实行公有制和计划体制，我们就可以实现按劳分配，从而达到社会主义乃至共产主义的共享目标。生产资料社会“公有”当然是社会主义实现共享的基础和条件，但不是直接和全部的基础。生产资料社会“公有”可以从根本上解决利益主体的矛盾和冲突，使主体之间的利益相关性加强，利益共享有了实现的可能。但是有可能变为现实，由生产资料社会公共占有变为产品生产并最终实现个人收益分配是一个复杂过程。生产资料“公有”也不能完全是“国有”或集体形式，从共享目标来看，传统“公有”制只是社会“共有”的实现形式，何况公有制实现形式也可以多种多样，因此，将生产资料公有看作是社会共享的充分条件是不正确的。

传统社会主义理解混淆了社会主义目标与实现手段之间的区别，认为手段实施之后目标自然可以实现。实际上，目标是根本的，不同时期不同阶段则为了实现目标可以采用不同手段。实行公有制的目的是为了实现社会主义共享目标，社会主义本质要求是社会财富共有共享，共有是共享的基础，共享是共有的目标。传统理解认为，共有就可以实现共享，是将占有与收益，收益形成与收益实现混淆了。

这一认识形成的根源在于对马克思生产与分配关系的理解偏差。生产决定分配，这是马克思主义经济学的基本观点。但是，后来的继承者，尤其是斯大林把其简化为生产资料所有权决定分配权，把丰富的生产与分配关系，包括生产、分配、交换和分配的整个经济环节单纯理解为生产资料的所有权的控制问题，这样就把社会主义的经济运行和社会分配简单化并教条化。社会共享是一个社会分配的总体结果和状态，而这一结果与状态不是孤立或线性地由生产资料所有制来决定的。整个经济关系一定是四个环节的统一，任何一个环节都不可能孤立存在或完全从属于对方。因此，社会主义共享不是可以脱离生产阶段、水平、组织方式乃至社会交换与消费方式而可以独立实现的，也不是可以直接由生产资料公有，或者是完全国有就可以实现的。马克思批判资产阶级经济学的庸俗性，就是因为资产阶级经济学家尤其是古典学派脱离生产来研究分配，把分配作为经济学的主要研究对象。任何分配不是孤立行为，而是与社会生产与交换相联系的具有客观内容的一种社会行为，是社会生产关系的组成部分。生产与交换方式决定分配方式，首先要研究生产方式的具体内容，才能分析分配方式的具体形态和历史演变规律，单纯研究社会分配方式是不可能真正解决社会分配问题的。一个社会中，不管是何种社会形态，都可能存在不同层次和不同形态的生产与交换方式，也会产生各种分配方式，当然其中有主要和次要之分，社会成员从社会获取利益的方式和渠道也是各种各样的。因此，要实现社会共享，必然要结合社会不同的生产与交换方式，探索实现共享的多种途径，不可能脱离社会生产与交换而实行单一的共享分配模式。

传统社会主义分配理论强调实行按劳分配的共享理念，但由于没有充分研究劳动性质、劳动差别和劳动在生产中的作用和贡献，在实践中根本无法实现。传统按劳分配变成了按工作时间和职位分配，最终演化为平均主义与权力分配的一种模式，既没有体现对人的激励，也没有真正实现对人的价值。社会主义共享不是要实行平均主义的分配，平均主义表面上重视人，但却破坏了分配最有价值的内涵——激励。没有激励，就无法创造更多的财富，也不可能促进社会发展。传统共享模式之所以失败，就是教条地理解了马克思对社会主义特征的描述，脱离了现实生产力发展水平，取消了商品市场方式，孤立地进行社会共享分配，最终只能是整个社会经济停滞乃至衰退。

社会主义国家实行全体成员共享社会财富，是为了社会成员尤其是劳动者全面发展需要而进行新社会制度设计。但是，越是追求共享的社会主义目标，越是要从经济发展的实际出发。在这一目标追求过程中，只有充分认识共享路径的多样性和实现过程的复杂性和艰巨性，这一目标的实现才更有可能。社会主义共享目标达到的深度和广度是西方资本主义国家福利制度和慈善活动无法实现的。资本主义国家的社会福利制度受到国家性质和国家财力的影响，所提供的福利内涵和持续性值得怀疑。社会主义共享制度不是福利救济制度，而是社会对自身发展规律和人的价值实现的科学认识下的产物，是人类社会真正意义上的公平合理的分配探索。

二、市场是否是社会共享的障碍

改革开放以来，随着市场经济体制的建立，社会分配差距总体呈现扩大趋势，与社会主义共享目标有所偏离，因此社会中有人认为市场是社会主义共享的障碍，对市场经济改革的社会主义价值追求取向表示怀疑。要进一步推动社会主义共享制度的建设，必须解决市场经济与社会共享之间的关系，从理论上认清中国建立社会主义市场经济体制的客观性和必然性，以此为基础探索并研究市场经济下的社会共享机制和实现路径。

中国的社会主义市场经济体制的建立是必然之路。一方面，中国生产力发展阶段决定了中国依旧需要通过市场来进行资源配置，这是生产力发展的有效方式；另一方面，中国的市场化改革路径也是马克思主义政治经济学所揭示的经济规律的实践运用。传统把对市场只理解为资本主义的专有方式，忽略了马克思对经济中生产、交换、分配和消费四环节统一的思想。四环节统一就是说四个环节都是经济活动的组成部分，不可分割，缺一不可。传统社会主义经济体制中缺乏交换环节，导致经济无法持续健康运行，而市场不过是交换的具体实现方式。因此，在社会主义阶段坚持市场经济道路并不违背马克思主义政治经济学的原则，而是通过社会主义实践对社会主义经济规律的一个科学的认识和发展。

市场首先是一种交换方式，但同时也是一种分配方式，甚至也是一种生产方式。市场在社会分配中的影响和决定体现在市场中各个利益主体利用手中掌握的资源，通过市场交换来实现自己利益从而进行分配的过程。这种分配模式首先受制于生产方式，一种生产方式对资源需求的程度决定了这种资源的稀缺性，也影响了资源所有者的收益。资源的原始占有、所有权制度安排和权利维护、市场结构等因素都影响了资源的市场交换，也影响了市场主体的收益。市场分配的复杂性不能用简单抽象的自由竞争、平等交换来完全概括，但市场分配的原则却是资源的充分有效利用，是在认可资源稀缺性下的一种基于效率的制度安排。这种安排既有人类对稀缺性资源充分利用的理解，也是对复杂经济活动的一种合理安排。市场既有自然性，也有人为性。

市场是商品价值的实现途径，不管商品价值如何形成和创造，都需要通过市场交换来实现，市场主体凭借其商品所有权进行讨价还价，价格博弈后实现的商品与货币所有权交换与转移，也是价值实现与分配过程。这里，商品所有权是基础和条件，而交换是利益实现的方式。因此，市场中的社会分配以商品，包括生产要素和一般商品所有权为基础，在承认所有权的利益分配权下进行博弈。按所有权进行分配，并不完全是所有权掌握的资源贡献分配，而是市场体制下不同商品所有者的所有权决定分配权的体现，反映了不同商品所有者之间的利益矛盾和斗争。凭借所有权，资源或要素所有者对产品收益进行分配，这实质上是一种利益分割方式。市场中的各种利益主体利用资源稀缺性在市场中的地位来最终占有一定的收益份额。这种分配模式虽然有一定历史必然性，但是当市场成为超越主体的一种社会力量时就会对主体利益的斗争产生影响。既然承认市场主体的利益权利，就必然承认利益矛盾和对利益斗争而采取各种形式的斗争。由于市场中各种主体之间信息不对称、资源占有不对等、市场中的地位和影响不同，弱势群体无法通过市场充分获得自身价值收益，最终必然会出现分配差距、不公乃至剥削等现象。

因此，市场确实给社会共享提出了新的问题和挑战，市场提供的是主体在自身利益追求下通过平等竞争实现利益交换，而不是相互利益共享的关系。但是，不管其是否给共享带来如何的挑战和困难，中国走社会主义市场经济道路却是客观和必然的。只能在此前提下讨论社会共享方式，而不是脱离和舍弃市场来盲目追求共享。

市场经济给社会共享带来的挑战主要体现在：如何解决市场主体自由平等地交换，保证市场任意一方不能利用市场优势地位占有和剥夺另一方应有的利益；如何促使市场交易的利益共同体对成果的共享，使成果生产的各个要素都得到有效地激励来投入市场生产与交换；如何在市场生产中对不能通过市场交换获得收益的社会服务提供补偿；如何调节分配差距；如何对无法通过服务或产品的社会成员获取回报人员的生存保障；为整个社会成员提供均等化的公共产品和服务保障。这些问题存在说明，市场不能直接提供共享结果，市场是资源配置的方法和途径，是商品交换的方法。实现共享不是市场的主要角色和功能，会给社会共享带来困难，但并不是实现共享的障碍。

共享发展理念的提出就是针对市场经济引起的社会分配差距等各种分配矛盾而提出的一种国家治理目标，是政府实现社会和谐和稳定发展的主要工作任务。在社会共享问题上，我们必须厘清政府与市场的责任。我们不应回避市场给社会共享带来的挑战，而是需要研究和分析市场经济下如何促进共享机制的形成，这是社会主义理论对实践创新和发展提出的重要课题。

三、市场为社会共享提供的基础和条件

市场不仅是在交换领域发挥作用，而且在生产与分配、消费等领域都发挥作用，甚至在某些情况和条件下发挥决定性作用。社会分配并不由生产资料所有制唯一决定或者说根本决定，而应该从马克思所指出的是生产与交换方式决定分配方式来理解社会共享机制的形成和完善。市场既给社会共享带来了挑战和问题，也给社会共享带来了机遇和条件。在社会主义市场经济体制下，社会共享的实现路径就与传统的理解存在很大不同，在提出社会主义共享目标的实现时必须把目标与现实条件相结合。共享是社会主义追求的目标，不等于共享就是社会主义所有阶段所有分配的原则和结局，而是说社会主义应该坚持在分配中把共享作为一种目标加以追求。社会分配方式的根本决定是由生产与交换方式决定的，而不是人为的分配理念所决定的。某种生产与交换方式在一定历史时期具有必然性和合理性，人们就会认为与之相应的分配方式也是合理的。应该说，一种分配模式受制于生产方式，由生产决定分配的内容、数量乃至分配结构，这是一种历史必然。市场当然不会自发地实现社会共享，而且会在信息和资源掌握的不对称与不对等下产生分配差距。在市场中的各种资源拥有者可以凭借资源价值获得非劳动收入。即使是劳动收入，也因劳动能力和市场机遇等因素，不可能实现相同的收入水平。但是，一个完善的市场体制还为社会共享提供了基础和条件。

首先，完善的市场机制为资源的合理配置从而为生产力发展创造了条件，社会财富的增加和资源的利用为社会共享提供了财富基础。社会不可能也不应该在社会财富匮乏下谈论共享，而是应该在经济持续发展的前提下寻求共享。共享是追求社会共同享有发展成果的过程，而这一追求的前提是社会财富要不

断地增长。破坏财富增长的分配方式都会在生产的萎缩中难以持续。因此，效率与公平的问题是生产与分配何者优先的问题，在经济规律上，生产的持续增长才是保证社会经济健康运行的基础，生产决定分配是经济的基本要求。在市场促进生产不断扩大的经济发展模式下，市场为整个社会共享提供了物质基础。

其次，完善的市场体系也为资源，尤其是人力资源有效利用和充分回报提供了条件。人力资源的有效配置和充分回报是实现社会发展的主要条件，也是人实现自身价值的基本方式。“人”是社会发展的第一资源，合理利用并使人的才华和能力得到充分发挥，从而实现人的价值是社会文明和进步的重要表现。市场经济体制可以使人这一资源在市场中得到充分展现，为人的价值实现提供了平台和基础。

最后，市场为社会主体提供了机会共享。虽然不同行业，不同职业有不同的进入门槛，但是完善的市场体制为社会主体进入市场提供了均等机会。在自由充分竞争下，社会主体不存在身份区分，都可以利用市场来实现自己利益，生产者与消费者在市场中实现了机会共享。而机会共享正是社会共享的一个重要方面。

完善的市场应该一方面承认市场主体对各自利益的追求，另一方面也承认财富价值的实现不是单个个体实现的，而是各种利益相关者共同作用的产物，利益相关者应该分享市场收益。市场主体实现的价值不只是资源价值，还有人的价值和作用。在社会生产中，每个参与者都有权分享社会财富。完善的市场是合作共赢的竞争新格局。市场主体在竞争中认识到，只顾自己利益而消灭竞争对手，结局并不一定对自己最有利。现代竞争理论说明，竞争各方的相互合作可以出现共赢的局面。以劳动者与资本所有者在市场中的相互关系为例，劳动者不能幻想消灭资本所有者而将利润完全归属于自己，资本所有者也不能只想通过压榨劳动者来增加收益。只有劳资合作，兼顾各方利益，才能实现双方共赢。在广泛的市场里，市场主体不仅仅是竞争者、利益争夺者，而且是利益相关者，只有在合作与分享中才能实现自己的根本利益。

当然，市场能否实现合作共赢的竞争格局，不会由市场自发形成。要保证市场主体的平等地位，保证市场主体在竞争中的自由性和信息获取和交易的充分性，就不能仅仅依赖市场机制，而是需要政府为市场竞争提供有效的秩序保障。政府要保证市场交换中的自由和平等，才能促使市场为社会提供共享发展的机会。

政府在生产领域的初次分配可以使社会成员获得增加共享条件，如规定最低工资和设置社会保险水平等，并在再次分配中对市场中主体收益进行调节。可见，市场条件下社会共享是可以通过一定的方式来实现的。但是，初次分配和二次分配总体上不能损害市场主体各自的基本利益和市场效率。提倡共享不是提倡平均主义，市场主体各方在追求自身利益时要考虑利益相关者的利益和需要，体现了承认和尊重各自的基本利益，政府也需要在分配调节中注意市场主体的利益及其相互联系。市场竞争是在承认主体利益不同以及主体对自身利益的追求，正是通过竞争来实现市场效率，推动社会和经济的发展，使资源得到有效利用，社会可供分配的财富才能不断增加。如果政府在市场的每一个环节都片面地要求实现每个人平均享有社会财富，必将损害市场中一些主体的基本利益，市场竞争机制无法运行，社会生产也会受到影响。

市场无法从根本上解决分配差距，因为市场达成的利益交换是基于市场交换的各种市场力量的一种妥协模式，由于利益矛盾和资源占有不同，收入分配差距依旧会不断产生，简单地想通过提倡共享并依赖市场调节来缩小收入差距是不现实的。不过，市场条件下促进社会成员共同发展是社会共享的第一步，也是基础性的一步。只有在社会共享的共识下，社会成员才会在追求自身利益时考虑社会其他成员的利益需要，才会寻求用协商合作的方式来实现共同利益，削减市场力量引发的利益矛盾和冲突。

四、社会共享的实现路径

共享理念的实质是实现共建与共享的社会，共建就是社会成员均有权力与责任参与社会建设；而共享是指社会成员应该也可以从社会发展中共享发展成果。经济发展的主要功能应该交由市场来发挥作用，而共享则是对社会分配进行调节，是政府的职责。而通过慈善等社会方式对社会财富差距进行调节，则是社会基于共享认识而追求的目标。

社会共享为五个层面：第一个层面是在生产领域。社会生产的各方为生产活动提供了各种要素，各方必然要求分享成果。以劳动创造价值来否认其他生产要素提供者获利合理性，生产要素就无法在市场中发挥积极作用，社会共享的基础和条件就无法实现；片面强调市场作用而将市场中劳动者完全商品化和物化，又是对发展本质的异化和背离。既然承认市场原则，就只能按市场规则做，但是不等于完全放任市场。劳动力市场不同于其他生产要素市场，是人实现自身价值的场所，中国在相当长时间里还存在劳动力相对过剩问题，劳动者在市场中处于弱势。如果听任资本需要来雇佣工人，会形成资本对劳动者的盘剥。改变劳动力市场不对等状态只能是政府有所倾向，不用一般商品交换市场来衡量劳动力市场，要维护劳动者利益，实行最低工资标准、强制劳动保险和劳动保护等劳动法规定的劳动者权益，这些都是政府为劳动者弱势地位提供了支持，只有这样才能有效维护劳动者的合法权益。

第二个层面是市场外社会服务的回报。除了参与市场分配的成员外，社会中还有大量成员无法通过市场获得有效的分配，政府有责任为市场分配之外的成员提供相应回报。公办教育、公共医疗卫生、基础设施和政府服务等公共产品供给部门和行业，要通过政府对市场的税收方式进行补偿。

第三个层面是对于不能提供或提供服务也无法保证其生活的社会成员，基于人权和人道应该提供基本的社会服务和保障，需要政府兜底，提供生活来源，保证其基本的生存尊严，这些都是社会共享的部分。

第四个层面是社会公共产品和服务的均等化保障。社会共享不仅提供生活来源，保障其基本的生活，更应该让整个社会成员能够获得均等的公共产品和服务，这些也是个人平等的具体体现，也应该让整个社会共享。长期以来，由于投入不足和侧重不同，城乡差距和地区差距较大，使社会成员不能享有应该享有的公共产品和服务，客观上造成了人与人之间生存和发展的不公平。因此，社会共享就是更大程度和范围内消除公共产品和服务差异，为社会群体提供必要的公平的社会产品和服务，这也是政府的主要职责之一。

第五个层面是社会群众通过贫困救助、捐赠等方式对社会弱势群体提供的帮助，使社会困难群体得到社会支持，是市场与政府之外的社会共享途径。社会慈善等共享途径虽然不能代替政府和市场在社会发展中的作用，但却是社会主体基于道德认知和实践的做法，对于改善社会贫富差距和提升社会成员道德水平具有重要作用。

社会主义要追求共享原则，不仅需要解决分配差距，还要解决权力共享等问题。政府要实现共享目标，不仅要有可靠稳定的税收来源，还要公平合理地分配公共资源，为社会提供高效均等的公共服务。政府实现共享，既可以通过行政手段，也可以通过经济手段，更要学会运用法律手段。可靠稳定的经济手段，来自于经济稳定增长带来的税收增长，还包括国有经济发展所形成的经济基础条件。公有制经济的发展为社会主义国家实现共享提供了有力的经济条件和手段，依旧是值得推进的一种共享途径和方法。但是不能把共享完全依靠于国有经济。只有整个社会经济健康发展，政府才能有更大的空间和资源来解决社会共享问题。加大社会分配差距调节力度，保障社会成员基本权益，将公共权力所掌握的资源包括国有经济获取的收益用于社会保障与社会发展，使全体社会成员都能共享发展成果。在不断解决社会基本需要的同时，要使社会成员共享的社会成果不仅体现在经济成果上，还体现在社会精神成果上。要鼓励人们更多地从实现自我价值的角度来看待财富占有，摒弃物质财富占有观，力求实现社会在一定物质基础上的人与人关系的真正和谐，实现人与社会的全面发展。

参考文献

[1] 吴忠民：《论共享社会发展的成果》，载于《中国党政干部论坛》2002年第4期。

[2] 张春龙：《共享及其相关概念辨析》，载于《学海》2010年第6期。

[3] 李昌麒、甘强：《我国改革发展成果公平分享的实现路径构想》，载于《社会科学研究》

2010 年第 5 期。
［4］姚永康：《统筹兼顾三次分配，人民共享发展成果》，载于《当代经济》2008 年第 3 期。
［5］汪荣有：《论共享》，载于《马克思主义研究》2006 年第 10 期。
［6］林其屏：《“成果共享”的实现必须形成六大机制》，载于《经济问题》2008 年第 2 期。

坚持公有制主体地位和国有经济主导地位

何干强*

目前，中国市场供求结构失衡，收入分配差距过大，生产领域产能过剩，经济增长指数连续下行，这已是不争的事实。在马克思主义经济学看来，要根本扭转这种被动的经济运行态势，就必须着眼于调整所有制结构，振兴公有制经济，坚持公有制的主体地位；必须“做强做大做优国有企业”①，保障国有经济是国民经济的主导力量，坚持国有经济在社会主义市场经济中的主导地位。2015 年 11 月 23 日习近平总书记在中共中央政治局集体学习会上指出：“公有制主体地位不能动摇，国有经济主导作用不能动摇。”② 这有很强的针对性，对于防治犯颠覆性错误，落实全面深化改革的重要任务，具有极为重要的指导意义。

一、振兴公有制经济刻不容缓

早在 1984 年，《中共中央关于经济体制改革的决定》就明确指出，经济体制改革是“社会主义制度的自我完善和发展”。③ 可是，在具体实践中，某些政府智囊机构、管理部门却屡屡违背这个基本指导方针，违背宪法有关规定，④ 迷信新自由主义，推行对国有、集体企业实行“MBO”（“经理层购买”）等私有

* 何干强，南京财经大学经济学院教授，中国社会科学院马克思主义研究院特聘研究员；研究方向为《资本论》与当代中国经济；享受国务院政府特殊津贴；兼任中国经济规律研究会副会长、中国社科院世界社会主义研究中心、中国《资本论》研究会、世界政治经济学学会常务理事。

① 《中共中央、国务院关于深化国有企业改革的指导意见》，载于《光明日报》2015 年 9 月 14 日第 6 版。

② 新华社报道：《立足我国国情和我国发展实践　发展当代中国马克思主义政治经济学》，载于《人民日报》2015 年 11 月 25 日第 1 版。

③ 《中共中央关于经济体制改革的决定》，人民出版社 1984 年版，第 10 页。

④ 《中华人民共和国宪法》第一章总纲第六条、第七条。

化“改制”的政策措施，这导致许多地方的公有制企业私有化。由于这种倾向得不到有效制止，随着时间的延续，目前全国公有制在所有制结构中的比重越来越低。

据全国第三次经济普查数据，2013 年末，全国第二、第三产业的企业法人单位共有 820.8 万个。在内资企业中，国有企业占总数的 1.4%，集体企业占 1.6%，私营企业占 68.3%；其余的是具有混合所有制性质的股份合作企业、联营企业、有限责任公司、股份有限公司和其他企业等。[①] 公有制企业数量明显的低于私营企业。从全国企业法人单位实收资本占比的角度看，据国家统计局已经公布的中国第二、第三产业的数据，到 2008 年末，公有制企业的实收资本（包括在股份制企业中的国有、集体资本）已下降到 50% 以下。[②] 而从企业从业人员占比的角度看，国家统计局公布了 2013 年末全国第二、第三产业的企业法人单位从业人员的所有制结构，共有九个行业的有关数据，其中私有制企业法人单位的从业人员在各行业占总人数的比重都明显超过了 50%；在人数最多的“工业”行业占比达 64.4%。而公有制企业的从业人员在各行业总人数所占的比重却普遍很低，其中国有企业从业人员除在“交通运输、仓储和邮政业”占比达到 27.5% 之外，在其余的八个行业，只在两个行业中分别占 9.1% 和 9.2%，一个行业中占 6.3%，在五个行业的占比仅在 4.7% 和 3.1% 之间；集体企业的从业人员在九个行业中，占比仅在 3.4% 和 0.19% 之间，股份合作企业的从业人员占比在 1% 和 0.16% 之间。在这些行业中，即使把统计规定的公、私企业之外的“股份制企业、其他企业”，都算作公有制企业，公有制企业的从业人员仍然明显低于私有制企业。这九个行业从业人员占工商经济领域从业人员总数的 91.5%，因而其从业人员的所有制结构可以代表整个第二、第三产业。[③] 不言而喻，国有企业的有关数量占比低到如此程度，显然已跌破了中国宪法规定的公有制占主体地位、国有经济是国民经济主导力量的底线。

第一产业农业的所有制状况也不容乐观。尽管说，中国仍有一批像南街村、华西村那样的集体所有制乡村，它们展现出生机勃勃的社会主义新农村景观。可是，不少地方在实施集体土地家庭承包制的过程中，却没有遵循党中央关于集体土地统一经营和家庭承包经营相结合的这种双层经营结合的规定，而是逐渐削弱甚至取消了土地的集体统一经营权。唯物史观揭示出，在社会化生产方

---

① 国家统计局、国务院第三次经济普查办公室：《第三次全国经济普查主要数据公报（第一号）》，载于中华人民共和国国家统计局网站 2014 年 12 月 16 日。

② 何干强：《公有制企业振兴之路》，企业管理出版社 2014 年版，第 94 ~ 98 页。

③ 数据引自第三次全国经济普查主要数据的第一号、第二号公报。根据已公布的有关数据可算出，这九个行业的企业法人单位从业人员总数为 27225.5 万人，而当年全国第二、第三产业法人单位从业人员为 35602.3 万人，扣除教育、文化、公共管理等非工商经济领域的从业人员 5850.1 万人，在工商经济领域从业人员为 29752.2 万人，可知这九个行业从业人员人数占工商经济领域从业人员的 91.5%。因此，即使还有一些工商经济行业法人单位的从业人员的占比数据没有公布，也可以做出上述判断。

式中，经济经营权和所有权是可以分离的；但是，所有权决定经营权，经营权的运行过程实质是所有权的实现途径，因此，两者不可绝对分离；如果经营权彻底脱离了所有权约束，所有权经济价值得不到实现，所有权也就形同虚设。目前，不少乡村集体经济组织确实放弃了农用土地的集体统一经营权，对集体经济的统一组织指挥作用则近乎消解，由此出现了农民对农业生产积极性下降、青壮年普遍进城打工、农村只留下老人和留守儿童的现象。在这些地方，村民收入往往两极分化，农民脱贫问题得不到根本解决。

由此可见，振兴公有制经济，尤其是振兴国有经济已经刻不容缓。[①]

二、公有制是社会主义市场经济运行的基础

我们要坚持社会主义市场经济的方向深化改革，避免发生资本主义市场经济的危机，就要下决心恢复并巩固公有制的主体地位，保障国有经济成为国民经济的主导力量；这是因为，生产资料公有制在社会主义市场经济的宏观运动和发展中起着基础的作用。

马克思揭示出，在市场经济的宏观运动中，市场供求关系不过是经济本质关系的外部表现。他深刻地指出，“在供求关系借以发生作用的基础得到说明以前，供求关系绝对不能说明什么问题”[②]。什么是“供求关系借以发生作用的基础”？马克思有明确的回答：“在简单的买和卖上，只要有商品生产者自身互相对立就行了。如果作进一步的分析，供求还以不同的阶级和阶层的存在为前提，这些阶级和阶层在自己中间分配社会的总收入，把它当作收入来消费，因此造成那种由收入形成的需求；另一方面，为了理解那种由生产者自身互相形成的供求，就需要弄清资本主义生产过程的全貌。”[③]

可见，理解市场供求要弄清的一个方面，就是不同的阶级和阶层的存在。在这方面，马克思明确指出，“调节需要原则的东西，本质上是由不同阶级的相互关系和它们各自的经济地位决定的”[④]。在资本主义经济中，正是资本主义私有制决定了工人、资本家和土地所有者的经济地位，从而决定了工资、利润、利息和地租的收入分配，正是这样的经济逻辑调节着市场的生产资料供求关系和有购买力的消费需求。

关于理解供求需要弄清的另一方面，“资本主义生产过程的全貌”包括剩余价值的直接生产过程和使剩余价值得以实现的流通过程。马克思揭示出，在直接生产过程中，资本家对剩余价值的剥削最终受社会生产力的限制；而在流通过程中，即在剩余价值得以实现的市场关系中，则受“生产部门的比例关系”

---

① 何干强：《公有制经济振兴之路》，企业管理出版社2014年版。

②④ 《资本论》第3卷，人民出版社2004年版，第202页。

③ 《资本论》第3卷，人民出版社2004年版，第217页。

和有购买力的“社会消费力”的限制。[①] 而有购买力的“社会消费力”，也就是前一方面不同的阶级和阶层的存在造成的市场供求关系。可见，这另一方面与前一方面的不同点，主要只“生产部门的比例关系”或商品生产者的社会分工比例关系。

马克思对资本主义市场经济供求关系的分析，为我们认识社会主义市场经济的“供求关系借以发生作用的基础”，提供了科学的一般方法。这就是，要从两个基本因素来弄清市场供求关系形成的原因：一是所有制关系决定了社会财富（生产资料或资本）和各种个人收入的分配关系；二是由社会生产力发展水平和分配关系制约的生产者之间的社会分工比例关系，其中包括两大部类生产者之间的分工比例关系、他们的固定资本补偿的比例关系、社会扩大再生产中货币积累和实际积累之间的比例关系等。在这两个基本因素中，生产资料所有制关系决定的不同阶级的相互关系和它们各自的经济地位，是对市场供求关系起作用的最具历史能动性的社会关系。

我们知道，生产社会化与资本主义私有制这对基本矛盾之所以导致资本主义的周期性经济危机，正是因为资本主义私有制造成了社会消费购买力必然显著低于在利润驱动下无限扩张的市场供给力。因此，如果私有化改革造成公有制失去基础地位，尤其是造成国有经济丧失主导力量，不能在调节收入分配关系和社会分工比例关系中起主导作用；那么，市场经济的总供求关系必然失去基本的平衡，社会主义市场经济也就转向了资本主义市场经济。因此，我们面对社会主义市场经济宏观运动出现的结构失衡等现象，只有自觉地着眼于生产资料所有制这个经济深层的决定因素，才能标本兼治地解决出现市场供求出现的诸多问题。

关于生产资料所有制对市场供求关系起决定性作用的原理，在西方资产阶级经济学中是看不到的，它们总是以私有制为既定的前提来分析经济现象，所提出的宏观经济调控的政策措施，也根本不会触及私有制，因而也就永远无法提出消除周期性经济危机的有效办法。目前中国经济理论界有一种照搬西方经济学，撇开所有制来研究市场供求关系的倾向，这无疑是必须纠正的。

三、在深化国企改革中分清理论是非

社会主义市场经济的基础是公有制，而国有经济是整个公有制经济的支柱，所以，在全面深化改革中，关键在于振兴国有经济。这在西方资产阶级经济学中是不可思议的。所以，一些照搬西方经济学的人，总是把社会主义国有经济与市场经济对立起来。我们要坚持公有制主体地位和国有经济的指导地位，就

① 《资本论》第3卷，人民出版社2004年版，第272~273页。

必须划清深化国企改革指导思想上的马克思主义与反马克思主义的界限。当前有必要辨明以下理论是非。

——国有经济与私营经济在国民经济中的地位是否平等。既然宪法已规定在社会主义基本经济制度中公有制为主体，这就明确了，公、私经济在生产领域的生产资料占有关系上，地位是不平等的。而维护这种不平等，劳动人民才能有当家作主的经济基础。当然，公、私企业的商品在流通领域或市场关系中，坚持等价值交换原则，这是平等关系，但是绝不能用这种流通领域的平等，来替代生产领域的不平等。可见，有人说“各种所有制经济依法平等使用生产资料”①、要给不同所有制的市场主体创造平等投资机会，这种观点是违反宪法的。还有一种流行说法，把国企称之为妨碍市场公平竞争的“垄断企业”，要求改掉国企的垄断地位。其实，垄断是私有制经济范畴，绝对不应当用来表述公有制经济；用私有制经济范畴强加于国有企业，只会造成人们思想上的混乱。② 如果按照这些主张去深化国企改革，只能把国有经济改光。

——少量国有资本是否能在国民经济中发挥主导作用。唯物史观认为，生产决定流通，国有经济要成为国民经济的主导力量，其生产承担者国有企业就应当具有超出非国有企业的竞争实力；非但如此，还应当放大国有资本功能，发挥好对非公有制经济的带动作用。但是，有人却把“放大国有资本功能”解释为“以少量国有资本撬动更多境内外资本”。③ 如果这种观点是正确的，国有企业就不必做强做优做大，国有资本也无须增加总量。其实，适用于自然领域的阿基米德杠杆撬动原理是完全不适用社会领域国民经济的运行逻辑的。国有经济要能在国民经济中起主导作用，不能不有较大的规模。从资本的本质是生产中人与人的关系来看，公有制占主体地位意味着公有资本涵盖的从业人员必须占社会总资本中的从业人员的50%以上，这样，在国有资本有机构成较高的条件下，公有资本（国有、集体资本）在社会总资本中，比重就要显著高于50%，才能占主体地位。④

——商业类国有企业是否应当做强、做优、做大。国有资本投资分为公益类和商业类，在国民经济中，商业类国有企业涉及的从业人员更为广泛，占用的资本量比重更大。因此，两类企业国有资本都要保值增值，国有经济才能真正成为国民经济的主导力量。做强、做活、做大商业类国企极为重要。这是因为，不同所有制性质的商业类企业同处竞争性领域，存在争夺利润和市场控制力的矛盾；只有商业类国企在资本规模、人力资源、科学技术和经营管理等方面占优势，才

① 高尚全：《营造各种所有制平等竞争的环境》，载于《改革内参》（综合版）2013 年第 2 期。

② 何干强：《不应把国企称为垄断企业》，载于《毛泽东邓小平理论研究》2013 年第 5 期。

③ 冯彪：《发改委部署国有企业混改地方改革多点开花》，载于财经智库网 2015 年 9 月 21 日。

④ 何干强：《论公有制在社会主义基本经济制度中的最低限度》，载于《马克思主义研究》2012 年第 10 期。

能在市场竞争中取胜、占主动地位，从而才能保证市场利润大部分归国有资本的主体即劳动人民占最大多数的人民占有，而不是归私有资本的主体占有，才能保证国有经济控制市场竞争领域，主导整个国民经济运动。然而，多年来一些人不断宣扬国有资本应退出竞争领域，完全排斥商业类国企。这种倾向必须坚决纠正。

——混合所有制的企业是否应当区分国企和非国企。在市场分工制度和信用制度发展的条件下，适应生产社会化和市场竞争规律的作用，企业资本（产业资本）相对集中或分裂，是一种正常现象。因而在多种所有制经济共存的条件下，国有资本与非国有资本投资同一企业而形成混合所有制的企业，实属正常。不过，用劳动二重性的基本原理分析，混合所有制企业在实物形态上“财产混合”，在资本所有权上，却绝对是“产权明晰”的。[①] 按照股份制规定，混合所有制企业的所有制性质，是由控股资本的所有制性质决定的。因此，在发展混合所有制经济的改革中，只有坚持国有资本控股，才能保持国有企业性质，同时放大国有资本功能。如果放弃国有资本控股，就会导致国企失去全民所有制性质；如果放任私人资本在混合所有制企业中控股，国企改革的性质也就蜕变为私有化的改革，那就谈不上做强做优做大国有企业。

——是否能把向私营企业参股作为发展混合所有制经济的主要途径。中央在对国企发展混合所有制经济的改革，明确提出“宜独则独，宜控则控，宜参则参”[②]，明确了国有企业可以在深化改革中继续保持独资。但是一直以来，有人却主张“改革后的国有企业一律要按股份制企业模式运行”；[③] 有人则突出国有资本向私营企业参股，说“在以商业性国企居多的地方国企混改中，混改途径则既有国有资本向民营资本战略投资，也有将部分国资向民企协议转让，还有‘借壳上市’等多样途径”[④]。固然，在国企改革中，国有资本管理机构可以根据国有资本的整体布局和增值的需要，关停某些国企、进行国资转移；有些实力强大的国企在资本积累过程中，会出现部分闲置资本需要寻求适宜的投资场所，这些适应市场经济的正常举措，是“宜参则参”的原因。但是，这种资本转移和闲置资本投入，都以从总体上国有经济实力为前提，因而也包括在国有经济内部企业之间的转移和参股投入。把国有资本向私有企业参股、转让，当作“混改”唯一途径，这显然有损于巩固和发展国有经济。须知国有资本总量是一定的，如果大量国有资本都用于参股私营企业，都处于被私营企业控制的地位，那么，独资和控股的国有资本量势必减少，这又如何能保证国有资本在国民经济中成为主导力量？因此，在国有企业发展混合所有制经济的改革中，应当主要强调“宜独则独，宜控则控”，而把“宜参则参”放在次要的地位。

---

① 何干强：《用劳动二重性的观点认识社会主义市场经济》，载于《中国社会科学》1994 年第 2 期。
② 《中共中央、国务院关于深化国有企业改革的指导意见》，载于光明日报 2015 年 9 月 14 日第 6 版。
③ 厉以宁：《国企改革应破除垄断依赖性》，载于新华日报 2014 年 3 月 26 日第 B06 版。
④ 冯彪：《发改委部署国企混改地方改革多点开花》，载于财经智库网 2015 年 9 月 21 日。

改革开放以来中国对社会主义公有制理论的创新发展

郭　飞*

马克思主义政治经济学是马克思主义的重要组成部分，是“马克思的理论最深刻、最全面、最详尽的证明和运用”。[①] 改革开放以来，中国坚持以人民利益为中心，以解放和发展生产力为主线，既不走封闭僵化的老路，也不走改旗易帜的邪路，不断提炼和总结中国特色社会主义经济实践的规律性成果，努力开拓当代中国马克思主义政治经济学的新境界。其中的主要瑰宝之一，便是立足中国国情对社会主义公有制理论的重大创新与发展。

所有制理论是马克思主义政治经济学的核心内容。马克思主义的创始人基于对资本主义生产方式的深入研究，科学揭示了社会主义公有制必然取代资本主义私有制这一人类社会发展的客观规律。苏联东欧社会主义国家和改革开放前的中国，已经将社会主义公有制从科学预见变为现实，建立起全民所有制（或国有制）和集体所有制这两种社会主义公有制的基本类型。传统计划经济体制下的社会主义公有制在历史上曾发挥了巨大的积极作用，但也存在严重缺陷和渐趋明显的弊端。笔者认为，改革开放以来中国对马克思主义的社会主义公有制理论的创新与发展，主要表现在四个方面。

一、提出社会主义初级阶段基本经济制度的观点

传统观点认为，社会主义社会的所有制结构是单一的社会主义公有制结构。苏联在进入社会主义社会以后，实行清一色社会主义公有制的所有制结构。1937年，苏联社会主义经济成分在工业总产值中占99.8%，在农业总产值中占

---

* 郭飞，对外经济贸易大学中国经济发展研究中心主任，国际经济贸易学院教授、博士生导师，中国经济规律研究会副会长。

① 《列宁选集》第2卷，人民出版社1995年版，第428页。

98.5%，在商品零售额中占100%，在国民收入中占99.1%。[①] 中国在进入社会主义社会以后的较长时期内，也大体实行清一色社会主义公有制的所有制结构。从20世纪50年代后期至改革开放以前，中国所有制结构的演进趋势是“一大二公三纯”，不仅将私营经济和国家资本主义经济打入“冷宫”，还排挤甚至取消个体经济。1975年，在中国工业总产值中，全民所有制工业占83.2%，集体所有制工业占16.8%；在社会商品零售总额中，全民所有制商业占90.2%，集体所有制商业占7.7%，个体商业仅占0.1%。实践证明，这种清一色公有制的所有制结构，不利于充分调动国内外的积极因素，有碍于生产力的迅速发展和人民生活水平的显著改善。

马克思指出：“无论哪一个社会形态，在它所能容纳的全部生产力发挥出来以前，是决不会灭亡的；而新的更高的生产关系，在它的物质存在条件在旧社会的胎胞里成熟以前，是决不会出现的。”[②] 改革开放之初，我们党重新审视当代中国的基本国情和历史方位，提出了中国正处于并将长期处于社会主义初级阶段的科学论断。在此基础上，中国努力遵循生产关系必须适应生产力状况这一根本经济规律，不断改革和完善所有制结构。中共十二大报告提出：劳动者个体经济是公有制经济的必要和有益的补充。中共十三大报告提出：私营经济、“三资企业”（即中外合资企业、合作经营企业和外商独资企业），也是中国公有制经济必要的和有益的补充。党的十四届三中全会通过的《中共中央关于建立社会主义市场经济体制若干问题的决定》提出：坚持以公有制为主体多种经济成分共同发展的方针。全国人大九届二次会议通过的《中华人民共和国宪法修正案》规定：中国“在社会主义初级阶段，坚持公有制为主体、多种所有制经济共同发展的基本经济制度”。[③] 中国提出并实行社会主义初级阶段的基本经济制度（或所有制结构），突破了传统计划经济体制下社会主义社会公有制“单一论”的理论和实践局限，为中国在坚持社会主义基本性质前提下充分发挥公有制经济和非公有制经济的活力和积极作用奠定了良好的基础。伴随改革实践的发展，中国对公有制经济、公有制主体地位和国有经济主导作用的认识也不断深化。中共十五大报告提出：“公有制经济不仅包括国有经济和集体经济，还包括混合所有制经济中的国有成分和集体成分。公有制的主体地位主要体现在：公有资产在社会总资产中占优势；国有经济控制国民经济命脉，对经济发展起主导作用。这是就全国而言，有的地方、有的产业可以有所差别。公有资产占优势，要有量的优势，更要注重质的提高。国有经济起主导作用，主要体现在控制力上。”[④] 对于关系国家安全和国民经济命脉的重要行业和关键领域，国有

---

① 转引自江流、陈之骅：《苏联演变的历史思考》，中国社会科学出版社1994年版，第27~28页。

② 《马克思恩格斯选集》第2卷，人民出版社1995年版，第33页。

③ 中共中央文献研究室：《十五大以来重要文献选编（上）》，人民出版社2000年版，第808页。

④ 中共中央文献研究室：《十五大以来重要文献选编（上）》，人民出版社2000年版，第21页。

经济必须占支配地位。

二、提出社会主义公有制可以与市场经济相结合从而实行社会主义市场经济的观点

市场经济是市场在资源配置中发挥主要作用的商品经济。传统观点认为：商品经济是与私有制相联系的经济范畴，社会主义社会不存在私有制，没有商品生产和商品交换，从而也就没有商品经济；市场经济是与资本主义商品经济相联系的经济范畴，社会主义社会不存在资本主义商品经济，资源配置由计划调节，从而更不存在市场经济。斯大林根据其领导的苏联社会主义经济建设的实践，认为在社会主义社会中还存在商品生产和商品交换，其所有制依据不在于私有制，而在于社会主义公有制的两种基本形式（或基本类型）——全民所有制和集体所有制；社会主义商品生产是特种商品生产，不会发展为资本主义商品生产。这无疑是对传统观点的重大突破。然而，斯大林的社会主义商品经济观点是不彻底的。他认为：在社会主义社会中，全民所有制经济内部交换的生产资料不是商品，价值规律对社会主义生产不起调节者的作用，并力图加速实现由商品经济向非商品经济的过渡。

改革开放以来，中国先是确立了社会主义商品经济理论。中国马克思主义经济学者普遍认为：在社会主义社会中，社会分工的存在和发展，是社会主义商品经济存在的一般前提；而社会主义公有制采取全民所有制和集体所有制两种基本类型，特别是全民所有制经济内部各企业是具有独立经济利益的法人实体和市场竞争主体，则是社会主义商品经济存在的根本原因。这就从社会主义公有制的典型形式——社会主义全民所有制经济内部揭示出商品关系存在的根据，从而为社会主义商品经济理论奠定了坚实的基础。党的十二届三中全会通过的《中共中央关于经济体制改革的决定》明确提出：社会主义经济是"公有制基础上的有计划的商品经济。商品经济的充分发展，是社会经济发展的不可逾越的阶段，是实现中国经济现代化的必要条件。"① 中共十三大报告提出：必须把计划工作建立在商品交换和价值规律的基础上。尔后，中国学界和政界在原有基础上对社会主义市场经济问题进行了深入探讨，进一步提出了社会主义市场经济理论。邓小平指出："计划多一点还是市场多一点，不是社会主义与资本主义的本质区别。计划经济不等于社会主义，资本主义也有计划；市场经济不等于资本主义，社会主义也有市场。计划和市场都是经济手段。"② 中共十四大报告明确提出：中国经济体制改革的目标是建立社会主义市场经济体制，明

① 中共中央文献研究室：《十二大以来重要文献选编（中）》，人民出版社1986年版，第568页。
② 《邓小平文选》第3卷，人民出版社1993年版，第373页。

确概括了社会主义市场经济体制的三条基本特征。[①] 中国提出并大力发展社会主义市场经济，是对社会主义公有制理论的重大创新，具有重大的现实意义和深远的历史意义。

三、提出与市场经济相结合的社会主义公有制有效实现形式的观点

在人口众多的社会主义大国，从传统计划经济体制转变为社会主义市场经济体制，这是人类社会前所未有的深刻变革。其成败的关键，在于能否探索并实行与市场经济相结合的社会主义公有制的有效实现形式。从理论和实践的角度分析，中国对此实现了四个重大突破。

一是，对社会主义公有制及其实现形式进行了细分，明确提出应探索并实行公有制的有效实现形式。中共十五大报告提出："公有制实现形式可以而且应当多样化。一切反映社会化生产规律的经营方式和组织形式都可以大胆利用。要努力寻找能够极大促进生产力发展的公有制实现形式。"[②] 这表明我们党已将社会主义公有制及其实现形式相对地区分为社会主义公有制一般、社会主义公有制特殊（或社会主义公有制基本类型，即全民所有制和集体所有制）、经营方式和组织形式，四者之间既有联系也有区别。前两者是所有制范畴；后两者不是所有制范畴。社会主义公有制及其基本类型，应实行能够极大促进生产力发展的经营方式和组织形式。

二是，明确提出国有企业应建立和完善与市场经济相结合的社会主义现代企业制度。中国提出国有企业所有权和经营权可以适当分离，是自主经营、自负盈亏、自担风险、自我约束、自我发展的商品生产者和经营者；国有企业改革的方向，是建立和完善社会主义现代企业制度。在社会主义现代企业制度中，不仅要体现市场经济国家现代企业制度中"产权清晰、权责明确、政企分开、管理科学"的共性，而且要体现国有企业中社会主义公有制、党的领导、工人阶级主人翁地位的个性。[③]

---

① 笔者认为，在社会主义公有制内部，不仅在两种公有制基本类型之间，还是在同一公有制基本类型内部的不同企业之间，都存在经济利益的差别性，这是公有制与市场经济兼容性的基础。然而，社会主义公有制内部还存在经济利益的一致性，这又是与市场经济相矛盾的。因此，社会主义公有制与市场经济既相互兼容，也相互矛盾。社会主义公有制与市场经济相结合从而实行社会主义市场经济，实质上是既要充分发挥社会主义公有制的优越性，又要充分发挥市场机制的长处，以利于迅速发展生产力和不断提高人民生活水平，巩固和发展社会主义经济制度。

② 中共中央文献研究室：《十五大以来重要文献选编（上）》，人民出版社2000年版，第21～22页。

③ 对于我国国有企业建立的现代企业制度，时任国务院副总理的吴邦国曾在中央企业工委工作会议上明确提出：我国国有企业要建立的现代企业制度，不是一般意义上的市场经济国家的现代企业制度，而是有中国特色的现代企业制度。一要坚持公有制与市场经济的有机结合，二要坚持党对国有企业的领导，三要坚持工人阶级的主人翁地位（韩振军、王彦田：《中央企业工委工作会议在京召开　朱镕基作重要批语》，载于《人民日报》2000年2月28日）。笔者认为，这种阐释明确了我国国有企业通过改革要建立和完善的现代企业制度是社会主义现代企业制度。

三是，明确提出应使股份制成为公有制的主要有效实现形式。中共十五大报告提出："股份制是现代企业的一种资本组织形式，有利于所有权和经营权的分离，有利于提高企业和资本的运作效率。资本主义可以用，社会主义也可以用。不能笼统地说股份制是公有还是私有，关键看控股权掌握在谁手中。国家和集体控股，具有明显的公有性，有利于扩大公有资本的支配范围，增强公有制的主体作用。"[①] 党的十六届三中全会通过的《中共中央关于完善社会主义市场经济体制若干问题的决定》进一步提出：要适应经济市场化不断发展的趋势，进一步增强公有制经济的活力，"使股份制成为公有制的主要实现形式。"[②] 这表明我们党已经突破了股份制与资本主义私有制相联系的历史和理论的局限，在探索市场经济中社会主义公有制的主要有效实现形式方面从认识上达到了新的高度。在经济体制改革的实践中，中国国有企业建立现代企业制度采取了国有独资、国有资本控股等公司制股份制形式，城镇和农村集体所有制则采取了股份制、股份合作制、合作社等形式。

四是，明确提出与市场经济相结合的国有资产管理体制改革的基本框架。在深入探索和借鉴国际有益经验的基础上，中国提出：应科学划分所有者和经营者的边界，在国家所有、分级代表的前提下，努力构建政企分开、政资分开的国有资本所有者管理层、国有资本投资运营层、企业经营层三个层次的经营性国有资产（通常称为国有资产）授权经营体制。上述重大突破，为中国实行社会主义公有制与市场经济的有效结合，找到了符合国情并具有重大国际意义的现实路径。

四、提出正确处理社会主义初级阶段公有制经济与非公有制经济相互关系的观点

在社会主义初级阶段，公有制经济与非公有制经济既有相互矛盾的一面，也有相互促进的一面。非公有制与生产力之间，既有相适应的一面，也有相矛盾的一面。如何正确处理公有制经济与非公有制经济的相互关系，是一个贯穿社会主义初级阶段的重大理论与实践问题。改革开放以来，中国在实践中不断探索，逐渐形成了较为成熟的理论观点。一方面，在中国现阶段的所有制结构中，坚持以公有制为主体，非公有制为辅体。坚持公有制的主体地位，既是迅速发展生产力、巩固共产党的执政地位、坚持中国特色社会主义道路的经济基石，也是全国人民共享发展成果、最终实现共同富裕的制度性保证。同时，个体、私营、外资等非公有制经济在促进创新、经济增长、扩大就业、增加税收等方面具有重要作用，是社会主义市场经济中的重要组成部分。另一方面，依

① 中共中央文献研究室：《十五大以来重要文献选编（上）》，人民出版社2000年版，第22页。
② 中共中央文献研究室：《十六大以来重要文献选编（上）》，中央文献出版社2004年版，第466页。

法保护各种所有制经济平等竞争，共同发展。党的十八届三中全会通过的《中共中央关于全面深化改革若干重大问题的决定》提出："公有制经济财产权不可侵犯，非公有制经济财产权同样不可侵犯。国家保护各种所有制经济产权和合法利益，保证各种所有制经济依法平等使用生产要素、公开公平公正参与市场竞争、同等受到法律保护，依法监管各种所有制经济。"① 基于上述认识，我们党提出了"两个毫不动摇"（即毫不动摇巩固和发展公有制经济，毫不动摇鼓励、支持、引导非公有制经济发展）的方针，推动中国特色社会主义经济在国际风云变幻中持续健康地向前发展。改革开放37年来，中国经济年均增长速度接近10%，现已成为全球第二大经济体（按美元计算）；广大人民的生活状况有了相当显著的改善，正从总体小康向全面小康不断迈进；中国的综合国力和国际地位大幅提高。

此外，《中共中央关于全面深化改革若干重大问题的决定》提出："国有资本、集体资本、非公有资本等交叉持股、相互融合的混合所有制经济，是基本经济制度的重要实现形式，有利于国有资本放大功能、保值增值、提高竞争力，有利于各种所有制资本取长补短、相互促进、共同发展。"② 如同股份制是中性的经济范畴一样，混合所有制也是中性的经济范畴，资本主义和社会主义都可以用。然而，在具体的混合所有制企业中，必然由某种所有制占主体或控股地位，从而决定了该企业的基本经济性质。混合所有制是中国现阶段基本经济制度的重要实现形式，并不是主要形式，更不是唯一形式。发展混合所有制经济就大的方向而言是双向的，既允许国有资本等公有资本向非公有企业投资，也允许非公有资本向公有企业（国家另有规定的国有独资企业除外）投资。坚持中国现阶段的基本经济制度，妥善处理公有制经济与非公有制经济的相互关系，应鼓励和支持公有资本特别是国有资本更多地向非公有企业投资，更多地参股控股非公有企业。中国还允许混合所有制企业实行员工持股，形成资本所有者和劳动者的利益共同体。

实践是理论的源泉，理论是实践的指南。马克思主义的社会主义公有制理论必将随着实践的发展而发展，并在指引中国特色社会主义经济不断取得新成就的进程中发挥更大的作用。

参考文献

[1]《习近平在中共中央政治局第二十八次集体学习时强调　立足我国国情和我国发展实践发展当代中国马克思主义政治经济学》，载于《人民日报》2015年11月25日。

[2] 郭飞：《深化中国所有制结构改革的若干思考》，载于《中国社会科学》2008年第3期。

[3] 郭飞：《社会主义公有制理论的创新发展》，载于《人民日报》2015年12月6日第5版。

①② 中共中央文献研究室：《十八大以来重要文献选编（上）》，中央文献出版社2014年版，第515页。

社会主义公有制企业释义

张作云*

改革开放以来，在中国公有制经济尤其是国有企业改革过程中，人们对企业性质的认识，往往集中在企业的所有制上。岂不知，在企业性质的决定上，所有制虽然起着基础的和决定性的作用，但并非唯一的决定因素。从马克思主义生产关系结构理论及其运行的实践来看，决定企业性质的，除了所有制之外，还有一些起着影响甚至在一定意义上起着重要作用的因素。如果把所有制作为衡量企业性质单一的或者唯一的标准，不仅会犯形而上学片面性的错误，而且也会使中国公有制企业尤其是国有企业改革出现偏差，甚至会给中国改革开放和社会主义现代化建设带来严重后果。故而，本文拟对社会主义公有制企业的内涵及其相关问题进行分析，以求对社会主义公有制企业有一个较为全面而科学的认识。

一、对社会主义公有制产生必然性的再认识

在人类社会发展的长河中，社会主义公有制并不是自然地产生的，也不是某些高明的设计师，运用其卓越的艺术设计出来的。它的产生，有着历史的必然性。

第一，它是贯穿人类社会生产关系和所有制关系变革发展过程中否定之否定规律发生作用的结果。与人类社会经济形态的发展一样，人类社会生产关系和所有制关系的变革和发展，也是一个自然历史过程。这一自然历史过程，始终贯穿着由低级向高级发展的、不以人们意志为转移的客观规律。马克思在他

* 张作云，淮北师范大学当代经济研究所所长、教授、硕士研究生导师；主要研究方向为《资本论》与社会主义经济理论。

的巨著《资本论》中分析“资本主义积累的历史趋势”时，描述了这一过程。他说：“私有制作为公共的集体的所有制的对立物，只是在劳动资料和劳动的外部条件属于私人的地方才存在。但是私有制的性质，却依这些私人是劳动者还是非劳动者而有所不同。私有制在最初看来所表现出的无数色层，只不过反映了这两极间的各种中间状态。”① “从资本主义生产方式产生的资本主义占有方式，从而资本主义的私有制，是对个人的、以自己劳动为基础的私有制的第一个否定。但资本主义生产由于自然过程的必然性，造成了对自身的否定，这是否定的否定。这种否定不是重新建立私有制，而是在资本主义时代的成就的基础上，也就是说，在协作和对土地及靠劳动本身生产的生产资料的共同占有的基础上，重新建立个人所有制。”② “以个人自己劳动为基础的分散的私有制转化为资本主义私有制，同事实上已经以社会生产为基础的资本主义所有制转化为公有制比较起来，自然是一个长久得多、艰苦得多、困难得多的过程。前者是少数掠夺者剥夺人民群众，后者是人民群众剥夺少数掠夺者。”③ 在这里，马克思不仅揭示了所有制演进、变革和发展的过程和轨迹，而且揭示了贯穿这一过程并发挥作用的否定之否定规律，揭示了在否定之否定规律作用下所有制变革、发展的历史趋势，明示了社会主义公有制否定和替代资本主义私有制的发展前途和历史必然性。

第二，生产力的不断发展，不仅为否定之否定规律发挥作用、实现社会主义公有制替代资本主义私有制历史趋势提供了前提和条件，而且也是这一规律发挥作用、推进这一历史趋势实现的根源和动力。在人类社会的生产中，生产力是最具活力和最具革命性的因素。人类社会生产的变化和发展，始终是从生产力的变化和发展，而且首先是从生产工具的变化和发展开始的。在原始社会，生产力水平低下，以石器和弓箭为主体的生产工具，使人们无法单独同自然力量和猛兽作斗争，不得不共同劳动和共同生活。共同劳动和共同生活的方式，导致了原始公社公有制的出现。④ 金属工具的使用，生产力水平的提高，剩余产品和社会分工从而商品生产的出现，使原来被杀掉或被吃掉的战俘有了一定的价值，从而催生了以奴隶占有为特征的私有制的产生。⑤ 铁制工具的广泛使用，农业和手工业的进一步分工，使以奴隶占有制为特征的大规模生产收缩为小农和小手工业的生产，再加上奴隶因无法忍受奴隶主残酷剥削和野蛮压迫而大量逃亡甚至起义和暴动，结果，便导致了奴隶占有制的灭亡、以土地租佃为特征

①② 《马克思恩格斯全集》第23卷，人民出版社1972年版，第829～830页。

③ 《马克思恩格斯全集》第23卷，人民出版社1972年版，第830页。

④ 《斯大林选集》（下），人民出版社1979年版，第446页。

⑤ 《马克思恩格斯全集》第20卷，人民出版社1971年版，第219～220页；《马克思恩格斯全集》第21卷，人民出版社1965年版，第184～185页。

的地主占有制和以农民、小手工业者本身劳动为基础的小私有制的产生。① 然而，无论是以租佃为特征的地主占有制，还是以农民和小手工业者以本身劳动为基础的小私有制，"都是以土地及其他生产资料的分散为前提的。""这种占有制既排斥生产资料的积聚，也排斥协作和同一生产过程内部的分工，排斥社会对自然的统治和支配，排斥社会生产力的自由发展。"② 于是，这种占有制就"造成了消灭它自身的物质手段"，结果，便使"个人的分散的生产资料转化为社会的积聚的生产资料，从而多数人的小财产转化为少数人的大财产"。③ 于是，经过一个或长或短的阶段，资本主义的私有制便应运而生。但是，资本主义的私有制以及与此相适应的资本主义生产方式，在创造空前而巨大的生产力，使封建社会彻底瓦解的同时，也造成了对资本主义私有制者及资本家的进一步剥夺，代之而起的，便是"在资本主义时代的成就的基础上，""在协作和对土地及靠劳动本身生产的生产资料的共同占有的基础上"的"个人所有制"即社会主义公有制。④ 一部人类社会经济史，就是具有无比革命性并充满生机和活力的不断发展的生产力，反抗具有相对稳定性的生产关系的历史，即反抗那作为落后的反动阶级及其统治的存在条件及所有制关系的历史。这一历史，不仅昭示了生产力所具有的无比革命性，也昭示了历史上奴隶占有制、地主占有制乃至资本主义私有制相继灭亡、社会主义公有制产生的必然性。生产力及其所具有的革命性，不仅为否定之否定规律在人类社会生产关系和所有制关系变革发展过程中作用的发挥提供了前提和条件，而且也是这种变革发展的根源和强大的动力。

第三，人类社会的基本矛盾及其派生的矛盾构成的矛盾体系，是推动社会主义公有制替代历史上的私有制尤其是资本主义私有制这一历史趋势的实现机制。马克思主义认为，生产力与生产关系、经济基础与上层建筑之间的矛盾构成人类社会的基本矛盾，它们之间的相互作用及其动态的结合，构成了人类社会生产关系尤其是所有制关系变革发展的实现机制。马克思在《〈政治经济学批判〉序言》中，对这一基本矛盾的实现机制作了生动地揭示。首先，揭示了这一基本矛盾的结构体系。他说："人们在自己生活的社会生产中发生的一定的、必然的、不以人们的意志为转移的关系，即同他们的物质生产力的一定发展阶段相适应的生产关系。这些生产关系的总和构成社会的经济结构，即有法律的和政治的上层建筑竖立其上并有一定的社会意识形式与之相适应的现实基础。"⑤ 其次，揭示了人类社会基本矛盾的作用机制。他说："社会的物质生产力发展到

① 《马克思恩格斯全集》第20卷，人民出版社1971年版，第676页；《马克思恩格斯全集》第21卷，人民出版社1965年版，第146~147页。

② 《马克思恩格斯全集》第23卷，人民出版社1972年版，第630页。

③ 《马克思恩格斯全集》第23卷，人民出版社1972年版，第830页。

④ 《尼克斯恩格斯全集》第23卷，人民出版社1972年版，第832页。

⑤ 《马克思恩格斯全集》第13卷，人民出版社1962年版，第8页。

一定阶段，便同它们一直在其中活动的现存生产关系或财产关系（这只是生产关系的法律用语）发生矛盾。于是这些关系便由生产力的发展形势变成生产力的桎梏。那时社会革命的时代就到来了。随着经济基础的变更，全部庞大的上层建筑也或慢或快地发生变革。”① 最后，揭示了判断人类社会基本矛盾作用机制促使生产关系和所有制关系发生变革的关节点。他说：“无论哪一个社会形态，在它们所能容纳的全部生产力发挥出来之前，是绝不会灭亡的；而新的更高的生产关系，在它存在的物质条件在旧社会的胎胞里成熟以前，是绝不会出现的。”② 同时，还揭示了人类社会基本矛盾作用下资本主义生产关系和所有制关系历史的和暂时的性质。他说：“亚细亚的、古代的、封建的和现代的生产方式可以看作是社会经济形态演进的几个时代。资产阶级的生产关系是社会生产过程的最后一个对抗形式，”“在资产阶级社会的胎胞里发展的生产力，同时又创造着解决这种对抗的物质条件。因此，人类社会的史前时期就以这种社会形态而告终。”③ 不仅如此，在《资本论》中，他还揭示了人类社会基本矛盾的转化过程，及其在人类社会经济形态的不同发展阶段所采取的转化形式。例如，在分析原始社会末期，随着产品交换向商品交换的转化，人类社会生产力与生产关系之间的基本矛盾即采取了私人劳动与社会劳动之间矛盾的形式。在分析货币转化为资本、货币流通转化为资本流通、简单商品流通转化为资本主义商品流通及其内含的各种矛盾演变、展开、发展的过程时指出，随着这一过程的进行，人类社会的基本矛盾就转化为生产的社会性与占有制的私人性之间的矛盾。再如，在分析剩余价值生产的三个阶段以及资本主义的积累过程时，揭示了资本主义社会基本矛盾的派生形式，即个别企业生产的组织性与整个社会生产的无政府性以及生产无限扩大的趋势与人民购买力相对缩小之间的矛盾。并且，还揭示了资本主义社会的基本矛盾在阶级关系上的表现形式，即无产阶级与资产阶级之间的矛盾。正是人类社会的基本矛盾以及由此派生的其他社会矛盾所构成的矛盾体系及其作用，尤其是资本主义社会的基本矛盾以及由此派生的各种社会矛盾所构成的矛盾体系及其作用，导致了社会主义公有制产生。

第四，通过无产阶级革命而建立起来的无产阶级专政，为社会主义公有制的建立提供了首要前提。恩格斯在《家庭、私有制和国家的起源》中指出：“迄今所发生的一切革命，都是为了保护一种所有制以反对另一种所有制的革命。它们如果不侵犯另一种所有制，便不能保护这一种所有制。”④ 一定的所有制代表和体现着一定阶级或一定集团的利益。既然“迄今所发生的革命，都是为了保护一种所有制以反对另一种所有制的革命”，那么，作为无产阶级所进行的通过“剥夺剥夺者”，以社会主义公有制替代资本主义私有制的政治革命，就不能不遇到资产阶级的反抗。同时，社会主义公有制替代资本主义乃至一切剥削阶

①②③ 《马克思恩格斯全集》第13卷，人民出版社1962年版，第9页。

④ 《马克思恩格斯全集》第4卷，人民出版社1958年版，第306页。

级的私有制，与历史上的一切革命有着根本的不同。历史上的所有制更替，都是一种剥削阶级的私有制代替另一种剥削阶级的私有制，而社会主义公有制对以往所有制的替代，则是以消灭一切剥削阶级的经济基础，即以消灭一切剥削阶级的私有制为宗旨的政治大革命。这一政治大革命，无论是其广度还是深度，都是以往发生的任何革命所不能比拟的，它必然要遇到联合起来的一切剥削阶级顽强而拼死的抗争。鉴于这一原因，恩格斯在1847年就指出："在各文明国家，民主主义的必然结果，就是无产阶级的政治统治，而无产阶级的政治统治是实行一切共产主义措施的首要前提。"① 马克思在1871年9月总结巴黎公社的经验教训时，则更加明确而具体地指出："通过把一切劳动资料转交给生产者的办法消灭现存的压迫条件，从而迫使每一个体力适合于工作的人为保证自己的生存而工作，这样，我们就会消灭阶级统治和阶级压迫唯一的基础。但是，必先实行无产阶级专政，才可能实现这种变革，"然而，"公社未能建立起"这种"阶级统治的新形式。"② 回顾一百年来的社会主义革命和社会主义建设史，没有通过苏维埃社会主义革命的胜利而建立起来的无产阶级专政，就没有苏联社会主义公有制产生。没有第二次世界大战反法西斯战争的胜利和东欧一些社会主义国家无产阶级专政的建立，这些国家社会主义公有制的产生也是不可能的。中国对生产资料私有制的社会主义改造，也是在新民主主义革命取得胜利，人民民主专政建立之后进行的。没有通过无产阶级革命而建立起来的无产阶级专政，就没有社会主义公有制的诞生，马克思和恩格斯关于社会主义公有制产生首要前提和必要条件的理论，是科学的颠扑不破真理。

第五，进一步说，通过无产阶级革命而建立起来的无产阶级专政，不仅为社会主义公有制的建立提供了首要前提，而且也是社会主义公有制进一步巩固、完善和发展的必要条件。社会主义公有制，是人类历史上崭新的一种所有制形式。在其建立之后，必然要经历一个巩固、完善和发展的过程。这是因为，"人民群众对这个新制度还需要有一个习惯的过程，国家工作人员也需要一个学习和取得经验的过程"③。在这个过程中，"剥削者阶级，即地主和资本家阶级"，虽然已被打倒，"可是还没有被消灭。他们还有国际的基础，即国际资本，他们是国际资本的一部分，""还有广泛的社会联系。""他们反抗的劲头正由于他们的失败而增长了千百倍。管理国家、军事和经济的'艺术'，使他们具有很大很大的优势，""他们的作用与他们在人口总数里所占的人数相比，要大得不可估量。被推翻了的剥削者反对胜利了的被剥削者的先锋队，即反对无产阶级的斗争，变得无比残酷了"。④ 同时，"资产阶级社会的尸体，""又不能装进棺材，

① 《马克思恩格斯全集》第17卷，人民出版社1963年版，第468页。
② 《马克思恩格斯全集》第21卷，人民出版社1965年版，第131页。
③ 《毛泽东文集》第7卷，人民出版社1999年版，第216页。
④ 《列宁全集》第37卷，人民出版社1986年版，第275~276页。

埋在地下。被打死的资本主义在我们中间腐烂发臭，污染空气，毒害我们的生活，用陈旧的、腐败的、死亡的东西的密网死死缠住新鲜的、年轻的、生气勃勃的东西”。[①] 在这样的环境下，必然有少数意志薄弱者蜕化变质，从我们队伍中分离出来，成为资产阶级在我们社会主义公有制经济内部的代表人物。他们伙同国内的新老资产阶级分子，与国际资产阶级遥相呼应，里应外合，为收复他们失去的天堂，同无产阶级和广大人民群众进行斗争。这种斗争，有时是秘密的，有时是公开的，有时是经济的，有时是政治的和思想文化意识形态的，但不管以何种形式出现，从根本上说，都是资本主义与社会主义两种根本对立的生产关系和所有制关系的斗争在阶级关系上的反映。社会主义公有制的建立，只不过是万里长征走完了第一步，巩固、完善和发展的路程还更长，任务还更艰巨。两种根本对立的生产关系和所制关系，两种根本对立的经济制度和政治制度乃至思想意识形态之间谁胜谁负的问题，还没有从根本上解决。要取得这场斗争的彻底胜利，就必须毫不动摇地坚持、巩固和加强无产阶级的革命专政。近些年来，在中国改革开放过程中，国内一些资产阶级的代表人物和一些所谓知识精英，与西方国家沆瀣一气，运用各种手法和传媒工具，集中攻击中国的无产阶级专政即人民民主专政，其用心是可想而知的。对于这股思潮和反动行径，我们必须保持清醒的头脑，必须动员一切力量，运用一切必要的手段，进行坚决地回击，切不可麻痹大意！

将近二百年的国际共产主义运动和社会主义建设史，已经、正在并将继续证明，社会主义公有制，不仅具有无比巨大的优越性，而且也具有无比顽强的生命力。目前，社会主义公有制虽然历尽艰辛，走过百年路程，创造了辉煌业绩，但由于西方资本主义国家的干扰、围堵、渗透和打压，加上国家共产主义运动内部形形色色的机会主义派别的变节和叛卖，正在经历一场前所未有的曲折和严峻考验。但是完全可以相信，在代表无产阶级和广大人民群众利益的共产党的坚强领导下，经过用马克思列宁主义武装起来的广大人民群众的艰苦努力，一定会战胜各种困难，冲破重重阻力，迎来阳光灿烂、繁花似锦、欣欣向荣的春天！

二、社会主义公有制企业的内涵及其特征

马克思主义认为，人类社会的再生产过程，一方面是物质资料的再生产过程，另一方面又是一定社会生产关系的再生产过程。与此相适应，作为社会化大生产的产物的企业，也具有二重性，一方面，作为社会生产的组织形式，具有生产力属性，另一方面，它又是一定社会生产关系的承担者，具有生产关系

---

① 《列宁全集》第35卷，人民出版社1985年版，第59页。

的社会属性。同样的道理，作为社会化大生产产物的社会主义公有制企业，一方面，作为社会主义公有制生产要素的结合形式，它是社会主义社会再生产过程中的经济主体、基本单位和基层组织形式。另一方面，它又是社会主义生产关系结构的物质载体、经济细胞和微观形式。社会主义公有制企业是具有社会主义生产力和社会主义生产关系二重属性的矛盾统一体。然而，作为社会主义公有制企业，如果从社会主义生产关系结构的角度来考察，则大体具有以下特征。

第一，生产资料归全体劳动人民和部分劳动群众所有。由于社会主义社会的生产力水平与未来共产主义社会的生产力水平相比，还相对较低，再加上社会主义公有制建立的背景和特点，作为全体劳动人民和部分劳动群众对生产资料的占有形式，目前还必须采取社会主义国家所有制和劳动群众集体所有制的形式。但无论是社会主义国家所有制还是劳动群众集体所有制，都不是如某些人所说的“个人所有制”的简单相加，也不是某些人所说的“股份所有制形式”，因为社会主义公有制，是劳动者结合成劳动者整体即如马克思所说的“自由人联合体”，以劳动者整体或联合体的名义公共占有或共同占有生产资料的经济形式。劳动者如果不结合成劳动者整体或“自由人联合体”，便不能公共占有或共同占有生产资料。目前的股份制经济，无论是什么人，以何种名义投资入股，都不改变其投资人的身份，都不改变其投入资金的所有制性质。所投入的资金，也谈不上以整体或“自由人联合体”的名义公共占有或共同占有，当然也不能称作社会主义公有制经济。社会主义公有制与私有制或“个人所有制”的代数和，是决然不能等同的。

第二，以劳动者为主体的平等劳动关系。社会主义劳动关系，是社会主义生产关系结构的重要组成部分，也是社会主义生产关系结构中最基本、最重要的关系之一。劳动关系的性质如何，不仅决定了劳动者劳动的社会性质，也决定了劳动者在社会生产过程中的地位、作用和劳动的各项权利，同时，也反映甚至也决定了一个企业乃至整个社会经济制度的本质和性质。我们的社会是社会主义性质的社会，我们的企业是社会主义的公有制企业，因而，我们的劳动关系，就不能是带有任何剥削和压迫色彩的强制性的劳动关系，就不能是以劳动力买卖为特征、充满铜臭气味的资本雇佣劳动关系，也不能是以资本或企业为主导、把劳动者当成纯粹生产要素、体现资本家或投资人及其代理人意志的变相的奴隶制劳动关系，而只能是切实以劳动者为主体、充分体现劳动者主人地位和尊严的、平等的劳动关系。

第三，以劳动者为主体的企业职工之间的互助合作关系。在社会主义公有制企业内部，作为生产当事人的职工之间的关系，与其他性质的企业例如资本主义企业，有着根本的区别。在资本主义企业内部，资本是主体，资本家是资本关系的人格化载体。雇佣劳动者及工人包括一般管理人员，受雇并依附于资本家，作为资本的生产要素并入生产过程，为资本家生产剩余价值。企业的生产过程，贯穿着资本与劳动、资本家与雇佣工人之间剥削与被剥削、压迫与被压迫的具有对抗性的阶级关系。相反，在社会主义公有制企业内部，结合成劳动者整体或自由人联合体的企业职工，不仅是企业生产资料的主人，而且也是企业生产过程的主人。他们以主人翁的姿态进入生产过程，为自己整体（下至企业，上至国家）的利益从事生产活动。无论是厂长经理，还是一般职工，都是普通劳动者，地位平等，作用平等，权力平等，遵守统一的劳动纪律，为了统一的生产经营目标，完成统一的生产经营任务，既分工又合作，发挥自己的积极性、主动性和创造性。在他们中间，只有分工的不同，没有高低贵贱之分，互相关心，互相爱护，互相帮助，充分体现了社会主义公有制企业内部人与人之间的新型关系即同志式的互助合作关系。这种关系，是其他性质的企业尤其是资本主义私有制企业所绝对不可能有的。

第四，以劳动者为主体的民主管理关系。我们的企业既然是社会主义公有制企业，企业中人与人之间的关系，既然是平等的同志式互助合作关系，与此相适应，我们企业的管理，就不能像任何其他私有制企业那样，实行“家长式”、“独裁式”或所谓“精英式”的管理制度，而只能实行以劳动者为主体的民主管理制度，体现以劳动者为主体的民主管理关系。在这种管理制度中，“领导人员以普通劳动者的姿态出现，以平等态度待人，改进规章制度，干部参加劳动，工人参加管理，领导人员、工人和技术人员三结合，等等。”[①] “对企业的管理，采取集中领导与群众运动相结合，”[②] “从群众中来，到群众中去”[③]。这种民主管理制度及其所体现的民主管理关系，充分体现了劳动者的主体性、企业职工之间的平等性以及企业领导和普通职工群众之间的协调性。这种管理制度及其所体现的以劳动者为主体的民主管理关系，不是从天上掉下来的，而是中国60多年来社会主义公有制企业管理正反两方面经验的概括和总结，理应作为中国社会主义公有制企业的重要特点加以珍惜和继承。

第五，以劳动者为主体的“各尽所能、按劳分配”的收入分配关系。马克思主义认为，生产决定分配，生产方式决定分配方式，“消费品的任何一种分配，都不过是生产条件分配的结果”[④]。生产条件的分配，也就是生产资料的所有制形式，不仅是社会生产性质的决定因素，而且也是收入分配方式及其性质的决定性因素。脱离生产资料所有制来谈收入分配，强调什么“公平的分配”“不折不扣的劳动所得”，或者“通过不断提高劳动者的劳动报酬来缩小收入差距”以解决贫富分化问题，则是马克思在《哥达纲领批判》中批判的、仿效资

①② 《毛泽东文集》第8卷，人民出版社1999年版，第135页。

③ 《毛泽东选集》第3卷，人民出版社1991年版，第899页。

④ 《马克思恩格斯全集》第19卷，人民出版社1963年版，第23页。

产阶级经济学家约翰·穆勒“分配决定论”的“庸俗社会主义”。[①] 在中国社会主义公有制企业中，劳动者是生产资料和生产过程的主人，他们之间的关系，不仅是平等的，而且也是互助合作的。劳动者向企业和社会提供的，“除了自己的劳动，谁都不能提供其他任何东西”“除了个人的消费资料，没有任何东西可以转为个人的财产”。[②] 因此，个人收入分配，就不能按要素分配，而必须依据劳动者向企业和社会提供的劳动的数量和质量，实行“各尽所能、按劳分配”的制度。“各尽所能、按劳分配”的收入分配制度和收入分配关系，消灭了存续几千年的人剥削人的制度，是人类历史上的伟大进步。以劳动者为主体的“各尽所能、按劳分配”收入分配制度和收入分配关系，充分体现了企业的社会主义公有制性质，不仅是社会主义生产关系结构不可缺少的有机组成部分，而且也是社会主义公有制企业必须具备而区别于其他任何性质企业尤其资本主义私有制企业基本的和显著的重要特征之一。

第六，以满足人民群众经常增长、实现其全面发展的物质文化需要为宗旨的企业生产目的。社会主义公有制企业的目的，既是一个老问题，又是一个新问题。说它是一个老问题，是因为马克思主义经典作家在其著作中都有所论述，还因为在百年的社会主义建设实践中，各个社会主义国家（包括苏联东欧）的公有制企业，都是以马克思主义经典作家的这一论述为指导，依据自己企业的社会主义性质，明确规定并实践了这一目的的。说它是一个新问题，是因为在中国改革开放以来，企业的所有制结构发生了变化，出现了以股份制为特点的混合所有制企业。在这些企业中，有的是公有制为主体，有的是私有制为主体，并且还出现了大量的私有制经济。这些不同所有制性质的企业，都具有不同的生产目的。在中国社会经济的运行中，这些具有不同生产目的的企业，必然与尚存的独资经营的社会主义公有制企业以及以公有制为主体、具有社会主义性质的混合所有制企业相互渗透、相互影响，从而使这些公有制或以公有制为主体的社会主义企业的生产目的复杂化，甚至出现异化的倾向。目前，社会主义公有制企业的生产目的问题，已经十分尖锐地呈现在人们面前。马克思主义认为，人类社会的生产目的是客观的和不以人的主观意志为转移的。人们不能自由地选择自己的生产方式，也不能自由地选择自己的生产目的。一定社会的生产目的，是由该社会的生产关系，归根结底是由该社会的生产资料所有制的性质决定的。我们是社会主义国家，我们的企业是社会主义公有制企业，生产成果归劳动者整体所有，因此，企业的生产目的就不能如别的性质的企业尤其是资本主义私有制企业那样，为了利润，而且是为了最大限度的利润，而只能是为了最大限度地满足人民群众（包括企业劳动者和整个社会的劳动者）经常增长、实现其全面发展的物质文化需要。这一生产目的，不仅反映了社会主义生

---

① 《马克思恩格斯全集》第19卷，人民出版社1963年版，第23页。

② 《马克思恩格斯全集》第19卷，人民出版社1963年版，第21页。

产的实质，是社会主义生产关系及其经济制度的本质体现，而且也体现了社会主义公有制企业与其他性质企业尤其是资本主义私有制企业的根本区别，因而，不能不是社会主义公有制企业必须具备的特征之一。

第七，实现生产目的手段的特殊性。生产的目的和实现生产目的的手段不是孤立的，而是相互联系、相辅相成的。目的决定手段，手段反映并实现目的。人类社会生产的目的既然是客观的，实现生产目的的手段也就不能由人们主观意志来决定，而只能由人类社会的生产关系尤其是由特定的生产资料的所有制性质来决定。鉴于我们目前生产关系的社会主义性质和企业的社会主义公有制性质，并且由于企业的生产目的是最大限度满足人民群众经常增长、实现其全面发展的物质文化需要，因此，企业实现其生产目的的手段，就不能像自由资本主义时代的资本主义企业那样，依靠延长必要劳动时间，提高雇佣工人劳动的外延量和内涵量，加强对雇佣工人的剥削，来最大限度榨取雇佣工人创造剩余价值的手段；也不能像现代垄断资本主义企业那样，采用对内剥削和压迫、使本国劳动人民贫困化，对外奴役和掠夺其他国家特别是发展中国家人民的手段；而只能依靠追加劳动、加强管理、节约成本、采用先进技术、提高劳动效率，使生产不断增长和不断完善的办法。这一实现生产目的的手段，不仅是中国社会主义生产和社会主义生产关系的本质要求，而且也是其他性质的企业尤其是资本主义私有制企业所不可能有的。

第八，自觉接受社会主义基本经济规律的主导、决定、调节和制约。斯大林在《苏联社会主义经济问题》一书中，依据社会主义公有制经济的性质、特点和要求，对社会主义基本经济规律作了原则性的表述，即“用在高度技术基础上使社会主义生产不断增长和不断完善的办法，来保证最大限度地满足整个社会经常增长的物质文化需要”①。同时，还对规律的内涵作了具体地说明。他说：“不是保证最大限度的利润，而是保证最大限度地满足社会的物质文化需要；不是带有从高涨到危机以及从危机到高涨的间歇状态的生产发展，而是生产的不断增长；不是伴随着社会生产力的破坏而来的技术发展中的周期性的间歇状态，而是生产在高度技术基础上不断完善。”② 尽管近些年来理论界对斯大林关于社会主义基本经济规律及其内涵的表述有所分歧，但都无法否认和超越斯大林对社会主义基本经济规律及其内涵的表述以及这一表述的客观真理性。联系中国社会主义建设过程尤其是改革开放以来曾经出现的“为生产而生产”“为利润而生产”“以 GDP 论英雄”的倾向，及其给中国经济社会发展所造成的环境污染、结构失衡、产能过剩、贫富分化和经济的失常波动等教训，作为社会主义公有制企业乃至掌握中国经济社会发展全局的国家宏观规划和决策部门，在社会主义建设实践中，认识、把握社会主义基本经济规律，自觉接受社会主

①② 《斯大林选集》（下），人民出版社 1979 年版，第 569 页。

义基本经济规律的主导、决定、调节和制约，按社会主义基本经济规律办事，对于中国经济社会的持续、稳定、协调、快速、健康、顺畅发展，具有何等的重要性、必要性和紧迫性。社会主义公有制企业，作为中国国民经济的主体、社会主义的经济基础和中坚力量，必须不断总结和吸取60多年尤其是改革开放以来社会主义现代化建设正反两方面的经验教训，必须毫不犹豫地接受社会主义基本经济规律的主导、决定、调节和制约，破除新自由主义的完全市场崇拜论，严格按照社会主义基本经济规律以及由此派生的其他经济规律的特点和要求，安排自己的经济社会发展规划和生产经营活动，为最大限度地满足整个社会经常增长的物质文化需要，实现社会主义生产的目的，作出应有的贡献。

由于事物内部矛盾的特殊性及其发展的不平衡性，社会主义公有制企业的上述特点，在社会主义生产关系微观结构即企业中的地位和作用也是不平衡的。其中，生产资料归全体劳动人民和部分劳动群众所有是其根本特征。这一特征，对企业的社会主义性质起着主导的、基础的和决定性的作用。如果企业不具备或者失去了这个特征，企业的社会主义性质就无从谈起，就不能称作社会主义公有制企业，也不能成为社会主义生产关系的微观载体，或者，生产关系的微观结构也就失去了社会主义的性质。以劳动者为主体的平等劳动关系、以劳动者为主体的企业职工之间的互助合作关系、以劳动者为主体的民主管理制度和民主管理关系、以劳动者为主体的“各尽所能、按劳分配”的收入分配制度和收入分配关系，是其基本特征。它们是社会主义公有制在企业的实现形式。如果不具备或者失去了这几个特征，企业就失去了公有制的性质，社会主义公有制企业就成为一具空壳，就会徒有其名，或者，就成为挂着社会主义公有制招牌的私有制经济。同时，就这些基本特征来说，也是相互联系、相互作用、相互影响的。如果其中有一个特征发生了变异，其他几个特征或迟或早也会发生变异，企业的社会主义公有制性质也会而且必然会发生变异。改革开放以来一些公有制企业改制引发的某些现实情况，便是最好的证明。最后，以最大限度地满足人民群众经常增长、实现其全面发展的物质文化需要为宗旨的企业生产目的；依靠追加劳动、加强管理、节约成本、采用先进技术、提高劳动效率、使生产不断增长和不断完善，来实现生产目的的手段；还有作为社会主义公有制企业，其生产经营活动必须严格遵循社会主义基本经济规律，接受其主导、决定、调节和制约等特征，则是由上述根本特征和基本特征所派生的特征。这些特征，是企业社会主义公有制性质及其根本特征和基本特征的具体体现，是企业社会主义公有制性质及其社会主义发展方向的重要标志。如果缺乏这几个特征，或者失去了这几个特征，企业的社会主义公有制性质或迟或早也会发生质的变化，蜕化为别的什么性质或资本主义性质的私有制经济。

总之，社会主义公有制企业的上述特征，是一个有机整体，绝不能孤立地看待某一特征，也不能片面强调某一特征而否定或丢掉其他特征。否则，在对社会主义公有制企业的认识上，就会出现偏差，犯形而上学的错误，在实践上，也会给中国改革开放和社会主义现代化建设带来严重后果。

三、与中国公有制企业改革相关的几个问题

第一，上面，我们以马克思主义生产关系结构理论为指导，分析并论证了社会主义公有制企业应该具备而必须具备的根本特征、基本特征和派生性特征，并指出，这些特征不是孤立的，而是一个相互联系、相互作用、互为条件、相互依存的有机整体，因此，我们对公有制企业的改革，就必须以是否保有上述特征或特征体系为原则。如果失去了上述特征或特征体系，就不仅会使企业失去了社会主义公有制的性质，而且还会使生产关系的微观结构乃社会生产关系整体结构的社会主义性质发生变异，从而使公有制企业改革乃至整个经济体制改革走弯路。

第二，无论从历史上看，还是从现实上看，不同的社会，不同社会的国家，都有“公有制”或者“国家所有制”经济存在。但是，由于作为所有制主体的国家是应阶级统治和阶级压迫的需要而产生的，是阶级矛盾不可调和的产物，是阶级统治和阶级压迫的工具，因而，不同社会，不同社会的国家，都是为各自所代表的统治阶级的利益服务的，都具有不同的阶级性质，代表全民利益的所谓国家是没有的。它们所握有的资产，所建立的所谓“公有制”，或者“国家所有制”，从本质上看，都是它们所代表的一定阶级统治和压迫其属民的经济基础。在当代，西方资本主义国家的所谓“公有资产”或者“国有资产”，都是整体资本家即整体资产阶级的资产，都是为维护资本主义经济制度、政治制度乃至资产阶级的思想意识形态统治服务的。我们的国家，是工人阶级领导的、以工农联盟为基础的、人民民主专政的国家。在人民民主专政条件下建立和发展起来的社会主义公有制企业，尤其是国家所有制企业，不仅是广大人民群众当家作主、开展生产经营活动、满足自己经常增长的物质文化需要、实现其全面发展等各项权利的实现形式，而且也是广大人民群众经济利益和政治利益、局部利益和整体利益、目前利益和长远利益的根本保证。这是中国社会主义公有制企业与其他社会、其他社会的国家公有制的根本区别。因此，我们对社会主义公有制企业的改革，就必须以中国的社会主义国情为前提，必须体现中国的社会主义特点，而不能把不同社会、不同社会的国家、不同阶级性质的所谓“公有制”相等同，尤其要与代表资产阶级整体利益的西方国家的资本主义企业区别开来。近些年来，国内外一些政客和知识精英所宣扬的资本主义与社会主义“趋同”、改革就是要“与国际接轨”等论调，不仅是错误的，而且也是十分荒谬的。对于这些论调，我们必须用马列主义、毛泽东思想的显微镜和望远镜加以分析和鉴别，明辨是非，切不可上当受骗。

第三，既然我们的企业是社会主义公有制企业，并且与西方资本主义国家的所谓“公有制企业”有着根本的和本质的区别，那么，我们的企业改革，就不能以西方经济理论为指导，按照“华盛顿共识”或世界银行为我们设计的路线图进行。然而，近些年来，一位身居全国政协要职、影响较大的所谓“大师”，利用各种舞台，借助各种媒体，孜孜不倦地宣传他的关于公有制企业改革改制的主张，说什么应把“产权改革”作为“突破口”，“产权改革就要通过股份制来实现”，“搞股份制”就是要“搞产权私有化”，公有制企业尤其是“国有企业”就是要“选择引进民间资本来改造”，等等。[①] 说实在的，这位“大师”的主张，绝不是什么新鲜异见，而是几十年来，西方资本主义国家的一些政客和所谓专家学者，乘中国改革开放之机，一再向我们推销的、旨在促使中国和平演变的所谓“华盛顿共识”的翻版；是西方新自由主义理论和思潮在中国改革开放过程中的反映；是改革开放以来新出现的既得利益者集团（或新资产阶级），利用自己的资金优势，拉拢和收买国内一些所谓知识精英，以维护自己的既得利益为目的，为“私有化”造势行动的重要组成部分。中国公有制企业的改革，如果按照这位“大师”的主张走下去，必然会使企业的社会主义公有制的本质特征丧失净尽，必然会使社会主义公有制企业发生质的变化，从而使中国的生产关系结构整体、经济制度乃至政治制度整体失去社会主义的性质。苏联东欧国家，以产权改革为突破口，通过股份制改造，把社会主义公有制企业私有化，结果导致“改旗易帜”的案例，为中国提供了一面绝好的镜子。

第四，中国的公有制企业，既然是具备上述特征的社会主义公有制企业，与西方资本主义国家的所谓“公有制企业”有着根本的区别，那么，在企业改革过程中，就不能照搬西方企业的所谓“治理模式”。这是因为，他们的所谓“治理模式”，是以“资本为主体”“股东至上为信条”“为出资人负责”“对股东负责”为宗旨的。在企业治理中，虽然有个别工人代表参与，但由于不具有股权或控股权，说话声音不响，只能起陪衬作用。如果照搬西方的这种“治理模式”，必然会使党委会、工会、职工代表大会边缘化，必然会使党的领导和职工的主人翁地位受到严重削弱甚至化为乌有，必然会使企业腐败丛生，自由化大行其道，生产经营偏离社会主义轨道，甚至跌入私有化的陷阱。这种“治理模式”，无论是加上“经理股权激励”和“员工持股计划”，还是加上“工人参与制”和“利润分享制”等因素，都无法体现社会主义生产关系结构的本质特征和基本要求，或迟或早，都会使企业的社会主义公有制特征发生变异，从而使社会主义公有制企业徒有其名。

第五，最后的结论是，中国公有制企业的改革，还是应该而且必须回到中国社会主义的现实国情、企情上来。鉴于中国的社会主义国情和企情，我们的

① 王庆环：《厉以宁回忆光华学院30年》，载于光明网、《光明日报》2015年5月31日。

公有制企业改革，就不能是少数精英的闭门造车和所谓“顶层设计”，而必须有广大人民群众尤其是企业职工的参与，使其改革具有广泛的群众性和人民性，充分体现劳动者的主体性；就不能以产权改革为核心、以单一的股份制为实现形式、以引入所谓“社会资本”乃至外国资本为手段，改掉工人阶级经过半个多世纪辛勤劳动而建立和发展起来的社会主义公有制，代之以那位“大师”所设计的所谓“新公有制”；也不能不加分析地照搬西方资本主义的企业模式，“食洋不化”，越搞越“洋化”，以至“全盘西化”。如果这样，就会使中国公有制企业改革偏社会主义方向，走向绝路。半个多世纪以来，中国在企业经营管理中，已经积累了丰富的正反两方面的经验，创造了干部参加劳动、工人参加管理、改革不合理的规章制度、干部工人技术人员三结合、开展科学研究和技术革新的管理体制，收到了较好的效果。中国的公有制企业改革，必须以继承和吸收这些成功的经验为前提，充分相信并调动群众尤其企业职工的积极性，发挥他们的集体智慧，结合目前的情况，创造一个更加切合实际、更加科学、更加先进、更能体现社会主义公有制企业特征的治理模式和管理体制。

基于绿色发展观的生态政治经济学逻辑

马　艳　王宝珠*

一、引言

近几十年来，资源匮乏和环境恶化作为全球经济不断发展和中国经济不断增长的“瓶颈”并没有得到明显的改善，仍然是人类可持续发展的主要障碍。

就资源来看，中国能源总量并不充足且人均能源储量相较于世界平均水平颇低，石油、天然气和煤炭的人均储量仅占世界平均水平的11%、4.5%和79%，进而中国化石能源的对外依存度颇高，2014年中国石油和原油净进口量将分别达到3.04亿吨和2.98亿吨，较上一年分别增长5.3%和7.1%，石油对外依存度已经达到58.8%，逼近中国61%的“红线”。[①] 在现有的勘探技术条件下，石油储量已经较为明确而难以大幅增加，而受制于薄弱的新能源技术，风电和光伏等可再生能源难以弥补传统化石能源的供需缺口。[②]

就环境来看，从全球角度来说，仅就交通运输的燃料需求至2035年将增长40%（IEA，2012a）。IPCC指出，以当前的排放速度预估，至2090年全球温度将相较于1990年上升2.4~6.4℃（IPCC，2012）。就中国工业部门而言，工业固体废物治理度增长趋势与工业废气治理度增长趋势相似，1986~2000年期间增长相对缓慢，2000年相对1986年增长了59.44%；2000~2007年期间增长相对较快，2007年相对2000年增长了1103.83%；2007~2013年期间增长飞快，2013年相对2007年增长了1772.97%，相对1986年总共增长了359850.56%。[③]

---

* 马艳，上海财经大学经济学院教授、博士生导师、政治经济学系主任；王宝珠，上海财经大学经济学院博士研究生。

① 张海龙、张少杰：《中国新能源产业发展的思考》，载于《光明日报》2014年12月3日。

② 发改委专家：《2020年我国能源缺口达8亿吨标准煤》，载于新浪财经网2012年5月21日。

③ 马艳：国家社会科学基金重点项目“现代政治经济学重大前沿问题的理论与实证研究”（12AJL003）。

为此，中国在经济发展过程中一直将资源有效利用和开发及环境污染治理作为重要的国家战略部署，党的十八届五中全会也明确提出，我们必须牢固树立“创新、协调、绿色、开放、共享”的发展理念。显然，绿色发展观与创新、协调、开放、共享发展观具有同等重要地位，而基于绿色发展观来构建一个生态政治经济学理论框架也变得尤为紧迫。

综观生态政治经济学的理论探索过程中，生态政治经济学思想演进路径也十分清晰。

首先，经典马克思主义政治经济学十分注重人与自然的关系，特别强调自然力在生产过程中的重要作用，诸如马克思在《资本论》第一卷中曾指出：“劳动首先是人和自然之间的过程，是人以自身的活动来中介、调整和控制人和自然之间的物质变换的过程。”① 也就是说，人类经济活动必须要有自然基础。其后，马克思在其理论分析中，进一步指出：“作为要素加入生产但无须付代价的自然要素，不论在生产过程中起什么作用，都不是作为资本的组成部分加入生产，而是作为资本的无偿的自然力，也就是，作为劳动的无偿的自然生产力加入生产的。”② 经典马克思主义经济学对于资源这两个方面的认识，一方面为我们建立生态政治经济学提供了方法论的引导，另一方面也为我们留下了一个现时代生态政治经济学理论创新的巨大空间。

其次，生态马克思主义③在这方面做出较大的理论贡献，诸如詹姆斯·奥康纳关于资本主义市场经济条件下存在经济危机和生态危机即“双重危机”的观点④；约翰·贝拉米·福斯特关于生态和资本主义是相互对立的两个领域，这种对立不是表现在每一实例之中，而是作为一个整体表现在两者之间的相互作用的观点⑤；萨拉·萨卡强调在资本主义的框架内无法克服生态危机，要实现可持续发展就必须重构传统的社会主义，实行经济收缩战略的观点⑥。可见，生态马克思主义这些研究成果对于生态政治经济学的研究具有重要的基础性作用，特别是他们批判的视角的研究也表现出了极大的政治经济学倾向。然而，毋庸讳言，生态马克思主义的研究主要还是基于哲学层面的批判性分析，并没有从政治经济学价值理论微观体系和再生产的宏观层面进行经济学的探索，这也为我们的研究留有了政治经济学空间。

---

① 《资本论》第1卷，人民出版社2004年版，第207～208页。

② 《资本论》第3卷，北京：人民出版社2004年版，第843页。

③ 生态马克思主义（the Ecological Marxism）一词由美国得克萨斯州立大学教授本·阿格尔在其1979年所出版的《西方马克思主义概论》一书中首次提出。后经安德列·高兹、詹姆斯·奥康纳、约翰·福斯特等学者的进一步发展成为国外马克思主义重要的理论脉络之一，这一学派主要从资本主义生产方式与生态危机的关系对资本主义进行批判，提出生态马克思主义的理想制度为生态社会主义。

④ ［美］詹姆斯·奥康纳著，唐正东、臧佩洪译：《自然的理由》，南京大学出版社2003年版。

⑤ ［美］约翰·贝拉米·福斯特著，耿建兴、宋兴无译：《生态危机与资本主义》，上海译文出版社2006年版。

⑥ ［印］萨拉·萨卡著，张淑兰译：《生态社会主义还是生态资本主义》，山东大学出版社2012年版。

最后，中国是以马克思主义政治经济学为主流经济学的社会主义国家，因此，从马克思主义政治经济学视角探讨生态问题的研究成果也颇多。诸如就资源环境价值、环境污染度量以及资源约束下的经济增长方面的研究就有双重价值论（李金昌，1991）、有限资源价值论（王彦，1992）、使用价值决定论（蒲志仲，1993）、价格决定价值论（吴军晖，1993）等十余种。近年来，随着资源耗竭和环境污染的日益加剧，部分学者又进一步对资源和环境价值进行了剖析。陈征（2005）将自然资源区分为未经人类加工的原生自然资源和经过开采的自然经济资源，在此基础上指出前者有价格而无价值，后者的价值具有二重性，表现为有价格而无价值以及有价值但表现为价格。[①] 张忠任（2008）认为原生自然资源价值为零，但遭到破坏的环境则具有负的价值，而资源的价格与土地相似，取决于其吸收或者节约了的劳动量。[②] 郭明、冯朝阳等（2003）对生态系统价值的估算方法进行了梳理，认为主要包括与商品和劳务直接相关的评估方法、替代市场法（土地估值法）、费用分析法和试验评价法等。[③] 王洋、聂建华（2011）从自然资源稀缺性视角论证了资源在现代市场经济中具有价值。[④]

总体来说，理论界关于生态政治经济学的研究由来已久，也有丰硕的成果，这是我们在构建生态政治经济学理论框架时的重要理论来源。但是，我们也不难发现，这些关于生态政治经济学的理论研究主题还较为分散，很多在方法论上实际也偏离了马克思主义经济学的理论逻辑，更为重要的是还没有形成完整统一的生态政治经济学的理论体系。为此，我们试图在已有的理论研究基础上，深入马克思主义价值理论核心层面进行理论创新，尝试建立生态政治经济学的微观基础，并以此为基础来构建生态政治经济学的宏观体系，从而挖掘其政策意义。

二、生态政治经济学的微观基础

现有的生态经济理论分析难以深入并无法较好解决现实生态问题的关键原因在于，缺乏资源耗费和环境污染的科学量化分析基础，西方经济学中资源环境问题探讨基于公共性和外部性视角，而马克思主义经济学中资源环境缺乏劳动价值实体。因此，突破这一理论界桩，需要构建资源环境价值理论，为生态政治经济学提供微观基础。

（一）关于资源的虚拟价值理论

我们认为资源（本文主要指自然资源）是没有劳动价值论意义上的价值，

① 陈征：《自然资源价值论》，载于《经济评论》2005 年第 1 期。

② 张忠任：《关于环境的价值与资源价格决定问题的理论探索》，载于《海派经济学》2008 年第 21 期。

③ 郭明、冯朝阳、赵善伦：《生态环境价值评估方法综述》，载于《山东师范大学学报（自然科学版）》2003 年第 1 期。

④ 王洋、聂建华：《自然资源价值论新解》，载于《中国集体经济》2011 年第 30 期。

但是，却具有虚拟价值。所谓虚拟价值是指经典马克思劳动价值理论不能解释的，但在现实经济活动中却具有一定交换价值或价格的产品价值，因为这一价值并不是劳动价值，因此沿用马克思“虚拟”的概念将其定义为“虚拟价值”。①

资源虚拟价值的内涵的确定也符合经典马克思主义经济学的内在逻辑。

首先，马克思提出：“没有价值的东西在形式上可以具有价格。在这里，价格表现是虚幻的，就像数学中的某些数量一样。另一方面，虚幻的价格形式——如未开垦的土地的价格，这种土地没有价值，因为没有人类劳动物化在里面——又能掩盖实在的价值关系或由此派生的关系。”② 尽管此处并未直接提及虚拟价值的概念，但是，马克思指出了“虚幻的价格形式”这一概念，依此逻辑，虚拟价值的概念也同样成立，因为，虚拟价格形式的基础完全可以是虚拟价值。

其次，马克思在《资本论》第三卷第三十九章阐述地租时所提出的“虚假的社会价值”这一概念为我们对虚拟价值的摸索提供了进一步的思路。“关于级差地租，一般应当指出：市场价值始终超过产品总量的总生产价格。……这种决定产生了一个虚假的社会价值。”③ 也就是说，因为土地的虚拟性（包括土地的稀缺性以及经营的垄断性），农产品的价值并不是由中等的生产条件决定，而是取决于劣等土地的生产水平，这就引致其社会价值总和大于个别价值总和，从而形成“虚假的社会价值”转移。“虚假的社会价值”的内涵不仅为虚拟价值的提出提供了一个直接依据，它的实现形式还为我们后续探索实体经济部门与资源环境虚拟经济部门之间的价值转移给予了启发。

再次，马克思也多次直接提到关于虚拟价值的概念，尤其是在分析虚拟资本的情况下。诸如在《资本论》第三卷第二十九章中分析银行资本时，其指出“银行资本的最大部分纯粹是虚拟的，是由债券（汇票）、国债券（它代表过去的资本）和股票（对未来收益的支取凭证）构成的。……它们所代表的资本的货币价值也完全是虚拟的，是不以它们至少部分地代表的现实资本的价值为转移的。”④ “人们把虚拟资本的形成叫做虚拟化。”⑤ “即使在债券——有价证券——不像国债那样代表纯粹幻想的资本的地方，这种证券的资本价值也纯粹是幻想的。”⑥ 等。

由此可见，自然资源（包括土地、森林、矿产和河流等资源和未被破坏的环境）自地球存在以来就已经存在，并不具备劳动价值，然而，在市场经济条

① 马艳，王宝珠，李韵等：《虚拟价值的理论与宏观模型及其应用》，载于《政治经济学评论》2015 年第 6 期。

② 《资本论》第 1 卷，人民出版社 2004 年版，第 123 页。

③ 《资本论》第 3 卷，人民出版社 2004 年版，第 774 ~ 745 页。

④ 《资本论》第 3 卷，人民出版社 2004 年版，第 532 页。

⑤ 《资本论》第 3 卷，人民出版社 2004 年版，第 528 页。

⑥ 《资本论》第 3 卷，人民出版社 2004 年版，第 529 页。

件下，这些不以人的意志为转移的自然资源却具有价格从而可以用来交换，这与《资本论》中所分析的土地以及虚拟资本存在着相同之处。以此逻辑推理，资源交换的基础正是虚拟价值。

就资源虚拟价值量的衡量而言，我们完全可以借鉴虚拟资本和土地价格的定价原则。

马克思所谓的虚拟资本的价值是“幻想”的，且“这个幻想财富，按照它的原来具有一定的名义价值每个组成部分的价值表现来说，也会在资本主义生产发展的进程中扩大起来”，即在界定虚拟资本的基础上，马克思对其价值量的变动进行了分析，这为资源环境的价值量计量奠定了基础。而“人们把每一个有规则的会反复取得的收入按平均利息率来计算，把它算作是按这个利息率贷出的一个资本会提供的收益，这样就把这个收入资本化了；例如，在年收入=100镑，利息率=5%时，100镑就是200镑的年利息，这2000镑现在就被看成是每年取得100镑的法定所有权证书的资本价值”①。也就是说，将虚拟资本的年利息收入进行贴现就可以得出这个“幻想”的资本价值。

对于土地定价，马克思给予了一个类似的定价思路。其认为，“瀑布和土地一样，和一切自然力一样，没有价值，因为它本身中没有任何物化劳动，因而也没有价格，价格通常不外是用货币来表现的价值。在没有价值的地方，也就没有什么东西可以用货币来表现。这种价格不外是资本化的地租”②。那么，地租又是如何计算？马克思认为，“地租是土地所有权在经济借以实现即增殖价值的形式”，③ 原始土地中不包含人类劳动，因而不具备价值，但是在商品关系普遍化的条件下，土地可以用来买卖，这就具备了价格。马克思指出，土地没有价值却有价格，这个价格实质上是地租资本化的表现。“土地的购买价格，是按年收益若干倍来计算的，这不过是地租资本化的另一种表现。实际上，这个购买价格不是土地的购买价格，而是土地所提供的地租的购买价格，它是按普通利息率来计算的”④。即土地的定价也可以按照其未来收益进行贴现算出。

由此可见，无论是虚拟资本还是以土地为主要代表的虚拟价值的计量方法都是按照其预期收益进行贴现，资源的虚拟价值量也是如此。那么，影响自然资源未来收益的因素是什么？这在《资本论》也是有迹可循，比如马克思曾指出，“占有瀑布的那一部分工厂主，不允许不占有瀑布的那一部分工厂主利用这种自然力，因为土地是有限的，而有水力资源的土地更是有限的。”⑤“这种自然力的占有，在它的占有者手中形成一种垄断。”⑥“我们假定瀑布连同它所在的土

① 《资本论》第3卷，人民出版社2004年版，第529页。
② 《资本论》第3卷，人民出版社2004年版，第729页。
③ 《资本论》第3卷，人民出版社2004年版，第698页。
④ 《资本论》第3卷，人民出版社2004年版，第703页。
⑤⑥ 《资本论》第3卷，人民出版社2004年版，第727页。

地，属于那些被认为是这一部分土地的所有者的人，即土地所有者所有。他们不许别人把资本投在瀑布上，不许别人通过资本利用它。他们可以允许或拒绝别人去利用它”①。这意在指明资源具有稀缺性和垄断性。

简言之，自然资源预期收益的大小取决于其稀缺性和垄断性的高低，那么，某种自然资源的稀缺性和垄断性越高，其预期收益越高，按照一定的利息率进行贴现时，其虚拟价值量就越大。

（二）关于环境污染的“负价值”理论

环境污染是一个非经济物品，它不是一个正的使用价值，是对于人类有害的东西，因此，我们将它定义为具有“负使用价值”和“负价值”的非经济物品。

“负价值”的概念来源于英国经济学家斯蒂德曼，他主要以联合生产条件下存在“负价值”和负剩余价值为名，否定“马克思主义基本定理”，否定劳动价值理论的科学性（斯蒂德曼，1977），被学术界称为“斯蒂德曼诘难”。我们认为斯蒂德曼“负价值”的理论是反马克思主义的，在这个意义上，我们对于斯蒂德曼“负价值”的理论是持批判的态度。但是，如果从环境角度来考虑“负价值”的概念，我们认为不仅可以科学的破解“斯蒂德曼诘难”，也可以为生态马克思主义政治经济学的创新提供一个新的思路。

在联合生产过程中，若投入既定的劳动量，在生产新产品的同时也会同时产出污染物，这就是在同一个过程生产出两种产品的现实逻辑。对于污染物而言，其并非是生产者或者消费者所需要的经济品，只是作为“正使用价值”生产过程中的“副产品”存在，这就说明联合生产允许有“负使用价值”存在，因而为“负价值”的存在提供了可能性。即从质的分析来看，“负价值”是指存在于联合生产中作为副产品的具有负使用价值（即污染物）之中，而与正使用价值（有用物）的价值相对应的一种价值损失。

那么，进一步所需要探究的就是“负价值”的量的规定性。由于污染物的处理需要重新耗费劳动量，从这个角度来看，污染物的价值就是负值。同时，注意“负价值”量的大小由净化过程中所耗费的劳动量决定，即由修复它对自然环境所造成的损坏而投入的劳动量决定，为修复其造成的损害而投入的劳动量越大，“负价值”的绝对值也就越大。因此可以得出结论，“负价值”的量的规定性是与修复其造成的损害所必须付出的劳动相联系，表现为修复过程中所付出的劳动时间的多少，或者更准确地说是由修复过程的社会必要劳动时间决定的。

我们将虚拟价值和资源环境“负价值”同属于“广义虚拟价值”范畴，这

① 《资本论》第3卷，人民出版社2004年版，第727页。

一提出丰富了经典政治经济学的价值体系，是对马克思劳动价值理论的继承与发展。它不仅为自然资源环境的价值界定和计量提供了逻辑基础，而且还为生态政治经济学的宏观框架提供了前提条件。

三、生态政治经济学的宏观框架

在自然资源不断损耗和环境污染不断增加的今天，如何在实现经济增长的同时保护资源与环境是宏观经济理论所面临的现实挑战与理论困境。在经典劳动价值理论的微观奠基下，我们难以将资源与环境因素纳入至宏观再生产模型。然而，虚拟价值和环境“负价值”的提出重新夯实了生态宏观政治经济学的微观基础，同时也为实体经济和虚拟经济之间的联结找到了关联点。因此，将具有虚拟价值性质的资源因素和具有“负价值”的环境因素纳入至马克思的再生产模型成为可能。

假设将社会经济部门抽象为实体经济部门和资源环境部门，在没有考虑自然资源虚拟价值和环境“负价值”因素的情况下，我们首先可以将再生产模型表示为：

$$W_s = C_s + V_s + M_s \tag{1}$$

$$W_r = C_r + V_r + M_{r1} + M_{r2} \tag{2}$$

其中，W_s、C_s、V_s 和 M_s 分别表示实体经济部门的社会总价值、不变资本、可变资本和实体经济部门的剩余价值，W_r 表示自然资源环境部门的价值，C_r、V_r 和 M_r 分别表示包含劳动价值的那部分自然资源（如煤炭、石油等）勘探、开采和加工所投入的不变资本、可变资本以及虚拟经济部门的剩余价值。

长久以来，中国资源环境的价格并不能准确地反映其价值，而一直处于被低估的状态。实质上，这正是广义虚拟价值并未能被反映在价格之中。尽管虚拟价值不具备劳动价值，并不会创造出剩余价值，但是这个虚拟价值是的确存在的，马克思曾说：“用自然瀑布作为劳动力的生产者的超额利润，和一切不是由流通过程中的交易偶然引起，也不是由市场价格的偶然波动引起的超额利润首先性质是相同的。因此，这种超额利润，同样也就等于这个处于有利地位的生产者的个别生产价格和这整个生产部门的一般的、社会的、调节市场的生产价格之间的差额。”[①]“利用瀑布进行生产的商品的价值比较小，因为生产这种商品所需要的劳动总量比较少，也就是说，因为以对象化形式即作为不变资本部分加入生产的劳动比较少”[②]。在马克思所处的时代，资源环境还没有对经济发展形成约束，因此马克思尽管认识到了这个“差额”的存在，但也没有考虑生产部门需要对其进行补偿，然而现实经济条件下，我们有必要对这个“差额”

① 《资本论》第3卷，人民出版社2004年版，第722~723页。

② 《资本论》第3卷，人民出版社2004年版，第723页。

进行分析，并将其纳入至资源环境部门的总价值之中。式（2）则可以表示为：

$$W_r = C_r + \Delta C_r + \Delta E_r + V_r + M_r \tag{3}$$

其中，ΔC_r 表示自然资源因稀缺性和垄断性而具有的虚拟价值，$\Delta E(>0)$ 表示环境因污染而具备的负价值的绝对值。在实体经济部门的价值创造过程中，资源虚拟价值被无偿地应用于产品生产过程，在产品生产过程中所带来的环境“负价值”也未能得到较好的治理，因此，资源环境部门这部分虚拟价值应该由实体经济部门的剩余价值转移以补偿。将式（1）表示为：

$$W_s = C_s + V_s + M_s + M_{s2} \tag{4}$$

其中，M_{s1} 表示最终留于实体经济部门的剩余价值，M_{s2} 表示实体经济部门向资源环境部门所需转移的剩余价值，为了能够保持实体经济与虚拟经济部门之间的协调运转，需要满足的临界条件是：

$$M_{s2} = \Delta C_r + \Delta E \tag{5}$$

我们需要进一步明确的是，环境具有一定的自净能力，如果污染在环境自净能力范围之内，则其能够自我净化，不需要实体经济部门对其进行补偿，不妨假设环境自净能力所能抵消的负价值（负价值的绝对值量）为 $\Delta E_r > 0$，此时，式（3）可以进一步表示为：

$$W_r = C_r + \Delta C_r + \Delta E - \Delta E_r + V_r + M_r \tag{6}$$

与此同时，实体经济部门与虚拟经济部门之间的平衡条件也发生了变化，即式（5）转变为：

$$M_{s2} = \Delta C_r + \Delta E - \Delta E_r \tag{7}$$

化石能源的储量是有限的，由于其价值长期被低估，实体经济部门往往有过度利用的趋势。化石能源的燃烧和使用又是环境破坏的一个主要来源，自工业革命以来，依赖化石能源的经济增长一度突破环境的自净能力，使得环境长期处于一种污染超载状态。即式（7）在现实经济条件下往往表现为：$M_{s2} < \Delta C_r + \Delta E - \Delta E_r$ 为我们一直以经验判断补偿数量的实践经济工作者提供了一个可以量化的思路。

以虚拟价值和资源环境“负价值”为微观支持，重新探究以自然资源环境为代表的虚拟经济部门与实体经济部门之间的平衡发展和良性互动的平衡条件，这将对环境污染日益严重和自然资源日益匮乏的今天有着至关重要的作用，同时还能够在一定程度上预防现实经济条件下的生态危机。

四、生态政治经济学的政策启示

基于虚拟价值和负价值理论的生态政治经济学的微观基础，与以物质和资源环境平衡发展为核心的再生产与经济增长宏观架构，两者共同组成了马克思主义生态政治经济学创新框架。这一框架为我们树立正确的绿色生态理念，理解绿色经济核算和推进节能减排等方面提供政策启示。

首先，生态政治经济学将物质与环境作为社会经济生产的整体，对于认识环境在物质生产中的重要作用，以及倡导绿色经济价值观具有不可估量的价值。(1) 物质资料的生产不仅是人类社会存在与发展的基础，也是人类社会毁坏与不可持续发展的根源，体现绿色经济发展价值观；(2) 人类在物质生产过程中一旦影响了自然环境就必须付出同等或者更多的劳动给予修复，体现绿色经济平等价值观；(3) 绿色经济生产过程就是"负的使用价值"和"负价值"的消除过程，这既是绿色经济的目标追求，也是绿色经济效率的评价指标，这对于发展绿色经济具有重要的量化作用，体现绿色经济效率价值观。只有真正地理解绿色经济发展、平等和效率价值观，将三者有效结合才能真正发展绿色经济，而生态政治经济学体系正为我们在理论上提供了一个全面且有效的框架体系。

其次，生态政治经济学以虚拟价值和负价值理论作为评价资源环境价值的理论基础，为绿色经济核算提供了核算基础。由于生产活动对环境的影响主要体现在自然资源的耗费和生态环境的破坏等方面，因此核算环境污染成本不仅需要核算估计自然资源耗费价值，还要核算估计环境污染损失价值以及生态破坏损失价值。而目前这两方面的核算都存在很多难题，最为关键的问题是缺乏资源环境的价值基础。鉴于此，自然资源的耗费价值就可以用虚拟价值表示的资源价值为基础进行核算与衡量，环境污染损失价值的核算可以用"负价值"表示的环境污染价值为基础进行核算与衡量。如根据中国2004年的绿色GDP核算项目可知，环境核算包括水污染核算、大气污染核算以及固体废弃物核算，因此环境污染虚拟治理成本核算也将包括这三个部分。2004年，中国环境虚拟治理成本为2874.4亿元，其中，水污染、大气污染、固体废物污染虚拟治理成本分别为1808.7亿元、922.3亿元、143.5亿元，分别占总虚拟治理成本的62.9%、32.1%和5.0%。水污染虚拟治理成本占废水总治理成本的84.0%，是实际治理成本的5.3倍。以"负价值"的理论逻辑对2004年中国GDP核算进行调整，我们可以发现，全国行业合计GDP为159878亿元，虚拟治理成本为2874.4亿元，GDP污染扣减指数为1.8%，即虚拟治理成本占整个GDP的比例为1.8%。从环境污染治理投资的角度核算，如果在现有的治理技术水平下全部处理2004年排放到环境中的污染物，约需要一次性直接投资10800亿元（不包括已经发生的投资），占当年GDP的6.8%。[①]

最后，生态政治经济学可根据在生产过程中对"负价值"的不同作用，将技术进步进行重新定义与细分。"技术进步"的传统定义在此种情况下极易产生误导作用，因为它没有（根据定义也不需要）考虑第二种商品，即"污染"的变化情况。只要一种技术变化使生产商品的效率提高，不管它是否造成比过去

---

① 数据来源：《中国绿色国民经济核算研究报告2004》。数例计算参见马艳，国家社会科学基金重点项目"现代政治经济学重大前沿问题的理论与实证研究"（12AJL003）。

更加严重的"污染"，在传统定义下都被视为是"进步"的。但是为了修复更加严重的"污染"对自然环境造成的破坏，社会势必在"污染清除过程"中花费更多的劳动时间①。其中，高污染技术进步表现为在生产过程中的单位劳动的有用产品与污染物均增加；低污染技术进步则体现在生产过程中的单位劳动的污染物减少；清洁技术进步体现在污染净化过程中单位劳动所净化的污染物数量增加。高污染技术进步在增加产量的同时也增加了污染，对应于高能耗高排放技术；低污染技术进步在增加产量的同时相对减少污染物排放，对应于节能减排技术；清洁技术进步对污染物的处理更加节省了劳动的耗费，对应于污染处理技术。"负价值"的决定理论基于联合生产过程，将污染物的产生和污染物的净化作为组成要素内生于生产过程之中。这一理论将更为细致地从理论上对绿色技术的分类和选择提供分析框架。技术进步类型的区分及其界定，对政府制定技术政策、企业选择技术类型等方面都具有重要的指导意义。

参考文献

[1]《资本论》第1卷，人民出版社2004年版。

[2]《资本论》第2卷，人民出版社2004年版。

[3]《资本论》第3卷，人民出版社2004年版。

[4] 伊藤诚：《联合生产：斯蒂德曼遗留的问题》，选自伊恩·斯蒂德曼、保罗·斯威齐等：《价值问题的论战》，商务印书馆1990年版。

[5] 白暴力：《价值价格通论》，经济科学出版社2006年版。

[6] 张忠任：《数理政治经济学》，经济科学出版社2006年版。

[7] 冯金华、侯和宏：《负剩余价值和正利润可以同时存在吗——破解斯蒂德曼的联合生产之谜》，载于《中国人民大学学报》2011年第3期。

[8] 余斌：《从斯蒂德曼的非难看劳动价值理论及价值转型问题的计算》，载于《教学与研究》2007年第3期。

[9][英] 扬·斯蒂德曼：《按照斯拉法思想研究马克思》，商务印书馆1991年版。

[10][英] 斯拉法：《用商品生产商品》，商务印书馆1963年版。

[11] 胡代光等：《评当代西方学者对马克思〈资本论〉的研究》，中国经济出版社1990年版。

[12] 朱钟棣：《西方学者对马克思主义经济理论的研究》，上海人民出版社1991年版。

[13] 马艳、严金强、陈张良：《资源环境领域中"负价值"的理论界定与应用模型》，载于《财经研究》2012年第11期。

[14] 马艳、严金强、陈长：《资源环境可持续发展的理论模型研究》，载于《马克思主义研究》2011年第7期。

[15] 马艳、严金强、霍艳斌：《虚拟价值理论与应用》，上海财经大学出版社2014年版。

[16] 马艳、王宝珠、李韵等：《虚拟价值的理论与宏观模型及其应用》，载于《政治经济学

① 假设污染清除过程的技术水平不变，我们当然也可以让清除过程中也存在技术进步。但就目前而言，这种复杂化无助于讨论，因而在下文中一直保持此种简化。

评论》2015 年第 6 期。

[17] Bidard, C., Erreygers, G., 2001, "The Corn – Guano Model", Metroeconomica, 52 (3): 243 – 253.

[18] Baumgartner, S. et. al., 2001, "The Concept of Joint Production and Ecological Economics", Ecological Economics, 36: 365 – 372.

[19] Ma Yan, Yan Jinqiang, 2012, "The theoretical context of the arguments on Steedman's Critique and the new explanation of 'negative value'", World Review of Political Economy, (4).

[20] Morishima, M., Catephres, G., 1978, "Value, Exploitation and Growth", McGraw – Hill, London.

[21] Parrinello, S., 2001, "The price of Exhaustible Resources", Metroeconomica, 52 (3): 01 – 315.

解构西方资本主义市场经济*

王今朝　张　艺　龙　斧**

一、引言

科学认识西方所谓市场经济既关及中国重大经济政策决策，又是重大经济理论问题。中国在1992年提出建立社会主义市场经济，却在仅仅6年（即1998年）后进入买方市场，又在16年（即2008年）后出现耗费4万亿元投资刺激却效果不佳的内需不足。在这个过程中，中国却又不断提出转变经济发展方式、转变经济发展模式，并在近年进入经济新常态。建立社会主义市场经济和转变经济发展模式具有怎样的关系？中国未来应该采取怎样的经济发展模式？西方经济理论，特别是其市场经济理论对中国是否具有借鉴作用？中国在设计自己的经济发展模式时是否能够学习美国的经济发展模式？美国经济发展模式是否是以市场经济为其本质特征？是否值得中国学习？新古典经济学认为，资源是稀缺的，需求是无限的。如果这个西方理论正确，且普适于中国和美国，那么，无论中国还是美国，既不可能出现内需不足，也不可能出现经济和金融危机，更不可能在西方学者普遍认为已经用宏观经济学的办法驯服了经济周期之后发生空前的金融危机、经济危机。这样的事实和矛盾、悖论迫使人们不得不思考，新古典经济学理论是对市场的本质性认识吗？真的存在让所有市场同时均衡的价格体系吗？西方所谓市场经济真的是一种好的经济发展模式吗？不科学地回答这些问题，社会主义市场经济就会变为一个空洞的概念，转变经济发展方式

* 项目来源：教育部人文社会科学重点研究基地重大项目“中国经济发展道路与发展经济学理论创新研究”（项目号：15JJD790024），国家社会科学基金项目“中国经济发展道路的独特竞争优势研究”（项目号：12BJL009）。

** 王今朝：武汉大学经济发展研究中心、战略决策研究中心、经济学系教授、博士生导师；张艺：武汉大学经济学系硕士生；龙斧，武汉大学战略决策研究中心教授、主任，杜克昆山大学管理学教授。

也将成为一句空话。

其实，中国所面临的上述悖论早已在西方多次出现。比如，新古典经济学兴起于19世纪70年代的边际主义革命，而正是在这个时候，美国的GDP开始超过英国的GDP。[①] 这意味着从亚当·斯密以来就盛行自由市场经济并成为日不落帝国的英国开始在经济上走下坡路了。尽管美国经济在20世纪中期盛极一时，并宣称自己是市场经济，但关于其相对衰落的观点已经不绝于耳了。[②] 这表明，市场经济本身无法保证一个国家的繁荣。市场经济与国家繁荣之间可能只有相关性，而没有因果性。近年来，求得关于市场经济的新认识已经成为一种重大的理论努力方向。霍奇逊指出，认为市场普遍存在并起关键作用是一种神话。[③] 莱泊尼斯认为，尽管亚当·斯密以看不见的手的隐喻著称于世，但把竞争性市场作为一种超人的自然的力量却不是来自斯密，而是来自一个叫作汤森德的人。[④] 早在这些文献之前，西方就已有重量级学者对市场经济得出一种历史唯物主义的结论，即所谓市场经济，只是在资本主义发展之后才出现的，在人类绝大多数的时间里，并不是市场在配置资源。也就是说，市场本身必须被看作是特定历史、特定条件的产物，[⑤] 而不能被看作是先验存在之物；市场不是决定人类社会发展的终极力量，相反，它本身如果是一种力量，也是被决定的力量。那么，这种历史唯物主义的观点在今天世界各国的经济发展过程中是否依然成立呢？也就是说，从辩证唯物主义的观点看，市场能否被看成是一种被决定的事物而不是决定性的事物呢？斯拉法等剑桥学派经济学家正确地看到了供给曲线和需求曲线之间的非独立性，从而得出了应该废弃马歇尔理论的正确结论，[⑥] 但他们依然在用不必要的复杂方法追求错误的目标，比如，斯拉法本人依然试图运用数理分析工具得出一个合理的价格体系来。[⑦] 在我们看来，价格体系的合理性并没有这些作者想象的那样重要。把合理的价格体系作为经济学研究的重

---

① 更准确地说，英国1870年的实际GDP是美国1870年实际GDP的97%。见斯坦利·L. 恩格尔曼、罗伯特·E. 高尔曼著，高德步、王珏译：《剑桥美国经济史》第2卷，中国人民大学出版社2008年版，第2页。

② 保罗·肯尼迪著，天津编译中心译：《大国的兴衰》，四川人民出版社1988年版；伊曼纽尔·沃勒斯坦著，谭荣根译：《美国实力的衰落》，社会科学文献出版社2007年版。

③ 杰弗里·M·霍奇逊著，高伟、马霄鹏等译：《经济学是如何忘记历史的：社会科学中的历史特性问题》，中国人民大学出版社2008年版，第310页。

④ Lepenies，P. H.，2014. Of goats and dogs：Joseph Townsend and the idealization of markets-a decisive episode in the history of economics，Cambridge Journal of Economics，38，pp. 447 – 457.

⑤ 约翰·希克斯著，厉以平译：《经济史理论》，商务印书馆1987年版；理查德（沃尔夫、斯蒂芬·雷斯尼克著，孙来斌、王今朝、杨军译：《相互竞争的经济理论：新古典主义、凯恩斯主义和马克思主义》，社会科学文献出版社2015年版，第78页。

⑥ Sraffa，P.，A criticism and Rejoinder，contributions to the Symposium on Increasing Returns and the Representative Firm，Economic Journal，40，pp. 89 – 93.；杰弗里·哈考特、普吕·科尔著，苏军译：《琼·罗宾逊》，华夏出版社2011年版，第20～21页。

⑦ Sraffa，P.，Production of Commodities by Means of Commodities：Prelude to a Critique of Economic Theory，Vora & Co.，Publishers PVT. LTD，1960.

心是错误的，毕竟，生产对交换起根本性的决定作用。本文基于唯物辩证法的定性分析表明，在不同的发展阶段和不同商品那里，市场本身是被供给方或需求方所分别主导和决定的，因此，不可能存在供求决定价格的规律性现象，更不可能市场决定一切。市场不是，也不可能是决定人类社会发展的终极力量。那种市场决定一切的观念只是由于市场在价值实现的那一惊险一跃中所起到的作用，因而也是对市场力量的夸大。本文还根据西方经济理论自身的辩证运动证明，经过近两百年的发展，亚当·斯密的看不见的手和瓦尔拉斯的一般均衡理论其实早已在逻辑上消解了。也就是说，不可能依靠市场价格的力量让所有商品市场同时出清。[①] 这本来也是马克思主义矛盾论观点的应有之义。也因此，中国所建立的社会主义市场经济不可能是一种所有市场出清的经济。西方市场经济理论不能成为中国经济发展模式选择的依据，西方经济发展模式能否成为中国经济发展模式的参照呢？本文以美国为例的分析表明，西方国家的经济发展是在其他国家经济停滞的条件下慢爬实现的。其低速的增长、特殊的条件以及内在矛盾使得它绝不能成为中国经济发展模式选择的参照。于是，走自己的道路就成为中国经济发展模式选择的必然。

二、市场本身是被生产和上层建筑等所决定的

宏观的市场经济都是由微观的市场及其交互作用构成的。一个国家市场经济的宏观运行出现问题、梗阻，都是具体市场经济问题和梗阻综合作用的结果。这些宏微观问题和梗阻本身又受市场经济的共性规律的支配。从微观角度看，任何具体的市场都不是从来就有的，都是生产力发展到一定阶段（即生产出来的物品不能被自己所消费而必须用于交换等）在相应的上层建筑作用之下形成的。任何具体的市场也不是有了之后就固定不变，而是随着生产力和上层建筑等物的变化和作用不断变化，甚至可能消失。

（一）市场经济只是在资本主义社会才逐渐重要起来，但市场决定一切只是一种表象

从基本功能来看，新古典经济学推崇备至的“市场”不过是商品交换，不过是资本家赚取利润的环节之一。资本主义市场经济把原始社会、奴隶社会和封建社会原来偶然、分散、少量的以满足猎奇心理等为目的的交换变成了在固定场所集中起来批量进行的以利润实现为动机的交换。由于资本主义市场经济的交换的对象、主体、频率、媒介都大大发展了，高度复杂化了，比如，交换的对象可以是商品和财产、资产、资源，交换的主体可以是个人或组织，交换

① 这个命题也说明，哈耶克之流所谓市场能够整合所有信息的说法只是一种意识形态支配下的妄断。

的过程可以是一次性的，也可以是连续性的，可以使用货币作为媒介，也可以不使用，可以使用这种货币，也可以使用那种货币（霍奇逊，2008，第310页），这就使得它可能成为经济学的一种研究对象。但是，市场经济作为经济学的一种研究对象的合理性并不代表它作为经济学的唯一研究对象的合理性，也不代表它作为经济学的最重要的研究对象的合理性。

从资本主义的实践看，即使市场在资本主义社会变得重要起来，也不是决定一切，也不是在一切资源配置领域都起决定性作用。它只是在资本家雇佣工人生产出产品之后的价值实现环节才变得重要。这一点，马克思已经给予足够的强调。那么，市场为什么在资本主义国家产生那么大的魔力呢？这主要不是因为亚当·斯密的看不见的手让人非常信服，也不是因为市场有效地配置了资源，而主要是因为资本家们意识到，对他们而言，资本主义生产不是问题，在这种资本主义生产之下的分配也能按照他们的意志进行，但他们发现市场销售量是他们无法控制的却决定他们命运的因素。在这种生死存亡的关头，在他们看来，市场堪称决定一切了。再年轻的资本家，只要经过一次完整的生产循环，就会明白这个道理。因此，从每个人的切身利益出发，他们也赞成一种崇尚市场的理论。其次，经济学们所提出的看不见的手和市场均衡论确实能够给在忐忑不安中的他们以安慰。资本家既然已经陷入资本主义的生产关系之中，他们就不得不设想、奢望、一厢情愿地认为，存在一个市场价格体系让所有资本家把生产出来的产品都卖出去。而特别是，每次经济危机都把几乎所有资本家的脆弱暴露出来，让他们面临经济死亡的威胁。所以，在市场经济看起来还在平稳运作的时候，资本家们都担心，这样的一个死亡时刻会到来。因此，他们集体地特别需要一种宗教来让自己增加一点儿安全感。看不见的手和市场均衡论实际上是资本家的安慰剂、麻醉剂了。这种安慰剂、麻醉剂的作用只有对一个正常状态下的经济才比较实际。① 可以说，没有这种安慰剂和麻醉剂，资本主义社会连一刻也没有存在的必要了。这样，也就可以解释，为什么看不见的手的原理和一般均衡理论（见下）已经在西方学界消解之后，依然堂而皇之地存在于西方的经济学教科书中了。

（二）市场是被供给者和需求者所决定的

市场（交换的对象、主体、频率、媒介、条件、数量等）不仅不决定一切，它自身反而由供给者和需求者所决定。中国古代造纸术、印刷术、指南针、火药四大发明的产生，当然是由于某种需求。如果没有感受到需求，恐怕这四大发明的发明者不会发明这些东西。在这个情形里，先有需求，再有供给。即供给滞后于需求，甚至远远滞后于需求。其实，在封建社会里，即使有供给和需

① 市场经济理论在西方所起到的作用和财神在中国一些区域的大批商人那里所起到的作用是类似的。

求，也根本不存在现代西方意义的市场。但在这里的交换关系中，我们可以发现，需求被满足的强度是较弱的，并且供求相等只能是偶然现象。这种现象在资本主义社会也普遍存在。比如，计算机、手机的发明可以说都是需求引致的。

一旦有了一种产品，接下来，这种产品的供给可能创造出对自己的一定的需求，即先有供给，再有需求（并不一定是创造出与供给数量相等的需求；这也是马克思的存在决定意识规律的一种表现）。在这里的市场形成中，供给成为首要的因素，而需求成为对供给的适应性因素。[①] 这种适应性关系是非常复杂的。比如，在现代资本主义社会，企业在产品制造出来之后甚至之前就大打广告，用来操纵需求。而当供给者和需求者之间的信息不对称性影响产品的扩散速度时，供给者可能采取各种各样的“营销”手段加以克服。应该指出的是，尽管供给会创造出需求，但这种创造并不一定是等量的，即并不保证市场会出清。

一种商品一旦完成了从需求到供给再到需求的一个循环，就很容易复制这个循环。现代社会的生产技术进步可能如此之快，以至于一个新产品不需要花费十年的时间就会让市场达到饱和。比如，中国20世纪80年代末的电视机市场还充斥着日本产品，但接下来的十年中，中国产电视机就已经充斥市场了。在这种情况下，生产能力相对需求如此之大，以至于如果没有有计划的控制，经济危机就成为必然。

上面的分析说明，市场是在供求双方的相互作用下形成的。在资本主义生产资料私有制下，市场价格无时无刻不受到资本主义生产资料所有者（股东）追逐利润、利息、股息的污染性影响。从这个角度看，西方市场经济已经是“非均衡”的了。把供给和需求比喻成剪刀的两刃足以让人们用机械唯物论的方式去理解供求，即让他们忽视供求双方不是生活在由新古典所划定的经济环境中而是生活在更加复杂的辩证运动的具体社会关系之中的事实。[②]

（三）供给者和需求者本身又创造市场赖以运行的社会关系

尽管无法保证任何商品的供给和需求都能保持大致出清，但商品生产和需求因市场的存在和发展都依赖于一定的社会关系。这些社会关系不是从来就有的，而是在生产发展过程中逐步发展起来的。比如，从西方资本主义制度的起源看，资产阶级为了获得自己所需要的和未来所需要的劳动力，就不得不把劳动力从佃农地位解放出来。因此，劳动力市场的确立首先需要反抗地主阶级的统治，打破佃农阶级对地主阶级的依附关系。又如，任何一种商品的市场的存

---

① 我们这里的命题也可以换成其他表述形式。比如，著名的摩尔定律认为：当价格不变时，集成电路上可容纳的元器件的数目，每隔18～24个月便会增加1倍，性能也将提升一倍。

② 西方经济学用对供给和需求曲线的斜率和位置的讨论将人们的注意力引向数理分析，从而避免人们对它的理论逻辑的质疑。

在性首先依赖于商品的实际所有权的归属。在封建社会的母体之中，当有一些人通过雇佣他人来生产产品而自己直接或间接销售它们的时候，就表明了一种新的权力的产生。资本主义制度的确立不过是把这种权力固定下来而已。再如，金融市场的存在性依赖于货币和债券的发行权、债券市场参与权、外汇交易制度的确立。这样看来，不仅是社会关系决定市场的存在和运行，而且，每个具体的市场的发展都对应着一组具体的社会关系的兴起。[①] 很显然，上述社会关系不是从来就有的。它们与市场的社会功能的发挥的一致性也是有条件的。

以上三个方面的分析表明，市场只是西方资本主义社会资本家价值实现的一个关键环节而已；它本身固然是一个国家生产过程不可或缺的环节，但又是由供给者和需求者共同作用决定的，而且，供给者或需求者作为一种经济主体，会发展支配市场的新型社会关系。从这些角度看，市场是一个国家经济社会生活中的被决定之物。既然如此，市场价格就不可能如西方市场经济理论所宣称的那样，能够让供求相等，实现市场出清了。而“看不见的手”也就没有什么神奇的功能了。从不同国家的发展起点、发展条件的差异性看，纵然市场具有对不同国家或同一国家价值实现的关键性这一共性，不同国家或同一国家在不同发展阶段也完全可以发展不同的规则体系。也就是说，即使西方与其市场功能运作相配套的制度规则体系运行良好，也不能简单移植到中国。下面的分析将表明，西方那种由某种价格体系所构成的一般均衡的市场经济制度只是一种理论上的空中楼阁。

三、西方新古典市场经济理论的消解

尽管亚当·斯密提出“看不见的手”，但西方最重要的一些学者认为这个命题并没有得到证明。正是这样，才有瓦尔拉斯提出一般均衡问题，才有阿罗-德布鲁对一般均衡存在性的条件性的证明。与一般理解的相反，阿罗和德布鲁对一般均衡存在性的条件性的证明不是证明了“看不见的手”的普适性，而是证伪了它的普适性，即一个资本主义国家不可能依靠市场机制来实现供求均衡的资源配置。阿罗和德布鲁的研究结果表明，只有在客观上根本不可能存在的神话世界里（如没有垄断、没有外部性、没有公共物品、没有不对称信息、没有交易成本、没有规模报酬递增、没有不确定性，以及偏好的连续性、严格凸性、严格单调性），才存在一组让所有市场同时达到均衡的价格。因此，对阿罗和德布鲁的一般均衡工作的正确理解是，在现实中，不可能存在让所有市场同时达到均衡的价格体系。也就是说，总是会存在某些甚至大量市场处于供不应

① 新古典经济学把法治经济作为市场经济的本质特征。其实不然。在人类进入阶级社会以后，任何经济都是法治经济，离开法治，任何经济都不可能存在。所以，市场经济的本质不是法治经济，而是特殊的法治经济。

求或供过于求的状态。但这样一来，“看不见的手”作为一个原理的普适性就被打破了。这也说明，市场机制可能在某些情况下根本不起作用。这就意味着西方国家的资源配置不可能由市场全部决定，市场远非完美。再进一步看，由于有垄断、外部性、公共物品、不对称信息、交易成本、规模报酬递增、不确定性，以及偏好的不连续性、非凸性、非单调性等的作用，由于市场之间的相互作用，任何实际的市场价格都不可能是新古典经济学意义上的最优价格，而只能是某种实然性的价格。王今朝、龙斧（2011）更是证明，即使根据新古典经济学分析框架，市场价格也不是由供求决定，而是由包括社会制度、技术在内的诸多社会经济变量决定。

在新古典经济学作为纯粹的市场经济理论失去其有效配置资源的功效以后，就产生了一个新的问题，即新古典市场经济理论是否可以算作一个差强人意的经济理论而被人接受呢？市场经济是否代表一种还算美好的社会呢？是否还算配置好了资源呢？或者，它是否是所有资源配置方式中最好的或最不坏的资源配置方式呢？对于所有这些问题，西方新古典经济学都给人以肯定回答的印象。毕竟，既然它成为科学最发达、社会科学最发达的美国大学的教科书了，既然这些教科书在市场机制上花费了大量篇幅了，既然它宣称是市场价值让企业最优化生产、让消费者最优化消费并且把它们连接起来，你即使对它的逻辑感到怀疑，也会觉得，尽管这个机制不是最好的资源配置机制，但它可能是最不差的机制吧。其实不然。

第一，产品创新对于西方国家的资源配置的优化至关重要，但资本主义市场经济与产品创新之间并没有简单线性关系。一方面，迄今为止，美国等西方国家的许多创新来自中小企业，正是由于这些企业缺乏可以损失的利润，或者受到来自竞争企业的压力，从而只有创新一途可搏。这促进了这些国家的创新。创新成功的资本家可以制定一个很高的价格并从中得到尽可能多的利润。而且，它会尽力地维持这个状况，直到无法维持为止。比如，微软公司很显然会愿意全世界实行一种知识产权法。[①] 但也很显然，它基于知识产权而获得的垄断利润是以全社会的利益为代价的。这个代价中许多是西方国家为了维持其企业的创新能力所可以避免的。另一方面，当创新意味着巨大的风险时，一般的以追求私人利润为目标的企业家会尽力躲避。而当创新需要巨大的投资时，这些私人企业家会望而却步。这就使得美国这样的国家即使创新能力很强，也无法实现创新的潜力，更不用说，一些企业为了维持自己的利润，并不利用其已经实现的创新。这就说明，市场机制不能有效地解决创新问题。考虑到产品创新对于西方国家资源配置的重要性，市场机制作为一个最不坏的资源配置机制就是不

---

① 许多中国人把美国的资本家想象成了工作狂。其实，工作狂一般只是在人生的某个阶段表现出来的状态。当一个工作狂一旦积累起巨额的资产的时候，他还有什么动机去继续狂热地工作呢？特别是如果他的利益受到政府保护的时候。即使没有政府保护，他也会寻求政府保护。

可能的了。

第二，在产品创新之外的既有经济生活领域，依然存在大量资源配置问题，不可能被市场机制解决。20世纪中后期，西方诸多经济学分支学科的兴起表明，西方经济理论界已经对新古典资源配置概念的狭隘性形成共识。比如，经济地理学或新经济地理学批评新古典没有考虑资源在不同区域内的配置问题；[①] 公共经济学批评新古典没有考虑公共产品供给和需求问题；产业经济学批评新古典没有考虑产业组织问题。国际经济学、金融经济学、发展经济学、宏观经济学、劳动经济学、制度经济学、管理学也都批评新古典没有考虑它们各自考虑的资源配置问题。这些分支学科中有些尽管使用新古典的工具来分析它们所关注的资源配置问题，但它们确实已经形成了对新古典经济学概念的否定。也就是说，新古典经济学的资源配置概念不仅是鸡毛蒜皮、无足轻重，[②] 而且是极其片面化的。它所谓的资源配置根本不是资源配置，而只是众多资源配置中的一种或一个环节，即便这个环节重要，也不能否定其他环节重要，也不能否定其他环节更为重要。考虑到这些资源配置问题的重要性，市场机制作为一个最不坏的资源配置机制就是不可能的了。

第三，就新古典经济学自身的市场机制配置资源的概念来说，早在100多年前，马克思所做的工作就已经在对庸俗经济学的批判中预先将其消解。比如，新古典把消费者福利（效用水平、代表民生）看作是一种重要的资源配置，仿佛其能代表消费者利益，仿佛市场机制就能让消费者福利最大化。本来，新古典经济学的消费者需求理论只是说，消费者在给定收入的条件下可以寻求效用的最大化。可是，在接下来的论证中，新古典经济学就把这个还算是科学的结论给推广了：市场被说成是一种神奇的资源配置工具。而在涉及一个国家、民族的前途和命运的问题上，那些新古典学者就表现出唯市场化的原教旨主义。比如，一些西方、西化学者针对中国保证自己粮食供给的政策而反问道：纽约和香港不种粮食，不是通过市场机制就解决了粮食供给问题吗？根据新古典的一种理论（被称为间接效用函数理论），对于社会最广大人群的工人阶级来说，其福利是由其实际工资决定的。由于所有工人的阶级地位类似，工资水平相差不大，因此，如果采用新古典经济学的同质人（他们购买完全相同的商品）的假设，所有工人就只能得到差不多的效用水平。只有资本家阶级，由于其取得的收入是利润，而且利润远远大于工资，才有可能得到其想要的效用水平。因此，我们采用新古典方法论也能得出如下结论，即资本家过着比工人阶级更好的生活。这难道不是一种巨大的资源配置问题吗？对于这一点，新古典学者一

---

① 经济地理可能关系到一个国家、一个民族的生死存亡，参见保罗·肯尼迪著，天津编译中心译：《大国的兴衰：自1500~2000年经济变化和军事冲突》，四川人民出版社1988年版，第1~13页。

② Leibenstein H., 1966. Allocative Efficiency vs. X – Efficiency, American Economic Review, 56 (3), pp. 392 – 415.

向是闭口不谈的。而这个表面上的民生问题与资本主义社会是否能够维系下去有关。这样看来，马克思和恩格斯在《共产党宣言》里所说的，世界愈益分裂为两大对立的阶级，就是对一个社会的资源配置的最科学概括。有新古典学者认为，不同人之间的效用不可比较。实际上，由于他们的效用差别如此之大，其效用一定要被认为是可以比较的，否则，就是自欺欺人。这可以用西方一位被视为新古典学者的范里安提出的“妒忌”概念来说明。[①] 即假使如某些新古典经济学家所说的那样，不同个体之间的效用不可比较，那我们只要问一问是资本家妒忌工人，还是工人妒忌资本家，就可以说明他们之间由于收入差别所导致的福利差别了。这样，我们就用新古典的方法证明了，重要的资源配置并不是如新古典所说的那样是市场机制下的消费品数量、投入品数量，而是如马克思所说的那样是利润和工资的比率。如果我们非要抽象地来定义资源配置，那只有利润和工资的比率这一简单变量才有资格。这样看来，新古典经济学的错误并不是在于它过于抽象，而是它错误地运用了抽象方法。它之所以错误地运用抽象方法，不是由于智力的低下，而主要是其阶级性质使然。[②] 马克思的这个概念显然是用更简单的数据揭示了最为深刻的问题。而所谓纽约和香港通过市场机制解决了其粮食供给问题，也只是把有钱人能够吃香喝辣运用到这两个世界级城市而已。[③] 纽约和香港能够采用的资源配置机制并不一定能够被中国这个国家所采用。

第四，一个国家的市场机制所配置的资源即使达到帕累托有效也不足以支持市场机制作为资源配置机制的有效性。新古典经济学家把帕累托效率定义为它所关心的唯一效率，其实并不是因为这个效率具有现实性，而是因为它的非现实性。毕竟，只有在排除了许多具体的社会主体的抽象经济模型里，才存在帕累托改善的可能性。在现实世界里，由于事物之间的复杂关系，一个经济主体的任一改善都会损害到至少一个其他经济主体，因此，不存在应用帕累托改善的场合。而特别是，被压迫、被剥削阶级的解放必然通过推翻压迫、剥削阶级的统治而达到，因此，更不是帕累托改善。所以，把改革、改善措施仅仅限于帕累托改善，就是要把那些危害压迫、剥削阶级利益的改革、改善全部排除在经济学研究之外。因此，表面上看来具有合理性的帕累托效率实际上是非现实的。通过研究资本主义经济是否具有这个非现实性的效率，新古典经济学不仅可以给自己披上学术的外衣，而且让这个概念不得罪资产阶级，而通过强调效率这个指标，并排除其他指标，如平等、公平的指标，还可以借助这个概念

---

① Varian H. , 1974. Equity, envy, and efficiency, Journal of Economic Theory, vol. 9, pp. 63 – 91.

② 从这里也可以看出，新古典经济学学派实际上也不是铁板一块。但是，许多西方经济学教科书所宣扬的理论让人们认为，那就是新古典学派共同承认的观点了。这是错误的。从方法论上看，既然新古典学者有的是时间，有的是资源，而他们的逻辑链条又比较短，因此，他们之间提出互相矛盾的理论观点、概念是必然的。

③ 至于这两个城市怎样成为世界级城市以及二者的差别，值得进一步思考。

向资产阶级献媚。当然，新古典经济学把平等、公平这些资源配置的属性维度排除在其考虑之外，既可能是基于他们所处的阶级的一种非正式规则，也可能是受到了西方政府的强制，甚而是其秘密警察的职责所系。然而，一种经济体制的平等性、公平性属性决定了它是否能够存续下去，就像封建社会的平等性、公平性属性决定了它是否能够存续下去一样。

基于以上，新古典的所谓资源配置，最多只是人们对现实生活中总会遇到价格（体系）和这个价格（体系）所对应的产量和需求量的一种感觉而已。新古典把它上升为唯一的资源配置，实在是小题大做。这种小题大做不可能产生一种科学的理论。西方一些学者经过不同（更为复杂）路径，如斯蒂格利茨等通过信息经济学的研究，得出了与马克思早就得出的结论一致的结论，否定了新古典经济学市场有效配置资源的结论。这种一致性也反衬出马克思主义政治经济学作为中国经济发展科学指导理论的稳定性。

在西方学界对新古典理论的非科学性越来越形成共识之后，新古典经济学的一些遗老遗少和中国的一些食洋不化者被迫承认出清市场的一般均衡价格的不存在性，但依然把纯粹市场经济宣称为参照系。其实，把纯粹市场经济作为参照系比刻舟求剑还要荒唐。以完全竞争假设为例，如果我们用时间来衡量它与现实的距离，那么，100 多年前，西方经济已经不再是完全竞争的经济（但并不排除经济竞争的存在）。经过列宁关于资本主义进入垄断资本主义阶段的科学论证，100 多年后的今天，其与现实的距离可想而知了。这种距离足以我们找到一个不同于市场机制的但更具现实性和可靠性的参照系。在物理学界里，人们总是要选择最好的参照系进行工作。可是，以移植物理概念起家的新古典经济学在这里就不遵循物理学界的原则了。这又一次表明，他们与言行不一的江湖郎中有相似之处。他们即使早年学习数学、物理，后来又就读西方名校，甚至成为西方大学的正教授，也未能摆脱与江湖郎中的相似之处。

尽管新古典经济学还充斥在西方的经济学教科书中，但越来越多的学者认识到，新古典经济学不是科学的经济学，更不是唯一的经济学。[①] 2001 年诺贝尔经济学奖得主阿克勒夫指出，新古典经济学在 20 世纪 60 年代盛极一时，但到了 90 年代，已经成为众多经济学流派中的一个支流了。[②]

四、西方经济发展模式也非中国可以参照的模式

如果西方所谓主流经济理论错误而不值得借鉴，更不值得遵循，那么，其经济发展模式是否对中国（以及其他国家）具有参考、参照价值呢？对此的答案是否定的。英国已经决定性地衰落为二流国家，因此不足为凭。那么，美国

① 中国一些人对西方存在的一个重大误解就是，凡是进入其教科书的知识都是真理。其实远非如此。

② Akerlof, George A. Writing the “The Market for ‘Lemons’”: A Personal and Interpretive Essay.

经济发展模式对中国具有参考、参照价值吗?

第一，实际GDP增长率是对美国经济发展模式优化性的一种较好的衡量，根据这种衡量，美国在过去200多年中的经济发展模式并不具有优化性。从1774～1909年，美国实际国民生产总值增长了175倍，年均仅增长3.9%，由于在这期间人口增长近40倍，人均GDP的增长率只有1.1%。而在整个20世纪，美国的年平均经济增长率则降为约3%的水平。[①] 美国经济增长率固然不高，但其他国家经济增长率更低。比如，从1770年到1913年，英国年均经济增长率只有2.2%。1774年，美国国民生产总值相当于英国的1/3强。到1913年，美国的实际GDP就是英国实际GDP的2.5倍了。这就说明，美国经济的成功不过是在别的国家停滞不前时，它像蜗牛一样慢爬取得的。如果我们如一些西方学者那样，把3%作为西方国家的潜在经济增长率，那么，中国今天能够忍受这种潜在经济增长率的代价吗？答案无疑是否定的。

第二，美国在建国前后长达数百年的时间里经济发展得天独厚的劳动力和人力资本的“优势”是中国等国所不可能享有的。美国经济是欧洲移民凭借美洲土著人、非洲土著人完全陌生的生产方式等众多有利条件而建立和发展起来的。它在轻而易举地获得了对美洲土著人的统治权、土地，甚至在人身上消灭了他们大部分人之时和之后，[②] 开始了自己的经济发展。通过奴隶贸易进入美国的非洲土著人成为美国最大的人口红利。[③] 对于欧洲移民而言，美洲土著人甚至不是劳动力，是完全的成本因素，因而遭到屠杀。对非洲土著人而言，他们的幸福之处在于他们被欧洲移民当作了劳动力，尽管作为极为廉价的奴隶。通过从其他国家购买领土，如购买路易斯安那州、佛罗里达州、俄勒冈州、阿拉斯加州、夏威夷州，[④] 美国不仅增加了自己的人口数量、劳动力数量，而且为容纳欧洲移民等的高生产率经济活动提供了条件。在20世纪前半叶和中叶，美国经济发展还受益于第一次和第二次世界大战给其带来的欧洲甚至苏联的高级科学家。而在20世纪80年代后，它还享受到中国等国大量高素质劳动力移民带来的好处。移民的人力资本的成本由国外承担，而收益由美国人享受。中国等国不可能享有类似美国那样的全世界最先进的劳动力资源。

第三，尤其值得指出的是，在西方国家18、19世纪开始所谓现代经济增长的时候，中国等国经济却停滞着。因此，尽管西方国家经济增长率很低，但其

---

① 斯坦利·L. 恩格尔曼、罗伯特·E. 高尔曼著，高德步、王珏译：《剑桥美国经济史》第2卷，中国人民大学出版社2008年版，第3～4、10、18页。

② 斯坦利·L. 恩格尔曼、罗伯特·E. 高尔曼著，高德步、王珏译：《剑桥美国经济史》第1卷，中国人民大学出版社2008年版，第43页。

③ 斯坦利·L. 恩格尔曼、罗伯特·E. 高尔曼著，高德步、王珏译：《剑桥美国经济史》第1卷，中国人民大学出版社2008年版，第67页。

④ 斯坦利·L. 恩格尔曼、罗伯特·E. 高尔曼著，高德步、王珏译：《剑桥美国经济史》第2卷，中国人民大学出版社2008年版，第10页。

长达一两百年的经济增长率的些微优势在20世纪造成了中美经济水平上的决定性的差异。可以设想，如果在过去一百多年中，如果中国、印度这样的国家达到很高的技术水平，美国的技术再好，其经济也不可能那样领先世界。这就如20世纪通用汽车公司和克莱斯勒公司的兴起挑战了福特公司，几乎使它破产一样。反过来，今天中印等国经济发展的条件就与西方国家当年的经济发展条件迥然不同了。它们想要实现快速的经济发展，不能不突破西方发达国家经济上的围堵。这种外部条件上的差异也决定了中国等国不可能采用西方的经济发展模式。

第四，美国不仅在长达两百多年的时间里经济增长率极低，在各个较短时期，也都没有实现快速的经济发展。[①] 与之相比，苏联经济则表现出巨大的经济发展绩效。斯大林对苏联的经济发展起点和任务有这样一个表述："我们落后于这些发达国家50~100年。我们必须在十年内消除这个差距。不这样做，它们就会把我们碾得粉碎。"[②] 在斯大林做出这个判断后，苏联发展的成就怎样呢？丘吉尔说："斯大林接过俄国时，俄国只有木犁，而当他撒手人寰时，俄国已拥有核武器。"也就是说，苏联所取得的成就得到了西方最坚定地反对共产主义的人的认可。从20世纪30年代凯恩斯主义兴起看，苏联的这条道路是成功的；从苏联在"二战"中所取得的胜利看，这条道路是成功的。它至少证明，存在一种增长模式，在经济分配比较平等的前提下，能够实现远比西方更快的增长。在战争条件下，更快的增长对于一个国家可能是生死攸关的，[③] 而在和平条件下，更快的增长也可能是一个国家合理配置资源所要求的。[④] 至于在这个阶段较快增长的经济发展模式所产生的其他问题应该可以在下一个阶段得到解决，从而使一个国家不至于因沿用一个经济发展模式而解体。

第五，进入21世纪以来，美国似乎在耗尽其原有的经济发展优势。其开始于21世纪之初的低利率政策以及次贷市场和衍生品交易的发展表明，美国经济在过去十余年中失去了经济增长点。本来，按照资本主义经济周期理论，资本家在对未来的利润具有乐观预期时进行投资，投资使得资本家未来盈利预期变得悲观。而美国次贷市场的长时间极大的发展表明，世界头号国家已经很难找到新投资机会了。这种投资机会的丧失既与美国生产资料私有制的社会基本制度有关，又是其生产力长期发展的产物，与资本全球化配置资源也不无关系。但不管怎样，在未来可预见的时期，美国经济失去强劲增长动力都是事实。如

① 斯坦利·L. 恩格尔曼、罗伯特·E. 高尔曼著，高德步、王珏译：《剑桥美国经济史》第2卷，中国人民大学出版社2008年版，第17页。

② Stalin, J., 1947. Problems of Leninism, Moscow: Foreign Languages Publishing House, p. 356.

③ 一些人认为，苏联解体证明这条道路是失败的。但这些人没有想到，苏联解体是20世纪80年代的事情。苏联的重工业优先发展战略的制定是20世纪30年代前后的事情。中间的50年的时间差就为解释苏联解体提供了其他依据。毕竟，你不能用一个人40岁因为疾病或车祸去世来证明他在娘胎里就是一个错误。

④ 如果一个国家放弃其本来可以享受的高速经济增长，就意味着其经济发展模式存在一种重大的可避免成本。

果中国学习美国经济发展模式，能够得到多少经济增长率呢？

第六，美国不仅经济失去原有的增长动力，而且国家陷入一种两难困境：其经济下行，需要国家干预，但国家财力受制于生产资料私有制，陷入要么无法干预，要么陷入债务危机的境地。① 如果无法干预经济，由于雇佣工人失业，危及资本主义经济制度的稳定。如果干预经济，必须能够偿还或者转嫁债务。这样看来，如果美国不能在未来十年和二十年中出现新一轮的产品创新，其资本主义制度模式将会对世界其他国家失去影响力。随着中国、印度、巴西等国的崛起，即使美国出现新一轮的产品创新，也不可能如 20 世纪 90 年代享受 IT 技术创新利益那样享受新技术的利益了。中国如果因学习美国模式而陷入与其类似的两难境地，由于中国人均 GDP 水平依然很低，而且人口众多，中国经济的困难将会比美国大得多。这也反证了中国在经济发展模式上不可能实现“师夷长技以制夷”。

五、中国未来经济发展模式应该以公有制企业驱动为特征

中国已经提出“创新、协调、绿色、开放、共享”的新型发展理念。② 在这五大新型发展理念中，创新是第一位的。那么，怎样理解这里的创新呢？它是指技术进步、产品革新吗？应该不是。这是因为，技术进步、产品革新尽管非常重要，但它也非常容易扩散，由它所支撑的发展无法支撑中国得到长期的高增长率。从这个意义上看，技术进步、产品革新不是中国新型发展理念中的创新的最主要含义。中国新型发展理念中的创新的最主要含义应该是基本经济制度层面的。而中国区别于西方资本主义国家的基本经济制度层面的创新只能是它的经济发展模式，主要是由公有制企业驱动。

中国 20 世纪 80 年代是在公有制经济的汪洋大海的背景下开始改革的。在这种背景下，发展一些私有制成分确实可以构成中国社会主义经济的有益补充。然而，经过 30 多年的发展，私人所有制所生产的 GDP 的比重占据 70% 以上，劳动力占据 80% 以上。这种“多种所有制并存”的结构已经产生多年内需不足，收入两极分化，环境高度污染。因此，在中国未来的经济发展模式的构建中，不是减少公有制企业，而是应该增加、加强公有制企业。③ 也就是说，让公有制企业成为各个市场的供给者主体，让公有制企业中的工人成为各个市场的消费者主体，而不是让私人企业在市场中起到支配性、垄断性作用，无论这个市场

① 因为西方国家作为资产阶级的政府，无法对资产阶级征税。资本的全球化也导致了资本可以通过用脚投票来避开国内的税收。

② 习近平：《在党的十八届五中全会第二次全体会议上的讲话（节选）》，载于《求是》2016 年第 1 期。

③ 这里又涉及一个理论误区。这种误区把政府说成是裁判员，把市场说成是运动员。这个错误是上面那种划清政府与市场边界的变种。

是商品市场、劳动力市场还是金融市场（本身又包括货币市场、股票市场、证券市场、期货市场），无论打着怎样的名义。这也是习近平总书记所说的做大做优做强国有企业的应有之义。也就是说，社会主义市场经济只能是以公有制企业为供给者主体的经济。只有在这样的经济中，市场才不会成为少数大鳄投机的场所，才不会成为正义和公平的对立面。至于不同国有企业之间的商品交换条件，完全可以在一个较大的自由度内波动，只要它们与实现国家目标具有高度的一致性，并且不引起社会反抗即可。①

在公有制企业里，产出可以得到平等、公平、合理、科学的分配。因此，主要依靠公有制企业，就能根本改变中国收入分配两极分化和内需不足的经济局面。实际上，公有制企业不仅最正当，还是最经济的价值创造主体组织。由于它消除了少数人凭借资本所有权获得剩余的索取权，公有制企业的成本相对其他组织方式（奴隶制、封建制、资本主义）是最低的，因而所产生的社会剩余（可能表现为利润）是最大的。因此，如果其他情况一样，为了得到同样数量、质量的产出，相对于其他所有形式的企业，公有制企业交易成本最低。② 从这个角度看，公有制企业也是最有效率的制度。这也是马克思科学社会主义理论的基本原理之一。

为了发展公有制企业，必须发挥政府的作用，为其生产发展预留市场，即"销售量"。如果没有"销售量"作为保证，企业生产就会受到交换的强大的反作用。比如，就大飞机的发展而言，尽管成本极高、挑战性极大，但中国运营经验、技术储备、资金支持等条件已经成熟，自主研制飞机应该没有什么问题。如果由于中国的航空工业与民航用户联系很少，飞机无法取得适航证，结果民航总局不让飞、国内各航空公司拒绝，那么，上亿元的研发资本和老一代航空人的努力和心血也只能付之东流。③ 因此，"市场销售量"成为决定中国大型飞机制造业生死存亡的唯一因素。如果波音、空客收买中国的某些官员，使得他们阻挠中国发展大飞机工业，那么，中国大飞机的销售量无法达到应有的水平，而世界的大飞机市场就是由波音、空客以及他们所收买的中国官员所决定。在有无市场销售的可能就成为飞机这种重要产品能否生产的最重要的决定变量的这种意义上，可以说，市场决定资源配置。但值得指出的是，有无销售量也取决于中国政府的行为，是继续购买美国飞机，还是停止外购飞机，自主研发和生产。

对于中国公有制企业的发展，应该以矛盾的观点来看待。世界各国的经济

---

① 中国共产党老一辈政治家非常关心价格对人民生活的影响。但对他们而言，价格体系合理性的最重要衡量是它与国家目标的一致性程度。

② 比如，欧洲、美国今天的生产能力利用率只有80%乃至70%，资本主义经济增长速度从20世纪60年代的10%（日本）、5%（欧洲）、4.5%（美国）分别下降到2010年2%、0%、1%。

③ 苏宁：《市场决定一切》，载于《中国民用航空》2007年第5期。

永远是在矛盾中发展的，中国经济发展也不会一公就灵。但不能以公有制企业驱动下的经济发展的不可避免或难以避免的代价来否定经济发展的成效。[①] 实际上，中国采用公有制经济作为经济发展模式的主要驱动力，即使产生一些代价，相比其他经济发展模式，其代价也是最低的。比如，它更容易是环境友好的，各方面协调的，各阶层各区域各行业共享的，也是有利于正确处理国际国内关系的。在这个意义上，创新理念居中国五大新型发展理念之首。如果不以矛盾的观点看问题，吹毛求疵，胡乱比较，不从实践出发，只从所谓逻辑、理论出发，很容易导致倒洗脚水把孩子也倒出去的颠覆性代价。这既是中国过去30年改革的一个教训，也是中国未来改革应该注意的问题。

参考文献

[1] 爱蒙·布特勒、纪洋：《让市场决定Libor的命运》，载于《国际经济评论》2012年第6期。

[2] 龙斧、王今朝：《整体主义方法论下的企业效率效益决定及差异性衡量——一评“国有企业效率效益必然低下”》，载于《河北经贸大学学报》2014年第5期。

[3] 龙斧、王今朝：《对“崩溃边缘论”“大锅饭论”“凭票供应论”的历史与辩证唯物主义再认识——三评“国有企业效率效益必然低下”》，载于《河北经贸大学学报》2014年第6期。

[4] 万存知：《市场决定中的N个学术问题》，载于《金融博览》2014年第1期。

[5] 王今朝、龙斧：《基于逻辑和历史反证法的企业效率效益比较分析与衡量——二评“国有企业效率效益必然低下”》，载于《河北经贸大学学报》2014年第5期。

[6] 王今朝、龙斧：《中国“国有企业效率效益”问题的理论误区与认识论、方法论原因——四评“国有企业效率效益必然低下”》，载于《河北经贸大学学报》2014年第6期。

[7] Rosenbaum, Eckehard F. 2000. What is a Market? On the Methodology of a Contested Concept, Review of Social Economy, Vol. 58, No. 4, pp. 455 -482.

① 在20世纪80年代，社会主义制度必然导致投资饥渴症的观点一度甚嚣尘上，对中国经济改革产生不良影响。而实际上，19世纪的美国增长大约82%～85%是要素投入供给增长带来的，按照他们的标准所衡量出的“依靠技术的增长”最多只是20世纪的事情（其实也只是中国等国不发达所产生的一个结果）。1774～1909年，美国资本存量增长近388倍，19世纪末，工人人均资本拥有量几乎是19世纪初的10倍。而从1870年到“一战”期间，几乎2/3的资本存量在10年或更短的时间内形成。参见斯坦利·L. 恩格尔曼、罗伯特·E. 高尔曼著，高德步、王珏译：《剑桥美国经济史》第2卷，中国人民大学出版社2008年版，第10～13页。

中国特色宏观经济学之最优产业结构理论

——兼对若干产业结构理论的批判*

刘明国**

一、几种产业结构理论与相关经济实践的简单回顾与比较

（一）中国的重农主义思想与实践

从神农氏教稼开始，重农主义一直是中国古近代执政组织执政的基本经济方略。其间，或如先秦时期商鞅将重农扩张到抑商和禁末，或如西汉后期开始对商业采取自由放任。中国古近代经济在重农主义作为基本国策的上层建筑作用下，获得了高度的发展与繁荣，并为中国五千年灿烂文明奠定了坚实的物质基础。

春秋战国时期，秦国在重农主义政策下走向强盛、并最终为统一六国奠定了经济基础。在农业为国民经济的基础下，两条丝绸之路商业的繁荣为成就人类历史上辉煌的汉唐盛世奠定了物质基础。虽经南宋和明清时期大规模的海外商业贸易，但中国古近代经济仍然没有转变为以工商业为主的西方式的资本主义社会，重农主义这一基本执政方略并没有改变。

有人为中国没有率先进入以工商业为主的西方式的资本主义社会而惋惜。这其实大可不必。只要能实现可持续的国泰民安、国强民富就好了。中国在经济上落后于西方资本主义国家，也是在鸦片战争后沦为殖民地开始的。这可以

* 项目来源：国家社科项目“中国特色宏观经济学理论体系研究”（14XKS001）。

** 刘明国，贵州财经大学经济学院教授、硕士生导师，中国社科院马克思主义研究院博士后，主要研究方向为中国特色社会主义政治经济学。

从英国对中国的国际贸易在1785～1833年间一直是逆差、为了扭转这种经济竞争上的劣势而对中国采用大规模的罪恶的鸦片贸易乃至军事侵略的历史事实得到说明。[①]

（二）西方的重商主义、重工主义、重农主义思想与实践

伴随着中国发明的火药和指南针传入欧洲，欧洲人在思想和地理上的禁锢被打破。在十五六世纪，伴随西方远洋航线的开辟，西方国家在国际贸易繁荣中崛起，由此在西方产生了影响深远的重商主义。但是，正如商鞅所言“农少商多，贵人贫，商贫，官贫，三官贫，必削”[②]，法国在17世纪末、18世纪初就遭遇了经济衰退的危机——农业凋敝、农民破产、农民生活困苦不堪、农产品供给不足以及物价高涨、工商业的发展受到极大的限制、国家财政难以为继。由此，法国开始转向了中国推行了数千年的重农主义。至今，法国都被称为是欧洲的粮仓。

由重商主义（先后又可分为重金主义和重工主义）转向了重农主义，在西方世界还有另外一个典型——号称人类历史上工业革命模范的英国。[③] 只不过英国要比法国经历这一转变晚很多，一直到其深受农产品价格高涨、国内生产成本不断攀升、黄金等货币资本大量外流所带来的危害多年后才开始转向。现在，英国也是世界粮食出口国之一。

总之，不管是中国古近代的经济实践，还是西方资本主义兴起过程中的经济实践，都说明了一个很重要而又非常浅显和古老的道理——农业是国民经济的基础，农业这个基础动摇了，国民经济是难以实现可持续的健康发展的，更不要说什么可持续的国强民富和国泰民安了。

（三）工业化、城市化、农业现代化理论及其实践

到了20世纪中期，尤其是伴随着第二次世界大战的结束，在广大的第三世界国家流行起了一门新的经济学科——西方国家专门为第三世界国家量身定制的发展经济学，它主张第三世界国家应该走工业化、城市化和农业现代化（简称“三化”）的道路：（1）要大力发展工业、以提高工业产值在国民经济中比重为发展目标，最终成为诸如英美老牌资本主义国家那样的工业化国家；（2）要大力扩大城市人口在全国人口中的比重，要加大人口的自由流动性；（3）要大力推动农业生产的规模化、机械化和商品化。这些理论，实际上是西方国家的重商主义在第三世界国家的改头换面的应用。

---

① 齐涛：《中国古代经济史》，山东大学出版社1999年版，第348～349页；朱伯康、施正康：《中国经济史》（下卷），复旦大学出版社2005年版，第342～344页。

② 《商君书·去强》。

③ 重工主义的本质仍然是重商主义，其工业生产的目的是为了商业贸易获取利润。

拉美国家率先实践这种新形式的重商主义，分别采用了自给型工业化和供给外向型工业化发展模式①，结果不是引来了国际债务危机就是导致了货币严重贬值和财政危机。中国计划经济时期的自给型工业化也同样遭遇了国际债务危机（苏联逼债），也正因为如此，中国后来采取了以牺牲农民利益为代价、也损害了农业的工业化发展模式。

当代流行的工业化理论，不仅有西方重商主义的渊源，也还有马克思主义政治经济学生产资料部门优先增长理论的渊源。苏联在第二次世界大战前的工业化实践及其为成功战胜德国所发挥的巨大作用，也为工业化理论提供了一个有力的支撑。尤其是在帝国主义虎视眈眈的近现代世界格局中，第三世界国家优先发展重工业、强化国防军事建设，自是无可厚非的。但若忽略掉优先发展重工业、强化国防军事建设与工业化的区别，忽略掉前者成立的前提，而将工业化作为一国经济的长期发展方向，这在理论上是不能成立的。不管是马克思的社会资本再生产理论，还是毛泽东在《论十大关系》中所提出“平衡发展理论”，都不能推导出以提高国民经济中工业产值比重为目的的工业化理论的。

至于城市化和农业现代化（理论），不过是工业化（理论）的衍生。以不断提高城市人口比重为发展目的的城市化理论，其实质，不过是试图为工业的不断扩张准备足够廉价的劳动力而已。农业现代化的实质，也不过是在农业劳动力转向工业等非农产业后，用机械来代替劳动力、进行规模化的生产，进而实现农业生产的商业化。② 不管是拉美国家在20世纪的“三化”，还是中国改革开放后所进行“三化”，都很难说是完全成功的——很难说是有助于实现可持续的国强民富和国泰民安的。

上述理论可以说都是片面的、非平衡的产业发展理论或产业结构理论。具有中国特色、中国风格、中国气派的中国经济学，需要有自己的最优产业结构理论。毛泽东在《论十大关系》中所提出的平衡发展理论为创建中国经济学之最优产业结论理论做出了杰出的贡献。

二、对国内改革开放后流行的产业发展理论的批判

中国现在流行的产业发展理论或最优产业结构理论，与上述各种产业发展理论又有所不同。它所关注的问题是“三大”产业的产值分别占国民经济总产值的比重（比如用GDP来衡量的比重），从而揭示出该经济体是落后还是先进；假如农业产值的比重最大，那就说这种经济体是一个落后的、低效率的、传统

---

① “进口替代型工业化”，这个词汇从字面上并不能直接表示出它想表达的含义，所以，作者用“自给型工业化”来代替该词汇，以便于交流；同时，用“供给外向型”代替“出口导向型”。

② 对农业现代化理论的批判，详见刘明国、贾舒宁：《论中国传统农业生产经营组织模式的科学性》，载于《河北经贸大学学报》2014年第2期。

的农业国（或农业型经济体）；假如工业产值占的比重最大，那就说这种经济体是先进的、发达的、高效率、现代化的工业化国家（地区）；假如第三产业产值的比重最大，那就说这种经济体是现代最先进的、资源环境资本节约型的（即单位产值所耗费的资源环境成本和劳动力成本是最低的）后工业化国家（或新经济体）。

这种观点可以称之为机械的最优产业结构理论，是似是而非的，其实质与上述的“三化”理论一样，是将欧美诸国近现代产业发展历程当着一般化的规律，也有西方列强诱骗广大第三世界国家上当的嫌疑。

首先，判断一个经济体好坏优劣的标准原本就不应该是“落后”还是“先进”这样似是而非的概念，而应该是人本主义的、动态和开放的观点来评判，比如说，这样的经济体是不是最有利于本国的民生（更广泛一点，是不是最有利于本国人民福利水平的提高、人民福利在这种产业结构下是否得到了尽可能的改善），是不是最有利于可持续地改善或者维持人民福利水平，由此派生出资源环境利用效果是不是最优的、资源储备情况是不是理想的、不同产业之间的收入分配结构是不是合理、国际国内社会环境是不是优良的等。

其次，工业并不一定就比农业效率高，服务业也不一定就比工业和农业的效率高。这里的“效率”本身就是一个内涵不清的概念。它是指实物意义上的投入—产出比高，还是货币意义上的利润率高呢，没有说清楚。就是实物意义上的投入—产出比，也还要分微观和宏观，不同的层面的效率也是不同的。这究竟是指微观，还是指宏观层面上的投入—产出比呢？

如果说是指前者（实物意义上投入—产出比），那么，随着技术的进步，现在很多国家的加工技术远比英国工业革命时期的加工技术先进，但是18世纪的英国成为了世界强国，而现在的诸多第三世界国家依然还是处于弱国之列。很显然，仅仅从实物意义上的投入—产出比来描述某个产业的效率高低，进而说明某个经济系统是先进的还是落后的，根本没有意义。你可以说跟你过去相比，你是先进的，但是跟同时代的竞争者相比，你还是落后的。而在经济全球化的分工中，重要的不是你比过去先进了多少，而是你比竞争者是否更有竞争力。严格地说，重要的是，你比竞争者在国际财富分配中的谈判势力是否更强。仅仅是比谁的商品价格更物美价廉，原本就是李斯特早已批判过了的世界主义的观点。再说，不同产业、甚至不同产品的投入和产出形态和使用价值都是不同的，根本无法比较它们之间的投入—产出比的高低。

如果说是指后者（货币意义上的利润率），那么，某个产业的利润率越高，说明该产业在国民财富（乃至世界财富）分配中获得的比例就越大，以该产业为主的国家在国际上的竞争力就越强，比如说，汉代开始直至18世纪的中国（丝绸、茶叶等）、20世纪七八十年代的日本（汽车工业和电子产业）、20世纪的美国（军工业、金融业、信息产业）。货币意义上的“效率”，作为衡量一个产业乃至一个经济系统竞争力的指标，虽然能很好地实现其目的，但是表示这个指标却有一个更好的词汇——利润率。我们为什么不用更便于交流的没有歧义的“利润率”，而偏要用一个概念模糊的“效率”呢？我们约定，在中国特色的经济学中，用“利润率”来描述一个产业乃至一个经济系统竞争力的大小。

然而，利润率高，并不一定意味着生产技术水平高，也不一定意味着实物意义上的投入—产出比高，它还包含了货币意义上的成本和价格的因素。也就是说，高利润率可以通过压低工人工资和地租（包括土地房产租金、减税、政府补贴等）、制造出供不应求的市场态势（乃至炒作、军事逼迫）以抬高价格来实现。从这个意义上讲，如果工业产品市场处于供过于求或者买方市场状况，此时价格遵循就低定价机制，那它的利润率注定不会高、甚至还会亏损，这样的产业规模越大、产值比重越高，这样的经济体竞争力越虚弱。[①]

一个曾经赚钱的行业，随着生产规模的扩大、市场趋于饱和乃至供过于求，也会变成不赚钱的行业。这就是曾经靠工业崛起的英美诸国现在已经转向其他新兴产业（比如金融、信息等第三产业）的原因。

所以，我们说工业的效率（不管是用投入—产出比来表示，还是用竞争力或利润率来表示），并不是必然高于农业的。工业利润率要高于农业，是有条件的，并不是普遍存在的规律。至于“服务业比工业和农业效率高”的观点，其弊端与“工业比农业效率高”类似，都是对西方国家过去或者是现在产业结构的盲目崇拜。

最后，并不是工业所占产值越高或第三产业所占产值越高，国民经济就越发达、就越有利于民众福利水平的可持续提高。比如，中国从20世纪90年代中后期以来的经济形势，就是工业产值比重越来越大，而民众的福利水平并没有相应提高，“上不起学”“买不起房”“看不起病”“死不起”成为中国民众新时代的“四座大山”。又如，中国的澳门，支柱产业是以博彩业为核心的服务业，我们却很难说其经济水平有多么发达。

三、最优产业结构假说之一：“四类”产业之间的“和”

我们还是先从刘易斯的二元结构理论说起吧。[②] 刘易斯认为，在劳动力无限供给的条件下，由于工业的效率比农业高，农业劳动力以及其他生产资源会从农业源源不断向工业转移，从而导致整个国民经济的资源利用效率提高，最终导致国民经济不断增长，一直到农业劳动力出现短缺导致工农业生产效率平衡

---

① 至于就低定价机制，详见刘明国：《新经济学原理（微观）——综合、反思与发展》，中国社会科学出版社2011年版，第67～68页。

② 刘易斯所说的二元结构，是指一个“低效率”的农业与“高效率”的工业同时存在的经济结构。在刘易斯的眼里，效率实指利润率。

时（此时出现所谓的“刘易斯拐点”）。①

在刘易斯的二元结构理论基础上，拉尼斯、费景汉进行了扩展，认为分析一个经济体不仅应该考虑农业劳动力是否绝对过剩、劳动力工资上涨所导致的对工业的不利影响，还需要考虑当一个经济体工业化时，农业生产受到不利影响导致农业产出不足、进而导致对工业生产的不利影响，以及可能出现的粮食安全问题。②

但是，分析一个经济体仅仅分析上述三个方面的关系还是不够的。就是工业与农业之间的关系而论，张培刚就提出了五点关系：（1）农业为工业提供劳动力；（2）农业为工业提供生产原料；（3）农业为工业提供食粮；（4）农业为工业提供发展资金（包括进口所需要的外汇）；（5）农业（农村）为工业提供产品市场。③ 这五点关系不仅包括了上述刘易斯、费景汉、拉尼斯所关注的农业对工业的生产成本的制约关系外，还指出了农业对工业生产规模的制约关系，即劳动力、生产原料、粮食、资金以及产品市场这五个方面都制约着工业的扩张。

当然，张培刚先生提出的这几个方面都是说农业对工业的制约关系，费景汉和拉尼斯还强调了工业化过程中的粮食安全问题，也就是工业对农业乃至对国民经济的反向制约关系。

在上述发展经济学家们的有关工业和农业之间相互关系的理论基础上，以中国传统文化中的“和为贵”哲学思想和马克思主义政治经济学基本原理为指导，我们可以做一些扩展、以构建具有中国特色的最优产业结构理论。

第一，通过生产成本来制约工业发展的因素，除了上述农业因素外，还有：（1）非农业来源的生产原料、进口原料价格的过快过高上涨，都会导致工业生产的利润丧失而制约工业的扩张；（2）城市生活成本的增高也会导致工资的上涨（即使劳动力仍然处于供过于求的状况），比如城市房租的上涨、城市水电交通费用的上涨等都可以导致工资上涨。

第二，通过市场、利润率来制约工业发展的因素还有：在开放经济条件下，一个经济体的工业发展还受到国际工业产品的冲击，当由于国际工业产品增多导致国际工业产品市场由供不应求转变为供过于求时，工业扩张就开始进入停滞和衰退期了。

第三，除此制约因素之外，对工业扩张有利的因素一般有：（1）科学技术的进步、新的矿产资源的探明，可一定程度上抵消生产成本上涨带来的负面影响，从而延缓工业扩张停滞期的到来：（2）人口的快速增长，可以延缓工业扩张过程中劳动力供给短缺的出现；（3）打破市场化条件下的垄断或者通过行政

①② 杨培雷：《当代西方经济学流派》，上海财经大学出版社 2003 年版，第 481 ~ 482 页。

③ 张培刚：《农业与工业化——农业国工业化问题初探》（上卷），华中科技大学出版社 2002 年版，第 3 页。

手段来配置资源，以消除某些生产资料供给的暴利；（4）偶然事件，导致工业生产受到极大的摧毁或者社会对工业品的需求出现极大的增长（比如战争）。

然而，上述这种分析思维仍然是以工业的扩张为经济发展目标的工业化观点，经济发展的可持续性、民众福利的可持续提高这些目标都未得到充分的重视。从这个意义上讲，我们还应该在以下几个方面加以扩展，分析一个经济体的产业结构才可能全面。

第一，基础产业，不能用其产值在国民经济中比重的大小及其增长速度、盈利能力大小来评价其重要性或地位。农业作为国民经济的基础，稳定农业的发展，从而让农业有保障地为社会提供数量足够、质量安全、营养丰富的粮食，这本身就是一个健康的、有利于民众福利水平可持续发展的经济体的前提性条件。与农业类似的产业有国防军工业和能源业，都是基础性产业。粮食是人口生活必需，能源是工业生产和现代社会运行所必需，而国防军工业是保障我们所生产的财富能有效享用的前提。这是中国古老的重农主义的回归和发展。

第二，工业也不是扩张越快、产值越大就越好，因为生产或者说经济发展的最终目的是为了消费、是为了提高民众的福利水平，而不是产品增多或者产值增大本身（更不是什么均衡 GDP 的增大），也不是货币意义上的利润增长。从这个意义上讲，过剩的产品是没有价值的，生产过剩产品是一种资源的浪费，当一国将社会资源大量投入在一些过剩或者说需求并不迫切的产品上时、甚至是纯粹为了生产而生产时，这样的经济体注定是低效率的、也是难以持续发展的。以至于只有通过大量出口才能维持宏观经济正常运行时，这样的经济结构本身就背离了一个独立主权国家经济发展应该的最终目的，从而异化为一种资本主义式的——为了货币意义上的利润增长的经济结构了。

第三，从“三大”产业都要可持续发展的角度讲，社会财富的分配不能任由遵循“物以稀为贵”“弱肉强食”逻辑的市场机制的作用（虽然我们要充分尊重市场规律），政府必须通过财政税收、金融的手段调整收入分配的结构，通过行政手段在产量和价格上的计划管理来维持和稳定某些有关国计民生的基础性产业。

当工业刚开始扩张时，由于农产品的相对过剩、工业产品供不应求，在市场机制作用下，导致工业能够通过市场获取利润、甚至是暴利，而农业处于保本甚至亏本状态，这样的收入分配结构会导致农业生产资源向工业流动、从而导致农业的衰退，出现费景汉和拉尼斯所揭示的农业产出不足和粮食安全问题。而为了避免这种不良状况的出现，需要政府通过再分配政策来调整收入分配结构，以实现农业的可持续发展和粮食安全（美国等老牌资本主义国家在第二次世界大战以后的做法就是这样的，这一点是很值得我们借鉴的）。

当工业乃至服务业（比如钢铁产业、公共交通等）扩张到饱和状态时，农业曾经遭遇的命运也就落到了工业乃至服务业头上了。要实现可持续的国强民富和国泰民安，完整的产业结构是不可或缺，因此，我们也不能任由这些趋于饱和的产业在市场中停滞不前乃至自生自灭（尤其是，当我们遭遇的饱和仅仅是相对于有购买力的需求、仍然有相当人口的需求没有被满足时）。为了就业和共同富裕，这些趋于饱和的产业要作为常规性产业、利用政府计划管理和财政补贴等手段来保障其稳定和发展。

同样，诸如教育科研、环境的保护、资源培育等具有公益性的产业，在市场机制下也是会供给不足的，而这些产业的发展不仅与工农业的可持续发展密切相关、还与人的发展本身密切相关的，所以，这些公益性产业也需要政府通过社会财富再分配政策来予以支持。

从这个意义上讲，我们分析一个经济体的宏观形势，还需看不同产业的收入分配状况——不同产业在价值形态上是否得到了足够的补偿——马克思在社会资本再生产理论中所强调的国民经济可持续发展的前提之一——是否得到满足。

第四，“三大”产业要可持续发展，不仅需要它们在价值形态上得到足够的补偿，还需要在实物形态上得到足够的补偿。从这个意义上讲，一个经济体，如果某些产业出现了生产资料供给的不可持续（比如说，诸如耕地等生产资源枯竭或不断减少，包括人力资源），那么这样的国民经济也是不可持续的。假如一个国家不重视资源的保护、不重视资源的利用效率的提高、不重视资源的培育，而只重视资源使用的扩张，那么这样的国民经济注定是不可持续的。李斯特强调保护本国生产力的理论，无疑是值得中国经济学吸纳的。

第五，在对外贸易的条件下，出口产业要具有依赖于生产效率和技术资源垄断形成的国际竞争力（而不是依赖于财政补贴、压低工资、压低原料价格、甚至贬值本币等形成的价格上的竞争力），这样的产业要作为战略性产业来保护和发展。在中国，中医药技术无疑是具备国际竞争力的一大技术，是应该充分发挥其国际竞争优势的。在进口方面，要尽可能避免高价进口商品，而进口国际上销售竞争激烈的商品。对于被外国垄断控制的产业，尽可能自主生产（替代品）或尽可能少进口。总之，对外贸易要能盈利。

从上述产业结构方面的宏观经济分析思维，我们可以得出一些重要的推论：经济发展本身不是某个产业不断扩张也不是产值的不断增大，而是国民经济“四类”产业在结构上的优化，以及可持续发展能力的巩固与提升。

四、最优产业结构假说之二：自给自足经济模式存在的合理性

上述笔者主张的最优产业结构观点，虽然与亚当·斯密、大卫·李嘉图、林毅夫的要素禀赋分工理论有相同的地方，但笔者并不是完全认同他们的要素禀赋分工理论的。斯密认为国家之间应该按照各自的要素禀赋优势来进行分工、

并进行市场交换（所谓的绝对优势分工理论），李嘉图认为国家之间应该按照各自的要素禀赋比较优势来进行分工、并进行交换（所谓的比较优势分工理论）。李斯特对此类理论已经做过批判：这样的理论是世界经济学，不是国家经济学。[①] 林毅夫认为，落后国家应采用政府干预的手段来强化自己具有比较优势的产业、并与发达国家交换高科技及其产品。[②] 斯密、李嘉图和林毅夫的要素分工理论都只关注分工带来的生产成本的节约、而不关心这样分工后财富分配的结果，其本质上是站在发达国家利益立场的帝国主义经济学（这样的理论在中国时下就表现为"做大蛋糕论"、片面的工业化理论）。

这可以从人口占多数的群体和人口大国在商品货币关系中的不利处境来说明。在中国改革开放期间，农民在国内分工中的"脚手架"角色、中国在国际分工中的"脚手架"角色，使得城乡收入分配差距、中国和发达国家之间的差距一时间呈不断扩大的趋势。之所以如此，除了纷繁复杂的其他各种原因外，农民占国内人口的大多数、中国人口众多（发达国家人口少）是一个难以回避的重要原因。因为市场经济遵循的是物以稀为贵的、弱肉强食的逻辑。这也就是中国政府改革开放以来所推行的"农业产业化"对提高农民相对收入水平效果不佳、城乡收入分配差距在市场化改革下呈现鸿沟的原因，这同样也是众多第三世界国家一窝蜂地大搞出口导向型的、劳动力密集型的工业生产并没有让他们成功地成为"发达"国家、重现西方列强过去辉煌的原因。所以，《管子》云："故善为国者，天下下我高，天下轻我重，天下多我寡，然后可以朝天下""故善为天下者，谨守重流。"[③]

尤其是在货币作为交易媒介将交换分割为"买"和"卖"两个环节后，也就是在商品货币关系中（即市场机制作用下），人口占多数的群体和人口大国"为别人做嫁衣"的处境就难以改变。要改变或者避免这样处境，只有采用行政、提高组织计划程度等手段，来弱化商品货币关系的不利影响和改变在商品货币关系中的不利地位。

从这个意义上讲，在确定最优产业结构时，除了考虑人尽其才、物尽其用外，还需考虑采用什么样的财富分配方式（市场手段、行政手段或二者兼用）以及相应的国家上层建筑保障，来实现各产业的可持续发展和共同富裕、提升国际竞争力、保障国家主权独立；而不是"我适合生产什么，我就生产什么并按照市场机制来交换"。"和为贵"的哲学理论在这里表现出"平等"与"可持续"的价值取向。

对于人口比例大的群体和人口众多国家而言，虽然不适合生产某个产品（或者说生产成本较高），但是我们还有剩余劳动力和其他资源，为了提高我们

① ［德］弗里德里希·李斯特：《政治经济学的国民体系》，商务印书馆2011年版，第119～132页。

② 林毅夫：《新结构经济学》，北京大学出版社2012年版，第5～7页。

③ 《管子·轻重乙》、《管子·山至数》。

自己的福利也是要生产的；尤其是当我们比较穷、抵御风险能力较小、对别人（国）产品的需求弹性又比较小时，更应该坚持毛泽东同志倡导的独立自主、自力更生原则，才能尽可能地减少商品货币关系对我们的不利影响。这样的经济运行模式，就是所谓的“自给自足”模式。这种模式可以分为两个层次：一个是人口众多国家在国际分工面前的“自给自足”，一个是人口比例大的群体在国内分工面前的“自给自足”模式。但这并不是要所有的产业都采用“自给自足”模式。

五、结束语

中国改革开放以来推崇的“三化”发展战略，将中国经济带入了一个尴尬的境地——生产的财富不断通过出口往外国输送、外国的货币不断向国内输送、国内经济高速增长伴随着通货高速膨胀，国内房地产泡沫、农村空壳化与农业衰退、政府债务危机隐患和金融危机隐患凸显、社会结构两极分化、资源日趋匮乏、从国际上获取资源越来越招致国际反感和抵制。我们是应该抛弃那早已臭名昭著地披着各种外衣的重商主义了，是应该反思多年来西方国家向我们输送的各种“发展经济学”了。中国等第三世界国家确定发展战略以及产业结构发展目标，不能脱离可持续的国强民富和国泰民安的国家治理理念，也不能脱离我们所面临的生产技术条件（包括国际市场条件），而且要区分基础性产业、公益性产业、常规性产业、战略性产业，以及区分富有国际竞争力的强势产业和弱势产业，并相应采取不同的生产资料所有制和财富生产、分配机制，以及相应的行政手段、财政和金融政策。是到了纠正西方向我们灌输的各种最优产业结构理论的时候了。

第三篇

供给侧改革问题研究

结构性改革：资源配平新探索

文　魁*

中央经济工作会议提出一个新的概念，结构性改革。如何认识这个新提法呢？与我们一直在提的结构调整，或调结构有什么不同呢？本文对此谈谈自己的一点学习体会和理论思考。

一、过剩与短缺并存：中国经济发展的新问题

由于长期的GDP驱动，中国已经进入了生产过剩的经济周期。生产过剩，既可以表现为产品过剩，也可以表现为生产能力过剩，俗称产能过剩。产能过剩的危害要远远大于产品过剩，化解起来难度更大、代价也更大。据有关资料，中国有九大行业存在严重的生产过剩，产能过剩导致企业经营效益持续恶化。产能过剩既有高耗能的电解铝、钢铁制造，也有新兴产业的光伏太阳能和风电，以及造船和钢铁业中高端产品的硅钢。而且，在行情低迷的情况下，产能还在持续增强。据国家发展和改革委员会近日发布的报告，2015年1~10月份，全国大中型钢铁企业累计亏损达386.38亿元，其中主营业务亏损720亿元。风电设备产能利用低于60%、水泥行业的产能利用率将进一步降低为62.9%、电解铝2194万吨，过剩率超过30%。一些新兴产业也出现产能过剩，如太阳能电池产能过剩达95%。据悉，2010年，全球前五位的太阳能组建供应商来自中国的企业就占到了4位。国内风电设备40%以上的产能处于闲置状态。国内石化行业产能过剩问题普遍，传统产业和部分新兴产业情况严重。此外，部分资金也存在着找不到新投资方向的过剩。

产能过剩已经成为中国经济发展的重大结构性矛盾，不仅影响实体经济的

---

* 文魁，首都经济贸易大学教授，博士生导师，长期从事马克思主义经济学理论研究。

正常循环和周转，而且可会波及金融和其他领域，带来系统性风险。

与过剩并存的是短缺。改革开放三十多年来，市场经济带来了物质极大地丰富，中国告别了计划经济时期物资匮乏的短缺经济，但同时也伴随出现了新的短缺经济。而且，短缺的程度与过剩的程度同步增长。中国的新短缺经济主要表现为：资源的普遍短缺甚至告罄、公共基础设施的短缺、公共用品的短缺、优质教育医疗服务的短缺、高品质的货真价实商品服务短缺、安全可靠的商品服务短缺、能够满足消费升级需要商品服务的短缺、适应职业与居住平衡条件的短缺、农民工进城居住条件的短缺、养老社保的短缺、良好生态环境的短缺，以及无形的诚信、敬业精神的短缺等。直至过去经济学认为取之不尽用之不竭的水、空气也面临着严重的短缺。大量实体经济和中小企业还面临着资金的短缺。

过剩也好、短缺也好，主要是经济运行的供给方面出了问题。一方面，已经找不到市场的商品还在不断地扩大生产；另一方面，市场急需的商品和服务却不能满足需要。中国消费者在境外的购物热情，就充分证明，只提升购买力是不够的，必须进行供给侧改革，提供有效供给。

过剩与短缺并存的问题，严重影响着中国经济的发展，制约着全面建成小康社会目标的实现。

二、取长补短：结构性改革的新对策

针对过剩与短缺并存的现状，中央经济工作会议提出2016年要抓好去产能、去库存、去杠杆、降成本、补短板五大任务。

五大任务概括起来就是要在供给方面取长补短，进行供给结构的调整。五大任务抓住了问题的要害和问题的本质，折射出供给侧改革，就是要把过剩产能所占有的资源释放出来，转移到那些供给不足的生产领域中来，把投资引向新领域，补齐短板，实现供给结构的平衡；同时，降低企业成本和融资风险，促进生产发展、提供更多的有效供给。

五大任务的落实，是一场硬仗。三个“去”字，哪一个都不是可以轻易实现的。特别是去产能，意味着要动很多人的奶酪，意味着利益的再分配和重组，会改变利益格局；意味着一批企业会淘汰、转产和破产，必须面对资产清算和职工再就业的压力；这确实是一个“绕不过去的历史关口”。要顺利闯过这个历史关口，避免“砸三铁”曾经带来的风险，就必须面对一系列挑战和风险，考虑到各种可能性，深入分析、周密安排、谨慎行事。首先要进一步具体明确：去哪些产业？资源往哪儿转？怎么转？会遇到那些阻碍和挑战？补哪些短板？怎么补？等一系列问题。这些问题，主要部分中央经济工作会已经做出导向性的政策安排；其余部分还要在贯彻落实过程中进一步探索和创新。

我们要特别注意中央提出的“要按照企业主体、政府推动、市场引导、依法处置的办法，研究制定全面配套的政策体系，因地制宜、分类有序处置，妥善处理保持社会稳定和推进结构性改革的关系”。妥善安排不良资产处置、失业人员再就业和生活保障，以及“去”成本的分担。为避免带来过大的风险，要特别深入理解和贯彻中央提出的“要尽可能多兼并重组、少破产清算，做好职工安置工作。要严格控制增量，防止新的产能过剩。”

中央已经就帮助企业降低成本做出政策安排：要开展降低实体经济企业成本行动，打出“组合拳”。包括降低制度性交易成本、降低企业税费负担、清理各种不合理收费、降低制造业增值税税率、降低社会保险费，精简归并“五险一金”、降低企业财务成本等系列的新政策。同时要求金融部门为实体经济让利，要降低电力价格，要降低物流成本等改革举措。

去房地产库存，更是与住房需求结合起来。“按照加快提高户籍人口城镇化率和深化住房制度改革的要求，通过加快农民工市民化，扩大有效需求，打通供需通道，消化库存，稳定房地产市场。”特别是提出以满足新市民住房需求为主要出发点，以建立购租并举的住房制度为主要方向，把公租房扩大到非户籍人口，以及发展住房租赁市场、适当降低商品住房价格、促进房地产业兼并重组，提高产业集中度等政策。

去杠杆化，主要是防范化解金融风险。其实，就杠杆一词的原意来说，我以为应该是以少量的融资撬动更大的实体经济。但实际经济生活中，却出现了金融界脱离实体经济的“自娱自乐”，追求高收益的同时也带来高风险。去杠杆化，就是要有效化解地方政府债务风险，规范各类融资行为，开展金融风险专项整治，遏制非法集资蔓延势头，守住不发生系统性和区域性风险的底线。同时，解决一方面资金过剩，另一方面资金短缺的矛盾，实现资金供求的平衡。

三、资源配置与资源配平：结构性改革的理论思考

对中央经济工作会议释放出的政策信号，只要我们认真思考，就会发现其中包含着许多经济理论的学理支撑和学术创新，或为进一步的经济理论创新提供了空间。

什么是结构性改革？就具体任务看，结构性改革与结构调整似乎没有什么太大的区别，但以改革替代调整的命名本身，就意味着更深刻的内涵。经济结构可以以不同标志的划分，也可以有不同层次、不同范围、不同类别、不同角度的划分。但其源头的根据，是人的消费需要是成结构的。吃穿住用行的基本需要结构，派生出个体的、家庭的、社区的、地区的、民族的、国家的需求结构；人类的经济活动由此又会形成与之对应的产品结构、行业结构、产业结构等。在市场经济中，就表现为宏观的供给结构和需求结构。中间产品既可以表

现为供给，同时也可以表现为需求。经济结构是一个大系统，包含着非常复杂的关系，大的方面，有供给侧结构，也有需求侧结构。所以，所谓结构性改革也是一个复杂系统的改革，既包括供给侧改革，也包括需求侧改革，还包括各个方面的结构性改革。这次结构性改革的主要内容表现为供给侧改革。

结构性改革更为深刻的理论内涵是供给结构如何与需求结构相匹配，形成供求关系一一对应的整体经济结构。市场的基本功能是完成资源配置，而结构平衡是资源配置的理想状态。为了更清晰表述这种状态，这里我们借用化学的配平①概念，把这种理想的资源配置叫作资源配平。结构性改革的实质就是实现资源配平。

马克思的再生产理论，特别是关于两大部类平衡关系的论述为资源配平意义上的结构性改革提供了理论依据。马克思将社会生产分为两大部类，价值和实物的实现，除在各自部类内交换完成外，通过两大部类之间的交换，双方的产品，在实物形态上恰好是对方需要的，价值量又恰好相等，从而完成了社会总产品的价值实现和实物实现。马克思的社会再生产理论对理解和指导结构性改革极具指导意义。

帕累托最优理论其实刻画的也是这样一个理想状态：消费最优是理想的需求结构；生产最优是理想的供给结构，而两个结构的匹配，则是整体结构组合的最优。今天，结构性改革追求的正是帕累托最优的理想状态。

四、按比例规律实现的新机制

理想状态的实现必须找到实现的途径和机制。按比例发展是任何一种社会化生产的必然规律，但如何实现这个规律，人类进行了不同方式的探索。资本主义经济在市场经济充分发展的基础上，强化政府的宏观调控，在一定程度上“烫平”了过剩周期，使市场经济逐步走向成熟，但也未能避免一次比一次更为深刻的危机；社会主义国家计划经济的实践，预先决定比例，克服了经济的无政府状态，但又失去了经济活力，陷入发展停滞的困境。中国的改革开放，在社会主义制度的基础上，引入市场经济，使经济发展得到了快速发展，但同样遇到了资本主义经济早期碰到的同样问题。所以，我们必须进行按比例发展规律实现新机制的探索。在完成今年五大任务的同时，我们还必须深入思考：为什么会出现结构失衡？已经认识到的问题，也出台了政策，为什么迟迟解决不了？已经市场低迷，却依旧扩大产能？如何才能避免大的结构失衡？出现结构失衡的征兆后，如何才能防止继续恶化？

五中全会对“十三五”规划的新认识、新把握，提出五大发展理念，强调

① 在化学反应的过程中，遵守质量守恒定律。为了使方程式满足质量守恒定律，需要对方程式加以配平。

规划的指导性、约束性、控制性以及对其实现的坚定意志，应该说就是一种探索和创新。中央经济工作会议提出的五大任务及其政策措施也是一种探索和创新。随着“十三五”规划的推进和实现，我相信，我们一定可以找到经济发展按比例规律的实现新机制。

供给侧结构性改革是中国特色社会主义政治经济学的创新发展

董小麟*

在中国经济进入新常态、世界经济格局出现新变化的背景下，中国经济的改革发展必然需要在政治经济学理论及其与实践的结合上创新突破，以进一步增强经济发展的韧性，促进既定发展目标的实现。为此，2015 年 11 月以来，中央提出要着力加强供给侧结构性改革。这一决策是基于现阶段发展形势和任务的科学判断，是主动引领新常态的必然选择，是中国特色政治经济学在指导改革发展实践中的理论创新。

一、马克思主义经典重视供给侧在经济运行中的地位和作用

供给侧结构性改革的命题是基于马克思主义政治经济学在中国特色社会主义现阶段的理论创新，具有马克思主义经典学说的坚实根基。在马克思的《资本论》等主要论著中，对供给侧在经济运行特别是基于市场的经济关系中所具有的地位和所发挥的机制性作用，一直有明确的论述。

（一）供给可以创造需求的对象、方式和主体

马克思在写作《资本论》之前所做的奠定马克思主义政治经济学研究对象的文稿《〈政治经济学批判〉导言》中指出：一方面，消费作为生产的目的，“消费创造出新的生产的需要”；[①] 另一方面，生产不仅仅是满足消费的手段，而且，“生产生产着消费”“生产不仅为主体生产对象，而且也为对象生产主体”，

---

* 董小麟，中国经济规律研究会名誉副会长，广东外语外贸大学/中山大学教授，广东亚太创新经济研究院院长，广东工业大学华立学院执行院长。

① 马克思：《〈政治经济学批判〉导言》，选自《马克思恩格斯选集》第二卷，人民出版社 1972 年版，第 102 页。

生产“生产出消费的对象、消费的方式和消费的动力”；“不仅消费的对象，而且消费的方式，不仅客体方面，而且主体方面，都是生产所生产的。所以，生产创造消费者”。[①] 马克思的阐述，不仅从生产方式、生产关系的基本运行原理上具有政治经济学基础理论价值，而且在今天的市场经济运行基于买方市场基础下，对现实的市场供求矛盾具有深刻的理论昭示：越是买方市场，越是需要供给的创新，才能发挥对消费的创造性作用。

在这里，生产实际上就是组织供给，是创造供给的人类活动。马克思对生产即供给在社会经济运行中的地位和作用的高度肯定，是基于他认为生产是经济活动的起点，他说，生产与消费“表现为一个过程的两个要素，在这个过程中，生产是实际的起点，因而也是居于支配地位的要素……是整个过程借以重新进行的行为”。[②] 由此，我们可以深刻理解，在今天处于“新常态”下的中国经济，其“韧性”的保持，需要让我们的生产即供给的结构优化、水平提升，从而带动起中国经济“整个过程借以重新进行”。

（二）有效用的供给方能成为价值的物质承担者

在《资本论》中，马克思清楚地阐述了商品的使用价值与价值的关系。使用价值能不能成为价值的物质承担者，就在于供给方“要生产商品，他不仅要生产使用价值，而且要为别人生产使用价值，即生产社会的使用价值［而且不只是简单地为别人。……要成为商品，产品必须通过交换，转到把它当作使用价值使用的人的手里。］”[③] 这里说的就是供给的有效性，这种有效性即效用的承认，是来自“把它当作使用价值使用的人”，所以，所谓“产能过剩”一类问题，本质上是“过剩”的部分已不能提供“社会的使用价值”，其存在是得不到社会承认的，因而这些过剩产能就是社会资源的浪费或闲置（以它提供徒增库存的商品是一种浪费，而闲置它则是另一种浪费），只有转换产能、更新产能，把无效、低效供给转化为有效、高效供给，才能为社会创造更有效的生产和更优质的消费，形成有意义的 GDP。

（三）有效供给构成社会总生产系统的有机组成部分

马克思说：“供求以价值转化为市场价值为前提”，[④] 从而，“要使一个商品按照它的市场价值来出售，也就是说，按照它包含的社会必要劳动来出售，耗费在这种商品总量上的社会劳动的总量，就必须同这种商品的社会需要的量相

---

① 马克思：《〈政治经济学批判〉导言》，选自《马克思恩格斯选集》第二卷，人民出版社 1972 年版，第 95 页。

② 马克思：《〈政治经济学批判〉导言》，选自《马克思恩格斯选集》第二卷，人民出版社 1972 年版，第 97 页。

③ 《资本论》第一卷，人民出版社 2004 年版，第 54 页。

④ 《资本论》第三卷，人民出版社 2004 年版，第 216 页。

适应”。[①] 所以，“尽管每一物品或每一定量某种商品都只包含生产它所需要的社会劳动，并且从这方面来看，所有这种商品的市场价值也只代表必要劳动，但是，如果某种商品的产量超过了当时的社会需要，社会劳动时间的一部分就浪费掉了，这时，这个商品量在生产上代表的社会劳动量就比它实际包含的劳动量小得多”。[②] 这些论述告诉我们，特定商品或特定产业，其投入的总劳动，要符合社会需要的结构，所以，适时调整供给侧的结构，必须借助宏观调控的力量，从社会全部资源的合理配置上着眼，同时又必须基于市场对其价值的承认程度来制约微观行为，那些“僵尸企业”是不应该获得市场力量以外的其他救助的。

（四）供给的实现必须以需求为归宿

在确定供给侧的劳动投入必须尊重社会总劳动的合理结构的同时，马克思注重强调了需求的变化。“在需求方面，看来存在着某种数量的一定社会需要，要满足这种需要，就要求市场上有一定量的某种物品。但是，从量的规定性来说，这种需要具有很大的弹性和变动性。它的固定性是一种假象。”[③] 马克思所说的需求的“固定性是一种假象”的提法非常值得重视，它所揭示的就是需求的变化是现实的常态，不变则是假象。随着技术进步、消费水平提升，需求的变化呈现加速更新的趋势，这种变化不仅是量的概念，更多是结构性的变化。

在需求侧显示的规模与结构性变化加快的进程中，如果供给侧的结构性变化和升级跟不上，需求就会或者寻求空间的转移（境外消费的提升就是一种表现）；或者表现观望、等待（储蓄增长快于收入或GDP的增长）；或者转化需求的性质（如转向对投资品的追捧）等。这些由供给侧结构性改革滞后造成的需求受抑、需求转移、需求变性，对于一国经济增长动力的优化（提升消费对经济增长的贡献度）是无益的。因此，无论是供给侧结构调整的滞后，还是供给侧结构性改革的成功，检验的标准仍然是消费需求的满足程度，表现为当期市场购买力的充分程度。所以，是“消费完成生产行为”“消费不仅是使产品成为产品的最后行为，而且也是使生产者成为生产者的最后行为”。[④] 因此，市场决定资源配置就成为必然。

二、供给侧结构性改革体现中国特色政治经济学的指导意义

供给侧结构性改革，对中国宏观经济质量提升、微观经济质素改善都具有

① 《资本论》第三卷，人民出版社2004年版，第214页。
② 《资本论》第三卷，人民出版社2004年版，第208页。
③ 《资本论》第三卷，人民出版社2004年版，第209～210页。
④ 《资本论》第三卷，人民出版社2004年版，第96页。

重要的实践指导意义。在发展中大国如何在进入上中等收入经济体以后，进一步为经济增长培育新动力、实现更高层次的供求良性互运的社会主义市场经济运行模式，也具有重要的基于中国实践而创新的理论意义。

（一）推进供给侧结构性改革是突破发展障碍的需要

供给侧结构性改革在现阶段的提出，从中国经济运行的宏观层面看，一方面，针对总供给与总需求格局中的供给结构失衡问题而提出的。供给结构的失衡，又突出表现为一批行业的整体产能与库存过剩，表明这些领域的资源配置多超出了社会再生产的合理比例；在深度参与经济全球化的过程中，这种合理比例同时受全球再生产周期的制约。自国际金融危机爆发以来，这种产能与库存过剩问题愈加严重；由于国际市场外需疲软不振，世界经济的再平衡充满变数，中国作为世界第一出口贸易大国的外销必然受到很大冲击，从而加剧了产能与库存双过剩的压力。

另一方面，从国内的发展进程看，在改革开放三十多年中，我们为解决人民群众日益增长的物质文化生活的需要同落后的社会生产之间的矛盾，大力发展生产，走出了短缺经济的困境，经济规模总量进入国际前列，人民生活得到极大改善；但与此同时，在做大经济总量的时候，也愈益严重地出现了各地各行业拼产能、拼产值的粗放发展。因此，按照马克思主义政治经济学的基本观点与方法，因势利导提出去产能去库存，绝不是权宜之计，而是把当前的发展诉求与长远的可持续发展结合起来的重要的战略决策。从宏观经济的层面看，就是要全面调整优化供给的结构，压缩长线、补齐短板，去除库存、激活存量，改善供给、稳定增长。这样做，所产生的战略意义在于：基于对市场配置资源的决定性要求，把传统领域高消耗高浪费的低效无效投入，真正转变为致力于创新驱动和开拓发现新增长点的投入；降低供给侧的无效耗损，实现市场对资源配置的真正优化和社会再生产的良性运行；全面提升供给体系质量和效率，降低社会必要劳动的平均耗费，推动中国社会生产力水平整体改善。

（二）推进供给侧结构性改革是激活企业潜力的需要

宏观经济质量的提升是一种系统性的功能，本质上依靠微观经济行为的合力是否优化。企业作为市场最重要的主体和国民经济的微观基础，它既是需求者，更是供给者，其效益就来自其供给水平与其需求水平的差额。所以，愈是能提供有效供给的企业，其效益就愈佳，反之就愈差。对一个国家而言，企业强则国力盛，所以我们自改革开放的国策制订以来，企业的活力总是摆在改革发展的重要位置。

中国提出实行供给侧改革，把稳增长调结构增效益结合起来考虑，实际上也是基于对企业近年来所受到的市场环境压力的关注，是对企业提高有效供给能力并同时实现企业效益的关注。推进供给侧改革，对于新常态下的企业，具有多方面的利好：一是在产能与库存过剩行业，通过改革，淘汰落后、过剩的部分，有利于企业及其所在行业摆脱恶性竞争和经济效益下滑的态势，提升企业行为对市场机制的敏感度，腾出手来致力创新发展；二是在供给侧改革中，国家通过财税政策、金融政策的扶持和完善营商环境，采取更活的微观政策，减轻企业负担，提高企业投资和发展的信心，有利于激活企业作为供给者的潜能；三是供给侧结构性改革注重加减乘除并举，在压产能的同时，通过更加精准的产业政策，推进农业现代化、制造业升级、服务业发展、基础设施建设等，既为企业投资发展展示新领域，又为企业所需的社会服务进一步完善着配套的产业体系和市场体系，必将有利于企业在市场机会的选择中更加游刃有余，在市场交易中更加降低交易成本。

（三）推进供给侧结构性改革是扩大消费需求的需要

马克思主义政治经济学已经表明，供给与需求从来不是彼此孤立的关系。2016年4月习近平总书记在考察安徽时的讲话中再次谈到供给侧结构性改革的问题，他说："在适度扩大总需求的同时，着力加强供给侧结构性改革，是对中国经济发展思路和工作着力点的重大部署。各地要结合自身实际，认真贯彻新的发展理念，围绕去产能、去库存、去杠杆、降成本、补短板，优化现有生产要素配置和组合、增强经济内生增长动力，优化现有供给结构、提高产品和服务质量，培育发展新产业新业态、提供新产品新服务。归结到一点，就是要进一步解放和发展社会生产力，用新供给引领需求发展，为经济持续增长培育新动力、打造新引擎"。①

因此，着力实施供给侧的结构性改革，不是忽略内需的扩大，而恰恰是着眼于中国进入上中等经济体并处于新常态的实际，"用新供给引领需求发展"，提高有效供给能力，通过创造新供给、提高供给质量，从而更好地扩大消费需求。我们今天所以把供给侧改革放在更加注重的地位，正是因为以往的经济发展较多注重需求侧的因素，而需求扩大所面临的约束，在当前又很大程度上是由供给的结构性缺陷所造成。由此，我们一方面看到市场上部分原材料和工业制成品的积压；另一方面却又看到关乎经济增长和民生改善的新产业新领域的供给不足这种矛盾的现象。可见，在供求关系的矛盾运动中，矛盾的主要方面在当前就体现在供给侧的问题。抓住矛盾的主要方面，完善供给的结构性改革，内需的扩大将获得新的激活。一方面，这种激活是通过企业转产转型和创新活动，开拓和引导新的需求；另一方面，供给方的活力将通过拉动投资与就业的增长，进一步提升国民的消费力而实现社会总需求的持续扩大。

① 习近平：《加强改革创新开创发展新局面》，载于新华网2016年4月27日（http：//www.chinanews.com/m/gn/2016/04-27/7850820.shtml）。

三、如何实现供给侧结构性改革的历史闯关

供给侧结构性改革是引领中国经济新常态的重大战略部署，也正如习总书记明确指出的："结构性改革是绕不过去的历史关口"。因此，实现供给侧改革，本身就是一次结构"闯关"，必须在中国特色政治经济学指引下，全面谋划、积极推进、有效实施好这场闯关之战。

（一）结构性改革是绕不过去的历史关口

经过三十多年的改革开放，中国经济总量跃居世界第二位，对世界经济增长的贡献达到30%左右；但随着国内需求的转型和国际市场的结构性变化，原有的产业结构与产品结构对市场的适应能力显著减弱，产能过剩、库存膨胀的问题愈益突出，资源环境因素的制约也愈益显著。而与此同时，近年国内全社会的存款增长仍超过GDP的增速，中国人境外购物的积极性有增无减。这一切现象说明了一个严峻的事实：为什么社会的潜在需求不能在国内市场上充分展现？正是因为在供求的矛盾运动中，供给侧对市场的结构性不适应已经成为制约经济良性运行的矛盾主要方面。如果我们对此熟视无睹，仍然满足于对传统增长路径的依赖，只追求数量增长而忽视结构优化和质量提升，放任大批"僵尸企业"和落后产能占用大量资源而不能提供有效供给，就必将失去实现中国发展方式转变的历史机遇。

对于供给侧的结构性问题，不改革就没有竞争力，不改革就影响资源配置效益，不改革就不利民生改善，不改革就制约科学发展。因此，既然是绕不过去的历史关口，那就必须下定决心，勇于闯关、善于闯关，着力去产能、去库存、去杠杆、降成本、补短板，闯出经济社会发展的新境界、新天地。

（二）在优化供给主体结构中着力闯关

供给侧的结构性问题，关键是供给主体的结构问题。"闯关"必须依托企业主体行为的变革，基于市场对资源配置的决定性作用而实现。因此，只有供给主体充满市场活力、形成与时俱进的竞争力，才能形成供给侧改革的内生力量，源源不断向市场提供更优的有效供给，不断激活市场需求，创造消费动力。而供给主体结构的改革，必须做好加减乘除的运算，有减有增、有抑有扬。

对于长期耗费国家财力和市场资源而缺乏创新能力、无力激活需求的僵尸企业、弱势企业或落后的业态主体，需要多做减法、除法，通过撤销、兼并、技改和转型等多种路径，一企一策、准确把握、分类指导；通过对原有落后产能和相对过剩的产能进行淘汰或压缩，盘活经营资产，为高新技术产业、战略性新兴产业和民生所需产业排除发展障碍、腾出发展空间。在去产能、去库存

的同时，对符合创新、协调、绿色、开放、共享五大发展理念的项目及其投资主体、运营主体，多做加法、乘法，给予大力扶持。与此同时，企业作为市场经营主体，必须强化自身对市场变化规律的前瞻性认识，在大浪淘沙中善谋发展，勇于实现科技创新、产品创新、品牌创新、业态创新。这样，我们的供给质量和水平就会有不断地提升，供给侧改革闯关就可以取得应有效果。

（三）在优化完善市场环境中助力闯关

市场环境的优化是全面深化改革、完善社会主义市场经济体制的重要内容，是当前确保供给侧结构性改革顺利闯关的必要条件。

市场环境中的关键要素，一是营商环境的优化；二是创新氛围的营造；三是基础设施和公共服务的保障。在营商环境的优化中，政府既要做到清正廉明，又要积极做好重商、亲商、安商、护商的工作，把对经济发展势头的关注落实到对市场经营主体的优化帮扶之中，降低市场交易成本，维护市场公平，为各类企业主体创新活力的迸发提供更国际化、法制化、便利化的营商环境，这样才能使企业减少闯关阻力，成为闯关的强大主力军。要着力营造创新氛围，调动和集聚创新要素，维护创新者权益，打造区域创新体系，在政企之间、产学研之间、产业园区和行业组织之间构建起协同创新机制和创新平台，加强研发投入和技改力度，加强培育工匠精神和质量意识，对供给侧存在的问题不绕不避，对新技术新业态新市场要抢占先机，形成鼓励创新、合力闯关的友好环境。要着力加快完善便民便商、宜居宜业的基础设施建设和各种社会公共产品和服务的提供，及时补短板，以便在优质高效的互联互通中促进商流、客流、物流、信息流、资金流的顺畅，在供给侧结构性改革的闯关中，全面提升生产、流通、消费的运行质量和效益，走出一条有中国特色的社会再生产健康发展的新路。

论供给侧宏观管理的特点及其实现

何自力*

推动供给侧结构性改革是中国当下及今后一个时期经济改革与发展的中心任务。加强供给侧结构性改革是党中央在科学判断中国经济发展新阶段的特点和规律性的基础上作出的重大决策，是科学认识新常态、主动适应新常态和自觉引领新常态的重大战略布局。供给侧结构性改革涉及经济运行的方方面面，在宏观层面更好发挥政府作用，提高供给侧宏观管理水平，是供给侧结构性改革的重要内容之一，对深化供给侧结构性改革具有重要意义。

一、需求侧管理与供给侧管理的特点

需求侧管理与供给侧管理是宏观调控的两种具体形式。

宏观调控是市场经济条件下政府的一项经济职能，旨在利用经济、行政和法律手段对社会供求总量和结构进行调节和干预，促进经济增长，增加就业，稳定物价，保持国际收支平衡，以确保国民经济协调稳定健康快速运行。在社会主义市场经济条件下，强调市场在资源配置中发挥决定性作用的同时也要加强宏观调控。市场经济本质上是市场决定资源配置的经济，市场经济中的供求机制、价格机制和竞争机制对供求关系平衡具有一定的调节作用，但是，市场机制的调节作用存在着自发性、盲目性和滞后性等市场失灵问题，难以避免供求关系严重失衡，难以克服经济波动和危机，所以客观上需要通过政府加强宏观调控来弥补市场失灵，防止和克服社会供求总量和结构的失衡。

需求侧管理是宏观调控的重要形式之一。需求侧管理是一种间接性宏观调控体制，指在宏观经济调控中政府主要通过财政政策、货币政策等经济手段对

* 何自力，南开大学教授，博士生导师，研究方向为比较制度分析、产业组织、现代资本主义。

市场进行调控，间接引导生产者做出扩大或减少投资的决策，引导消费者做出增加或减少消费的决策，以实现总供给和总需求的平衡。需求管理具有间接性、诱致性、广泛性和短期性特点。间接性是指政府利用价格、利率、税率、工资、汇率等经济杠杠对企业和消费者的决策活动进行调节，以达到供求平衡的目的。诱致性是指政府的宏观调控手段体现的是一种利益导向，它通过对决策主体经济利益的诱导达到宏观调控的目的，不是强制性地要求经济主体服从政府的调控要求。广泛性是指政府利用价格、利率、汇率等经济杠杆对所有经济主体的决策活动进行调节，而不是只针对特定经济主体。短期性是指政府根据宏观经济运行现状和短期趋势的判断进行调控，以求在短期内达到调控的目的。需求侧宏观管理的这些特点决定了需求管理具有自己的特定逻辑，即政府调控需求，需求引领供给。

与需求侧管理不同，供给侧管理则是一种结构性定向性宏观调控体制，指在宏观经济调控中政府主要基于国民经济发展规划和相应的产业政策确定的目标，通过经济、行政和法律手段对供给结构与供给活动进行定向调控，以实现总供给和总需求的结构平衡。供给管理具有较强的直接性、强制性、精准性和长期性特点。直接性是指政府运用经济的、行政的和法律的手段，对包括产权结构、投融资结构、产业结构、产品结构等在内的供给结构进行直接干预，使其变化符合经济发展战略和宏观调控的目标，通过这种调控，政府往往能够对整个宏观经济运行形成较强的掌控。强制性是指政府对市场主体的决策行为和选择行为具有较强的约束力，要求市场主体的决策和选择服从宏观调控目标和任务，对符合宏观调控要求的市场主体会给予鼓励和支持，对不符合调控要求的市场主体则要给予批评和处罚。精准性是指政府根据国民经济发展规划和特定时期宏观调控的目标与任务，对特定市场主体进行定向调控和重点调控，以达到迅速取得宏观调控效果的目的。长期性是指政府根据国民经济规划，从宏观经济运行的大趋势、总目标和总任务出发进行宏观调控，由供给侧宏观调控的特点所决定，供给管理具有自己的特定逻辑，即政府调控供给，供给创造需求。

与需求侧管理相比，供给侧宏观调控的最大不同点是具有较强的法律强制性，要求调控目标明确，重点突出，精准发力，速战速决，这是供给侧管理的最大优势。具体说来，供给侧宏观调控的优点是有利于对现有企业进行快速的关停并转，淘汰落后产能；有利于对优秀企业进行精准定向支持，提升经济运行质量；有利于推动企业兼并重组，优化产业组织结构；有利于鼓励企业开展技术创新，形成自主创新能力；有利于优化产业结构，提高产业质量；有利于统筹兼顾、综合平衡，实现国民经济各部门协调发展。可见，供给管理与需求管理各有特点，将二者结合起来，有助于提高宏观调控水平，有助于防止经济比例关系失调，有助于克服总供给与总需求的失衡，有助于实现国民经济健康协调快速稳定地运行。

二、加强供给侧宏观管理的必要性

1992年，党的十四大提出了中国经济体制改革的目标是建立社会主义市场经济体制。建立社会主义市场经济体制的关键问题是处理好政府与市场的关系，特别是处理好市场调节与宏观调控的关系。二十多年间，对政府与市场的关系，特别是市场调节与宏观调控的关系，我们党一直在根据实践拓展和认识深划寻找新的科学定位。党的十五大提出“使市场在国家宏观调控下对资源配置起基础性作用”；党的十六大提出“在更大程度上发挥市场在资源配置中的基础性作用”；党的十七大提出“从制度上更好发挥市场在资源配置中的基础性作用”；党的十八大提出“更大程度更广范围发挥市场在资源配置中的基础性作用”，在党的十八届三中全会关于《中共中央关于全面深化改革若干重大问题的决定》中进一步提出“使市场在资源配置中起决定性作用和更好发挥政府作用”。从这些探索可以看出，我们党对政府与市场关系的认识在不断深化。

随着市场在资源配置中的决定作用不断加强，一个以财政政策、货币政策等为主要内容的间接性宏观调控体系逐步形成，其基本特点为：

（1）以总量平衡作为调控的主要目标。宏观经济平衡被认为是总供给和总需求的量的平衡，宏观调控的总目标被确定为加强国民经济和社会发展中长期规划的研究和制定，提出发展的重大战略、基本任务和方针政策，把转变经济发展方式、推进结构调整、实现社会供求的总量平衡和结构平衡作为宏观调控的着力点。

（2）以反周期作为调控的主要任务。宏观调控的总目标是总供给与总需求的量的平衡，由于经济波动往往呈现出一定的周期性，所以宏观调控的主要责任就是对周期性波动进行干预，以便“熨平”经济波动峰谷。

（3）调控行为具有短期性。以总量和反周期作为宏观调控的主要内容，决定了宏观调控必须在短时间里减弱经济波动，化解经济危机，实现总供给与总需求的平衡。

（4）以间接调控作为调控的基本方式。政府不再直接对企业的生产活动进行管理，而是利用财政政策、货币政策等经济手段调节市场，进而间接影响企业微观经济行为，达到宏观调控的目标。

中国建立的宏观调控体系对实现社会供求的总量和结构平衡和国民经济健康稳定发展产生了积极作用。在应对2008年国际金融危机的冲击过程中，由于正确把握宏观调控方向、重点、节奏和力度，采取了一系列促进积极平稳较快发展的政策措施，迅速扭转和遏制了经济增速下滑的趋势，使中国经济率先走出低谷，经济回升向好的趋势不断得到巩固。但是，间接性宏观调控体系贯穿的基本逻辑依然是凯恩斯主义的需求管理逻辑，即政府干预市场，市场引导企业，亦即政府调节需求，需求引导供给。这种调控方式存在诸多不足：一是在解决总量失衡的短期问题上具有比较优势，而在解决结构失衡的长期问题上缺乏优势，当国民经济的总量和结构同时出现失衡时，调控的效果往往不明显；二是调控手段对经济主体具有诱致性而缺乏强制性，难以产生有力的调控效果；三是调控往往在经济出现严重波动后进行的，而此时进行调控已经错过有效时机，调控的效果比较差；四是宏观调控手段简单，除了财政政策和货币政策外缺乏更多的政策选择。这些不足的存在大大抵消了需求侧宏观调控的效果。

目前，中国经济已经进入新常态，经济发展面临一些新情况、新问题，结构失衡已成为经济进一步发展的瓶颈，其主要表现是在人口与劳动、资本和金融、资源和产权、技术与创新、产业积聚、规模经济、人力资本积累、知识外溢等问题对经济持续发展形成消极约束；资源、能源、环境约束加大，资金、土地、劳动力等要素成本上升，企业创新能力不强，高投入、高消耗、高污染的发展方式难以为继；供给结构不适应市场需求，既存在低端产业的严重产能过剩，也存在着中高端产品和现代服务业的有效供给不足；经济增速放缓，经济下行压力比较大。这些问题靠传统的需求管理已经解决不了，必须加强供给管理。

2015 年年底召开的中央经济工作会议将加强供给侧结构性改革提高到十分重要的地位，明确指出供给侧结构性改革的重点是解放和发展社会生产力，要用改革的办法推进结构调整，减少无效和低端供给，扩大有效和中高端供给，增强供给结构对需求变化的适应性和灵活性。供给侧结构性改革，既强调供给又关注需求，既突出发展社会生产力又注重完善生产关系，既发挥市场在资源配置中的决定性作用又更好发挥政府作用，既着眼当前又立足长远。

经济发展新常态、五大创新理念和供给侧结构性改革等重大理论创新成果对创新和完善宏观调控方式具有十分重要的指导意义，它要求宏观调控既要重视需求侧管理，更要加强供给侧管理。对于需求侧宏观管理而言，要稳字当头，为结构性改革营造稳定的宏观经济环境。财政政策要加大力度，阶段性提高财政赤字率，适当增加必要的财政支出和政府投资的同时，保障政府应该承担的支出责任。货币政策要灵活适度，为结构性改革营造适宜的货币金融环境，降低融资成本，保持流动性合理充裕和社会融资总量适度增长。要科学确立间接融资与直接融资比重，优化信贷结构，稳定推进汇率形成机制改革。对供给侧管理而言，要准确定位结构性改革方向，大力推进农业现代化、加快制造强国建设、加快服务业发展、提高基础设施网络化水平等，推动形成新的增长点，要坚持创新驱动，注重激活存量，着力补齐短板，加快绿色发展，发展实体经济。目前供给侧宏观管理的重点是促进产能过剩有效化解，促进产业优化重组，降低企业成本，发展战略性新兴产业和现代服务业，增加公共产品和服务供给，提高供给结构对需求变化的适应性和灵活性。

三、正确认识供给侧宏观管理

有一种观点认为中央提出加强供给侧结构型改革是借鉴和吸取了美国供给学派和里根经济学的主张与做法，这一认识是完全错误的。20 世纪 80 年代初，针对经济停滞、失业率高启的困难局面，美国总统罗纳德·里根接受美国供给学派提出的主张，放弃了传统的凯恩斯主义国家干预政策，实施了一套以大规模减税、缩小政府开支、放松政府管制、削弱政府干预、强化市场自发调节为主要内容的经济纲领，力图推动经济增长，降低失业率，这套做法被称为里根经济学。历史经验表明，里根政府信奉供给主义经济学，大力削弱政府干预和强化市场自发调节，并没有解决经济停滞和通货膨胀问题，反而使美国经济的内在矛盾进一步激化，催生金融和经济危机：（1）投资自由化驱使垄断资本大规模进行对外直接投资，大量传统产业，如服装、鞋帽、纺织、造船、炼钢、电子等，转移到发展中国家，加快了去工业化和产业空心化进程，导致美国制造业严重萎缩；（2）金融自由化旨在为庞大的金融资本寻找谋利机会，金融机构突破原有的专业分工界限，综合经营各种金融业务，银行和非银行存款机构间的利率限制差距被取消；（3）金融工具不断创新，传统信贷业务逐年减少，银行业脱媒趋势加剧；（4）融资方式的证券化趋势出现，金融风险不断扩大；（5）经济的服务化和金融化程度不断提高，虚拟经济与实体经济严重脱节；（6）减税导致政府财政赤字不断攀升，债台高筑，寅吃卯粮；（7）政府放松管制，限制工会活动，公司高管薪酬不断上升，高出普通工人数百倍以上，收入不平等加剧；（8）经济增速低迷，产品竞争力不断下降，外贸赤字激增。所有这一切最终导致 2008 年金融危机的爆发，美国经济受到重创，世界经济也遭受严重拖累，至今没有走出停滞阴影。供给主义经济学和里根经济学理论上逻辑严重混乱，实践上也未达到预期目的，早已破产并被历史唾弃，根本没有资格，也不可能成为我们加强供给管理的指导思想和理论基础，绝不能将供给侧管理与供给主义经济学和里根经济学混为一谈。

加强供给侧管理也不是要实行计划经济。传统的集中计划经济是以行政命令调节资源配置的经济形式，它要求实行生产资料的单一公有制，由国家统一组织和管理国民经济，这一体制已经被实践证明不符合生产力发展的要求，实行集中计划经济无助于解决今天我们面临的经济发展问题。加强供给管理是以社会主义市场经济为基础的，要体现社会主义市场经济的要求，这就是，一方面要尊重企业的市场供给主体地位，充分尊重企业经营自主权，充分发挥市场在资源配置中的决定作用，激发各类市场主体创业、创新活力；另一方面要尊重和利用按比例发展规律，基于经济和社会发展规划，运用经济的、行政的和法律的手段对企业的投融资与生产行为从需求与供给两方面进行干预，确保社会总供给与总需求在结构上和总量上保持平衡。虽然供给管理具有较强的直接性、强制性、倾斜性和事前性，但是，它与集中计划经济中的事无巨细、无所不包的行政命令管理完全不同，也不是要替代需求管理，而是与需求管理密切配合，相辅相成，发挥各自优势，共同完成宏观调控任务，实现宏观调控目标。

四、建立供给侧管理与需求侧管理相统一的宏观调控体制

中国宏观调控体系是随着社会主义市场经济的发展而不断健全和完善的，在经济发展进入新常态的情况下，为了适应新常态和引领新常态，进一步创新和完善宏观调控体制势在必行。要坚持需求管理和供给管理并重，把产业政策和竞争政策有机结合起来，大胆探索创新政策工具，盘活存量、用好增量，有保有压、有扶有控，保持经济运行在合理区间，推动结构调整优化，提高经济质量效益。

其一，要依据国家中长期发展规划目标和总供求格局实施宏观调控。国民经济和社会发展中长期规划体现了国家意志、人民愿望和对发展规律的把握，明确了国家发展战略目标和重点任务，是引导经济社会发展的重要纲领和制定宏观经济政策的主要依据。要立足于中国长期处于社会主义初级阶段这个最大的现实，坚持以经济建设为中心，以经济体制的改革带动经济的发展，利用发展来解决中国在发展的各个阶段所面临的问题。“十三五”期间要以五大创新理念为指导，宏观调控要更加注重扩大就业、稳定物价、调整结构、提高效益、防控风险、保护环境，要完善以财政政策、货币政策、产业政策为主，区域政策、投资政策、消费政策、价格政策协调配合的政策体系，增强财政货币政策协调性。

其二，坚持总量调控与结构调控相结合。实施宏观调控要把握好稳增长和调结构的平衡点，一方面，保持经济总量基本平衡，把握好总供求关系的新变化，明确经济增长合理区间的上下限，加强区间调控、相机调控，加强政策预研储备，备好用好政策工具箱；另一方面，依据国家中长期发展规划目标和总供求格局实施结构性宏观调控，重视产业政策的制定，明确政策基调，增强可预期性和透明度，加大结构定向调控力度，增强针对性和准确性。要瞄准经济运行中的结构性矛盾，如不平衡、不协调、不可持续等，统筹施策、精准发力，推动重大经济结构协调和生产力布局优化，努力提高经济发展的质量和效益。

其三，坚持短期调控与中长期调控相结合。宏观调控要立足当前、兼顾长远，既有利于解决当前面临的矛盾，也为长远发展打好基础。一方面，增强宏观调控的针对性、有效性，通过预调微调，搞好需求管理，促使总需求与总供给基本平衡，“熨平”短期经济波动，保持经济运行在合理区间，防范化解各种

经济风险；另一方面，着眼于改善中长期供给能力，大力实施创新驱动发展战略，培育新的经济增长点、增长极、增长带，加快推动经济结构优化，不断提高要素产出效率，促进经济提质增效升级，提升经济潜在增长能力，为经济持续健康发展奠定坚实基础。特别需要指出的是中长期宏观调控应当成为宏观调控的主体，短期调控只具有辅助性，尤其是不能把相机调控作为宏观调控的主体。古语说得好，人无远虑，必有近忧，这句话用于宏观调控非常贴切。宏观调控必须立足长远，放眼世界，观大势，谋大局，只有这样才能真正发挥宏观调控的功能。如果宏观调控只盯着眼前的经济状况，"头痛医头，脚痛医脚"，必然会使宏观调控成效大打折扣，经济运行中存在的矛盾和问题会不断积累，直到发生系统性经济波动和危机，到那时再加强宏观调控已无济于事了。西方国家的宏观调控在这方面积累的教训很多，必须认真总结和吸取，以免重蹈覆辙。

其四，坚持国内和国际宏观调控统筹。中国经济已经深度融入世界经济，国际投资贸易格局变化、世界资本流动、大宗商品价格波动、主要经济体经济政策调整都会不同程度传导、影响到国内经济运行。在这样的大背景下，宏观调控必须具备全球视野，统筹两个市场、两种资源，更多参与国际宏观经济政策协调，推动国际经济治理结构完善。要加快形成参与国际宏观经济政策协调的机制，主动加强与主要经济体的政策协调和沟通，更加积极地参与多双边国际经济合作，提升国际话语权，推动国际宏观经济治理结构改革，促进国际经济秩序更加公正合理。"一带一路"是中国参与和推动国际经济合作，扩大国际经济联系的重要举措，是中国开展国际宏观经济调控的重要平台和依托。我们要在推进"一带一路"战略过程中坚持共商、共建、共享，加强政策沟通、设施联通、贸易畅通、资金融通、民心相通，推进国际产能和装备制造合作，拓展发展空间，为世界经济稳定复苏作出积极贡献。

其五，建立风险识别和预警机制。宏观调控的重要职能是维护和实现宏观经济协调稳定运行，而防患于未然是更为重要的职能。为此，要加强对国内外政治和经济形势的密切观察和跟踪，有效防范和化解突出风险隐患。要坚持预防为主的调控原则，就是说，要把国际国内重点领域重大风险作为重点，加强信息搜集和分析整理，建立健全风险识别和监测预警体系，做好应对预案，最大限度地争取主动，将经济波动和危机消弭于萌芽状态。要根据经济和社会发展的实际确定风险防范重点领域。目前财政、金融、能源、矿产资源、水资源、粮食、生态环保、安全生产、网络安全等方面的风险防控具有十分重要的意义，要将这些领域作为重点防控对象。要加强宏观调控政策分析评估机制建设。政策分析评估机制的主要任务是对宏观调控政策的背景、力度、效果和可能产生的影响进行分析与量化测算，统筹进行政策综合评估和协调，增强宏观调控政策体系的有效性。

其六，增强宏观调控的精准性。决定宏观调控成效的关键是精准性。精准性强调的是宏观调控要准确把握政策的方向、力度和节奏，对调控目标准确发力。进行精准性宏观调控，不仅要对宏观调控措施进行精心考虑和精密设计，在充分调查研究和充分思考的基础上推进政策的实施，不要过犹不及，而且还要对宏观调控政策有序实施，在政策实施的时机把握要准确，并根据经济领域出现严重的突发事件对宏观调控的方向进行有针对性的调整，做到审时度势，准确发力，既不能盲目出击，更不要动作迟缓，盲目出击和迟缓拖延不但造成宏观调控的失效，还有可能放大经济问题，造成更为严重的经济波动甚至危机后果。

其七，完善宏观调控政策体系。宏观调控的主要任务是保持经济总量平衡，促进重大经济结构协调和生产力布局优化，减缓经济周期波动影响，防范区域性、系统性风险，稳定市场预期，实现经济持续健康发展，这些任务通常并不是单一的、孤立的，而是重叠在一起，具有明显的叠加性和复合性。为了确保宏观调控任务的完成，必须从宏观调控任务的这一特性出发，完善宏观调控政策体系，综合运用宏观调控政策手段进行宏观调控。宏观政策体系包括财政政策、货币政策、产业政策、区域政策、投资政策、消费政策、价格政策等。为了使经济政策更有针对性，要加强宏观经济理论研究，要围绕制约经济社会发展的深层次矛盾和问题深入开展研究，提出宏观经济理论。要在科学的宏观经济理论的指导下形成并提出战略构想、发展规划、政策思路、改革方案和重大工程，进而提出相应的宏观经济政策。各种宏观经济政策要科学搭配、有机结合，形成有机整体。要学会科学利用宏观政策体系进行综合调控，增强宏观调控的前瞻性、针对性、协同性，把握好各类政策的方向、力度、节奏和出台时机，避免政策效力过度叠加或相互抵消，形成调控合力。

供给侧结构性改革与中国经济学的理论反省

周　文*

自从2015年年底中央经济工作会议提出“推进供给侧结构性改革”以来，供给侧结构性改革引来更多的关注，并且出现对供给侧的各种版本解读。但是在解读供给侧结构性改革中，尤为注意的是，一些经济学界的学者照搬美国供给学派的理论体系来解释中国的供给侧结构性改革。这不能不说是一种强加的生搬硬套，易于造成误读和误解。因此，如何正确认识供给侧结构性改革，对于深入贯彻和推进落实这一改革举措具有极为重要的意义。

一、西方供给学派是“巫术经济学”

现在多数学者把萨伊看成是供给经济学的鼻祖。事实上，在凯恩斯经济学以前，整个西方经济学理论都强调供给，认为供给比需求重要。在早期的古典经济学中，提倡鼓励生产，强调经济活动的目的是生产。斯密和其他古典经济学家认为，一国财富主要决定于实际产量水平，在于供给方面。比如，斯密认为，一国财富的直接决定因素是劳动生产力和生产性劳动的比率，而专业化与分工提高劳动生产力是一个可以观察到的事实。因此，整个古典经济学都可以称为供给经济学。只是萨伊把供给经济学发挥到极致，认为供给会自动创造需求。应该说，萨伊与斯密一脉相承，而且把斯密的经济思想“发扬光大”，重新阐述了斯密的学说，进一步把斯密学说系统化，同时也庸俗化。斯密提出市场无形之手的命题，而萨伊则更进一步论证了市场自动调节生产，社会生产使总需求等于总供给，经济永远不会出现生产过剩的危机。只是19世纪20年代末席卷世界的经济危机打破了萨伊的神话，从而促使人们重新思考经济学理论如何

* 周文，复旦大学中国研究院。

更好应付经济危机。其实，对萨伊经济学，马克思早就进行了彻底的批判，称为庸俗经济学。

面对萨伊经济学带来的经济危机，凯恩斯提出，主要是由于缺乏政府宏观调控的市场总是会出现“失灵”，从而导致生产与需求的脱节，而生产过剩的根源在于有效需求不足。对此，凯恩斯倡导政府干预和需求管理思想。因此，“二战”后，面对持续的席卷世界的经济危机，以美国为代表的西方国家普遍实行凯恩斯主义经济政策，从而达到刺激经济增长以拯救经济危机。但是，凯恩斯主义政策对经济增长的刺激只是“昙花一现”，并没有带来实质性效果，反而形成了经济的“滞胀”局面。因此罗斯福时代的一系列新政措施，也并不是美国经济史上的一段神话。相反，西方学者将罗斯福的宏观政策评价为“粗鄙的通胀论者”，并且把罗斯福新政称为“一场政治的铜锣秀”。事实上，凯恩斯主义在本质上是一种内生性的市场与需求扩张的理论，罗斯福新政的实质也只是在现有体制下的局部调整，而只要整体是资本主义经济制度在起决定性作用，就改变不了经济增长过程中的内在矛盾。因此，凯恩斯主义在一定程度上缓解了这种趋势和矛盾，但并没有根本上解决矛盾，只是延长了危机爆发的周期跨度与时间。对此，凯恩斯本人也承认其政策只能短期有效，而从长期来看是无效的。凯恩斯自己也哀叹，“从长期看，我们都已经死了”。

20世纪80年代，为了摆脱因实施凯恩斯主义政策带来的经济“滞胀”困境，美国里根政府再次将萨伊定律奉为“圭臬”，推行一系列以供给学派为理论基础的政策措施，诸如对国有企业实施私有化、解除政府对市场的调控和监管、大幅度减税等政策，企图带领美国走出“滞胀”困局。供给学派坚持“购买力永远等于生产力”“供给会自动创造需求”，强调经济危机的出现并不是由于有效需求不足，而恰恰是政府这只“看得见的手”的乱作为，从而主张市场自由放任的回归。经过几年的实践，供给学派的政策实际效果并不令人满意，相反误导了美国经济发展，带来了更大的负面作用，它使美国联邦财政连年出现巨额赤字，美国从此由世界上最大的债权国“流落”为世界上最大的债务国。供给学派也随之名誉扫地。曼昆等经济学家甚至把美国供给学派称为“倒霉的”“愚蠢的”经济学，而克鲁格曼则恶毒地称之为“巫术经济学”。

而今天我们的一些学者不去正视这些事实，却仍在鼓吹供给学派理论，重提实施该学派的政策主张，把中国实施的供给侧结构性改革简单化地等同于供给学派理论，这不仅误导舆论和政府政策方向，更有可能会对中国经济发展造成严重的消极影响。

二、中国供给侧结构性改革是对西方经济学的超越

自改革开放以来，中国经济发展的实践不断超越西方经济学教科书中的教

条，用事实不断改写西方对中国经济发展的屡屡误判，成功地走出一条具有鲜明中国特色的社会主义经济建设道路。中国经济增长的奇迹让“中国模式”和中国道路引起世界关注。回溯整个历程，中国从计划经济向市场经济的转型，并没有遵循西方模式，更不是西方化，而是抵制着华盛顿的正统经验，寻求适合本土的发展路径。很多情况下，可以说，正是中国发展的路径成功摆脱西方经济学理论的干扰，才推动中国经济的异军突起。中国经济发展的成功表明，中国道路注定要在全球尤其是发展中国家发挥强大的影响，由此也会改变未来经济发展的理念。可以想象，相比较在西方金融危机中崩溃的盎格鲁—美国模式，“中国模式”在更多的国家，特别是发展中国家更有市场，也更具吸引力。

透视中国经济成功的秘诀，中国与西方最大的不同就在于国家的角色与作用，中国政府在整个改革开放的进程和经济发展中发挥着关键性作用。中国经济改革并不是简单的实行市场化，实质上是对西方经济学教科书中的政府与市场关系的颠覆和重构。三百多年来，西方经济学理论总是有囿于市场与政府的替代争论，从而无法从根本上改变经济发展的大趋势。而中国从改革开放伊始就清醒地意识到，处理好市场与政府的关系是经济改革的核心，虽然不断调整和经过反复试错，现在定位为市场发挥决定性作用和政府发挥更好作用的有机结合。正是这样的体制框架支撑了三十多年中国经济的奇迹和成功。所以，不是中国经济改革复制了西方经济学理论，恰恰相反是中国经济发展丰富了经济学理论的内容，贡献了经济学理论的中国智慧和中国价值，中国向世界呈现的外在形象是经济成就，其本质是在治理体系和治理能力上对西方的超越。从另一个方面看，只要任何时候中国经济发展背离了中国国情而拥抱西方理论，滥用西方理论，中国经济必然出现大的波折和问题。

因此，中国供给侧结构性改革的理论意义在于超越而不是复制西方经济学理论，是中国版的马克思主义政治经济学理论的重大发展，它立足于中国改革发展的成功实践，是在认识、适应和引领经济发展新常态这个宏观背景下提出的新战略。习近平总书记指出：“推进结构性改革特别是供给侧结构性改革，是‘十三五’的一个发展战略重点。要在适度扩大总需求的同时，着力推进供给侧结构性改革，重点是去产能、去库存、去杠杆、降成本、补短板，增强供给结构对需求变化的适应性和灵活性，推动中国社会生产力水平实现整体跃升。”因此，从本质上讲，中国供给侧结构性改革是经济发展中结构调整和产业升级的内在诉求，是中央“稳增长、调结构、促改革”总体部署的组成部分，其基本思路体现了对供给与需求关系的辩证把握，强调“看得见的手”与“看不见的手”作用的有机结合。中国供给侧结构性改革与萨伊定律无论是理论还是着力点都有根本不同。萨伊定律在本质上是排斥政府作用的，废除管制是其基本政策主张，强调自主释放的供给能够自然产生均衡是其理论特点。而中国的供给侧结构性改革恰恰是反对萨伊定律的。中国供给侧结构性改革，是作为政府更好发挥宏观调控职能提出来并通过政府推动供给侧的改革深化，来解决中国经济的深层次问题，达到引导中国经济的长远发展。通过推动中国经济的深层次结构重构和调整，来解决中国经济的深层次问题，实现经济增长的动能转换；在创新驱动和产业升级的基础上，实现供给质量不断优化，经济增长持续稳定增长。因此，中国供给侧结构性改革从出发点到举措彰显的都是“中国模式”和中国道路。

三、中国经济学的理论反省

长期以来，中国所具有的经济学只是从西方“进口”的经济学，导致一直以来对西方的经济学概念和理论的先天性“迷信”和“崇拜”，从而妨碍对中国经济发展的独立思考和理论创新能力。在过去的三十多年里，中国的改革取得了巨大的成就，赢得了世界的认可，积累了丰富的实践经验。然而，时至今日，我们也不得不承认，基于中国经济改革发展实践所形成的各种经济理论和学说还显得非常零碎，并没有形成一套系统的、完整的、具有严密逻辑的中国特色社会主义政治经济学说，更没有提出完整的理论框架去解释中国经验，更没能力提炼中国经验，进而一直沿用西方的概念解释中国的问题。这种格局和状况，容易使我们丧失理论自信，甚至掉入西方经济学理论和西方话语体系的陷阱之中，从而误判未来的经济发展方向。任何理论都有其适用性。而且西方学者所拥有的经历、背景决定了任何西方学者不可能准确解释中国问题，也更不能解决中国问题。因此，一味地用西方的范式解释中国问题，用西方的概念去“裁剪”中国现实，用西方的理论去指导中国实践，结果不但不能解决中国问题，反而形成误判，导致问题的恶化。

现在，一些中国的经济学者仿佛已经对西方的经济学理论形成“路径依赖”，每当中国经济发展取得成功，往往简单化地归结为是学习和运用西方经济理论的成果。而当每一次经济出现问题时，要么责怪没有很好遵从西方的理论或者西方理论没有得到很好运用；要么不自觉地从西方经济学教科书中寻找答案和理论依据。这种理论的“奴化”和不正常现象，不仅反映了中国经济学概念的缺乏，也暴露了中国经济学理论缺乏自主性和自信力。当前，中国经济发展迫切需要经济学的理论准备和主体意识，更需要自己的学术话语体系。没有主体性，经济学不能解释中国问题，更不能解决中国问题。没有独立的概念体系，就可能出现对概念的泛化甚至庸俗化，经济学往往沦为政策注释学或者诠释学，从而缺乏前瞻性和系统性研判，对经济问题要么病急乱投医；要么是“头痛医头，脚痛医脚”，很难达到预期效果。

面对西方的经济学概念和理论运用的泛滥现状，这种格局必须尽快彻底改变。否则，中国经济学很难得到外界认可，也更难走向世界。回顾中国三十多年的诸多改革，不少是源自于自下而上的实际经济操作者的行动，然后被中国的经济学者总结发掘，最后以某种在西方经济学看来无法理解或似乎不严谨科学的词语，不断被中国最高层决策者采纳，再经不断试验和“试错”，进而以更直白和朴素的语言形成权威的改革文件最后向全国推进，形成改革浪潮，取得改革的成功。例如，家庭联产承包制、价格双轨制、所有制结构理论、收入分配理论等。正是这些在西方经济学里很难搜寻的中国语汇和中国概念，实际上成为中国经济改革的点火器，从而启动了中国三十多年的经济改革，推动形成了中国经济的奇迹。

因此，对于中国的经济学理论，我们不能“妄自菲薄”“言必称希腊”，只知道在“西方的笼子里跳舞”。当然，从科学性和成熟度来看，当时的中国经济学概念和理论或许在西方经济学者看来或许是难以理解和认同。但是，经济学是致用之学。中国经济三十多年的飞速发展、中国社会三十多年的巨大变迁，足以证明中国的经济学概念和理论的适用性和成功。

多年以来，西方一直是现代经济学大多数词汇的创造者，但是中国的崛起对西方概念形成了挑战，中国的崛起和对西方的超越使得西方的概念和学说越来越难以对中国问题提供准确解释，更难以给出中国答案。如果按照西方的概念和逻辑，就不可能有中国的“一带一路”倡议，更不可能有亚投行的设立和推进。所以，中国的发展有着西方经济学研究者所没有的丰富素材，是一座经济学理论的富矿。中国的学者要善于从中国丰富的实践中汲取和升华经济学理论的中国元素。

现代西方经济学无论从起源还是从发展来看，都是与“西方”息息相关，是西方经验的总结。在过去的三百多年，经济学一直笼罩在西方中心论的“现代性霸权话语体系”下。因为过去的现代化发展路径受历史局限，没有更多样本可以选择，从而造成依赖于发达国家经验而抽象出来的西方经济学成为指导各国发展的“通用”教条，众多发展中国家奉西方经济理论为“圭臬”，西方模式成为唯一可以模仿的样本。结果，西方概念充斥并泛滥，国际化成为单向输入，现代化成为西方化，甚至一些学者宣称“历史的终结”。

中国并没有遵循西方的教条，始终坚定不移地走中国特色社会主义道路，经过短短的三十多年时间便快速崛起，实现赶超，以更为雄辩的事实打破了西方中心论的“神话”。发展中国家西化的失败与中国特色的“成功突围”，正反两方面说明中国经验不但是中国的，更是世界的，特别是对当今在世界上仍占大多数的发展国家来说更有借鉴意义。因此，中国经济学面临的任务是，不但要解构经济学的西方中心论，更重要的是对经济学的西方概念进行“术语革命”，进而用中国特色、中国风格的术语“创造性”重构经济学的基本理论和逻辑体系。

今天，中国的经济发展已经成为世界关注的重要问题。对于中国这样一个发展中的转型大国，必须尽快形成自己的发展理论和话语体系。对此，中国的经济学学者们有义务和责任秉承对西方概念的解构和改造而不是坚守和盲从，进而对其他发展中国家的发展提供更多富有参考和借鉴价值，同时对世界经济的发展贡献中国智慧和中国价值。

四、辩证看待供给侧改革

对于中国的供给侧结构性改革，一定要警惕假借“改革”的名义，实则贩卖“新自由主义”的政策主张，不但要在理论上正本清源，澄清认识误区，而且还要在实践上准确把握中央精神，从而使供给侧结构性改革达到预期效果。

（一）不能忽视需求侧管理

重视供给侧结构性改革并不意味着需求侧管理的退出，两者应相互配合，互为促进。需求管理主要是适度扩大总需求，保持经济运行在合理区间，为供给侧结构性改革营造良好的宏观环境。而供给侧结构性改革则要提高有效供给能力，创造新供给，提高供给质量，扩大消费需求，增强经济内生动力和活力，为中长期经济持续稳定健康发展创造条件。事实上，近期中央工作会议对“供给侧结构性改革”的表述，基本上是围绕着转变发展方式、调整经济结构、推动产业升级等内容来展开的，这与近几年中央工作会议所强调的任务其实是一脉相承的，因此供给侧结构性改革不应被单方面过度解读。同时，现阶段经济的困难状况不仅仅是由供给端造成的，需求端也存在很大问题。因此，在推进供给侧结构性改革的同时，要处理好供给侧改革和需求管理之间的关系，将两者有机结合，通过两端同时发力来解决当前的经济问题。需求侧管理与供给侧管理各有特点，各有利弊，应将二者结合起来，才能有助于提高宏观经济管理水平，有助于防止经济比例关系失调，有助于克服总供给与总需求的失衡，实现国民经济健康协调稳定运行。

（二）对“过剩产能”要有正确认识

有观点认为，产能过剩是市场决定资源配置的作用发挥不够、国家干预过多的结果。甚至认为，国企是产能过剩的根源；另有观点认为，造成这个问题的根源在于市场秩序混乱，既没有形成有效的行业自律，又存在明显的地方保护和政府监管失效。事实上，目前中国经济发展中的钢铁、建材、汽车的产能过剩，与经济下行的速度与市场景气的收缩过快有关，也和房地产市场的畸形发展和公共服务的分布不合理有关。与西方发达国家相比，中国人均钢铁的使用量和家庭汽车保有量并不高，因此还有巨大的发展空间，所以中国只有相对收入水平的产能过剩，不存在绝对的产能过剩。从根本上看，当前中国经济发展中的产能过剩不是政府干预过多而是市场失序的结果。

因此，解决产能过剩问题，需要突破西方经济学教科书的迷信，借鉴和超越西方发达国家的规范市场，既不能回归计划经济老路，也不能完全放给市场，而应在充分发挥市场配置资源决定性作用的同时更好发挥政府的作用，从而探索出一条符合中国国情的社会主义混合经济的协作新路。解决目前产能过剩，要避免三个问题：一是要避免一部分中小企业无力创新与产品升级退出市场的巨大损失，以及由此形成的失业、通货膨胀等经济波动；二是在解决产能过剩的同时要避免产能浪费；三是改革要解决剩余产品的资本化问题与提升社会福利问题。为此，首先要发挥政府作用，推动产能的跨区域整合，提升产能的整体布局。通过实施新农村建设和加大省以下的基础设施建设，将部分过剩的资本（储蓄）可以转化为短缺的基础性生产要素的投资或者引导民众集资入股方式收购剩余产能企业。其次要推动产能的产业链整合，增强产业的规模效应和国际竞争力。最后要深化财税体制改革，扼制重复建设的体制源头。

（三）不应对“僵尸企业”简单化处理

从“僵尸企业”的概念来看，“僵尸企业”涉及的主要是实体经济和国企。现在笼统提清理“僵尸企业”，会导致两个误区，一是矛头直指实体经济，有“去工业化”之嫌；二是把“僵尸企业”等同于国企，达到“去国有化”实现私有化的目的。因此，目前“僵尸企业”的提法是不科学的，决定企业前途的不是债务，而是产品的竞争力，是人才和技术。“僵尸企业”的成因较为复杂，不能简单化处理。虽然“僵尸企业”的大量存在会引发债务风险，但并不意味着所有“僵尸企业”都应被淘汰。首先，对于实体经济中的“僵尸企业”，必须搞清究竟是技术上已经落后必须淘汰，还是市场波动引起的资金链的断裂？亏损企业的产品究竟是有实际需求的民生产品，还是无用或有害的商品必须销毁？事实上，一部分“僵尸企业”随着经济形势的好转、企业转型成功能够重新焕发活力。如果不加区别认真分析，简单化处理就会出现去工业化的后果，从而影响经济的长期稳定发展。另外，国有企业规模大、员工多，而且往往是国民经济的支柱产业，历史上对经济成长的贡献较大，也应妥善处理，更不能以处理“僵尸”为名卖国企，否则国企成“被僵尸”的借口，从而为私有化大开方便之门。应该说，大多数企业是有效率的，也是有竞争力的，只是经济下行外部环境造成一时困难，而并不是真正技术落后和产品没有市场。随着技术成熟、产品完善和市场启动，国企“僵尸”仍有重新焕发活力的可能。对于国企的问题，习近平总书记讲，“国有企业要激发内生动力”，政府要“更多体现在支持、扶持、杠杆作用”。因此，用“甩包袱”办法去处理僵尸企业显然不是供给侧结构性改革思路。

（四）调整经济结构不能只靠市场

现在有一种观点认为，当前经济发展中的问题主要是市场化改革不到位，因此供给侧结构性改革就是推进完全市场化的体制改革。供给侧结构性改革重点是调结构，是存量改革，强调实现“稳增长、调结构、促改革”三位一体。因此，恰恰相反，供给侧结构性更要注重和加强调政府的宏观调控。完全的市场化不但不能彻底解决结构问题，反而只能使结构问题更突出。政府要通过投资引领和国企导向作用，实现经济增长动力转换，并带动和引领整个国民经济转型升级和稳步发展。为此，在结构调整中，一是国家可以通过设立战略基金，建立职业技能培训体系，实现结构调整的人才储备；二是国家可以通过实施基础理论创新推动企业的技术创新联动效应，实现弥补经济增长、动力转换的创新短板。

（五）必须真正落实共享发展理念

经过三十多年的改革开放，中国经济发展成就巨大。但是，随着经济发展分配公平问题越来越成为关注的问题。当前经济发展中的产能过剩，其中一部分就是与社会有效需求有关。加强供给侧管理，就是要以中国特色社会主义政治经济学为指导，要坚持以人民为中心，不断提供更多高质量产品满足人民群众的需要，增进人民福祉，促进人的全面发展，逐步实现共同富裕。习近平总书记最近在中央深改会上讲，改革要“做到老百姓关心什么、期盼什么，改革就要抓住什么、推进什么，通过改革给人民群众带来更多获得感”。落实发展共享，是改革的出发点和落脚点，也是推进供给侧结构性改革的重要内容。因此，在处理过剩产能的过程中，可以考虑将过剩产能转化为保障低收入群体正常需要的民生资产。市场经济本身必然产生收入分配两极分化。而收入再分配仅靠税收与福利支出是难以持续的，而通过国家行为打造某种民生资产，这样可以使该类资产产生的收入可以定向用于增加低收入群体的收入与消费，从而提高低收入阶层的福利水平。同时，也可以用国债方式收购剩余产品来实现再一次全民福利或重点向中西部地区倾斜的分配方式，提升国民整体生活水平。

对推进供给侧结构性改革几个基本理论问题的思考

刘凤义[*]

推进供给侧结构性改革是中国适应和引领经济发展新常态的内在要求，也是今后一个时期全面深化改革的重要内容。习近平总书记在中央第十三次集体学习时强调：供给侧结构性改革的根本目的是提高社会生产力水平，落实好以人民为中心的发展思想。然而，当前学界对供给侧结构性改革的理解还不完全一致，对于供给侧结构性改革遵循的经济学原则、供给侧结构性改革理论基础，以及供给侧结构性改革中政府与市场的关系等重要理论问题，存在认识上的分歧和争论，有人甚至把这一改革政策与美国的供给学派经济学联系起来。这些认识上的偏差很容易与中央精神背道而驰，因此，有必要在理论上加以澄清。

一、供给侧结构性改革遵循的重大原则

中央明确指出，推进供给侧结构性改革要遵循中国特色社会主义政治经济学的重大原则，然而对于这一原则的内容，却众说纷纭。众所周知，中国特色社会主义政治经济学，也就是当代中国的马克思主义政治经济学，是马克思主义政治经济学中国化的具体结晶，因此，坚持和运用中国特色社会主义政治经济学，既要学习和理解马克思主义政治经济学的基本方法和经典原理，又要学习和领会马克思主义政治经济学与中国具体实践性相结合不断创新和发展的过程，这绝非朝夕之功。中央提出坚持中国特色社会主义政治经济学重大原则，无疑为经济工作者的政策制定和执行，提供了工作理念和行动指南。

---

* 刘凤义，毕业于中国人民大学，现为南开大学经济学系副教授。研究方向为政治经济学与制度经济学比较、企业理论、市场经济模式多样性。

从学理上说，“原则”要高于方法论和基本原理本身，是一种行动准则和理念。就中国特色社会主义政治经济学原则来说，它既要反映中国特色社会主义政治经济学的最高理念和本质特征，又要超出这一学科本身的方法论和基本原理的内容。因此，本人认为中国特色社会主义政治经济学重大原则至少包括以下四个方面。

第一，以人为本原则。确切地说，这里的“以人为本”是指以“劳动者为本”。众所周知，马克思主义政治经济学与西方经济学本质区别之一是立场不同。马克思主义政治经济学根本方法论是唯物史观和唯物辩证法，它强调人民群众是历史的创造者；强调人的本质是社会关系的总和；强调在阶级社会，人总是从属于一定阶级的人。因此，马克思主义经济学认为，在经济关系中不存在孤立的、抽象的人，而是从属于一定阶级利益的人。马克思主义政治经济学的起点是人的劳动不断生产和再生产出供人类消费的物质资料，终点是在生产力高度发达、物质资料极大丰富的前提下，实现人的自由全面发展。劳动者在不同生产关系中的地位和作用，始终是解放和发展社会生产力的动力源泉。西方经济学则是以“经济人”假设作为出发点形成的理论逻辑，这一理论体系的逻辑实质上就是资本发展的逻辑。所以，在西方经济学逻辑中存在悖论，一方面把人假设为可以按照最大化原则进行理性选择的“经济人”；另一方面又把劳动者仅仅视为与资本、土地相同的生产要素，根本无视与其他生产要素相比，劳动者具有主观能动性和创造性这一事实本身。中国特色社会主义政治经济学中，更是强调以人为本，以广大人民群众利益为本，理应成为它的首要原则。

中国实行供给侧结构性改革，将涉及多方面深层矛盾和利益关系的调整，这种调整甚至会带来社会阵痛。我们的各项改革措施如何最大程度减少阵痛、保证广大人民群众的利益，应该成为深化改革坚守的重要理念。

第二，满足需要原则。在马克思主义政治经济学中，“需要”（need 或 want）和“需求”（demand）有重要区别。“需要”通常是指人的生存和发展对物质产品和精神产品的客观要求。马克思在分析劳动力商品的价值构成时指出，劳动力商品的价值是由生活资料的价值表示的，而劳动者所需要的生活资料的构成具有层次性，包括劳动者自己和家属所需要的“生存资料”，如衣、食、住、行等，也包括教育、文化、健康保健等“发展资料”。因此，“需要”是以使用价值来衡量的；而“需求”概念则不同，它用以描述市场中的交换行为，只要有货币、有购买力，就形成“需求”，“需求”是从价值实现角度分析的。“需求”不一定是客观“需要”，例如，市场上有 1 万套商品房，从客观需要即使用价值角度来说，可以满足 1 万个家庭需要，但也许由于房价过高，1000 个家庭够买了这 1 万套商品房，从市场的角度看，商品房的价值得到了实现，也就形成市场“需求”，但显然这些买房者不是为了“需要”，而是为了资本的价值增值，其后果必然导致房价虚高，一方面是需要房子的人买不起房；另一方面是不需要房子的人囤积大量房源。类似的问题还包括教育、医疗、社会保障等其他公共产品。

中国社会主义初级阶段的主要矛盾是人民日益增长的物质文化需要同落后的社会生产之间的矛盾，这表明，我们的生产是以“满足需要”为根本目的的。当然，在社会主义初级阶段我们还要利用社会主义市场经济，借助价值规律来满足需要，但这不妨碍“满足需要”理应成为指导我们各项经济工作的重大原则。

就供给侧结构性改革来说，化解产能过剩，可以以“满足需要”为原则制定相应政策，如化解商品房过剩，可以采取政府购买、百姓廉租的形式；化解钢铁、水泥等过剩，可以考虑增加基础设施尤其是农村基础设施建设；产业转型、结构升级，可以考虑城乡之间、地区之间不同消费群体的消费能力、消费需求差异性问题等。

第三，共享发展原则。共享发展理念是我们党的十八届五中全会提出的五大理念之一，“十三五”规划建议中指出“共享是中国特色社会主义的本质要求”，这表明共享发展已经属于社会制度深层内容。共享是马克思主义政治经济学追求的理念，这一理念与以劳动者为本理念一脉相承。马克思在科学揭示资本主义经济发展运动规律基础上，指出了共享是未来社会的重要制度特征。我们党从强调“共同富裕”到强调“共享发展”，在理念上是一个新发展。共同富裕的实现途径强调先富带动后富，这在一定历史时期有其必然性，但今天，中国经济社会发展到了新阶段，作为世界第二大经济体，我们有了较好的经济实力，强调“共享发展”有利于缩小收入差距，增强发展动力，体现社会主义制度的本质特征。提到共享发展，人们往往想到劳动成果分配方面的问题。其实，中国特色社会主义制度中的共享发展包含的内容很丰富，从微观领域看，企业层面的共享既包括分配领域的共享，如提高工资，也包括生产领域的共享，如劳动条件、劳动资料、劳动保护、劳动管理等；在宏观领域，不仅包括基础设施、公共资源的共享，还包括教育、医疗、社会保障等公共产品的共享；在消费层次上，不仅包括生存资料的共享，还包括发展资料的共享；等等。

就供给侧结构性改革而言，共享发展意味着在微观企业领域，不能一味把降低工人工资作为提高企业效率的口实。影响企业效率的因素有很多，包括技术高低、生产资料的性能好坏、企业管理的先进与否、工人积极性创造性高低等。尽管马克思主义政治经济学中认为新创造的价值是 V + M，二者之间存在此消彼长的关系，降低工资就可以提高利润。这是一种静态认识，马克思这一公式揭示了劳资之间的对立关系。但利润和工资之间要复杂得多，因此不能用线性思维套用马克思这一思想，认为降低工资就能提高利润，即提高企业效益。

第四，公有主体原则。“公有”是指公有制，“主体”是指主体地位，即坚持公有制主体地位原则。众所周知，马克思主义政治经济学与西方经济学在研究对象上有根本区别，西方经济学是把资本主义私有制作为理论前提，认为市场经济与私有制是孪生兄弟，并把二者看作是人类社会永恒的制度，整个理论体系是建立在私有制基础上的资源配置问题。而马克思主义政治经济学则是把资本主义所有制，以及由此决定的社会生产关系作为研究对象，认为资本主义所有制只是人类社会发展的特定阶段。马克思主义政治经济学认为市场经济作为资源配置方式，可以与不同所有制相结合。社会主义基本经济制度特征是公有制，社会主义初级阶段则是公有制为主体多种所有制经济共同发展，在资源配置方式上，也是市场经济与社会主义基本经济制度结合，形成社会主义市场经济。坚持公有制主体地位不仅是中国特色社会主义制度特征，也是中国特色社会主义政治经济学的重要原则，它是坚持以人为本原则、满足需要原则和共享发展的制度保障与物质基础。同时，坚持公有制主体性原则，也就坚持了市场经济发展的社会主义方向。

就供给侧结构性改革而言，我们坚持公有制主体地位原则，意味着要坚持做强、做优、做大国有企业原则，不能因为产能过剩，就轻易消灭国有企业；也不能简单认为产能过剩就是政府干预过多的结果，那种把化解产能过剩完全交给市场的说法，无论是在理论上，还是实践上都是行不通的。没有“有为政府”的强大力量，以人为本、满足需要、共享发展，都可能变为空话。

二、推进供给侧结构性改革的理论基础

一些人总是把中国供给侧结构性改革解读为西方供给学派，试图用供求分析方法作为我们改革的理论基础，这是停留在粗浅的认识上。

供给和需求是西方经济学的核心范畴和基本分析工具，正如萨缪尔森在他的《经济学》中引用一位无名氏的话说：“你甚至可以使鹦鹉成为一个博学的经济学者——它所必须学的是‘供给’与‘需求’这两个名词”。虽然这个说法过于夸张，但确也表明这两个范畴在西方经济学中的重要地位。西方微观经济学运用供给曲线和需求曲线来解释市场中价格的形成和变动规律，论证自由放任的合理性，当然这种分析还局限在个量上。以凯恩斯主义为基本框架的西方宏观经济学，则把供求分析方法扩展为总量分析，提出了总供给曲线和总需求曲线的分析方法，用来研究经济增长、经济波动和充分就业等问题，其在政策含义上通常称之为“需求管理”。20 世纪 70 年代资本主义出现“滞胀”后，传统的需求管理政策遇到挑战，于是各种以反对政府干预，推崇经济市场化、私有化的学派纷纷出笼，供给学派就是其中之一，它的政策主张主要体现在“华盛顿共识”中，侧重“供给管理”。2008 年美国金融危机标志着供给学派理论

在实践运用上的失败。

从方法上看，无论是凯恩斯主义经济学还是供给学派经济学，运用供给和需求分析工具都存在很大的局限性：一是它们使用的供需分析工具，仅仅是对市场运行层面的分析，其中所涉及的市场主体，无论是生产者还是消费者，都是以抽象的、孤立的“经济人”假设面目出现，因此根本无法分析供求背后的深层次经济关系即社会生产关系。而中国提出的供给侧结构性改革，绝非仅仅是市场运行层面的问题，它涉及诸多深层经济关系之间的辩证协调问题。二是它们的供求分析虽然既有个量分析也有总量分析，但它们的总量只是个量的简单加总，并不区分个量与总量在性质上的差别，更不包括数量背后深层的结构和比例关系。而中国提出的供给侧结构性改革，之所以加上“结构性”三个字，恰恰强调了市场运行背后的各种结构和比例及其相互关系的调整。三是虽然凯恩斯主义经济学和供给学派的经济学都使用供求分析工具，但它们在学理上却是两种对立的思维方式，凯恩斯主义的“需求管理”强调大政府小市场；而供给学派的“供给管理”则强调小政府大市场，它们都认为政府与市场之间是此消彼长的对立关系，因此两种理论体系在逻辑上互不相容。而中国提出的加强供给侧结构性改革，包含供求两端同时发力的辩证法，对此西方经济学的这两个学派在学理上都无法做出自圆其说的解释。

综上可见，从供求关系上解读中央提出的供给侧结构性改革，不仅会流于表面，还可能背离中央精神，使我们的改革走偏。要避免这一问题的出现，必须回到马克思主义政治经济学的理论和方法上来。

在马克思主义政治经济学中，供给和需求不过是呈现在社会经济活动中最表层的现象，它们是社会经济有机体内部各种关系的实现形式。正如马克思在《资本论》中指出的：“要给需求和供给这两个概念下一般的定义，真正的困难在于，它们好像只是同义反复。”① 因此单纯依赖供求分析，很容易被现象所蒙蔽。要真正理解一个社会经济有机体的内部结构和运动规律，必须深入研究供求背后的复杂关系。

那么供求的背后是什么呢？人们往往认为供给对应生产，需求对应消费。事实上，生产与消费的关系远远比供给和需求的关系复杂得多。从一般意义上说，生产决定消费，包括消费的对象、消费的方式、消费的动力；而消费则反作用于生产，既是生产目的，同时又创造出新的生产需求。这只是生产与消费关系的基本辩证法，在具体经济关系中对这种辩证法必须做具体分析。就资本主义市场经济而言，有两种不同性质的生产和消费关系常常被混淆，进而在理论上产生误解：一种是与生产过程直接相联系的消费，即生产消费。这种消费在性质上是作为“生产过程的一个内在要素”而存在，其过程始终处在资本的

① 《资本论》第三卷，人民出版社 2004 年版，第 207 页。

生产和再生产领域中。如果社会上仅仅以这种性质的投资（即资本积累）来刺激消费，表面上看是在增加总需求，但实质上却只是生产领域内部的扩大再生产，如果没有生活资料需求的相应增加，必然会造成源头上的生产过剩（即资本过剩）。而对生活资料的需求则取决于与生产过程相对立的消费，即生活消费。从单个资本角度来看，这种消费是处于“生产过程之外”的资本主义生产者与消费者之间的关系，属于最终消费，它的规模和水平才是最终决定生产性投资能否转化为真正社会需要的关键。因此，所谓供给与需求，其实质内容是资本主导下的生产内部结构、消费内部结构，以及生产与消费之间如何保持合理的比例和结构的问题。

流行的观点简单地套用西方经济学中关于社会总需求的所谓“三驾马车”观念，认为投资构成市场需求，所以增加投资就会增加社会总需求。事实上，单纯增加生产性投资，虽然在单个资本之间形成相互需求，但就社会总资本运动的性质而言，这种投资在社会上增加的不是需求，恰恰是供给。所以那种笼统地认为增加投资就可以扩大总需求的想法，在方法论上是从市场局部和表面出发，孤立地、彼此割裂地对待供给和需求两个概念。要使生产性投资形成的供给最终实现，必须增加生产过程之外的消费需求，即生活消费。当然这种消费绝不是西方经济学所说的取决于消费者的边际消费倾向（即心理因素），而是取决于一定经济制度下的分配关系。

谈到分配，流行的观点认为分配不过是对劳动成果（或价值）的分割而已，与生产无关，所以他们在研究中国收入分配差距问题时总是脱离开社会经济关系，就分配本身来谈分配。马克思主义政治经济学则认为，劳动产品的分配是由生产过程内部的生产关系决定的。因此，谈论分配关系如果回避生产资料所有制和与之相适应的劳动关系的决定性作用，就成了无本之木、无源之水。资本主义制度中的分配，之所以存在贫富差距，并由此带来有效需求不足，正是源于资本主导下的生产结构和性质：资本家拥有生产资料、控制劳动过程、占有全部剩余价值，并通过资本积累不断扩大再生产，而工人只能获得相当于劳动力价值的工资。这种生产性质决定了劳资之间巨大的收入差距以及生产和消费之间的对抗性矛盾。正如马克思所指出的：“调节需求原则的东西，本质上是由不同阶级的相互关系和它们各自的经济地位决定的”①

依据马克思主义政治经济学的原理和方法，中央经济工作会议提出推进供给侧结构性改革，是根据中国经济发展的新阶段和特征做出的战略性选择，根本不是对西方供给学派的运用。“供给侧”强调了从生产的决定性作用方面认识中国经济发展的逻辑和面临的问题，同时也包括了分配、消费等活动中许多环节的改革。今天的“中国制造”虽然已经遍布世界，但中国经济大而不强的状

① 《资本论》第三卷，人民出版社2004年版，第202页。

态依然严重，许多核心技术或者技术创新能力都掌握在别人手中，我们从事大量的代工生产或低品质的模仿生产，企业集中度低、国际竞争力不强；在生产过程中，工人们在高强度的劳动中获得低水平的工资；同样品质的商品，在外国人那里可以物美价廉地去消费，而在国人手里却变成了高档消费品，真正的劳动者却做不得消费者。这种发展模式虽然在过去几十年创造了奇迹，但不符合“以人民为中心的发展思想”，要使中国百姓真正在发展中有更多获得感，必须从“增长型发展模式”向“共享型发展模式”转变。

如何实现这种转变呢？关键是要通过“结构性改革”来实现。结构性改革不能单纯理解为产业结构、部门结构、地区结构等技术方面的调整，更应该把它理解为以新兴科技为基础的国民经济有机体的重构，这种重构体现在生产、分配、交换和消费等各个环节及其相互关系的辩证调整上。例如，在生产领域，当前既有无效和低端生产过剩问题，也有有效和中高端生产不足问题，所以中央提出要改善供给的质量和结构；在消费领域，当前既有生产性消费过剩的问题，也有与民生相关的生活消费不足的问题，所以中央提出一方面要“去产能”，另一方要“补短板”。在交换领域，当前房地产方面既有作为投资品（或投机品）的住房过剩问题，也有作为消费品（满足需要）的住房短缺问题，所以中央提出在这一领域从满足需要出发“去库存”。可见，供给侧结构性改革体现了如何把控中国经济新常态下特有矛盾的辩证方法。

有了这种辩证思维方法，还有助于认清一些流行的但却是错误的观点。比如认为消除产能过剩与政府扩大投资相矛盾的观点。这种观点认为政府投资是造成产能过剩的原因，因此消除产能过剩，必须减少政府投资。它没有认识到生产性投资和消费性投资在性质上的区别，如果政府投资在消费领域，诸如基础设施投资、公共产品和服务投资等，不仅能消化过剩产能，还能补充民生短板，恰恰是供给侧与需求侧同时发力的表现。

再比如，认为降低企业成本与提高工人工资之间相矛盾的观点。这种观点没有认识到中国企业现实情况，从技术创新、管理创新、产品创新等方面入手降低成本，比降低工资有更大空间，更符合竞争内在要求。更为重要的是工人工资作为消费基金，其社会意义在于直接构成社会最终需求。通过降低工人工资提高企业效益是饮鸩止渴，其后果只能是造成更严重的生产相对过剩。

至于那种把发挥市场在资源配置中的决定性作用与发展壮大国有企业对立起来的观点，更是与供给侧结构性改革的思想不相容。这种观点套用西方供给学派经济学的狭隘逻辑，信奉自由化、私有化等主张，甚至把供给侧结构性改革简单归结为减税政策。这种认识完全无视西方国家私人垄断资本主义造成的生产相对过剩、百姓消费不足、政府负债累累这些现实。社会主义市场经济就是要借助市场机制，通过大力发展公有制经济、做强做优做大国有企业，来克服资本主义私有制市场经济中的种种弊端。

三、推进供给侧结构性改革中的政府与市场关系

在推进供给侧结构性改革中如何任市政府与市场的关系，学界也有不同解读，其中有两种观点值得警惕：一种观点表面上赞同中央提出的供给侧结构性改革，但却把这一改革解读为西方经济学中供给学派的应用，认为推进这一改革就是要完全依靠市场机制，实行新自由主义的政策主张；另一种观点则是对这一改革主张持怀疑态度，认为强调供给侧改革必然削弱政府作用，弱化凯恩斯主义经济学的需求管理主张，进而使中国经济进一步走向衰退。这两种观点看上去貌似截然对立，但实际上都犯了一个共同的错误，就是形而上学地理解政府与市场的关系问题。

应该说关于政府与市场关系的问题，西方发达资本主义发展了三百多年，迄今无论是在理论上还是在实践上都没有得到解决。从实践上看，发达资本主义国家在1929～1933年大危机以前，基本上信奉“看不见的手”原理，政府充当“守夜人”角色；在1929～1933年大危机以后，逐渐承认了国家这只“看得见的手”的重要作用；20世纪80年代以来，“滞胀”使得美英国家转向了新自由主义，政府作用被限制和削弱；直至2008年爆发了金融危机，发达资本主义国家又开始向“大政府”的方向回归。由此看来，受资本主义周期性经济危机的影响，资本主义国家在“大政府”还是“大市场”之间不断地交替选择。当然这个过程不是简单的回归，而是随着经济社会的发展，政府参与经济的广度和深度也不断加强。

从理论上看，“大政府”和“大市场”之间的更替是凯恩斯主义经济学和自由主义经济学交替发挥作用的结果。表面上看自由主义经济学和凯斯主义经济学在政府与市场关系上的看法是对立的，但实际上，它们在思维方法上却是相通的：其一，它们都是以私有制市场经济最有效率为前提建立起的理论体系，因而两种理论都是把维护资本主义制度作为经济学的职责；其二，它们对市场和政府关系的认识都是形而上学思维，二者都认为政府和市场之间是“二元的”、非此即彼的关系，它们的分歧主要在于政府多一点还是市场多一点的问题上，并不涉及资本主义制度自身是否应该被社会主义制度所代替的问题。因此，这两种理论在本质上都符合资本主义意识形态。也正因为如此，二者才可能交替成为西方国家的主流经济学。

值得指出的是凯恩斯主义经济学强调政府的干预作用，这与中国推进经济发展的过程相吻合，因此我们可以从其中借鉴一些有用的观点和方法，但如果把凯恩斯主义经济学作为指导中国研究社会主义市场经济中政府与市场关系的理论基础，则是不正确的，这种做法很容易陷入对政府与市场关系认识的“凯恩斯主义陷阱”。这里所说的“凯恩主义陷阱”是指凯恩斯主义经济学把政府干

预理论建立在“市场失灵”基础上，认为政府干预的范围基本上是在提供公共产品、弥补市场失灵方面。这种观点从根本上把政府与市场割裂开来，会严重阻碍我们深入研究社会主义市场经济中政府与市场关系的发展规律。因为按照这种学说，中国社会主义市场经济中发挥计划调节功能、发展壮大国有企业和国有经济，都是没有学理依据的。其结果必然是照抄照搬西方模式，消灭中国市场经济中的“社会主义”性质，使我们的改革走向邪路。

在马克思主义政治经济学看来，政府与市场的关系不是一种机械的、非此即彼的对立关系，而是一种有机的“共生关系”。比如，马克思主义政治经济学认为人类社会生产活动无论是在微观领域（个别企业）还是在宏观领域（部门之间），都要遵循按比例分配劳动规律。在市场经济中，按比例分配劳动是通过价值规律来实现的，但是由于价值规律的自发性和盲目性会导致部门之间资源配置的比例失调、结构扭曲等，出现产能过剩、经济危机等问题。国家有必要采取各种宏观调控手段加以干预，其实质是国家利用“看得见的手”来修复被破坏的比例和结构问题，这种干预是市场经济运行中的“内生”关系，而不是“外生”关系，它反映了人类社会对市场经济的认识从“自发”走向“自觉”的过程。

再比如，马克思主义政治经济学认为政府与国有企业也是一种内生关系，但由于国家的性质不同，国有企业的功能、意义也不同。在资本主义私有制为基础的市场经济中，国有企业被严格限制在提供公共产品、弥补市场失灵方面。而在中国社会主义市场经济中，国有企业作为全民所有制性质的企业，不仅有保障公有制主体地位和人们共同利益的功能，还是我们党和国家事业发展的重要物质基础和政治基础。因此那种主张借政企不分之名，行国有企业私有化之实的做法，等于消灭了中国市场经济中的“社会主义”性质，违背了我们的改革方向。

当前中国推行供给侧结构性改革，从政府与市场的关系角度看，既不能单纯依靠市场力量，也不能单纯依靠政府力量，而是政府与市场在各自领域同时发力。推进供给侧结构性改革的过程，也是我们探索社会主义市场经济中如何形成“有效市场”和“有为政府”的过程。有人认为中国出现的产能过剩问题（比例问题）、结构问题都是政府干预的结果，因此解决比例和结构问题要彻底摆脱政府干预。这种认识过于极端，市场经济中的比列和结构问题，从根本上说是市场自发性、盲目性造成的结果，如果修复它们还完全交给市场，只能是南辕北辙。因此，当前在修复过程中，政府做出科学顶层设计，采取相关的产业政策、计划协调、行政手段等都是非常必要的。再者，需要指出的是，我们强调政府作用，这一点与凯恩斯主义经济学有相通之处，但我们不能简单照搬凯恩斯主义经济学作为确立政府职能和边界的理论基础。我们推进供给侧结构性改要坚持中国特色社会主义政治经济学的原则，坚持公有制主体地位原则，坚持发展壮大国有企业和国有经济的目标，决不能借消灭“僵尸企业”之名轻易消除国有企业。

总之，推进供给侧结构性改革并非权宜之计，而是中国经济发展新常态下的必然选择。坚持以中国特色社会主义政治经济学为指导，让我们的改革真正贯穿“创新、协调、绿色、开放、共享”五大理念，实现以人民为中心的发展思想，这才是供给侧结构性改革的灵魂之所在。

供给侧结构性改革的动因、依据与使命

盛　毅*

一、当前为何提出这一问题

寻求新增长动力。提出“供给侧改革”的新政策概念，意在缓解和阻止经济的急剧下行。[①] 要缓解经济下行压力，必须推动各种生产要素进入市场有需求的领域，从而促进供给与需求更好地匹配，进一步扩大有效需求。当前主要矛盾是供给与需求不匹配、不协调和不平衡，而矛盾的主要方面在供给侧，主要表现为供给不能适应需求的重大变化而做出及时调整。[②] 供需结构错配是中国当前经济运行中的突出矛盾，矛盾的主要方面在供给侧，主要表现为过剩产能处置缓慢，多样化、个性化、高端化需求难以得到满足，供给侧结构调整受到体制机制制约。同时，供给侧结构性改革也能发挥提振需求的作用。[③] 供给侧改革强调的去产能等任务虽然会在短期带来阵痛，但长远看来是会释放出改革的红利（李锦，2016）。

全面改善质量效益。推进供给侧结构性改革，其根本目的是进一步优化资源配置，更加注重使市场在资源配置中起决定性作用，通过进一步完善市场机制，矫正以前过多依靠行政配置资源带来的要素配置扭曲。[④] 实现由经济大国向经济强国的飞跃，必须更加重视产业结构优化和经济质量提升，通过改进要素供给质量和进入领域，显著提高全要素生产率和优化要素配置效率。供给侧结

---

* 盛毅，四川省社会科学院研究员，副院长，研究方向为社会主义经济理论。

① 郑永年：《供给侧改革要回答什么问题》，载于《联合早报》，2016 年 2 月 16 日。

② 陈昌盛、许伟、李承建：《以供给侧结构性改革引领新常态》，载于《经济日报》，2016 年 2 月 7 日。

③ 王一鸣、陈昌盛、李承健：《正确理解供给侧结构性改革》，载于《人民日报》，2016 年 3 月 29 日。

④ 高长武：《推进供给侧结构性改革需要厘清的四个认识问题》，载于《红旗文稿》，2016 年 2 月 25 日。

构性改革和供给体系质量效益提升的方针，体现了中国经济工作思路和宏观调控指导思想上的新思维。①

摆脱人口红利依赖。刘易斯拐点已经到来，传统的人口红利期基本结束，要通过供给侧结构性改革，激发和产生供给侧动力，即技术进步、人力资本和企业家精神。②

跨越中等收入陷阱。供给侧结构性改革是有效化解矛盾累积和“滞胀”“中等收入陷阱”“塔西佗陷阱”“福利陷阱”式的风险，实现中国迫切需要的方式转变与可持续健康发展而直通“中国梦”的“关键一招”。③为全力推进经济结构优化和转型升级，避免“中等收入陷阱”，中央提出“供给侧改革”恰逢其时。④

服务当前改革需要。深化改革的具体抓手是什么？答案是着力推进供给侧结构性改革。⑤ 中国经济当前面临的主要是结构问题和创新问题，急需通过创新寻求新的经济增长点，但必须有能激发创新的制度安排（李义平，2016）。从经济改革的视角看，供给侧改革就是要达到去产能、去库存、去杠杆、降成本和补短板的目标。⑥ 供给侧结构性改革的实质是着眼长远、从深层次解决造成经济结构性问题的制度性矛盾。⑦ 结构性改革对比需求总量刺激，更为集约、精准。⑧也只有通过供给侧的改革才能解决中国目前经济转型中突出的问题（刘世锦，2016）。

我们认为，在主要依靠“三驾马车”拉动经济增长日渐式微的情况下，推进供给侧结构性改革，就是要站在供给端来分析当前供求之间存在的问题。目前有许多领域的消费，供给并不能充分满足。造成这种情况的原因，在于市场机制没有充分发挥资源配置的作用，而主要阻碍在体制。无论是稳增长、摆脱人口红利依赖、跨越中等收入陷阱，都是供给侧结构性改革为之服务的目的，而真正的内涵，是要打破扭曲资源配置的体制机制，创造供给结构优化的环境，全面改善经济运行的质量和效益。为此，供给侧结构性改革，至少围绕产业结构、区域结构、城乡结构、投资结构等，推进投资、金融、财政、价格、行政管理体制改革；围绕完善商品市场、劳动力市场、生产资料市场、房地产市场、金融市场、资本市场、人才市场、技术市场，加快推进企业体制、要素配置机制等的改革。

---

①③ 贾康：《中国新供给经济学的理论创新与政策主张》，载于《人民论坛》2015 年第 24 期。

② 陈宪：《聚焦供给侧结构性改革——供给侧结构性改革要解决哪些问题?》，载于《金融经济月刊》2016 年第 2 期。

④⑧ 林祥：《“供给侧改革”激发创新活力》，载于《学习时报》，2016 年 2 月 16 日。

⑤ 钟祥财：《经济新常态与供给侧结构性改革》，载于《解放日报》，2016 年 2 月 16 日。

⑥ 郑永年：《供给侧改革要回答什么问题》，载于《联合早报》，2016 年 2 月 16 日。

⑦ 李佐军：《与供给侧改革相关的几个基本知识点》，载于《北京日报》，2016 年 2 月 15 日。

二、推进这一改革的理论依据

供给侧结构性改革依据的理论，既不是供给学派理论，也不是经济结构调整理论，而是中国特色的经济改革与发展理论。

与供给学派主张的“四减四促”。即减税、减管制、减垄断、减货币发行或控制通胀；促进私有化、促进市场竞争、促进企业家精神的发挥、促进技术创新和智力资本投资相比，至少表现在五个方面。一是面临环境不同。作为供给学派代表的“里根经济学”和“撒切尔主义”，所面对的是经济滞胀，储蓄率、投资率、企业国际竞争力严重下降等问题。而当前中国经济增长速度还在6%以上，就业情况良好，储蓄率继续保持高水平，贸易依然为顺差。二是政策意图不同。供给学派将减税、降低成本、提高企业效率作为核心，主要是减轻企业负担问题。而中国短期看要立足于解决供求不匹配尤其是低端产能严重过剩、高端产能明显不足的问题，长期看是全面推进经济由粗放增长向集约增长转变。三是运用手段不同。供给学派把减少政府干预作为重点，把减税作为主要手段。而中国则要求市场在发挥资源配置中起决定性作用的同时，更好地发挥政府在宏观调控、公共服务、保护环境等方面作用。四是产权制度不同。供给学派以财产私有为基础。而中国的国有经济占有较大比重，虽然混合所有制改革是重要手段，但不会走私有化道路。五是发展阶段不同。供给学派经历了从萨伊定律到凯恩斯主义，再到供给理论的过程，有比较完善的市场体系作为基础。而中国只经历过从计划经济到市场经济的过渡，并且正处在市场经济体制加快建立阶段。显然，供给侧结构性改革，虽然会运用供给决定需求、市场机制等理论，积极借鉴发达国家在供给管理方面积累的有益经验，但无论是出发点还是着力点都是不同的。

供给侧结构性改革的理论依据，虽然可以在关于现代增长理论、产业结构变动理论等体系中找到许多线索，其中刘易斯的二元结构转变理论、赫希曼的不平衡增长理论、罗斯托的主导部门理论、筱原三代平的两基准理论等，被这类研究作为重要根据而广泛采用，但这些理论关注的是产业结构演变规律。芝加哥学派关于市场结构、市场行为、市场绩效理论（SCP），将体制融入了微观经济结构分析，可以说是比较常用的工具之一。此外，“拉弗曲线”的提出者也认为，政府减税并配合各种解除管制政策后，产品供给就会增加，分析框架中涉及到政策和制度问题。但这些理论的适用对象，是以私有制为主体的市场经济。如果要分析产业发展与制度的关系，首先，从马克思的生产关系必须适应生产力发展理论去寻求。中国已经基本完成工业化中期阶段的任务，旧的生产力形成的发展动能迅速衰减，急需具有新动能的生产力替代。而保证新的生产力能够迅速形成和发挥主导作用，必须有新的体制机制作为条件，也就是现有生产关系要有大的调整，才能从根本上解决“供需错位”的矛盾。其次，要从马克思关于劳动资料革命理论去分析。马克思认为，生产方式的变化是以生产力水平的提高为前提和基础的，而生产力水平的提高主要体现在科技进步上。他指出，“生产方式的变革，在工场手工业中以劳动力为起点，在大工业中以劳动资料为起点”。“而经过变革的劳动资料，在工厂的有组织的机器体系中获得了最发达的形式”。[①] 第三要从马克思关于平均利润率形成过程理论中去寻找，马克思指出：“不同生产部门由于投入其中的资本量的有机构成不同，会产生极不相同的利润率，但资本会从利润率较低的部门抽走，投入利润率高的其他部门。通过这种不断地流入和流出，以至不同的生产部门都有相同的平均利润，因而价值也就转化为生产价格”[②]。也就是在平均利润率信号引导下，生产要素会不断地在各产业部门间流动，从而引起产业结构调整。

既然供给侧结构性改革的着力点是体制机制，那么，自改革开放以来形成的中国特色社会主义市场经济理论，尤其是关于社会主义本质论，解放和发展生产力的理论，创新驱动理论，全面深化改革的意见和决定的精神，以及中国经济新常态的论述，应当作为分析这一问题的最重要依据。当然，供给侧结构性改革，将在应用现有理论的基础上，形成新的分析方法，成为基于中国实践的理论综合性集成创新，其指导思想和理论基础能够适应中国经济转型升级的历史使命，能够提供解决中国经济面临的突出问题的科学答案。[③]

三、改革使命和预期效果

由于供给侧管理难度更大，改革的成效需要从全面和长远的角度进行评价。一是供给侧的结构涉及更多的层次和行业，从生产领域优化供给，比需求侧的结构管理尤其是长期偏重于总量型的需求管理，情况要更复杂；二是在供给侧进行政策刺激，见到成效的时间比需求刺激更长，与着眼于总量而不是结构，着眼于眼前而不是长远的需求管理，对当前经济增长的效果要差；三是从供给侧推动经济增长，重点考虑的是扩大生产可能性边界和提高全要素生产率，确保经济的长期均衡发展，与需求侧偏重短期有很大差别；四是供给侧结构性改革强调制度的作用，强调调动各主体积极性，其手段和方法与目前政府较为熟悉的财税、货币、价格、投资等政策工具不完全相同，遇到的利益矛盾和复杂问题更多。正因为如此，必须充分认识这一改革的使命，形成合理的思路和预期。

① 《资本论》第一卷，人民出版社1975年版，第408页。
② 《资本论》第三卷，人民出版社1975年版，第433页。
③ 刘元春：《论供给侧结构性改革的理论基础》，载于《人民日报》，2016年2月25日。

1. 调结构功能大于稳增长

供给侧结构性改革的重点在结构，尽管它也能够通过不断扩大生产可能性边界，创造新的需求，同时通过提高全要素生产率，减少无效供给，扩大有效供给，提高供给结构适应性和灵活性，但由于传统经济结构中各要素以及要素的组合方式发生了变化，已经不可避免地进入了一个新的增长阶梯，结构性减速是必然的（李杨，2012）。深化经济改革和可持续发展，所针对的多是中国经济的结构性改革，其影响需要很长时间才能见得到（郑永年，2016）。因为“供给自动创造需求”只是理论上的假设，实现这种假设需要具备诸多条件。同时，一些改革措施，既可能在短期内对扩大需求形成制约，也可能长时期内对扩大需求形成制约。供给理论当年在美国的应用，也没有立马解决“滞涨”问题。

2. 新的供给体制将加速形成

供给侧结构性改革必须围绕优化经济结构来推进，着力扩大有效和中高端供给，着力减少无效和低端供给，着力推进体制机制改革，其承担的历史使命就是要用市场化的改革取向，建立适应新常态的制度环境，消除阻碍要素优化配置的各种制度性障碍，使生产关系与生产力的适应性得到改善，以便在更大力度上推进结构调整。只要我们着力点把握得好，推进有力，适应产业结构升级的体制机制将形成，促进产业迈向中高端的结构调整，将取得显著进展。

3. 市场对供给能力调节作用增强

由于企业在供给侧的主体作用显著，因此，结构性改革将更多地围绕着发挥市场作用展开，通过进一步完善市场机制，矫正以前过多依靠行政配置资源带来的要素配置扭曲。近期开展的“三去一降一补”更多依赖行政手段，是政府还控制着较多资源，可以利用财政、利率、土地、价格等工具，降低能源、税费、利率等降低成本，给予关闭企业安置员工以补助，出台措施消化房地产库存，利用各种平台投融资能力弥补短板等。从长期看，如果不以此为契机，加快完善市场配置资源的机制，不可能从根本上解决问题。

4. 政府职能转变步伐必须加快

未来几年，政府既要化解过去遗留问题，又要努力弥补短板；既要加快淘汰落后产能，又要控制关停并转力度；既要突出现有产业优化改造，又要加快发展新兴产业；既要加大企业投入力度，又要防止杠杆扩大；既要降低企业成本，又要收入稳步增长。面对如此复杂的关系，政府如果不能在营造环境、简政放权、完善宏观调控手段、弥补短板等方面取得实质性进展，在发展“互联网+”和现代信息技术为支撑的新产业、新业态、新的组织方式、新模块的新兴企业组织方面有大的突破，供给侧结构性改革将难以取得预期效果。

5. 创新驱动的体制将加速形成

虽然增加关键技术供给，提高基础性技术专利数量，是当前创新的重要任务，但即使有了好的科研成果，在现有体制下，也不能顺畅地转化为产品，大量科研成果睡大觉，科技人员的积极性之所以不能得到充分发挥，关键是科研的管理制度、产权制度、利益机制、金融体制等不适应。因此，发挥科技第一生产力作用，围绕深化科技体制改革、完善科技成果与市场对接的机制、建设产学研紧密结合的共同体，应成为当前的首要任务。

马克思主义政治经济学对供给侧结构性改革的指导意义

魏益华　杨家奇*

一、问题的提出

2016年3月7日中国农业部部长韩长赋在第十二届全国人大四次会议记者会上回答记者提问时指出中国农业当前的突出问题在于结构方面，有的农产品阶段性供大于求，而有的农产品则处于短缺状态，具有品牌价值的优质农产品无法满足消费者的需求。

中国的这种供求结构性失衡不只是存在于农产品方面。与之形成鲜明对比的是，东北三省GDP增速均跌入全国倒数五位；东北三省多项传统型支柱产业如钢铁、煤炭、铁矿石、有色金属等产能严重过剩，面临巨大亏损；中国消费者对国货信心严重不足，各大商场中价格低廉的各类国产商品无人问津。

笔者认为造成中国当下严重产能过剩的原因并不是需求在特定领域的不足。财富品质研究院发布的《2014中国奢侈品报告》显示，中国现已是出境游人数和海外旅游人均消费第一的国家。可以说，中国存在着非常巨大的消费潜力。

我们要认识到的是随着经济社会的发展，社会的需求结构发生了巨大而又深刻的变化。广大中国人早就不再单纯地追求商品的数量与廉价了，商品的质量和效用成为当下中国人进行选择最主要的标杆。遗憾的是，目前大多数传统体制下的国有企业并不能准确地把握社会需求结构的变动，并依照其变化及时地调整产业结构和产品结构。也就是说，当下中国某些产业领域的供给结构并没有跟上需求结构转变的步伐，而是出现了严重的滞后，在中国的生产和供给

---

* 魏益华，吉林大学经济学院教授，博士生导师，主要研究方向为社会主义市场经济理论、法与制度经济学；杨家奇，吉林大学经济学院2013级经济学专业基地班学生。

领域，生产者生产了大量不受中国消费者欢迎的产品，而没有提供给国人他们真正需要的产品，这样的结果必然会造成某些领域产能的过剩，进而导致经济上的巨大亏损。

在这种经济形势下，习近平总书记在2015年11月10日的中央财经领导小组会议上首次指出："在适度扩大总需求的同时，着力加强供给侧结构性改革，着力提高供给体系质量和效率"。既要从供给侧切入实施中国新一轮的改革，又要通过提升中国产品的竞争力来促进经济发展。

当下，我们认为供给侧结构性改革是中国政府宏观调控的政策取向，基于中国基本国情的供给侧结构性改革自然有其秉承的理论依据。

二、马克思主义政治经济学的理论支持

马克思在《资本论》第一卷中考察商品的价值决定时曾指出："生产商品的社会必要劳动时间是在一定社会的正常的条件下，在平均熟练程度和劳动强度下劳动所需要的时间。"[①] 这就是人们所说的"第一种含义的社会必要劳动时间"。马克思在这里假定全部商品的社会供给量等于社会需求量，同时全部商品都可以顺利地销售出去，因而全部商品可以按由第一种含义的社会必要劳动时间决定的价值出售[②]。但是这种假定未免太过理想，于是当马克思在《资本论》第三卷将生产过程同流通过程结合为一个总过程来考察时，他又提出了"第二种含义的社会必要劳动时间"，即"价值不是由某个生产者个人生产一定量商品或某个商品所必要的劳动时间决定，而是由社会必要的劳动时间，由当时社会平均生产条件下生产市场上这种商品的社会必须总量所必要的劳动时间决定。"[③] 很显然，在这里马克思在考虑决定商品价值量的社会必要劳动时间时引入了社会需求量方面的因素。

马克思关于社会必要劳动时间理论的第二种含义对时下供给侧结构性改革的指导意义可以从如下两种情况展示。

（一）第一种情况：某种产品供给大于需求

以某种低端钢铁产品为例，现假定社会上的生产者对该种钢铁的供给总量为1000吨；生产每吨低端钢铁所需要的劳动量是10个小时，即生产每吨钢铁的第一种含义的社会必要劳动时间为10个小时；每小时的劳动价值量为一小时的劳动折合为100元货币。所有假设在短时间内都保持不变。

---

① 《资本论》第一卷，中国社会科学出版社1983年版，第15页。

② 卫兴华：《价值决定和两种含义的社会必要劳动时间》，载于《经济研究》，1984年第1期。

③ 中共中央马克思恩格斯列宁斯大林著作编译局：《马克思恩格斯文集》第7卷，人民出版社2009年版，第722页。

现在出于该社会经济迅速发展的原因，该社会对这种低端钢铁的需求量锐减为600吨。

在这种情况下，对于这种低端钢铁来说，它所包含的第二种含义的社会必要劳动时间变为了6000小时，即整个社会只承认这种钢铁所包含的6000小时的劳动量及这些劳动量所代表的价值量。这样一来，对于低端钢铁的生产者来说，即使他所付出的劳动量和价值量分别是10000小时和1000000元，但其能够实现的劳动量和价值量只能是6000小时和600000元，平均每吨钢铁能实现的价值总量，同时也是其价值的货币表现只是600元。

（二）第二种情况：某种产品供给小于需求

以某种高端钢铁产品为例，所有假设条件同第一种情况一致。

由于社会经济的发展，该社会对这种高端钢铁的需求量增加为1200吨。

在这种情况下，对于这种高端钢铁来说，它所包含的第二种含义的社会必要劳动时间变为了12000小时。这样对于生产者来说，即使他所付出的劳动量和价值量分别只是10000小时和1000000元，但是其在这个社会能够实现的劳动量和价值量却能达到12000小时和1200000元，平均每吨钢铁能实现的价值总量，同样也是其价值的货币表现就是1200元①。

由以上供求并不一致的两种情况的分析，我们可以很清楚的看出：

当某种商品供过于求时，无论商品生产者在商品的生产过程中投入了多少的活劳动和物化劳动，但是由于在社会中并不存在对这种商品同等的需求量，生产出的过量商品无法形成有效供给，市场无法出清，只能形成商品的库存积压，因此生产者在生产商品时投入的活劳动以及物化劳动并不能全部顺利地转化为市场价值；而当某种商品供不应求时，就算在该商品的生产过程中只耗费了较少的活劳动及物化劳动，但是由于社会上存在着对该种商品巨大的有效需求，该商品也可以实现超过生产者实际付出的劳动量的超额价值。

由于中国消费者对于高精尖产品的有效需求并不能在目前的国内市场上得到满足，他们自然而然地开始转战海外市场；而很多国内企业面对消费者需求结构的变化没有尽快调整产能反而盲目加大投资，导致目前中国制造业严重的产能过剩，产生了大量的无效供给，生产者在单位商品的生产过程中投入的活劳动所新创造的价值量和物化劳动转移的价值量根本无法得到社会的全部承认，并不能顺利地全部转化为该商品的市场价值量，最终导致了企业债务负担加重甚至是僵尸企业的形成。

---

① 许成安、王家新：《论供给价值和需求价值对商品价值量的现实决定》，载于《财经理论与实践》2005年第3期。

三、对供给侧结构性改革的建议

当下中国政府需要做的并不是引导微观经济主体增加总供给规模，引导其增加同消费者的需求结构相适应的有效供给才是问题的关键。笔者认为在促进中国企业增加有效供给的过程中，政府的目标有两个：一是改革供给结构；二是提升供给质量。两个目标的实施措施如下。

第一，为平均利润率规律的实现创造条件，以便于生产要素能够自由转移。

马克思在《资本论》中对价值规律作用下资本运动的整个分析都是建立在生产要素自由流动的基础上的。同时马克思在研究价值规律在商品经济中的作用的论述中表示，生产资料和劳动力等生产要素按一定比例分配于各个生产部门，价值规律自发地调节生产资料和劳动力等生产要素在社会生产各部门之间分配的比例是任何社会的社会再生产想要顺利进行的前提条件。对于供不应求的商品，更多的生产资料和劳动力就会因商品的价格高于其价值而被投入到这些生产部门中去，这些部门的生产就会逐渐扩大；而对于供过于求的商品，就会有一部分生产资料和劳动力因商品的价格低于其价值而从这些生产部门中转移出去，这些部门的生产就会慢慢缩小。现在社会中存在的问题是，生产要素的区域性分割影响了统一市场的形成，同时由于在某些城市存在的歧视现象、地方政府保护主义政策以及在不同地区之间客观存在的公共服务上的巨大差异，生产要素并不能在各部门之间自由地流动。这些生产要素流动的障碍会致使商品生产者的生产成本上升，进而会影响商品生产者的生产效率。这时就需要政府通过加大实施劳动合同法的力度、健全全国统一的社会保障体系、深化农村土地制度改革等措施来帮助市场机制尽可能地实现劳动力、资本、土地这些生产要素的自由流动。生产要素的自由流动可以为供不应求的商品生产部门的生产者带来更多的利润，并进一步调动商品生产者的生产积极性，而这种在利润的驱使下商品生产者更加积极地参与到商品生产活动中，客观上更加有助于一个国家生产力的发展。

第二，坚定不移地做好去产能、去库存、去杠杆的工作。

首先，去产能就是通过寻求对企业的生产设备和产品进行转型和升级的方法来解决产品供过于求而引起产品恶性竞争的不利局面。这就需要政府大力帮助中国的传统制造业实现技术改造与资产重组，并尽快放弃那些恢复以往强盛的生产力无望，长期过度依赖政府或放贷人支持的“僵尸企业”。与此同时，政府要通过扶植和发展一些新兴的产业来吸收从传统企业中转移出来的多余的劳动力并使其能够起到逐步替代传统产业衰减的作用，这样才能进一步推动中国的产能结构向着更为健康的方向发展。

其次，当下某些产品长期存在的投资过度和消费不足的情况使其去库存过程更为艰难。以其中任务最为艰巨的房地产市场的“去库存”为例，由于当下中国的房地产库存压力主要集中在市场规模小、购买力不足的二三线城市，政府应在严格地控制商品住宅的增量的同时，通过推进农村户籍制度改革、鼓励农民工进城购房、简化农业转移人口购房落户手续等措施来实现政府在房地产“去库存”方面的开流。当然，在政府推进二三线城市房地产去库存的过程中势必会有大量的“让利”行为，为了增加人们尤其是农民对二三线城市现有库存中的住房的市场购买力，这是不可避免的。

最后，许多中国企业目前的问题是杠杆率过高，债务增速过快，在巨大的偿还债务的压力下，其发展自然受到阻碍。政府要通过提高企业生产率，改善企业的债务结构，以可控的方式和节奏，结合市场手段逐步地解决高杠杆率的问题。总之，如果说“去产能”与“去库存”还可以在短时间内加以应对的话，“去杠杆”工作作为制度层面的改造则更为复杂，其效果需要政府和社会公众给出一定的耐心。

第三，推动企业创新。

中国现行的经济体制及其运行机制下暗含着一种非常危险的现状就是很多企业不思创新，其技术进步极为缓慢甚至为零。政府若想要促进企业的创新积极性，就要先明确当下的中国企业纷纷逃避创新的原因。我认为，这归根结底是制度上的缺陷。企业创新的回报很可能要延伸到未来很长一段时间才能得以实现，让很多企业十分顾虑的问题是这段时期的政策会不断调整且无迹可寻。在这样的背景下，企业极有可能会做出急功近利的选择，其行为方式也会更倾向于短期化①。创新的回报的延后性是创新所具有的客观性质，无法避免，但政府可以通过让企业充分了解政府政策、给予企业的创新行为以产权制度的保护，来最大限度地消除企业对未来政策方向的不确定性。这样一来，在稳定的可预期的利润前景下，企业的创新愿望才能够被充分释放。

政府一定要更加重视职业教育和培训。目前中国的剩余劳动力非常多，而且这些剩余劳动力的素质普遍较低，再加上中国当下的资本和技术又相对不足，共同导致了中国的产业结构大部分集中在主要依靠大量地使用劳动力进行生产，而对技术和设备的依赖程度低的劳动密集型产业。这使得中国制造业产品在国际上的竞争力降低，也制约了中国制造业产业结构的优化和升级。而解决问题的根本就在于进一步强化公民的职业教育。马克思曾指出：“比较复杂的劳动只是自乘的或不如说多倍的简单劳动，因此，少量的复杂劳动等于多量的简单劳动。”② 通俗来讲，商品的价值量取决于生产商品的社会必要劳动时间，而社会必要劳动时间是以简单劳动为尺度的。复杂程度不同的劳动所生产的不同种类

① 文建东、宋斌：《供给侧结构性改革：经济发展的必然选择》，载于《新疆师范大学学报》2016 年第 2 期。

② 《马克思恩格斯文集》第 5 卷，人民出版社 2009 年版，第 58 页。

的商品的价值量是通过“各种劳动化为当作它们的计量单位的简单劳动的不同比例”[①] 来实现的，即通过把一定量的复杂劳动化为多倍的简单劳动来实现的。所以，政府一定要加大在公民职业教育方面的投资力度，力争通过提升公民的知识和技术水平来持续为社会积累人力资本，促进中国的大量劳动密集型产业逐步向资本密集型产业或知识密集型产业转化。

总之，在中国经济进入新常态的背景下，政府要坚定不移地进行供给侧结构性改革，将发展基点放在促进企业创新上，通过实现资源的合理化配置、加快产业转型升级、大力发展科学技术、培养高精尖人才、释放企业创新潜能等政策措施来促进中国经济形成以创新为基础的完善的经济体系和健康的发展模式。

① 《资本论》第一卷，中国社会科学出版社 1983 年版，第 21 页。

中国供给侧结构性改革的马克思主义政治经济学分析

韩艳红*

供给侧结构性改革不能简单照搬照抄供给学派的政策主张，也不能以其为理论基础。中国所提出的供给侧结构性改革是中国经济在新常态下的一次探索性改革和思路调整，是基于当今中国经济发展的新常态对中国改革实践的综合性集成创新，所以应该从具有中国特色的社会主义实际出发，用马克思主义政治经济学的基本理论指导中国供给侧结构性改革，使供给结构更好地适应需求结构的变化，实现中国经济巨轮“行稳致远”！

一、供求失衡、供需错配是推动供给侧结构性改革的现实逻辑

中国经济增长过程中出现的供求失衡、供需错配是经济长期积累的结果。它表现为在生产领域出现大量的产能过剩、在流通领域的库存积压和在金融领域的债务风险不断增大。之所以产生这种结构性问题，一方面是中国企业转变经济发展方式滞后、没有完全适应市场需求的产物；另一方面是国际金融危机冲击、世界经济复苏乏力的结果。中国所要实施的供给侧结构性改革则是从供给端入手，用改革的办法推进供给侧结构性调整，扩大有效和中高端供给，减少无效和低端供给，不断增强供给结构对需求结构变化的适应性和灵活性。

马克思主义政治经济学充分阐述了供给侧运动规律，为我们提供了有别于西方经济理论的基本原理：一个是建立在唯物史观基础上的“生产—分配—交换—消费”对立统一关系的原理；另一个是社会总产品实现的原理。在《政治经济学批判导言》中，马克思认为，作为政治经济学研究对象的物质生产必然

* 韩艳红，吉林财经大学经济学院副教授，上海财经大学马克思主义理论流动站博士后，主要从事马克思主义理论和国际经济学研究。

是一定社会发展阶段上的生产，一定社会关系中的生产。社会生产和再生产是一个整体，它是由生产、分配、交换和消费四个环节构成的，这四个环节相互联系、对立统一，形成了经济系统对立统一的辩证关系。

马克思在《资本论》中没有直接给出总供给和总需求概念，但马克思在《资本论》有关社会总资本再生产的论述中，既分析了供给与需求的总量平衡，也分析了社会生产两个部门的比例关系，即两大部类的生产和消费的匹配关系，其实也是社会总供给和总需求的总量平衡和比例平衡的关系。把社会的生产活动划分为生产资料和生活资料两个生产部门，分别用下标1和2表示。每个部门产品的价值都由不变资本、可变资本和剩余价值三部分组成，分别用C、V和M表示，总产值用T表示。在扩大再生产中，剩余价值将被分为企业主的消费基金和追加投资两部分，在这里分别用E和ΔI表示，追加投资又分为追加的不变资本ΔC和可变资本ΔV两种，即有：

$$M_1 = E_1 + \Delta I_1 = E_1 + \Delta V_1 + \Delta C_1$$

$$M_2 = E_2 + \Delta I_2 = E_2 + \Delta V_2 + \Delta C_2$$

在新的国际分工即产品内分工的格局中，中国的社会再生产的方式已发生了新的变化，已有的初级产品供应商转变为国际产品价值链中各个环节的重要参与者。但国际产品价值链的“链主”是发达国家的大型跨国公司，中国企业作为受控制的“节点”，生产只能集中在附加值低、利润水平微乎其微的装配、加工和简单制造业。这种状况用马克思的再生产理论的图示可表示如下：

$$(C_1 + \Delta C_1) + (V_1 + \Delta V_1) + E_1 = T_1$$

$$(C_2 + \Delta C_2) + \frac{V_2}{C_2}(C_2 + \Delta C_2) + E_2 = T_2$$

在产品内分工下，中国企业成为发达国家跨国公司的制造商，主要的技术系统、关键零部件，甚至销售渠道等附加值高、利润水平丰厚的环节都被发达国家所掌握，使得中国的生产资料生产部门（第一部类）的发展远远落后于生活资料生产部门（第二部类），特别是体现在第一部类知识和技术投入的（V1 + ΔV1）较为落后。而对于第二部类，旺盛的全球市场需求推动了中国生活资料生产部门的低层次规模扩张，并且这种低水平扩张特别体现在大规模的固定资产投资与劳动者低工资、低人力资本投资并存。中国再生产的常态就表现为（C2 + ΔC2）>（V1 + ΔV1）+ E1，因此中国经济在过去的十几年增长速度很快，但技术水平和产业竞争力始终徘徊不前，在新的国际分工格局下这种现象称为“产品内分工陷阱”。在这种现象背后隐藏的是资本主义生产方式中的需求不足和投资过剩矛盾向中国转嫁的实质。

二、发展和创新是推动供给侧结构性改革的关键举措

生产要素包括四个方面，一是劳动；二是土地和土地所代表的自然资源；

三是资本；四是创新。在劳动、土地和资本这三大要素对经济发展的支撑力不断下滑的同时，在“新常态”下实施供给侧结构性改革，特别关键的是要更多地依靠创新，即全要素生产率的提高。马克思的创新思想是马克思学说的重要组成部分，在社会必要劳动时间、复杂劳动、资本在市场竞争追求超额利润等论述中均对创新有所论述，运用马克思的创新理论指导中国的供给侧结构性改革必将产生更深远的指导意义。

首先，个别劳动时间和社会必要劳动时间理论是大众创新的不竭动力。马克思在《资本论》中论述了个别劳动时间和社会必要劳动时间，决定商品价值量的是社会必要劳动时间，也就是说在现有社会正常生产条件、平均劳动熟练程度及劳动强度下生产某种使用价值所需要的劳动时间。商品生产者要想追求利润，必须使自己商品的个别劳动时间低于社会必要劳动时间。在社会主义市场经济条件下，市场导向在某种程度上发挥利益导向的作用，市场主体对物资利益的追求，加上市场竞争机制的作用，会使商品生产者不断地降低自己生产商品的个别劳动时间，使其低于社会必要劳动时间，这样才会有超额利润。为使自己商品的个别劳动时间低于社会必要劳动时间，商品生产者大力开展创新，为满足市场需求不断推陈出新。

其次，复杂劳动等于加倍的简单劳动理论推动创新供给满足市场需求的变化。马克思在考察商品价值量决定时，认为劳动要区分为简单劳动和复杂劳动，认为复杂劳动是加倍的简单劳动，复杂劳动创造了比简单劳动更多的价值，复杂劳动应该得到比简单劳动更多的报酬。马克思关于简单劳动和复杂劳动的原理对于深化供给侧结构性改革具有重要的现实意义。在社会主义社会中，劳动者由于各种主客观条件的限制，劳动者在体力和智力上仍存在差别，他们的劳动质量和成果有较大差别。复杂劳动者接受过专门的、较高层次的教育和训练，一般文化水平和工作技能较高，能创造出更多、更好、更复杂的产品，他们在分享劳动报酬时可以分享到更多成果。可以激励他们掌握更多技能，开展科学研究和技术创新，创造出满足市场需要的新产品和新技术。

再次，马克思认为市场竞争推动科技的持续创新。在市场经济条件下，为了获取个体经济收益的最大化，同行业之间往往为争夺市场份额展开激烈的竞争。而竞争的结果就是两极分化、优胜劣汰。在激烈的竞争中不断进行创新，并使用最先进的生产技术的商品生产者才能不被淘汰并获取有利地位，商品生产者使用最先进的生产技术可以提高要素生产率，降低产品的生产成本，提高产品质量，生产出具有特色的新产品，在这一过程中不断推动着商品生产者和社会的科技创新。马克思在《雇佣劳动与资本》一文中形象且详尽地分析了这一过程，他指出在市场竞争中要想获得有利地位“只有在自己更便宜地出卖自己的商品的情况下……可是，要能够更便宜地出卖而又不破产，他就必须更便宜地进行生产，就是说，必须尽量提高劳动生产力……更全面地应用和经常地改进机器。内部实行分工的工人大军越庞大，应用机器的规模越广大，生产费用相对地就越迅速缩减，劳动就更有效率。因此，他们竭力设法扩大分工和增加机器，并尽可能地使用机器”，[①] 这里的由竞争导致的在生产过程中“增加机器”和“使用机器”在本质上是提高劳动生产率，追求更高额的利润，但与此同时也促进了科技创新。

最后，马克思认为市场的激烈竞争必将促进产品和市场创新。随着消费者收入水平的不断提高，需求更加多样性，为了获取更多利益，商品生产者必然采用新技术、新工艺生产出品种花样更多且单位价值量更低的新产品，以满足不同消费者的需求，并且在市场饱和的情况下，为了获取更高的市场份额和更丰厚的经济利益就必须开拓更广泛的销售市场。马克思在分析商品和货币关系时，阐明了产品和市场创新的思想。马克思指出“资本主义生产方式占统治地位的社会财富，表现为‘庞大的商品堆积’，……商品首先是一个外界的对象，一个靠自己的属性来满足人的某种需要的物”。[②] 社会需求刺激新产品的生产，但在激烈的竞争中要不断提高劳动生产率，降低生产成本，因此在生产中就要不断采用新技术、新方法和新工艺，“采用机器的直接结果是，增加了剩余价值，同时也增加了体现这些剩余价值的产品量，……社会产品中有较大的部分变成剩余产品，而剩余产品中又有较大的部分以精致和多样的形式再生产出来和消费掉”。[③]“马克思在1867年惊奇地了解到：在英国伯明翰就生产500种不同的锤子，而且每一种在工业或手工业生产中派上不同的用场”。[④]

结合中国当前经济发展的实际情况，在新常态下推进供给侧结构性改革必须不断创新，推进科技创新、制度创新、产品创新等。以科技创新为动力引领经济的新常态发展，以体制机制创新为动力推动国家治理体系的现代化。[⑤] 在全面创新中，科技创新处于核心位置，科学技术是第一生产力，是促进经济增长的第一驱动力，发挥科技创新在供给侧结构性改革中的引领作用，必须在各个层面深入实施以创新为驱动的发展战略，提升创新要素在资源配置中的效率，进而提升全要素生产率，采取各种有效措施激发创新主体的积极性。第一，不断提升原始创新能力，持续加强整个社会的基础研究。第二，强化企业的自主创新和研发能力，提高企业的国际竞争力和影响力。第三，加大人力资本的投入力度，调整人才结构，实现“人口红利”到“人才红利”的转变。

---

① 《马克思恩格斯选集》第1卷，人民出版社1995年版，第356页。

② 《马克思恩格斯全集》第23卷，人民出版社1972年版，第47页。

③ 《马克思恩格斯全集》第23卷，人民出版社1972年版，第487页。

④ 乔治巴萨拉：《技术发展简史》，复旦大学出版社2000年版，第2页。

⑤ 程恩富、孙秋鹏：《论资源配置中的市场调节作用与国家调节作用——两种不同的“市场决定性作用论”》，载于《学术研究》2014年第4期。

三、正确把握政府和市场的关系是供给侧结构性改革的重要保障

中国当前所实施的供给侧结构性改革，首先，要正确把握政府和市场的关系，严格把控资本作用的领域和深度。供给侧结构性改革的去产能、去库存、去杠杆、降成本、补短板五大任务，仅从字面上看，容易认为这是一种政府行为，是政府要加大市场的干预。但政府的作为是在市场决定资源配置的基础上进行的，与市场配置资源的方向是一致的。政府必须进行宏观调控，单纯依靠市场自发调节供求关系，那么将导致大量工人失业，出现严重的社会问题。同时，政府必须加强对食品安全和假冒伪劣产品的监管与事前监督。如果消费者的食品安全不能得到保障，假冒伪劣产品泛滥，居民的生活质量会下降，国内的购买力将大规模的涌向国外市场，这会导致国内市场萎缩、企业破产倒闭、工人失业。在供给侧结构性改革中要严格把控资本作用的领域和深度，需要发挥政府弥补市场不足的作用，政府的作用是正面的，又是与市场调节作用相结合的。

其次，在供给侧结构性改革中要注重发挥国有企业的主导作用。当前，中国经济在某些领域中各种所有制性质的企业都存在产能过剩的问题，这是一个普遍性的问题，与企业的所有制性质无关。需要指出，当前中国经济出现的产能过剩主要来自于终端供给的过剩，终端供给的产能过剩进而又导致处于产业链上游的产业也出现产能过剩。所以，生产钢铁、建材、能源等产品的国有企业，处于产业链的上游，其产能过剩是引致性的，它们也是终端供给产能过剩的受害者。去库存、去产能的改革应从终端供给着手，才能真正抓住供给侧结构性改革中的问题要害。因此，在供给侧结构性改革中，应充分发挥不同所有制企业的作用，在政府的宏观调控下相互配合、协调发展，形成合力，而不能将国有企业同非国有企业对立起来。此外，国有企业的制度优势，决定了其在供给侧结构性改革中可以发挥主导作用。

最后，供给侧结构性改革中要注重引导生产力的发展方向。中国所实行的供给侧结构性改革其根本出发点和落脚点是增进人民福祉、提高最广大人民的根本利益、促进人的全面发展。改革的最高检验标准是否有利于提高人民生活质量和水平，是否促进经济质量和效率水平的提高，供给侧结构性改革要与改善民生紧密结合起来。因此，在供给侧结构性改革中，大力解放和发展生产力的同时，要注重引导生产力的发展方向，生产力的发展要最大限度地满足人民日益增长的物质和文化生活需要，通过提高资源配置效率和全要素生产率，引导生产力向提高全体人民的福利水平方面发展。

宏观调控既要稳需求又要调结构

程承坪　谢雪珂*

中央经济工作会议于2015年12月18日至21日在北京举行。会议强调，2016年及今后一个时期，要在适度扩大总需求的同时，着力加强供给侧结构性改革，实施相互配合的“五大政策支柱”，其中第一大政策支柱就是宏观政策要稳，要为结构性改革营造稳定的宏观经济环境。

2016年是“十三五”的开局之年，为确保2020年全面建成小康社会目标的实现，中央明确提出，“十三五”时期中国经济年均增速至少要达到6.5%。进入新常态的中国经济，面临错综复杂的国内外环境，经济下行压力明显。中国过去粗放式的发展方式难以为继，必须转变经济增长方式，调整经济结构，这是中央确定的改革目标。为了实现这一改革目标，在经济增长动力尚未完成转换的条件下，首先必须保证经济增速要稳，这样才能为经济结构调整创造良好的环境。中国经济体量巨大，如果形成惯性下滑，会引发经济运行紊乱和系统性风险，甚至影响全面建成小康社会的进程。

因此，当前既要稳需求，又要调结构性。基于过去的经验教训，宏观调控要避免“大水漫灌”，应有针对性地进行“喷灌”和“滴灌”，精准发力，提高宏观调控的效果。

一、挖掘潜在经济增长点夯实经济稳定增长的基础

习近平总书记在2015年11月10日召开的中央财经领导小组第十一次会议上指出，产业政策要准、改革政策要实。因此，我们首先必须明确需要挖掘的潜在经济增长点，然后基此提出有效的政策措施。我们认为，以下七点是未来

* 程承坪，武汉大学经济与管理学院教授、博士生导师；谢雪珂，武汉大学经济与管理学院硕士研究生。

几年需要着力挖掘的潜在经济增长点。在这些潜在经济增长点中，第（一）（六）点可归属需求侧，第（三）（四）（五）（七）点可归属供给侧，第（二）点兼有需求侧和供给侧。分类明确有利于精准发力。

（一）城镇化建设

据《2014年国民经济和社会发展统计公报》的数据，截至2014年底，按城镇常住人口衡量的城镇化率为54.77%，而发达国家的城镇化率超过了80%。如果中国每年城镇化率提高1个百分点，那么从2015年起还需要20~25年才能达到发达国家的水平。据研究，中国城镇化率每提高1个百分点，可以维持7.1%的经济增长水平。城镇化一是可以带动基础设施投资，这种投资不但不会新增产能，而且还能有效化解产能；二是城镇化可以带动消费的增长，还有利于解决城乡收入差距问题。当前，中国房地产库存严重，城镇化能有效地化解房地产库存的困境。

（二）与民生改善相关的公共消费型基础建设投资

所谓与民生改善相关的公共消费型基础建设投资是指，直接进入未来百姓消费的、具有一定公共产品性质的基础建设投资，它包括交通基础设施、城市基础建设、防灾抗灾能力、农村的垃圾和水处理、空气质量的改善、公共保障性住房的建设等。这类公共消费型投资不同于一般的固定资产投资，它们并不形成新的生产能力，因此不必担心此类投资会形成新的产能过剩。譬如2015年9月29日，国务院总理李克强主持召开国务院常务会议，要求大力建设海绵城市，提高城镇化质量。海绵城市建设每平方公里投资过亿。中国住房和城乡建设部副部长陆克华2015年10月9日在北京表示，计划3年内投资865亿元，建设16个“海绵城市”试点。2020年海绵城市改造达到20%，2030年达到80%。

（三）现代服务业

与欧美等发达国家70%以上的三次产业比重相比，中国三次产业在经济总量中的份额仍然较低，截至2014年底只有51.6%。当前中国养老消费、健康消费、旅游消费等热点加速形成、升级态势明显，尤其网络消费等新业态方兴未艾，显示了对经济的强大拉动力。

服务业主要包括消费服务、商贸服务、生产服务和精神服务。消费服务是为居民生活提供的服务，主要有餐饮、医疗、养老、商贸等，随着模仿型消费和排浪式消费阶段的淡去，个性化、差异化、多样化的消费日益明显。商贸服务是为商贸活动提供服务的，主要有银行、证券、保险、律师事务所、会计事务所、投资咨询公司、管理咨询公司等，它对促进市场经济的健康发展具有重要的作用。生产服务是为工农业生产提供服务的，主要有建筑设计、工业设计、物流设计、包装设计等，经济发达的国家，其生产性服务业对经济增长的贡献率大都超过40%，而中国生产性服务业对经济增长的贡献率不足30%，具有很大的发展空间。精神服务是为满足人们精神享受提供服务的，主要有影视、出版、旅游、音乐等，随着人们物质生活水平的提高，精神生活水平提高的要求日益强烈，在这方面中国与发达国家有较大的差距，存在很大的发展空间。

服务业在吸收劳动就业方面的能力强于工业和农业，对于经济增速放缓条件下解决就业并保持社会稳定方面具有特殊意义。服务业通常都是劳动报酬占比较高的行业，它不同于资本报酬较高的工业。因此，发展服务业有利于提高劳动者收入水平，扭转劳资分配差距不断扩大的趋势，还有助于提高人们的幸福指数。发展服务业有利于挖掘中国巨大的消费潜力。

（四）战略性新兴产业

中国工业体系中传统工业较多且呈萎靡状态，战略性新兴产业占比较低，内部结构矛盾十分明显。中国作为大国，必须抢占战略性新兴产业的制高点。战略性新兴产业主要包括节能环保产业、新材料产业、信息技术产业、新能源汽车产业、高端装备制造产业、生命科学与生物工程产业和新能源产业等。

环保产业具有广阔的发展空间。参照发达国家的情况，中国环保投入占GDP的比重至少应达到2%～3%，但截至2012年底这一比例只有1.6%，还存在较大差距。环保产业不但对经济增长具有巨大的拉动作用，而且对扩大就业也具有十分积极的作用。新材料产业将在基础工业的广泛应用中表现出巨大的发展前景，将给予人类改善生产生活条件创造新的空间。信息技术产业的发展导致了互联网时代的来临，但信息技术产业的内在潜力远没有得到充分挖掘，贴近人类生产生活的信息技术变革将改变人类惯有的生存方式，赋予人类更大的生存空间。新能源汽车的普及意味着将广泛使用清洁能源汽车，逐步淘汰化石能源汽车，新能源汽车与智能技术结合，将降低汽车使用的门槛和环境成本，减少出行危害，其发展潜力十分巨大。随着产业链的不断延长，高端装备制造产业的需求越来越大，不但在传统产业领域，而且在新兴产业领域也将越来越有广阔的发展前景，例如，在航空航天航海，海洋开发、地下资源开发等领域将会越来越具有发展空间。生命科学与生物工程产业，在医学上的广泛使用将改变人类生存质量，延长人类寿命；在农业上的广泛使用将改变传统农业的生产方式，提高农产品数量和质量，并提供新的食物来源，解决人类衣食不足的问题并更加丰富多样。新能源产业的发展将发展出新的更加清洁、高效的能源，降低并最终淘汰化石能源，直至彻底解决人类能源问题。

（五）现代制造业

2008年发端于美国的世界性金融危机之后，美国提出“再工业化”，德国提出要发展工业4.0，发达国家纷纷抢占现代制造业的制高点。中国也要抢占现代制造业的制高点，争做工业强国。中国应着重发展五大现代制造业：一是飞机制造业；二是高铁装备制造业；三是现代船舶制造业；四是核电装备制造业；五是特变高压输电装备制造业。

（六）对外投资和“一带一路”建设

截至2012年底，中国对外直接投资累计（存量）为5319.4亿美元，位居全球第13位，仅相当于美国对外投资存量的10.2%、英国的29.4%、德国的34.4%、法国的35.5%、日本的50.4%。但中国对外投资金额占中国外汇储备比例较低。中国2012年底外汇储备余额为3.31万亿美元，是全球第一外储大国，但对外投资累计净额占外汇储备余额的比例仅为16%。外汇储备余额大，对外投资额度小，因此中国对外投资空间巨大。正在实施的“一带一路”战略既能加大国内外投资的力度，又能化解和输出产能过剩，促进沿线一带国家经济发展，可以说是一举多赢的战略。

（七）传统产业的转型升级

中国必须坐实制造业大国，同时又要抢占现代制造业的制高点，实现制造业强国梦想。为此，必须对工业2.0、3.0补课，同时追赶工业4.0。中国经济发展正处于工业化中后期阶段，传统产业有巨大提升空间。必须用技术进步解决传统产业技术落后的问题，引导更多投资推动传统产业调整升级，加快产业结构深度调整。

二、实施积极的财政政策和灵活的货币政策提高宏观调控的效率

为了挖掘上述潜在经济增长点，在宏观调控上应当有效地避免“大水漫灌”，实施有针对性地“喷灌”和“滴灌”，从而有效地提高宏观调控的效率。

（一）积极的财政政策

为了提高投资效率，国家应对过剩产业控制甚至减少投资，对一些“僵尸”企业则要加速清理，实现新陈代谢、优胜劣汰。

对于需要挖掘的潜在经济增长点则应实施积极的财政政策，扩大贷款、刺激投资，有阶段性地提高财政赤字率。同时可采取结构性减税和普遍性降费措施。大力推进“营改增”，减轻企业税费负担，尤其是降低企业社保缴费，从而降低劳动力成本，让企业轻装上阵。

为了鼓励创新创业，应设立新兴产业创业投资引导基金、国家中小企业发展基金，启动实施国家科技成果转化引导基金等，注重引导、撬动产业创新和

科技创新。

由于经济下行压力加大，加之减税降费，则会使地方政府财政收入相应地减少，债务负担进一步加重。为此，为缓解地方政府偿债压力，防范可能出现的财政金融风险，可以创新手段进一步置换地方债务，妥善解决融资平台公司在建项目后续融资问题。

（二）灵活的货币政策

应积极运用定向降准、定向再贷款、非对称降息等货币政策工具，不断加大对经济社会发展的薄弱环节和潜在经济增长点的支持力度，有效发挥激活力、补短板、强实体、挖潜力的重要作用。

要更加精准有效地实施相机调控，做好政策储备和应对预案，把握好调控措施出台的时机和力度，不断提高相机抉择的水平。要把握好宏观调控的方向、力度、节奏，使经济运行处于合理区间，守住稳增长、保就业的“下限”，把握好防通胀的“上限”，在这样一个合理区间内，着力调结构、促改革，推动经济结构转型升级。

为了降低企业的融资成本，应着力提高直接融资的比重，推动金融市场规范创新发展，建设直接融资和间接融资协调发展的金融市场体系和机构体系。继续运用抵押补充贷款、中期借贷便利、信贷政策支持再贷款等货币政策工具，支持金融机构扩大产业发展重点领域和薄弱环节的信贷投放，引导降低社会融资成本。

为了提升货币政策的实施效果，应当进一步探索丰富货币政策的“工具箱”，譬如短期流动性调节工具、中期借贷便利、抵押补充贷款等。在总结经验教训的基础上，稳步推进银行业向民间资本“敞开大门”的步伐，促进金融体制改革，提高金融效率。

三、地方政府应做好与宏观调控相关的改革工作确保宏观调控出实效

有效的宏观调控可以为改革赢得空间和时间，同时改革可以提升宏观调控的效果，二者应相得益彰。因此，地方政府要注重寓改革于调控之中。

地方政府要深化行政管理体制改革，进一步转变政府职能，持续推进简政放权、放管结合、优化服务，提高政府效能，助力创新创业。深入贯彻《深化财税体制改革总体方案》，通过以下措施提高积极财政政策的实施效果：强化预算约束，建设“阳光政府”；改革地方政府融资体制，实施地方存量债务转换，多措并举盘活闲置财政资金，提高资金使用效率；大力推广政府与社会资本合作模式，吸引社会资本进入公共服务和公共投资领域。清理和规范涉企行政事业性收费，减轻企业负担，完善公平竞争、促进企业健康发展的制度。

中国服务业发展之所以相对滞后，根本原因在于长期以来税收、土地价格等相关机制都是注重鼓励工业发展的，服务业发展的成本较高，而且金融、养老、医疗、教育等服务业发展还面临市场准入方面的障碍，存在“玻璃门”“弹簧门”现象，因此应当着力破除这些障碍，放松对服务业的过多管制。

要加快形成统一开放、竞争有序的市场体系，建立公平竞争的保障机制，打破地域分割和行业垄断，充分释放中国统一大市场的巨大经济增长潜力。

总之，在经济下行压力不断加大的条件下，结构性改革需要有稳定的需求做支撑。当前既要稳需求，又要调结构，稳需求是前提，调结构是目的。在经济增长动力尚未完成转换的条件下，必须保证经济增速要稳，这样才能为经济结构调整创造良好的环境。中国经济体量巨大，如果形成惯性下滑，会引发经济运行紊乱和系统性风险，甚至影响全面建成小康社会的进程。因此，必须明确有待挖掘的潜在经济增长点，然后才能实施精准的宏观调控，为供给侧改革创造条件。

参考文献

[1] 《十八大以来我国创新和完善宏观调控综述》，http：//finance. ifeng. com/a/20160107/14153951_0. shtml。

[2] 魏杰、杨林：《经济新常态下的产业结构调整及相关改革》，载于《经济纵横》2015 年第 6 期。

[3] 承坪、张蒂：《中国经济的八大增长潜力》，载于《当代经济管理》2015 年第 7 期。

以马克思总供给和总需求平衡的理论角度分析供给侧结构性改革

崔秀妹　费　腾　王希文*

在2015年召开的中央财经领导小组第十一次会议上，习近平总书记提出，要在适度扩大总需求的同时，加强供给侧结构性改革，着力提高供给体系质量和效率，增强经济持续增长动力。

结构性改革是深层次的涉及多个领域的改革，当前中国经济社会发展面临的问题不是单一的问题，而是多个矛盾交织叠加在一起形成的结构性问题，需要有针对性地对需要改革方面的先后顺序做出结构性的安排，确保改革平稳有序推进。而供给测结构性改革的目的是即有效资源的有效配置和供给配置，从而促进产业结构、生产结构等问题的解决。供给侧结构性改革的推进，关键是全面提高经济的发展质量和经济效益，不能只关注总量的增长，从而提高全要素生产力，引导减少产能过剩的供给和进行结构的改革，达到供给与需求相适应的水平，使需求总量与供给总量趋于平衡，保证价格水平平稳，使货币量与商品价值相适应，企业利润慢慢回升，最终促进企业整体转型。这些从理论上追溯都是运用《资本论》马克思主义政治经济学供求均衡发展等理论，结合中国当前经济实际发展而进行的重大理论创新，也是对马克思主义政治经济学中供给理论的新的发展。

一、马克思关于总供给和总需求平衡的理论

马克思在《资本论》中虽然没有直接给出总供给和总需求概念，但马克思在《资本论》有关社会总资本再生产的论述中，将社会生产分类两大部类，既

* 崔秀妹，沈阳师范大学国际商学院政治经济学专业研究生，研究方向为国际贸易、农业经济、产业经济；费腾，沈阳师范大学国际商学院政治经济学专业研究生，研究方向为农村经济、扶贫方向；王希文，沈阳师范大学国际商学院教授，研究方向为产业经济、国民经济。

分析了供给与需求的总量平衡，也分析了社会生产两个部门的比例关系，即两大部类的生产和消费的匹配关系，其实也是社会总供给和总需求量的总量平衡和比例平衡的关系。

马克思在社会总资本再生产中，把社会总产品价值划分为 c、v、m 三个部分，建立了三个平衡关系：

$$\mathrm{I}\,(v+\Delta v+m/x)=\mathrm{II}\,(c+\Delta c) \tag{1.1}$$

$$\underbrace{\mathrm{I}\,(c+v+m)}_{S1}=\underbrace{\mathrm{I}\,(c+\Delta c)+\mathrm{II}\,(c+\Delta c)}_{D1} \tag{1.2}$$

$$\underbrace{\mathrm{II}\,(c+v+m)}_{S2}=\underbrace{\mathrm{I}\,(v+\Delta v+m/x)+\mathrm{II}\,(v+\Delta v+m/x)}_{D2} \tag{1.3}$$

对于式（1.1）而言，等式两边的供求是相等的。等式左边表示的是第Ⅰ部类对生产资料的供给，等式表示的是第Ⅱ部类对生产资料的需求。第Ⅰ部类和第Ⅱ部类对于生产资料的需求和供给在市场上都是相互影响、相互约束的。

在式（1.2）中，第Ⅰ部类供给的生产资料必须同两大部类扩大再生产所需求的全部生产资料相等，第Ⅰ部类的产品价值必须等于两大部类生产资料的补偿价值和积累价值之和。这是第Ⅰ部类产品的实现条件即生产资料的生产与分配条件公式。

在式（1.3）中，第Ⅱ部类所供给的消费资料必须同两大部类扩大再生产所需求的全部消费资料相等，第Ⅱ部类的产品价值必须同维持两大部类所需要的消费资料价值和新增的消费资料价值之和相等。这是第Ⅱ部类产品的实现条件即消费资料生产和分配的平衡条件公式。

总之，社会总资本扩大再生产要顺利进行和实现，宏观经济要顺畅运行，必须做到社会总供给与总需求的平衡。用公式表示为：

$$S_1+S_2=D_1+D_2$$

二、从中国实情出发解释供给侧结构性改革提出的理论依据

1. 总量平衡和结构平衡的原理是供给侧改革的重要指导

马克思的社会再生产理论包含的总量间平衡关系，以及结构和比例间的平衡关系，要求国民经济各部门要按照客观比例实现再生产。当前中国面临着产能过剩的问题，究其根本原因是供给和需求不匹配。对于产能过剩这一现象不同学者给出了不同的解释。

2006 年，陈明森根据所经时间长短的不同，将产能过剩分为短期和长期产能过剩。在部分行业出现产能过剩的条件下，他将其归因为中国不完善的经济体制、政府的过分干预，某些地区政府部门为了政绩盲目的发展低端产业，使得供给量大大的超出了需求量，最终导致产能过剩的局面。

王小广将产能过剩问题直接归咎于中国的经济增长方式。不合理的增长方式，再加上地方政府对于企业在土地、融资等方面的“优惠政策”，投资持续快速增长，以至于超出了消费的预期，最终导致产能的扩张速度远远大于市场中消费者需求的增长速度。典型代表是钢铁行业，据《中国工业统计年鉴》，2015年钢铁企业实现销售收入28890亿元，同比下降19.05%；实现利润总额为亏损645亿元，亏损面50.5%，同比增长33.67亿元。同时2015年也是中国粗钢产量首次出现下降的年份，共8.04亿吨，占全球比重49.54%，同比下降2.3%，但还表现为消费7亿吨，同比下降5.4%。预计2016年国内钢材消费量将进一步下跌至6.48亿吨，产能利用率也将进一步下滑，产能过剩问题十分严重，另外，群众的中高端产品无法满足，加上产品质量问题事件频发，出现了国民海淘的热潮，洋奶粉、洋酒，甚至于马桶盖也要去日本买。针对这一现象，李克强总理就“出国买马桶盖”的角度诙谐地予以表态，大致意思为国内企业只注重的产品的数量，而忽视了包括质量在内的其他产品要素，使得国内产品的竞争力大大落后于海外产品，消费者有权自主选择产品，国民海淘的现象的责任不能归结于消费者，而作为供应商的企业们更应该从产品质量上而不是数量上多下功夫，提高国产品牌的竞争力，这样不仅可以改善产量过剩的问题，还可以为消费者省去“机票钱”，这是一举两得的行为。

2. 供给侧改革须应借鉴于价值决定和价值实现平衡理论

马克思社会再生产理论认为，社会再生产总过程是实物形式运动以及价值形式运动的统一。马克思在价值规律中认为，价值规律是商品生产和商品交换的客观经济规律。包括两点：第一，在商品价值的生产上，价值规律要求商品的价值量决定于生产同种单位商品耗费的社会必要劳动时间。第二，在商品价值的实现上，价值规律要求商品的价值量实现决定于社会需要该种商品使用价值量应使用的必要劳动时间。[1]该规律从某种方面来说指的就是商品的供给与需求的平衡与对接问题。“从需求方面，如果存在着某种数量的一定社会需要，并且要满足这种需要，就要求市场上有一定量的某种物品”“既然社会要满足需要，并为此目的而生产某种物品，它就必须为这种物品进行支付。事实上，因为商品生产是以社会分工为前提的，所以社会购买这些物品的方法，就是把它能利用的劳动时间的一部分用来生产这些物品，也就是说，用该社会所支配的劳动时间的一定量来购买这些物品”[2]，这实际上说明了社会生产必须实现价值的生产与实现的均衡。实际来说，满足社会需求的总产品供给与需求之间相对平衡的比例关系，应指社会总产品供给的价值量与社会总产品需求的价值量实现高度匹配及相对均衡。

要实现上述均衡，就必然要求社会总产品的生产或供给是有效的，即产品既能满足于社会的需要，又能使社会支付能力满足于社会需求。2013年，中国城镇住宅市场的整体空置率达到22.4%，比2011年上升1.8个百分点。据此估算，城镇地区空置住房约为4898万套，北京、上海等地的空房率[3]。而按照国际惯例，商品住房的空置率的合理范围率应在5%～10%。

不仅如此，自2011年8月到2013年8月，城镇家庭刚性住房需求显著下降，从28.2%降至24.6%，下降近3个百分点。而2014年第一季度数据显示，城镇家庭刚性住房需求进一步下降至22.2%，部分二三线城市房地产严重过剩[4]。数据给出的信息并不是老百姓不需要房子住，而是房价本身超出了群众可支付的能力，导致老百姓买不起房子，房子难以自身的价值难以真正体现。这也合理的解释了当前中央政府部门积极鼓励房地产行业降价减少库存的意图。

3. 货币需求量和商品价值总量基本平衡理论是供给侧改革的遵循原则

马克思的货币理论认为，货币的出现促进了商品交换的发展，同时也在新的基础上加深了商品经济的内在矛盾，即供给和需求的矛盾。要想解决这一矛盾，使得社会总供给和社会总需求达到平衡状态，货币需求量就必须与商品价格总额相适应。货币供应量的变化在实现总供给与总需求之间平衡发挥着重要的作用。马克思关于纸币流通的公式通常是这样的：在其他条件不变的情况下，价格相对于货币数量成正相关变化，即货币数量增加，物价随之上涨；货币数量减少，物价随之下跌。由于货币本身不是再生产要素，当社会资源或者生产力没有充分利用时，短期通过适度增发货币，可把闲置的资源和生产力有效盘活，拉动经济增长。但长期使用往往会产生通货膨胀，形成经济泡沫，这无疑是与发展背道而驰。近年来，美国量化宽松货币政策出台之后，大量的货币发行使得美元迅速贬值，中国政府为维护人民币币值的稳定，被迫增加货币发行量。然而，中国货币供应量的增加对美国的影响却是杯水车薪。中国的广义货币发行总量即M2从1990年的1.53万亿，扩大到2014年的122.84万亿元，截至2014年年末上升了80倍之多，占GDP比重从82%上升至193%，远高于其他国家。[5]在当前货币严重超量供应，多种行业严重经济泡沫的情况下，2015年中央经济工作会议要求阶段性提高财政赤字，根本目的就是避免货币超量发行，通过扩大需求来应对和化解短期产能过剩的问题。

总而言之，供给侧结构性改革的提出，是对马克思主义政治经济学总供求理论的延伸与发展，是总供求理论的重要成果。本文在结合中国目前产能过剩这一实际问题，运用马克思主义政治经济学中的理论对其进行指引，着力解决当前制约中国经济发展的因素，要从供给和需求两方面来开展，建立更为长远、健康的动态平衡关系，推动新兴产业的发展，为中国经济发展注入新的活力，拓展新的发展空间。

参考文献

[1]《资本论》第1卷，人民出版社1975年版。

[2] 张朝尊，曹新：《马克思关于宏观调控理论基础问题的研究》，载于《中国人民大学学报》1995年第4期。

［3］张朝尊：《马克思关于总供给和总需求平衡的理论》，载于《经济学家》1994 年第 4 期。

［4］刘向荣：《供给侧结构性改革的马克思主义政治经济学分析》［EB/OL］. http：//www. cnki. net/kcms/detail/44. 1005. c. 20160325. 1529. 003. html.

［5］古昕：《美国量化宽松货币政策的有效性分析》，载于《南开大学》2014 年。

［6］张日旭：《我国产能过剩中的地方政府行为研究》，载于《东北财经大学》2013 年。

［7］中国发起供给侧结构性改革"新动员"［EB/OL］. http：//new. xinhuanet. com/politics/2016 - 01/18/c_128641147. html。

［8］邱海平：《供给侧结构性改革必须坚持以马克思主义政治经济学为指导》，载于《政治经济学评论》2016 年第 2 期。

供给侧结构性改革力促企业走出去化解过剩产能

徐则荣　宋秀娜*

习近平总书记在2015年12月的中央经济工作会议中指出，“稳定经济增长，要更加注重供给侧结构性改革。”“推进供给侧结构性改革，是适应和引领经济发展新常态的重大创新，是适应国际金融危机发生后综合国力竞争新形势的主动选择，是适应中国经济发展新常态的必然要求”。2016年经济工作的重点，主要是抓好“三去（产能、库存、杠杆）、一降（成本）、一补（短板）”方针的贯彻落实。可以看出，习近平总书记的讲话是务实的、必要的和正确的方针。而此方针的本身则以说明中国当前的经济形势，既有美好的未来，又有严峻的现实。本文在习总书记讲话的方针的指导下，主要阐述供给侧结构性改革如何帮助中国企业“走出去”，以有效化解中国严重的过剩产能。

一、供给侧结构性改革的含义

所谓供给侧结构性改革，是指政府从供给角度出发，从生产端入手，对企业和市场进行宏观调控，解决人们对高品质和高质量产品的需求不足和各行业中低端产品供给过剩之间的矛盾，以实现总供给和总需求的均衡。供给侧结构性改革包含三方面的内容，第一方面是指生产要素供给，即需要加大生产要素的投入，如加大劳动力投入、资本投入等；第二方面是指制度供给，即需要政府进行全面的制度改革，调整好政府与市场的关系；第三方面是产业供给，即需要调整产业结构，转变经济发展方式。通过供给侧改革，鼓励企业创新，淘汰落后产能，促进经济稳定发展。

过去，中国的宏观调控主要从需求侧出发，通过货币政策和财政政策管理

* 徐则荣，首都经济贸易大学教授、博士生导师；宋秀娜，首都经济贸易大学硕士研究生。

总需求，以达到总供给和总需求的均衡，需求侧的“三驾马车”——消费、投资和出口——共同决定了中国宏观经济的短期运行。近年来，政府虽然希望能够通过货币政策和财政政策来刺激经济增长，但收效甚微。需求管理政策的长期使用，虽然给中国经济带来了三十多年的高速增长，但同时也造成了供给与需求不匹配的发展瓶颈现象，高端供给严重不足，低端供给严重过剩。

近年来，全球金融危机带来的负面影响还未全部消失，各国间竞相提高关税壁垒，贸易保护主义盛行，国际形势不容乐观，出口下行压力大，纵观国内，消费不足，产能过剩严重，资本边际效率下降、杠杆率较高等结构问题凸显，经济下行压力大，潜在风险高，要实现经济稳定发展任务艰巨，在适度扩大总需求的同时，去产能、去库存、去杠杆、降成本、补短板成为2016年经济工作的五大任务。

二、中国工业产能过剩现状

产能过剩是指某企业或行业所提供的产能大于需求，即企业或行业实际生产能力相对于市场需求的过剩。通常我们用统计指标“产能利用率”来评估一个国家的产能是否存在过剩问题。产能利用率又称作设备利用率，是一个国家（或地区）在一段时期内的实际产出与潜在产出的比值，所以也可以简单地理解为“开工率”。一般认为，产能利用率在79%～83%被认为产能利用合理，低于75%则被认为产能严重过剩。

计划经济时期由于我们实行按比例发展生产，中国没有产能过剩问题。自20世纪90年代起，伴随着计划经济向市场经济的转换，更多的企业以追求利润最大化为目标，而不顾全社会总供给与总需求的均衡，加之市场失灵，产能过剩问题便初见端倪。

根据国家统计局、工信部和国家发改委等部门相关数据的测算，1998年二季度到2012年一季度，中国经济总体处于内需不足的通缩状态，工业产能利用率均低于75%，属于产能严重过剩。在此期间，伴随着世界经济的缓慢复苏和内外需的增长，2002年二季度到2008年三季度，中国工业产能利率从76.3%上升到83.7%，累计上升7.4个百分点。随着世界各国刺激经济的不同政策的出台和落地，投资需求迅速消化了过剩产能，2009年四季度到2011年四季度，中国产能利用率被拉回到80%以上的正常区间。但随后积极财政政策和宽松货币政策的刺激形成了巨大产能，而外需不足和内需难以拉动的现实，使产能过剩问题又开始突显，除2012年四季度和2013年四季度产能利用率在80%以上，其他季度均回落到过剩区间。

当前，中国工业不仅面临严重的产能过剩问题，而且呈现传统产业与新兴产业过剩并存、传统产业尤甚的局面。产能过剩较严重的几个行业是：电解铝、电石、焦炭、水泥、平板玻璃、钢铁、风电设备、光伏和造船。这些行业的产能利用率低于75%，2013年，水泥、粗钢、平板玻璃、电解铝和造船业的产能利用率分别为75.7%、74.9%、73.5%、73.5%和65.7%。光伏产业80%以上的产品需要出口才能得以消化。不仅如此，当前，多数传统行业总体产能严重过剩，但也存在结构性产能不足现象。比如平板玻璃中电视机用大平板，玻璃基板等多数还靠进口。风机设备中风机组成控制系统及多数零部件还要进口。产能过剩成为中国实体经济脆弱的最显著特征之一。据媒体报道，目前中国煤炭、钢铁、石油化工业等出现严重产能过剩，以致整个行业利润下降，甚至亏损。尤其是钢铁行业的过剩产能约4亿吨，比欧盟各国一年生产的钢铁总量1.7亿吨还要多一倍多。中国钢铁之冠的宝钢，过去年年盈利，2014年还盈利18亿元，但2015年也因产能过剩，市场萎缩而在前三季度亏损9亿多元。显然，这些过剩产能如果得不到化解，就很难从根本上扭转全行业利润下降、亏损的局面。然而要去产能过剩，又面临大批职工的饭碗问题。尽管中央做出“要尽可能多兼并重组、少破产清算，做好职工安置工作”的指示，但部分职工下岗总难避免，这大大增加了现实的就业压力，平添了国家扶贫攻坚的难度。

可见，化解过剩产能是当前中国经济亟待解决的重要问题，若要最大限度地降低化解过剩产能可能带来的失业问题，通过供给侧结构性改革不失为良策。

三、通过供给侧结构性改革化解产能过剩

（一）在重视需求侧管理的同时，高度重视政府的供给管理

过去，在宏观管理中我们主要进行需求侧管理。当前，在宏观调控上，就是在重视需求侧管理的同时，对供给进行直接调控，以实现总供给和总需求的平衡。

“二战”期间，美国工业迅速发展，推动了经济进步，但也带来了产能过剩问题。为消化过剩产能，1948年美国国会通过了《对外援助法案》，启动了“马歇尔计划”，即援助了欧洲经济建设，又解决了自己国家的产能过剩问题。与此类似的还有德国，20世纪六七十年代，德国也遭遇了“钢铁危机”和“煤炭危机”，能源产业供求不均衡，出现产能过剩，为化解过剩产能，德国政府加大对出口贸易的支持，充分发挥其制造业优势，同时鼓励创新，提高出口产品的质量水平。与我们邻近的日本也有过类似情形，“二战”过后，日本经济开始腾飞，工业迅速发展，产品供给远大于需求，大量的劳动密集型产业产能过剩，同时，最低工资水平的提高也使得要素投入成本不断上升，为缓解产能过剩，推动经济稳定发展，日本政府将劳动密集型的制造业大量转移到了劳动力较为低廉的东南亚及中国等地，产能过剩行业的海外转移不仅缓解了本国的产能过

剩问题，还依靠别国廉价劳动力，降低了生产成本，同时大量的海外投资也优化了本国的经济结构，使日本经济得到均衡发展。这些国家对产能过剩的有效化解为中国解决产能过剩问题提供了宝贵的经验。

（二）实施过剩产能的海外转移战略

2015年3月28日国家发展改革委、外交部、商务部联合发布的《推动共建丝绸之路经济带和21世纪海上丝绸之路的愿景与行动》，标志着万众瞩目的“一带一路”建设顶层设计规划正式出台，为中国的对外贸易与投资指明了方向。“一带一路”的提出为中国传统产业发展提供了新的思路，在国内消费与投资拉动经济后劲不足、国内市场空间释放动力不足并存的情况下，“一带一路”的提出为中国产品出口开辟了新的市场，开辟了海外发展新空间，不仅可以有效的缓解产能过剩问题，同时还可以优化中国经济结构，使中国经济走上均衡发展的道路。

“一带”沿线的俄罗斯、蒙古、哈萨克斯坦等国和“一路”沿线的韩国、越南、泰国印度尼西亚等国家与中国都建立了全面合作的战略伙伴关系，这将有利于我传统产业在这些国家的投资。随着“一带一路”战略的实施，中国与这些国家的合作将进一步加强，贸易壁垒与贸易保护问题也将得到解决，这都有利于中国传统产业的“走出去”战略。

就钢铁行业而言，20世纪开始的城镇化、工业化的大规模推进，对钢铁的需求大幅上升，经济的迅速增长也带动了钢铁产业的迅速发展，自1996年起，中国一直是世界钢铁生产第一大国。但随着中国经济增长速度放缓，钢铁产业也进入了“新常态”，一方面，国内外市场对钢铁的需求逐步下降；另一方面，钢铁产业存在严重产能过剩，2014年中国粗钢产能利用率仅为74%。在供需失衡两方面的共同压力下，中国钢铁一直处于低增长、低价格、低效益和高压力的“三低一高”不良发展态势中。

“一带一路”建设为钢铁产业的“走出去”提供了契机。因为不同国家的资源禀赋不同、发展阶段不同，所以钢铁、水泥、煤炭等产业在中国供给大于需求，属于产能过剩产业，但就世界范围看，这些产业却是供给不足。在产能过剩产业“走出去”的过程中，目的国家的选取也很重要。像是韩国，经济规模较大，工业发展迅速，虽然经济增长速度较低，但钢铁行业发达，所以并非钢铁行业“走出去”的最佳选择。而其他“一带一路”的沿线国家中，70%是钢材进口国家，比如印度、蒙古等国，这些国家工业发展薄弱，基础设施建设不完善，但经济发展前景良好，是中国投资的首选国家，这些国家为中国传统产业产品的直接出口开辟了巨大的市场。同时，“一带一路”沿线国家的大部分基础建设均由中国投资承建，高铁、能源、核电、油气管道、输电网等大规模的基础建设都需要投入大量的人力、物力和财力，这也很大的拉动了对中国的钢铁的需求。除基本设施建设外，许多中东欧国家的港口、铁路和公路等基本交通设施都需要重建和改造，而中国的交通运输业发展迅速，特别是高铁建设工程，设备水平高，性能好，竞争力强，运输业的“走出去”也为中国的钢铁产业提供了商机。

引导产能过剩产业向海外转移是发达国家解决产能过剩问题的常用手段，所以中国传统产业的“走出去”战略除开拓海外市场外，可以将产能进行海外转移，积极与世界矿业大国及发展中国家合作。像是钢铁产业，中国铁矿资源禀赋较低，自给率不足30%，而且开发成本高，这使中国钢铁产业的国际竞争力不足，但钢铁产业的海外转移不仅可以更接近于原材料生产国、建立稳定、可靠的铁矿石供应路径，降低开采费用和运输费用，还可以规避矿石出口限制或贸易保护等问题。

（三）加强创新、促进出口产品质量升级

一直以来，中国大部分产品生产一直处于生产链的最低端，所出口的产品技术水平含量较低，且没有形成在国际市场上具有强大竞争力的品牌，风险抵御能力较低。在中国出口中占最大比重的是附加值低的劳动密集型产品，在世界市场上与其他出口产品结构类似的国家，如越南、马来西亚等国之间的可替代性越来越大，之间的竞争也越来越激烈，同时，随着中国人口红利的逐渐消失，中国出口产品的成本优势也将减弱，这给中国的出口带来不利影响。

要想化解过剩产能，首先我们要调整中国的产品出口结构，增加出口产品的技术含量，政府要加大对高新技术企业的扶植力度，对企业采取促进高新技术产品出口的激励措施。其次，要对出口的产业结构进行必要的调整，加大第二产业和第三产业的出口力度，对传统产业进行改造升级，除了依靠“一带一路”战略中沿线国家的基础设施建设的拉动外，还要依靠技术进步，提高产品的质量水平，加强与德国、法国等发达国家的合作关系，这些国家经济规模大，工业发展速度快，基础建设完善，对低端工业产品需求量小，但对高端工业产品有很大需求且需求稳定。再次，要对出口产品的形式进行转变。要增加一般贸易产品在总出口产品中所占的比重，适当降低附加值低的劳动密集型产品在出口中所占比重，让中国的出口不仅仅是赚取加工费，而是能够获得商品的所有利润。最后，要提高对劳动者的教育投入，提高劳动者技能。中国人口众多，劳动力低廉，所以在制造业出口中享有成本优势，但此优势并非中国独有，像是其他东南亚国家优势也是成本低。所以我们要提高劳动者的生产率，提高劳动者的生产能力。

（四）推进国际产能和装备制造合作

近日国务院公布了《关于推进国际产能和装备制造合作的指导意见》，《意

见》旨在国内重点行业优势产能“走出去”，为国内产业结构调整拓展空间。例如，核电方面，中国核电行业在巴基斯坦卡拉奇二号机组项目顺利开工，首次实现华龙一号核电技术出口，中广核、中核分别与英国和阿根廷合作建设核电项目，上海电气与南非签署科贝赫核电站蒸汽发生器更换项目合同，首次实现国内核电主设备批量进入国际市场，这些装备出口的增长可有力带动国内装备、产能“走出去”。铁路方面，中国拥有高铁核心技术，目前中泰铁路、中俄高铁进展顺利，估计海外高铁计划建设里程5.9万公里，中国有望参与建设计划的60%，这必然会带动中国钢铁行业“走出去”。建材方面，当前，中国不仅主要建材产品产能均已占到世界50%以上，而且水泥、玻璃、玻纤、陶瓷、石材加工以及墙材等产业的成套技术装备已经达到，有的甚至超过世界先进水平。中材集团、中建材集团、海螺集团、广东科达集团、双鸭山东方墙材集团等，已能够为国外客户提供成套设备的一条龙服务和工程总承包。成套技术装备与工程总承包的“走出去”可有效化解建材产能过剩。

破坏性竞争、生产周期异质性与产能过剩的供给侧解释[*]

——以马克思的逻辑拓展“破坏性竞争”

刘　刚[**]

一、引言

供给侧逻辑是古典经济学的基本范式。在新古典经济学的微观视角和凯恩斯主义的宏观视角中，我们可能通过与需求侧视角的比较，窥见一些源自古典经济学的供给侧逻辑：在微观的行为分析层面，需求侧逻辑注重考察消费者边际效用和企业需求方边际收益对市场价格的影响，供给则逻辑则注重成本对企业利润最大化行为的影响；在宏观的总量分析层面，需求侧逻辑注重总支出和有效需求的拉动作用，以有效需求不足解释宏观经济失衡，供给则逻辑则认为市场供求源于各部门间的分工与产业关联，供给侧各产业之间的规模比例是否失调决定宏观供求是否失衡。

本文在上述两个层次上使用供给侧的经济学含义：在微观层次上关注由供给侧“成本—利润关系”决定的企业行为，即要素报酬与产业利润之间此消彼长的“成本—利润关系”调节资本的竞争行为；在宏观层次上关注供给侧结构决定的总供求平衡，即各产业的生产规模和供给比例决定产业间的市场需求和价值实现。产能过剩的经济学解释是供给侧经济学逻辑的重要研究领域。这方面，西方马克思主义“破坏性竞争”理论具有重要影响。通过理论梳理我们发现，“破坏性竞争理论”对产能过剩的解释，侧重于微观层次的供给侧逻辑，能

---

* 国家社科基金项目（12CJL031、13BJL004、14BKS010）；教育部人文社会科学研究青年基金项目（14YJC790030）；山东省社会科学规划项目（13CJRJ02）。

** 刘刚，曲阜师范大学经济学院副教授，副院长，研究方向为马克思主义政治经济学、经济周期与经济危机。

够较好地说明核心产业逆趋势扩张的竞争行为，及其产能过剩的短期持续。但是，解释产能过剩形成机理和宏观背景，阐明其长期持续的现实基础，则需要求助于宏观层次的供给侧逻辑。一般认为，马克思在《资本论》第二卷（第20～21章）阐明的两大部类综合平衡模型，为展开这一问题提供了基于供给侧逻辑的总供求框架。然而相对于这部分内容的“供求关联”原理，马克思在《资本论》第三卷（第49章）提出的动态分析框架——“生产过程分析”——可能更具借鉴意义。本文尝试将第三卷“生产过程分析”的动态分析第二卷的两部类再生产模型相结合，为“破坏性竞争”理论探寻一个回归马克思的新框架和新解释。

二、“破坏性竞争”：基于微观供给侧逻辑的解释

在关于产能过剩的研究中，西方马克思主义经济学的两个“破坏性”竞争理论，在国内尚未获充分重视。美国学者詹姆斯·克罗蒂（James R. Crotty）和布伦纳（R. Brenner）借鉴马克思理论提出的“破坏性竞争”理论，也对钢铁等“核心产业”的强制竞争、强制投资和退出困难等现象提出较好的解释。这些解释以微观层次上的“成本—利润关系”为理论进路，工资、折旧与利润之间此消彼长的供给侧逻辑成为解释企业“破坏性竞争”行为的中心线索，具体而言，克罗蒂更倾向于“工资挤压利润”的“利润挤压论”逻辑，而布伦纳则更倾向于从固定资本和沉没成本的角度解释“破坏性”竞争。

（一）克罗蒂的解释倾向于“利润挤压论”

克罗蒂在2002年就曾指出，20世纪70年代以来，随着新自由主义在全球范围的盛行，产能过剩已经成为各国核心产业的普遍现象：“来自咨询公司、产业贸易协会以及国际组织的研究报告都一致认为，大规模的产能过剩已困扰几乎所有的全球竞争性产业至少二十年之久了”[1]。克罗蒂把需要投入巨额固定资本的钢铁、石化和耐用消费品等产业称为“核心产业”，这些产业主导了全球的贸易和投资。固定资本的存在导致这些部门产品的平均成本明显高于其边际成本，指向边际成本的价格竞争，将导致这些部门的企业破产。克罗蒂认为解释“产能过剩”的长期存在，需要引入马克思的破坏性竞争。他将企业参与的竞争体制分为相互尊重的（corespective）竞争和无序（anarchic）的竞争两种体制[2]。相互尊重的竞争以相对宽松的市场环境为前提，企业之间形成合作关系，避免争相降价抢夺市场份额的价格竞争，从而使市场价格维持在边际成本之上，使企业更多地关注长期战略。然而随着生产扩张形成的供大于求，或企业官僚化导致在位企业成本上升，从而引发竞争压力增大，最终导致相互尊重的竞争体制难以维系，导致企业必须选择进攻性更强，风险更大的短期投资项目。克

罗蒂将竞争概括为马克思在《资本论》第一卷中论证的资本深化型投资，这些投资的意义在于降低企业成本，维持其利润率和市场份额免于下降。如果企业不进行这种投资，将难免被淘汰。从而在企业之间形成了“不投资即死亡”的强制竞争，即从马克思讲的“兄弟般的”竞争转向“兄弟相残的”竞争，克罗蒂认为这就是马克思所说的“强制（coercive）竞争”。在全球范围内，克罗蒂进一步强调了国际竞争引发并加重了上述“强制竞争”。克罗蒂的破坏性竞争理论有明显的“利润挤压论”倾向。在克罗蒂看来，核心产业在现有技术水平上的规模化扩张，即资本广化型积累模式往往难以为继。其原因就在这于这种资本积累方式会削减产业后备军规模，提高工资水平，降低企业的利润率。正是基于工资挤压利润的“利润挤压论”逻辑，才会形成资本广化型积累模式向资本深化型模式的转变。资本深化型积累模式除了提高企业的技术水平和生产效率外，还以机器替代工人，在劳资谈判中挤压工人利益，降低工人使用数量，抑制工资上涨，这也是资本扩大利润空间、提高竞争能力的重要手段。

（二）布伦纳基于固定资本和沉没成本的解释

克罗蒂的“破坏性竞争”能够解释钢铁等核心产业在利润下降和产能过剩状态下“逆势扩张”的“强制竞争”和“强制投资”问题。但就持续存在的产能过剩而言，这一解释尚不完整：通常越来越激烈的“破坏性竞争”和“强制竞争”会造成技术水平相对较低、成本相对较高的企业被排挤，最终退出市场，从而使产能过剩得以缓解。因此，长期持续的产能过剩，还需要解释其落后企业的“退出难”问题。在这一点上，美国著名马克思主义学者布伦纳提供了重要的补充性解释[3]。

布伦纳批评了传统的“利润挤压论”逻辑，他认为：相对于资本与劳动之间的竞争，资本与资本之间的“水平”竞争才是产能过剩的关键。他通过固定资产的存在，解释了落后产能难以退出的原因所在：“这是因为，只要新的、压低了的价格允许它们（指那些技术陈旧、成本较高的企业）至少能在流动资本的基础上取得平均收益率，继续留在该行业就是合理的。……企业的固定资本是‘沉淀的’，……企业事实上可以将固定资本看作无成本的，其进一步使用是免费的。这样一来，除非削减成本的企业把产品价格压得足够低，以致高成本企业无法在流动资本的基础上取得平均收益率，否则对后者而言，通过降低价格以求维持其市场份额就是合理的。”[4]简言之，固定资本的存在导致，只有高技术企业将产品成本压低至低技术企业的流动成本以下时（即西方经济学成本理论的“停止营业点”）时，低技术企业才会离开市场。基于这个在西方经济学看似平常的简单原理，布伦纳对存在部门内“异质性”企业之间的竞争提出创新性的“供给侧”解释。首先，基于这一原理，存在大额固定资本的核心产业，往往缺乏引进新技术降低成本的积极性。因为这些新技术虽然可以让企业获得成本上的优势，但是，只要其形成的成本差异难以“盖过”现有企业的平均固定成本，这种低成本基础上的价格竞争将难以起到排挤竞争者，扩大市场份额的作用。其次，即使部分技术形成的成本下降空间足够大，将一部分低技术企业排挤出市场，其市场上依然存在部分残留的平均收益大于平动流动成本的亏损企业。最后，市场的竞争格局可能表现为这样一种状况，在全行业整体面临亏损的情况下，才会有少量低技术企业因平均收益难以弥补平均流动成本而退出市场，甚至在技术最高的企业也面临亏损（平均收益低于平均固定成本与平均流动成本之和）的前提下，市场上技术最低的企业也不会退出市场（平均收益高于平均流动成本）。布伦纳将这上述原理用于解释国际范围的产业竞争，尤其强调东亚各国将先进技术与低工资相结合，形成了具有明显竞争优势的低成本生产，在国际市场上抑制了新自由主义体制下发达国家的“利润恢复”。

三、微观供给侧解释的不足与理论拓展的主要方向

克罗蒂和布伦纳“破坏性竞争”理论对于产能过剩的解释，较好地贯彻了微观供给侧的“成本—利润关系”逻辑。然而，相对于成熟的竞争理论，现有解释至少存在以下三个方面的不足。

第一，难以解释长期的“退出困难”和产能过剩。虽然布伦纳提供了亏损企业难以退出的理论解释，但是，熟悉完全竞争理论的学者不难理解，这一解释与竞争性市场的短期均衡模型相近，在长期性视角下则难以成立。在马克思主义经济学领域，这一解释也需要面临如下问题：虽然资本会在短期内面临“亏损好过停产”的状态，但是从“利润平均化”竞争的逻辑看来，资本不可能接受利润率长期低于其他行业的状况。因此，就长期而言，企业依然会选择退出这一行业，产能利用率不足的状态将难以在长期持续。但是，现实研究表明，产能利用率不足并非短期问题，而是具有明显的长期化趋势。因此，仅考察短期内的“退出困难”是明显不足的。根据钟春平和潘黎的概括[5]，贝恩（J. Bain）1962就已经提出了产能过剩的长期性问题，但是“破坏性竞争理论”不同的是，贝恩发现进入门槛较低的产业更容易出现产能过剩[6]。埃斯波西托等人（Esposito，F. F. & L. Esposito）则从市场结构的角度发现，垄断程度更高的寡头垄断行业的产业过剩程度更为严重[7]。霍尔（R. E. Hall）也认为企业在多数时间的产业利用率都是不足的[8]。由于产能利用率不足的长期存在，学者往往将一定范围内的产能利用率不足视为正常现象，只有产能利用率低于这个“正常范围”的情况，才被视为需要重点关注的“产能过剩”，例如在欧美国家的产能利用率的正常值在79%～83%，产能利用率低于79%则说明可能出现产能过剩现象[9]。显然，统计上的这种处理，只是在一定程度上掩盖了产能过剩的长期性和普遍性。在理论上我们依然需要面对的问题是：既然“核心产业”

的存在规模较大的固定资本，那么，一个显而易见的结果就是，产能利用率越高的企业，其产品的成本将更低，企业和利润率将越高。那么，长期难以实现产能充分利用的企业，为什么不降低或控制企业的潜在产能，反而要接受产业利用率较低的高成本状态呢？唯一的解释就是，即使从长期的平均趋势而言，企业也必须接受一个产能利用率不充分的现实状态。换言之，在产能利用率“越高越好”的背景下，企业之所以接受较低的产能利用率，必须是现实的市场条件导致企业无法实现更高的产能利用率。因此，关于产能过剩的理论解释，其难点就在于发现企业难以实现更高产能利用率的现实原因。显然，关于这一问题的考察，需要将整个行业的需求总量作为整体进行考察。因此，在这个问题上，仅关注单个企业“成本—利润关系”的微观供给侧逻辑可能难以奏效。

第二，缺失宏观视角，难以给出长期产能过剩根本原因。“退出困难”只能解释产能过剩的“延续”，完整的理论解释还应包括产能过剩的“发生”，即哪些因素导致“核心产业”频繁出现“需求不足”。虽然凯恩斯主义的“有效需求不足”能够在一定程度上解释整体宏观经济“有效需求不足”的发生机理，但是，具体到某个“核心产业”的需求不足，宏观总供求逻辑的解释力则要大打折扣。对于各个具体产业而言，供求平衡与否往往取决于各产业之间的比例结构是否合理，某个行业部门产能过剩，不仅会在整体宏观供求结构“供大于求”的状态下发生，还会因为个别产业部门的比例失调而出现。换言之，已经抽象掉各部门间比例结构的凯恩斯主义总供求模型和经济增长理论的宏观模型，都将宏观供求失衡的原因归结为储蓄—投资关系，以及“外在的技术扰动（如真实经济周期理论）和货币周期（货币学派和卢卡斯）等因素”[10]。要内生性地解释某一产业所面临的“结构失调”，则需求助于马克思的部门间再生产模型。但就产能过剩的“发生机理”而言，这一模型依然存在明显的不足，需要补充其“具体路径”和动态过程。

第三，尚未形成一个产能利用率内生的价格理论。完整成熟的竞争理论或竞争学说，需要将资本的竞争行为与市场的价格形成机制相联系。这种联系主要涉及以下两方面的逻辑：一方面，竞争或垄断的程度高低，即市场结构往往决定生产规模能否接近成本最低的最优规模，以及利润空间的高低；另一方面，不同资本相互竞争的过程也是产品价格的形成和波动过程。因此，在马克思主义经济学中，以企业间的竞争为基础，价格受供求影响围绕价值上下波动，构成价值规律的实现形式。在新古典经济学中，产业组织成为研究垄断竞争行为的竞争理论，从张伯伦提出产业竞争理论开始，价格的形成与波动就是这一理论的重要逻辑线索。产业组织理论“芝加哥学派”代表性学者施蒂格勒（G. Stigler）发展的产业组织分析框架，是产业组织理论走向成熟的重要标志。施蒂格勒也将这一理论称之为“价格理论”[11]。在马克思计划完成的“竞争学说”中，价格的现实运动也是关键性线索“对垄断价格的考察属于竞争学说的范围，在那里，将研究市场价格的现实运动”[12]。马克思生产价格理论的核心线索也是各部门资本围绕“利润平均化”展开的竞争。从这个意义上讲，“破坏性竞争”理论走向成熟的方向，应是将“破坏性竞争”的竞争行为、竞争格局和竞争结果与市场价格的现实运动相联系，将产能过剩的长期化和常态化与价格的形成过程和波动机理相联系，形成一个兼容产能过剩的“价格理论”分析框架。

上述三个方面的“不足之处”相互联系，从整体上刻画出“破坏性竞争”理论供给侧逻辑的延伸方向。其中，第二个不足之处的化解，即宏观视角的引入是关键。如果能够在“产业关联”的视角下，找到各部门“比例失调”频繁出现的内在机理，也就解决了核心产业供求失衡的常态化，那么在“利润平均化”的竞争机制下，生产价格的确定必须将产能利用率的“相对不足”作为价格形成的既定前提。换言之，只有在较低的产业利用率条件资本依然可以平均利润，产业间“利润平均化”的竞争才会相对平衡，生产价格才能最终确定下来。相应的，只有这样的生产价格才能在长期趋势上化解企业的“退出动机”，从而使资本在满足利润平均化原则的基础上，接受产能利用率长期不足的竞争环境——简言之，所谓长期的“退出困难”，并非退出的具体障碍，而退出的必要性和动机在长期趋于消失。

四、生产周期异质性：引入宏观供给侧视角的解释

在马克思主义经济学中，供给和需求是社会分工和再生产的两个侧面。再生产图式模型将供求平衡的关键指向部门间的比例结构。简单再生产条件下 $\mathrm{I}(c+v+m)=\mathrm{I}c+\mathrm{II}c$，$\mathrm{II}(c+v+m)=\mathrm{I}(v+m)+\mathrm{II}(v+m)$；在扩大再生产条件下 $\mathrm{I}(c+v+m)=\mathrm{I}(c+\Delta c)+\mathrm{II}(c+\Delta c)$，$\mathrm{II}(c+v+m)=\mathrm{I}(v+\Delta v+m/x)+\mathrm{II}(v+\Delta v+m/x)$。再生产平衡条件清晰地表明，各部门所面临的总需求规模，取决于相关部门的生产规模，市场供求是否平衡，取决于供给侧相关产业的生产规模是否符合相应的结构比例。在这一原理的基础上，产能过剩的周期性出现似乎是显而易见的。在各部生产者分散决策的无政府状态下，各部门总量规模不可能完全符合公式中所要求的规模比例，供求失衡将必然周期性的出现。因此，私有制下的分散生产和分散决策构成经济周期和经济危机的制度根源。然而，要解释产能过剩的长期化和常态化，上述分析依然不够充分。首先，经济危机和产能过剩的制度背景只是产能过剩必然出现的原因和条件之一，不能解释产能过程发生的具体过程和形成机理。其次，这种以危机和经济周期为基础的经济运行理论，以经济危机的周期性爆发为研究对象，而产能过剩的常态化则要求阐明在危机或经济周期并不明显的状态下产能过剩频繁发生的现实基础和具体路径。曼德尔将这些因素称之为“危机的具体原因”：“没有一般的原

因就不会有危机，而具体的原因则说明危机发生的直接理由”[13]，他认为，比例失调的发生机理就是这里的“具体原因”：“危机是比例失调的表现，但如果要把危机视为资本主义生产过程所固有的，那就必须证明为什么这个过程周期性地、必然地产生比例失调”[14]。

（一）生产周期异质性：源自“生产过程分析”的供给侧概念

解释“周期性地、必然地产生比例失调”，还需要一个动态的过程论视角。然而，在《资本论》第二卷第20~21章，马克思并未展开部门间价值实现过程的动态分析，这部分内容出现在第二卷的第49章“关于生产过程的分析”。直到今天，这一章内容的宏观动态分析也丝毫不逊色于现有的当代宏观经济学的任何动态分析框架。这里的分析兼容了国民收入的总量核算视角、各部门之间比例结构、两大部类价值生产和实现的不平衡，以及价值运动的动态过程，其中部门间结构比例是否失调，成为决定价值实现和价值革命的关键因素。马克思甚至考察了宏观经济运行中无法回避的不确定性风险。我们可以通过马克思的“保险基金”范畴，窥见其中的逻辑关系，这里的逻辑以第二部类使用的不变资本IIc为主线：“在再生产的正常状态下，只有一部分新追加的劳动用在不变资本的生产上，因而用在不变资本的补偿上，这就是原来用来补偿生产消费资料即收入的物质要素时用掉的不变资本的那部分，这种情况会由于这个不变部分不花费第II部类的任何追加劳动而得到平衡。但是，这个不变资本（从已经包含第I部类和第II部类之间的这种平衡的整个再生产过程来看）并不是新追加劳动的产品，尽管这个产品没有这个不变资本就不可能生产出来——这个不变资本在再生产过程中，从物质方面来看，总是处在各种会使它遭到损失的意外和危险中。……因此利润的一部分，即剩余价值的一部分，从而只体现新追加劳动的剩余产品（从价值方面来看）的一部分，必须充当保险基金”[15]。在这里，马克思强调用于生产消费资料的生产资料IIc的一部分，可能要在下一期的消费资料生产中消耗掉，而当期所消耗的部分IIc则可能是上一期生产的。这里呈现一种“跨期补偿”的逻辑：这一期的劳动投入补偿和实现上一期“沉淀”下来的劳动投入。显然，当期的劳动投入要面临两方面的规模结构：当期的部门间比例结构，以及上一期劳动投入“沉淀”所要求的比例结构。一旦违背“跨期补偿”所要求的规模结构，就可能形成相应的“价值革命”和“价值毁灭”。因此，需要将剩余价值中的一部分作为“风险基金”补偿“价值革命”形成的缺口。需要注意的是，这里的“跨期”并非“整齐划一”——因为不同产业的生产周期存在明显差异。

所谓生产周期是指企业能够调整所有生产投入所需的周期。一般而言，固定资本越多的部门，其生产周期越长。布伦纳基于固定资本和沉没成本的分析，其基本逻辑就局限于核心产业的生产周期之内，具有“短期调整”的特征。同时，固定资本的存在，也导致了明显的“加速数”效应——市场形成对核心产业的需求拉动后，由于核心产业需要投入的预付资本中包含规模庞大的固定资本，其相应的投资规模往往比市场上所需的核心产业产值增量要大得多。如果考虑到固定资本的生产需要涉及更多的上游部门，由此形成的“加速数”叠加效应将更加突出。除了上述传统意义上的“生产周期”，对市场波动影响更为广泛的，是另一个狭义的“生产周期”：产品从生产开始到最终消耗“生产—流通”周期。实际上，在整个生产系统中，由数量庞大种类繁多的“中间产品”联结各条产业链——每种“中间产品”都存在一个从生产到流通再到最终消耗掉“生产—流通周期”。不同的“中间产品”的“生产—流通周期”各不相同。生产周期的差异导致各部门之间的规模调整，永远无法实现“整齐划一”：以市场价格信号为指引的竞争性调节，必须面临参差不齐的“时滞”。生产周期较短的消费资料产业形成对生产资料部门的需求拉动后，不同的生产资料部门需要分别经过其“生产—流通周期”才能最终“供货”。在“供货”之前，生产资料部门的市场需求将持续处于“短缺”状态，市场价格信号引发的规模扩张，只有在“生产—流通周期”结束后，才能最终判断整个产业所形成的“规模扩张”是否符合产业间的规模比例。同时，生产规模的调整还有可能涉及固定资本形成的“加速数”效应。一旦市场需求规模超过某些个别企业的“潜在产能”，这些企业将选择扩大固定资本投资以提高潜在产能——同时，固定资本投资又将沿着固定资本的上游产业链形成更大幅度的带动作用。这些投资最终转化为实际产出，需要经历广义的“生产周期”，在这个周期的范围内，企业难以判断其他同行是否进行了类似的扩张，在生产周期结束后，新的潜在产能是否能够被市场消化，也将难以判断。

（二）市场波动与产能利用率选择

引入生产周期的异质性后，部门间的“平衡结构”就不再是一个稳定的平衡状态，而是一个波动中的相对稳定状态。这种波动主要集中在以下几个方面：第一，扩大再生产条件下，不同部门间的“生产—流通周期”的差异导致部门间供求数量的调节面临“时滞”，率先扩张的部分将面临供过于求的过剩状态，同时，受到率先扩张部门的拉动，其他相关部门的扩张可能在“生产—流通周期”结束后，形成扩张过度，造成产能过剩。第二，即使是在简单再生产条件下，各部门固定资本更新时间和更新所需的“生产周期”的非同步性，也将导致生产固定资产的部门面临周期性的需求波动，这种波动将通过固定资产生产部门的“生产—流通周期”形成相应的“时滞”和“偏差”，从而引发更大的波动。这种波动正是现实经济系统运转过程中，时刻发生的市场常态，构成市场波动的“常态化”。我们可以将这种波动的形成机理简要概括如下：依据再生产图式模型，各部门的供给规模必须符合相应的结构比例，因此，在经济增长过程在供给侧上要求各部门“步调一致”地按照相应的规模要求“同步扩张”；然而，部门间生产周期的异质性则导致各部门规模扩张的“步幅”存在明显差异。因此，就宏观的供给侧结构来看，彼此牵扯的各部门以各自不同的“步幅”前进，其结果必然形成“一瘸一拐”的周期性波动。在这个过程中，生产周期越长的部门，其规模调整的“步幅”就越大，面临的市场波动幅度也就越大。

在一个持续波动的市场背景下，完全按成本最低的潜在产能进行生产是不可能实现的。因为任何一家企业都不能保证其客户的需求量绝对稳定。同时，不同企业围绕“市场份额”展开的竞争也要求企业的潜在产能具备一定程度的“余量”，以随时抓住市场波动中的需求增量。因此，各个企业需要依据自己所面对的市场需求的波动程度，确定其最高产能与最低实际生产规模之间的“伸缩程度”。就市场波动和实际产能调整的动态过程而言，实际规模调整得越快越灵活的企业，其产能利用率越高。同时，生产周期越长，市场波动程度越大的产业，其平均的产能利用率也就越低。在这一背景下，企业的实际产量一直在潜在产能与最低产量之间波动，其“产能过剩”水平是一段时期内实际产量平均值与潜在产能之差。就某一个行业而言，行业内企业平均的“产能过剩”状态，将被视为整个行业的客观现实，其成本核算和生产价格的确定，都以这个“期望的产能利用率”，即以产能利用率的动态平均水平为依据。在长期趋势下，某一产业的在位企业数量以及在位企业的潜在产能，稳定在这一行业能够以平均产能利用率获得平均利润的水平上。

结合产业间生产周期异质性的差异，我们可以确定这样一个基本趋势：生产周期越长的企业，其市场波动幅度越大，行业内平均的产能利用率越低，其生产价格与潜在产能上最低成本的差距越大；但是抵消掉潜在产能的差异，其在一定时期内所获的利润水平将与生产周期相对较短的其他产业基本持平。当然，这一基本判断并不排除：各产业内部，能够以最快速度调整实际产量，提高产业利用率的企业往往可以获得最高的利润。产业内的利润率差异与产业间的利润率平均化趋势，将同时并存，后者的相对稳定状态以前者平均水平为基础。

（三）对“破坏性竞争”的拓展和对产能过剩的新解释

至此，我们借助于供给侧部门间规模结构和生产周期异质性，拓展“破坏性竞争”理论，完善对产能过剩的理论解释。

第一，动态平均意义的“产能利用率”。部门间的规模结构的“平衡比例”，是一个在动态中遵守的“平均水平”和“基准线”。现实的经济运行会在生产周期异质性的作用下，周期性的偏离这个“平衡比例”，导致各产业部门面临常态化的“市场波动”。一定时期的“产能利用率”是波动中实际产量平均值与潜在产能之间的比率。生产价格和平均利润率的确定，都以为各行业平均的波动幅度和平均产能利用率为依据。只有一定时期内现实的产能利用率低于这个“平均水平”时，才会被视为出现了“非正常”的“产能过剩”。换言之，产能过剩有其相对意义，在不同国家、不同行业和不同历史时期，视市场波动程度的差异，产能过程的确定标准也各不相同。

第二，“相互尊敬”的竞争与“无序”竞争的界限。市场波动的常态化使得企业的实际产量存在一个合理的“伸缩空间”。这个伸缩空间的存在，市场供求的波动提供相应的“缓冲”。在这个“缓冲”的范围内，价格信号调节的“时滞”主要局限于狭义“生产—周转周期”。同时，在这个“缓冲”的范围内，企业往往将市场规模的调整视为“合理范围”的波动，不同企业围绕“市场份额”的竞争，局限于市场需求规模“变动幅度”内的竞争，不会从根本上影响不同企业之间的份额比例，竞争不以企业间的“优胜劣汰”为目标，表现为“相互尊敬”的竞争。如果市场波动幅度超出这一范围，即市场规模萎缩超过既定范围，或新增市场规模的扩张幅度超越既定范围，企业将选择改变其“潜在产能”，从而容易进入“无序”的“破坏性竞争”。由于更大的固定资本规模意味着更低的平均成本和更强有力的“市场势力”，即使是面临市场萎缩，进入“破坏性竞争”状态的多数企业也会选择扩大固定资本投资规模，降低产品价格，以“逐底竞争”的方式，迫使其他企业退出市场。这种竞争，对于个体企业而言是理性的，而对于整个社会而言则会形成资源的浪费。

第三，“营亏转换”与退出决策。在市场波动常态化的背景下，企业的决策本身也存在一定的“时滞”。企业需要在一个或多个波动过程中把握其平均的“实际产量”，从而判断整体市场的扩张与萎缩做出判断。换言之，在正常波动的范围内，企业也会伴随市场波动形成周期性的“营亏转换”，在这个范围内，企业不会因为阶段性的“亏损”而选择退出。只有企业比较“营亏周期”的平均利润水平后，才会据此做出追加投资或退出市场的决策，甚至部分企业需比较多个波动过程后，才能做出相应的退出决策。因此，在正常范围内和得出平均水平的波动过程中，企业会依据“亏损好过停产”的成本原理，继续保持生产，形成“退出困难”。但是，从长期而言，这种“退出困难”不会取代企业的“退出决策”，从而可以保证这一行业在整体不会长期脱离“利润平均化”规律而陷入长期亏损。

五、外部因素的作用机理：对“滞胀”及当前产能过剩的解释

（一）外部成本冲击与“滞胀”的供给侧逻辑

学界已经熟悉以萨缪尔森为代表的“新古典综合派”对“滞胀”现象的解释：以“石油危机”为导火线的“成本上涨”导致总供给减少，从而引发通货

膨胀和经济停滞同时出现。

第一，价格传导形成消费资料部门的规模收缩。虽然石油价格上涨导致的“成本上升”首先在石化等固定资产较高的“上游产业”部门出现。但是，这些部门不会首先收缩产能。原因主要有三个方面：首先，上游产业部门可以将价格上涨转变为“中间产品”的价格上涨，向下游产业转嫁其成本，从而保持其原有利润率。而终端消费品部门则需面对消费者因价格上涨而形成的需求下降，从而形成消费部门的需求收缩。其次，越是固定资产较高的上游产业部门，原油等“中间产品”价格对总成本的影响幅度越小，由此引发的价格上涨比例越小，相应的需求下降幅度也相对较小，因此，更大幅度的需求萎缩往往首先在产业链终端的消费品部门出现。最后，越是上游产业部门，其既有的原材料存货规模越大，在原材料上涨的前提下，这些产业部门越有动力将提价后的原材料“变现”为实际产值和更高收益，其产能扩张的动机越高，相反终端的消费品部门则主要面临成本上涨和消费者的需求萎缩，最早形成明显的利润下降和实际生产萎缩。

第二，需求萎缩背景下，核心部门在广义生产周期内面临“产能过剩”和价格上涨的并存的局面。源于消费部门的需求萎缩最终向产业链向上游的“核心产业”传导，导致“核心产业”在最初库存原料增值的“利润上涨”后，面临“产能过剩”形成的“利润下降”。然而，由于供求波动是“核心产业”的常态，因此，在一个波动周期内，核心产业往往不会意识到需求规模的收缩已经超出正常范围。同时，受之前“原材料增值”形成的“利润上涨”影响，市场波动中的利润提升空间超出正常范围，会使部分企业接受更大幅度的利润下降，从而形成生产规模调整的“决策时滞”。在“决策时滞”结束后，受固定资本和沉没成本的影响，企业将在亏损的条件下保持继续生产，直到部分企业破产形成实际的“产能收缩”。在这种背景下，供给侧潜在产能的下降速度甚至滞后于需求侧消费资料部门的“生产恢复”。在核心产业的广义生产周期之内，价格上涨形成的工资上涨效应可能导致消费者的实际收入在一定范围内的恢复，从而在一定程度上拉动消费资料部门的需求恢复，并在一定程度上干扰“核心产业”降低潜在产能的生产决策过程。

第三，如果供给侧外部的“成本上涨”呈阶段性的“梯次爆发”，上述过程可能会连续出现，甚至误导核心产业部门的决策。多次的原料价格上涨，会导致上述过程“周而复始”。核心产业部门在较长的时期内难以实现实际性的生产规模调整，形成较长时期的“产能过剩”。更大的不确定性还在于：原材料价格持续上涨会刺激核心产业部门囤积原材料，为更大的产能过剩储备“能量”。原料价格的上涨，会以库存原料“增值”的方式形成“核心产业”部门的利润上涨，在供给侧形成核心产业部门囤积原材料的投机动机，使核心产业部门以原料的价格上涨抵消需求下降和产能过剩的利润下降。从而导致核心产业部门在原料价格最终稳定后，储备更大规模的潜在产能，增加其规模调整的“时滞”和退出代价，拉长产能过剩的持续时间。

（二）中国当前的产能过剩：供求两方面外部因素叠加的发生机理

外部成本上涨引发“滞胀”和产能过剩的上述“发生机理”，为中国当前的产能过剩的经济学解释提供了借鉴。总体而言，以2008年金融危机为中间节点（剔除2008年金融危机爆发时的“异常点”），中国当前产能过剩的基本背景可以概括为以下两方面的供求冲击：各类大宗商品的价格呈现先升后降的倒V形走势；对外净出口呈现由高到低的变动趋势。

第一，2008年之前，大宗商品价格的持续上涨为此后的产能过剩埋下风险。持续的大宗商品价格上涨，未在中国引发“滞胀”，其原因有以下两个方面。首先，如上述所述，“滞胀”形成的关键在于核心产业下游的消费资料部门形成生产规模收缩。而2008年之前的出口和投资快速上涨，形成持续的需求拉动，在一定程度上抵消了成本上涨造成的生产规模收缩，从而降低了对上游核心产业部门的“需求收缩”效应。其次，原材料价格上涨短期“原材料增值”形成的利润上涨效应，被金融杠杆扩大，在上涨阶段形成企业的重要的利润增量。持续的成本上涨刺激了企业的囤积原材料的金融投机，以“信用证融资”为代表的“金融创新”为企业投资大宗商品提供了重要的金融杠杆。由此形成的利润上涨，在一定程度上抵消了成本上涨和产能过剩形成的利润下降，甚至可能导致持续的利润上涨和生产扩张。受上述因素影响，尤其是金融杠杆的推动，在2008年之前，钢铁和石化等产业部门的潜在产能不仅没有收缩调整，反而出现了一定程度的增长。

第二，2008~2012年，大宗商品价格持续下降，国内投资增长一定程度上抵消出口下降，“产能过剩”危机进一步积累。2008年当年大宗商品价格暴跌，在2009年迅速恢复至2007之前的水平，随后持续下降。大宗商品的价格下跌，通过金融信贷的杠杆效应，使投机大宗商品的核心产业部门面临较大亏损。但是，在需求方面，出口下降形成的需求萎缩，在一定程度上被政府投资的扩张所抵消。这些政府投资以“四万亿”中央政府支出和地方政府“融资平台”支撑的基础设施建设为主体。同时，大宗商品价格下降形成的通货紧缩效应形成，但受“决策时滞”等因素的影响，相应的消费增长等需求扩张未充分显现。由于基础设施建设对钢铁和石化等核心产业的拉动相对较大，其对净出口的“抵消作用”往往相对较大。核心产业部门在需求基本稳定，原材成本下降的刺激下，维持甚至扩张既有生产规模，加大了“产能过剩”的程度。

第三，2012年之后，大宗商品价格下降形成的短期亏损效应、输入性通货紧缩与需求萎缩三方面效应叠加，使前期积累的“产能过剩”总爆发。首先，受地方政府融资平台偿债压力等因素的影响，政府投资减少，与净出口的持续下降相叠加，形成总需求的明显下降。其次，大宗商品价格持续下降形成的“输入性通货紧缩”，与需求下降形成的通货紧缩相叠加，加重了价格下降对核心产业部门的影响。最后，由于核心部门对大宗商品的投机行为并未完全终止，“原料贬值”形成的亏损和相应的金融杠杆依然存在，加重了核心部门产业在“产能过剩”状态下的困难，导致“产能过程”的危机总爆发。另外，持续的通货紧缩导致国内消费市场复苏，相对于政府投资和净出口，终端消费资料部门对核心部门的拉动作用相对有限，且存在一定的“时滞”，其积极作用未能抵消上述因素。

通过与“滞胀”发生机理的比较，我们可以在总体上把握中国当前“产能过剩”积累与爆发的发生机理。首先，前文“滞胀”的发生机理分析已经阐明，“成本效应”的发生机理是下游消费资料生产部门生产规模伸缩向上游核心部门的“回溯”。但是无论2008年之前还是2008年之后，中国外部总需求的变动与大宗商品价格波动的“回溯效应”的方向相反，导致大宗商品价格涨跌在生产规模上的影响在较大程度上被抵消。其次，相对于实际产业关联层次上的“相互抵消”，原材料升值贬值的短期效应被两方面因素放大：核心产业部门原材投机，被金融杠杆放大；持续的价格上涨和下跌，导致短期效应递次出现，形成连续性影响。这种连续性的“短期效应”与总需求变动的趋势呈现同方向“叠加”，才是核心产业部门“产能过程”危机总爆发的关键原因。最后，政府投资前期扩张与后期下降，在前期抵消了净出口的需求下降，在后期与净出口的需求下降相叠加，从而加大了“产能过程”前期积累的时间跨度和后期爆发的剧烈程度。

综上所述，在生产周期异质性的视角下我们可以发现，中国当前“产能过剩”严重的局面，在很大程度与短期效应的叠加有关，从供给侧大宗商品价格下降的“成本效应”和消费增长的长期趋势而言，其未来趋势未必延续当前的供求矛盾。

（三）当前产能过剩的治理：基于上述“发生机理”的政策建议

综合上述分析，我们可以从“发生机理”的角度，为当前产能过剩的治理提供以下三方面的政策建议。

第一，调节金融杠杆，抑制核心产业原材料投机，支持政府主导的基础设施建设。金融杠杆在两方面加大了当前阶段的“产能过剩”。一方面，核心产业部门在原材料投机领域的金融杠杆加大了原材价格涨跌的“短期效应”；另一方面，地方政府融资平台的金融杠杆和偿债压力导致地方政府投资出现较大规模的下降。治理“产能过剩”需要两个方面的金融杠杆向不同方向操作。在核心产业的原材投资方面，降低核心产业原材投机的金融支撑，降低其非生产生金融投机，对于生产领域的正常信贷给予支持，避免核心产业因正常生产性业务融资困难而转向“信用证融资”。在地方政府融资平台方面，以中央财政置换等方式降低地方政府的偿债压力，扩大中央主导的基础建设项目，为前景较好的地方基础设施建设项目提供更为优惠的长期融资支持，避免因短期偿债压力造成基础设施建设的急速下降。

第二，借力部门间长期效应和短期效应的叠加，促进“利润率平均化”趋势下的结构调整。总体而言，长周期的核心产业部门面临较大程度的“产能过剩”，大宗商品价格下降与总需求减少形成的通货紧缩效应加大了核心产业利润下降的短期效应；同时，受通过紧缩形成的消费增长和消费资料部门“成本下降”的影响，生产周期相对较短的消费资料部门将率先出现规模扩张的“长期”效应，出现利润上涨趋势。应借助这一阶段的利润率差异，推动部门间的“利润率平均化”竞争，以金融杠杆和财税政策等手段，支持核心产业的资本向消费资料产业转移，在缓解核心产业“产能过剩”程度的同时，推动经济系统“重塑”部门间的结构比例。

第三，灵活调节政府投资，利用基础设施建设的低成本“窗口期”稳定总需求，推动核心产业市场条件的长期恢复。综合上述分析不难发现，从长期趋势而言，大宗商品价格下降，对于核心产业部门具有“降低成本、扩大需求”正面推动作用，有助于化解“产能过剩”。当前的宏观经济政策应重点稳定需求市场，为核心产业部门市场条件在长期的恢复提供稳定的宏观背景。地方政府融资平台形成的偿债风险具有短期性和局部性特征，可以通过中央财政的置换、投资项目监管、优化运营管理和金融系统的长期信贷支持等多种手段进行化解。在化解既有风险的同时，应看到基础设施建设对于核心产业部门需求拉动的关键作用。通过基础设施领域的金融创新和财政支持，在大宗商品价格相对较低的条件下，用好基础设施建设成本较低的“窗口期”，适度扩大基础设施建设，结合“一带一路”战略的实施，能够稳定核心产业部门中长期的需求市场，推动核心产业部门在长期的“利润恢复”。

六、简要结论

在供给侧宏观视角下，市场的供给和需求规模都取决于部门间“交互供求”的供给侧规模，即“杨格定理”所谓“分工一般的取决于分工”[16]。马克思“关于生产过程的分析”所提供的“跨期结构”思想，为部门间的不平衡性，提供了“生产周期异质性”的分析工具。引入这一分析工具后，市场波动的常态化可以纳入产业间“利润平均化”的生产价格模型。相对于克罗蒂和布伦纳的“破坏性竞争”理论在微观和短期层面上的研究，这个新的分析框架以部门间的宏观视角和整个生产周期的中长期视角为中心，能够较好的解释产能过剩的宏观背景和常态化趋势。然而，相对于整体国民经济的周期性波动和经济危机的周期性爆发，这个分析框架又具有较对局部和短期的特征，可以视为整体经济周期和经济危机在“中观”范围和中长期过程的“实现路径”。这个“中观”视角，既能突破“破坏性竞争”微观视角的局限性，又能将产能过剩的解释拓展至国民经济整体经济周期和经济危机的范围之外，解释产能过程的常态化和普遍性。以这个“中观”视角下的“实现机理”为基础，我们可以阐明外部“成本冲击”引发“滞胀”的具体过程，也有助于在“产业关联”的视角下把握中国当前产能过剩的积累和爆发过程，为产能过剩的治理提供一个基于上述“发生机理”的政策建议。

参考文献

[1][2] 詹姆斯·克罗蒂（向悦文译）:《为什么全球市场会遭受长期的产能过剩？——来自凯恩斯、熊彼特和马克思的视角》，载于《当代经济研究》2013 年第 1 期。James R. Crotty，“Why There Is Chronic Excess Capacity”，Challenge，vol. 45，no. 6，2002，（11－12）：21－44.

[3][4] Brenner，R. . The Economics of Global Turbulence [M]. New York：Verso，2006：29，38－39，26，35－36；29.

[5] 钟春平、潘黎:《“产能过剩”的误区——产能利用率及产能过剩的进展、争议及现实判断》，载于《经济学动态》2014 年第 3 期。

[6] Bain，J. S. ，Barriers to New Competition，Cambridge：Harvard University Press，1962.

[7] Esposito，E. F. & L. Esposito，Excess Capacity and market structure，Review of Economics and Statistics，1974，56（2）：188－194.

[8] Hall，R. E. ，Chronic excess capacity in U. S. industry，NBER Working Paper，1986，No. 1973.

[9] 江源:《钢铁等行业产能利用评价》，载于《统计研究》2006 年第 12 期；韩国高等:《中国制造业产能过剩的测度、波动及成因研究》，载于《经济研究》2011 年第 12 期。

[10] 胡乐明，刘刚:《再生产结构与资本主义经济周期的演化路径》，载于《经济学动态》2013 年第 11 期。

[11] 施蒂格勒著，李青原等译:《价格理论》，商务印书馆 1992 年版。

[12][15] 《马克思恩格斯全集》第 25 卷（上下），人民出版社 1974 年版，第 861，957～958 页。

[13][14] 曼德尔著，廉佩直译:《论马克思主义经济学》（上卷），商务印书馆 1964 年版，第 366～367 页。

[16] 阿林·杨格著，贾根良译:《报酬递增与经济进步》，载于《经济社会体制比较》，1996 年第 2 期。

周期性产能过剩：市场经济的常态现象

钟卫华*

2015年12月18日至21日召开的中央经济工作会议上，习近平主席分析当前国内国际经济形势，部署2016年经济工作时，提出以供给侧结构性改革引领经济新常态，推动经济持续健康发展。由此供给侧结构性改革进入大众视域。之所以要进行供给侧结构性改革，是因为产能过剩，供给结构出现了问题。那么为什么会出现产能过剩？供给结构为什么会出现问题？不同的专家给出了不同的答案。

一、中国产能过剩的几种不同理论及述评

产能过剩是指在一定时期内，在既定的组织和技术条件下，企业所能生产的产品数量超出社会消费能力的一种经济现象。产能过剩本来是资本主义社会才会产生的经济现象。为什么我们处于社会主义初级阶段，也出现产能过剩呢？中国不同的经济学家对此做出了不同的解释。

“潮涌”论。持这种观点的学者认为，对于像中国这样处于快速发展的发展中国家而言，企业所要投资的都是技术成熟，产品市场已经存在的产业。因此对哪个产业是新的，哪个产业是有前景的，非常容易产生共识。于是在产业升级时，就容易出现“潮涌现象”，投资会像波浪一样一波一波地涌向某一个新产业。中国就是这样一个处于快速发展的发展中国家，所以会产生产能过剩现象。但是发达国家的企业对于国民经济中下一个有前景的、新的产业是什么不存在社会共识，为什么也会出现产能过剩的问题，这个理论似乎没有办法解释。

政府干预过度论。持这种观点的学者认为中国产能过剩的根本原因是市场

* 钟卫华，三明学院经济学院教授。

机制在资源配置方面的作用发挥不够、国家对市场干预过多的结果导致。认为会产生产能过剩的行业是国企与私企并存的制造业。认为这些制造业领域，允许私人资本进入，私企可以在成本和效率方面与国企一争高下，获得这个行业的超额利润，相反国有企业效率不高，但在这个应该由市场调节供求的最关键的环节上，政府干预了市场。并且认为政府干预一定对国企有利，最终导致产能过剩。所以目前产能过剩的问题是体制的原因，所要解决产能过剩必须提升市场化程度[①]。这种观点也是站不住脚的。按照这种观点，西方发达的资本主义国家是完全市场化国家，为什么也同样会发生周期性产能过剩的经济危机?

“僵尸企业”论。持这种观点的学者认为导致中国产能过剩是因为大量的国有“僵尸企业”存在，并且认为只有国企才存在“僵尸”情况。因为私营企业能够通过市场出清，不存在“僵尸企业”情况。政府为了扶持这些国有“僵尸企业”，防止其破产，进行大量的政策性补贴，占用了大量的社会资源，使其存而不活，从而导致产能过剩，所以“僵尸企业”是过剩产能的核心。有关国有“僵尸企业”导致产能过剩的观点同样存在缺陷。其实“僵尸企业”不仅国有企业存在，也有大量的私营企业处于“僵尸”状态。以山东省 2015 年公布的数据为例，山东全省“僵尸企业”数量共 448 家，国有企业只有 9 家，从数量上看国有企业仅占该省“僵尸企业”数的 2%。[②] 所以，把产能过剩仅仅归结为国有“僵尸企业”是站不住脚的。

市场秩序混乱论。有学者认为产能过剩的根源是市场秩序混乱，一方面行业自律不够，另一方面是地方保护主义和政府监管失效。所以既要认识到市场决定资源配置灵活、效率的一面；又要看到市场调节功能的滞后性、自发性的一面。这种滞后性和自发性容易带来短缺与产能过剩交替出现。所以解决产能过剩问题，既要发挥市场在资源配置灵活性与效率性的一面，又要规避市场在资源配置中的滞后性和自发性。这就要充分发挥政府在经济发展中的作用，做好经济发展前瞻性和战略性安排。[③]。这一论述比较符合我们目前的实际，但忽略了市场经济条件下生产资料私人占有对产能过剩带来的深层次影响的因素。

以上这些论述概括起来总体上分为市场失灵和政府失灵来解释产能过剩现象。这些说法解释本人倾向于市场失灵引发了产能过剩，此外还有过度私有化带来的产能过剩的深层原因。

二、周期性产能过剩是资本主义市场经济的常态现象

周期性产能过剩是资本主义市场经济的常态现象。资本主义经济是以生产

① 左小蕾：《产能过剩的原因是体制》，发表于《民营经济报》，2006 年 4 月 1 日。
② 杨学莹：《清退“僵尸企业”，债谁担人去哪》，发表于《大众日报》，2015 年 12 月 29 日。
③ 卫兴华：《澄清供给侧结构性改革的几个认识误区》，发表于《人民日报》，2016 年 4 月 20 日。

资料私有制为前提下的市场经济，这种经济其生产的目的就是尽可能多地追求剩余价值。为了在市场竞争中立于不败之地和获得更多的剩余价值，一方面企业要不断通过资本积累扩大生产规模，随着生产规模的扩大，生产能力急剧上升，产品也像泉水般的大量涌现出来。另一方面不断压低工人的相对工资水平。这种对立的结果是生产能力的不断扩大，广大劳动人民有支付能力的需求相对缩小。当这种对立趋势发展到一定程度时，不可避免以生产相对过剩的经济危机形式暴发出来。危机通过破坏性使大量的企业倒闭，使产能过剩的矛盾得以暂时缓解。但由于导致产能过剩的基本矛盾——资本主义生产资料私人占有和生产社会化的矛盾没有解决，经历一段时间以后，产能相对过剩的矛盾又以相同的形式暴发，周而复始，形成了资本主义市场经济的常态现象。

在英国，资本主义市场经济制度确立以后，伴随工业革命进程，从1778年开始就出现了多次局部性的产能过剩引发的经济危机。1825年英国爆发了资本主义历史第一次普遍性的产能过剩引发的经济危机。此后，主要资本主义国家就每隔7~11年爆发一次因产能过剩而引发的危机（见下表）。

1825~1907主要资本主义国家产能过剩引发危机爆发时间

英国	美国	法国	德国
1825			
1836	1836		
1847	1848	1847	1847
1857	1857	1857	1857
1867	1865	1866	1866
1873	1873	1873	1873
1882	1882	1883	1882
1890	1893	1890	1891
1900	1903	1900	1900
1907	1907	1907	1907

资料来源：李芳《不同历史时期经济危机的特征与原因研究》山东大学博士论文2011年版，第65页和韩德强《萨缪尔森〈经济学〉批判》第25部分附录二的综合。

第一次世界大战爆发后，由于战争的破坏，产能过剩暂时消失，直到1929年再次爆发由产能过剩引发的历时5年的世界性经济危机。这次危机后尽管西方主要发达资本主义国家加强了对市场经济的宏观调控，但因资本主义的基本矛盾没有改变，所以并没有根除市场经济条件下产能过剩引发危机这一常态现象，1929~1933年的危机还成为第二次世界大战爆发的原因之一。第二次世界大战以后又出现了1951年、1957年、1964年、1973年、1980年、1990年、1997年、2008年的危机，战后产能过剩引发的危机和战前相比尽管出现了一系列新特点，如同期性和非同期性并存，危机的各个阶段界限不如战前危机那么明显，但每隔一段时间就出现由产能过剩引发的周期性经济危机的常态现象并没有改变。

总之，自从市场经济的基本制度在西方主要发达资本主义国家确立以来，产能过剩引发的经济危机就像癫痫一样周期性地反复发作，每次危机的诱发因素可能不同，但其背后都是由产能相对过剩引发，所以产能过剩是资本主义市场经济的一种常态现象。

三、过度私有化和市场化是导致中国产能过剩的深层次原因

产能过剩本来是资本主义制度特有的经济现象和顽疾。如今也出现在我们这样一个社会主义初级阶段的国家，一个重要原因就是改革开放以来中国经济体制改革过度市场化和私有化的结果。出现产能过剩的内在机理与资本主义社会发生产能过剩的机理本质上是相似的。

（一）产能过剩是市场机制失灵的结果

改革开放以来，中国经济体制由计划经济体制向市场经济体制转轨，经过三十多年的努力市场体制已基本确立，市场在中国的资源配置中已起主导作用。市场在资源配置中一方面具有主动性和灵活性，另一方面又具有自发性、盲目性和滞后性，正是这种自发性、盲目性和滞后性导致中国供给侧结构失衡，产能周期性出现过剩。以太阳能光伏产业为例，就能很好地说明这一经济现象为什么会出现。

太阳能与传统能源相比是一个取之不尽而又清洁的能源，面对不可再生能源日益枯竭的情况下，把太阳能转化为人类可利用能源的光伏产业，相对其他传统产业而言是一个新兴的朝阳产业。中国的光伏产业起步于1995年，受国际、国内市场利好影响，2002～2004中国光伏电池生产规模大幅度增长，但主要是靠进口电池片进行封装加工组件，然后再出口。由于市场需求潜力巨大，利润空间大，这样促使资源不断流入该行业，并使核心关键技术不断获得突破[①]，随着关键核心技术的突破，产能迅速扩大。由于国内关键核心技术取得突破，于是国外也开始解除技术封锁，市场竞争充分，一大批私营企业通过引进国外装备和技术生产纷纷加入此行业。到2011年年底，中国已建成投产的太阳能级多晶硅企业达46家，年产能达13.4万吨，产能比2005年增长335倍，年均增长55.8%，从而导致国内多晶硅产能过剩，使从事多晶硅生产的企业从2011年开始陷入亏损状态。与此相配套的生产晶硅光伏电池的企业2005年中国只有无锡

① 2004年洛阳中硅12对棒节能型多晶硅大还原炉装置研制成功，2005年12月300吨多晶硅项目成功投产，同期1000吨多晶硅扩建项目开工建设，这些标志着中国还原炉等关键装备大型化和封闭循环工艺等领域掌握了自主核心技术。

尚德等8家企业，但到2011年组件及电池组件生产商达391家（组件349家、电池组件生产企业42家）。“在全球前10大光伏电池组件生产企业中，中国企业占据8席”一大批企业介入光伏产业，导致该行业产能由不足迅速转化为过剩，到2013年，光伏产业全行业的产能利用率不到60%，[①] 并因债务危机导致一批企业破产。

有的学者认为，包括光伏产业在内的很多产业出现产能过剩，是地方政府行政干预过度导致的结果，认为这是中国市场化程度不够的证据。表面上有一定的道理，但地方政府之所以会不顾国家的产业政策，我行我素地支持过剩产能产业的发展，不情愿淘汰过剩产能，恰恰是因为改革开放以来，因分税等财政体制原因，把地方政府异化为一个“利益单位”，地方政府作为一个“利益主体”和一般的竞争主体一样，自觉地参与到市场竞争中去的逐利行为所导致。上述太阳能光伏产业在短时间内由产能不足迅速发展到产能过剩就是市场自由竞争和市场机制失灵的结果。

（二）公有制经济主体地位的弱化是产能过剩的另一重要原因

中国目前之所以会出现产能过剩，另一个重要原因就在于改革开放以来不断推进私有化的结果。目前中国的所有制结构中，根据相关研究数据表明，公有制经济已经不占主体地位。特别是在“规模以上工业企业，界限比较明确的公有制企业占比仅为21.6%左右”。[②] 私有经济的疯狂生长是导致中国出现周期性产能过剩的重要原因。生产资料的私人占有决定了利用生产资料进行生产的目的就是尽可能多的追求利润。什么行业利润高就把资本投入到什么行业。以光伏产业为例，21世纪之初，光伏产品供不应求，利润高，前景好。于是大量的私人资本涌入光伏产业。目前光伏产业不论是上游产业还是下游产业，都以私有制为主。2011年，国内光伏电池片及组件行业前10强全部是私营企业，没有1家大型央企控股或地方国企控股。同年，中国太阳能级多晶硅行业前10强中，有6家是私营企业，3家是大型央企控股企业，1家是地方国企控股企业。而所有企业中江苏中能和江西赛维LDK这两家私企的多晶硅产量就超过国内多晶硅企业总产量的50%，这样可以说私营企业在国内太阳能级多晶硅行业具有明显优势并占主体地位。

除光伏产业外，近年来很多过剩产能行业中，都是由于非公经济盲目上新项目，过度竞争引起的。纺织、印染、服装行业几乎都是非公经济。钢铁工业产能过剩60%以上，水泥90%以上，也是非公有制企业盲目上新项目引起的。风电企业一下子发展到70多家，也多数是私营和外资企业。对超额利润的膜拜

---

① 肖潇：《光伏产业转型升级的途径、障碍与政策建议——基于无锡海润的调查》，载于《中国经贸导刊》2014年第16期。

② 钟卫华：《有效需求不足：原因背后的原因》，载于《管理学刊》2014年第16期。

使这些企业听命于市场，完全不顾民生利益、国家的全局利益和长久利益。改革开放以来公有经济不断弱化，私有经济的攻城掠地的疯狂生长，必然导致周期性的产能过剩，这是市场经济和私有制结合在一起的内在本质规律。

四、化解中国产能过剩的途径

化解产能过剩，必须找准病因，对症下药，才能有效解决病根。既然产能过剩是市场化和私有化过度导致，那么要解决产能过剩问题就必须针对过度市场化和过度私有化进行有效治理，才能有效化解产能过剩。

（一）坚持国家主导型的多结构市场制度才能纠正市场机制的失灵，化解产能过剩

周期性产能过剩其实就是市场机制失灵的一种表现，也是市场主体逐利本性自然演化结果，而不是像有人所讲的市场化不够所导致。因此要解决产能过剩，必须坚持国家主导型的多结构市场制度。国家主导型的多结构市场制度强调既要发挥市场在资源配置中的决定性作用，同时，又要在廉洁、廉价、民主和高效的基础上发挥国家调节的主导型作用。社会主义市场经济既有市场经济的一般性，又有自身的特殊性。社会主义市场经济的一般性就是在资源配置中充分发挥价值规律的决定性作用。价值规律通过市场机制作用于市场，把资源配置到社会的各个部门各个环节中去，通过市场调节的优良功能抑制“国家调节失灵”。同时社会主义市场经济又有具有国家的调节功能，这种国家调节功能是指导性、战略性规划，在长周期，大规模的投资决策中具有重要作用。通过这种国家主导的调节机制能很好避免由市场调节带来的盲目逐利和过度竞争导致的周期性产能过剩，充分发挥资源最大效用，避免浪费，达到社会经济的和谐状态。

在去产能、去库存的调节过程中，政府的介入和调节是正面的。作为供给侧结构性改革，需要有关企业根据市场需求的变化来组织有效投资，以便提供有效供给，出口和消费也需要企业根据境内外需求的变化组织货源，这些都是市场在资源配置中的基础性决定作用。国家的主导作用是在企业投资转型过程，稳定社会秩序和市场秩序，制定产业政策引导企业的顺利转型和健康发展，减少因为产能压缩和转型升级过程中因人员分流带来的社会动荡，为企业转型升级提供条件保证。

（二）发展公有主体型的混合所有制才能从根源入手解决产能过剩

周期性产能过剩是资本主义的常见现象，只要实行生产资料资本主义私人所有，周期性产能过剩就不可避免。为了从源头上化解周期性产能过剩，必须

坚持公有制主体地位。发展公有主体型的混合所有制经济有助于社会再生产两大部类有计划按比例进行生产，使社会经济这架精密仪器得以顺利运转。社会主义公有制，其生产的目的是为了不断满足人民群众日益增长的物质文化生活需要，而不仅仅是利润至上，在当代信息社会里，利用好大数据，完全能够很好地按照社会再生产实现要求和广大人民的需要来安排生产，从而化解产能过剩。

发展公有主体型的混合所有制经济还有助于理顺分配关系。提高低收入群体的收入水平，提高全社会的消费水平，有助于化解产能过剩。中国目前存在的结构性产能过剩，有些是绝对过剩，有些是相对过剩。相对过剩是因为居民收入低于生产力的发展水平。富人有强有力的购买力，但在国内购买欲望弱，仅仅在国外对奢侈品等进行扫货。穷人购买欲望强，却没有购买力。导致这种局面的一个重要原因是改革开放以来，公有制经济不断呈弱化之势，按劳动分配不断被蚕食，按资分配不断扩大，出现资本对劳动收入的侵占。“2015 年城镇非私营单位就业人员年平均工资 62029 元”,[①] “城镇私营单位就业人员年平均工资 39589 元”。[②] 私营单位就业人员年平均工资只有非私营单位就业人员年平均工资的 64% 左右。这表明在非私营单位就业的人员总体上要比私营单位就业的人员在收入上更高。广大普通民众可支配收入的多寡，是解决有效需求不足，化解产能过剩的重要前提条件。

总之，产能过剩出现是客观存在的经济现象，我们必须承认它并认真研究其产生的内在原因，根据内在原因，对症下药，才能药到病除，有效化解产能过剩，让有限的资源避免浪费，生产出更多更好的产品来满足广大人民群众的对物质和精神产品的需要。

①② 国家统计局：《2015 年城镇非私营单位就业人员年平均工资 62029 元》［EB/OL］.（2016－05－13）（2016－9－4）. http：//www. stats. gov. cn/tjsj/zxfb/201605/t20160513_1356091. html。

国家自力能力是供给侧动能转换的基础性要件

汪洪涛*

要完美地实现供给侧结构性改革这一目标任务，需要进行制度创新，制度创新的核心是处理好市场与政府的关系，使市场在资源配置中起决定性作用和更好发挥政府作用，在全社会形成协同创新的良好局面。

一、供给侧动能转换的核心要务是提高国家的自力能力

1. 供给侧动能转换就必须实施“创新驱动转型发展”战略

2012 年以来中国经济增长所表现出来的态势显示出中国经济已经进入一个转折期，在这个时期，能否在整体上实现技术装备的更新，是国家陷入中等收入陷阱或者实现中等发达目标的关键之所在。为此，就需要实现经济发展路径的实质性转变，就需要国家战略在顶层设计上有新突破，进而引导政府、企业、社会组织和国民转变思路，实现体制机制的创新，实现聚焦点的突破。

党的十八大提出的“创新驱动转型发展”战略为国家经济发展实现新的路径突破指明了方向。这个战略提供了国家行动的逻辑出发点和归结点，要以前瞻性和全局性的眼光和意识，通过自主创新来撬动国家产业能级整体提升的目标，即无论是整体性、突变式的技术创新，还是局部性、渐进式的技术创新都要以自主创新为出发点和归结点。

2. 供给侧动能转换的核心要务是提高国家自力能力

供给侧动能转换的根本任务就是要实现国家科技水平的整体提升，创新驱动转型发展战略指出，科技创新是提高社会生产力和综合国力的战略支撑，必须摆在国家发展全局的核心位置。在科技创新过程中，谁是担当的主角，这是

* 汪洪涛，经济学博士，同济大学马克思主义学院市场经济研究所副教授、政治经济学专业硕士生导师。

一个关系中国未来走向的核心命题。中国作为发展中的大国，不能把经济发展的希望寄托在其他国家的“无私帮助”上，事实上，其他国家也不可能（无意愿、无能力）“无私帮助”我们，所有的经济往来都是建立在利益交换的基础上的。中国作为发展潜力巨大的人口大国，存在着巨大的市场潜力，在需求拉动型增长模式下，中国市场可以提供国际社会增长的引擎，为此，新自由主义学说开始在发达国家的有意识推动下向中国传播，以便于发达国家能够占领中国市场，能够在中国市场上掌握垄断权，这对中国经济安全会构成威胁。因此，必须要加强供给侧的安全防范意识，这就提出了强化国家经济自力能力建设的命题，要强化政府的控标准、控资本、控核心技术、控品牌意识，通过国家战略的实施，在标准、资本、核心技术和品牌四个方面做到自主与自力。一言以蔽之，供给侧动能转换的核心要务是提高国家自力能力。

自力能力是国家产业发展的路由器，也是供给侧动能转换和创新驱动转型发展战略的核心要务。自力能力可以为国家产业发展提供导航和引擎，扫除再生产不同组成部分间合作的障碍，同时为不同部门的生产融合和技术融合提供条件，国家自力能力可以有效促进技术的整体性创新，并在技术进步的关键环节和引领性环节取得突破提供路径支持，最终确保国家产业发展战略在技术层面上的一致性目标和实现整体效能的协调性目标。因此，我们必须以自力能力的提升作为供给侧动能转换和创新驱动转型发展战略的核心命题，以此来增强国家产业发展的系统性，提高国家产业发展的自主性，在自主性的前提下提高产业的兼容能力、开放能力和延伸能力。

3. 国家自力能力的提高有赖于处理好市场与政府的关系

党的十八届三中全会的《决定》明确提出，经济体制改革的核心问题是处理好政府和市场的关系，使市场在资源配置中起决定性作用和更好发挥政府作用。这就要求把市场机制能有效调节的经济活动交给市场，推动资源配置实现更高效率，让企业和个人有更多活力和更大空间创造财富。同时，要更好的发挥政府作用，健全科学的宏观调控，创新管理方式，使市场与政府有机地结合起来。[①] 这对更好地发挥政府作用提出了新要求。在使市场在资源配置中起决定性作用的时候，要注意不能步入“泛市场化”的陷阱，不能忽略国家在关乎国民经济重点领域和关键领域以及基本公共服务领域所应承担的责任，一定要强化国家的主导意识，在杜绝“乱作为”的基础上发挥积极的作用，政府在资源配置过程中的“不作为”是一种“惰症”，“乱作为”是一种“病症”，建立一种科学的、符合国情和经济社会内在发展规律的政府宏观调控体制是社会主义市场经济能够良性循环的基础和前提。

众所周知，作为国家调节经济的手段，政府的政策方向正确与否，政策的

① 李伟：《着力培育经济增长新动力》，载于《求是》2014 年第 13 期。

执行力度强大与否，对于一国经济的发展态势和国民经济的国际间竞争力具有举足轻重的作用。早在19世纪，德国经济学家李斯特就通过他的国民生产力理论来反对以亚当·斯密和李嘉图为代表的英国古典政治经济学，认为英国古典政治经济学的根本缺点在于宣扬世界主义而忽视了经济发展的民族特点。李斯特指出，财富的生产力比之财富本身不知要重要多少倍。英国古典学派强调价值和成本，主张各国自由输入廉价商品，是为了阻止经济相对落后国家的生产力的发展，将别国工业扼杀在摇篮里。因此，一国政府在决定经济政策的时候，要适时适度地从本国的根本利益出发来决定是否设置市场壁垒，以及市场壁垒的针对性对象，在充分掌握国家对经济的控制力的前提下，有条件地根据形势和需要来决定政府调节经济的力度和程度，而不是彻底放弃政府对经济发展的作用力。

二、国有资本的强身健体是夯实经济自力能力的基础性要件

1. 国有企业的市场竞争力并不天然地低于非公企业

发挥市场对资源配置的决定性作用，就是要让所有的企业在同一个市场中公平地竞争，形成所有企业专注于新技术新产品开发和商业模式创新，国有企业更多承担基础性前沿性科技创新的格局。因为国有企业比其他企业承担了更多的责任和义务，所以，在供给侧结构性改革进程中，必须把做强国有经济作为重大任务。改革开放伊始，国有企业所出现的大面积退出市场，其主要原因是大数定理作用的结果，在传统计划经济年代里的国有企业没有自由退出的机制，到了市场经济的环境下，国家按照市场原则以优化国有资本、活化国有企业为目的，放松了对国有企业退出市场的管制，优存劣汰，在体制转型的伊始阶段，出现较大规模的国企亏损和退出，是正常的，是对新中国成立后第一个30年国企累积问题的集中清理。但是，通过长期的市场竞争，可以确保有市场竞争力的国企数量呈现出递增态势，这也是发达国家非国有企业之所以呈现出大面积盈利的原因之所在。依据大数定理，经营不善的企业随时退出市场，经营良好的企业不断做强、做大，经过几十年的累积，在宏观层面就可以出现优良企业的大面积繁荣，这是不分国企、非国企的。

因此，把公有制贬为纯粹是可用可不用的经济手段，主张国有经济缩减到西方国家所占的比重，全部退出产业部门，或者主张国有制不能与股份制相融合的糊涂思维，不利于坚定搞好国有企业的决心和信心，不利于在深化企业改革中发展和壮大公有制经经济。①

2. 国家经济核心竞争力的提升要大力依靠国有资本

在供给侧结构性改革中要重视并必须坚持公有制经济在国民经济中的数量

---

① 程恩富：《掌握积极推进国有企业改革的若干基本观点》，载于《新疆财经》1995年第5期。

和质量优势，任何把国家经济发展、科技进步的希望寄托在外国资本身上的想法和做法都是幼稚的、弱智的。因为外国资本进入中国市场，其根本目的是来占领市场、赚取超额利润，它们不会把提高中国产业的国际竞争力放到其战略目标之中，要做的恰好相反，就是要千方百计地消除和削弱中国企业的核心竞争力，因此，他们是绝对不会把关键核心技术转让给中国的，也绝对不会把核心节点产业放在中国。改革开放以后大量涌现的非公经济虽然在GDP增长和税收方面贡献巨大，但是，民营经济以获取利润为第一考虑的先天本性和中国现行民营经济的实力现状，决定了他们在全球价值链核心节点产业关键技术的研发创新方面的意愿和实力都不足以担负起国家产业振兴的重任。因此，就需要高度重视发展国有经济，做强、做优、做大国有经济，提升国有资本的活力、竞争力和控制力，进而提升国家经济的抗风险能力。

到20世纪末，中国之所以能够较为顺利地实现现代化，正是由于国有企业在事关国家发展的重要行业和关键科学技术领域占据了垄断地位，通过大量的而且是私人资本所不能完成的科技研发投入，不断推进技术创新。[①] 因此，在现在和未来很长的时期内，提高国家经济实力与核心竞争力的主要力量依然是国有资本，这是无法回避，也是无可置疑的。

3. 国有资本是国家提升经济自力能力的主力军

要在结合比较优势与竞争优势的基础上，大力发展控标、控股、控技尤其是核心技术和控牌尤其是名牌的“四控型”民族企业集团和民族跨国公司，突出培育和发挥知识产权优势，真正打造出中国的世界工厂而非世界加工厂，从而尽快完成从贸易大国向贸易强国、经济大国向经济强国的转型。大力发展非公经济和大力做强国有经济，两者之间并不矛盾，处理得好，可以为国家经济发展提供坚实的国际竞争力基础。“二战”以后凯恩斯主义在发达国家盛行，英、法、德等国通过大量举办国有企业实现了经济的复兴和腾飞，这就说明了国有经济的独特作用是不容置疑的。过去我们搞国企改革，把关注的重点过多地放在了产权方面，对企业管理科学的重视度不够，一味地主张私有化，以为只要明晰产权的责任主体就可以包打天下，就可以自然地搞活企业，这种思维是极端幼稚、有害的，是小生产阶段的思维模式在现时代的表现，不符合社会化大生产背景下规模生产的内在规律，因而导致社会效率大幅度下降，社会效益大规模流失，也导致国家在关键节点产业的布局上错失先机，在关键核心技术的研发上虚掷了光阴。

改革开放以来的实践告诉我们，作为大国，必须把国家发展战略的实施与依托对象放在民族资本的身上，在国际资本业已非常强大的时代背景下，中国民营资本虽然体量很大，贡献很大，但其实力水平无法在总体上担负起国家科

① 程恩富：《评析“国有企业低效论”与“国有企业垄断论”》，载于《学术研究》2012年第10期。

技进步、产业能级提升的重任，无法在总体上担负起实现提高国家现代化能力、经济自力能力的重任，无法在总体上担负起提升中国在全球价值链中位级的重任。这一系列重大责任必须也必然地需要有国有资本来担负，如果以新自由主义的原则和立场来忽视、漠视甚至人为地扼杀国有经济的发展空间，则无异于自毁长城，其结果可以参考20世纪90年代阿根廷的教训。

三、要警惕新自由主义范式对国家自力能力的损害

1. 新自由主义主张是维护国际垄断资本利益的理论武器

新自由主义经过一百余年的发展，形成了成熟的理论体系，这个理论大力宣扬自由化、私有化和市场化，否定公有制、社会主义和国家干预。着力强调要推行以超级大国为主导的全球经济、政治和文化的一体化，即全球资本主义化。1990年“华盛顿共识”出台之后，新自由主义已然成为国际垄断资本向全球扩张其制度安排的理论依据。

客观地说，社会化大生产发展到现在，已经让生产突破了国界，国际分工的领域越来越宽广，国际分工的深度也在不断地拓展，全球经济一体化已经成为当今世界的潮流。但是，全球经济一体化是与国际分工的深化与广化联系在一起的，其主要的推动者是国际垄断资本，获益最多的也是国际垄断资本。特别是那些控制了全球价值链关键节点产业的国际垄断资本，为了维护自己的利益，进一步深化和固化已有的利益分配格局，国际垄断资本会利用其控制的所在国国家力量在各类国际组织和国际协定中掌控话语权和规则制定权，以资本输出、技术输出为诱饵，虽然在短期内能够帮助后发国家获得GDP增长方面的利益，但是，后发国家的增长往往又是以其自身的国民生产力体系的低端化、被动化为代价的，已经陷入中等收入陷阱的国家的教训显示，丧失了对自身国民生产力体系控制力的国家最终会被排斥到全球化的“球籍”之外，其参与国际分工体系的愿望能否实现需要视发达国家的需要而定。因此，程恩富教授认为，全球化是一种权利的优劣序列，甚至这种序列特征比以往任何时候都更加突出，即排序靠前的发达国家是以其在资源配置和游戏规则制定方面的优势来推行全球化，并使其向有利于自己的方向发展。① 对此，我们要有清醒的认识，并拿出切实可行的应对策略与措施来保证国家经济发展的前景不迷失在全球化的负面陷阱里。

2. 强调市场对资源配置起决定性作用并不意味着对市场自由放任

党的十八届三中全会通过的《决定》中提出使市场在资源配置中起决定性作用。其目的是要处理好政府和市场关系，完善政府职能，解决以往存在的政

① 周肇光：《中国如何应对经济全球化：海派经济学家程恩富教授访谈》，载于《探求》2002年第5期。

府职能“错位”“越位”“缺位”现象。打造服务型政府，并不是要政府彻底退出市场监控。

邓小平早就说过，计划和市场都是资源配置的手段，在不同的时间节点、不同的客观条件下，它们对资源配置的效率和效益高低会呈现出各自不同的特质，不能不分青红皂白地为了市场（体制）而市场（体制），从根本上彻底抹杀政府干预的合理性是极端错误的、极端不负责任的，也是违背常识的。

他山之石，可以攻玉，从其他国家10年左右的新自由主义经济实践的最终结果可以看出，苏东是倒退的10年，拉美是失去的10年，日本是爬行的10年，美欧是缓升的10年。被联合国认定的49个最不发达的国家也没有通过私有化等新自由主义途径富强起来，有的反而更加贫穷。因此，已经被其他国家的实践证伪的新自由主义经济发展观不能成为中国未来发展的指导思想，让市场在资源配置中起决定性作用并不是要在根本上否定政府干预的必要性与合理性，要警惕新自由主义思潮在发展中国家流行的后果将会使整个国家的经济陷入殖民地经济模式。

因此，正确的态度是，必须明确独立自主的发展观，一切工作的中心必须围绕提高国家的国民生产力，提高国家的自主发展能力，提高国家的现代化能力来展开，根据不同发展阶段的实际需要来明确资源配置和经济管理等领域中政府作用和市场作用的边界，时刻警惕新自由主义思潮的干扰和破坏。

供给侧结构性改革与西方供给学派的重大区别

付小红[*]

近期，供给侧结构性改革成为政界高层频繁提及的经济热词，国内外专家学者对其所作的学术注解也可谓是众说纷纭，而有关供给侧结构性改革与西方供给学派两者关系的讨论最富争议性。其中，有一种观点颇为流行，即认为中国当下的供给侧结构性改革是西方供给学派的“现代版本”，其理论来源可以追溯至19世纪初便开始风靡的“萨伊定律”（供给自动创造需求），而实践形态在美国前总统里根与英国前首相撒切尔夫人那里也是早已有之。言下之意，供给侧结构性改革就是要在经济理论上拥抱西方供给学派，在政策主张上求教“里根经济学”和“撒切尔主义”。这也就意味着，如果不能厘清中国供给侧结构性改革与西方供给学派之间的理论分野，不能从中国特色社会主义政治经济学的理论高度来把握这一概念，我们将极有可能再次落入西方经济学精心设计的话语陷阱，并进而诱发诸多“颠覆性错误”在中国的出现。因此，认清中国供给侧结构性改革与西方供给学派的重大区别在当下就显得尤为紧要，这不仅是学理问题，更是一个政治问题。

一、两者的理论底色迥然有异，不可红紫乱朱

西方供给学派作为新自由主义经济学的分支流派，其影响力虽不及伦敦学派、货币主义和理性预期学派，但在对资产阶级古典政治经济学自由主义的历史性继承和对凯恩斯主义的现实性否定上却也是毫不示弱的。无论是较为温和的“费尔德斯坦曲线”所阐明财政赤字水平对资本形成和通胀的影响及其相互关系，还是更为激进的“拉弗曲线”所描绘出政府税收收入与税率之间所谓

* 付小红，法学博士，中共厦门市委党校讲师。

“过犹不及”的关系，他们共同的着力点都是在试图“提供一套基于个人和企业刺激的分析结构”，笃信并借助于自由市场的万能力量，通过一系列“劫贫济富”的顶层设计来实现社会有效供给的增加和政府预算的平衡。西方供给学派的这些理论主张集中反映了资本主义从国家垄断主义向国际垄断主义转变的发展趋势，迎合和维护了当时垄断资产阶级的利益诉求，在视域上依然没有跳出西方资产阶级庸俗经济学的旧巢。

相比之下，中国供给侧结构性改革的理论来源则是中国特色社会主义政治经济学。作为“中国版”的马克思主义政治经济学，在坚持“马学为体”的前提下，立足于中国改革发展的成功实践，更加注重研究中国经济所面临的新问题新情况，进而揭示现代社会主义经济发展和运行规律。正如列宁所说，“政治经济学的基础是事实，而不是教条”，供给侧结构性改革正是在认识、适应和引导经济新常态这个宏观背景下提出的。面对着国民经济逐渐增大的下行压力和日益凸显的结构性矛盾，社会主义生产方式必然要根据最新的经济事实作出适时、适度的相应调整。在马克思主义政治经济学的视角下，供给侧结构性改革本质上就是社会主义生产方式的调整和完善，就是要通过对生产方式中的物质技术结构和社会关系结构进行双重维度的整合优化，从而更好地理顺生产、分配、交换和消费四个环节的交互关系，以便在不断解决社会主义社会主要矛盾过程中更有利于社会主义生产目的的实现。

二、两者的哲学思维判若云泥，不可等量齐观

西方供给学派的哲学思维是典型的形而上学，而正是这种“哲学的贫困”，其在逻辑上也就直接宣告了自身理论的“终结”。为了颠覆凯恩斯主义，西方供给学派重新将萨伊定律奉为圭臬，坚持认为“购买力永远等于生产力”“不可能由于需求不足而发生产品过剩”，强调经济危机的出现并不是由于有效需求不足，而恰恰是各国政府这只“看得见的手”的闲不住与乱作为。其实，西方供给学派没有认识到，经济危机的产生是源于生产社会化与资本主义生产资料私有制之间这对资本主义基本矛盾，这对矛盾在供给侧具体现为个别企业中生产的有组织性与整个社会生产的无政府状态的矛盾，而在需求侧则又表现为生产无限扩大的趋势与劳动人民购买力相对缩小的矛盾。这也就意味着，如果不能运用辩证思维来处理生产与消费、供给与需求、市场与政府诸如此类的相互关系，而仅限于停留在以“片面挑选经验”为前提而形成的“定理”中，一味陶醉在用自身“片面的理论”来证明他人“理论的片面”，其结果也只能是“五十步笑百步”。

相形之下，中国供给侧结构性改革则蕴含着辩证法的大智慧。习近平同志在中央经济工作会议强调，抓经济工作一定要善于辩证法。辩证法认为，“要真

正地认识事物，就必须把握、研究它的一切方面、一切联系和‘中介’”，“必须把人的全部实践包括到事物的完满的‘定义’中去”。这就要求我们不能只是简单地在供给一侧兜圈子，而是应放眼更为广阔的领域，在统筹兼顾供给侧与需求侧双方的基础上，进一步研究长期与短期、宏观与微观、总量与结构、增量与存量之间的辩证关系。在正确处理市场与政府两者关系问题上，如何将市场在资源配置中起决定性作用与更好发挥政府作用结合起来，尤其更是需要辩证法的熟练运用。例如，针对产能过剩这个亟须解决的问题，有学者指出，供给侧结构性改革主要是侧重解决由于政府调控规制不当而造成的产能过剩，而市场调节所造成的产能过剩并不严重且能靠市场自行化解，从而将政府的宏观调控与微观规制完全排除在外。其实，这种观点无非是沿袭了“政府不是解决方案，政府就是问题所在”里根的这句名言，本质上依然是对辩证法的无知与蔑视。

三、两者的改革路径南辕北辙，不可亦步亦趋

西方供给学派的改革路径是通过减税和减少政府对经济生产的干预，以此达成对资产阶级的“正向刺激”和无产阶级的“负向刺激”，从而实现后危机时代下资本积累的恢复与重建。从实践经验上来看，这种改革路径集中反映在“里根经济学”与“撒切尔主义”这两个试验样本上。里根在《经济复兴计划》中提出大幅度减税和缩短企业固定资产折旧期、削减政府开支、严格控制货币信贷以及取消或减少政府对私营工商业的管制干预等四项举措，毋庸置疑，减税是这个“计划”的核心内容，包括个人所得税、企业税、红利税和遗产税等税种在内的减免，这无疑是“一个对富人有利的特洛伊木马”。同样，强调去监管化、减税、取消汇率管制、打击工会力量，以及削减福利开支等措施也是“撒切尔主义”的题中应有之义，但较之前者，推动大规模的私有化浪潮则更是其中的“点睛之笔”。在撒切尔夫人“私有化无禁区”理念的倡导下，自然垄断行业和诸多关系国计民生的重要行业纷纷加入到私有化的浩浩大军中。总的来说，承载着西方供给学派教义的“里根—撒切尔主义”改革在试图埋葬凯恩斯主义的过程中虽不如其所愿，但却也助推了资本主义在世界范围内的“颠覆性右转”。

相较之下，中国供给侧结构性改革的路径安排则牢牢恪守着中国特色社会主义政治经济学的重大原则底线，彰显着明确的社会主义价值取向。正如有些学者所指出的，“‘供给侧改革’只是历年有关‘结构调整’的各种表达方式中的一种而已，其内容和逻辑并没有逃脱历年来一直提倡的‘稳增长、调结构、促改革’的手掌心”，这种解读恰好是对近期有关供给侧结构性改革各种误读曲解的理性回应。我们要进一步明确，中国供给侧结构性改革必须是在坚持社会

主义基本经济制度的前提下，在发挥市场在资源配置中起决定性作用的同时，更好地发挥政府在宏观调控与微观规制的双重作用，从而实现经济发展方式从规模速度型粗放增长转向质量效率型集约增长，经济结构从增量扩能为主转向调整存量、做优增量并存的深度调整，经济发展动力由要素驱动、投资驱动等传统增长点转向以创新驱动为代表的新增长点等三大转变。对那些打着“供给侧改革”的幌子、名曰“创新制度供给”但却实则推行国企私有化、土地私有化、市场自由化的各种“阴谋阳谋”，我们必须也要保持高度的政治敏锐性和鉴别力。

古人云：此一道，彼一道，“道不同，不相为谋”。虽然共享“供给”一词，但供给侧结构性改革绝不是西方供给学派的“转世轮回”。

供给侧改革的理论与实践

赵　燕*

供给侧改革是中国领导人在中国经济进入新常态后，为应对经济增速下降、产能结构性过剩的重大改革举措。那么，什么是供给侧改革？它的理论来源和依据是什么？中国新常态经济发展现状如何？应采取怎样的措施进行供给侧改革？本文将就这几个问题进行分析及解答。

一、供给侧改革的理论依据

1. 供给侧改革的理论源泉

中国的供给侧改革理论源泉为古典经济学：古典政治经济学的创始人威廉·配第提出“劳动是财富之父，土地是财富之母”的观点，认为劳动是创造财富的要素，体现了劳动在生产中的重要性；政治经济学的开创者是亚当·斯密，他的巨著《国富论》中，自始至终都围绕着社会分工如何促进国民财富的创造进行阐述，同样强调了劳动分工在财富创造中的重要地位；萨伊更是将供给的重要地位体现到了极致，他认为供给创造它的需求，将供给放在了第一位，而需求是第二位。由此看来，古典经济学家都非常重视劳动在财富创造中的重要性，从而供给在经济发展中的重要地位，认为供给比需求更重要。

中国的供给侧结构性改革的理论也同样强调供给的重要作用。它来源于古典经济学强调供给创造国民财富的重要作用，但又不限于单纯提倡供给，同时也注重需求与供给的平衡。

2. 中国供给侧改革的理论内核

中国供给侧改革理论内核是“用改革的办法推进结构调整，减少无效和低

* 赵燕，中国人民大学经济学院经济学博士，研究方向是政治经济学。

端供给，扩大有效和中高端供给，增强供给结构对需求变化的适应性和灵活性，提高全要素生产率”。由供给侧改革的内含来看，它包括这样几个层面：首先，供给侧改革是调整产能结构的。产能的调节要依据市场的有效需求进行，减少过剩产能，降低高能耗、高污染和低效率产能；提高创新、绿色、高效产能。其次，在调整供给的同时，也要提高有效需求。中国新常态下的经济增速放缓，有效需求不足，造成了某些行业产能相对过剩。政府要引导和刺激有效需求，为保证经济健康发展创造供需平衡的市场环境。最后，中国的供给侧改革要以“去产能、去库存、去杠杆、降成本、补短板”作为短期战术；要以转变经济增长方式，转变发展理念，即以“创新、协调、绿色、开放、共享”的五大发展理念作为长远目标。

二、中国经济新常态下面临的问题

2013年以来，中国经济增速下降到8%以下，由高速增长换挡步入中高速增长的“新常态”。进入经济增速换挡期、结构调整阵痛期、前期刺激政策消化期的“三期叠加”阶段，处于转型的关键时期。这一阶段存在的主要经济问题有：

1. 产能过剩，结构失调，未按比例发展

近10年来，中国经济出现了严重的产能过剩问题。中国的钢铁、煤炭、平板玻璃、水泥、电解铝、船舶、光伏、风电和石化产业均出现了严重的产能过剩。国际货币基金组织的报告显示，2014年中国产能利用率仅有60%。2015年，中国钢铁产能利用率不足67%；煤制油产能利用率低至47.5%；汽车产能利用率更是降至50%。产能过剩不仅造成企业销售困难、利润下降、再生产资金无法保障、机器设备开工不足、工人下岗、甚至破产，还会造成社会资源浪费，物质资源不能被有效和充分利用，人力资源也无法充分利用到真正创造有效价值的部门，严重阻碍了国民经济的发展。

造成产能严重过剩的主要原因有二：首先，未处理好政府与市场的关系，在对产能过剩的企业实施政府管制的过程中，由于中央意愿和地方政府的利益不一致、信息不对称、做决策时对市场需求没有充分了解是产能过剩的首要因素。中央政府控制产能过剩行业，目的是要合理配置、充分利用社会资源，以减少资源浪费。而地方政府较多的是考虑眼前自身利益，追求当财政税收和经济增长业绩，因此在当地新建产能，增加对企业的投资正符合地方政府的利益。由此看来，中央政府和地方政府的利益不一致导致了彼此之间在企业管制上的矛盾。另外，由于中央政府在企业管制方面所掌握的信息明显少于地方政府，对企业采取的管制措施又要通过地方政府来具体实施和监管，一些不利于去产能但能满足地方政府利益的企业开工建设及投资难免会违背中央政府去产能的目的，最终导致产能与实际市场需求不符，产生严重过剩。其次，中国居民消费需求相对过剩的投资来说严重不足，居民消费水平低下。改革开放以来，中国居民消费率一直处于震荡走低的趋势，1982 该数值达到 54.9% 的最高水平，2010 年已经下降到 35.8%，仅为美国（70%左右）的一半。2000 年，中国人均消费占 GDP 比重为 36.7%，2013 年，中国人均消费占 GDP 比重为 31.61%。数据显示，居民消费需求不足是导致产能过剩的重要原因。长期以来，中国一直存在着城乡居民可支配收入在 GDP 中占比持续下降的趋势，居民可支配收入的增长幅度远低于 GDP 和利润率的长幅。综合以上的分析可以看出，中国居民的消费能力相对财富增长水平呈下降趋势，对消费品的需求不足，导致消费资料生产过剩，进而导致生产资料生产过剩，最终导致大范围结构性产能过剩，严重阻碍了生产力的发展。

2. 产业空心化严重，实体经济发育不良

目前，由于中国劳动力成本提高，发达国家“再工业化”和人民币持续升值，使得中国制造业许多生产基地外移，造成制造业产值大幅下降，生产能力下降，失业率上升；由于生产技术相对落后，导致产业结构升级中传统产业产能过剩，资源严重浪费，而新兴技术产业由于创新不足，没有强大的核心技术作支撑，缺乏创新技术产品生产的能力，导致产业结构升级中出现了新旧产业衔接失衡的现象。

导致产业空心化的原因主要有：第一，中国虚拟经济发展迅速，并脱离实体独自运转，具有投机性、高风险性和高利润率等特征。金融行业利润高于一般制造业水平，而制造业企业主由于追逐个人利益的短视行为，导致其不愿将过多的资金投入到回报期较长的工业技术研发和改进中，而是投资到了利润回报率高，赚钱“容易”并且“快速”的金融行业。这样，就使企业失去了技术改造和创新的最初动力。第二，实体企业利润率下降，生存成本上升。随着中国劳动力成本的提高以及政府对企业的过高税收，使企业经营成本提高，利润率下降，缺乏用于技术创新、设备改良以及对高精尖技术研发人才引进所需的资金。由于金融市场的混乱和市场化程度较低，导致作为技术创新重要来源和实体经济发展重要组成部分的小微企业融资成本过高，使小微企业失去了技术改进的必要条件。

3. 资源浪费、生态破坏现象严重

改革开放以来，中国粗放式的经济增长带来了很严重的环境污染和自然资源破坏：水资源严重污染，湖泊富营养化加重；空气质量恶化，硫化物和粉尘等总悬浮颗粒浓度严重超标，危害到中国人民的健康甚至生命，肺癌和白血病以及过敏性疾病发病率一再提高；水土资源流失严重，耕地质量退化，水土流失、土地沙化严重，草原的生态承载能力下降；森林面积减少，质量下降，防风沙能力减弱，生态平衡破坏严重；矿产资源一度告急，淡水资源紧缺，生态破坏已经严重威胁到人类生存和发展。

造成生态破坏的主要原因：一是中国改革开放以来过度追求 GDP 的增长速度，而忽略了增长质量，粗放式的增长以资源的过度开采和环境的肆意污染唯代价，造成河流和空气污染的主要污染物为工业废水、废气和废料的任意排放。从全局看，投资驱动型增长方式、低端经济格局、与可持续发展目标相背离的财税体制和政绩考核制度，是导致中国大范围资源环境形势恶化的主要源泉。二是政府、公众和企业并没有对环保采取协调一致的行动。生态文明建设应该由政府为主导，公众和媒体应形成广泛的环保意识和环保行动，并积极参与监督和执行对生态的保护，企业应当担负起应有的社会责任，提升服务社会，构建生态文明社会的责任心和使命感。

三、怎样结合中国现实进行供给侧改革

1. 解决结构性失调，要综合平衡和有计划、按比例地发展国民经济

陈云十分重视国民经济按比例协调发展对社会主义国家经济运行的重要作用，他指出：所谓综合平衡，就是按比例；按比例，就平衡了。任何一个部门都不能离开别的部门。一部机器，只要缺一部分配件，即使其他东西都有了，还是开不动。按比例是客观规律，不按比例就一定搞不好。他认为一个国家的购买力要和物资水平保持平衡；工业与农业、轻工业与重工业、重工业部门之间都要保持一定的比例关系，并指出，中国的市场，绝不会是资本主义的自由市场，而是社会主义的统一市场。

中国目前出现的结构性产能过剩实际就是工业部门之间以及生产供给和消费需求之间没有按一定的比例平衡发展导致的。产业空心化同样是产业部门和金融部门的发展失衡，导致过度金融化和产业部门投资与创新不足。那么我们要想调结构，去产能，就要充分发挥和利用社会主义经济发展规律，充分发挥政府调节的职能，让国民经济有计划、按比例地协调发展。

2. 坚持公有制经济不动摇，推动各种所有制经济健康发展

习近平总书记在 2016 年 3 月 4 日参加全国政协十二届四次会议民建、工商联界委员组会时提出："坚持公有制为主体，多种所有制经济共同发展的基本经济制度，是中国共产党确立的一项大政方针，是中国特色社会主义制度的重要组成部分，也是完善社会主义市场经济体制的必然要求。"

中国是社会主义国家，公有制在长期的国民发展中发挥主体作用，为国富民强做出了巨大的贡献，我们应该继续发挥公有制经济在经济发展中的主体作用。"十三五"期间，国有企业改革应作为一项重要的任务来开展。国企改革首要的问题是搞清楚国企的主要职责是什么。国有企业的职责就是帮助政府协调和统驭好国民经济的发展。那么，要让国企更好地为国民经济发展贡献力量就要深化国企改革，对公益性质的国有企业、合理垄断性质的国有企业和完全竞

争的国有企业进行不同类别的分类改造。在改革过程中，将国有企业领导人的管理体制也依照对国有企业分类改革的方法进行分类改革。公益性国企高管薪酬遵循公务员薪资标准，竞争性国有企业要遵循现代公司制度的法律规范，明确董事会与经营者之间的监督与被监督的关系。坚持国有企业党管干部的原则并加大企业内部自身监管力度，增加国有企业的内部监事，增加工会的力量，降低国企经理人道德风险。

非公有制经济是中国党和政府在符合中国实践经验和国情的基础上建立起来的，在增加经济活力、促进创新、扩大就业方面发挥了重要的作用。在中国"新常态经济"和"三期叠加"的重要战略转型期，重点解决好的问题是：第一，中小企业融资难的问题。国家应通过对金融机构的监管，对中小企业降低融资门槛、提供优惠的融资成本和更加便捷和广泛的融资渠道。第二，要着力放开市场准入，一些过去禁止民间企业准入的行业应适当向非公有制经济放开，提高国民经济发展的灵活性与创新性。第三，要鼓励民营企业通过民间合法组合做大，做强，提高民营企业的信誉、品质和社会认可度。第四，政府要充分发挥服务功能，简化繁冗的审批手续和审批环节，为民间中小企业打开便利之门，切实可行地扶持中小企业的发展。第五，要提高对非公有经济人士的人文关怀和道德培养，提高企业家道德素养，提高他们为社会主义事业做贡献和服务社会的感恩意识、意志品质和道德情操。

3. 正确把握政府与市场关系

党的十八大提出："经济体制改革的核心问题是处理好政府与市场的关系，必须更加尊重市场规律，更好发挥政府作用。"当前，中国经济面临严重的产能过剩、产业结构严重失调、产业空心化严重、生态破坏严重等影响经济健康发展、亟待解决的重大问题，而这都是由于市场失灵引发。市场这只"无形的手"解决不了上述问题，反而会因单个厂商逐利行为使矛盾进一步恶化。这时，政府这只"看得见的手"就显得尤为关键。"政府职能应该主要定位在经济调节、市场监管、社会管理和公共服务等方面……弥补市场本身具有的不足和缺陷，为市场经济健康发展创造良好环境……需要由政府这只'看得见的手'通过制定政策加以弥补。"

具体体现在政府要按照市场规律对具体的失灵问题对症下药，进行经济体制改革。如，针对产能过剩，国家提出"去库存、去产能、去杠杆、降成本、补短板"五大任务，积极淘汰僵尸企业，逐渐减少和淘汰供给过剩、能耗高、生产效率低、创新力不足的低端产品生产，把宝贵的物质资源、信贷资源和市场资源充分利用在效率高、技术含量高、符合市场需求的创新型产能生产上，鼓励新技术、新产品创造新的需求；针对产业空心化，政府应合理规划产业结构升级的进度，第三产业，尤其是金融产业的发展应该是建立在第二产业充分发展、打实基础的前提下，大力开拓和发展，但目前中国制造业缺乏核心技术基础，并未充分发展，因此，政府应该在保障制造业的健康发展基础上，充分发展第三产业，改变产业空心化、扶持实体经济发展。政府可以通过减税和完善金融市场来降低小微企业的融资成本，提高小微企业的市场竞争力，从而提高制造业市场的灵活性和创新性；针对生态问题，政府采取措施治理环境污染，淘汰高能耗、重污染产业，建立绿色低碳循环发展产业体系。

从马克思奢侈品消费思想看供给侧结构性改革

赵光瑞　张　升　赵蒨芸*

2015年11月，习近平总书记在主持中央领导小组第十一次会议时，首次提出“供给侧改革”这个概念，总书记强调，在适度扩大总需求的同时，着力加强供给侧改革。以曾经出现的“里根经济学”和“撒切尔经济学”为例，分别采用减税和国企改革等措施帮助美国和英国走出经济衰退的泥潭，这两者虽然采用的方式不同，但都是从供给这一侧来对国家经济进行改革。而中国当今的供给侧改革内容与措施，其理论背景更反映了马克思主义奢侈品消费思想，更多的要求改善供给，去除大量的库存积压，释放经济发展的动力，提高供给的质量。

一、马克思主义奢侈品消费思想的现实意义

1. 马克思主义奢侈品思想介绍

马克思在社会再生产模型中提出了奢侈品消费的思想。马克思总结为：年产品中的奢侈品部分越是增大，从而奢侈品生产中吸收的劳动力的数量就越是增加，预付在（Ⅱb）vs上的可变资本要在转化为可以重新作为可变资本的货币形式来执行职能的货币资本，因而在Ⅱb中就业的那部分工人阶级要生存和再生产——他们的必要消费资料的供给——也就越是要取决于资本家阶级的挥霍，越是要取决于这个阶级的剩余价值的很大一部分转化为奢侈品。

2. 马克思主义奢侈品理论的现实意义

把这个思想引入到现在经济社会中来分析，我们可以得出以下结论。

---

* 赵光瑞，南京财经大学经济学院教授，主要研究依附理论与制度演化、日本与东亚经济、马克思主义国际经济关系、城乡关系。张升，南京财经大学经济学院政治经济学硕士。赵蒨芸，南京财经大学经济学院政治经济学硕士。

第一，就中国的现状来说，这三个部类虽然在剩余价值的生产上有一个相同的剩余价值率，现实是生产奢侈品的工人的收入相对会高于生产必要消费资料的工人。原因在于，生产奢侈品的工人付出的是更加复杂的劳动，在同样的时间内能够获得更多的剩余价值。

第二，收入水平决定消费水平，从而决定生产结构。马克思在假定资本家把剩余价值的40%用于奢侈品的消费，但是实际中，如果资本家阶级的收入大幅度提高了，那么很可能资本家把剩余价值的50%用于消费奢侈品。同样的，马克思假定工人们并不参与奢侈品的消费，这一点放到现在来说，并不适用。

二、奢侈品内涵的重新界定

在分析中国社会生产结构问题之前，首先需要对奢侈品做一个重新的界定，这是本文之后分析的基础。

1. 奢侈品理论的比较

现在来讲，所认为的奢侈品，指的是超出人们发展需要范围的，具有独特、稀缺、珍奇等特点的消费品。古典经济学家早就对奢侈品做出过很多研究。休谟把奢侈品分为两种，一种是“产生经济的，对社会有益的奢侈”；另一种是“少数精英的非生产性消费”，魁奈的奢侈品界定指的是高端的首饰品，并不是本文中所谈到的奢侈品。

马克思认为，奢侈品指的是只进入资产阶级的消费。[①] 但是，这个界定对于现在的社会主义市场经济并不是非常适用。首先，社会主义的产生理论上消灭了资产阶级，以资产阶级来界定奢侈品显然是不满足的。其次，就奢侈品的消费阶级来说，在物质资料高度发展的今天，很多普通的职员、工人、甚至农民都可以消费奢侈品。我们需要对奢侈品做一个重新的定义。

2. 奢侈品范围上的扩大

奢侈品的范围是现代有些学者们把奢侈品狭义的局限在首饰、珠宝等贵重产品上，但本文所定义的奢侈品并不仅仅指以上这些。本文所定义的奢侈品，指的是具有先进技术、包含更多的复杂劳动的有形的产品以及无形的服务。

3. 不同收入阶层的群体奢侈品概念的区别

对于不同的群体来说，奢侈品也是不一样的。从收入上来说，中国社会阶层可以简单地分为三个组成部分，即低、中、高三个收入阶层。如图 1 和图 2 所示。

---

① 耶赫：《浅谈如何认识和支持供给侧改革》，载于《农村金融研究》2015 年 12 月。

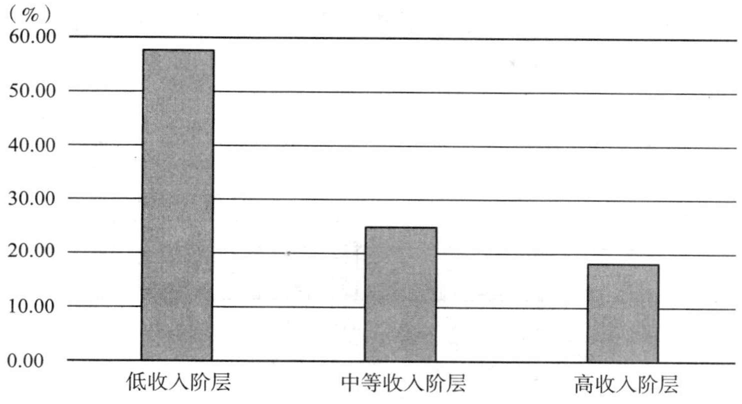

图1　2005年三大收入阶级占比

资料来源：中经网。

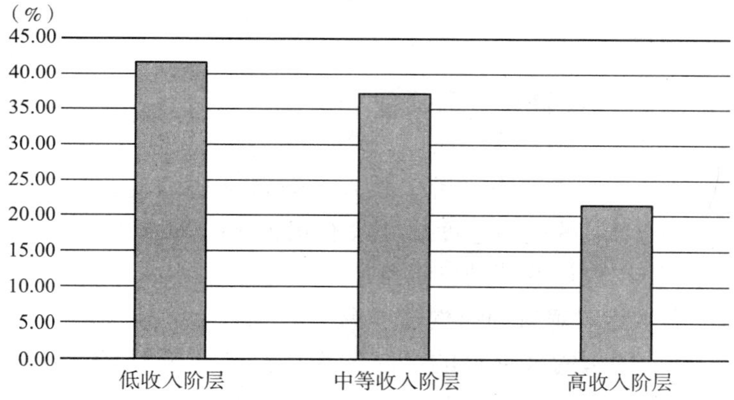

图2　2012年三大收入阶段占比

资料来源：中经网。

从图1中可知，通过对中经网数据的分析计算，把年人均收入在14000元以下的列为低收入阶层；年人均收入在14000～35000元的列为中等收入阶层；年收入在35000元以上的列为高等收入阶层。图2是2012年采用同样的计算方法确定收入阶层标准后作出的。从图中我们可以看到，中国的中产阶层在不断的壮大。并且在中产阶层不断壮大的同时，国民的收入消费结构也在变化。可以看到，随着中产阶层的扩大，人们的消费也越来越像奢侈品方面转移。

不过，对于不同的阶层来说，奢侈品的内容并不相同。① 对于低收入阶层来说，可能奢侈品只是普通的手机、电脑，但这些对于其他阶层来说只是必需品。本文中所研究的奢侈品并不对于低收入阶层来说，而是针对中产阶层。原因在

① 许光建：《加强供给侧结构性改革，为实现“十三五”发展目标奠定良好基础》，载于《价格理论与实践》2016年第1期。

于中产阶层对于高端产品的消费量是最大最广泛的，且这一阶层的变化对于社会发展来说影响也是最深远的。

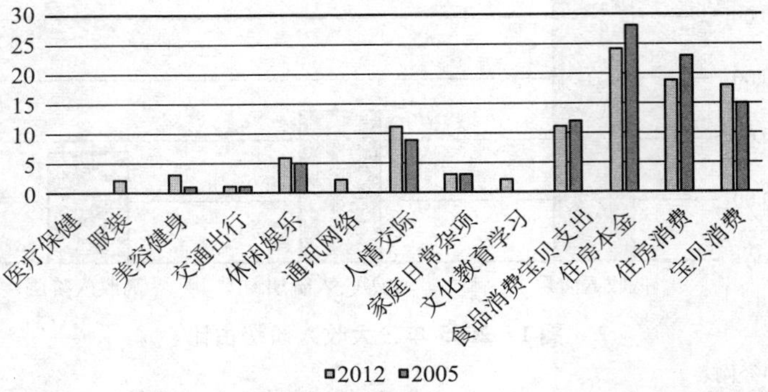

图 3　家庭各项消费支出比重

资料来源：中经网。

三、中国面临的结构性过剩问题

中国的问题在于生产结构滞后于收入、消费结构的变化。随着收入增长的不断加快，生产的产品的更新速度却并没有跟得上。导致中国收入水平提高了，但是产品依旧停留在大量的劳动密集型产品上。

1. 中国产品从绝对短缺到结构性过剩

在改革之前，中国的大部分的产品的生产是严重短缺的，这种短缺包括了居民生活所必需的吃穿用，居民想要获得产品不仅要货币，同时还要各种各样的票证。随着社会发展过渡到现在，① 中国的问题已经不再是产品的短缺问题了。改革开放之后，随着市场经济的完善，商品从种类到数量已经完全能够满足人们生活的必需。尤其是改革开放 30 多年后，全国各地都渐渐发展起来属于自己的各种市场经济企业，只要有简单的资金投入，商品就能够源源不断地被生产出来。

2. 抄袭者定价加剧了结构化过剩

笔者认为，中国的结构化过剩问题的危害，② 还在于高端产品创新力的不强。中国存在着明显的抄袭者定价，并且定低价的问题。什么叫抄袭者定价，以小米手机为例，小米在 2011 年推出小米手机，瞬间以其极高的性价比占据市场，成为当时中国手机产业销量第一，手机市场也因为小米变为了性价比手机和非性价比手机，小米拥有了行业的定价权，这就是抄袭者定价现象。从长久

① 冯蕾：《供给侧改革：有何新意，如何发力》，发表于《光明日报》，2015 年 12 月 28 日。
② 杨永华：《马克思的奢侈品生产理论及其现实意义》，载于《经济学家》2009 年第 4 期。

来看，这种现象大大降低了行业的创新能力，抄袭者比自主研发减少了大量的研发成本，能够以更低的价格生产相同的产品，造成中国低端产品过剩，高端产品短缺。

四、中国供给侧改革的必要性

1. 国外供给侧改革的经验

供给侧改革在世界上并不是一个新鲜的名词，美国与英国都分别实行过供给侧改革，并且使得这两个经济体都分别走出各自的经济衰退泥潭。然而中国的情况与这两个国家在很大程度上是不同的。笔者认为，中国改革的理论基础应该来自于马克思主义的奢侈品消费思想。

美国在20世纪80年代面临严重的滞胀危机，通货膨胀与严重的就业问题导致美国面临大萧条以来最严重的经济危机。在这种情况下，里根总统按照供给学派的思想，认为“供给会创造自己的需求”，由此减免税收并且减少政府对于市场的影响，通过削减个人所得税与加速企业这就来鼓励工人努力工作与企业投资。但中国最大的问题其实并不在于经济的萧条和投资的数量，而是大量的投资用于了低端的劳动密集型产品。[①]

美国的问题很多可以认为是在于各个方面生产的不足。[②] 而中国的问题却不是这样，中国的问题首先是在于生产的大量过剩，其次是由于要生产更多的产品需要更多的工人，导致在Ⅱb中生产奢侈品的工人数量不够，引起生产的结构性过剩。

2. 马克思社会再生产公式与中国供给侧改革的内在联系

中国供给侧改革的关注点应该是减少数量与增加质量并重。

（1）生产严重过剩。中国作为制造业大国，但是近年来由于常年市场经济对于市场各方面环境的持续开放，导致很多产业出现资本“一哄而上”的情况。这种情况尤其出现在钢铁和煤炭产业之中。产品在数量上生产的绝对的过剩破坏了马克思所论述的两个部类再生产的结构，很多产业的社会再生产不能顺畅的实现。[③]

对于以上的产品生产数量绝对过剩的问题，要求供给侧改革在去库存方面加快进度。从马克思主义奢侈品消费思想上来看，去库存的优势显而易见。过去的需求侧改革比如加大贷款力度，降低贷款利率等措施，这并不是去库存，而是把企业的库存从企业转移到了银行，并不能从根本上解决问题。而现在的供给侧改革，要求淘汰落后的企业，减少低质量的产出。可以预见，在改革初

---

① 马燕，严金强：《马克思主义两部类经济增长关系模型探讨》，载于《财经研究》2009年第5期。

② 刘思华：《马克思再生产理论与可持续经济发展》，载于《马克思主义研究》1999年第3期。

③ 任定方：《马克思的社会再生产理论与社会主义宏观经济模型》，载于《西北大学学报》1983年第2期。

期，会出现企业裁员，许多工厂倒闭或者被吞并，但是从长远来看，短期的阵痛是非常必要且有效的。

（2）产品总体质量较低。前文提到过，中国产品生产的过剩从整个产业的角度来说，并不是一个绝对的过剩，而是一个结构的过剩。对于必要的生产与消费资料来说，产品的过剩是绝对的，但是对于奢侈品的生产来说，又是一个绝对的短缺。一方面，对于很多劳动密集型产业，包括钢铁、煤炭产业在内，已经走过了2007年以前只要产出就有市场的时候，相反的是产品的大量堆积。另一方面，对于很多高端产品来说，市场都掌握在洋品牌的手里，这样造成的结果是灾难性的。①

中国就奢侈品生产这个问题上，同样需要在供给侧进行一场大的改革。要求从供给上提高产品总体生产的质量。笔者认为，中国现在供给侧更应当注重的就在于奢侈品的生产。与此相对的，去库存只是更多的只是作为加大奢侈品生产的一个措施，把更多的劳动力与资本转移到奢侈品生产上来，淘汰落后企业，鼓励新兴技术产业。

3. 中国奢侈品生产特殊性决定了供给侧改革的特殊性

中国是奢侈品消费的大国。但是，与之相对的，中国本土的奢侈品品牌少之又少，从产品数量到制造该类产品的工人数量都显示出严重的短缺。在这种情况下，由于国内日益激增的奢侈品消费需求，导致国外奢侈品的大量涌入，这样，一方面满足了国内人们对于生活上改善的需要；另一方面也加快了中国经济的增长。从长远来看，这又使得中国本土奢侈品牌的减少。② 从马克思主义奢侈品消费公式上来说，外国奢侈品牌的流入导致Ⅱb 中用于奢侈品生产的不变资本和可变资本减少。这里要明白的是，这种不变资本与可变资本的减少，对于中国解决自身发展问题、就业问题是非常不利的。③ 以马克思主义的角度来说，马克思认为第二部类中工人们的生产和再生产，取决于资本家的挥霍，当然这里的资本家可以认为是社会主义存在的大阶层中的前三个阶层。从这个角度来说，中国奢侈品消费需求虽然旺盛，但是这种旺盛的需求非常大的部分用于增加了国外工人阶层的收入，使得国外出现了更多的“资本家”，而中国的“资本家”数量增长幅度下降，显然，会影响中国奢侈品消费能力的长期增长，这种现象值得各方面重点注意。

总之，中国未来的发展方向在哪里？笔者认为，未来的方向就是发展奢侈品的生产，从供给端破除现今增长的困境，同时从供给端来寻求解决中国社会问题的方法。但综合上文来说，中国奢侈品的生产面临着中国特有的一些困难。第一，非奢侈品生产数量的过多导致奢侈品方面投入的减少。第二，由于多年

① 许崇正，柳荫成：《马克思再生产理论与社会主义市场经济》，载于《经济学家》2006 年第 4 期。

② 胡钧：《马克思再生产理论与社会主义市场经济体制建设》，载于《当代经济研究》1996 年第 1 期。

③ 王红茹：《“需求侧改革”如西药，“供给侧改革”如中药》，载于《中国经济周刊》2015 年第47 期。

以来需求侧方面的持续的政策导致奢侈品生产在产品和技术上难以有所突破。第三，由于国内奢侈品消费数量的激增导致了国内奢侈品市场的扩大，但是这日益增长的市场已经被洋产品占据了大部分的份额。在这三个问题之中，第二个问题是重中之重，他是解决第一个问题和第三个问题的基础。与此同时，在不断强调供给侧改革的同时，也不能一味地抛弃需求侧的促进作用。随着供给侧改革的不断推进，相应的要通过需求侧的改革不断地加强人们各面的物质需要。

参考文献

［1］耶赫：《浅谈如何认识和支持供给侧改革》，载于《农村金融研究》2015 年第 12 期。

［2］许光建：《加强供给侧结构性改革，为实现“十三五”发展目标奠定良好基础》，载于《价格理论与实践》2016 年第 1 期。

［3］冯蕾：《供给侧改革：有何新意，如何发力》，载于《光明日报》，2015 年 12 月 28 日。

［4］杨永华：《马克思的奢侈品生产理论及其现实意义》，载于《经济学家》2009 年第 4 期。

［5］马燕，严金强：《马克思主义两部类经济增长关系模型探讨》，载于《财经研究》2009 年第 5 期。

［6］刘思华：《马克思再生产理论与可持续经济发展》，载于《马克思主义研究》1999 年第 3 期。

［7］任定方：《马克思的社会再生产理论与社会主义宏观经济模型》，载于《西北大学学报》1983 年第 2 期。

［8］许崇正，柳荫成：《马克思再生产理论与社会主义市场经济》，载于《经济学家》2006 年第 4 期。

［9］胡钧：《马克思再生产理论与社会主义市场经济体制建设》，载于《当代经济研究》，1996 年第 1 期。

［10］王红茹：《“需求侧改革”如西药，“供给侧改革”如中药》，载于《中国经济周刊》2015 年第 47 期。

《资本论》中的供给经济学思想与中国房地产业的供给侧改革

崔向阳　王玲侠*

一、引言

中国推进供给侧结构性改革，以习近平同志为总书记的党中央在综合分析世界经济长周期和中国发展阶段性特征及其相互作用的基础上，集中全党和全国人民智慧，从理论到实践不断探索的结晶。2015年12月召开的中央经济工作会议，对供给侧结构性改革从理论思考到具体实践，做了全面阐述。会议明确指出，"去产能、去库存、去杠杆、降成本、补短板"即"三去一降一补"是中国推进供给侧结构性改革的五大任务。

化解房地产库存、促进房地产业持续发展是供给侧结构性改革的重要内容之一。房地产高库存不仅成了制约中国房地产健康发展的"瓶颈"，更成为拖累中国经济增长的巨大包袱。马克思的《资本论》及其手稿中蕴藏着丰富的供给经济学思想。马克思在《资本论》中指出：物质资料的生产是政治经济学研究的出发点，物质资料总的生产过程包括生产、分配、交换、消费四个环节。生产是起点，消费是终点，分配与交换是连接生产与消费的中间环节。在四个环节中，生产环节发挥着决定性作用。因此，从生产入手、从供给入手是马克思主义经济学的基本方法。供给侧结构性改革的理论是当代中国的政治经济学，深深植根于博大精深的马克思和其他马克思主义经济学家开创的马克思主义经济学。

* 崔向阳，南京财经大学经济学院副教授、博士，硕士生导师，研究方向为《资本论》与当代中国经济。王玲侠，南京财经大学经济学院硕士研究生，研究方向为《资本论》与当代中国经济。

二、供给经济学的起源

一般认为，供给学派或供给经济学作为一种学术思想，肇始于19世纪初期的法国经济学家让·巴蒂斯特·萨伊提出的萨伊定律，他认为，供给会自己创造自己的需求。20世纪30年代，新兴起的凯恩斯主义否定了作为古典自由主义思想的萨伊定律，需求管理成为宏观经济领域的正统经济思想，长期指导着世界各国的宏观经济政策。

20世纪70年代，凯恩斯主义面对美国经济出现的“滞胀”局面无法拿出有效的政策手段，此时以罗伯特·蒙代尔、亚瑟·拉弗等人为代表的供给学派成为影响最大的学派之一。80年代，美国总统罗纳德·威尔逊·里根宣布要与过去美国政府以需求学派为指导思想的宏观政策决裂，而改以供给学派的理论作为美国政府宏观经济政策的主导思想，即当时的“里根经济学”。尽管80年代末期以后，凯恩斯主义经济学卷土重来，但供给学派的经济思想已对世界经济思想和经济政策产生了深远影响。

中国在过去几年曾运用凯恩斯主义的思想，提出刺激经济要求需求端入手，然而，一系列的措施并没有改变中国经济现状。因此，从需求端转向供给端已刻不容缓。

三、用《资本论》中的供给思想解读供给侧结构性改革

（一）马克思商品经济基本矛盾理论与去库存

在私有制的商品经济条件下，生产资料是归私人所有，因此一件商品要生产出来，生产多少，怎样生产，完全由个人决定。但是商品经济又是建立在社会分工的基础上的，因此商品生产者要生产一件商品或者是生产商品的一部分必须是相互联系，相互依赖的，而这时私人劳动的总和就构成了社会劳动，但是作为生产商品的私人劳动与社会劳动在一定条件下却是矛盾的。

这是因为生产商品的劳动虽然具有社会性，是社会劳动，但它在生产过程中却直接是私人劳动，因此这种劳动最后能不能转化为社会劳动，即私人劳动的总和最后能不能构成社会劳动，成为社会总劳动的一部分，并不取决于个人，而取决于别的商品生产者对其劳动的需要，即取决于社会，这就是矛盾。而这个矛盾的存在，就会因为商品一旦不能满足人们的需要而发生积压，造成产品压库和产能过剩。要解决这个问题，只有商品交换成功，这一矛盾才能解决。

（二）马克思劳动价值理论与去产能

从商品的二重性来看，商品是使用价值和价值的统一。作为使用价值，首

先，这种物品要能满足人们的某种需求，即这种物品或服务是有用的。在满足人们需求的同时，这些物品还要有质的差别，即所有物品不能一概而论。其次，作为商品的使用价值，其与一般物品的使用价值有本质的区别，即必须是劳动产品的使用价值。因此，使用价值构成社会财富的物质内容。作为价值，其是通过交换来实现的。我们如果想卖出更多的商品，要先发现不同商品的使用价值，找到人们的需求所在，通过商品质的差异来生产多样化的商品，才能通过交换来实现商品的价值，达到去库存和去产能的目的。

（三）马克思虚拟经济理论与去杠杆

杠杆率一般是指一个经济主体通过负债来实现以较小的资本金控制较大的资产规模的比例，杠杆率越高，风险越大。杠杆率较高的行业主要出现在金融业，这是因为金融业融资资本大，负债率高，需要通过杠杆的作用来扩大规模。房地产业在中国具有明显的投资和金融属性，很多人买房的原因并不是为了自住，而是为了投资。由于中国房地产业价格不断上涨，房地产抵押贷款几乎是无风险的贷款，银行也乐意为这些房地产投机性需求提供资金，造成房地产业占用了大量信贷资金。

马克思在《资本论》第三卷中对虚拟资本和虚拟经济理论做了集中论述。根据马克思的分析，虚拟经济具有二重作用：一方面，虚拟经济对实体经济有明显的拉动作用；另一方面，虚拟经济作为投机性经济可能会带来泡沫经济，加大了市场经济的不稳定性。

近年来，中国为了发展实体经济，虚拟经济也迅速发展。但虚拟经济的发展由于虚拟资本的发行过量、流通频繁，加上杠杆的放大作用导致银行信贷呆账坏账激增，产生金融泡沫，引发债务危机。因此中国要发展经济，在注重解决实体经济去产能的情况下，也要使虚拟经济紧跟实体经济，逐步解决虚拟经济去杠杆的问题。

（四）马克思成本价格理论与降成本

如果按照劳动耗费，商品价值包括物化劳动耗费和活劳动耗费，物化劳动耗费就是不变资本的价值 c，活劳动耗费就是工人在必要劳动时间创造的价值 v 和剩余劳动时间创造的价值 m。因此每一个商品的价值 W 是由三部分组成的，即不变成本 c，可变成本 v 和剩余价值 m，用公式表示就是 $W = c + v + m$。但对资本耗费来说，$c + v$ 是补偿生产中所耗费的生产要素的价格部分，这是生产成本或成本价格。

供给侧结构性改革的重要任务之一是降低实体经济企业的成本。商品的成本价格作为生产商品所耗费的生产要素的价格，必须得到补偿，商品生产才能够继续进行。就这点来说，商品的成本价格，对一切商品生产都有实际意义。

同时成本的降低就成为供给侧结构性改革需重点关注的方面。

（五）马克思社会再生产理论与补短板

补短板作为供给侧结构性改革的五大任务之一，要求产业部门间保持适当的比例关系。马克思在《资本论》中的社会再生产理论，实际上就是对中国如何协调产业间平衡的比例关系以及推动产业结构与资源结构相适应的理论指导。

中国经济中存在着许多短板，产业部门间比例关系存在着不协调、不平衡的现象。为了弥补这个短板，使生产出的商品可以及时消费，要研究社会总产品的实现问题，还要了解再生产的过程。

一件商品要想顺利的销售出去，还应考虑物质补偿问题，因为价值补偿是指产品价值的各个组成部分如何从商品形态转化成货币形态，而物质形态则考虑商品的使用价值。中国的第一产业和第二产业迅速发展，生产出的产品也基本满足了人们的需求，但随着人们生活水平的提高，中国的许多服务业却无法满足消费者的这些需求，造成了第一二产业商品库存多，第三产业商品供给不足的局面。因此，中国应加大对第三产业的发展力度。

四、《资本论》中的供给思想与西方供给思想相比较的优势

（一）西方经济学的供给思想坚持自由主义传统

西方经济学一直坚持市场在资源配置中起决定性作用，秉承着源自“看不见的手”为资源配置核心与决定性机制的自由主义传统。在18世纪的自由资本主义时代，斯密曾提出政府是“守夜人”的概念，认为政府在提供必要的公共服务之外，只要当好国家和人们的守护者就可以了，而对于社会和市场应让其自由发挥，让市场在资源配置中起决定性的作用。

且不说这些理论不能在现实生活中实现，因为政府从来就不能放弃对经济的管理，即使这些理论可以在现实生活中实施，那么经济也会陷入崩溃，经济健康有序的发展也会成为天方夜谭，因为现实的经济并不是完全竞争的市场，垄断和寡头垄断的情形无处不在，仅仅依靠市场无法保证经济的有序前行，也无法有效刺激经济的上升，因此只有让政府和市场共同作用，经济发展才能越来越好。

（二）《资本论》的供给思想强调市场和政府的共同作用

马克思在《资本论》中没有直接使用市场经济的概念，但马克思通过分析商品及其属性，认为私人所属的商品是市场得以实现的物质基础，进而分析商品经济。通过对商品经济一般规律的说明，揭示了市场对资源配置有决定性作

用。但是，在肯定市场的资源配置具有高效率后，马克思也明确指出了市场调节的局限性，即单纯的市场调节会使经济在特定时期内的产能过剩，资源浪费，最终会导致经济危机的爆发，从而指出了市场机制的盲目性和不足性。

因此，无政府状态的市场调节是不可行的，只有让政府和市场共同作用，在发挥市场资源配置能力的同时，也运用政府的宏观调控能力，经济才能可持续发展。这正是马克思主义政治经济学的特色所在，也符合中国社会主义的发展要求。

五、房地产的供给侧结构性改革政策及建议

（一）中国房地产业的发展现状

2015 年以来，中国房地产迎来了一波发展新高潮，很多地方迎来了供需两旺，部分城市的房价上涨较快，老百姓又开始抢购住房，有些地方甚至出现了日光盘。但仔细观察便可以发现，去库存加快的城市大多是一些北京、上海、南京等大城市，三四线城市的房子因为经济落后、人口流出等原因导致库存继续增加。因此，房地产虽然问题众多，但最主要的问题还是要继续减库存。出现这些问题的原因也正是由于地产商生产的大多数房子满足不了人民的需求，导致符合人民消费需求的房子被大量抢购，而低端商品房和住房则难以销售。

国家统计局显示，2015 年前三季全国商品房待售面积 66510 万平方米，同比增加 16.4%。据中国经济网统计，2010 年中国商品房待售面积不到 2 亿平方米；2014 年，这一数字已经突破 6 亿平方米。由此可见，尽管一二线城市房地产销售火热，但销售的速度仍然赶不上生产的速度，而且一部分商品房是无法通过刺激需求来解决的，因此中国整体房地产业问题仍然严峻，进行供给侧结构性改革刻不容缓。

（二）房地产业的供给侧结构性改革的政策建议

1. 控制房地产增量

马克思认为："在其他条件不变的情况下，社会在例如一年里所消费的生产资料，即劳动资料、原料和辅助材料，只有在实物形式上为数量相等的新物品所替换，社会才能在原有的规模上再生产或保持自己的财富。"[①] 因此，过多的生产商品房而不考虑是否有足够的物质资料可以替换所生产出来的商品是会阻碍社会再生产的进行的。而以前为了解决经济问题，政府的大力支持房地产业已经造成了房地产的库存积压，因此，目前的重点就是防止房地产量的继续

① 《马克思恩格斯全集》第 44 卷，人民出版社 2003 年版，第 653 页。

增加。

2. 调整现有房地产的存量

从目前经济形势来看，虽然房地产库存过多，但许多居民却买不到房，归根究底是因为房地产存量结构存在问题，因此政府应该竭力调整存量。

库存过多的另一原因还有住房质量过差，人们都喜欢高品质的住房，因此将大量库存房改造成高品质的住房也行之有效。一二线城市的商品房之所以热销除了因为其经济发达外，更重要的是其周边交通方便，环境优雅。而三四线城市的商品房在缺少经济这一大要素下，只能通过提高其住房质量来吸引消费者进行消费。

3. 拓宽房地产销售市场

近几年来，大量外来务工人员大潮一直影响着中国经济发展的趋势，因此如何进行户籍制度的改革显得尤为重要。户籍制度改革是通过持续推动农村转移人口在就业地落户的原则，拓宽房地产销售市场，使得外地农民也可以通过政府的利民政策在相关城市进行购房，从而可以解决外来人员的住房问题，也解决了一部分房地产库存问题。因此坚持并逐渐优化户籍制度改革应该是政府持续关注的问题。同时，对于一些外来务工人员较多的城市，政府可以通过实施一些优惠政策来吸引外来人员购房的欲望。这样，通过上述政策的实施，不仅一些棘手的经济问题可以得到缓解，房地产库存的问题也可以有效解决。

第四篇

当代现实经济问题研究

一个值得深思的问题

田家官*

产能过剩是中国近年来出现前所未有的新问题。国内媒体经济学几乎普遍把产能过剩的原因归之于供求关系失衡，把市场化作为化解产能过剩的主要手段。这样的治疗方案效果如何？本文围绕这个问题进行深入分析。

一、经典作家的论述

近年来，中国被产能过剩问题所困扰。所谓产能过剩就是生产过剩，也就是生产的商品超过社会需求，当这种过剩达到一定程度就会出现经济危机。现在中国许多经济学家在探讨产能过剩产生的原因，寻找解决的办法。其实这并不是什么新问题，而是资本主义市场经济制度诞生以来反复出现的老问题。为了解决这个问题，无产阶级革命导师和西方经济学家进行了不懈的努力，提出了不同理论，开出不同的诊治药方：

马克思主义认为，资本主义经济危机的根源在于资本主义生产方式的基本矛盾，即生产社会化和资本主义私人占有之间的矛盾。这一矛盾要表现为以下两个矛盾：（1）资本主义生产无限扩大同广大劳动群众有支付能力的消费需求水平之间的矛盾。马克思重点指出："一切真正的危机的最根本的原因，总不外乎群众的贫困和他们有限的消费，资本主义生产却不顾这种情况，力求发展生产力，好像只有社会的绝对的消费能力才是生产力发展的界限"。① 由于资本主义生产是服从于资本家追求剩余价值的目的，所以决定生产界限的是利润而不是劳动者的需要。资本家为了获得尽可能多的利润，不断增加积累和扩大生产

---

* 田家官，浙江财经学院财政与公共管理学院。

① 《资本论》第3卷，人民出版社2004年版，第548页。

规模。为了在竞争中获得胜利并榨取更多的利润，资本家不得不发展技术，实行合理化，加紧剥削工人并且把自己企业的生产能力提高到最大限度。为了不落后于他人，所有资本家都无论如何不得不走上这条拼命发展生产能力的道路。于是，资本主义生产呈现不顾消费和市场的限制而无限扩大的趋势。（2）资本主义生产无限扩大的趋势和市场相对狭小的矛盾。“资本主义生产竭力追求的只是攫取尽可能多的剩余劳动……因此，在资本主义生产的本质中就包含着不顾市场的限制而生产。”① 不断扩大的生产需要一个不断扩大的市场，而生产比市场扩大得快，一个扩大同另一个扩大就可能不相适应，市场的狭小束缚和制约了资本主义生产能力的增长，两者的矛盾不断积累，直到爆发。资本主义生产力发展的社会化，受到生产资料私有制的限制，这一矛盾日益激化，最终导致经济危机的爆发。

如何克服资本主义的周期性经济危机呢？马克思认为资本主义生产过剩不是绝对过剩，而是相对过剩。在资本主义生产资料私有制条件下，这种生产过剩不可避免，只有消灭资本主义制度，才能从根本上克服资本主义生产方式的基本矛盾，避免经济危机。当无产阶级上升为统治阶级，社会主义制度建立后，要“按照总的计划增加国家工厂和生产工具，开垦荒地和改良土壤。”②

马克思解决经济危机的办法是消除其产生的条件，有计划地组织生产活动，其基本特点是通过事前调节避免经济危机。

凯恩斯主义站在资产阶级的立场上研究生产过剩的原因。他认为，一个经济社会的总收入与总就业量决定于有效需求，而有效需求决定于“消费倾向”“对资本未来收益的预期”以及对货币的“灵活偏好”这三个基本心理因素的综合作用。在一般情况下，三个基本心理因素的综合作用会导致有效需求不足：在两部门理论假设的条件下，社会总需求是由消费需求与投资需求之和所组成，心理上的消费倾向使得消费的增长赶不上收入的增长，因而引起消费需求不足。心理上的灵活偏好及对资本未来收益的预期使预期的利润率有偏低的趋势，从而与利息率不相适应，这就导致了投资需求的不足。在这三个心理因素中，资本边际效率的作用很重要。凯恩斯认为危机和萧条的产生是资本边际效率的突然崩溃的结果。根据他的解释，在经济繁荣后期一般人对资本品未来收益作乐观预期，同时成本和利率上升。这时投资必然导致资本边际效率下降，投资吸引减弱和人们对货币流动偏好加强。最终会因资本边际效率突然崩溃和流动偏好的加强，投资大幅度下降，经济危机爆发。危机使投资和消费水平都迅速下降，加上利率的提高，必然进入萧条阶段。如何治理经济危机？凯恩斯以乘数原理为根据，主张政府市场经济运行干预，通过扩张性的宏观经济政策尤其是财政政策来刺激消费和增加投资，以扩大总需求，实现充分就业。由于消费倾

① 《马克思恩格斯全集》（第26卷）（Ⅱ），人民出版社1973年版，第596页。
② 《马克思恩格斯选集》（第1卷），人民出版社1973年版，第596页。

向在短期内相对稳定。因此凯恩斯更重视增加投资。由于萧条时期私人企业家因悲观预期而不愿增加投资，所以他主张以政府投资来替代私人投资，刺激有效需求，治理经济危机。根据乘数原理，投资的变动会引起收入和产出的倍数增长，所以治理经济危机的最佳政策选择就是扩大投资特别是扩大政府投资。

凯恩斯主义解决经济危机的办法是，当经济危机爆发时，由政府对经济运行干预，通过扩张性的宏观经济政策特别是财政政策来刺激消费和增加投资，以扩大总需求，实现充分就业。可见，凯恩斯主义解决经济危机对策的主要特点是事后调节。

二、完全靠市场调节行不行

2016年元月份某天在杭州到北京的火车上，同包厢的几个人没事海阔天空闲聊，谈到中国的产能过剩问题时，一位国内著名公司的职员（说是到北京参加专家论证会）说，既然国家干预搞不好，为什么不试试完全由市场机制来调节，看看结果是不是要好一些。我当时感到好笑，时至今日居然还有人持这样的观点。其实也不好笑，在现实中持这样的观点的人大有人在。那些市场拜物教者包括一些经济学家不都是这样吗！他们盲目崇拜市场，认为自由竞争的市场可以解决所有经济问题。事实上，只要有一定经济史知识的人都不会相信这种观点。

在1929～1933年的大危机之前，美国一直奉行不干预的“自由清偿”原则。1927年以后，伴随着时隐时现的投机狂潮，股市价格失控，终于在1929年夏季飙升至极端不合理的地步。以英格兰银行调高利率为诱因，触发了纽约股市的动荡和最终崩溃。1929年10月24日，以纽约证券市场崩溃为起点，开始了美国历史上的严重经济危机并迅速席卷了整个资本主义世界，到1933年达到顶点。危机沉重打击了美国的经济，企业破产，银行倒闭，工厂停工，出现大规模的失业队伍，人民生活水平下降到最低点，恐慌席卷全国。为应对通货的紧缩，欧洲各国纷纷放弃金本位，欧洲金融体制崩溃。

赫伯特·胡佛1929年3月4日入住白宫，没过多久便遭遇了历史上空前严重的“大危机”。他奉行“自由放任”政策，害怕过多的政府干预或强迫会剥夺企业的个性与独立。因此，大萧条的到来不仅是对国家经济，也是对胡佛理念的考验。虽然据胡佛在其回忆录中的说法，危机开始后，他拒绝了财政部长安德鲁·W·梅隆“弃之不管”的建言，不但没有提出有效的对策，反而坚决地阻止国家提供对付危机的福利补偿，呼吁劳资双方在“自愿合作”的基础上解决经济问题。于是，当城里的工人因无力付钱而在饥馑中度日时，农民们却因牲畜满栏、谷物满仓而失望。因为他们既无力将它们卖掉，也无力继续对它们进行饲养和保存。当萧条初期经济形势急速恶化的时候，胡佛拒绝了通过立法给予援助，因为他相信这会使民众变得依赖联邦政府。胡佛所采取的方法是与商界合作制定了许多基于志愿原则的对策，鼓励州和地方政府做出反应，以及加速联邦工程建设。虽然胡佛政府被迫采取一些反危机措施，但影响不大。1931 年的国际金融危机又加深了美国国内的危机，大萧条日益加剧，矛盾更加尖锐，社会动荡不已，胡佛在 1932 的大选中失败。

富兰克林·罗斯福取代了焦头烂额的胡佛，当选为美国第 32 任总统。面对严重的经济社会危机，罗斯福大刀阔斧推行他的“新政”，既在保存资本主义制度和资产阶级民主的前提下，抛弃完全依靠市场机制调节的自由放任政策，大力加强国家对社会经济生活的干预，改变局部生产关系。凯恩斯主义及 19 世纪末 20 世纪初美国的实用主义哲学思潮等都是罗斯福新政的思想渊源。“新政”的内容包括：（1）整顿银行与金融系，下令令银行休业整顿，逐步恢复银行的信用，并放弃金本位制，使美元贬值以刺激出口；（2）复兴工业或称对工业的调整（中心措施）：通过《国家工业复兴法》与蓝鹰行动来防止盲目竞争引起的生产过剩；根据《国家工业复兴法》，个工业企业制定本行业的公平经营规章，确定各企业的生产规模、价格水平、市场分配、工资标准和工作日时数等，以防止出现盲目竞争引起的生产过剩，从而加强了政府对资本主义工业生产的控制与调节。（3）调整农业政策：给减耕减产的农户发放经济补贴（农民缩减大片耕地，屠宰大批牲畜，由政府付款补贴），提高并稳定农产品价格；（4）推行“以工代赈”（最重要的一条措施）；（5）大力兴建公共工程，缓和社会危机和阶级矛盾，增加就业刺激消费和生产；（6）政府还建立社会保障体系，使退休工人可以得到养老金和保险，失业者可以得到保险金，子女年幼的母亲、残疾人可以得到补助。（7）建立急救救济署，为人民发放救济金。

“新政”的实施使美国避免了经济大崩溃，帮助美国逐步走出危机。从 1935 年开始，美国几乎所有的经济指标都稳步回升，国民生产总值从 1933 年的 742 亿美元又增至 1939 年的 2049 亿美元，失业人数从 1700 万下降至 800 万，恢复了国民的信心，使美国避免出现激烈的社会动荡。

“大危机”宣告“自由竞争”经济理论神话的破灭，凯恩斯主义成为西方主流经济理论及西方国家政府干预经济的理论依据。从那时开始，政府干预经济成了欧美资本主义国家管理国民经济的重要方法。虽然 20 世纪 80 年代新自由主义理论重新受到一些西方政治家的青睐，但并没有因此而放弃凯恩斯主义及干预经济。原因很简单，完全靠市场机制调节是行不通的。

三、事前调节好还是事后调节好

针对中国产能过剩的问题，经济学家和政府官员提出不少治理的方案，基本上众口一词：如何去产能。所谓去产能就是减少产量、削减生产能力，从解决问题的方式上看这是典型的事后调节。当然，对于现在已经发生的产能过剩而言，解决的办法只能是事后调节，说要事前调节那显然是事后诸葛亮。然而，问题是在市场经济条件下，产能过剩绝对不是偶然现象，而是经济周期的产物，处理不好这种现象会周期性地出现。因此，如何正确地解决这个问题事关重大。

解决产能过剩问题无非是两种办法：事前调节和事后调节。所谓事前调节，就是在产能过剩没有发生的时候，采取措施防止产能过剩出现。所谓事后调节，是指产能过剩现象已经出现后，采取措施减少产能的行为。这里我们关心的问题是，哪一种方法更有效率？

1. 分析事前调节

当产能过剩或者经济危机发生后，过剩的生产能力已经形成，过剩的商品已经生产出来，此时如果任由市场调节，政府不加以干预，假设遇到 1929 ~ 1933 年的“大危机”，那将出现灾难性的后果。如果由政府进行调节，可以避免灾难性的后果，但大量稀奇资源的浪费则是不可避免的。这一点，只要看看西方一些国家当时的情况就非常清楚了：

美国：从 1929 ~ 1933 年，美国国民生产总值从 2036 亿美元降为 1415 亿美元，下降 30%。银行破产数高达 10500 家，占全部银行的 49%。失业率（不含半失业者）高达 25%。1933 年以后，美国经济进入长时间的所谓“特种萧条”时期。尽管有“新政”等缓和危机的措施，美国经济仍然复苏乏力，一直到第二次世界大战爆发以后的 1941 年，美国国民生产总值才超过危机前的 1929 年。

德国：从 1929 ~ 1932 年，德国工业设备利用率下降到 36%，全部工业生产下降了 40%，对外贸易额下降 60%，物价下跌 30%。1931 年 7 月，德国达姆斯达特银行倒闭，引发银行挤兑风潮，国家黄金储备由 23.9 亿马克减少到 13.6 亿马克，柏林九大银行减为四个。

日本：从 1929 ~ 1931 年，日本出口下降 76.5%，进口下降 71.7%。大批银行和工商企业破产倒闭，主要工业部门开工率只有 50%，工业总产值下降 32.9%，农业总产值也下降了 40%。

英国：从 1929 年的最高点到 1932 年的最低点，英国工业生产下降了 32%。但主要工业部门也受严重冲击。危机促使英国最终放弃自由贸易政策，建立帝国关税特惠制，也促使英国放弃金本位制，英镑大幅度贬值。

2. 讨论事前调节

事前调节主要是通过政府制定计划、规划或者产业政策并加以实施，以保证国民经济的协调发展，避免出现经济危机。经验表明，只要事前调节措施符合经济规律，就可以避免国民经济大起大落，避免因生产过剩而造成的资源浪费。

尽管实行计划经济的国家的计划也存在这样那样的缺点，但它的优点是应当肯定的：（1）能够高度有效地集中人力、物力和财力进行重点建设，集中有限的资金发展重点产业。（2）保证按预期计划目标实现国民经济发展的总体战略，建立比较合理的国民经济体系。（3）有利于实现国民经济重大比例关系合理化，尤其是通过有计划的收入分配保证总供求的平衡，避免经济发展中的剧烈波动所导致的资源浪费，宏观经济效益提高。（4）能保证国计民生，保障必需品的生产和供应，有利于解决人民最紧迫的生活需要，实现收入均等化，稳定经济，稳定社会。（5）有利于推动经济持续增长。

苏联社会主义建设取得重大成就：（1）苏联用了13年的时间就实现了国家的工业化。1940年，苏联工业在世界工业总产值中的比重上升到10%，超过英、德、法、日等国，居世界第二位。（2）苏联经济的发展速度一直比较快，远远超过同期的西方发达资本主义国家。战后以来在1951～1980年，苏联的经济发展亦明显地快于50年代以前，苏联的经济发展速度均在两位数以上。超过了除日本以外的西方发达资本主义国家。例如，苏联的国民收入在30年中的年平均增长率为7.4%，比美国的3.5%、德国的5.1%、意大利的4.8%、法国的4.6%和英国的2.4%都高，仅低于日本的8.3%。苏联经济的迅速增长，使苏联与美国的差距逐渐缩小。1950年苏联的国民收入约为美国的31%，1983年提高到67%。（3）经济实力有了很大增强。到1985年，苏联的石油、生铁、钢、铁矿石和天然气等主要工业产品产量均居世界首位，其他主要工农业产品产量也都居于世界前列。1912年苏联工业在世界工业产值的3%，1937年提高到10%，而到1970年又提高到20%。①

由于计划经济的实施，使中国在短短30年时间里，建成了独立的、比较完整的工业体系和国民经济体系，在工业、农业、国防和科学技术等方面都取得了举世瞩目的巨大成就，由解放初期在工业等许多方面的几乎一穷二白建成了20世纪70年代中期的世界第六大工业体，用不到30年的时间走完了西方发达国家几百年才走过的历程。除了个别年份，三十多年来中国经济没有出现大的经济波动，而且即使因为决策失误偶尔出现较大经济波动，通过计划调节也可以在较短时间内得以纠正。计划经济有利于收入分配的公平，避免使国家有限的财富资源只被少数人享有，保证了全体人民基本生产、生活需要，保证了不会造成极度贫困和读不起书，看不起病等情况发生。

正是由于事前调节具有其自身的优点，所以，“二战”后一些西方国家也开始实行国民经济计划化。法国从1947年开始编制计划，到20世纪90年代已经编制了十个中期计划。计划化使政府对国民经济和社会发展发挥了引导发展方向和确定发展目标的作用。第二次大战后的四十多年来，法国是西方国家中经济发展较快的国家之一。同时发展也比较稳定，年平均经济增长率大体在3%～5%，即使在两次石油危机时期也保持一定的增长。

显然，事前调节比事后调节的效果要好。

① 廖盖隆等主编：《社会主义百科要览》，人民日报出版社1993年版，第1709～1721页。

四、如何防患于未然

中国建立的是社会主义市场经济体制，对外开放已经使中国和世界经济紧密地联系在一起，因此，内部条件和外部条件决定今后中国的经济周期难以避免。需要关心的问题是如何尽可能地熨平经济周期波动，避免或减少生产过剩给经济带来的不良影响。经济发展史表明，自由放任，完全依靠市场机制调节不可能达到上述目的。重视事前调节，充分发挥市场调节的基础性作用，注重计划调节的作用，各种调节手段多管齐下，有利于达到上述目的。

充分发挥市场机制的调节作用，也就是发挥市场机制在资源配置中发挥基础性的作用。市场调节的积极作用是：一是通过价格信号引导企业按照市场需要优化生产要素组合，实现供给和需求衔接；二是推动科学技术和经营管理的进步，促进劳动效率提高；三是通过竞争和优胜劣汰机制，增进商品生产经营能力。发挥市场机制的调节作用，要尊重市场规律，尽量减少政府对微观经济的干预，就是要让市场而不是政府，在资源配置中发挥基础性的作用，通过与之相适应的激励和约束机制，让个人和企业有更多的活力和更大的空间去创造财富、发展经济。当然政府必须管好该管的事，例如，国民经济宏观比例、环境保护、收入公平分配等。现在一些学者过分强调市场调节的作用，对市场调节造成的产能过剩视而不见，反对一切国家干预，甚至连政府解决产能过剩的行为也存在质疑，认为应当由市场来解决。这就是缺乏实事求是态度的“市场拜物教”了。按照这种思路操作只能使经济造成更大的损失和破坏。

重视计划调节的作用。在社会主义市场经济条件下，市场调节起基础性作用，计划调节主要是以下两个方面：一是搞好国民经济重大比例的平衡。主要是指总供给和总需求的平衡与协调。两者相互关系的变化直接影响到宏观经济的稳定。对总供给和总需求必须进行调节和管理，保持两者基本平衡，是宏观经济管理的首要任务。二是谋求经济发展的长期平衡。它主要是指在较长期内保持资源的合理配置，其内容包括基础产业和基础设施、高技术产业和先导产业的建设，以及地区生产力布局。长期资源配置之所以需要计划调节，因为中国几十年来的实践表明，市场机制不可能实现较长期内资源配置的合理化。中国现在严重的产能过剩就说明了这一点。近年来中国的钢铁、水泥、煤炭、平板玻璃、电解铝、船舶、光伏、风电、石油化工等行业都出现了产能过剩，煤炭开采、石油加工产能过剩最严重。2015 年第四季度，21% 的企业产能过剩超过 10%，8% 的企业产能过剩超过 20%。约 1/3 的行业、地区产能严重过剩。2015 年产能过剩的矛盾较上一年度更为严重。[①] 原因何在？有人认为是政府干预

① 王景烁：《中国产业经济 2015 年度报告：产能过剩矛盾更严重》，载于《中国青年报》，2016－03－18。

造成的，实际上是市场盲目调节的结果。多年来中国的资源配置基本上是通过市场决定的，各个市场主体可以在国家允许的行业范围内投资，政府对投资要进行行政审批，但是，审批主要是环保、资金、土地等内容，基本不考虑产品总供给量，而且，许多投资审批的主体是地方政府，一方面主要是从地方利益考虑批准与否；另一方面可能对全国市场信息了解不全面。在这种情况下，所有投资者在市场机制的引导下，什么产品能赚钱就纷纷上什么项目。现在中国生产能力形成的周期大大缩短，较短时间内就可以使一种产品供给大量增加。当产品的供给超过需求过多的时候，产能过剩的问题就出现了。对产能过剩进行处理必然造成巨大的沉没成本。因此，通过计划调节实现长期资源配置，有利于实现资源配置合理化，避免或减少事后调整的损失和浪费。

重视事前调节。事后调节是不得已的办法，当经济危机爆发之后，国家不可能坐视不管，需要进行必要的干预，这样可以减少危机带来的损失。如果不进行干预，损失会更加严重。因此，为了避免或减少经济周期波动带来的损失、提高经济效率，强化事前调节的作用是十分必要的。事前调节的形式有多种多样：（1）直接采取计划调节的办法，包括指令性计划调节和指导性计划调节。所谓指令性就是超经济的强制性，在市场经济条件下，国家也可能要以指令形式对某些特殊企业下达特殊的生产指标。以法律和行政手段实施的计划调节，对于市场主体而言，都是必须严格遵守，没有选择余地。在市场经济条件下，指令性计划指标不多。所谓指导性计划是指政府制订的计划不强制实施，相关市场主体可执行可不执行。需要强调，计划必须具有较强的科学性，特别是指令性计划调节更应该如此，否则，其非科学性计划同样会带来沉没成本。（2）利用各种经济杠杆进行调节。经济杠杆国家或经济组织利用价值规律和物质利益原则影响、调节和控制社会生产、交换、分配、消费等方面的经济活动，以实现国民经济和社会发展计划的经济手段。包括价格、税收、信贷、工资、奖金、汇率，等等。要在科学制定计划的基础上，灵活地运用各种经济杠杆，协调各种经济杠杆的作用，使其沿着同一个方向互相配合，协同动作，实现计划目标。如果某个行业的产品需要较快达到一定目标，各种经济杠杆都要激励企业朝这个方向努力；如果某个行业的产品需要逐步下降到一定目标，各种经济杠杆都要约束企业朝这个方向迈进。（3）加强信息方面的引导。为实现国家的计划目标，还可以通过经济信息引导市场主体的行为。政府要充分运用大数据平台和掌握信息多的优势，加强国民经济发展中长期趋势的预测分析，科学地制定国民经济发展规划和计划，对市场主体提供有价值的信息，引导甚至劝说市场主体按照国家规划或计划的目标发展，努力克服盲目性，避免投资和生产上“一哄而上”继之后又“一哄而下”造成的损失。

经济体制基础与经济改革的关系

李欣广*

一、问题导向：改革后的现实是经济关系有若干重要的不顺

改革以来一个主要问题，是经济关系的结构与内容没有符合目标模式——“社会主义市场经济”的合理要求。具体表现在如下几个方面：(1) 作为主要的公有制形式——国有经济，活力不够，内部经济关系未能充分体现社会主义性质。(2) 政府与企业、主要是国有企业的关系未能完全理顺。国有企业一方面资产管理体制不健全，国有资本人格化不到位；另一方面企业自主经营仍然得不到保障，政府部门的无效干预还不放弃。(3) 原来覆盖广大农村的公有制形式——集体经济，多数地方没有成为集体与家庭的双层经营，集体经营名存实亡。(4) 其他非公有制经济：外资经济、私人经济、个体经济，未能在公有制生产关系这一“普照的光”笼罩之下，劳动者地位低下，状况曾经恶化。(5) 企业之间竞争关系多，协作关系少，未能像日本企业那样形成一致对外、内部分工的经济团队。(6) 农民家庭经营的合作经济逐步演变成股份制经济，劳动者之间的资产拥有分化在扩大。

上述经济关系不顺的问题，特别是前面4项，背离了社会主义市场经济的本质要求。面对这一问题，就事论事也可以在一定程度上解决，但要从中抓到根本问题，遵循正确方向推进改革事业，就要发展马克思主义政治经济学理论，剖析相关的经济关系，认清社会主义市场经济内部的结构。

---

* 李欣广，广西大学商学院教授（已退休），广西大学马克思主义生态经济发展研究院副主任。主要研究方向：政治经济学、可持续发展经济学、国际经济与贸易。著有上百篇论文与十多部专著，最近一部为《生态马克思主义经济学导论》（20116）。

二、理论基础：构成经济体制基础的三类经济关系

当我们深入分析经济体制时，发现经济关系是经济体制的基础。因为一切经济活动都是在各种经济主体之间进行的，所有经济主体、各种经济当事人，都是在一定经济关系中开展活动的。经济关系规定了经济体制的框架，决定着经济资源分类型配置的空间，提供了经济运行的实际载体。

经济关系可以从不同角度分类。本文以下分类是出于这一角度：社会经济中人们的各种经济行为发生在什么类型的环境中、受什么约束、受什么推动。从这个角度，概括历史上产生的种种经济关系，可分为三大类型：产权关系、职权关系、社会契约关系。

产权关系就是商品货币关系，精确地说是商品货币关系的实质。社会经济中围绕着财产（广义）所形成的权利关系都是产权关系。广义的财产包括生产资料、消费品和一切可占有的经济资源（如劳动力、技能、技术、商誉、著作）。权利关系内容，包括所有权、占有权、经营权、使用权，等等。产权关系有一个历史发展过程，这里所指的产权关系不再考虑它在历史上曾经有过的形态，而是专指以市场经济为环境的产权关系。马克思在《资本论》中提出的"商品所有权规律"、新制度经济学家科斯的"市场"，与本文的"产权关系"概念在内容上有相通之处。现实生活中的现交易关系与交易契约关系，都是产权关系的具体表现。产权关系中的人们受着来自市场上经济利益的约束和激励，人们为了获取、维护、增加自己（个体或群体）的财产而努力行动、认真行事，由此产生"经济理性"。缺少"经济理性"就可能遭受财产损失的惩罚。

职权关系是围绕着"岗位职责"产生的指挥、命令、服从、遵守、负责等相互关系。职权关系广泛发生于人们的社会生活中，当它发生于经济生活中时，就是经济关系。职权关系的背景是组织，人总是处于一定的社会组织中，现代社会中两种典型的组织是国家机构与企业。国家机构中的各级公务人员履行规定要承担的职责，企业中的员工也与此相似。恩格斯的在《论权威》中提到的"权威原则"、科斯的"科层"，与本文的"职权关系"概念在内容上有相通之处。职权关系中的个人受到的约束和激励都与组织的管理规则相关，在特定岗位上的业绩如何，关系到行为者的升迁、奖惩、在岗以至责任追究。

社会契约关系是人们追求共同的目标、境界、价值观而形成的有约束性的契约而发生的关系，它的产生与人的社会本能有关。社会契约关系有经济性的，也有非经济性的。我们这里只研究经济性的。社会契约关系可以是功利性的，也可以是非功利性的，看人们追求的是什么目标。很明显，现实社会发展水平下，多数社会契约关系还是功利性的，是对共同经济利益的追求而形成的。社会契约关系的本意是自愿形成的，但社会的复杂性使之产生了非自愿的类型。

社会契约关系与交易契约关系有根本性不同。交易契约关系是由产权关系派生的，是一种严格的“双赢互利”行为，其来源是相互尊重对方所拥有的经济资源的所有权，具有狭隘的功利性。保护交易契约关系的力量，首先是来自于法律，其次才是来自于自律，即在一个凭舆论的力量可以迫使人们遵守信用规则的社会环境中，“守信用”的信誉成为当事人今后进行交易的必要条件。社会契约关系则并非由产权关系派生，它是一种“祸福同当”的群体行为，其功利性是长远的。保护社会契约关系的力量，首先是来自于群体内的约束，其次才是部分依靠现代的法律。交易契约关系的发展与商品经济的发育程度有关，而社会契约关系的发展则与社会文明程度有关。在前资本主义社会，除了商人阶级之外，很少有社会契约关系，因为低下文明程度会把各种群体内的关系马上转化为人身依附关系，“契约约束”对首领不起作用。社会契约关系到资本主义社会才有所发展，而在代表最高文明程度的共产主义社会，它将普及于全社会。

纵观当今世界各国的经济体制，虽各有差异，但基本的共同之处大体如下：

（1）当代世界处于“有独立性的人对物的依赖关系”这一社会发展阶段，因而社会经济的基础是产权关系，个人与组织进行经济活动的主要背景是市场。任何一国的多种所有制经济与市场体系都依靠产权关系来形成社会经济系统。

（2）政府既是超越市场的力量，也是影响市场供求的一个因素。政府或多或少具有管理社会经济的职能，在此当中职权关系起作用。

（3）各种社会团体与合作经济组织基本上是以社会契约关系为依托。

企业是经济体制的最主要的微观基础，各种类型的企业都是三类经济关系的具体承载体。首先，企业主要是在产权关系环境下存在，以商品货币交易者的身份进行经济活动。其次，企业建立所依托的经济关系各有不同。多数企业是以自己的财产进行投资（个人投资或结成股份投资）、以财产增值为目的而建立的，依托的是产权关系。国有企业是政府以国有财产进行投资、以实现政府某种目的而建立的，依托的是职权关系。合作社是社员按自治原则平等出资、以实施社员们某种共同的目标建立的，依托的是社会契约关系。同时，这些经济组织内又可能参有其他经济关系。

这就是本文从经济关系角度对世界现存经济体制的最一般的考察。

三、历史源流：社会主义制度的经济体制与经济关系演变

社会主义制度以哪种经济体制为表现形式，这个选择实际上就是寻求适宜的经济关系。社会主义制度的发展历程，从某种意义上说，就是一个探寻可作为经济体制基础的经济关系的过程。这个过程，经历了“蓝图构想—实际建立—改革”三部曲。

“蓝图构想”第一部曲由科学社会主义创始人唱响。马克思、恩格斯在《共产党宣言》、《资本论》中，设想未来的共产主义（包括社会主义）社会关系是“自由人联合体”。而“自由人”之间的关系，既不是人身依附关系，也不是“物的依赖关系”即产权关系，而只能是社会契约关系，是在共同理想、价值观基础上形成的相互约束关系。显然，这是一个理想目标，但绝不是空想的。它的前提是：在劳动占有关系上，以社会化大生产为基础，并以其与资本主义私有制的不可调和的矛盾为依据，建立相适应的生产资料公有制；在劳动交往关系上，以商品市场经济高度发达所造就的个人能力与关系的普遍发展为基础，建立自由人联合体的联合劳动和劳动时间经济。社会契约关系的普遍化，是以资本主义市场经济下产权关系的成熟，由此创造出个人关系与个人能力的普遍、全面性为前提条件的，这也是历史规律性的表现（马克思，1857）。至于这种历史必然性的具体内容如何，在马克思、恩格斯的著作中没有现成答案。没有面临建立社会主义经济这一实践任务的马克思、恩格斯，不愿去构想未来社会的细节。

列宁在十月革命前唱的这一部曲与马克思不同。在《国家与革命》（1917年）中，列宁对即将要通过革命来建立的新社会这样设想：整个社会将成为一个管理处，成为一个劳动平等、报酬平等的工厂。列宁指出：“在这里，全体公民都成了国家（武装工人）的雇员。全体公民都成了一个全民的、国家的‘辛迪加’的职员和工人。”推动社会运转的基本因素是监督生产和分配，计算劳动和产品。列宁清楚地看到，实行这种计算和监督的国家，必须是一个“能够迫使人们遵守法权规范的机构”，是在全社会推行“工厂纪律”。这是必要的。因为“如果不愿陷入空想主义，那就不能认为，在推翻资本主义之后，人们立即就能学会不需要任何法权规范而为社会劳动。”按照列宁的思路，全部社会经济关系体现为在“管理处”或“工厂”之内的关系。这种必须遵守法权规范的经济关系，就是职权关系。在这一职权关系中，人们互为管理者与被管理者。接受管理，是由于要获得个人消费资料，必须受雇于掌握全部生产资料的国家，由国家来安排、监督、计算劳动内容和劳动量；进行管理，是出于“武装工人”即进入国家机构的无产阶级代表履行自己的阶级使命。

十月革命后经过短期痛苦的实践，列宁对这一蓝图做了修正，他开始注重将商品市场关系引进社会主义制度的建设中。列宁生前只能暂时得出这个结论：在一个原来小农经济占统治地位的国家，建立社会主义制度离不开商品市场关系。

“实际建立”第二部曲是在斯大林时期唱响的。斯大林领导下的苏联实际建立的经济体制，就是一个以职权关系为主，承认有限的集体性产权关系的指令性计划经济体制。这个体制的建立抛开了列宁在生前最后时间实施“新经济政策”所提出的启示，又与列宁十月革命前的设想有重大偏离：其一，管理者与被管理者的身份已经“硬化”。管理者所承担的监督管理职能，并不像列宁当年设想的那样，不再是一种特殊的社会分工和工作任务（列宁，1917）。相反，管理者不仅需要有较高的管理才干和相应的专业知识，而且需要经过长期考验和逐步提拔，从中证明他对工作的忠诚负责与相应的品质。而赋予某人某种管理职务这一环节发展为一个复杂的系统。其二，管理者行使职权，也不是凭着“阶级本能”，管理者在具体的倾向上，有自己的利益、偏好与认识习惯。管理者遵照规则来行使职权当中，总会根据自己的特殊考虑，来选择其倾向。

这样的经济体制称为“集权式计划经济”或“指令性计划经济”。已有大量论著详尽分析了其经济关系的细节与经济运行的特点。它是20世纪社会主义制度的历史存在。

“改革”第三部曲最早是由铁托为首的南斯拉夫共产党唱响的。与斯大林闹翻了的南共联盟厌恶国家所有制经济产生的官僚主义，企图将一个以职权关系为主经济体制改成“自治社会主义”体制，向马克思的“自由人联合体”回归。他们以劳动者的解放为目标，以劳动者不同层次的联合体作为构架，以自治协议为纽带，来建立这个体制。由于自治协议不属于国家行政指令，也不是劳动者集体之间的商业性交易的产物，这种自治协议可看成是社会契约关系的表现。然而，这一实践“自由人联合体”设想的体制构建尝试失败了，根本原因在于：普遍建立以社会契约关系为基础的劳动者自治联合体所需要的社会前提在当代并不具备。根据马克思的学说，建立自由人联合体，是进入人类社会发展“第三个阶段”的产物，需要有“建立在个人全面发展和他们共同的社会生产能力成为他们的社会财富这一基础上的自由个性”。为了进入“第三阶段”，就必须有商品经济的充分发展，在商品经济的社会关系形态下，形成普遍的社会物质变换，全面的关系，多方面的需求以及全面的能力体系。（马恩全集，46卷）南斯拉夫显然达不到这样的成熟条件。另外，直接原因是“自治社会主义”经济体制在构建中未能塑造合理的经济机制。现实的契约经济，既削弱了国家的经济职能，又未能充分发挥和调配市场的经济力量。

十一届三中全会后中国开始市场取向的经济体制改革，主要是削减职权关系、引入产权关系。概括改革的三大主流是：由单一的公有制经济向多种所有制经济发展，承认了不同主体的财产所有权；经济资源的配置越来越多地运用市场方式，市场体系得到建立和发展，承认不同主体的资源交换权；公有制经济内部，产权关系的分量逐渐增大，职权关系与产权相结合。三类经济关系互相接壤、互相渗透。

这“三部曲”的内容，反映了社会主义制度的经济体制及其基础的经济关系变迁。

四、当代现实：中国经济体制改革中实际形成的经济关系

中国的经济体制改革是以“社会主义市场经济体制”为目标模式的，这是历史上一个全新的经济体制。这个经济体制各组成部分包括企业制度——市场体系——宏观调控体系——社会保障，分别都是三类经济关系为主或为次的有机结合。其中，最能体现经济体制特色的是企业制度，这一经济体制的微观基础是三类经济关系最重要的承载体，经过多年改革，整个动态格局可概括如下：

（1）原来的国营经济完全是以职权关系为基础的，企业只是政府机构管辖下的执行生产或流通任务的下级单位，保留下来的商品经济范畴也是作为行使职权关系的工具。改革在其内部引入产权关系，国营经济转变为国有经济，职权关系正在退出部分领域。企业的经济关系开始是“两权分离”，政府机构掌握所有权、企业拥有经营权。后来演化为企业的法人财产权，政府代表国家拥有出资者的产权即股权。

（2）原来建立的集体经济分为城市和农村两类。城市的“集体经济”从20世纪50年代行政指导下的劳动者集体经营、蜕变为城市政府机构管辖下的计划体系外的“部门所有制”，企业完全依托职权关系，被称为“二国营”，社会契约关系基本丧失。农村的“集体经济”经过60年代前后的频繁变动，稳定为“三级所有、生产队为基础”，公社、大队一级基本以职权关系为主、生产队一级则是行政指导下的劳动者集体经营，保留着社会契约关系，但职权关系占据主导地位。

20世纪的改革，使城乡“集体经济”沿着不同的途径分化。大体上，农村的公社解体首先弱化了职权关系；“大包干”责任制和家庭经营条件下发展商品生产，使产权关系开始起决定作用。在保留集体经营与发展合作经济的意义上，社会契约关系有恢复性发展。城市的“集体企业”分化为实行承包经营的社区公有制企业与合作性质的企业（主要是股份合作制），总体上处于萎缩状态。在一段时期，非国有的城乡公有制企业按生产资料归属不同分成三类：社团公有制企业、社区公有制企业和劳动者集体所有制企业。当生产资料属于一个既有的社会团体共同所有时，就是社团公有制，如国家企事业单位自办的“集体企业”就属于这类。当生产资料属于一个具有共同地域的社区共同所有时，就是社区公有制。当生产资料属于一个由劳动者自行组织的集体共同所有时，就是劳动者集体所有制。上述企业外部都处于产权关系环境，以商务交易关系与外界发生交往。而内部的经济关系，社团公有制以职权关系为主；社区公有制是职权关系与社会契约关系并存，村级的社区公有制以社会契约关系为主；劳动者集体所有制基本上是社会契约关系。到21世纪，这些非国有的城乡公有制已经存在不多了。

（3）出现了完全以产权关系为依托的个体、私人、外资经济。这些企业内部的职权关系是产权关系派生的，是后者的工具，其设计与实施的有效性均受外部市场竞争的约束。中国人习惯的“家族式企业”影响了企业内部的职权关系的有效性。

对上述动态，从三类经济关系的角度来分析各类企业的性质及其生命力，构成政治经济学的新内容，可加深对社会主义市场经济体制的认识。

当前经济改革处于某种胶着状态，从某种意义上是由于三类经济关系的布局与内在发育处于困境。本文试图描述如下：

（1）改革的目标之一是政府管理职能的转变。政府机构要基本退出国有企业直接经营管理，同时却要行使国有资产管理与指导产业发展的职能。政府机构固然不是企业的经营者，但在不同场合，它可能是项目业主、是发包人、出租人，是企业股权的执掌人，这就不可避免地以职权行使用于市场经济活动中。改革就是要花大力气，使其形成适应市场经济体制的有效职权关系。

（2）在国有企业内部，引入产权关系没有统一的模式，但要有正确的认识。哪些企业可以不触动所有权，仅仅引入承包关系、租赁关系；哪些企业要根据资产经营管理责任制，由政府机构根据有效的“委托—代理”原理行使“所有者职能”；哪些企业要改造成股份制，保留国有股份，政府成为出资人；哪些有国有股的企业要由政府控股，等等。这些问题，仅仅简单分类还不可以解决。搞得不好，哪种产权模式都不理想。而搞不好的原因多样又复杂，既有制度设计不科学的问题，又有十分具体的管理水平问题，还有各种外部因素，如权力制约、人事制度、思想观念、政策环境、企业原来的财务状况，等等。国有经济领域中建立系统、完善、合理的产权关系可谓复杂的系统工程。

（3）在整个社会，社会契约关系发展滞后似乎是中国的一个“国情”。其结果主要是：企业之间难以结成有效的民间团体，如商会、行业协会，以帮助企业更好地经营；依托社会契约关系的合作经济发展不足，对经济起到的作用不够，个体经营缺乏自助机制；没有社会契约关系的自律自治效应，农村社区的集体经营得不到支撑。总的效果是，市场经济与公有制的发展都缺少这类有效的经济关系来加以促进。

从经济关系角度正视上述问题，对中国进一步推进改革事业，能够起到看清道路的作用。

五、未来发展：经济体制改革与正确引导三类经济关系的发育

探讨经济体制改革，三类经济关系都是中性概念，本身不存在谁优谁劣、只有适应不适应社会经济环境、本身是否发育成熟的问题。改革对三类经济关系的比重已经作出了重大调整，今后更多地需要引导三类经济关系的发育成熟。

我们认真研究三类经济关系各自的适应性、局限性，不仅有助于把中国各类企业或各经济实体的制度改革置于科学的基础上，而且直接有利于和谐社会关系的建立。

现实经济生活中三类经济关系的变动，出现了不和谐的局面。中国的经济体制改革总体上是在体制内部加强引入产权关系、完善产权关系，客观上产权关系在经济体制与企业组织中也在不断增大比重。这是市场取向改革的必然趋势，也是建立社会主义市场经济的主体需要。然而，当另外两类经济关系得不到应有的维护与发育时，社会经济就不能和谐发展，具体表现是：(1) 各个市场主体自身的产权趋于健全时，企业相互之间却没有相应的社会契约关系发展，民间组织极不完善、作用不大，商会行会官办色彩仍然浓厚。(2) 国有企业一方面资产管理体制不健全，国有资本人格化不到位；一方面企业自主经营仍然得不到保障，政府部门的无效干预还不放弃。这说明国有企业的职权关系并未理顺。与此同时，国有企业内部的集体则越来越成为“雇佣团体”，职工的积极性仅由惩罚和奖金来调动，人最低级的本性（恐惧与直接金钱利益）成为管理的依托，工会形同虚设，社会契约关系被削弱。(3) 村级的社区公有制与劳动者集体所有制是两种以社会契约关系为主的公有制企业，但社会契约关系很不强健，正日益受到产权关系的侵蚀。或是演变为名义上的公有、实际上的私有；或是进行产权变更，走向私有。由此，许多村级集体经济（社区公有制）变成“空壳”，唯一的公有财产就是土地的社区公有，理论界还一再出现要求土地私有化的主张，这对农村走共同富裕道路相当不利。在产权关系比重增大的趋势下，合作经济逐步演变成股份制经济，劳动者之间的资产拥有分化在扩大。

上述现象说明，健全社会主义市场经济体制，并非只是发展和健全产权关系，发展和健全职权关系与社会契约关系同样重要。

今后，中国社会主义制度的经济体制构造，既要避免唯产权论导致的企业与土地私有化倾向，又要避免盲目回归职权关系上来。总结多年来经济体制改革的经验，以下几点原则是需要贯彻的：

(1) 必须把政府管理经济的职权关系的合理化放在改革的重要地位。无论政府机构是以社会管理者的身份从企业外部来管理经济，还是以出资人的身份从国有企业内部来履行自身的职能，没有职责分明、公平公正的规则、尽职尽责、出于公心的公务员队伍、接受监督、公开透明的公务，什么制度创新也谈不上。正如一支没有纪律严明、训练有素的军队，什么优良的战略战术也实施不了。

(2) 国有企业中的经济关系需要确定一个合理的格局。本文提出的设计是：建立职权关系统管下、能够形成合理经营机制的产权关系，并发展企业内部的社会契约关系。其理由：一是无论国有企业内部的产权关系如何完善，终归还要保留资产管理上的职权关系（而不是像私人企业那样只有生产管理上的内部职权关系）。政府通过有效的职权关系分别履行其作为出资者、持股者、发包者、出租者或项目业主的职责，完成人民的委托。由于职权关系对市场经济的环境适应性难以达到最优状态，因此国有企业存在和发展领域要有限制，其合理领域在：①计划调节很有作用的——这需要决策较为集中；②宏观经济效益显著的——这弥补了微观经济效益难以很强的缺陷；③行使职权关系可行的——过于劳动密集型的行业显然不适合国有。除此之外，国有企业无须在所有竞争性行业都退出。二是判断国有企业内部产权关系是否合理的标准，是能否形成合理经营机制、在市场中有竞争力，拒绝“是否让个人最关心财产的增值”这一片面标准。三是发展企业内部的社会契约关系至关重要，要用一个共同的经济发展目标来凝聚全体员工，发挥员工的主人翁精神与团队精神，不能以纯粹的产权关系（雇佣关系：企业给钱我做工）加通行的职权关系（企业的上级命令下级）来处理企业内部的人际关系。

（3）非国有的公有制经济重心在农村，两种类型都需要大力发展。①社区公有制是农村合理利用国土资源、建设社会主义新农村、带领农民走共同富裕道路所不可少的。农村社区不同于城市社区，城市社区可以没有社区公有制，农村社区没有公有制，发展总会有障碍。②农民的合作经济也是重要的，这是推进农业产业化、建立现代化农业所不可少的。发展这两种公有制经济，固然需要健全农村基层党组织、发展乡村民主、提高农民教育文化水平等非经济因素，但在理论上，必须明确有发育成熟的社会契约关系，这是村民自治能力和农民协作水平的关系基础，是防止这类公有制经济变质变味、名存实亡的保证。

（4）中国正在大力发展非公有制经济，这类经济的成功发展也要取决于三类经济关系的发育。一是打破家族式企业的狭隘性，提高产权的社会化程度；二是大力发展社会契约关系，建立健全企业民间组织。三是政府合理有效管理非公有制经济，引导合理的市场结构的形成（如有合理的竞争度），也就是提高这方面的政府职权关系的有效性。此外，社会主义的政治社会环境应当鼓励在非公有制企业内部发展一定程度的社会契约关系，雇主与雇员要逐步形成共同的目标，尤其是在人力资源举足轻重的行业。

总之，正确引导三类经济关系的发育，是社会主义制度下建立现代市场经济体制、保障社会经济和谐关系形成的基本需要，应当是研究改革问题的新的兴奋点。

参考文献

[1]《马克思恩格斯全集》（第46卷），人民出版社1979年版，第104页。

[2] 列宁：《国家与革命》，见《列宁选集》第2版（第3卷）（上），人民出版社1972年版，第252~258页。

[3] 刘东、陶骏：《比较经济体制学》，南京大学出版社1991年版。

[4] 刘诗白：《产权新论》，西南财经大学出版社，1993年版。

［5］陈湘、孙是炎：《市场型公有制》，上海三联书店 1998 年版。

［6］郑新立：《积极推行公有制的多种有效实现形式》，载于《当代思潮》2004 年第 6 期，第 16～21 页。

［7］陈湘轲、罗树明：《论市场型公有制——简论公有制与市场经济结合的新思路》，载于《福建论坛》2005 年第 12 期，第 4～7 页。

［8］赵泉民、井世洁：《市场化力量的缺失：对 20 世纪中国合作经济困境的一种诠释》，载于《甘肃社会科学》2005 年第 6 期，第 210～213 页。

［9］薛功来：《从发展的角度看公有制与市场经济的"兼容性"》，载于《理论月刊（武汉）》2005 年第 12 期，第 58～62 页。

走自己的路，让“中国崩溃论”彻底崩溃*

杨国亮**

在应对国际金融危机的过程中，中国经济逐渐向“新常态”转变。受国内外复杂因素影响，经济下行压力进一步加大，一些领域长期积累的风险更加凸显。为此，国际上兴起了新一轮“中国崩溃论”，国内也产生了一些悲观情绪。因此，有必要澄清对中国当前经济形势和未来前景的认识，以利于坚持深化改革开放，坚定中国特色社会主义道路自信、理论自信和制度自信。

一、“中国崩溃论”的再现及其本质

改革开放以来，中国经济经历了连续30多年的高速增长，创造了“中国奇迹”。然而，近年来中国经济增长面临的外部环境和内部条件发生了深刻变化，一方面世界经济复苏乏力，国际贸易下降，金融风险增加；另一方面中国劳动力成本上升，资源环境压力加大，市场需求大幅下降，导致中国经济增速逐步放缓。与此同时，一些长期积累的风险完全暴露，一些地方房地产空置率高企、地方政府债务沉重、影子银行泛滥，等等。在此背景下，国际上“中国崩溃论”再度泛滥，出现了大量形形色色唱空、唱衰中国的论调，甚至把世界经济复苏乏力、金融市场动荡归咎于中国，鼓吹所谓“中国拖累论”。

在2016年即将到来之际，美国华裔律师章家敦在美国《国家利益》上发表题为“中国的经济会在2016年崩溃吗？”的文章，妄评中国中央经济工作会议，认为这次会议“没有能够重启经济的增长”，“严峻的经济困难将会导致崩溃或者长期的衰退”，从而使中国“重回弱国的行列”。实际上，这个被学界讽为

* 本文发表于2016年3月《求是》杂志第5期，原文标题为“‘中国崩溃论’必将崩溃”。

** 杨国亮，对外经济贸易大学教授、中国经济规律研究会理事。

“中国崩溃论”“专家”的美国律师不是第一次发表这类观点。早在2001年他就出版了《中国即将崩溃》一书，断言中国经济存在虚假繁荣，“早则5年、最迟10年必将崩溃”。2015年3月，美国学者沈大伟在《华尔街日报》上发表题为“中国即将崩溃”的文章，认为经济陷入系统性陷阱等将导致中国“崩溃”。为此，美国《国家利益》杂志还专门发表一篇文章，呼吁美国政府要为即将到来的“中国崩溃”做好准备。

实际上，这些唱空、唱衰中国的言论并没有什么理论和事实依据，所谓“中国崩溃论”的绝大多数“论据”都不过是主观臆测或者刻意歪曲。产生这些谬误的原因，除了学术上不够严谨或为逐利制造舆论外，大多带有浓厚的“政治色彩”，主要有：第一，“中国威胁论”的破产。冷战结束以来，西方国家为遏制中国而炮制的种种“中国威胁论”没有收到预期效果，于是变换手法，借机散布“中国崩溃论”，企图改变世界对中国经济的预期，以达到唱空、唱衰中国的目的；第二，意识形态上的偏见。西方一些人有一种意识形态上的优越感，骨子里有一种“西方中心论”主导着其思维方式，当出现与其思维逻辑不符的客观现实时，就认为事实是错误的；第三，霸权主义的心态。苏联解体后一些西方国家霸权主义心态膨胀，一厢情愿地希望中国自行垮台。

最新统计数据表明，2015年中国国内生产总值（GDP）增速为6.9%，虽略有回落，但仍处在预期的合理区间之内。在中国经济向“新常态”转变，加快调整经济结构和转变经济发展方式的背景下，这样的增速已是难能可贵。在世界经济复苏乏力，主要经济体经济普遍低迷甚至衰退的背景下，这样的增速更是一道亮丽的风景。事实上，自国际金融危机爆发以来，中国一直是世界经济的主要贡献者，对世界经济增长的贡献率一度达到50%以上，就在被普遍唱空、唱衰的2015年，这一贡献率也高达25%以上，那种认为对世界经济增长贡献达四分之一以上的中国“拖累”了世界经济的说法是荒谬不经的。冷战结束以来，随着中国日益强大，在西方社会一直流行着一股“中国威胁论”。随着中国经济增速放缓，国际舆论的调门“突然”转变，各种唱空、唱衰中国的言论迅速泛滥，产生了新版本的“中国崩溃论”。从前些年的“中国威胁论”到近年来的“中国崩溃论”，看似是反转，实际上都是冷战思维的延续，其根本目的仍然是为了维护其自身的战略利益。

二、“中国崩溃论”站不住脚

在应对经济增速放缓的对策上，宣扬“中国崩溃论”的西方媒体和学者实际上固守着一种旧的思维模式，即一遇到经济增速下滑就主张动用一切手段来刺激需求，通过扩大总需求实现短期内经济增长。实际上，当前中国正立足长远，更加注重“供给侧改革”，而“新常态”是理解这一新思维模式的一把钥匙。认识新常态、适应新常态、引领新常态，是当前和今后一个时期中国经济发展的大逻辑。

新常态下中国经济增速变化符合经济发展的一般规律。若将经济增长放在中国现代化的大视野中考察可知，长期以来中国一直在实施“赶超”战略，这就要求经济增长必须有一个较高的速度。在经济发展初期，由于生产技术水平较低，增加供给主要依靠增加要素投入的粗放型增长方式。经过六十多年建设和三十多年持续高速增长以后，中国经济已进入工业化进程的中后期，开始面临劳动力成本上升，资源环境压力加大，技术引进容易创新难等新问题，潜在经济增长率下降，增速放缓符合经济规律。但在这种情况下，继续用粗放型增长方式来维系高速度，既不可持续也得不偿失。正是由于认识到这一点，中国主动调低增速，在适度减速中加大结构调整的力度，用改革的办法解决影响经济长期增长的矛盾和问题，目的是为了在更长期内实现经济稳定健康发展。

新常态下中国经济增速变化反映了发展导向的重大调整。发展导向的调整最主要的是从追求高速增长转向追求更高质量和效益，把转方式调结构放在更加突出的位置，实施创新驱动发展战略。这意味着中国经济将呈现一系列新变化、新特征。首先是增长速度的放缓。从长期看，虽然增长速度将维持在中高速，但增长质量和效益将很大的提高。其次是经济结构的转变。在传统增长方式中，比例关系和产业结构服从于增长速度，长期高速增长必然导致比例失调和结构扭曲。新形势下，通过调整 GDP 的内部构成，使经济结构回归到协调合理，使增长方式有利于提质增效益升级。再次是增长动力的转变，即从主要依靠增加要素投入转向主要依靠提高全要素生产率。因此，新常态下中国面临的发展机遇将由加快发展速度的机遇转变为提高发展质量和效益的机遇，由规模扩张的机遇转变为加快转变经济发展方式的机遇。

新常态下中国经济增速变化体现了发展内涵的根本转变。发展内涵转变的核心就是从以速度为中心转向以人民为中心。自十一届三中全会以来，以经济建设为中心已成为全党和全社会的共识，但在实践中往往将以经济建设为中心片面地理解为以经济增长速度为中心，对速度的重视大大超过了对质量、效益、比例、结构、资源、环境、生态、公平、安全等的重视，由此出现这样那样的问题。实现发展内涵的转变最重要的是进一步明确发展的目标。从根本上讲，经济建设只是手段，不断提高人民群众物质文化生活水平不断增进人民群众福祉才是目标。因此，要把手段和目标两者讲全了，即“以经济建设为中心以人民福祉为目标”，着力践行以人民为中心的发展思想，使市场经济包含更多社会主义因素——更加重视改善民生，更加重视就业和收入分配，更加重视提高国内居民消费水平；将改革开放的“含金量”充分展示出来，使人民群众在经济发展中有更多获得感，从而极大地调动蕴藏在广大人民群众中的创造活力，将其转化为源源不断的发展动力。

党的十八大以来，我们主动适应经济发展新常态，坚持稳中求进工作总基调，不仅保持了经济中高速增长，而且经济结构逐步优化，改革开放向纵深迈进。2015 年的经济运行状况在一定程度上反映了从旧常态向新常态转变中中国经济运行的基本特征，即增速虽略有回落，但经济运行总体平稳，稳中有进，稳中向好。主要表现在，居民收入增长较快，全年就业任务提前完成，产业结构由原来的工业为主导向服务业为主导转变的趋势更加明确，新兴产业、新型业态、新的商业模式保持强劲势头，等等，说明经济增长的质量和效益在逐渐提高。总的来看，中国经济发展长期向好的基本面没有变，经济韧性好、潜力足、回旋余地大的基本特征没有变，持续增长的良好支撑基础和条件没有变，经济结构调整优化的前进态势没有变。实现从旧常态向新常态的转变，中国经济将整体迈上中高端水平，这意味着中国经济不仅不会崩溃，而且将更加稳健。

三、“中国崩溃论”必将崩溃

新一轮“中国崩溃论”的一大特点是，不但认为中国经济会“崩溃”，而且暗示中国的社会制度也将“崩溃”。其思维逻辑无非是，增速放缓说明经济失去了控制，由此质疑中国政府的治理能力，进而质疑中国的社会制度。这种认识显然对中国的政治体制和社会制度缺乏常识，有必要做一些相关知识的“普及”。新中国成立以来特别是改革开放以来，我们取得了一系列成绩和进步，其根本原因在于建立和发展了中国特色社会主义，探索形成了中国特色社会主义理论体系和制度体系。

中国特色社会主义以马克思主义为理论基础。马克思主义是在批判资本主义的基础上建立和发展起来的，马克思主义认为，资本主义使劳动者异化，成为“片面的人”。实现人的全面发展是共产主义的根本目标，社会主义的任务就是不断为实现这一目标创造更加广泛和真实的基础。人的全面发展需要一系列复杂的条件，物质条件的普遍改善直至共同富裕是最基本的条件。当前，中国社会总体上已解决温饱问题，进入介于温饱和富裕之间的小康阶段。但是，我们已经实现的小康还是低水平、不全面、不平衡的。只有实现“全面小康”，才能为“共同富裕”奠定坚实的基础。“十三五”时期是全面建成小康社会的决胜阶段，如期完成这一战略任务对于下一步实现共同富裕至关重要。长期以来，东西方之间意识形态斗争的背后实际上是两种制度之间的竞争，而“中国威胁论”和“中国崩溃论”实际上反映了一些西方国家对社会主义中国越来越成功崛起的恐惧。

中国特色社会主义在改革开放中日益完善。经过三十多年的改革开放，中国已经初步建立了社会主义市场经济体制，并在此基础上予以进一步完善。社会主义市场经济体制的建立和完善，一方面，能够使市场在资源配置中发挥决定性作用，实现资源的有效配置，充分调动各方面积极性，使社会主义制度在中国大地上焕发出勃勃生机；另一方面，能够更好地发挥政府的作用。特别是“十八大”以来，我们创新宏观调控方式，坚持区间调控、定向调控和统筹调控，将转方式、调结构放在更加突出的位置，引领中国经济向“新常态”转变。近年来，在改革创新引领下，新常态下的中国经济正在发生转折性变化，经济结构趋于合理，经济增长的新动能持续增强。十八届五中全会提出创新、协调、绿色、开放、共享五大发展理念，进一步明确和拓展了未来的发展导向，成为引领今后5年乃至更长时期中国经济社会发展的新指针。

中国特色社会主义坚持中国共产党的坚强领导。中国共产党的领导是中国特色社会主义制度稳定和高效运行的枢纽。中国共产党领导下的多党合作与政治协商制度，能够吸收各方面智慧，凝聚各方面共识，保证决策的科学性；中国共产党实行集体领导和广泛的民主集中制，使党和政府具有强大的组织与动员能力，保证决策执行的高效率。中国共产党是一个以全心全意为人民服务为根本宗旨的政党，能够把实现好、维护好、发展好广大人民根本利益作为党和国家一切工作的出发点和落脚点；中国共产党又是一个既重视学习又善于学习的政党，能够在不断学习中提高自身素质和能力，在不断吐故纳新中实现国家治理能力和治理体系的现代化。“五位一体”总体布局、“四个全面”战略布局、五大发展理念等一系列治国理政新思路新战略新理念的提出，表明我们党对什么是社会主义、如何建设社会主义以及社会主义建设规律有了更加清晰的认识。正是这些特质和优点，决定了中国特色社会主义具有抗击和抵御各种压力和风险的强大韧性。

正如习近平主席曾经在访问俄罗斯时在莫斯科国际关系学院发表演讲时所说的那样，“鞋子合不合脚，自己穿着才知道。一个国家的发展道路合不合适，只有这个国家的人民才最有发言权”。今天，一些地区和国家社会动荡、生灵涂炭、经济濒临崩溃，一个重要原因就是盲目地或在西方压力下照搬其模式，美国等一些西方国家总想把自己的“鞋子”给别人穿上，其根本目的并不是为了这些国家的发展进步，而是为了谋取自己的战略利益。从这个意义上讲，未来中国前进的道路不会平坦。西方国家的遏制战略会像一只秃鹫一样时刻盘旋在我们头上，而“中国威胁论”和“中国崩溃论”是它的两只翅膀。这要求我们必须牢固树立“三个自信”，保持战略定力，坚持“穿自己的鞋”，“走自己的路”。相信随着中国日益强大，长期以来由于发展相对落后所处的意识形态斗争守势将逐渐改观。我们的事业已经并将继续展现出人类社会发展进步的光明前景，只要我们坚持这一正确方向并继续埋头苦干就一定能够取得最终的胜利。

“互联网+”时代的马克思主义基本原理

余 斌*

按照《国务院关于积极推进“互联网+”行动的指导意见》中的定义，“互联网+”是把互联网的创新成果与经济社会各领域深度融合，推动技术进步、效率提升和组织变革，提升实体经济创新力和生产力，形成更广泛的以互联网为基础设施和创新要素的经济社会发展新形态。① 本文所说的“互联网+”时代就是指的这种经济社会发展新形态下的时代。在这一时代下，马克思主义基本原理受到了一些挑战，需要回答新时代的新问题。

一、互联网上的价值创造

一些互联网企业的巨大成功，使一些人对马克思的劳动价值论产生了动摇。例如，有人声称，在《资本论》原有的前提假设下，交换劳动不属于“活劳动”，不能创造价值。然而现代商品经济的空前繁荣和商人团体的迅速崛起，尤其是当今“互联网+”的巨大成功，都使得上述结论略露“空中楼阁”之态。他们认为，随处可见的“过剩”不仅困扰着企业也更是让宏观经济决策者头疼不已。积压在仓库中、堆放在货架上的商品要让渡其使用价值进而实现其价值的过程，迫切需要高质量的交换劳动才能够实现。此时的交换劳动，不仅仅是完成了简单的时空对接，还必须完成品种、数量以及价格的双向契合，在尤其注重个性化的今天，显而易见这并不容易实现，需要劳动者投入大量的时间、劳动和智慧。这其中既有具体劳动也有抽象劳动，与生产性劳动在本质上并没有什么不同，且同样是商品实现其价值的必要环节，在物质大发展的今天甚至

* 余斌，中国社会科学院马克思主义研究院。

① 《国务院关于积极推进“互联网+”行动的指导意见》，http：//www.gov.cn/zhengce/content/2015-07/04/content_10002.htm。

比生产劳动更为重要。互联网对传统贸易的促进有力地证明了这一点。使用了电子商务交易手段的买卖匹配实现了井喷式的增长，足见纯粹流通环节蕴含的巨大潜力，而这种潜力已经成为当前经济社会发展程度下最需要、最重要的价值所在。他们进而认为，交换劳动的价值创造是劳动价值论的重要补充。①

还有人把网民的上网时间直接等同其劳动时间，认为网民社会劳动时间的付出形成了互联网社会的价值。互联网社会通过争夺网民有限的社会劳动时间实现财富创造从现实社会向互联网社会转移，并在其中实现价值的流通。② 国外一些学者把互联网用户看成了生产性劳工，认为剩余价值剥削的受害者在Google，YouTube，MySpace，或者Facebook的案例中，不仅仅是那些受雇于这些公司进行编程、更新和维持硬件与软件、执行营销活动等的人，还有用户和参与用户生产内容之生产的人。他们指出，新媒体公司不会（或者几乎不会）支付用户的内容生产。一项积累策略是给他们提供免费的服务和平台，让他们生产内容，并将由此积累的大量生产者作为商品销售给第三方广告商。虽然这些公司没有把产品卖给用户，但是用户自身被作为商品卖给广告商。平台的用户越多，收取的广告费就越高。被资本家剥削的生产性劳动时间，一方面包含了带薪员工的劳动时间；另一方面还包含了用户花费在网上的所有使用时间。他们还认为，知识形成了社会的部分公用品，它是一种全民生产、全民消耗的社会产品。所有人生产、复制、消费公用品，但只有资本家阶级从经济上剥削公用品。资本无偿占有公用品并将之纳入资本以获得利润。③

还有人认为，从资本主义经济的发展过程看，生产扩张始终受到市场的限制，而市场又受到信息的限制。网络经济实现了信息交换的价值。甚至认为，随着网络信息产品或是信息服务生产规模的扩大，其平均成本逐渐降低。这是由它们高固定成本，低复制成本这种特殊的成本结构所造成的。而这种条件下成本降低的部分将转化为商品的虚拟价值。同时，当用户网络规模超过一定的临界值时，网络需求方规模效应就会引发正反馈过程，即网络信息商品给用户带来的收益吸引了新的用户的加入，而用户网络规模的扩大又增加了每个用户的现实收益。这样，用户网络规模将不断扩张直至达到均衡。由于需求方网络规模效应给使用者带来的收益可以转化为生产者的收益，如生产者通过提高价格的手段等，这样这部分收益就转化为商品的虚拟价值。④

上述这些观点的出现，都是由于对马克思主义政治经济学理论的不理解。首先，如果交换劳动创造价值，那么在交换活动上耗费的时间（从社会必要的

① 骆晨，刘向东：《从"互联网+"看交换劳动创造价值》，载《现代管理科学》2015年第11期。

② 杨毅：《互联网社会及其发展规律》，载《学习月刊》2015年第16期。

③ ［奥地利］Christian Fuchs著，陈婉琳、黄炎宁译：《信息资本主义及互联网的劳工》，载于《新闻大学》2014年第5期。

④ 周波、李生芝：《用马克思主义经济学解读网络经济》，载于《现代经济信息》2012年第15期。

角度来看）越多，商品的价值从而商品的价格也越高。然而，我们看到的却是，使用了电子商务交易手段的商品的价格通常会下降。事实上，电子商务与非电子商务一样，其经营者所以能够获得利益，都是由于加速了产业资本的循环，使得在同一时间内，产业资本能够产生更多的剩余价值，进而从产业资本那里瓜分了多出来的剩余价值而获得利益。这一点在《资本论》中分析商业资本时已经得到了充分的说明。只不过由于电子商务相比非电子商务减少了流通中所需要的资本，加速了资本周转，所以在降低商品价格的同时相比非电子商务也获得了更多的利益。网络信息之所以能够带来收益，其原因也在于此。只有网络游戏的生产和维护，由于直接满足了某种生活消费，才算是价值创造。

其次，如果工人舍不得叫外卖，从而花了不少时间到市场上去购买食材回家自己加工，那么给工人发工资的资本家或者食材的销售商是否因此剥削了工人购买和加工食材的劳动时间呢？如果没有，那么网民在网上的自由行为也不能算作是生产性行为，哪怕它有利于网络企业。另外，上免费网站遇到广告投放，也是一种互利的交易行为，即用户用看广告的付出来换取网站提供的便利，从而算不上一方剥削另一方。

至于知识形成了社会的部分公用品的问题，马克思早就在《资本论》中指出，科学根本不费资本家“分文”，但这丝毫不妨碍他们去利用科学。资本像吞并他人的劳动一样，吞并“他人的”科学。[①] 不仅如此，“因为劳动的社会生产力不费资本分文，另一方面，又因为工人在他的劳动本身属于资本以前不能发挥这种生产力，所以劳动的社会生产力好像是资本天然具有的生产力，是资本内在的生产力。”[②] 显然，网络所体现出来的社会生产力成为资本内在的生产力，并不脱离马克思主义的基本原理。

最后，高固定成本、低复制成本这种特殊的成本结构，不只是电子产品所独有，大多数发明创造都具有这种特点，在研发时投入很多，研发成功后仿制的成本很低。这些发明创造的商品并不因此而具有什么虚拟价值。这些发明创造之所以能得到较大收益，靠的是知识产权即法律上的强制权力，这种法律暴力像马克思阐述过的土地所有权一样，“能带来地租一样的垄断收益——租金”[③]。另外，我们可以看到，一些地区的经济开发区或市场较为集中的地区，由于大量企业和商铺的进入，产生了级差地租，从而提高了当地的房租和房价，但这部分提高了的收益并不构成房屋如商铺的虚拟价值，从而虚构这种虚拟价值并无理论意义。

① 《资本论》第1卷，人民出版社2004年版，第444页脚注。
② 《资本论》第1卷，人民出版社2004年版，第387页。
③ 余斌：《45个十分钟读懂〈资本论〉》，东方出版社2011年版，第138页。

二、"互联网+"时代的阶级关系

由于错误地把互联网用户的上网行为视为价值创造，一些学者把互联网用户当成了一类被资本剥削的无偿劳工，错误地把他们视为一个新的阶级①。不过，那种认为去技能化和去在地化导致了一个新阶级即信息处理劳工——高科技无产阶级的出现的观点②，则是成立的。这与马克思提到过的，机器的去技能化把熟练的手工业者从小资产阶级变成无产阶级的历史过程并无本质的区别。

有些人认为，在信息资本主义中，人脑已经成为一种重要的生产力。许多工人从事不稳定的工作——服务性工作和知识劳工的特征——自由职业或者个人公司。形式上他们是个体经营者，拥有并控制着自己的生产资料（脑力、电脑等），但他们每次与资本公司签订劳动力外包或者分包的合同就被迫永久地售出他们自己的劳动力。知识劳动需要很少的物质资本，因此注定成为就业和剥削的新形式；知识劳动不固定，且是一个动态的范畴，因为信息资本主义中的许多个人都会来回摇摆于个体经营者、临时工、无偿劳动者等角色之间。③ 其实，只有被雇佣到企业里的人才有可能是无产者，尽管其中的知识劳工比普通工人阶级拥有更高的薪酬、文化特权以及对于工作场所的相对独立性，但除非他们通过分享股权在金融市场获得了足够免除自身被雇佣地位的财富，否则他们仍然是被雇佣的无产者。而那些自由职业者虽然会受到一些剥削，就像小企业会受到大企业的压榨一样，但是一方面只有卖身为奴的人才存在永久地售出他们自己的劳动力的问题，而这些人显然没有卖身为奴；另一方面这些人不仅在形式上而且在实质上都是个体经营者，属于小资产阶级，而不是无产阶级，除非他们成为个体经营者时像不得不打零工的失业工人那样是被迫的而不是自愿的，他们所掌握的知识技能是大多数知识劳工都具备的，而不是被极少数人所垄断的。

在"互联网+"时代，有人把上网的民众视为生产知识这类公用品并被资本剥削的共同劳动阶级④，这是阶级观点的混淆，而且我们在前面已经分析了这种所谓的共同劳动并不成立。

在《共产党宣言》中马克思和恩格斯指出，资产阶级时代有一个特点："它使阶级对立简单化了。整个社会日益分裂为两大敌对的阵营，分裂为两大相互直接对立的阶级：资产阶级和无产阶级。"⑤ 有人因为所谓西方国家中产阶级的出现而否定这一经典的观点。但是，且不说，那里的一些中产阶级其实仍然是无产阶级分子，我们看到，在"互联网+"时代，网络视频正在进行自动化的

①②③④ ［奥地利］Christian Fuchs 著，陈婉琳、黄炎宁译：《信息资本主义及互联网的劳工》，载于《新闻大学》2014 年第 5 期。

⑤ 《马克思恩格斯文集》第 2 卷，人民出版社 2009 年版，第 32 页。

高等教育，去技能化已经延伸到大学，教授们正在像熟练的手工业者一样被排斥，日益沦为无产阶级。如果说，过去只有社会主义国家才会把经受过无产阶级思想政治教育的知识分子划为工人阶级的一部分，那么“互联网＋”时代的生产力的发展，正在把一切国家的知识分子中的大多数转换成为工人阶级的一部分。

马克思指出，“采用机器的直接结果是，增加了剩余价值，同时也增加了体现这些剩余价值的产品量，从而，在增加供资本家阶级及其仆从消费的物质时，也增加了这些社会阶层本身。这些社会阶层的财富的增加和生产必要生活资料所需要的工人人数的不断相对减少，一方面产生出新的奢侈要求；另一方面又产生出满足这些要求的新手段。”[①] 在“互联网＋”时代，一类新的仆从阶级在无产阶级中产生出来。例如，在一些富二代的出资下，玩电子游戏的一些游手好闲者成立了职业俱乐部，并可以像足球和篮球职业运动员那样，相比普通工人获得了较高的收入。仆从阶级的壮大，一方面说明生产力已经极大发展，社会财富已经极大丰富，彻底实现社会主义的物质条件已经具备；另一方面，由于仆从阶级的生活所得来源于资本家及其家庭所消费的由产业工人创造的剩余价值，因而仆从阶级天然地依附于资本，而与产业工人相对立，从而在阶级关系上，加强了资本的力量。

互联网的出现，也带来了人与人之间的“数字鸿沟”，把人群分为拥有信息时代的工具的人和未曾拥有者两类，这两类人群在网络信息的获取和网络技术的利用上面存在巨大的差距。但每类人群内部都存在较大的阶级差别，每一类别并不单独构成一个阶级。此外，正如电器等技术和产品的普及总是从少数人开始到大多数人都或多或少拥有一样，“互联网＋”的发展也会有助于消除或淡化数字鸿沟。

最后，互联网技术提供新的交往工具，加强了“互联网＋”时代人与人之间的交往，加强了各阶级内部的联系，但是，一方面创建网站需要资本投入；另一方面，互联网上的竞争更加激烈，网络内容的复制和传播十分容易，网络经济的共享性特征使得网上内容的供给商很难直接从互联网用户那里收费，从而更加依赖广告商的支付，也就是更加依赖资本。这都使得网上内容特别是网站对新闻、评论等内容的筛选和推荐，更加讨好资本，更加维护资本的利益，从而加强了资本对整个社会的控制，特别是在网络舆论上的操控。同时，“互联网、手机等新兴媒体中传播的一些腐朽落后文化和有害信息，对未成年人的成长产生不良作用”[②]。网络空间中虚拟世界的安慰作用也使得一些人对互联网极度依赖，“部分脱离甚至完全脱离社会生活，逃避现实，不愿与人交往，对他人漠不关心，成为以自我为中心的‘数字化人’；同时也会导致他们身心疾病，人

① 《马克思恩格斯全集》第32卷，人民出版社1998年版，第345页。

② 习近平：《之江新语》，浙江人民出版社2007年版，第65页。

格发展畸变。"①

对此，习近平总书记指出，"做好网上舆论工作是一项长期任务，要创新改进网上宣传，运用网络传播规律，弘扬主旋律，激发正能量，大力培育和践行社会主义核心价值观，把握好网上舆论引导的时、度、效，使网络空间清朗起来。"②

三、迎接"互联网+"时代

《共产党宣言》指出，"资产阶级除非对生产工具，从而对生产关系，从而对全部社会关系不断地进行革命，否则就不能生存下去。反之，原封不动地保持旧的生产方式，却是过去的一切工业阶级生存的首要条件。生产的不断变革，一切社会状况不停地动荡，永远的不安定和变动，这就是资产阶级时代不同于过去一切时代的地方。一切固定的僵化的关系以及与之相适应的素被尊崇的观念和见解都被消除了，一切新形成的关系等不到固定下来就陈旧了。一切等级的和固定的东西都烟消云散了，一切神圣的东西都被亵渎了。"③ 电子技术和互联网的出现由于加速了信息的生成和流动，更是加速了生产的变革和新形成的关系的变化。在从传呼机到手机，再到智能手机的发展变化中，一些小的企业迅速成长为大企业，另一些大企业则迅速地衰落了。各个互联网企业，从你方唱罢我登场，转为你刚开唱我登场。以往非互联网企业的各领风骚上百年或数十年，已经转为网络企业的各领风骚三五年，甚至三五月。

随着变化速度的加快，"互联网+"时代的风险也增加了，如果我们的反应速度、我们适应和应对变化的速度跟不上，就会产生较大的经济社会发展风险。例如，互联网金融的出现，使得资金流像信息流一样能够迅速在世界范围内转移，对世界上某一个角落的市场形成快速的巨大的冲击，从而引起剧烈的市场波动。再例如，在2010年年底开始的在北非和西亚的阿拉伯国家发生的号称"阿拉伯之春"的反政府抗议运动和2011年9月在美国发生的"占领华尔街"运动中，互联网上的网络串联都起了不小的作用。随着互联网日益融入生产和生活之中，互联网本身的安全问题也成为经济社会发展的一大风险，已经发展到"没有网络安全就没有国家安全"④的地步。解决这些问题，一方面，我们要从技术方面入手，"要有自己的技术，有过硬的技术；要有丰富全面的信息服务，繁荣发展的网络文化；要有良好的信息基础设施，形成实力雄厚的信息经济；要有高素质的网络安全和信息化人才队伍；要积极开展双边、多边的互联

① 李勇：《从马克思主义异化理论看网络异化与网络伦理》，载于《辽宁行政学院学报》2011年第6期。

②④ 《习近平：把我国从网络大国建设成为网络强国》，http：//news. xinhuanet. com/politics/2014－02/27/c_119538788. htm。

③ 《马克思恩格斯文集》第2卷，人民出版社2009年版，第34～35页。

网国际交流合作。”① 另一方面，我们也要从思想政治教育入手。所谓谣言止于智者。我们要利用互联网技术，大力进行马克思主义基本原理教育，传播正确的世界观和方法论，提高人们的思维能力和辨别能力，切实依靠与时俱进的“互联网+”时代的人民群众，化解经济社会发展风险，维护社会稳定和国家安全。

最后，我们还要分析的是，“互联网+”时代的强烈的流动性，在一些人看来，似乎是反垄断的。例如，有人认为，“工业时代的主要特征之一就是高度的行业垄断和行业壁垒。基于此，也形成了特定的权力集团，互联网的本质是去权力，是平等和自由，互联网精神为解决工业时代的权力高度垄断问题带来了契机。”② 然而，尽管一些传统的垄断企业可能会因为互联网的发展而失去自己的垄断，但是任何技术的进步，包括互联网技术的发展，在资本的推动下，最终都是有助于垄断的。首先，与产业垄断相比，金融垄断才是更为重要的垄断，互联网企业的发展与金融资本的风险投资具有十分密切的关系，“烧钱”这一互联网企业特有的或突出的特征，已经表明金融垄断资本对互联网企业的重要意义。其次，网络购物的发展，把分散在各地的消费需求集中起来加以满足，使得原来满足这些消费需求的线下小商铺难以为继，并使得具有一定垄断性的线上电子商城日益壮大。最后，原有的垄断企业由于资本雄厚，他们完全有实力使自己的经营模式适应互联网技术的发展，并利用互联网技术强化自己的垄断地位。事实上，互联网有利于集中来自世界各地的订单，更有利于大规模生产的进行，即便这些生产的个性化十足。其实，生产的个性化与规模化并不矛盾，虽然生产的个性化意味着商品的样式变多，每一种样式的产品数量相对较小，但是，要满足多变的样式生产，必然要增加更多的投入，从而也强化了大企业的地位。

《国务院关于积极推进“互联网+”行动的指导意见》中指出，要“鼓励大型互联网企业和基础电信企业利用技术优势和产业整合能力，向小微企业和创业团队开放平台入口、数据信息、计算能力等资源，提供研发工具、经营管理和市场营销等方面的支持和服务，提高小微企业信息化应用水平，培育和孵化具有良好商业模式的创业企业。”③ 这种做法的最终结果，也必然使得这些小微企业和创业团队成为大型互联网企业的附庸，强化大型互联网企业的垄断地位。

其实，从自由竞争向垄断竞争的发展，不是坏事而是好事，它代表了生产

① 《习近平：把我国从网络大国建设成为网络强国》，http：//news. xinhuanet. com/politics/2014 -02/27/c_119538788. htm。

② 周子学：《互联网冷思维》，载于《中国经济和信息化》2014年第10期。

③ 《国务院关于积极推进“互联网+”行动的指导意见》，http：//www. gov. cn/zhengce/content/2015 -07/04/content_10002. htm。

力发展水平的提高。垄断的出现有利于人类社会向以公有制经济为根本的社会主义社会过渡。从而显然地，对于社会主义国家来说，在关系国计民生的重大领域，公有制经济必须居于垄断性的主导地位。互联网技术的出现，深刻地改变了人类社会的存在形态，但不会改变反而只会推进人类社会向社会主义社会发展的历史进程。随着“互联网+”时代的到来，互联网领域日益成为关系国计民生的一个新的重大领域，国有资产管理部门必须加大在这个领域内的投资，大力发展大型公有制互联网企业，为贯彻落实《国务院关于积极推进“互联网+”行动的指导意见》提供坚实的经济基础。

四、小结

马克思曾经指出，“蒸汽、电力和自动走锭纺纱机甚至是比巴尔贝斯、拉斯拜尔和布朗基诸位公民更危险万分的革命家。”① 互联网同样是这样的革命家。它必然有助于推动人类社会按照马克思所揭示的唯物史观向前发展。“互联网+”时代的经济社会形态虽然发生了一些新的变化，而且变化相当巨大，出现了大量的新现象，但是，马克思主义基本原理仍然适用于这个时代，甚至在这个时代之后也仍然会适用。这是由马克思主义基本原理的科学性所决定的。这种被历史反复检验过的科学性是我们“道路自信、理论自信、制度自信”的根本所在。

参考文献

[1]《马克思恩格斯文集》(第2卷)，人民出版社2009年版。

[2]《马克思恩格斯全集》(第32卷)，人民出版社1998年版。

[3]《资本论》(第1卷)，人民出版社2004年版。

[4] 习近平:《之江新语》，浙江人民出版社2007年版。

[5][奥地利] ChristianFuchs著．陈婉琳，黄炎宁译:《信息资本主义及互联网的劳工》，载于《新闻大学》2014年第5期。

[6] 李勇:《从马克思主义异化理论看网络异化与网络伦理》，载于《辽宁行政学院学报》2011年第6期。

[7] 骆晨，刘向东:《从“互联网+”看交换劳动创造价值》，载于《现代管理科学》2015年第11期。

[8] 杨毅:《互联网社会及其发展规律》，载于《学习月刊》2015年第16期。

[9] 余斌:《45个十分钟读懂》，转引自《资本论》，东方出版社2011年版。

[10] 周波，李生芝:《用马克思主义经济学解读网络经济》，载于《现代经济信息》2012年第15期。

[11] 周子学:《互联网冷思维》，载于《中国经济和信息化》2014年第10期。

① 《马克思恩格斯文集》第2卷，人民出版社2009年版，第579页。

创业缩小收入分配差距了吗

——基于省级面板数据模型的分析

李　政　杨思莹*

一、引言与相关研究回顾

20 世纪 80 年代的经济改革以及社会主义市场经济的深化释放出了巨大的发展潜力，万众创业的激情得以迸发，非公有制经济迅速崛起，公有制为主体的多种所有制经济共同发展，铸就了中国经济发展的奇迹。然而，伴随着中国经济的高速扩张，财富也高度集中在少数人手中，不合理的收入分配格局抑制了消费，阻碍了经济发展成果的全民共享，降低了低收入者的劳动积极性，又进一步制约了中国经济的健康发展。创业是经济增长的重要引擎，公平的收入分配是经济健康发展的重要标志。中国经济正稳步进入新常态，面临增速下行压力，国家倡导"大众创业，万众创新"，试图掀起新一轮创业高潮，提高经济发展的活力。然而，中国市场化改革的经验表明，在发展创业型经济，培育新的经济增长动力的同时，必须处理好创业与收入分配的关系，使得发展创业型经济能够改善收入分配格局，成为实现中国经济包容性增长的重要途径。

以往研究认为，城乡收入差距是中国整体收入差距的重要体现，也是中国收入分配不合理的重要原因（Kanbur and Zhang，2005；Li and Luo，2010；刘晓光等，2015）。所以，一些学者用城乡收入差距近似的代替收入分配不平等水平。由于前期"城市偏向"的非均衡发展战略以及一系列制度变迁的路径依赖和行为惯性（陈斌开等，2013；董全瑞，2013），中国城乡二元经济结构长期难

* 李政，吉林大学国有经济研究中心研究院，经济学院教授，博士生导师，研究方向：社会主义市场经济理论、创新创业理论。杨思莹，吉林大学经济学院硕士研究生，研究方向：创新创业理论。

以扭转，城乡收入差距居高不下。1978 年中国城镇居民可支配收入与农村居民纯收入之比为 2. 57，2009 年这一比例高达 3. 33，2013 年回落到 3. 03。与 1978 年相比，2013 年中国城市居民可支配收入增长了 77. 49 倍，而农村居民可支配收入增长了 65. 59 倍。因此，无论收入绝对值，还是从收入增长率来看，城乡收入差距扩大的趋势不减，缩小城乡收入差距任重道远。

国内外学者对不同行业、不同地区以及不同国家之间的收入差距问题进行了细致的研究，并从人力资本、机会不平等、产业结构、资源禀赋、政府行为、技术进步以及贸易等方面给出了合理的分析（马草原，2014；Galoret al. , 1993；Bjorklund et al，2012；陈斌开等，2013；邹薇等，2014；吕光明等，2014；Donald，2012；Fabrizio，2013；Louis et al，2013；Yoko Kijima，2006；Oscar，2013）。对于区域创业水平对收入分配的影响，一些学者从创业主体来考察，如韦吉飞（2013）分析了农民创业对于农村收入分配与减贫的影响，指出农民创业虽然显著降低了贫困化水平，但是伴随着高风险的同时，农民创业也为创业者带来了较高的收入，由此导致农村居民收入差距的拉大。古家君等（2012）的研究更加细化，分析了农民创业活跃度对农村居民收入影响的区域差异化特征，研究结果表明，由于经济发展水平不高，创业资源有限，中西部地区农民创业对农户收入水平提升的作用均不如东部地区，西部地区甚至出现了创业显著降低了农户收入水平的情况。以上两项研究均仅对农户创业行为对创业者收入以及农业部门内部收入差距的影响进行了分析，对于地区整体创业水平对收入差距的影响仍待于进一步研究。基于此，王先柱等（2015）研究了企业家精神对于收入不平等的影响，并将企业家精神分解为企业家创业精神与创新精神，结果表明，企业家创业精神与居民收入水平之间呈现出一种“倒 U 型”关系，而企业家创新精神与收入不平等之间存在着负向影响关系，即发挥企业家创新精神能够显著降低收入不平等水平。Kimhi（2010）研究认为，鼓励农村创业有利于提高居民收入，改善收入分配格局；相反，Yanya et al.（2013）的研究则认为，创业并未改善收入分配格局，也没有能够有效降低贫困水平。此外，一些研究关注了不同创业者自身素质以及外部条件不同而导致的创业活动对收入分配影响也不同。如 Davidsson et al.（2003）将社会网络看做一种社会资本，对于创业者来说，社会网络通过影响创业者的科技经验、物质资本、信息资源等影响创业企业经营绩效。不同创业者面临的经营绩效不同，自然会获得不同的收入回报。Banerjee et. al（1993）论述了最初的个人财富禀赋如何影响职业选择从而影响收入差距，认为资本市场的不完善导致穷人更倾向于选择工资收入而初始财富较多的人面临的资金约束较小，倾向于选择创业投资，通过融资创办企业，获得较高的收入；在劳动力市场上，劳动力供过于求，选择为工资而工作的穷人在劳动力市场上获得的工资水平较低，从而导致较大的收入差距。随着金融业的发展和金融市场的完善，融资门槛降低，使得低收入阶层通过融资成为创业者，创业企业增加而劳动力供给减少，劳动需求增加，导致工资水平上升，收入差距逐渐缩小（张龙耀等，2013）。由此可见，不同个体所面临的初始财富、金融准入门槛以及由此导致的职业选择上的差异是创业影响收入差距的一个重要因素。

从以上分析可以看出，以往研究还没有关注到区域创业水平对收入分配的影响。中国经济发展稳步进入“新常态”，经济增速放缓的同时，又面临着较高的收入差距。为了促进经济增长，同时缩小收入差距，政府倡导“大众创业，万众创新”，并制定了《关于大力推进大众创业万众创新若干政策措施的意见》，推进“大众创业，万众创新”。那么，提高区域创业水平能够改善现有的收入分配格局吗？如果可以，那么如何理解创业缩小收入差距的作用机制？基于此，本文将从理论与实证的角度进行分析，利用2007～2014年省级面板数据，运用静态面板数据模型以及动态面板数据模型，分析区域创业水平对收入分配的影响。

二、理论分析与研究假设

创业是经济增长的内生动力，同时也是创新的重要驱动力。国家将创业作为一项改革推进，并指出推进大众创业、万众创新是富民之道，公平之计。理论上讲，区域创业活动的提高会通过多种方式促进收入差距的缩小，改善收入分配格局。

首先，创业促进经济增长从而缩小收入差距。发展创业型经济是中国增强经济增长内生动力，创业资本对经济增长的影响通常是通过外部性进行的，具体表现为知识的溢出和商业化、促进竞争和增加企业的多样性。经济增长本身不会拉大收入差距，中国近三十年来城乡收入差距的拉大并非源于经济增长，而是根植于“城市偏向”、“工业偏向”的发展策略。相反随着经济总量的扩大，政府通过税收等方式掌握了更多的资源，提高了对经济的调控能力，为了扭转前期非均衡发展战略导致的城乡收入差距，政府会增加“亲贫性支出”，着力提高低收入者收入，缓解社会矛盾。此外，经济总量的增加会产生“涓滴效应”（trickle-down effect），降低贫困发生率，缩小收入差距（Warr，2008）。

其次，创业活动会产生溢出效应或辐射效应。创业是资源整合和要素集聚的过程，具有正的外部性。成功的创业者和企业家往往具备普通人所不具有的冒险精神、创新精神及敬业精神等，创业者通过创业活动，不仅能够直接提供更多的岗位，吸纳大量农村剩余劳动力，提高农业劳动者的工资收入（Fritsch et al.，2004），而且能够通过示范效应，提高周边人群创业热情，甚至掀起一轮创业热潮，形成创业集聚，如在农村创业者的带动下，在农村地区出现了越来越多的“产业村”。这实际上也是创业者人力资本的溢出效应，体现在两个方面，即直接效应和间接效应。直接效应表现为创业活动产生的劳动力需求可以消化农业剩余劳动力，促进农业劳动者收入来源的多样化，提高农业劳动者收入；间接效应，即上述示范带动效应。

再次，新创涉农企业会延长农产品产业链，增加农产品附加值。Kimhi（2010）指出，农村创业能够在有效促进经济增长的同时，改善收入分配，缩小收入差距。新创涉农企业能够有效促进农业产业化发展，能够为农户生产提供资金、技术指导，提高农产品质量。农户生产的农产品直接销售给农业企业，降低了农户的市场风险和市场交易成本，提高了农户的农业经营收入（Warning et al，2002）。新创涉农企业不仅直接提供更多的就业岗位，提高了农户的工资性收入，而且通过农业产业链的延长，能够带动运输、仓储、包装等产业发展，区域内农户有了更多的非农经营活动选择，提高了农户的非农经营收入（郭建宇，2008），并且农户工资性收入、非农业经营收入一般要高于从事农业生产的收入，农户收入来源更加多元化，从而降低收入不平等。此外，越来越多的农户放弃农业生产活动从事非农业生产经营活动，能够有效促进土地的集约利用，发展规模农业和现代农业，促进农业劳动者收入的增加。

最后，创业能够推动医疗、教育等社会保障制度向农业劳动者延伸。一直以来，农业劳动者被排除在城市、企业等福利体系之外，间接拉大了收入差距。近年来，国家不断提高对农民和农民工社会保障事业的关注，不断规范企业生产经营活动，企业员工的社会保险和保障制度逐渐完善，覆盖范围也越来越广泛。更多的农业劳动者被吸纳到新创企业，享受社会保障。同时，为了鼓励创业，国家正审议将返乡创业农民工等纳入社保、住房、教育、医疗等公共服务体系。医疗、教育、社会保障等公共服务体系惠及农业创业者、农业劳动者，能够有效缩小收入差距。

综合以上分析，本文做出第一个假设：

H1：整体来看，地区创业水平具有普惠性，创业水平的提高会降低收入差距。

创业活动可以分为生产型创业和创新型创业。我们通常所说的创业，是以新企业的创立为基础的，往往忽视了不同创业类型的异质性。创新型创业是指创业者突破现有的知识局限、经营理念，以新知识的发明和创造及其市场化为导向，通过自身创造性活动，推动科技创新与产品创新，通过新产品的投放形成新的市场并获得利润的过程。创新型创业较生产型创业是一个更为复杂的过程，要求创业者具有敏锐的市场感知能力，能够迅速发觉市场需求潜力，并且组织科研攻关，满足消费者对新产品的科技需求，并在后期的经营活动中采用适当的营销策略，充分挖掘市场需求。毫无疑问，创新型创业对创业者自身素质和其所具有的创业资源具有较高的要求，包括创业者的经营管理能力、受教育水平、产业经验、社会网络、创新能力，等等（Ozgen et al.，2007；买忆媛等，2010）。如最初的个人财富禀赋会影响其人力资本投资以及个人职业选择，即拥有更多财富的个人更倾向于增加人力资本投资，提高个人技能，使自身具有较强的创新与创业能力，选择创新型创业的可能性较大，而穷人更倾向于选择工资收入（Banerjee et. al，1993）。由此，创新型创业具有更高的进入门槛，初始财富较多的高技能劳动者更容易从创新型创业中获益，低技能劳动者很难享受到创新型创业所带来的收入水平的提升。

此外，创新型创业多集中现代产业部门，能够带动地方科技创新水平的提升和产业结构转型升级（李政等，2009）。通常技术进步和创新会内生地偏向于技能劳动，在拉动就业方面，新创立的创新型企业对劳动者人力资本要求较高，导致对技能劳动需求增加，并引发技能溢价，提高技能劳动者工资收入；而对低技能劳动者的需求较少，就业拉动作用较弱，甚至部分企业技术改造与更新会降低对低技能劳动者的需求，引发低技能劳动者失业水平上升和收入水平的降低，技能劳动者与非技能劳动者的收入差距进一步拉大。

由此，本文做出第二个假设：

H2：创新型创业具有更高的进入门槛，高素质劳动者将从创新型创业中获益，而低技能劳动者被排除在创新型创业活动之外。因此，创新型创业拉大了收入差距。

受各种因素的影响，中国不同地区创业水平具有明显的差异。如从数据表面来看，东部地区创业水平明显高于中西部地区。在经济发展初期，人口总量一定的条件下，地区创业水平较低，经济活动中有两类群体，即创业者靠创业活动获得收入，非创业者仅获得工资收入。Banerjee et. al（1993）指出，个人初始财富及其面临的金融约束决定其职业选择，即初始财富较低者选择生存和工作以获得劳动报酬，拥有较高财富的个人面临的融资约束等制约创业行为的因素较小，往往选择自我雇佣或者选择创业。此时，创业企业较少，解决就业能力有限，劳动力市场上供过于求，劳动者工资收入水平低。虽然创业者通过创业行为获得财富的同时，也为选择工作的初始财富较低的个人带来了就业机会和工资收入，但此时选择工作的个体在劳动力市场上谈判能力弱，工资收入低。由此，在创业水平较低的地区，创业者创业活动对收入分配的改善作用较小。然而在长期，工资收入者财富逐渐积累，当其财富达到一定水平时，其面临的融资约束、工作经验等制约其创业选择的因素也在逐渐消失，个人创业意愿逐渐增强。最终，初始财富较低的个人凭借财富的积累也会走上创业的道路。当地区创业者逐渐增多、创业水平逐渐提高的同时，通过工作获得工资收入的劳动者数量逐渐减少，劳动力市场的均衡状态被打破。在人口总量一定、人口结构稳定的前提下，劳动力市场上供给逐渐减少，创业企业增多导致劳动力需求上升，劳动者在劳动力市场上的谈判能力和工资水平逐渐提高。

在上述动态理论模型中，地区创业水平的高低与劳动力市场、劳动者工资收入水平紧密相关。创业水平高的地区，创业企业数量较多而劳动力紧缺，劳动力市场上供不应求，劳动者收入逐渐上升以达到供求平衡的均衡状态。此时，创业水平的提高对收入差距的影响较大，能够显著地缩小不同群体收入差距；而在创业水平较低的地区，创业者较少而劳动力供给较多，劳动力市场达到均衡状态时，劳动者谈判能力弱，工资水平低，创业水平的提高对收入差距的影响较小。

由此，本文做出第三个假设：

H3：创业对收入分配的影响随着地区创业水平的不同而不同，在创业水平高的地区，创业缩小收入分配差距的作用更大；相反，创业水平较低的地区，创业对收入分配的作用就越小。

经济增长在本质上一个结构转换过程，经济发展到一定阶段必然伴随着产业结构的转型与升级，即一定的经济增长阶段与一定的产业结构相对应。一般来讲，经济发展水平较高的地区，城市工业部门发展水平较高，对经济发展贡献大，往往聚集了多数劳动力，相反经济发展水平较低的地区，农业部门生产力水平较低，劳动力密集。雷欣等（2014）指出，城乡居民受教育水平、人力资本状况存在着显著差异，将非农劳动者视为人力资本水平较高的高技能劳动者、将农业劳动者视为人力资本水平较低的低技能劳动者具有一定的合理性。由此看来，经济发展水平与地方劳动者素质存在着密切联系，经济发展水平较高的地区，高技能劳动者占劳动者比重较高，经济发展水平较低的地区，低技能劳动者占比较高。

然而，创新型创业往往集中在人力资本密集、科技发展水平较高的非农产业部门，并且创新型创业所引起的技术进步与创新会内生地偏向于高技能劳动者，引发技能溢价，提高高技能劳动者收入（李政等，2016）。由此，在经济发展水平较高的地区，创新型创业水平的提升必然能够惠及更多劳动者，有利于改善收入分配格局。而在经济发展水平较低的地区，科技创新能力较低，缺乏创新型创业的天然土壤，创新型创业水平低。此外，低技能劳动者占劳动者总量比重较大，创新型创业集中在非农产业部门，很难惠及占劳动人口多数的低技能劳动者。因此，在经济发展水平较低的地区，创新型创业对占就业人口多数的第一产业带动作用较小，对收入分配影响较小，甚至引起了收入分配差距的进一步拉大。由此来看，在经济发展的不同阶段，创新型创业对收入分配的影响也有差异，相对于经济发展水平较低的地区，在经济发展水平较高的地区发展创新型创业能够提高多数劳动者收入水平。

此外，创新是经济增长的长期动力，创新型创业发展能够有效带动区域创新水平的提高，增强区域经济发展活力，带动地区经济总量扩张。经济发展水平较高的地区，其人力资本水平、科学与教育水平以及创新能力等一般来说也比较高，创新型创业发展具有天然优势；而经济发展水平较低的地区，人力资本水平、劳动者技能状况等经济与社会资源约束，限制了创新型创业发展。而创新型创业为社会创造巨大的财富，这些财富往往能以社会捐助、政府财政支出等方式直接或间接参与收入再分配，从而有利于降低低收入者贫困水平，缩小收入分配差距（王先柱等，2015）。

由此，本文做出第四个假设：

H4：创新型创业对收入分配的影响随着地区经济发展水平的不同而不同，经济发展水平较高的地区，创新型创业更具有普惠性与共享性，而在经济发展水平较低的地区，创新型创业很难促进收入分配格局的改善。

三、变量选择与数据特征

（一）指标的选择

1. 收入不平等的衡量

正如前文所指出的，城乡收入差距是中国整体收入差距的重要体现，也是中国收入分配不合理的重要原因，目前一些学者多用城乡收入差距代替高技能劳动者与低技能劳动者的收入差距水平（王先柱等，2015；雷欣等，2014），并多运用城乡收入比或者基尼系数来加以衡量。前者虽然计算方便，但没有考虑到人口结构的变化对指标的影响，后者因面临可分解性等方面的不足并且对数据要求较高而在实际应用中越来越少。泰尔指数（Theil Index）兼具几乎所有指标的优势，是目前最为完善、应用最为广泛的度量收入差距方面的指标，本文选择泰尔指数作为衡量收入不平等的指标，其计算方法如式（1）。

$$\text{Theil}_{it} = \sum_{j=1}^{2}\left(\frac{I_{ij,t}}{I_{it}}\right)\ln\left(\frac{I_{ij,t}}{I_{it}}\Big/\frac{Z_{ij,t}}{Z_{it}}\right) \tag{1}$$

其中，i 表示各省编号，j 表示城市和农村，j = 1 时为城市，j = 2 时为农村，t 表示年份，I 表示城市或农村居民的总收入，Z 表示城市或农村人口数。

2. 创业水平的衡量

学者们运用自雇佣比率（Blanchflower，2000）、企业主比率（Fritsch et al.，2003）及人均新建企业率（李政等，2012）等指标来衡量区域创业水平，本文参照《全球创业观察报告》的做法，用中国私营企业创业指数作为区域创业水平的指标，记为 Ent 计算方法如式（2）。

$$\text{Ent}_{it} = P_{it}/L_{it} \tag{2}$$

其中，P_{it}表示 i 年 t 地区新创企业数量，用过去连续累计 3 年的新增私营企业数量来表示。L_{it}表示 i 年 t 地区劳动人口数量，用区域内 15 ~ 64 岁的人口数量表示。

此外，Li Zheng et al.（2015）用专利申请量作为技术型创业的衡量指标，王先柱等（2015）用每万人专利申请量作为企业家创新精神的衡量指标，借鉴这两种做法，本文用地区发明专利申请数与劳动人口数量的比值作为区域创新性创业的衡量指标，记为 Inno。

3. 控制变量的选择

本文控制变量的选择如表 1：

表 1　控制变量的选择与说明

变量名称	变量标记	变量说明
经济发展水平	Pgdp	用区域内实际人居国内生产总值代替
对外开放水平	Open	用区域进出口总额占国内生产总值的比重来衡量
金融发展水平	Fin	用金融业增加值占地区生产总值的比重作为地区金融发展水平的衡量指标
人力资本含量	Hum	用普通高等学校在校生人数占区域人口比重来表示
城市化水平	Urb	用城镇人口占总人口比重来表示
政府调控程度	Gov	借鉴周立群（2013）、王建康等（2015）、孙久文等（2015）等人研究，本文用政府财政支出占 GDP 的比重来衡量政府对宏观经济的调控程度
市场化水平	Mar	借鉴张璇等（2015）的研究，我们选择投资的市场化程度，即非国有固定资产投资占固定资产投资总额的比重来衡量市场化水平

（二）数据来源

本文以 2007 ~2014 年为样本区间，所涉及的居民收入水平、人均实际国内生产总值、城乡人口、私营企业数量、发明专利数量等数据来源于统计局国家数据网站及相关年份的《中国统计年鉴》，普通高等学校在校生人数来源于《中国教育统计年鉴》，劳动人口数据来源于 wind 数据库。

（三）数据特征

表 2 给出了变量的描述性统计特征以及各变量与被解释变量之间的相关性。从表中可以看出，中国不同地区和不同年份，泰尔指数、区域创业水平以及创新型创业水平均有较大差距。以 2014 年为例，地区泰尔指数最高的是甘肃省，为 0. 179，泰尔指数最低的是天津市，为 0. 021，而两省泰尔指数较 2007 年均有较大幅度下降，如天津市 2007 年泰尔指数为 0. 054，甘肃省 2007 年地区泰尔指数为 0. 282。在区域创新型创业水平方面，西藏自治区 2014 年创新型创业水平仅为 0. 008，而同年浙江省创新型创业水平为 0. 529。再看创业水平，2014 年地区创业水平较低的省份是黑龙江省，为 0. 024，而同年创业水平最高的省份为 0. 215。此外，其他指标不同地区、不同年份也存在着较大的差异。从各变量与地区泰尔指出的相关关系来看，除政府宏观调控程度外，其他各变量均与地区

泰尔指数具有显著地负相关关系。从数据表面来看，创新型创业与泰尔指数呈负相关关系，地方宏观调控与泰尔指数呈显著地正相关关系，这似乎与预期相悖，需要进一步检验。

表2　　数据的描述性统计与相关关系

指标	样本量	均值	标准差	最小值	最大值	与 Theil 的相关性
Theil	248	0.137	0.062	0.021	0.286	1
Ent	248	0.040	0.032	0.004	0.215	-0.641***
Inno	248	0.080	0.111	0.004	0.565	-0.603***
Fin	248	0.051	0.026	0.017	0.157	-0.492***
Urb	248	0.514	0.145	0.215	0.896	-0.843***
Open	248	0.319	0.385	0.036	1.721	-0.604***
Pgdp	248	0.364	0.204	0.079	1.052	-0.805***
Hum	248	0.017	0.006	0.007	0.034	-0.704***
Mar	248	0.686	0.118	0.266	0.886	-0.546***
Gov	248	0.245	0.187	0.087	1.291	0.373***

注：*、** 和 *** 分别表示在10%、5%和1%的置信水平上显著。

四、模型构建与实证分析

（一）模型构建

（1）静态面板模型构建。为了反映创业对收入不平等的影响，本文首先构建了面板数据模型，对于假设1与假设3的检验，静态面板模型构建形式如式（3）：

$$\mathrm{Theil}_{it} = \alpha \mathrm{Ent}_{it} + \beta_1 \mathrm{Fin} + \beta_2 \mathrm{Urb}_{it} + \beta_3 \mathrm{Open}_{it} + \beta_4 \mathrm{Pgdp}_{it} + \beta_5 \mathrm{Hum}_{it} + \beta_6 \mathrm{Mar}_{it} + \beta_7 \mathrm{Gov}_{it} + \gamma_t + \eta_i + \varepsilon_{it} \quad (3)$$

对于假设2与假设4的检验，构建静态面板模型如式（4）：

$$\mathrm{Theil}_{it} = \alpha \mathrm{Inno}_{it} + \beta_1 \mathrm{Fin} + \beta_2 \mathrm{Urb}_{it} + \beta_3 \mathrm{Open}_{it} + \beta_4 \mathrm{Pgdp}_{it} + \beta_5 \mathrm{Hum}_{it} + \beta_6 \mathrm{Mar}_{it} + \beta_7 \mathrm{Gov}_{it} + \gamma_t + \eta_i + \varepsilon_{it} \quad (4)$$

其中，被解释变量 Theil 表示各省收入不平等水平，i 表示省份，t 为年份，En 表示区域创业水平，γ_i 和 η_t 分别表示时间和地区非观测效应，ε_{it} 为随机误差项。

（2）考虑到经济变量在长期的动态特征，即收入分配格局演变具有惯性，当期收入分配受前期收入分配格局的影响，因此接下来运用动态面板数据模型重新估计，模型设定如式（5）与式（6）：

$$\mathrm{Theil}_{it} = \alpha \mathrm{Ent}_{it-1} + \gamma_1 \mathrm{Theil}_{it-1} + \gamma_2 \mathrm{Theil}_{it-2} + \beta_1 \mathrm{Fin} + \beta_2 \mathrm{Urb}_{it} + \beta_3 \mathrm{Open}_{it} + \beta_4 \mathrm{Pgdp}_{it} + \beta_5 \mathrm{Hum}_{it} + \beta_6 \mathrm{Mar}_{it} + \beta_7 \mathrm{Gov}_{it} + \gamma_t + \eta_i + \varepsilon_{it} \quad (5)$$

$$\mathrm{Theil}_{it}=\alpha \mathrm{Inno}_{it-1}+\gamma_1 \mathrm{Theil}_{it-1}+\gamma_2 \mathrm{Theil}_{it-2}+\beta_1 \mathrm{Fin}+\beta_2 \mathrm{Urb}_{it}+\beta_3 \mathrm{Open}_{it}+\beta_4 \mathrm{Pgdp}_{it}+\beta_5 \mathrm{Hum}_{it}+\beta_6 \mathrm{Mar}_{it}+\beta_7 \mathrm{Gov}_{it}+\gamma_t+\eta_i+\varepsilon_{it} \tag{6}$$

其中，解释变量 Theil 选择滞后两期、Ent 和 Inno 均选择滞后一期进行估计。

（二）静态面板模型分析

对式（3）与式（4）进行回归，结果如表 2 所示。其中，模型 1 和模型 2 分别是以创业水平（Ent）和创新型创业水平（Inno）为核心解释标量，对所有样本进行回归的结果。模型 3 和模型 4 是对所有样本按照地区创业水平的高低将分为收入分配差距较大的地区和收入分配较小的地区后进行回归的结果。模型 5 和模型 6 是对所有样本按照经济发展水平（人均地区生产总值，Pgdp）的高低分为经济发展水平较高的地区和经济发展水平较低的地区后进行回归的结果。

依据表 2，在模型 1、模型 3 和模型 4 中，创业对收入差距的影响均在 1% 的置信水平下为负，即创业水平的提升显著降低了收入分配。这与假设 1 相符，即整体来看，地区创业水平具有普惠性，创业水平的提高会降低收入差距。在模型 2 和模型 3，创新型创业水平的对地区泰尔指数的回归系数为正，但并不显著；而在模型 6 中，这一系数在 10% 的置信水平下显著，说明在经济发展水平较低的地区，创新型创业显著扩大了收入分配差距。于是，假设 2 也得到了部分验证，即由于创新型创业存在着较高的进入门槛，高素质劳动者将从创新型创业中获益，而低技能劳动者被排除在创新型创业活动之外，由此创新型创业拉大了收入差距。

比较模型 3 和模型 4 可以发现，创业水平的提升对地区泰尔指数的影响的系数大小存在较大差异，如上所述，模型 3 是创业水平相对较高的地区创业水平对泰尔指数的回归结果，模型 3 是创业水平相对较低的地区创业水平对泰尔指数的回归结果。比较两者可以发现，在创业水平相对较高的地区，创业水平的提升对泰尔指数的回归系数绝对值较大，而在创业水平相对较低的地区，创业水平的提升对泰尔指数的回归系数绝对值较小，说明创业水平对收入分配的影响会根据地区创业水平的不同而不同，与假设 3 相符，即创业对收入分配的影响随着地区创业水平的不同而不同，在创业水平高的地区，创业缩小收入分配差距的作用更大；相反，创业水平较低的地区，创业对收入分配的作用就越小。

比较模型 5 和模型 6，创新型创业对地区泰尔指数的回归系数结果在显著性水平和数值大小上均有较大差异。模型 5 是经济发展水平较高的地区创新型创业对地区泰尔指数所做的回归分析，模型 6 是对经济发展水平较低的地区创新型创业对地区泰尔指数所做的回归分析。从中可以看出，虽然在两个模型中，创新型创业的系数均为正，但在经济发展水平较低的地区，创新型创业这一指标系数更大，且更为显著，说明在经济发展水平较低的地区，创新型创业对地区收入分配的影响更大，即在经济发展水平较低的地区，创新型创业更容易拉大收入分配差距，这与假设 4 相符，即创新型创业对收入分配的影响随着地区经济发展水平的不同而不同，经济发展水平较高的地区，创新型创业更具有普惠性与共享性，而在经济发展水平较低的地区，创新型创业很难促进收入分配格局的改善。

表 3　　　　静态面板模型回归结果

	模型 1	模型 2	模型 3	模型 4	模型 5	模型 6
Ent	-0.244 ***		-0.629 ***	-0.170 ***		
	(0.072)		(0.181)	(0.059)		
Inno		0.017			0.001	0.294 *
		(0.026)			(0.023)	(0.164)
Fin	-0.501 ***	-0.636 ***	-0.288	-0.276	-0.741 ***	-0.473
	(0.163)	(0.162)	(0.257)	(0.181)	(0.197)	(0.356)
Urb	-0.463 ***	-0.467 ***	-0.639 ***	-0.215 ***	-0.373 *	-0.595 ***
	(0.084)	(0.088)	(0.188)	(0.081)	(0.145)	(0.195)
Open	-0.047 ***	-0.047 ***	-0.06	-0.036 ***	-0.029 *	-0.121 *
	(0.014)	(0.015)	(0.040)	(0.013)	(0.016)	(0.05)
Pgdp	0.017	-0.013	0.013	-0.039 *	-0.019	-0.115
	(0.022)	(0.025)	(0.059)	(0.02)	(0.033)	(0.089)
Hum	-1.694 *	-1.682	5.527 *	-4.242 ***	-4.803 ***	2.323
	(1.021)	(1.107)	(2.115)	(0.868)	(1.339)	(2.434)
Mar	-0.041	-0.038	-0.116 *	-0.016	-0.039	-0.014
	(0.031)	(0.033)	(0.052)	(0.036)	(0.044)	(0.058)
Gov	-0.092 ***	-0.086 ***	-0.107 ***	0.003	0.156	-0.057
	(0.026)	(0.027)	(0.032)	(0.104)	(0.152)	(0.04)
C	0.498 ***	0.503 ***	0.514 ***	0.379 ***	0.486 ***	0.474 ***
	(0.032)	(0.033)	(0.055)	(0.045)	(0.075)	(0.064)
N	248	248	125	123	125	123
R^2	0.794	0.783	0.768	0.774	0.76	0.699

注：*、** 和 *** 分别表示在 10%、5% 和 1% 的置信水平上显著。

从控制标量来看，金融发展水平对地区泰尔指数的影响多显著为负，说明地区金融发展具有普惠性，提高金融发展水平有利于缩小收入分配差距，这一结果与张龙耀等（2013）的研究结论相类似。城市化这一指标的系数均在较高的置信水平下显著为负，说明城市化发展有利于缩小收入分配差距，这一结果也符合预期。提高对外开放水平能够有效缩小收入差距，这一结果与 Oscar（2013）以及 Wang et al.（2009）的研究结论类似。经济发展水平对收入分配的影响仅在模型 4 中在 10% 的置信水平下为负，说明经济发展水平对收入分配具有负向影响关系，与（Warr，2008）等研究类似。除模型 3 和模型 6 之外，其他回归结果均显示人力资本水平的提高会缩小收入分配差距，模型3表明在收入分配差距较大的地区，人力资本发展不利于收入分配格局的改善。这一结果可以从Breau（2015）的研究中得到解释，即收入失衡导致教育传播的不平等是导致城乡之间、地区之间收入不平等的重要因素。六组回归模型均显示市场化水平对收入分配具有负向影响关系，但这一影响仅在模型3中最为显著，说明在创业水平较高的地区加强市场化改革有利于社会的公平正义。前三组模型均显示政府对于收入分配具有非常显著的负向影响，即政府对宏观经济调控有利于缩小收入分配差距，这也结果并非如相关性检验中所显示的那样，因此，政府对经济生活进行合理干预能够有效保障社会公平正义。

（三）动态面板模型分析

当期收入分配受前期收入分配格局的影响，因此接下来运用动态面板数据模型重新估计。在动态面板数据模型中，引入了滞后一期和滞后二期的泰尔指数，以控制收入分配差距的惯性特征。估计结果如表4所示。模型7与模型8分别在5%和6%的显著性水平上接受“所有工具变量均有效”的假设，而模型9至模型12则在更高的显著性水平上通过Sargan检验，说明各模型估计结果不存在工具变量的过度识别问题。此外，Arellano－Bond检验结果显示，除了模型7和模型8之外，其余模型均在较高的显著性水平下接受“扰动项差分的二阶自相关系数为0”的假设，说明估计结果不存在二阶序列相关问题。

从估计结果来看，模型3和模型4是对所有样本按照地区创业水平的高低将分为收入分配差距较大的地区和收入分配较小的地区后进行回归的结果。模型5和模型6是对所有样本按照经济发展水平（人均地区生产总值，Pgdp）的高低分为经济发展水平较高的地区和经济发展水平较低的地区后进行回归的结果。其中，模型7到模型12分别是对应模型1到模型6的动态面板估计模型。

从表4可以看出，滞后两期和滞后一期的泰尔指数的系数均为正，且在较高的置信水平下显著。说明了收入分配具有惯性，是一个动态的过程，在其他条件不变的情况下，各地区收入分配存在着“富人越富、穷人越穷”的“马太效应”。

模型7中，滞后1期的创业水平对当期收入分配的影响在1%的置信水平下为负，与模型1的结果类似，同样证实了假设1。模型8中，滞后1期的创新型创业水平系数为负，但效果并不显著，与假设2不符。模型11中，滞后1期的创新型创业对泰尔指数的影响为负，模型12中滞后1期的创新型创业对泰尔指数的影响为正，且模型11和模型12中创新型创业的系数均在较高的置信水平下显著，说明在经济发展水平较低的地区，创新型创业显著拉大了收入分配差距，这一结论与静态面板类似，已在一定程度上证实了假设2。此外，比较模型11和模型12中系数大小发现，在经济发展水平较高的地区，创新型创业显著降低了收入不平等水平，而在经济发展水平较低的地区，创新型创业则显著拉大了收入分配差距，这一结论符合假设4。

对比模型9和模型10发现，模型9中创业水平对地区收入差距的回归系数绝对值要大约模型10中创业水平的系数，虽然二者均不显著，但也在一定程度上证实了假设3。

此外，各控制标量的系数与静态面板系数类似，也说明了模型具有稳健性。

表4　　动态面板模型回归结果

	模型7	模型8	模型9	模型10	模型11	模型12
L. Theil	0.160***	0.225***	0.210***	0.319***	0.099***	0.226***
	(0.038)	(0.026)	(0.075)	(0.054)	(0.036)	(0.061)
L2. Theil	0.501***	0.450***	0.655***	0.393***	0.257*	0.473***
	(0.027)	(0.033)	(0.193)	(0.052)	(0.121)	(0.078)
L. Ent	-0.236***		-0.149	-0.096		
	(0.078)		(0.129)	(0.17)		
L. Inno		-0.023			-0.048***	0.239***
		(0.043)			(0.012)	(0.078)
Fin	-0.744***	-0.735***	0.401***	-0.009	-0.057	-0.665*
	(0.128)	(0.131)	(0.21)	(0.159)	(0.174)	(0.262)
Urb	0.131*	0.150*	0.086	-0.102	0.084	-0.006
	(0.054)	(0.063)	(0.101)	(0.087)	(0.081)	(0.066)
Open	0.051***	0.041*	0.007	0.025	-0.015	-0.004
	(0.014)	(0.016)	(0.010)	(0.032)	(0.016)	(0.039)
Pgdp	-0.021	-0.034	-0.093***	-0.145***	-0.065***	-0.283***
	(0.019)	(0.024)	(0.031)	(0.054)	(0.019)	(0.039)
Hum	-8.219***	-8.610***	-1.180	-2.896	-3.440*	-0.953
	(1.238)	(1.039)	(2.276)	(1.697)	(2.072)	(1.487)
Mar	-0.043*	-0.026*	0.028	0.127***	0.047*	0.092***
	(0.018)	(0.018)	(0.031)	(0.015)	(0.025)	(0.019)
Gov	-0.097***	-0.090***	0.140	-0.024	-0.089	0.001
	(0.016)	(0.017)	(0.239)	(0.018)	(0.098)	(0.024)
C	0.206***	0.188***	-0.046	0.097*	0.102*	0.087*
	(0.029)	(0.026)	(0.084)	(0.052)	(0.057)	(0.035)
AR (1)	0.000	0.000	0.049	0.009	0.030	0.071
AR (2)	0.036	0.046	0.620	0.915	0.465	0.098
Sargan test	0.050	0.061	0.851	0.846	0.899	0.816
N	186	186	70	81	73	75

注：*、**和***分别表示在10%、5%和1%的置信水平上显著。

五、结论与启示

本文运用静态与动态面板数据模型，实证分析了地区创业水平对收入分配的影响，主要得出了以下结论。首先，从数据表面来看，各地区收入不平等水平、创业水平和创新型创业水平均有较大差距。其次，无论从静态面板模型还是从动态面板模型来看，区域创业水平的提升均降低了收入不平等程度，创新型创业对收入分配的拉大作用仅在经济发展水平较低的地区有所体现；创业水平对地区收入分配的影响随着地区创业水平的不同而不同，在创业水平较高的地区，创业水平的提升对收入分配的改善作用要强于创业水平较低的地区；此外，创新型创业对收入分配的影响随着地区经济发展水平的不同而不同，相比于经济发展水平较低的地区，经济发展水平较高的地区，创新型创业更具有普惠性与共享性。最后，从控制变量的回归效果来看，金融发展、城市化和市场化水平提升、对外开放、经济发展、政府宏观调控均有利于缩小收入差距。

缩小收入分配差距，让全体人民共享改革发展成果，是中国经济发展和社会主义建设的最终目标，也是“共享发展”理念的基本要求。依据实证结果，本文认为：首先，创业是缩小收入分配差距的重要渠道，经济发展新常态背景下，保持经济中高速增长的同时兼顾社会公平正义，着力点之一就是要加强市场化改革，发展创业型经济，完善政府调控职能，积极鼓励大众创业，提高地区创业水平；其次，因地制宜，在创业水平较低和经济发展水平较低的地区制定更加普惠的创业政策，使创新成果更多的向低收入阶层倾斜；最后，要丰富企业家精神的内涵，将“共同富裕、共享发展”的理念融入企业家精神，增强企业家、创新型创业人才的社会责任感，鼓励包容性创新，使创新型创业根据普惠性、共享性。

参考文献

［1］Ravi Kanbur，Xiaobo Zhang，2005. Fifty Years of Regional Inequality in China：a Journey Through Central Planning，Reform，and Openness［J］. Review of Development Economics，9（1）：87－106.

［2］Shi Li，Chuliang Luo，2010. Re-estimating the income gap between urban and rural households in China［J］. Procedia Social and Behavioral Science，70（2）：7151－7163.

［3］刘晓光、张勋、方文全：《基础设施的城乡收入分配效应：基于劳动力转移的视角》，载于《世界经济》2015年第3期，第145～170页。

［4］陈斌开、林毅夫：《发展战略、城市化与中国城乡收入差距》，载于《中国社会科学》2013年第4期，第81～102页。

［5］董全瑞：《路径依赖是中国城乡收入差距扩大的内在逻辑》，载于《经济学家》2013年第10期，第89～93页。

［6］马草原：《中国城镇居民收入差距研究评述》，载于《经济社会体制比较》2014年第2期，第247～256页。

[7] OdedGalor, Joseph Zeira. Income Distribution and Macroeconomics [J]. The Review of Economic Studies, 1993, 60 (1): 35 - 52.

[8] Björklund, Anders, Jöntti, Markus, John E. Roemer. Equality of opportunity and the distribution of long-run income in Sweden [J]. Social Choice and Welfare, 2012, 39 (2 - 3): 675 - 696.

[9] 陈斌开、曹文举:《从机会均等到结果平等:中国收入分配现状与出路》,载于《经济社会体制比较》2013 年第 6 期,第 44 ~ 59 页。

[10] 邹薇、郑浩:《贫困家庭的孩子为什么不读书:风险、人力资本代际传递和贫困陷阱》,载于《经济学动态》2014 年第 4 期,第 16 ~ 31 页。

[11] 吕光明、徐曼、李彬:《收入分配机会不平等问题研究进展》,载于《经济学动态》2014 年第 8 期,第 137 ~ 147 页。

[12] Donald J. Treiman, 2012. The "Difference between Heaven and Earth": Urban - Rural Disparities in Well - Being inChina [J]. Research in Social Stratification and Mobility, 30 (1): 33 - 47.

[13] Fabrizio Carmignani, 2013. Development outcomes, resource abundance, and the transmission through inequality [J]. Resource and Energy Economics, 35 (3) 412 - 428.

[14] Louis N. Christofides, Alexandros Polycarpou, KonstansinosVrachimis, 2013. Ggender Wage Gaps, 'sticky floors' and 'glass ceilings' in Europe [J]. Labour Economics, 21 (1): 86 - 122.

[15] Yoko Kijima, 2006. Why did wage inequality increase? Evidence from urban India 1983 - 1999 [J]. Journal of Development Economics, 81 (1): 97 - 117.

[16] Oscar Afonso, Pedro Mazeda Gil, 2013. Effects of North - South trade on wage inequality and on human-capital accumulation [J]. Economic Modelling, 35: 481 - 492.

[17] 韦吉飞:《农民创业对农村收入不平等与贫困的影响研究》,载于《重庆大学学报(社会科学版)》2013 第 2 期,第 16 ~ 22 页。

[18] 古家军、谢凤华:《农民创业活跃度影响农民收入的区域差异分析》,载于《农业经济问题》2012 年第 2 期,第 19 ~ 23 页。

[19] 王先柱、陈峰、杨义武:《企业家精神与收入不平等》,载于《学习与探索》2015 年第 11 期,第 111 ~ 116 页。

[20] Ayal Kimhi. Entrepreneurship and income inequality in southern Ethiopia [J]. Small Business Economics, 2010, 34 (1): 81 - 91.

[21] Muhammadsuhaimee Yanya, Roslan Abdul - Hakim, Nor Azam Abdul - Razak. Does Entrepreneurship Bring an Equal Society and Alleviate Poverty? Evidence from Thailand [J]. Procedia - Social and Behavioral Sciences, 2013, 91 (10): 331 - 340.

[22] Davidssona P., Honigb B. The Role of Social and Human Capital among Nascent Entrepreneurs [J]. Journal of Business Venturing, 2003, 18 (3): 301 - 331.

[23] Banerjee V., Newman F.. Occupational Choice and the Process of Development [J]. Journal of Political Economy, 1993, 101 (2): 274 - 298.

[24] 张龙耀、杨军、张海宁:《金融发展,家庭创业与城乡居民收入》,载于《中国农村经济》2013 年第 7 期,第 47 ~ 57 页。

[25] Peter Warr. Poverty Reduction through Long-term Growth: The Thai Experience [J]. Asian Economic Papers, 2009, 8 (2): 51 - 76.

[26] Michael Fritsch, Pamela Mueller. The Effects of New Business Formation on Regional Development Over Time [J]. Regional Studies, 2004, 38 (8): 961 - 975.

[27] Matthew Warning, Nigel Key. The Social Performance and Distributional Consequences of Contract Farming: An Equilibrium Analysis of the Arachide de Bouche Program in Senegal [J]. World Development, 2002, 30 (2): 255 - 263.

[28] 郭建宇:《农业产业化的农户增收效应分析》,载于《中国农村经济》2008 年第 11 期,第 8 ~ 17 页。

[29] 买忆媛、周嵩安:《创新型创业的个体驱动因素分析》,载于《科研管理》2010 年第 5 期,第 11 ~ 21 页。

[30] Ozgen E., Baron R. A. Social Sources of Information in Opportunity Recognition: Effects of Mentors, Industry Networks, and Professional Forums [J]. Journal of Business Venturing, 2007, 22 (2): 174 - 192.

[31] 李政、何彬:《创业是否能促进我国技术进步及效率提高》,载于《经济社会体制比较》2009 年第 6 期,第 155 ~ 161 页。

[32] 雷欣、陈继勇、覃思:《开放、创新与收入不平等——基于中国的实证研究》,载于《经济管理》2014 年第 5 期,第 1 ~ 12 页。

[33] 李政、杨思莹:《创新强度、产业结构升级与城乡收入差距——基于 2007 ~ 2013 年省级面板数据的空间杜宾模型分析》,载于《社会科学研究》2016 年第 2 期,第 1 ~ 7 页。

[34] David G. Blanchflower. Self - employment in OECD Countries [J]. Labour Economics, 2000, 7 (5): 471 - 505.

[35] Michael Fritsch, David B. Audretsch. Linking Entrepreneurship to Growth: The Case of West Germany [J]. Industry and Innovation, 2003, 10 (1): 65 - 73.

[36] 李政、佟鑫:《企业家人力资本与区域经济增长差异——基于动态面板和面板门限模型的实证研究》,载于《社会科学研究》2012 年第 1 期,第 26 ~ 33 页。

[37] Zheng Li, Tao Ding, Jun Li. Entrepreneurship and economic development in China: evidence from a time-varying parameters stochastic volatility vector autoregressive model [J]. Technology Tnalysis & Strategic Management, 2015, 27 (6): 660 - 674.

[38] Ming-cheng Wang, Chen-ray Fang, Li-hsuan Huang. International knowledge spillovers and wage inequality in developing countries [J]. Economic Modelling, 2009, 26 (6): 1208 - 1214.

[39] Sebastien Breau. Rising inequality in Canada: A regional perspective [J]. Applied Geography, 2015, 3 (1): 1 - 12.

[40] Alice Mesnard, Martin Ravallion. Wealth Distribution and Self - Employment in a Developing Economy [J]. C. E. P. R. Discussion Papers, 2001.

绿色发展理念下的资源型产业政府监管改革

——以煤炭资源开采政府监管改革为例

谢　地　李进伟*

一、问题的提出

“十三五”以及未来一个较长的时期，供给侧结构性改革的重要性凸显。其中，治理产能过剩，按照绿色、可持续的发展理念，改善资源型产业的政府监管也是供给侧结构性改革的重要一环。煤炭资源行业是产能过剩的重灾区，也是诸多环境问题的始作俑者，亟待按照绿色、可持续的发展理念进行调整，政府监管体制、机制及制度安排也需要进行适应性的改革。

（一）煤炭资源无序开采，导致产能过剩、价格下降及企业亏损

2015年年底，中煤协发布数据显示，中国煤炭资源产能为57亿吨，这包含正常生产煤炭产量39亿吨，新投资和扩大投资产量14.96亿吨，没有经过政府批准违规产量8亿吨，① 与此对比，中国国家统计局公布数据显示，2015年中国全年煤消费量为39.69亿吨，② 中国煤炭产能过剩17.31亿吨。另外，煤炭价格下降，中国国家统计局公布煤炭开采和洗选业工业生产者出厂价格指数数据显示，煤炭价格在2012年后逐年下降，特别是在2013~2015年，煤炭价格下降速度很快，2013~2015年煤炭开采和洗选业工业生产者出厂价格同比指数分别为

* 谢地，李进伟，辽宁大学经济学院，辽宁大学资源研究中心。

① 数据来源于中国经济网 http：//www. ce. cn/cysc/ny/gdxw/201601/12/t20160112_8205384. shtml。

② 数据来源于中国国家统计局网站 http：//data. stats. gov. cn/easyquery. htm？ cn = C01，2013年中国全年煤消费量为424425.94万吨，再根据2014、2015年国民经济和社会发展统计公报的煤炭消费量下降率计算得到2015数据。

88.7、89.0 与 85.3，煤炭价格下降进一步导致大量煤炭资源企业亏损。① 2015 年 28 个上市煤炭企业业绩预告显示，仅一半企业实现盈利，11 家预减，这其中多数公司业绩同比降幅在 60% ~80% 之间，14 家煤炭企业亏损，10 家煤炭企业业绩由盈利变为亏损，4 家煤炭企业业绩由盈利变为严重亏损，直接面临退市风险，从整体上看，亏损严重的企业有平煤股份、神火股份、恒源煤电、郑州煤电、煤气化、大有能源、中煤能源、大同煤业、陕西煤业、山煤国际、国投新集等，大多亏损 10 亿元以上。

（二）煤炭资源无序开采导致生态环境破坏

耿殿明、姜福兴（2002）分析了煤炭矿区生态环境问题的形成与危害，煤炭开采形成对土地资源的破坏和占用，导致土地资源破坏及生态环境恶化，对水资源的破坏和污染，加剧缺水地区的供水紧张，对大气环境的污染，导致废气排放，危害大气环境。胡予红等（2004）的观点也印证了煤炭无序开采对土地的破坏，具体表现为废弃物侵占污染土地、地表塌陷、土地沙漠化等，煤炭无序开采对周边水资源造成严重污染，煤炭开采产生的气体无序排放对空气也造成污染。宋世杰（2007）认为：由于煤矿废水排放量大、成分复杂有害，造成煤矿区周边水体污染，生物损害，影响地下水水质，生态功能；由于煤矸石风化、溶碎，废水、粉尘污染，造成煤矿区土壤有害元素提高，质量下降，并且土壤中有害元素如果被植物吸收，被动物和人体食用，产生更多危害；由于煤矿区周边土壤破坏，生态退化，沙漠化严重，导致大量农作物减产；煤矿无序开采还造成空气污染，噪声污染，周边休闲环境破坏等。党晋华等（2007）核算了 2003 年山西省煤炭开采造成的环境污染与生态破坏结果，损失约为 286.7468×10^8 元，折合每吨煤损失 63.79 元。

（三）煤炭资源无序开采导致安全事故频发，破坏社会和谐

中国能源网首席信息官韩小平指出中国煤炭业违反了市场规律，而大量现货交易，没有利用高效的金融市场定价。所有行为人均是短期行为，无人愿意为长期的安全生产埋单，如果按照长期协议定价，煤炭开采会合理计划，平稳有序，但现实的现货定价，由于煤炭现货价格的波动，使很多企业产生投机心理，一旦煤炭价格上涨过快，煤炭企业会立即加快生产，因为安全设备准备不足，工人培训不完善，安全保障体制不健全，可能导致出现安全事故。根据中国国家安全生产监督管理总局公布事故情况，统计发现自 2014 年到 2016 年 4 月 3 日，煤炭企业开采导致人员死亡的安全事故 79 起。② 比如 2010 年 3 月 28 日，

① 来源于人民网 http：//finance.people.com.cn/n1/2016/0219/c1004-28135393.html，经整理。

② 数据来源于国家安全生产监督管理总局、国家煤矿安全监察局网站，http：//media.chinasafety.gov.cn：8090/iSystem/shigumain.jsp，经整理。

华晋煤业公司王家岭煤矿发生透水事故，事故造成153人被困，其中有38名矿工遇难，国家调查组实地调查发现王家岭煤矿建设施工过程中存在着严重的违规行为，施工单纯追求施工速度，不重视施工安全质量，忽视有效的安全设备，调查组组长、国家安监总局局长骆琳指出，煤矿水文地质资料未查清，仅为了赶工期，单纯追求速度，就进行开工，没有按照先探后掘、有疑必探的规定，同时进行十五个掘进面作业，并且忽视安全生产，安全设施不齐全，管理安排混乱、无序，当出现透水事故预兆时，也没有采取有效预防手段，反而继续施工作业，最后酿成重大安全事故，这也印证了中国部分煤炭企业无序开采的情况。①

（四）煤炭资源无序开采破坏资源储备能力，殃及可持续开发

梁金修（2005）认为中国煤炭资源赋存不高条件下，煤炭资源浪费破坏较严重，煤炭行业开发秩序较乱，企业恶性竞争开采，挑肥丢瘦，中国煤矿平均回收率在30%～35%，小型矿企为10%～15%，指出法律法规滞后，不健全，矿业权低价取得使用，管理落后，技术设备落后，职工素质整体偏低是造成煤炭资源浪费的主要原因。张铁岗（2009）指出煤炭开采中薄煤层被忽视，很多开采管理者没把它看成中国宝贵的、不可再生的资源，对企业效益好就采，效益慢就不采，吃厚丢薄，造成资源浪费，有些个体户矿企，采用“房柱式采煤法”，造成回收率不到30%，破坏了整个资源的面貌。王丽丽（2013）采访了山东能源集团董事长卜昌森，其谈到煤炭开采企业“在煤炭开采中，由于投入不足、挑肥拣瘦等原因丢掉资源，是看不见的浪费”，“浪费了煤，就没有了。煤炭资源是不可再生的，浪费简直是一种犯罪”，损失浪费的煤炭资源数量很大，破坏了资源储备能力，这种开采具有明显的不可持续性。李北陵（2014）说明了部分国有煤矿企业投资不讲效益，只顾完成计划指标，违背规律高强度开采，部署不当，过度压缩成本，杀鸡取卵，透支家底，缺少合适的资源利用计量考核，不进行煤矿采区与煤柱设计的考量，依赖设计人员经验素质，没有强制性规范，边缘化煤炭共生和伴生资源开发，造成资源大量浪费。

二、观察煤炭行业绿色、可持续发展四个主要维度

（一）技术经济维度

钱鸣高等（2003）介绍了保水开采技术、建筑物下采煤与减沉技术、采空区充填开采技术、煤与瓦斯共采技术、降低矸石排放技术、煤巷支护技术、煤

① 具体参见人民网 http：//society. people. com. cn/GB/8217/185382/。

炭资源地下液气化技术等绿色开采技术。袁亮（2009）研究了淮南矿区，提出了首采煤层顶板、大间距上部煤层、煤层群多层的卸压开采抽采瓦斯技术，无煤柱与瓦斯共采技术，松软煤岩巷道围岩控制技术。缪协兴、钱鸣高（2009）系统研究了煤与瓦斯共采技术、矸石直接充填采煤技术、保水采煤技术，详细论述了煤与瓦斯共采的“0”形圈原理，采动卸压瓦斯抽采技术，采场底板突水防治技术，矸石直接充填采煤技术。程远平等（2009）回顾了煤矿瓦斯抽采技术的发展，总结提出了适用于煤矿瓦斯抽采指标考核要求的瓦斯抽采分类方法，即采前抽采、采中抽采和采后抽采，并给出了具体的设计方法和技术参数，重点介绍了采前抽采煤层瓦斯的区域性瓦斯抽采方法，简要介绍了通过瓦斯的综合抽采实现煤矿安全高效开采的先进经验。秦勇等（2014）总结了煤储层物性动态规律、煤层气高产井区地质控制模式等地质动态理论，煤层气有利建产区地质综合评价技术、煤储层开发地质动态评估软件系统等煤储层开发动态地质评价技术，又总结了多煤层多场耦合煤层气开采物理模拟装置、煤层气直井流体参数探测仪样机、煤层含气量天然源超低频电磁探测仪等煤储层开发装备的进展情况。谢和平等（2014）回顾了煤与瓦斯共采理论与关键技术发展情况，针对基础理论与工程技术面临的难题，介绍了采动煤岩体瓦斯增透理论与模型、变频气动致裂瓦斯抽采技术及其与岩层移动时空协同的煤与瓦斯共采技术体系。黄炳香等（2016）探讨了伴生资源开采技术经济评价方法，多种伴生资源共采方法，煤与煤系半身资源共采的关键工艺、岩层移动与围岩控制、矿井通风与安全、污染元素扩散与环境控制等技术。所以，政府与煤矿企业需转变开采理念，积极探索煤系伴生资源的综合勘探与共采实践，提高资源利用率，推动煤炭产业结构调整。但是，对于像内蒙古鄂尔多斯盆地煤炭、铀矿两种资源储量丰富且负责性共存的情况，可以暂时封存，适时开发，加强资源保护，加强科研和技术论证，统筹保护国家的宝贵资源。

（二）安全经济维度

要树立广义的煤炭资源安全观，不仅要重视生产，运输安全，还要通过有序开发加以储备，实现真正可持续意义上的安全。首先，煤炭资源要保证供给安全。中国煤炭资源储量相对于国家总人口显得不足，成为中国煤炭资源安全的最大问题，中国煤炭生产西移，增加了煤炭资源开采，供应的难度，煤炭生产能力虽很强，但资源回采率较低，落后产能依然存在，煤炭消费总量居高不下，依然是中国的最主要能源，部分煤炭品种进口增长较快。其次，适应中国发展水平的煤炭价格安全。中国国内煤价受国际市场影响逐渐加深，价格不确定性变大，煤炭定价制度和市场化因素使得中国煤炭价格安全问题继续存在，煤炭价格波动对中国经济发展产生一定程度的负面影响。再次，煤炭运输安全。铁路是中国煤炭资源运输的主要路径，但是，铁路领域市场化改革滞后，铁路仍然是计划经济的管理体制，煤运通道投资不能调动地方和煤炭企业的积极性，国家铁路、地方铁路和企业铁路之间缺乏协调机制，衔接不畅，主要运煤铁路运力趋于饱和，运力配置不合理。水路是东南地区运煤的主要方式，需要解决北方沿海煤炭下水通道能力不足问题，接卸港能力缺口问题，中转储备基地建设问题。公路对煤炭运输业发挥着重要作用，但公路管理体制不畅，在煤炭运输中缺乏宏观协调管理，运销中间环节收费金额过高，抗灾能力较差。最后，煤炭资源储量的可持续开采安全。中国国家统计局发布的《2015年国民经济和社会发展统计公报》显示，2015年煤炭占能源消费比重为64%，[①] 另外，中石油发布的《2015年国内外油气行业发展报告》显示2015年中国石油对外依存度已达到60.6%，[②] 可见，中国煤炭资源的充足供应保证了中国的能源安全，中国相对丰富的煤炭资源支撑了中国能源安全的基础，在一定程度上缓解了中国石油和天然气资源约束的矛盾，但是，一旦中国煤炭资源短时间内被低效消耗殆尽，中国的能源安全就不能保证，所以，必须树立着眼于子孙后代角度的可持续煤炭资源安全观。

（三）资源经济维度

煤炭资源等稀缺资源配置需要组织与制度保障，竞争性开采不利于稀缺资源行业的可持续发展。中国科学院可持续发展战略研究组组长牛文元指出山西推进的煤炭资源企业兼并整合，不是用所有制来分界，而是大企业，优质企业兼并整合小型、劣质企业。产量大优质的煤炭资源企业多是国有制企业，技术先进，管理完善，而被兼并整合的多是规模小、技术落后、管理不完善、设备落后、回采率低的小煤炭企业（郑亦工，2009）。李鹏飞（2009）说明了煤炭行业是处于安全生产等方面考虑而推行兼并收购，强调了根据党的经济方针政策与国家管理部门的指导意见，国有经济要在国家安全、自然垄断行业要有控制力，在工业化的初中期，需要国有企业来支持实现国家的工业化目标，通过兼并收购小企业，能提高其竞争力，合理规划改革的大方向。洪联英等（2011）建立了国有资源类行业的兼并重组模型，分析了兼并重组方面的整合效率及所有权安排问题，国有资源产业兼并重组并不存在最优企业所有权安排，关键是要构建并完善有效的治理结构和治理机制，要使兼并重组富有效率。张玉兰（2011）研究发现随着各种所有制的煤炭资源整合，煤炭企业的生产规模、产业集中度、安全生产系数、资源回采率等方面都比以前明显提高，进一步说明因为涉及国家能源安全、重大民生问题，需要将煤炭资源及其整合纳入国家发展战略，提出煤炭资源整合目标需要重新思考，由考虑煤炭资源集中度与安全生产角度，向效率优先、兼顾公平与可持续的层面的多角度转变，煤炭资源整合

① 数据来源于中国国家统计局网站 http：//www. stats. gov. cn/tjsj/zxfb/201602/t20160229_1323991. html。
② 孙贤胜、钱兴坤、姜学峰：《2015年国内外油气行业发展报告》，石油工业出版社2016年版。

以政府宏观调控为导向，而不是政府的直接干预，支持了煤炭资源整合的主体"国进民退"国家能源发展战略趋势。这些观点均说明要对煤炭资源进行合适的组织和制度保障，这样才能规避竞争性开采的不良后果，实现煤炭资源经济的可持续发展。

（四）环境经济维度

基于环境经济维度来思考煤炭资源可持续发展问题，选择金山银山的现实财富，还是选择青山绿水的和谐环境，这需要一个权衡。煤炭的大规模开采利用，为人类带来经济、可靠、高效的能源保证支持经济发展的同时，也带来了比较严重的环境生态问题，尤其是各别重点矿区的局部环境恶化异常突出。煤炭大规模开采利用，会引发土地资源破坏，土地塌陷，矸石堆积占地，地下水与地表水污染，瓦斯排放造成大气污染，煤炭燃烧生成大量污染气体、粉尘与烟尘，对土地、水源、大气等环境造成恶劣影响，而环境污染破坏，直接造成自然灾害加频发与危害程度加剧，影响人类的健康。煤炭开采对生态环境产生破坏影响，这种影响逐渐向西部生态环境脆弱区转移，东部煤炭资源已经接近枯竭，今后开采向山西、陕西、内蒙古、甘肃等西部地区转移，而这些西部地区煤炭资源占中国保有储量的90%左右，但水资源仅占中国的21.4%，①水资源缺乏，多是干旱、半干旱或沙漠化地区，植被覆盖率低，水土流失严重，生态环境比较脆弱。此外，中国煤炭行业相应的环境保护政策体系不健全，很多法律法规缺乏具体的、可操作的政策条款，处罚较笼统，有时没有统一的界定标准，煤炭行业环境保护牵涉的管理部门较多，多部门职责不同，监管范围不同，多头管理缺少高效无缝衔接、合理配合，煤炭行业环境保护缺乏自身内部激励，没有把这些负外部性影响合理成本内部化，也没有合理的惩罚措施。最后，煤炭清洁利用技术发展缓慢，同热值的煤炭燃烧排放的二氧化碳是远超过石油，更远超天然气，煤炭清洁技术受到经济发展水平，管理机制等因素制约。

三、绿色发展理念下的煤炭资源跨期有效配置开采模型

（一）模型假设

煤炭资源初始可供开采储量为 Q_0，q_t 为 t 时间段的开采量，煤炭资源需求方程为 $p_t = a - bq_t$，其中 a 与 b 为正值常数，煤炭资源总成本方程为 $C_t = cq_t$。

（二）福利函数

假设当期消费量等于开采量，则开采量为 q_t 的社会福利函数为：

① 具体参见新华网 http：//news. xinhuanet. com/energy/2013 -08/11/c_125147457. htm。

$$W_t = B_t - C_t = \int_0^q (a - bq_t)\,dq_t - cq_t = aq_t - \frac{b}{2}q_t^2 - cq_t$$

W_t 为第 t 时间段的社会总福利，B_t 为利润函数。假设存在两期时间段，第 0，1 期分别代表现在和未来，ρ 为效用贴现率，则社会福利函数变为：

$$W = W_0 + \frac{W_1}{1+\rho} = aq_0 - \frac{b}{2}q_0^2 - cq_0 + \frac{aq_1 - \frac{b}{2}q_1^2 - cq_1}{1+\rho}$$

（三）跨期煤炭资源有效开采模型

两期时间段的煤炭资源跨期有效配置开采模型为：

选择 q_t，t 为 0，1，满足

$$\max W = W_0 + \frac{W_1}{1+\rho}$$

s. t. $q_0 + q_1 = Q_0$

得到：

$$q_0 = Q_0 - \frac{c\rho - a\rho + b(1+\rho)Q_0}{b(2+\rho)}$$

$$q_1 = \frac{c\rho - a\rho + b(1+\rho)Q_0}{b(2+\rho)}$$

还得到：$p_1 - c = (1+\rho)(p_2 - c)$

上式含义是煤炭资源影子价格增长率等于社会效应贴现率。

（四）加入技术进步因素的跨期煤炭资源有效开采模型

考虑技术进步产生了可靠的替代性新能源，则影响了煤炭资源的需求价格弹性，新的需求方程为 $p_t^1 = a^1 - b^1 q_t$，则，$a^1 < a$，$b^1 < b$，得到：

$$q_0^1 = Q_0 - \frac{c\rho - a^1\rho + b^1(1+\rho)Q_0}{b^1(2+\rho)} < q_0$$

$$q_1^1 = \frac{c\rho - a^1\rho + b^1(1+\rho)Q_0}{b^1(2+\rho)} > q_1$$

可见，技术进步产生了替代煤炭的新能源，使得煤炭的当期消耗减少了，未来消耗增加。

（五）无限期煤炭资源有效开采模型

此时社会福利函数为：

$$W(q) = B - C = \int_0^{\infty} p(q)\,dq - c(q)$$

无限期有效配置开采模型满足

$$\max\int_{0}^{\infty} W(q)e^{-\rho t}dt$$

s. t.
$$\int_{0}^{\infty} q dt = Q_0$$

构造拉格朗日函数，则得到：

$$[p(q) - c'(q)] = \lambda e^{-\rho t}$$

其中 λ 为拉格朗日乘数，煤炭资源的最优开采要求 $[p(q) - c'(q)]$ 以速度 ρ 的增长，相对低的煤炭价格会刺激煤炭的巨大需求，寻找替代能源的激励降低，造成资源的浪费与无序开发，大量的煤炭产能过剩，所以需要政府进行绿色、可持续发展理念的监管。

四、中国煤炭资源开采面临的主要问题

第一，煤炭资源储量相对不足。《中国矿产资源报告（2015）》显示 2014 年中国煤炭查明储量为 15317 亿吨，较 2013 年增长 3.2%，但是人均仅为世界平均水平的 2/3，并且其中焦煤、无烟煤等稀缺煤种资源储量尤其匮乏。[①] 另一角度看，2015 年《BP 世界能源统计年鉴》显示 2014 年年底煤炭资源探明储量中国为 1145 亿吨，占世界总量比例为 12.8%，储产比为 30 年，美国探明储量 2372.95 亿吨，占世界总量比例为 26.6%，储产比为 262 年，俄罗斯探明储量 1570.10 亿吨，占世界总量比例为 17.6%，储产比为 441 年，人均煤炭资源储量与美国、俄罗斯差距更大。[②]

第二，煤炭资源布局矛盾增加。中国煤炭资源布局主要在国土北部与西部，从区域分布看主要分布在华北地区、西北地区，华北地区最多，占全国总储量的 49.25%，其次为西北地区，占全国总储量的 30.39%，依次为西南地区，占 8.64%，华东地区，占 5.7%，中南地区，占 3.06%，东北地区，占 2.97%。煤炭资源大省有新疆、内蒙古、山西、陕西、贵州、宁夏、甘肃、河北、河南、安徽与山东，这十一省占全国煤炭资源总储量的 95% 以上，其中，新疆、内蒙古、山西、陕西、宁夏、贵州六省煤炭资源总储量占全国 80% 以上，按埋深在 1000 米以内的储量比较，其中大别山—秦岭—昆仑山一线以北地区资源量约占全国总量的 94%。[③] 可见，中国经济发达的南部，东部地区煤炭资源储量缺乏，随着东部经济发达地区煤炭资源储量的日益减少消失，煤炭资源布局矛盾显著增加。

第三，煤炭资源开采浪费严重。从整体看，中国煤炭资源回采率低下，部

① 中华人民共和国国土资源部：《中国矿产资源报告（2015）》，地质出版社 2016 年版。

② 来源于 BP 中国网站，http://www.bp.com/zh_cn/china/reports-and-publications/_bp_2015.html。

③ 具体参见中国网 http://www.china.com.cn/info/06nengyuan/txt/2006-08/29/content_7115003.htm。

分煤矿企业采肥丢瘦、无合理计划乱采，造成了煤炭资源开采浪费严重，所以，2012年12月24日，中国国家发改委发布《生产煤矿回采率管理暂行规定》，对煤炭资源开采回采率做出强制规定，具体是，露天煤矿煤层厚度大于6米的，回采率要大于95%，煤层厚度在3.5~6.0米，回采率要大于85%，煤层厚度在1.3~3.5米，回采率要大于80%，煤层厚度小于1.3的，回采率要大于70%，对井下煤矿要求，煤层厚度大于3.5米的，回采率要大于85%，煤层厚度在1.3~3.5米，回采率要大于80%，煤层厚度小于1.3米的，回采率要大于75%。[①]

第四，煤炭资源安全生产形势严峻。煤炭开采行业具有特殊性，因为存在水、火、瓦斯、煤尘等多种危险因素，尤其是矿井开采作业，特殊性环境对工作人员安全存在一定的危险性，而一旦煤矿企业管理松散，安全检查放松，安全设施不齐全，容易造成人身伤亡事故发生，Nie Huihua and Zhao Huainan (2013) 找到的中国与美国官方煤矿生产安全事故统计数字显示，2000~2011年12年间，中国煤矿开采事故死亡人数年均为4643人，美国为32人，中国远远高于美国。虽然中国煤炭资源安全生产已经大大进步，但是，到目前仍然会出现重大安全事故，例如，2016年3月6日，吉林江源县吉煤（集团）通化矿业公司煤矿发生煤矿安全重大事故，事故造成12名工人死亡，2016年4月3日，新疆喀什莎车县天利煤矿发生顶板安全事故，造成3人工人死亡。[②]

第五，煤炭资源开采破坏生态环境。煤炭资源开采会引发土地资源破坏，土地沉陷，矸石堆存占地，地表水与地下水污染，瓦斯、煤尘排放造成大气污染，对煤炭矿区土地、水源、空气等生态环境造成恶劣影响，并且随着中东部煤炭资源开采日益枯竭，煤炭资源开采大规模向生态环境脆弱的中西部地区转移，而这些占中国近90%的煤炭资源的中西部煤炭资源富集地区大多分布在大陆性干旱、半干旱、沙漠气候带，这一地区植被覆盖率很低，水土流失较大，沙漠化严重，山体滑坡与泥石流等灾害经常出现，自然生态环境较差，煤炭资源大量开采更容易对周边环境造成剧烈危害。此外，煤炭在燃烧使用中，生产大量二氧化硫、二氧化碳、粉尘及其烟尘，对大气污染严重。

第六，煤炭资源产能过剩严重。根据中煤协公布中国煤炭产能数据与中国国家统计局公布煤炭消费数据上文经过测算，2015年中国煤炭产能过剩17.31亿吨。2016年3月6日，山西省长李小鹏指出：煤炭行业销量与价格在下降，但是库存在上升，煤炭企业应收账款与负债率在上升，但是企业的效益严重下降；山西省属五大煤炭集团应收账款2015年底达到678.2亿元，是2011年的2.4倍，较2014年增长35.4%，负债率2015年已达81.79%，整个煤炭资源业

① 具体参见中国发改委网站，http：//zfxxgk. ndrc. gov. cn/PublicItemView. aspx？ItemID = ｛c3ff75a0 - 93e1 - 4c30 - 90c1 - d7f95801c018｝。

② 具体参见国家安全生产监督管理总局、国家煤矿安全监察局网站，http：//media. chinasafety. gov. cn：8090/iSystem/shigumain. jsp。

2015年全年亏损94.25亿元；山西有些煤炭资源企业拖延发放工资，延期缴纳社会保障金，造成民众生活困难。[①] 这从一个侧面反映了目前中国煤炭资源产能过剩的严峻形势。一方面，煤炭产能严重供大于求，煤炭价格快速下跌；另一方面，随着中国经济进入转型升级的新常态，并且发电行业正走向多元化，导致煤炭需求持续低迷。

五、主要煤炭资源大国煤炭资源开采及政府监管的经验借鉴

（一）美国情况

美国联邦政府及各个州政府利用有效的煤炭资源管理部门对煤炭资源开采进行管理，制定了相关法律法规，限制开采申请，进行整体规划，从各个方面管理煤炭资源的开采。

1. 煤炭资源管理部门

美国国土面积中1/2以上是私有产权，1/3左右是联邦政府产权，1/10左右为地方各州政府产权。私有土地的自然资源，包括煤炭资源归私人所有，联邦政府的土地主要集中在资源储量大的西部地区，地方各州的煤炭资源归各州所有。煤炭资源管理实行多部门合作管理，有能源部的化石能源办，环境管理办，内政部的矿产管理局，土地管理局，复垦局，农业部的自然资源保护局等。美国煤炭资源各个管理部门合作管理，从美国联邦政府到地方各州管理逐渐细化，联邦政府宏观管理，各地政府根据当地特点区别化、精细化管理，但由于不同产权的煤炭资源，其管理部门也不尽相同，各行其职。

2. 煤炭资源的相关法律法规

在美国煤炭资源开采必须遵守相关法律法规，主要有对所有自然资源通用的法律法规如《普通矿业法》《矿产租让法》等，还有针对煤炭资源的管理的《煤炭租赁法修正案》《地表采矿管理与复垦法》，除此之外，美国煤炭资源开采实行先预防环境污染后开发的指导方针，煤炭资源开采特别要遵守环境保护的法律法规，主要有《资源保护和回收法》（RCRA），《清洁空气法》（Clean Air Act），《综合环境反应、赔偿和责任法》（CERCLA，超级基金法），《安全饮水法》（SDWA），等等。这些法律法规的制定，保障了煤炭资源绿色开采，有效提升了煤炭资源企业的开发技术，应用技术，防止了大规模的生态环境污染。

3. 煤炭资源开采申请办法

对于美国联邦政府或各地方政府控制的煤炭资源，实行竞争性租借出让，既可以政府对煤炭资源进行竞争性出让，又可以受让人提出申请，再有政府招

① 具体参见新华网 http：//news. xinhuanet. com/fortune/2016 -03/09/c_128784460. htm。

标性租借出让，一般是后者方式较常见。首先煤炭自然租借受让人提出申请，申请煤炭查勘许可，主管部门收到申请后进行环境影响评价，收取申请人保证金，如果环境评价通过，受让人查勘后认为值得开采，再申请煤炭资源租借合约，主管部门再评估地区资源规划、用地计划，环境影响评价，提出最后租借建议报告，并广泛听取大众意见，最后决定是否租借，若决定租借，需要计算评估煤炭资源可供开采的储量、质量与开采成本，进行技术与经济评估，最后算的煤炭资源的价格，然后，主管部分提前在大众传媒上发布煤炭资源租借招标公告，进行竞争招标，申请租借受让人投标，出价相对高的申请人中标。

除此之外，不论煤炭资源产权如何，在美国开采煤炭资源，均需要缴纳相关费用，对于政府控制的煤炭资源开采者主要缴纳土地使用费，矿产资源费，红利费，土地使用费即为投标的租借费，矿产资源费按收入的比例缴纳，而红利，煤炭资源开采者获得利润越多缴纳越多。

4. 煤炭资源开发的整体规划

美国对自然资源包括煤炭资源开采是以境外采购，境内开发与储备并重，特别重视进口境外资源，尽量保护并储备境内资源，建立了矿产品储备制度。开发方面，对煤炭资源开采审批很复杂，联邦政府主要通过内政部地表采矿办公室审批，审批中特别重视生态环境污染与人身安全问题，申请人要提供各个方面材料，以证明有资历与能力进行开采。地方政府同样规定了多样开采政策，例如，何金祥（2016）说明了美国阿拉斯加州政府在资源开发方面重视环境保护和安全管理，重视土地多重利用价值，遵守最佳管理实践。此外，美国对煤炭资源企业进行煤炭研究开发，基于环境保护技术革新的资金扶持，例如，重视洁净煤应用开发技术，对衰退煤矿业地区，提供资金进行综合生态环境治理。

（二）德国情况

德国是煤炭储量大国，无烟煤与褐煤储量丰富，世界上最大的褐煤生产国，德国最大的能源供应和基础设施服务商莱茵集团1/3 多的电力供应来白褐煤，虽然褐煤煤化程度低，燃烧值低，开采利用成本高，但是德国煤炭生产安全技术处于世界先进水平。

1. 煤炭资源开采综合管理

德国煤炭资源开采管理通过联邦政府与州政府配合进行，联邦政府有德国联邦经济合作与发展部，联邦环境、自然保育及核能安全部，联邦经济和技术部等部门，再通过与各州政府相关部委联合管理煤炭资源开采。德国煤炭资源开采重视环境保护，主要由联邦政府环境部负责管理，还特别重视煤炭资源的经济节约与资源安全供应。此外，德国煤矿开采重视职工的安全保护，基于《劳动保护法》等相关法规，落实煤矿企业主对职工的健康安全责任，重视职工完全教育，对各种安全事故，防范于未然。

2. 煤炭资源开采技术发达

德国煤炭资源开采企业设备先进，智能化、自动化水平高，德国利用自身高端的装备制造业水平，开发先进的煤炭挖掘设备，高效的煤炭分拣装备，利用智能探测手段定点开采，利用高效数字车床手段运输资源，并且，针对煤矿安全事故预防，可以利用智能设备对潜在的危险环节和地点进行有效预防。

3. 煤炭资源开采安全准入制度严格

德国煤矿开采，包括瓦斯开采利用，地热利用，瓦斯燃气的采集等事项都必须符合准入条件，获得准入许可。在准入条件及生产实际中高度重视劳动保护，真正体现以人为本，人文关怀，政府对企业要提出劳动保护要求，生产环境要求。德国规定，如井下生产环境温度凡在 32 摄氏度以上要停产，不允许工作，严格规定劳动时间，煤炭开采企业配备照顾职工身体健康的专职保健医生。

4. 煤炭资源开采安全监管

德国煤矿安全监督管理体现在两方面力量，一方面力量是政府相关行政机构、煤矿行业协会与矿企内部安全部门，政府如对煤炭开采企业检查，一般突击检查，不给企业准备时间，随时按程序现场执法；另一方面力量是社会监督力量，包括工伤事故保险会，由于德国工伤保险制度建立最早，对工伤事故处理预防完备，事故赔偿制度完善，预防工伤事故手段先进，对煤矿职工健康保障有效，可以大大规避矿难事故，并且一般每年从工伤保险基金提取 15% 左右资金用于煤矿事故安全预防。

5. 鲁尔煤炭区产业转型

德国鲁尔煤炭区工业总产值曾占德国全国的 40% 以上，随着浅层煤开采殆尽，深层煤开采成本大大提高，鲁尔煤炭区煤矿减少，经济衰退，失业增加。但是经过产业转型升级，鲁尔区有了新的支柱产业，电子信息技术业，生物技术产业文化创意等服务业蓬勃发展，逐渐实现传统产业向多元产业的转型，特别是文化创意产业，以吸引旅游消费为目标，利用原有的煤炭工业设施，让游客体验煤炭传统生产方法，实现工业体验旅游目标。

（三）南非情况

南非有丰富的煤炭资源，是世界上重要的煤炭生产国，最大的煤石化生产地，因为其他化石资源储量有限，南非特别依重煤炭资源开采利用，还利用煤炭出口创汇。

1. 煤炭资源开采管理部门与相关法规

南非国家矿产与能源部下属的矿产与能源局代表国家行使管理职权，其主要职责是负责制定和落实国家能源政策和相关法规。南非为合理开发利用煤炭等自然资源，制定了一系列法律法规，如《矿山与工厂法》、《采矿资格注册法》、《开采权法》、《矿产技术法》、《矿产法》及其《矿山安全与健康法》等，这些法规保障了南非煤炭资源健康开采。

2. 煤炭资源开采规定严格

南非煤炭开采企业多由私人企业来经营，而南非国家矿物权的所有权属于国家所有或私有。对于共有煤炭资源政府限制严格，管理私人企业的开采煤炭权力与勘探煤炭权力，私人企业可以租借国家所有的煤炭矿，要支付煤炭矿租借费，缴纳开采税，租借费以煤矿收入的一定比例支付给政府，开采税方面，随着煤炭开采企业利润越多，缴纳越多，还必须缴纳一定的环境保护开采税。对于私有所有的煤炭矿可以进行产权买卖，开采时仍然要缴纳开采税。

3. 煤炭资源开采安全监管

南非在煤炭资源开采安全应急救援体系方面，建立了国家、行业、企业三个层面完善煤矿安全救护工作：国家层面，设立矿山救护中心，指导全国矿山救护工作；行业层面，成立南非矿山救护公司，南非矿山救护公司就是煤矿行业各个企业互助公司，救护公司自身不生产，需要各个煤矿会员单位依据自身条件与煤矿规模缴纳会员费用，救护公司通过使用这些资金来帮助出现安全事故的煤炭矿企；企业层面，各个煤炭矿企配备救护人员，定期模拟救援演习。南非对于煤炭开采企业安全实施要求严格，规定煤矿超过一定深度需要建设安全避难所，所里必须配备生活用品，比如饮水、实物、通话工具等，规定了煤矿要配备检测仪、报警仪等安全装备。

4. 利用国家煤炭资源数据库开采资源、保护环境

南非为了有效开采煤炭资源、保护环境，建立了国家级煤炭资源数据库。要求持有资源勘探许可证的企业或公司在资源勘探或终止资源勘探活动后必须将资源勘探数据提交给国家，国家在收到资源勘探数据后随时向公众公布。南非根据《环境保护法》，要求煤炭开采企业未经国家正式批准不得从事矿产资源开采活动，并且，煤炭资源开采时，必须保证不对周边生态环境造成破坏影响，如果造成破坏了环境，政府对其进行处罚。

六、按绿色发展理念对煤炭资源开采进行政府监管改革

习近平总书记提出，绿色发展理念是建设美丽中国的必然要求，绿水青山就是金山银山，生态文明异常重要，生态环境美好是最普惠的民生福祉，关系中国民族未来发展。[①] 绿色发展理念可以指导改变落后的高投入、高消耗、高污染发展模式，革新为相对低投入、低消耗、低污染，但伴随高科技、高效益、高产出的发展模式，如此，可以解决煤炭等资源型产业的技术经济问题、安全经济问题、资源经济问题及其环境经济问题，助力中国资源型产业的结构性改

① 参见人民网，http：//cpc. people. com. cn/xuexi/n/2015/1112/c385474－27806216. html。

革成功。

（一）重构煤炭资源开采监管理念，夯实各阶段监管

1. 煤炭资源开采进入的监管

中国应该继续煤炭资源开采进入的监管革新。相对于美国、德国、南非等各个主要产煤国家都有严格的煤炭资源开采进入政策及其法律法规限制，中国也建立了相应的进入监管政策与法律法规制度。根据中国《矿产资源法》《煤炭法》《行政许可法》《安全生产许可证条例》等法律法规的规定，对煤炭资源开采行业采用特许制度，随着市场经济改革的深入，监管水平的提高，逐步建立出“六证一照”准入许可模式，具体为煤炭生产许可证、安全生产许可证、采矿许可证、矿长资格证、矿长安全资格证、组织机构代码证及营业执照，虽然第十二届全国人民代表大会常务委员会第三次会议修改了《中华人民共和国煤炭法》，免减了煤炭生产许可证，煤矿矿长资格证和矿长安全资格证，但继续建立完善的责任清单制度，今后应该全面落实审批煤炭资源开采的政府单位和个人，实行终身责任追究制度。除此之外，在当前煤炭资源开采产能过剩的背景下，要更加严格监管煤炭资源开采进入，控制新增煤矿与原有企业扩大产能。

2. 煤炭资源开采运行的监管

煤炭资源开采企业的运行监管也不可或缺，需要继续对竞争秩序等运行情况进行监管革新。首先，要加强监管的科学化、法制化、制度化，建立起各个监管部门协调高效、配合严谨、无缝对接的监管体系，吸取多年煤炭开采中监管不到位，必须监管内容缺失的不良情况，对各个煤炭监管部门监管责任与监管内容做细化落实，对监管程序与监管尺度进行科学化、法制化论证，对监管手段进行信息化、智能化创新，比如落实合理监控设备的使用。其次，建立合格的监管人才队伍，吸引新的优秀煤炭监管人才进入，培训原有的监管人员，提高监管技术程度，业务水平。再次，认真落实监管中所发现问题的查处，对问题煤炭开采企业进行定期与不定期检查，对相关责任人实行责任追究制度，绝不姑息手软。最后，对煤炭资源的过度竞争开采要严厉管控，对技术是否达标，安全是否有保障，设备是否符合要求等情况要保持强度监管状态，不可懈怠放松。

3. 煤炭资源开采退出的监管

煤炭资源开采企业的退出监管也很重要，部分企业需要破产退出，部分企业需要被整合并购，不管何种形式退出必须依法合规有序退出。对于煤炭资源储量低，禀赋差，安全条件不达标，长期亏损的煤炭资源开采企业，可以关闭破产退出。但对于破产企业产生的债务要依法处理，矿区职工的应有权益要依法保证，地方政府要处理好破产经费缺口问题，尤其是职工养老保险金与医疗保险金，矿区社区正常运转的各项费用要保证充分。对于破产企业的职工要妥善安排，保障基本日常生活，再通过教育培训，引导鼓励各种手段实现再就业

或创业。煤炭资源开采企业的整合并购重组，要有宏观设计，合理规划，审批部门要严格评估实施，整合并购重组行为要依法实施，要保证被并购企业的合法权益，整合重组后的大企业，对待所有职工要公平合理，在企业职工的减员分流、培训提拔中要一视同仁，杜绝本位意识。

（二）煤炭资源产能过剩下跨度时间与空间理念的监管革新

1. 煤炭资源开采时间先后的监管革新

基于煤炭资源产能过剩的现状，对不同煤炭资源开采的时间先后顺序要有宏观监管革新。2016 年 3 月 2 日，安徽省公布了《关于安徽省煤矿停止开采区和暂缓开采区划定工作的指导意见》，划定采深大于 1200m 的区域等四种条件情况为停止开采区，划定煤层原始瓦斯压力较大，并且无保护层开采条件或未采取地面钻井抽采或井下远距离钻孔等措施将瓦斯压力降到 3MPa 以下的等六种条件为暂缓开采区。[①] 借鉴其关于划定煤矿停止开采区和暂缓开采区的做法，中国可以统筹全国煤炭资源开采的现状，根据煤炭资源储藏结构情况，周边生态环境承受度情况，安全所需生产技术情况，划定煤炭资源现阶段大力开采矿，现阶段暂缓开采矿，较长期停止开采矿，很长期停止开采矿，根据不同实际情况，具体制定科学的煤炭资源开采的时间先后顺序表。

2. 煤炭资源开采空间布局的监管革新

对于中国煤炭资源产能过剩的现实情况，要统筹监管全国的煤炭资源开采空间布局。对于现阶段煤炭资源的开采要全国下一盘棋，尽量避免各地方的利己本位主义，根据科学性原则，合理规划安排煤炭资源开采的全国空间布局。首先，在相同生态环境条件下，尽量优先开采西部地区煤炭资源。目前经济新常态下，东部煤矿地区要抓住供给侧改革的历史机遇，抓紧时间培育新的经济增长点，建立新的高科技、高附加值产业，发展战略性新兴产业和生产性服务业，此外，在此刻铁路运输能力过剩条件下，西部煤炭资源可以更低成本、更高效率运输到东部地区。另外，要优先开采生态环境高承受力地区的煤炭资源，生态环境承受力差地区的煤炭资源应尽量封存资源，待生态环境好转，或者科学技术进步到较高水平，可以低污染，低破坏开采煤炭资源的情况，才进行开发。

（三）拓展监管视野，以广义安全观进行监管

1. 煤炭资源开采狭义安全的监管

在目前煤矿安全事故频出的情况下，仍然要重视煤炭资源开采职工生命安全的监管，要对监管进行革新。监管要明确目标，职工生命安全为根本目标，各个监管部门要无缝协调合作，合理细化明确各自任务，制定科学的监管方案。

---

① 参见安徽经济和信息化委员会网站，http：//www. aheic. gov. cn/zwgk/zwgk_view. jsp？strId = 14569016698149572&view_type = 4。

监管中首先要强调“管”，使每一个煤炭资源开采企业建立一整套合格的保护职工生命安全的系统，使每一个煤矿安全设备配置到位，维护合理，使每一名煤矿职工安全意识先进，对其进行定期的系统化安全意识教育，安全事故演习，落实每一名煤矿负责人的安全责任，使煤矿领导干部带班下矿井等制度常态化。其次，监管中要注重“监”的任务，各级监管部门要定期和不定期对煤矿企业进行监督、监察，加强监管执法，排查企业安全隐患，对存在安全隐患的煤矿要依法查处，限令整改，对于监察过程中发现的新问题，要深入研究，定期总结，通报相关企业，汇报上级部门。

2. 煤炭资源开采生态安全的监管

煤炭资源开采生态环境安全的监管也必不可少，应坚持绿色发展理念，不能以生态环境破坏为代价，换来煤炭经济的发展，换取煤炭开采地区经济的短暂增长和财政收入的增加。煤炭开采必须在合理保护生态环境的前提下，在其环境容量允许的条件下进行，而煤炭开采一般伴随着一些副产品，例如，对周围环境的威胁等，这些煤炭资源开采的负外部性问题经常被忽视，导致生态环境恶化，并且有些生态环境恶化后可逆性很差，永久破坏了青山绿水，损坏了广大民众的生活福祉。应当将这些煤炭开采的负外部性问题内化于生产方的收益之中，让生产方承担应该承担的成本阻止其转嫁给他人，这要求生产方不生产负效用副产品，生产者在生产煤炭产品的同时要生产安全物品或清洁物品。对于煤炭资源开采中，污染土地，污染水源，污染空气的相关企业要依法惩处，并且使其付出更大的代价，这就需要各级监管部门革新监管理念，认识到生态安全的重要性，认真落实绿色发展理念。

3. 煤炭资源开采可持续的广义安全监管

煤炭资源开采可持续的广义安全监管，不仅包括职工安全的监管，生态安全的监管，更重要的是煤炭资源子孙后代可持续利用的监管。煤炭资源开采要杜绝浪费，监管中要异常重视各个煤矿的回采率是否达标。煤炭是一种重要的能源资源，对国家能源安全和能源供给意义重大，如果不对煤炭资源开采行业进行广义的安全监管，容易市场失灵，浪费严重，使中国有限的煤炭资源在短短的时期内开采殆尽，而如果其他能源又供给不足，重要能源严重过分依赖进口时，会影响中国经济的发展能力，危机中国经济的增长潜力，所以，应该将煤炭资源经济监管视野拓展，从狭义安全拓展为广义安全，基于子孙后代永续利用的角度，建立有效的煤炭储备，可持续的开采煤炭资源。煤炭储备方面，进一步动员国家发改委、财政部、交通运输部、铁道系统，对国家煤炭储备的规模、布局、使用进行科学论证，有序实施煤炭储备；可持续开采方面，减缓开发部分有技术难度煤炭资源，适当封存资源储藏结构不易开采，周边生态环境脆弱地区的煤炭资源。

参考文献

［1］党晋华、贾彩霞、徐涛、徐世柱：《山西省煤炭开采环境损失的经济核算》，载于《环境科学研究》2007 年第 4 期。

［2］胡予、孙欣、张文波、张斌川、孙庆刚：《煤炭对环境的影响研究》，载于《中国能源》2004 年第 1 期。

［3］宋世杰：《煤炭开采对煤矿区生态环境损害分析与防治对策》，载于《煤炭加工与综合利用》2007 年第 4 期。

［4］耿殿明、姜福兴：《我国煤炭矿区生态环境问题分析》，载于《中国煤炭》2002 年第 7 期。

［5］张铁岗：《宝贵的煤炭资源怎能如此浪费》，载于《人民政协报》2009 年 1 月 19 日第 B02 版。

［6］王丽丽：《“杜绝浪费”和“遏制雾霾”的煤炭视角——访山东能源集团董事长卜昌森代表》，载于《中国煤炭报》2013 年 3 月 11 日第 002 版。

［7］李北陵：《国有煤企需正视和遏制“公地悲剧”》，载于《中国煤炭报》2014 年 6 月 6 日第 003 版。

［8］梁金修：《煤炭开采资源浪费严重的原因及对策》，载于《中国能源》2005 年第 9 期。

［9］钱鸣高、许家林、缪协兴：《煤矿绿色开采技术》，载于《中国矿业大学学报》2003 年第 4 期。

［10］缪协兴、钱鸣高：《中国煤炭资源绿色开采研究现状与展望》，载于《采矿与安全工程学报》2009 年第 1 期。

［11］程远平、付建华、俞启香：《中国煤矿瓦斯抽采技术的发展》，载于《采矿与安全工程学报》2009 年第 2 期。

［12］袁亮：《卸压开采抽采瓦斯理论及煤与瓦斯共采技术体系》，载于《煤炭学报》2009 年第 1 期。

［13］谢和平、周宏伟、薛东杰、高峰：《我国煤与瓦斯共采：理论、技术与工程》，载于《煤炭学报》2014 年第 8 期。

［14］秦勇、汤达祯、刘大锰、张遂安、韦重韬、王生维、傅雪海、唐书恒、姜波、许江、秦其明：《煤储层开发动态地质评价理论与技术进展》，载于《煤炭科学技术》2014 年第 1 期。

［15］黄炳香、赵兴龙、张权：《煤与煤系伴生资源共采的理论与技术框架》，载于《中国矿业大学学报》2016 年第 4 期。

［16］郑亦工：《不是“国进民退”而是“优进劣退”》，载于《山西经济日报》2009 年 10 月 31 日第 001 版。

［17］李鹏飞：《慎言“国进民退”》，载于《领导之友》2009 年第 6 期。

［18］洪联英、彭媛、罗能生：《国有资源产业兼并重组政策的所有权安排与整合效率研究》，载于《产业经济研究》2011 年第 2 期。

［19］张玉兰：《煤炭企业资源整合的深层次思考》，载于《煤炭经济研究》2011 年第 3 期。

［20］Nie Huihua and Zhao Huainan. Leverage and Employee Death：Evidence from China's Coalmining Industry［J］. Working Paper，2013.

［21］何金祥：《美国阿拉斯加州有土地上的矿产资源管理》，载于《国土资源情报》2016 年第 4 期。

[22] 董晓方：《南非主要矿产资源开发利用现状》，载于《中国矿业》2012 年第 9 期。

[23] 李宏军、张艳昊、金焱、赵迎春：《德国煤炭工业现状》，载于《中国煤炭》2010 年第 36 期。

[24] Coleman L (2013): Coal Producer Survey, National Mining Association, 2012: 6.

[25] Final Evaluation Report: Coal Management Program, U. S. Department ol the Interior, Report No. CR - EV - BLM - 0001 2012, 2013: 3.

[26] J Sullivan, GS Amacher (2013): Optimal hardwood tree planting and forest reclamation policy on reclaimed surface mine lands in the Appalachian coal region, Resources Policy, 38 (1): 1 - 7.

协调发展视域下长江经济带生态文明建设思考

——借鉴莱茵河流域绿色协调发展经验

黄 娟 程 丙*

长江经济带是中国区域发展的三大新战略之一，承载着实现中华民族伟大复兴的重要期盼。“十三五”规划明确提出将长江经济带建成中国生态文明建设先行示范带、协调发展带。目前，学术界分别研究长江经济带生态文明建设、协调发展的成果不少，但将两者结合起来展开研究的成果鲜见。本文以协调发展理念与思路为指导，分析长江经济带生态文明建设中区域协调发展问题，借鉴莱茵河流域绿色协调发展的有益经验，提出长江经济带生态文明建设协调发展建议，旨在为长江经济带成功打造绿色协调发展带提供理论与实践参考。

一、建设生态文明空间优化的协调发展带

建设生态文明、推进绿色发展必须注重不同区域资源环境禀赋与经济发展实力的协调优化。长江经济带内自然资源储量丰富。其中，可利用淡水资源约2827亿立方米，占到全国近40%；河流干流水能蕴藏量占全国53.4%；[①] 有34种矿产储量占全国储量50%以上，原生钒铁矿储量占全国总量的97.79%。[②] 这些自然资源主要集中在中上游地区，下游地区相对匮乏，整体呈现从西到东梯

* 黄娟，中国地质大学马克思主义学院教授，博士生导师，主要研究方向：生态文明理论与实践；程丙，浙江大学马克思主义学院，主要研究方向：生态德育。

① 曾刚等：《长江经济带协同发展的基础与谋略》，经济科学出版社2014年版，第20页。

② 融入区域发展新格局——解读《支撑服务长江经济带发展地质调查报告》［N］. 中国国土资源报，2015－12－17（1）.

级递减态势。云贵川自然资源优势突出，上海则自然资源极度贫乏；然而，在经济发展水平上呈现由东向西梯级递减的态势，长三角地区是经济发展的“火车头”，而中上游地区经济发展水平较低。以2014年长江经济带经济总量为例，下游4省市经济总产值占到整个长江经济带54%，而中游3个省份和上游4个省市仅分别占到24%和22%。[①] 这充分表明长江经济带内资源环境禀赋与经济社会发展空间布局不合理。

莱茵河是著名的国际河流，流经瑞士、德国、荷兰等国，其发展模式堪称世界内河流域可持续发展的典范。20世纪60年代，随着沿岸国家工业化、城市化超负荷发展，莱茵河流域生态环境遭受灭顶之灾，被称为“欧洲的下水道”。经过沿岸各国半个多世纪的协同治理，如今莱茵河流域生态环境极大改善。莱茵河流域在发展与治理过程中十分注重因地制宜原则。上游生态较为脆弱，是涵养水源的重点保护地区，因此，位于上游的瑞士依托莱茵河山高谷深、落差较大的天然优势修建梯级水电站，科学开发其水能资源，在缓解下游洪涝灾害威胁的同时，每年为莱茵河流域经济发展提供超过1200亿千瓦的电力保障；[②] 中莱茵河和下莱茵河是开发与保护的重点区域，沿岸国家主要采取运河开凿、河道疏通和污水治理工程，不仅提高了河流行洪蓄洪能力，极大地改善了莱茵河生态环境。从1995~2010年，莱茵河流域洪水灾害风险下降水平远超过设定的减少25%的目标。2010年，莱茵河中下游行洪泄洪能力达2.3亿立方米，已提前实现2020年设定的目标。[③]

长江经济带建设生态文明的先行示范区，可以借鉴莱茵河流域因地制宜的发展经验。根据长江上、中、下游地区自然环境承载力的特殊性，以《国家主体功能区规划》为指导，合理规划带内不同区域的发展定位及发展路线图，努力扭转资源环境禀赋与经济社会发展不协调的局面。上游限制性开发地区，需要坚持“绿水青山就是金山银山”的发展理念，建立以三峡库区为中心的生态涵养合作发展区，加强水源地保护工程建设，打造沿江绿色生态走廊。中游重点开发地区，要严格划定生态保护红线，以河湖生态环境综合治理为重点，坚持开发与保护并重，积极探索资源优势与经济优势的共赢路径。下游优化开发地区，应发挥经济基础厚实、创新要素富集、科研水平领先的优势，与中上游资源富集地区开展全方位的绿色合作，实现优势互补，从而带动长江经济带生态文明建设整体推进、协同发展。

---

① 杜雯翠：《绿色发展是长江经济带主基调》，载于《中国环境报》2015-06-02.

② ［美］马克·乔克，于君译：《莱茵河一部生态传记（1815-2000）》，中国环境科学出版社2011年版，第58~60页。

③ International Commission for the Protection of the Rhine (ICPR). The Rhine and its Catchment: An Overview [R]. 2013.

二、建设生态文明要素联动的协调发展带

与资源节约、环境保护、生态建设密切关联的资金、技术、市场、生产力水平等要素充分与否，很大程度上决定一个地区绿色发展的整体效能。长江经济带中上游地区绿色发展的自然优势较为明显，但将“绿色青山”变“金山银山”的资金、技术、市场等要素较为短缺，传统粗放的发展模式仍旧占据主导，实现绿色转型发展面临瓶颈制约。然而，在长三角地区，随着工业化、城镇化、信息化步伐的加快，创新驱动引领下特色优势产业和新型产业蓬勃发展，一二三产业的结构比重趋于合理，绿色发展所需的绿色要素较为完备。2016 年 3 月，上海产业转型发展研究院发布的《长江经济带转型发展指数》显示，东部沿海沿江城市在转型发展方面高于中西部城市。① 此外，长江经济带绿色发展要素流动的统一市场尚未建立，协调发展的整体效能未能有效发挥。

反观莱茵河流域，依托“黄金水道”优势，实现了流域内绿色发展要素的充分流动。发达的河流水系是莱茵河协调发展的天然优势，而莱茵河流域在开发治理中通过开凿人工运河将这种优势进一步扩大。如今已形成了以莱茵河为轴线，埃姆斯河、易北河、塞纳河、罗纳河和多瑙河互联互通的航运网，总长达 2 万公里，实现了流域内“内河运河、江河海洋”直通。② 发达的航运体系，密切了河流沿岸国家、地区之前的商业往来，促进了资金、技术、市场、生产力水平等要素的充分流动，也助推了沿江产业的繁荣，形成了杜伊斯堡、鹿特丹等世界闻名的港口城市以及法兰克福、阿姆斯特丹、斯特拉斯堡、科隆等以服务业为支柱产业的绿色城市带。这些港口和特色城市功能互补，使得莱茵河流域绿色发展要素优化配置，辐射带动了莱茵河流域经济带的可持续发展。

长江具有“黄金水道”的潜力，却一直未能将带内绿色发展要素联动起来。借鉴莱茵河流域经验，实现长江经济带绿色发展要素“黄金组合”，必须依托“黄金水道”建设。一要打造综合立体交通大走廊。根据国家《关于依托黄金水道推动长江经济带发展的指导意见》和《长江经济带综合立体交通走廊规划(2014 ~ 2020 年)》，继续推进航道畅通、枢纽互通、江海联通和关检直通工程建设，实现长江经济带东中西部基础设施互联互通，为区域协调发展提供基础性战略支撑。③ 二要以“黄金水道”为纽带，建立绿色发展要素流动的统一市场，逐步实现流域内“产业连起来、要素动起来，市场通起来”，缓解长江经济带内绿色发展自然优势与绿色发展要素不协调的矛盾。三要充分发挥流域内长三角、

---

① 上海产业转型发展研究院：《长江经济带转型发展指数》，2016 - 3 - 17.

② Nathalie Plum，Anne Schulte - Wulwer - Leidig. From a sewer into a living river：the Rhine between Sandoz and Salmon [J]. Hydrobiologia，2014，(1)：95 - 106.

③ 长江经济带综合立体交通走廊规划（2014 ~ 2020 年）（国发〔2014〕39）[Z]. 2014 - 9 - 25.

长江中游和成渝城市群的引领作用，加强城市群之间的互动合作，引导流域内产业实现科学布局、梯度转移、有序升级，淘汰落后产能，形成具有特色优势的绿色低碳产业群和产业带。

三、建设生态文明统一管理的协调发展带

环境管制是生态环境保护的一种行政手段，环境管制要求的高低影响生态环境保护力度和效果。而区域间环境管制标准的不一致极易导致环境污染的时空转移。改革开放以来，中国东部地区率先发展，经济发展水平远高于中西部地区，同时，政府、企业和民众对于环境保护的认识也在不断地提高。东部地区较早实施了严格的环境保护标准，而中西部地区环境管制标准相对宽松。由于地区之间环境管制要求和管制力度不一致，导致东部地区大量落后产能向中西部地区转移，在过度消耗资源的同时伴随着污染转移。相关实证研究表明，2005～2010 年，中西部地区承接的产业转移主要以中高能耗为主，中高能耗产业对于地区产值的贡献增加了近 13%。① 与此同时，中国环境污染事故的时空热点也从长三角地区向湖北、江西、四川等中西部省份转移，中西部地区已成为中国部分行业的“污染避难所”。

统筹规划、统一行动是莱茵河流域协同治理的重要方式。莱茵河生态环境的整体性和系统性决定了流域内各国必须在协作治理上达成统一共识、采取集体行动。1950 年，瑞士、法国、德国、卢森堡和荷兰共同成立“莱茵河防止污染国际委员会”，在此基础上，莱茵河流域各国成立了“莱茵河国际保护委员会”（ICPR），作为国家间的协调机构统筹莱茵河全流域的污染治理和生态系统恢复重建工作。在 ICPR 推动下，莱茵河流域各国签署了《莱茵河流域国际合作公约》，勾勒出了协同治理的蓝图。接着，ICPR 制定并组织实施了一系列生态治理的行动计划，如《2000 年前莱茵河行动计划》《莱茵河 2020 计划》，使得莱茵河流域生态环境大为改善。从 1985 年至今，莱茵河中的有毒有害物质减少了 90% 以上，河流中的鱼种也达到了 63 种之多。② 2005 年底，已经观测到 3000 多尾鲑鱼迁移至莱茵河上游及其支流产卵繁殖，到 2020 年，预计鲑鱼数量将达到 7000～21000 尾。③

长江经济带东中西部环境管制要求不一致的根源在于地方各自为政，缺乏

① 豆建民、沈艳兵：《产业转移对中国中部地区的环境影响研究》，载于《中国人口·资源与环境》2014 年第 11 期，第 96～102 页。

② Nathalie Plum, Anne Schulte－Wulwer－Leidig. From a sewer into a living river: the Rhine between Sandoz and Salmon [J]. Hydrobiologia, 2014, (1): 95－106.

③ Salmon 2020 [EB/OL]. http://www.iksr.org/en/international－cooperation/rhine －2020/salmon 2020/index.html? tx_queofontresizer_pi1%5Bfontresize%5D＝2&cHash＝49d15eab37ad4d5fca1458fbab91a628&no_cache＝1&sword_list%5B0%5D＝salmon.

生态文明建设的统一领导。长江经济带生态文明建设棋局走稳走好，要学习莱茵河流域集体行动的做法，从长江经济带发展大局出发，打破传统沿江省市各自为政的局面，建立跨行政、跨部门的生态文明建设领导机构，作为长江经济带绿色发展的最高决策和统筹组织。① 一要制定长江经济带绿色发展的相关规划和行动计划，做到短期计划与中长期规划相结合，为长江经济带生态文明建设定好具体的时间表和实施目标。二要抓紧建立沿江11省市协商合作机制，在重大发展问题上采取联席会议制度。实行联合会审，相关部门、省市协商合作，共同研究解决对策，协同推进长江经济带生态文明建设工作。三要完善长江流域生态环境保护协同治理机制，包括建立源头到末端的环境污染防控预警体系，加大环境污染联合执法力度；全面推进下游经济收益地区与中上游生态保护地区之间横向生态补偿工作。

不谋全局者，不足谋一域。长江经济带建成生态文明先行示范带，必须牢固树立并贯彻协调发展理念，立足生态文明建设中不协调、不平衡问题，主动学习并积极借鉴国际流域绿色协调发展经验，通过生态文明布局优化、生态文明要素联动、生态文明统一管制等措施来实现绿色协调发展。只有探索绿色协调发展之路，"绿色长江梦" 才能早日实现。

① 《同护一江水，共建生态绿——代表、委员热议长江经济带建设》，载于《科技日报》，2016-03-10（1）。

环保问题的解决有待于摒弃伪学问和发展科学的经济学

卢映西　王大顺*

在经济全球化的当代，环境保护已经成为我们必须面对的越来越棘手的问题。然而迄今为止，还很少有研究文献指出在西方主流经济学的理论框架中，根本找不到彻底解决环保问题的办法。本文将在这方面展开论述。

一、主流经济学的难言之隐

每一个学过经济学的人都会记得，在上微观经济学第一课的时候，老师总会给学生讲解稀缺性这个概念。所谓稀缺性，是指相对于人的无限欲望而言，用于满足欲望的资源总是有限的，即资源总是处于稀缺的状态。正因为存在稀缺性，才需要经济学来研究资源有效配置的问题。如果是相反的情况，欲望有限而资源无限，那么经济学就没有存在的必要了。这就是西方主流经济学最重要的一块基石——稀缺性假设的由来。多少年来，极少有人在这块入门基石上停下脚步，细细端详，敲敲打打，看看它是否足够坚实。

其实我们仔细思考一下就能了解，现实中的生产只需满足人们的消费能力即可，并不需要满足漫无边际的消费欲望。欲望包含主观想象的分，能力必有客观制约的边界。具体地说，消费能力受制于三大因素：生理约束、时间约束和预算（收入）约束。

关于人的消费能力不可能超越自身的生理约束，自古就有格言："良田万顷，日食一升；广厦千间，夜眠八尺。"也许有人会说，消费欲望的内容是无限丰富的，人们饱暖之后还会想要点别的什么，人类可以在无限广阔的领域中拓

---

* 卢映西，1963 年生人，南京财经大学经济学院副教授，主要研究方向为政治经济学、经济思想史。王大顺，1993 年生人，南京财经大学经济学院硕士研究生，研究方向为政治经济学。

展自己的消费能力。然而美国经济学家贝克尔已经注意到这样的常识：消费过程是需要时间的，并不像主流经济学的消费者行为理论中假设的那样可以瞬间完成[①]。打个比方说，一个人在五星级宾馆总统套房里睡觉的时候，就不可能同时到高尔夫球场挥杆击球。从这个常识出发，只要经过简单的逻辑推理便可得出一个极为重要的结论。

首先，一天只有24小时，这对每个人都是绝对平等的，没人能突破这个限制。萨缪尔森、诺德豪斯合著的著名教科书《经济学》，在谈到时间的替代（trade-off）这个问题时，这样说道："以时间的稀缺性这一重要事实为例，人们可用于从事不同活动的时间是有限的。"[②] 换句话说，人们用于消费活动的时间也是有限的。那么，再往前走一步，我们就可以得出一个本来显而易见但一直被西方主流经济学家掩盖的结论：人的消费能力是有限的。

至于消费能力的预算约束，则是除了少数富豪，一般人都能感受到的约束。由于有生理约束和时间约束的存在，所以富豪即使有无限的收入，也不可能有无限的消费能力。

说了这么多，其实只是重新证明了本来就众所周知的常识：人的能力是有限的——无论生产能力还是消费能力。换言之，生产与消费的关系，是"有限—有限"的关系，而不是似是而非的稀缺性假设忽悠的"有限—无限"。

在生产和消费的"有限-有限"模式基础上进一步考察，就会发现随着人类文明的发展，科学技术和经济制度的进步对于提高生产能力具有明显而直接的促进作用，但对于突破消费能力的三大约束则效果不彰。在这方面，马克思主义经济学早有认识："生产力按几何级数增长，而市场最多也只是按算术级数扩大。"[③] 也就是说，社会生产和消费的更为准确的模式应该是"大—小"模式，即生产过剩模式。特别是在现代高技术条件下，生产能力大于消费能力不仅成为经济运行的常态，而且两者的差距会变得越来越大。

目前世界上很多看似无解的难题，都是因为掌握了话语权的主流经济学家们，至今仍不知道自己脑子里的那些经济学知识原来从根上就错了。主流经济学的难言之隐就在这里。

好在学术界已经有人发现了西方主流经济学的这个致命错误。程恩富教授在批判稀缺性假设的基础上提出了一个针锋相对的"资源和需要双约束假设"，即假设在一定时期内资源和需要都是有约束的[④]。显然，这个假设正是生产和消费的"有限—有限"模式的逻辑前提。以这样符合实际的基本假设为基础建立的经济学，才有可能成为一种有用的理论。

---

① Gary S. Becker，1965，A Theory of the Allocation of Time，The economic journal，75（9），493-517.

② 萨缪尔森、诺德豪斯：《经济学》，人民邮电出版社2004年版，第7页。

③ 马克思：《资本论》（第1卷），人民出版社2004年版，第34页。

④ 程恩富：《现代马克思主义政治经济学的四大理论假设》，载于《中国社会科学》，2007年第1期。

二、一直被熟视无睹的生产过剩现象

即使是对生产过剩现象有所认识的学者，也可能会以为生产过剩是近代工业革命以后才有的现象，其实不然。事实上，当人类社会发展到出现社会大分工的时候，生产力已经产生了质的飞跃，从那时起生产过剩的问题就开始困扰着人们。

孔子曾经批评鲁国大臣臧文仲，列举了他“不仁”的三桩“罪状”，其中之一是“妾织蒲”，即允许小老婆织草席贩卖[①]。这种行为被视为“不仁”，是因为官员已有俸禄，再纵容家属从事消费品生产就等于夺民之业、与民争利。

春秋时代还有个叫公仪休的，官至鲁国国相，他也认为当官就不许和百姓争夺利益，有了丰厚的待遇就不许占小便宜。史籍记载，公仪休吃了蔬菜感觉味道很好，就把自家园中的冬葵菜都拔下来扔掉；看见妻子在家织布，就立刻把妻子逐出家门，还烧毁了织机。他说：“难道要让农民和织妇无处卖掉他们生产的货物吗？”[②]

这两个例子说明，两千多年前的中国古代先贤早已观察到生产过剩现象，意识到消费品的生产并不是越多越好。

同样成书于两千多年前的中国古代名著《管子》，也注意到生产过剩与失业、贫困的关系，并提出了一个“反主流”的解决办法。《管子》认为要让“富者靡之，贫者为之”[③]，即让富人奢侈消费，给穷人劳动做事的机会。具体地说，就是丧葬时开掘巨大的坟墓，制作豪华的丧服，打造大型的棺椁。甚至还有更为极端的做法：鸡蛋、木柴在煮烧之前，都要雕饰一番。凡此种种，为的是给穷人提供就业机会，带动相关行业的发展。这一奇特的观点不仅在中国古代经济思想中独树一帜，而且在世界经济思想史上也处于极为超前的地位。在西方，直到18世纪初，曼德维尔（Mandeville，1670～1733）才在他的成名作《蜜蜂的寓言》里提出类似的观点，但这书刚刚受到公众注意就被视为异端[④]。这说明虽然生产过剩问题在文明社会一直存在，但除了某些思想家偶尔的灵光一闪外，很少为主流学说所正视。

真问题决不会因为被忽视就不存在，但这种被忽视的存在只能通过隐晦的、歪曲的形式顽强地表现出来。于是，生产过剩问题直到现在，很大程度上都是被人类搞出来的一些畸形的制度或习俗“无意识”地化解的。化解的路径主要有两条：第一条路径就是闲置或减损劳动人口的生产能力。在西方的中世纪，

① 《左传·文公二年》。

② 《史记·循吏列传第五十九》。

③ 《管子·侈靡》

④ 伯纳德·曼德维尔：《蜜蜂的寓言：私人的恶德，公众的利益》，中国社会科学出版社2002年版。

表现为社会供养一个庞大的、不事生产的僧侣阶层。在中国相当长的一个历史时期，则表现为使一半人口沦为残废的女性缠足习俗。“文革”时期大规模的城市青年“上山下乡”运动，虽然在指导思想上充满正能量，但事后回顾，其深层的经济意义似乎也可归入这一类。有趣的是，现代西方国家的一些做法同样脱不了这一窠臼，法国和荷兰政府就曾劝说人们提早退休或申请“残废”身份，以使多余的劳动者成为纯粹的消费者。在美国的罗斯福新政中，其中一项重要措施就是让农民减少剩余产量以换取政府补贴，从此以后西方主要发达国家的农业补贴就一直欲罢不能。

第二条路径就是放纵或鼓励过度消费。古罗马的贵族们骄奢淫逸，直到亡国。古埃及人狂热地建造金字塔。现代市场经济实际上也不得不走上这样一条路径，这一点下面将要谈到。

三、环境保护与市场经济之间的深刻矛盾

需要注意的是，我们抛弃稀缺性假设，指出现实经济的常态是生产过剩，并不是否定资源的有限性。一方面，正因为消费能力不但是有限的，而且比同样有限的生产能力更小，才导致了生产过剩现象；另一方面，制约生产能力的资源，尤其是那些不可再生的资源，不但是有限的，而且的确会越用越少。因此，资源有限甚至枯竭与生产过剩，这两类现象在现实中是并存的，但要分两个层次来理解。这就如同行进中的汽车，一方面，油箱中的汽油是不断减少的（汽油逐渐枯竭）；另一方面，在汽油耗光前，无论耗油能力大到什么程度（比如把油门踩到底），汽车的供油能力总是大于耗油能力。经济运行与此类似：在短时段内，生产能力总是大于消费能力，生产过剩成为常态。时段足够长，才有可能发生资源枯竭以及相伴而生的环境污染现象。对这些现象的进一步分析，还可以揭示出目前市场经济的运作方式与节约资源、保护环境的要求之间不可调和的深刻矛盾。

《纽约时报》曾刊文《对气候变化难题的简短回答》，对“个人能做什么”这个问题的简短回答是：“少飞行，少开车，少浪费。”这说明无论中外，地球人其实都明白，环保说到底就是要建设节约型社会。

那么，我们不走美国式的高消费高耗能的路子，建设一个节约型的社会行不行？只要还是实行目前的市场经济，答案就是不行。原因在于迄今为止的市场经济模式都不能妥善地解决生产过剩问题，主流经济学甚至连这个问题的存在都不予承认。不能妥善解决生产过剩问题，一旦提倡节约，就会使本来就小的消费能力更加萎缩，生产过剩问题更加突出，失业问题更加严峻，从而经济危机更加迫近。所以现实中的市场经济国家无一例外都不得不刺激和鼓励消费，用加速资源枯竭和环境污染的方法推迟经济危机的到来。

也就是说，虽然主流经济学没有把《管子》或《蜜蜂的寓言》关于奢侈消费的思想直接纳入自己的理论框架，但市场经济运行的内在逻辑必然要把过剩的生产能力压向有限的消费市场，我们在现实生活中也明显感受到了这一点。自从中国向市场经济转型以来，“勤俭节约”的声音已难得听到，取而代之的是“拉动消费”“刺激消费”“提前消费”的喧嚣。尽管中国已经困于石油短缺、雾霾频仍的不利条件，整个国家仍在向“汽车社会”一路狂奔。仔细观察一下，其实很多消费就如《管子》所说的彩蛋雕柴一样是毫无必要的，甚至是有害的。然而，提倡过度消费除了无谓地增加环境和资源的压力外，对缓解生产过剩问题并无实质上的助益。因为在现代技术条件下，生产能力的过剩程度早已远远超出主流经济学的解释能力和现实市场经济制度的最大容量。

抛弃主流经济学的狭隘视角，我们就能看到生产过剩、资源枯竭和环境污染都是我们必须面对的问题。对生产过剩的趋势放任不管，经济危机就会不请自到；对资源枯竭和环境污染的趋势放任不管，人类等于自掘坟墓。但是在现行的市场经济体制下，生产过剩问题不解决，减缓资源枯竭和环境污染也就提不上日程。因为资源枯竭和环境污染是日后的灾难，由生产过剩导致的失业是眼前的危机。所以，市场经济与节约型社会的内在矛盾，其实是生产过剩问题得不到妥善解决而生出的怪胎。这就是前面说过的，被忽视的存在只能通过隐晦的、歪曲的形式顽强地表现出来。

四、结论

因为社会生产和消费的“大—小”模式是不以人的意志为转移的客观存在，所以生产过剩一直是忽隐忽现地伴随着大部分文明社会生产过程的真问题。只有解决了生产过剩问题以后，我们才能有效地提倡节约，市场经济也才能真正走上正道，不至于像现在这样如同穿上了红舞鞋，只能不停地疯跳，直至衰竭而亡。然而，要解决生产过剩问题，首先必须承认这个问题确实存在，但主流经济学家连这点认知能力都没有。事实就是这么简单而荒诞：只要西方主流经济学这种欺世殃民的伪学问不死，人类社会面对的环境灾难必定愈演愈烈。

新常态下中国经济驱动转换：供求辩证关系研究

周志太　程恩富[*]

一、问题的提出

历经三十多年高速发展，中国经济成就显著，但经济增速越调（控）越慢的问题突出[①]，从 2007 年的 14.2% 一路下滑到 2015 年的 6.9%。2015 年以来，新批基建项目超过 2 万亿人民币，5 次降息降准，但经济颓势难改。其原因主要不是周期性的，而是中国宏观经济中供需错配矛盾日益突出，是现有供给结构固化而难以适应需求结构的迅速变化。中国发展处于新的重要战略机遇期，但其内涵发生三个深刻变化：增长方面，世界经济在放缓，而中国经济体量在变大。供给方面，一是科技革命和产业变革正在酝酿、正在加快；二是发达国家在推进再工业化；三是其他发展中国家也在加快工业化；特别是国际经济技术供给饱和，而中国目前技术创新的能力虽然有限，但是，中国要素禀赋结构从劳动力富裕、资本稀缺变成劳动力短缺、高学历人才越来越多，资本相对富裕。需求方面，过去中国的供给总量与国内需求和用债务支撑的国际需求之和，总体是均衡的，而发达国家正在纷纷去债务化，市场在缩小。这表明中国经济矛盾的主要方面正在由需求转向供给，面临的主要不是短期、周期性和外部的冲击，而是中长期、结构性、内部的压力。因此，习近平总书记 2016 年 1 月 30 日在政治局集体学习时强调，“要在适度扩大总需求的同时，着力推进供给侧结构性改革，重点是去产能、去库存、去杠杆、降成本、补短板，增强供给结构对

* 周志太，淮北师范大学经济学院教授，经济学博士，中华外国经济学说研究会常务理事；程恩富，中国社会科学院学部委员，学部主席团成员兼马克思主义研究学部主任、教授，研究方向为中外经济学和马克思主义理论。

① 朱剑红：《六成企业设备利用率低于成企业设备利用率低于 75%》，载于《人民日报》，2015 年 11 月 30 日。

需求变化的适应性和灵活性，推动中国社会生产力水平实现整体跃升。”这标志着中国宏观经济政策“从强调需求侧管理转向强调供给侧结构性改革，经济工作从注重短期经济增长转向注重可持续发展”。通过驱动转换、结构优化来矫正供需结构错配和要素配置扭曲，向经济形态更高级、分工更复杂、结构更合理演变，这是适应和引领中国经济发展新常态的必然要求和重大创新。但人们对于新常态下的宏观经济政策格局理解，仍然不够清晰。关于供给侧的解释五花八门，金海年提出新供给的经济增长理论，认为长期增长的决定性因素在于供给侧的制度供给，从供给侧研究供求均衡问题是推动经济增长的关键。贾康、苏京春从传统经济学理论微观起点和宏观起点分析框架视角的缺失出发，论述了作为经济学理论“新框架”的专业化与经济组织视角和同样作为创新成果的“新供给”经济学。这些理论上均一边倒向“供给侧”研究。更有如“中国抛弃凯恩斯主义，拥抱供给主义”，是流行甚广的一种错误认识。亟待明确“需求侧”与“供给侧”两大动力为何结合、如何结合？

供求，何者为经济驱动矛盾的主要方面，是经济学说史上一个古老而又崭新的永恒课题。长期以来，中国较为成功地运用了凯恩斯的需求管理政策调控经济，经济增速一直较快，但也出现了中低端产品产能过剩、高端产品供给不足的状况。其经典解释，西方经济理论与国内学界主流派观点都是有效需求不足，需要继续振兴“需求侧”。这显然源于凯恩斯主义。而因为凯恩斯主义本身固有的内在矛盾，其处方未必能完全医治中国经济病症。中国经济既存在有效需求不足的问题，更有有效供给不良的问题。前者更多地作为经济的现象存在，后者则更多地作为经济的本质存在。如国内的奶粉企业生产严重过剩，而澳洲、德国的奶粉却供不应求。不少经济学家认为，经济衰退不是需求薄弱，而是有效供给不足。即新古典经济学框架，供给三要素是劳动、投资和索洛余值。美国著名经济学家索洛认为，推动经济增长有一个劳动和投资都不能解释的余数，即索洛余值或技术进步，又叫全要素生产率（TFP）。该理论模型对各国经济增速的解释力很强，但是，该模型仍然忽视需求，因而操作性缺失。

供给学派既忽略需求，又忽略经济结构调整，还忽略中国社会转型对消费需求的冲击以及对消费预期影响。消费预期变化，既可能导致通胀的产生，又有可能引发物价下降乃至通缩，这也是经济自由主义学者严重忽略的一个问题。况且，其力主的减税可能刺激储蓄和投资，也可能刺激闲暇和消费，实际影响难以确定；减税中，强调削减税率尤其是边际税率，这是弱化税收的累进性，产生主要给富人减税的政策效应；而削减社会福利开支，导致“劫贫济富”。同时，若单纯增加投资导致总需求快速增长，可能致使通胀率攀升。

综上所述，无论是需求拉动供给的国家干预主义、还是供给创造需求的经济自由主义，都不能全面有效地解决中国当前经济运行的有效需求不足和产能过剩并存的问题。面对复杂形势和繁重任务，必须重新审视供与求作为市场经济互动变量在经济可持续发展驱动体系中的辩证关系，重构供给侧与需求侧间的辩证关系，坚持两点论和重点论的统一，强调供给侧这一重点并整体协同推进供求关系。

二、供给学派

（一）萨伊定律

经济学史可视为一部经济自由主义或“看不见的手”与国家干预主义或“看得见的手”两种不同经济学的思想和理论萌芽、成型、纷争、协调并共生发展的历史。这两只“手”何者为主，取决于不同时期的供求关系。供给不足的情况一直延续到20世纪初，在这一漫长人类社会历史中产生的经济思想和经济学说，都把经济理论和政策的重心放在发展生产上，都是供给决定论占据主导地位。以斯密为代表的古典经济学、以萨伊为代表的庸俗经济学和以马歇尔为代表的新古典经济学都强调以供给为中心，断定需求是供给的函数，都认为供给是推动资本主义商品生产发展矛盾的主要方面。他们的理论更多的是在论述如何提高劳动生产率，如何进行资本积累以增加财富等。19世纪法国著名经济学家萨伊提出著名的“萨伊定律”：有生产就会有消费，总供求必定是相等的，即使有局部的供求失衡，也会因价格机制调解而达到均衡。该思想在后来的西方经济学中长期占据统治地位。萨伊定律虽是经济自由主义的初级形式，但其是新古典的“市场自动出清”思想的集中体现。其致命缺陷在于忽略人们对具体物质财富需求的有限性及这种有限性与个人货币财富需要无限性的矛盾，忽略需要、需求的特性和收入水平、收入分配对需求的影响。其主要错误在于把供给创造需求的作用绝对化，根本否定有效需求不足的存在，而流传甚广的产品生命周期理论也恰恰表明具体产品的需求是有限的。其受到最有力的批判是资本主义经济频繁发生的生产过剩危机。

（二）经济自由主义的基本观点

供给经济学被不少人看成是对萨伊定律的复活，这说明两者有一定的相似之处：（1）产生前提相似。萨伊定律产生的前提是工业品供不应求。供给经济学产生的前提是高科技新产品供不应求，尽管传统产品是严重过剩的。（2）立足点相似。两者都从供给角度探讨如何促进社会经济发展。

在经济驱动领域，供给学派是典型的经济自由主义。其坚持萨伊定律——“供给会自动创造需求”，既强调市场机制的作用，又强调政府政策对资本、劳动力的供给效应。其主要观点：（1）经济增长的唯一源泉是“供给”。（2）供给增加的途径是经济刺激。（3）经济刺激增加的主要手段是减税，减税能够刺激人们工作的积极性并增加储蓄和投资。（4）经济刺激增加的外部条件是以有效、有限的政府干预反对过多、过细的政府干预、过大的社会福利支出；强调发挥企业和市场的核心作用；反对国家控制货币发行量；主张采取相对紧缩的货币政策，使货币供给量增长和长期经济增长潜力相适应。

供给学派最重要、最精彩之处是经济刺激与经济增长关系的分析。其把每一个人都看作是有理性、能对经济利益刺激作出灵敏反应的“经济人”，因而应让市场自由调节经济活动，通过改变利益刺激促进经济增长。供应学派全部经济理论的精髓、政策主张的核心、基本环节和最有效的手段是通过减税提高TFP。减税使劳动者、储蓄者和投资者尽可能多地获得最大报酬和利益，促进储蓄和投资增加，使人们喜欢工作胜过闲暇，乐意投资胜过消费，纳税胜过不纳税活动，激发人们创造力、积极性和创新精神，引起就业增加、物价稳定、社会公平、推动“居民户”生产向“市场部门”生产转移，使政府收入和国民收入增加。减少国家干预，减少社会转移支付的规模，降低行政成本；改福利性支付为激励性支付。如以工代赈式的社会转移性支付具有供给增加的效应，可减少乃至消除赤字。

（三）经济自由主义的政策

萨伊定律和供给经济学虽有不少共同点，但这两者的区别仍然明显。（1）萨伊认为，供给等于需求，不会出现生产过剩；而供给经济学认为，供给与需求常常是背离的。（2）萨伊认为，资本主义市场经济具有内在的稳定性，供求能够自发调节平衡，不需要外部的强度干预。而供给经济学认为，国家适当干预是必要的，通过减税能够刺激供给。

供给学派的基本思想出现于20世纪70年代初，由于凯恩斯主义失灵，该思想附和者甚多，最后被冠以供给经济学。顾名思义，其是与凯恩斯主义的“需求经济学”直接对立的，代表人物有罗伯特·孟德尔、阿瑟·拉弗等，在80年代初成为官方经济学，是“里根经济学”的主要理论基础。1981年初，里根就任美国总统后，宣布政府的首要任务是摆脱滞胀局面，提出经济复兴计划，包括：（1）减免个税和企业税以刺激工作、储蓄和投资。（2）削减社会福利支出以减少预算赤字。（3）取消或放宽管理企业的法规以鼓励企业积极扩大经营和投资。（4）紧缩货币以抑制通胀。紧缩银根与减税虽相互制掣，但二者也有相互配合之处，前者有助于抑制通胀、稳定经济，这两项政策互相制约、互相配合，其利大于弊。（5）反对用提高利率的办法来解决通胀问题。因为利息作为成本加入价格，可能引发成本推动性通胀，影响厂商生产积极性，导致下期供求间更大缺口。靠供给经济学支持的供给管理，在里根总统执政8年间，虽没有取得其在竞选时承诺的美好结果，但在促进美国竞争力提高、经济健康发展方面成效明显，基本摆脱滞涨局面。这奠定了美国长达25年的经济繁荣，但负面影响不小，大规模减税，使里根执政时期累计财赤字比此前的历届美国总统所累积财政赤字总额还要多。

供给学派的政策，充分反映经济自由主义，表现在：（1）提高劳动生产率是核心。通过制度创新、技术创新、管理创新等，提高满足市场需要的有效供给能力，即提高竞争力和经济效益，增加投资和消费需求。（2）发挥市场机制的作用是手段。（3）创造一个有利于生产率提高和产业集群的良好环境是政府本职。如波特提出的“国家竞争力理论”，即一国财富主要取决于本国生产率和所能利用的单位物质资源，取决于动态竞争优势而非静态比较优势。

2008 年美国爆发“次贷危机”、进而引发全球金融危机，直接导致经济学界对新供给经济学的质疑，也伴随着对凯恩斯主义需求管理思路的再次质疑。在此次金融危机救市政策的关键事项上，美国断然摆脱“华盛顿共识”，从“供给侧”进行足以影响全局“区别对待”的政策操作与结构性调整，明确对本国宏观经济进行强有力“供给管理”，而不限于货币总量调节或需求侧调节。在 2008 年金融危机后，美国明确提出要保持在创新能力等方面的竞争力，公布美国史上增幅最大的研发投资，集中力量在清洁能源、生物技术等关键领域获得在全球持续的领先地位，促使美国在 2009 年第四季度以后产能利用率逐步回升，特别是金属制品、计算机和电子设备制造业产能利用率回升至 83% 和 80.1%，均高于过去 40 年的平均水平；汽车产业产能利用率也从 2009 年 53% 的低谷回升至 74%。

供给经济学的发展历经“古典派”与“新古典派”两个阶段，遭受过以凯恩斯和萨缪尔森为代表的第一代凯恩斯主义的批评，后来在新供给经济学背景下，实现供给思想的首次复辟，接着迎来第二代凯恩斯主义浪潮，切实表现“供给侧”调控思想对自由主义第二次否定，揭示供给经济学沿着传统经济学的发展脉络应运而生、又一轮理性回归及回归中的“螺旋式上升”。经历这两轮“否定之否定”的经济思想发展中的螺旋式上升，表明供给学派早已不是萨伊定律的简单复活，包括：（1）萨伊定律强调的是完全自由放任的经济；发展到供给学派阶段，其已带有宏观经济学的理论框架，上升为经济政策在短期内具有经济动力的功能；但长期看，政策是无效的；发展到供给管理阶段，该思想已具有制度经济学色彩，上升为宏观供给管理手段、以调节经济结构、化解经济危机为己任。（2）供给侧研究的发展到更全面、更高度的制度安排及转轨与经济增长的关系，已不仅停留于较为局限的手段研究，在此次浪潮中所发展的新凯恩斯主义已在很大程度上带有重要的供给思想要素，也为后危机时代基于美国和多国“供给管理”的反思而“破”与“立”结合的新供给经济学的理性回归提供铺垫。

新供给经济学特别强调的是非完全竞争条件下供给侧深化认识的必要性和政府治理、调控中强化、优化“供给管理”的必要性及其全局性意义。其决非摒弃需求管理，而是强调供给管理与需求管理的结合并纳入制度经济学成果等的兼收并蓄式的建设性包容组合，包括：第一，经济学基本框架要求强化供给侧的分析和认知，这虽是源于萨伊古典自由主义，但是在新时代、新经济、新兴市场的背景下被赋予弥补片面注重需求管理之缺陷的新思想。第二，经济驱动要求强调市场、政府各显神通，并主张考虑第三部门主体与这两者的良性互动，有效供给响应和引导需求。这里，需求虽是原生性的，但供给侧的升级换代演变，决定生产和经济发展的不同阶段。

供给学派只是在批判和否定凯恩斯有效需求理论和需求管理政策的基础上提出供给管理的政策主张。其否定凯恩斯定律，重新肯定萨伊定律，再次重视市场调节的基础性作用，让市场机制自行调节经济；解决凯恩斯政策所造成的滞胀问题，不是“需求创造供给”，而是“供给创造需求”、“供给在先，需求在后，生产在先，消费在后”的观点。若从静态上看供给学派的这一思想，再剔除其忽视需求也具有能动的反作用这一缺陷，其还是有道理的。

供给学派的根本缺陷在于抹杀生产和消费间的矛盾，萨伊定律及后来的供给学派过分强调供给、生产的重要性和决定作用，萨伊定律始终把注意力集中在供应即生产上，忽视需求、消费一方的能动性和反作用，割裂供给与需求联系，较之于凯恩斯学派的有效需求管理理论而言，是从一个极端走向另外一个极端。社会经济活动中，首先要有生产要素投入，然后才有产出；有投入，才能购买其他产品的需求。根据这一理论，供给学派指责凯恩斯理论前提假设错误，它违背西方经济学的稀缺原理，忽视价格机制的调节作用。

供给经济学的缺陷还表现在其否认制度是经济供给潜力的决定因素，否认资本主义社会基本矛盾。由于供给学派过分强调减税而忽视对其他经济理论的系统研究，其减税主张缺少科学理论依据。“供给学派”仍然不够成熟，至今仍缺乏严密、明确、完整的经济学体系，在许多方面是紊乱甚至是自相矛盾的。

三、国家干预主义

国家干预主义是以凯恩斯主义为代表的，凯恩斯继承发展马尔萨斯的有效需求理论，孟德维尔节俭悖论，确立有效需求基本理论。马尔萨斯通过对需求与供给的明确划分，因而把经济学的关注点从供给侧转向需求侧；他将需求划分为需求程度和需求强度，并在此基础上率先提出“有效需求”概念和需求管理思想。基于此，凯恩斯后来创造性地倡导经济学革命。他还吸收后来维克塞尔关于央行应调节利率的论点。维克赛尔提出：价格整体上涨或下降的原因在于银行利息率低于或高于自然利息率。因此，银行在物价上涨时，应该提高利息率，反之则相反。形成“投资引诱”之说成为其有效需求理论的一个重要因子。西斯蒙第最早认识到收入、消费与生产在客观上存在一定的比例关系，保持它们间的平衡是社会经济顺利发展的条件。凯恩斯接受了这一思想。面对生产严重过剩的经济危机，凯恩斯把供给学派提出的生产在先、消费在后的关系颠覆为“需求在先、供给在后”。

（一）国家干预主义的基本观点

凯恩斯从整个经济体系的总量分析入手，提出最著名、最有影响的有效需求理论。有效需求是指商品总供给价格和商品的总需求价格达到均衡的总需求。资本主义经济一般总是有效需求不足，失业是常态。凯恩斯运用三大心理定律来论证市场的总需求不足进而导致失业产生，从而构成对市场机制的完美性和萨伊定律的直接否定。（1）消费倾向递减的心理规律导致消费需求不足。居民收入增长，会带来消费和储蓄绝对量的共同增加，只是在消费倾向递减规律作用下，用于增加消费的部分所占的比例随着收入增加而日趋减少，而边际储蓄倾向则有递增的趋势。他认为现实中利率变动很少影响消费，提出消费取决于收入的消费函数理论。（2）边际效率递减的心理规律导致投资需求不足。（3）货币偏好的心理规律也导致投资需求不足。凯恩斯有效需求理论革掉传统经济学的理论基础——萨伊定律的命，其可以表述为与萨伊定律完全相反的命题：需求创造它自身的供给，即凯恩斯定律。

在凯恩斯的有效需求理论中，投资需求起着决定作用，即投资波动是导致有效需求不足和经济波动的主要原因。他提出，消费倾向短期内是相对稳定的，扩大就业，就必须增加投资，这可以产生乘数效应，一个投资可以引起数个投资，从而一级一级地扩大就业，自然也就扩大需求。有效供给对生产乃至有效需求具有乘数效应，是经济体自生能力的内在要求，是一个自主经济体所应具有的；通过向市场提供有效供给而获得生存发展，能够创造相应需求。投资乘数论或就业乘数论，对缓解失业或促进经济增长，具有启发和借鉴意义。决定乘数的大小有两个因素：一是投资项目的产业关联度；二是边际消费倾向越大，乘数就越大；反之则越小。因为富人比穷人具有更高的储蓄倾向，因而消费函数将取决于收入分配的差距。鉴于低收入者边际消费倾向较大，凯恩斯主张通过收入再分配，增加消费倾向，放大乘数效应。由于消费倾向稳定，它对国民收入的影响是通过边际消费倾向影响投资乘数来实现的。增加消费者和企业可支配收入，提高全社会消费需求水平和投资需求水平，在收入乘数和投资乘数作用下，国民收入会成倍地增加，实现经济增长和就业增加。一个国家的总就业量，决定于“有效需求”，扩大就业，唯一办法是增加需求。为此，政府必须干预经济。凯恩斯主张以政府投资取代微弱的个人投资，让储蓄积累的购买力彻底地转化为投资，扩大社会需求。他写道，“希望国家多负起直接投资之责。”由国家财政支出和举债兴建各类公共工程。这要求选择好投资方向和投资项目，提高投资效益。与新古典理论不同的是，消费不再是利率的函数，而是收入函数，这样投资通过收入影响消费，并通过乘数作用最终影响国民收入。

（二）国家干预主义的政策

在西方国家干预和新自由主义两大思潮中，凯恩斯主义的最大贡献之一是指出完全市场调节的局限性，分析国家对经济进行宏观干预和调节的必要性、重要性。解决失业和复兴经济的最好办法是政府干预，市场信息获取的有限性，也使国家干预经济成为必要。凯恩斯提出以需求管理为主要特征的国家干预主义政策，对稳定资本主义经济是有一定积极作用的。凯恩斯提出增加社会消费与投资来增加总需求、解决失业问题主张也有合理之处。有效需求不足，即有效需求中消费需求和投资需求两个变量互为因果的逻辑关系出现无序性因而非均衡、即总需求小于总供给的结果。这时，系统外因素，诸如政府政策等应发挥激励和抑制作用，扩大内需在不同程度上改变有效需求不足的幅度、频率和波形，促其转折。成功的政府投资，才能激发人们对未来发展的信心和预期。他的理论便由传统西方经济学关注资源配置问题的解答而转变到对国民收入和就业决定问题的关心。

凯恩斯不仅强调投资需求对有效需求的影响，而且千方百计地鼓励超前消费，因而美国居民个人储蓄在不断下降，到2005年甚至降为负数；美国政府采取赤字财政政策和膨胀性货币政策来扩大政府开支，财政政策如减税、增加公共支出和转移支付等来刺激消费，扩大有效需求，使资本主义不断扩张的生产能力与相对狭小的消费能力的矛盾暂时得到缓解，经济得到暂时振兴，就业扩大。

凯恩斯“需求管理”侧重刺激或调节市场，即“大政府”倾向；而“供给管理”则侧重刺激生产增长，即“小政府”倾向。凯恩斯理论明确需求管理在宏观经济管理中的核心地位，当需求萎缩时政府减税，同时“积极的财政政策要加大力度”，通过货币供给增加、利率降低，提高投资边际效率以鼓励投资。当需求过旺时政府增税、减少财政支出或减少货币供给、提高利率等措施以压缩需求。即便经济处在上升阶段，也扩大财政赤字支出以刺激更大的需求，使经济增长更快。市场经济下，政府不仅对总需求有很大的掌控力，而且对最大潜在产出（实际总量）也有很强的影响力。凯恩斯主义经过十多年时间就由异端变成正统。在第二次世界大战后长达三十多年中，其风靡整个西方世界，成为各国政府制定经济政策的主要理论依据，美国推行凯恩斯主义最为彻底。然而需求管理政策并没有也不可能从根本上解决资本主义固有的基本矛盾。整个20世纪60年代，美国几乎连年出现赤字，额度日益增加。需求管理政策陷入顾此失彼、进退两难的困境，刺激需求则会使通胀更恶化，而紧缩需求又会使生产更萎缩，甚至制造一次又一次暴涨暴跌的股市大泡沫，放大金融风险，于是凯恩斯主义倍受责难。针对凯恩斯主义的弊端，供应学派提出通过提高生产力促进经济增长，而不是通过刺激社会需求促进经济增长的主张。供给学派就是在反对凯恩斯主义的声浪中崛起的。

（三）供给管理与需求管理的区别和各自地位

供给管理和需求管理虽都是宏观经济管理的重要手段，但存在着诸多区别。时效性上，需求管理适合短期管理，而供给管理往往需要较长的时间才能发挥作用；针对性上，需求管理更加注重调节总量，而供给管理适合结构管理，当前优化各种经济结构正在或已成为当前和今后相当长一段时间里中国应对经济下行压力的必要条件，供给管理必要性凸显；政策手段上，需求管理使用的主要是财政支出和货币政策政策，而供给管理使用税收、行政和法制管理等手段。有些政策既有总量管理特性，又有供给管理特性，如减税，既可减轻企业负担，系供给管理，也可降低产品价格，系需求管理。但这两种管理间的理论界限仍然明显，供给管理，包括降低成本，或合理配置资源提高整个国民经济效率。一些政策虽同时兼有需求管理和供给管理的属性，但重点有所不同。比较而言，货币政策更重视总量管理、具有浓厚的需求管理色彩；而财政支出政策刺激经济增长时，需求管理的特性较明显，但在经济发展较平稳时期，要通过各种的转移支付来调整各个地区、各个产业、各个不同的社会阶层间的利益关系，因而影响生产的发展，又是供给管理的重要手段。从市场化程度与这两类管理的关系看，发达国家往往更重视需求管理，政府对经济活动直接干预的程度相对较低，要求市场体制在资源配置中发挥更大作用；而转轨经济国家由于市场经济还不完善，既要通过供给管理不断地创新和改革激发市场经济的活力，又要通过政府完善市场经济体制，优化资源配置，以提高经济效率，促进经济增长。中国仍然处于转轨中，并以公有制为主体的社会主义市场经济在很大程度上决定宏观经济活动对政府行为的依赖，这就决定供给管理应在今后相当长的一段时期内在宏观经济管理中发挥更积极的作用。

（四）凯恩斯主义与供给学派的区别和评价

凯恩斯有效需求不足论是建立在其提出的三个基本心理因素之上，强调的都是经济预期或心理因素，这对经济影响虽是客观存在的，但具有唯心主义特性。凯恩斯的后继者们分析则更为深入，诸如从市场作用的内在机制和内在过程分析市场作用的缺陷，得出微调、相机抉择，摩擦性、结构性和周期性失业等理论。凯恩斯理论和供给经济学有其适用条件，即无论是西方有效供给理论，还是有效需求理论都是建立在完全市场经济条件之上的。一是市场机制健全；二是市场主体独立；三是商品供给有效。这三个条件中国尚不完全具备。基于市场经济条件下供求的一般原理无疑适合分析中国的情况，但也应考虑到中国在计划经济向市场经济转轨时期所面临的特殊矛盾和具体国情。

凯恩斯和供给学派都主张减税，但凯恩斯提出，要依据不同经济风向交替使用增税和减税手段，系暂时的对策；而供给学派则是大规模持久的减税政策。凯恩斯学派对萨伊定律批判的缺陷在于他们没有在萨伊定律的自身逻辑基础上指出其不足或缺陷，更没有指出萨伊定律的存在条件以及这些条件的现实性。面对经济衰退和失业，凯恩斯主义采取减税政策增加个人和企业的可支配收入，以扩大需求，促进经济增长和就业扩大。作为凯恩斯主义反对派出现的供给学派，面临的是经济增长、就业，还有通胀问题。由于这两派产生的经济时代不同，政策目标显著不同，供给学派的减税政策多了一个经济目标，即要同时解决通胀问题。

凯恩斯主义侧重于政策对市场主体的需求效应，供给学派强调政策对市场主体的供给效应，这一效应大小还受到微观体制和制度影响。

四、供给侧与需求侧的统一性

（一）凯恩斯主义与供给经济学的统一性

供给经济学是现代经济自由主义政策的理论基础，而凯恩斯的有效需求不足论则是国家干预主义的理论基础。凯恩斯虽然否定萨伊定律，但否定的只是萨伊所坚持的总需求和总供给会自动实现平衡的结论。在凯恩斯那里，只有通过政府干预，才能实现总供求平衡。

凯恩斯主义是在供给过分发展和需求受到不合理的分配关系压缩的条件下产生的；新供给经济学是由于凯恩斯主义过分强调需求、影响供给的正常发展才出现的。经济发展是供求双方不断进行创造性互动的结果。供给侧和需求侧的各自政策如同一把剪刀的两翼，两种政策措施要相互配合使用而非替代彼此，以适应经济发展不同阶段的要求。经济发展到一定程度就需要对供与求进行综合管理，这就产生供给经济学和凯恩斯主义的融合。凯恩斯需求理论与供给经济学似乎截然对立，但实质都是供给拉上需求论。凯恩斯“扩大有效需求的主张和做法，本质是增加投资、振兴供给，以求充分就业、扩大需求，仍属于供给经济学体系”。凯恩斯虽批判萨伊定律，但并没有根本否定萨伊定律。著名经济学家高鸿业先生早就深刻地指出，“仅仅给萨伊定律加上一个条件，即只要执行正确的宏观经济政策，使投资等于充分就业下的储蓄，萨伊定律是可以成立的。”

凯恩斯的主张，除采用通胀，鼓励消费等政策之外，他的扩大有效需求的根本途径与萨伊的供给创造需求的途径基本上是一致的。但在解决途径上，凯恩斯与萨伊不同，他主张扩大需求，鼓励消费，反对节省。这两个理论往往各执一端、互为反动，萨伊主张发展供给解决供给过剩问题，凯恩斯却主张扩大需求解决供给过剩问题。凯恩斯在分析导致有效需求不足的主客观诸多因素时，完全忽略了有效供给不足这个因素，把供给看作是完美无缺的，从而把市场萧条症结全部归咎于有效需求不足的一面，在发展动力上，局限在需求拉上或驱动。总之，在西方经济学界，这两者均是孤立地研究供求关系问题，片面性凸显，科学性缺失。

美国经济学家索洛和丹尼森开创经济增长因素分析方法以来，大多数研究者多是从供给方面定量分析经济增长，无论是古典经济学家还是当前流行的主流经济增长理论，供给方面研究占据主流，他们认为资本增加和技术进步是经济增长的决定性因素。内生增长理论，主要将各国的TFP差异视为经济增长的主要决定因素。大多数文献也将TFP产生差异的原因归结为供给效率的差异，但这些因素并不能完全解释各国间存在的增长差异，还必须考虑需求要素对经济增长的影响。然而，影响很大的刘易斯关于资本积累越多越有利于就业的观点不仅是忽视需求和收入对其制约作用的，而且忽视市场供求的互动性，忽视收入分配水平和结构或均平化程度对供求的制约作用。与政府管理的不同视角相适应，长期存在的“供给调节”与“需求调节”优劣的辩论，都对需求与供给的关系做了深入分析。实际上，“供给调节”与“需求调节”在各自适应时期均有重大影响，两者互为一体，共同影响经济增长。

理论上供给与需求何者为主并不存在冲突或矛盾，仅仅是因为所处经济发展阶段不同。在经济欠发达阶段，不存在需求问题，或需求问题不突出，供给自然是成为压倒一切的课题。目前，强调“供给调节”正是源于中国非均衡发展造成的有效供给不足。这时，一般认为，经济增长源于劳动、资本投入增加，技术进步，制度创新等因素，而大都没有考虑总需求在经济增长中的作用，对于需求结构与经济增长关系更是极少涉及。

随着经济的不断发展，总需求及需求结构均发生一系列变化，经济学家逐渐认识到：需求也是经济增长的重要因素，随着收入水平提高，需求总量上升，需求结构规律性变动，需求结构均衡发展对经济的长期增长具有重要作用。从长期来看，经济增长离不开供给因素的支撑，但同时也会受需求因素变化的影响。纪明通过分析多个国家经济发展实践表明，需求结构演进逻辑反映经济增长需求动力演进逻辑，消费需求对经济增长的贡献程度由强变弱再变强，投资需求和净出口需求对经济增长贡献程度由弱变强再变弱；经济增长率上升与消费率下降、投资率和净出口率上升相伴随。需求结构合理化和需求结构高级化的推进能够有效地抑制经济波动。政府应充分考虑需求结构合理化和需求结构高级化影响经济增长和经济波动机制的异同，在努力创造需求结构高级化经济环境的同时，应更多地考虑需求结构合理化。这应该包括扩大需求和引领需求的内容。

凯恩斯坚持理性经济人假设，创立总量分析法。但是，他沉迷于仅仅从数量关系上研究总量是否相等，而忽略对资本主义经济内在结构的深刻分析。他重总量分析，轻结构分析；重需求分析、轻供给分析，重短期分析、轻长期分析，这使其更加注重短期利益，面对长期利益、经济增长和环境保护等问题重视不足，所以并未形成成熟的理论体系。凯恩斯国民收入理论的这些不足恰恰为马克思所擅长。马克思社会资本再生产理论，既重总量分析，又重结构分析；既包含总量问题，又包含结构问题；既重需求分析，又重供给分析；既重短期分析，又重长期分析。马克思深刻揭示供与求表面上看来是商品在市场上的转手或让渡，实际上供与求涉及买者与卖者、生产者与消费者的关系。社会化大生产要求按比例分配社会劳动，供求间有一个内在的比例关系，是马克思价值生产和价值实现平衡的思想体现，当这两方面的社会必要劳动时间相等时，价值生产和价值实现就达到平衡，即供求平衡的本质要求。

总之，无论是凯恩斯主义，还是供给经济学，都有很大的局限性，只能作为参考借鉴，不能用以指导中国现在的改革和发展。需要合理借鉴他们的需求分析和供给分析的理论和方法，更需要采用与时俱进的马克思主义政治经济学的理论和方法，从生产关系促进生产力的要求、从供求关系方面进行综合分析。

（二）马克思主义经济学供与求的统一性

马克思在《资本论》第三卷第十章提出第二种含义的必要劳动时间。只有耗费在某种商品总量上的社会劳动量同这种商品的社会需要量相适应，供求才会平衡，这种商品才会按照它的市场价值来买卖。当市场供给超过了市场需求时，产品过剩，市场价格就会降低到市场价值以下。目前的产能过剩，就是违背第二含义社会必要劳动时间的要求。供求失衡可以是需求量不变，而供给量变得过大或过小，这时就会产生过剩或短缺，或者是供给量不变，而需求量变得过大或过小，如目前对优质商品的需求变大，而对劣质商品需求变小。即供求不平衡可能是由于供给量的变化引起的，也可能是由于需求量的变化引起的。供求关系，调节资源在不同生产条件的企业间的分配比例，即企业优胜劣汰；也调节资源在部门间的配置，即产业结构调整或优化。其由需求导向，实行转型升级。因此，供给侧改革必须坚持市场导向，即最终需求导向，用消费者的效用函数和效用约束条件可以得出当消费者的消费偏好、收入变化时，消费者会改变其消费结构，恩格尔定律也证明这一逻辑。

马克思提出，“给需求和供给这两个概念下一般的定义，真正的困难在于，它们好像只是同义反复”；供求只是一个问题的两个方面，都由生产产生、处于对立地位的供求彼此很难分清；在不同的角度说，供给即需求，需求即供给，属于增加供给的生产活动同时增加对生产要素的需求，由于增加对劳动的需求而增加对消费资料的需求；因此，生产中的生产需求也可以说是供给。供给与需求问题的实质是生产与消费的问题，是社会再生产的实现问题。这归根到底体现按比例分配社会劳动规律。

马克思从生产一般出发，指出生产与消费的同一性：（1）生产直接是消费，消费直接也是生产。（2）互为中介，生产中介着消费，没有生产，消费就没有对象；没有消费，生产就没有目的，产品只能是可能性的产品，而不是现实的产品。（3）每一方都由于自己的实现才能够创造对方。生产创造出消费的对象、消费的方式、消费的动力。“生产是实际的起点”因而也是居于支配地位的要素。同时，“没有消费，也就没有生产，因为如果没有消费，生产就没有目的。”

马克思还阐述生产、消费、分配、交换的关系，指出：“它们构成一个总体的各个环节，一个统一体内部的差别……因此，一定的生产决定一定的消费、分配、交换和这些不同要素相互间的一定关系。……不同要素之间存在着相互作用。每一个有机整体都是这样。”

在经济运行过程中，生产与消费之间存在着互动关系，但这种互动关系并非对称的。在马克思看来，有效供给决定和创造需求。“生产决定着消费：是由于生产为消费创造材料，生产决定消费的方式，是由于生产靠它起初当做对象生产出来的产品在消费者身上引起需要”。生产力水平的提高决定着消费水平的提高，生产力水平与消费水平正相关。但消费对生产也有反作用，二者是辩证的关系。总之，生产与消费表现为相互决定，既对立又统一的辩证关系。供给增长最终需要消费需求的增长实现，其自身不可能成为经济真正和持久的拉动力量。供给不会独立于需求而存在，需求亦不会抛开供给而独自发挥作用。需求对供给的促进作用主要表现在：当某种消费品的需求增加时，会直接引起生产这种消费品的生产部门供给增加，引致生产资料部门投资增加，引起总投资增加。而当投资增加时，有一部分投资转移到劳动者报酬上，即劳动者可支配收入增加、会带来个人消费需求增长，促进消费扩张。需求的无限性与供给的有限性使需求大于供给是永恒的社会现象，这给供给发展提供无限广阔的空间。市场需求是一种持有货币才有购买力的需求，需求的无限性就转变为市场需求的有限性。经济运行的常态是非充分就业均衡，供给的绝对有限性转变为相对无限性，市场总供给大于市场总需求，市场经济体制的常态必然是需求不足。经济学家和厂商的努力实现最大限度缩小两者间的差距，使其在坐标上高位均衡。

但是，这两者并非平起平坐的关系。首先，“生产生产着消费”。生产为消费活动提供消费对象；生产决定消费方式、新的生产方式。社会再生产上，生产是“实际的起点”，因而是“居于支配地位的要素”。生产对消费品、消费方式和消费者的创造作用，要求在经济新常态下以供给创新带动和创造需求；要求着力加强供给侧结构性改革，加大推进经济结构改革的力度，提高供给体系质量和效率，实现经济结构转型升级。

其次，“消费生产着生产”。生产的产品只有在消费中才能实现它的使用价值和价值；另一方面，消费还创造出“生产的动力”。消费对生产的巨大反作用要求在强化供给侧改革的同时，还要注意从需求侧对供给侧的反作用角度，为供给侧结构性改革寻找目标、方向和动力。以扩大有效需求“倒逼”供给结构改革，通过新的需求结构确立有效投资和有效供给范围，从供给侧与需求侧两侧发力，最终实现结构转型升级。

供求这一矛盾中，矛盾的主要方面是供给，供给的水平和方式决定需求的水平和方式。供给能创造需求，也能抑制需求。

有效供给与有效需求是同一事物的两方面；适应和引导需求的供给是有效供给，其特性：（1）产品价值量须由社会必要劳动量决定，并由此价值量或经过竞争形成的生产价格决定的市场价格。（2）各部门提供的产品总量必须符合社会需要的规模。（3）品质必须精美优良。有效供给意味着获得需求的供给；有效需求则首先意味着“有支付能力的需求”，正好从有效供给中获得，每个人的需求能力，都是作为劳动者向市场提供有效供给后所获收入的购买力体现。有需求才有供给，有供给才有需求，必须统筹兼顾供求两个方面，供求两端调控，两端发力，互补互动。

供求关系体现在投资与消费上，供给源于生产，投资为生产提供条件和对象，投入多少决定生产多少、供给多少，投资是供给的深层次原因。

马克思认为，商品的供求矛盾是失衡和相对平衡的统一，供求平衡是相对、偶然的，而供求失衡才是绝对的，是一般常态。供求由失衡到均衡要通过竞争来实现。国家根据社会对各种商品的需要，前瞻性指导社会总劳动分配，促进供求平衡。

供给侧决定需求侧，这决定了经济增长的速度和方向。供给侧通过以下途径影响需求侧演变：生产要素结构变化会影响收入结构，进而可能改变收入需求弹性，导致需求量及其结构的变化。萨伊提出的“供给自动地为自己创造需求”，其错误在于他没有区分科技创新带来的供给和一般性供给。技术创新产生新产品，甚至开创一个崭新的产业，这会引致新偏好，形成新需求。

需求侧演变也会通过以下途径影响供给侧演变：一是偏好演变会对技术进步产生影响。偏好决定消费需求，这构成技术的市场选择环境，决定各种技术收益，这直接影响技术选择和扩散。二是需求结构变化也会促使供给侧变化，而需求结构的变化又会引起要素结构的变化，从而影响整个供给结构演变。供给侧演变包括供给结构（要素和产出结构）和技术进步，需求侧演变包括需求结构和偏好演变。在经济演变中，供给侧和需求侧相互影响，共同影响经济增长的速度和质量；制度系统影响供给侧演变和需求侧演变，并对两者共同演变产生深刻影响，经济持续增长的动力机制是供给侧、需求侧和制度协同演变，具体表现为供给结构、需求结构动态有效匹配和协同升级，而制度改革是促进供给结构和需求结构协同升级的深层次动力机制。向效率更高、质量更好的形态演进，成为经济可持续增长的重要驱动力。在此演变过程中，制度改革深化是促使供给结构和需求结构协同升级的深层次动力机制。

实现供求平衡，既需要合理增加需求、以扩大内需特别是国内消费需求为主、优化需求结构，同时也要减少过剩产能、增加有效供给、优化供给结构，二者均不容忽视、不可偏废。但是，这两者地位仍然不同。供给更多涉及长期、结构、质量问题，需求更多涉及短期、总量、经济稳定问题，但仍然不能由此断言供给重于需求。供给在一定情况下虽可创造新需求。但是，无论是生产与需求一般关系，还是社会主义生产目的要求，需求都是目的，供给只是手段，手段服务于目的，供给服务于需求。

（三）中国过剩经济的应对：供与求的统一性

中国的生产过剩既有需求原因，又有供给原因。无论是在理论上还是在实践中，片面强调需求侧，或过于强调供给侧，均有失偏颇。理论上，扩张和紧缩的宏观政策各有利弊，供给侧政策和需求侧政策各有千秋，应权衡选择。实践上，目前，供给侧改革虽长期看好，但短期内，有些改革可能会抑制需求，应优先推行那些短期就能增加需求的改革措施；暂缓推行那些短期可能是抑制需求的改革。具体说来，要选好项目，以补短板、破解基础设施瓶颈的有效投资为主，短期创造需求；长期提高劳动生产力和竞争力，增加附加值，降低交易费用，增加税收。这样的投资不但不会挤占消费，而且还可以增加居民收入、扩大消费。并且，经济下行时做基础设施投资，成本也低。

“三驾马车”是消费、出口和投资，即需求侧，与其相对的是供给侧，即生产要素的供给和有效利用。程恩富教授提出供给侧的“新三驾马车”：科技创新、结构优化、要素质量提高三大驱动。这实质是通过科技教育进步和产业结构优化，提高要素的质量与其使用效率。这不但要求改革科技教育，提高教育质量和科技水平，提高要素质量，而且实现全国统一的社保、医疗和失业救济等服务，促进劳动力跨地区、跨行业自由流动；政府建设市场经济体制，发挥市场配置资源的决定性作用，实现产业结构优化。随着发展阶段转换，高质量、高品质的需求迅速攀升、需求结构相应发生根本性变化。任何需求管理都必然牵动供给的“神经”，而任何促进或限制供给的措施也都不可能不触动需求的“脉搏”。需求决定供给：一是需求结构变化决定产业结构调整方向；二是需求偏好相似决定产业结构调整进程。其实，供给侧改革最终也是在创造新的需求，而且这种新需求更具可持续性。供给决定需求，是指科技进步带来产品质量和产品档次提高，有效供给增加，实现产业结构转型升级。

由于处于发展阶段不同，西方发达国家长期处于生产过剩的发达阶段，对总需求理解较好，而中国长期处于生产落后而短缺阶段，作为发展中国家对总供给理解较好。所以，从西方发达经济体的实践理解总需求，从发展中国家的实践理解总供给，二者综合起来，在抽象掉各自的特异性之后，就可以形成一个统一的总供求模型和一套完整、具有相当大的普适性的宏观经济理论，为宏观经济学的进一步发展提供一个方向。将西方国家的需求管理和中国供给管理的经验结合起来，可形成一套同时包括需求管理和供给管理的全新的宏观调控体系，实现宏观调控从只有需求管理的一维空间进入结合使用需求管理和供给管理的二维空间的转变。因此，引入供给管理并不意味着要放弃需求管理，需求管理仍是宏观调控的重要手段。二者的结合能够解决现实世界中存在的多数问题，同时进行多目标管理。

（四）中国过剩经济的应对：供与求的相互转化性

1. “三农”问题突出

供给侧的办法最为根本，即推进农业经营结构由小农经济转变为规模经营。依据新劳动力迁移理论，农村富余劳动力向非农产业转移是人力资源的再配置过程，能够显著提高农业边际劳动生产力，有效加强农业这一短板，从而推动国民经济增长。农业劳动力流出，农业边际生产率上升、直到劳动的边际收益等于现行工资的水平，二元经济变成一元经济。事实证明，1982～1997 年中国劳动力配置对经济增长的贡献率达 20%。[①] 改革开放以来，由于工资差额和没有强制规定上社保，农民工为工业经济和城镇经济积累发展资金达 11.6 万亿元。农民工收入回流农村，提高了农村家庭的支付能力和投资创业能力。规模农业不仅给工业化带来充足的劳动力，还能带来农地生产率和农业劳动生产率提高，促进粮食安全和农产品质量提高、物价稳定、经济增长、财政收入增加和实际利率降低，从而引起投资增加和就业扩大，增加居民收入，扩大消费需求。因此，农业富余劳动力向生产率高的非农部门转移，既是农业发展方式转变的重要条件，又通过农民工市民化，市民人均消费水平高于农民，消费需求相应扩大，推动中国经济持续增长。而消费需求增加，市场扩大，又反过来促进工业发展规模经济，规模经济促进科技创新，促进经济增长质量提高。这是供给侧与需求侧相互转化，这两者协同促进经济发展的案例。

2. 煤炭、电力和钢铁过剩严重

需求侧的办法最为便捷，即顺应市场经济的规律，降低电价。电是需求弹性很大的商品，电价下降，电的消费相应增加，增加煤炭需求和家用电器需求，家电需求增加带动钢铁需求增加，煤炭和钢铁需求增加，有关行业的效益转好，一是扩大就业，进一步扩大消费需求，实现社会主义生产目的，形成经济发展的良性循环；二是有关行业能够投入更多的资金用于研发和职工培训，发展有关行业，带动国民经济发展，就业相应扩大，消费增加。这是需求侧与供给侧

---

① 李勋来，李国平．经济增长中的农村富余劳动力转移效应研究［J］．经济科学，2005（3）：39－43.

相互转化，两者协同促进经济发展的案例。

五、“供给侧”三驾马车内部因子辩证关系

供给侧改革的本质是要让供求相适应，各项政策已逐渐由需求调控为主向需求调控与供给调控并重的方向发展，发展空间正在协调中拓宽，发展后劲正在协调中增强。随着投资的边际效率不断递减，随着国际金融危机而来的国际贸易下降和内需不足，促进经济发展的“三驾马车”乏力；在经济社会发展到较高阶段之后，投资驱动型发展模式就难以为继。中国已到了只能依靠创新投入来驱动经济的时代。劳动、资本与技术三者各自孤掌难鸣、需要优化配置或结构优化。这一结构优化的关键是科技创新，其决定于制度创新。科技创新和结构调整是生产力层面的，而制度创新是生产关系层面的，优化制度、才能促进科技创新和结构优化。

党的十八届五中全会提出“把创新摆在国家发展全局的核心位置”，“作为引领发展的第一动力”，最大限度的解放和激发科技作为第一生产力所蕴藏的巨大潜能，提高生产要素的产出水平，为优化经济结构、改善生态环境、提高发展质量拓宽空间，为经济转型升级提供强有力支撑；体现长时期中国的发展思路和方向、发展着力点，深刻揭示更高质量、更高效率、更加公平、更可持续发展的必由之路，推动中国成为科技经济强国。

创新是一个庞大的系统工程，涉及生产力、生产关系的全要素、全系统、全方位变革，要从创新的全局性、系统性、整体性出发，把创新理念贯穿到经济社会发展的各个领域，创新是各层次各环节互补互动的过程。

（一）制度创新促进科技创新

供给侧改革最关键的是发挥市场经济与政府干预两个优势，促进政府与市场协同、科技创新和体制创新协同，强化对人们发明创造及其应用过程中的利益关系加以确认和保护，构建有利于促进创新的体制框架；通过政府顶层设计的制度创新、政策创新和管理创新去推动企业层面的科技创新以及管理创新和商业模式创新，促进科技创新与理论创新、制度创新、文化创新等方面的持续发展和全面融合，打通科技创新和经济社会发展间的通道，营造人尽其才、财尽其流、物尽其用的制度环境，激发人民创造历史的劳动积极性和创造性，释放巨大的发展潜能。要从供给侧得到一种比自发的市场配置下更强有力的机制——政府“理性主导”，并使之与市场机制“1+1>2”式地协同，“微观竞争的活力性与宏观经济的平衡性”“微观市场的经济效益、宏观经济的社会效益”，市场竞争、价格和供求等一系列市场机制与国家宏观的一系列调控机制协同，使社会主义市场经济在宏观整体绩效上比资本主义市场经济更优越，这是由市

场经济与政府干预各自的优劣属性所决定的。市场优化资源配置是在政府制度安排的市场体制背景下进行的，政府不但尊重市场经济规律，按照市场规律办事，而且市场在政府引导、监管和制度规范下运行，弥补市场失灵，政府有为和市场有效，把后发优势与理性政府主动作为结合在一起，政府作为制度供给者，积极有效地培育公平、开放、透明的良好市场环境，营造良好的创新生态，大力培育能适应市场、灵活地调整产品结构的微观主体，这两者间互补互动，利用市场调节的灵活性、有效性和多样性来提高资源的利用效率，弥补政府行为效率低下的缺陷，两者整合促进经济转型和发展。政府还应发挥经济信息较全面、手段方法较科学、权威性较强等优势，运用经济、法律、行政手段，为人们提供自由选择的机会，切实发挥企业主体的重要作用，为企业提供各种资源自由组合的权利和便利，积极倡导敢为人先的创新自信，使创新成为全社会的一种价值导向、一种生活方式、一种时代气息，最大限度地释放全社会创新潜力；从减税、打破垄断入手，激活民间智慧和创造力，让一切要素的活力竞相迸发，形成人人崇尚和渴望创新、人人皆可创新的社会氛围。发挥社会主义国家集中力量办好大事的优势，充分利用国民经济调控规律的前瞻性、计划性、能动性和可控性，运用经济、法律、行政等手段调节各类主体的经济行为，有效控制经济总量，缓解乃至消除通货膨胀和通货紧缩，调节利益分配，促进产业结构的转型升级，通过引导性投资，培育战略性新兴产业，协调重大结构关系和生产力布局，经济发展活而有序，有效克服市场调节导致的自发性、盲目性和滞后性等弊端，实现就业扩大、经济稳定增长，物价稳定，共同富裕，人口、资源与环境和谐发展的目标。

政府与市场的边界清晰，凡属市场能够发挥作用的，政府不去干预；凡属市场不能有效发挥作用的，或者市场竞争引发社会不公或市场难以触及的地方，政府应当出手而不是撒手、主动补位，该管的坚决管，管到位，管出水平，避免出问题，以弥补市场失灵。政府和市场“两只手”相得益彰、更加协调，要以有形的手辅助引导无形的手，加快经济发展方式转变。政府在尊重市场、培育市场的前提下，激发市场主体的内生活力和动力，激发企业家和全社会创新潜能和活力，加快建立健全以企业为主体、市场为导向，推动政产学研用深度融合、跨领域跨行业、跨所有制利益共享、风险共担的国家协同创新体系。

（二）科技创新的路径

创新驱动的体制，有四个具体层面：（1）创新财政金融科技制度。首先，创新财政支持方式，调整财政投入结构，设立专项引导基金、落实政府采购政策以及税收优惠政策等多种方式，加大对基础研究、关键技术和科技小微企业的支持力度；发挥财政资金的种子作用，引导社会资源投入创新，形成财政资金、金融资本、社会资本多方投入的新格局，扩大创新投入规模。其次，完善政策性金融与商业性金融体系，以财政补贴和税收优惠鼓励金融机构支持技术创新。在风险可控的原则下，创新符合科技型企业成长规律和特点的新型科技金融产品、组织机构和服务模式。（2）转变政府职能，从管理转向服务，更加注重抓宏观、抓战略、抓前瞻、抓基础、抓环境；加快减税、优化服务，简政放权、放松管制、为企业松绑；放宽市场准入，制定一切可能的政策扶持民间投资，提高企业创新能力；树立战略和前沿导向，瞄准世界科技前沿，选准关系全局和长远发展的战略重点，推动关系发展全局的重大技术突破；实现科技创新的跨越式发展；坚持全球视野，紧跟世界科技发展趋势，充分借鉴其他国家的有益经验，统筹一切资源，全面提升国际科技合作水平和创新能力。（3）深化国有企业改革，加快完善企业治理结构，健全现代企业制度，竞争性国企发展混合所有制经济，经过改革改组改制，使国企成为更有力的创新主体；加快资本运营和重组，使资源向优势企业集中，向创新集群集中，强化企业创新主体地位和主导作用，逐步培育起一批的创新能力强、产品质量优、具有国际竞争力的领军企业和跨国公司。（4）加快实施人才强国战略，大力培养和集聚创新型优秀人才，壮大实力雄厚、富有创新精神的创新型人才队伍；加快人才结构战略性调整，突出"高精尖缺"导向，着力发现、培养、集聚、造就一批世界水平的科学家、科技领军人才和高水平创新团队。

以上措施均属于科技创新供给因子，还需要扩大科技需求。增加科技产品的公共采购、增加科技产品的买方补贴，如农机补贴；增加科技产品的买方贷款。

（三）供求互动，结构优化

适应需求多样化、高端化和服务化的趋势，适应消费结构由温饱型转向享受型，以及享受型转向发展型的变迁，让生产要素从低效率领域转移到高效率领域，从已过剩的产业转移到市场需求的领域，加快化解过剩产能，提高经济增长的速度与质量，改善人民福利。

改造提升传统比较优势，扩大有效供给，提高供给结构适应性和灵活性；打破地域分割和行业垄断，促进要素有序合理流动，加大资产重组力度，资源优化配置，截长补短，重构供给主体，产品成本和价格由高到低，产品质量由低到高，促进结构升级，转变供给方式、疏通供给渠道，拓展供给空间，实现供给从粗放型数量扩张转变为集约型质量提高，并由此扩大就业，增加居民收入。通过加速固定资产更新、运用价格机制和竞争机制、依靠法制手段提高供给质量，实现更高效率、更加公平、更可持续的发展，经济增长驱动由依靠要素大规模、高强度投入转向要素配置效率提高。

创新驱动为主的供给侧并非对投资拉动、出口带动、消费推动的需求侧的全盘否定，这只是通过科技创新，优化供给，放大投资的拉动效应、出口的带动效应、消费的推动效应。

总之，无论是经济自由主义、还是凯恩斯主义，在理论上，仅作参考；在经济管理实践中，都不可能单项使用。推进供给侧改革主要通过科技创新，提高产品质量和档次，更好地满足需求。而需求侧比较强调通过扩大投资和引导消费拉动经济增长，要求适度扩大需求，保持经济运行在合理区间，为改革营造良好的宏观环境。这两“侧”应相互配合、相互促进。

参考文献

[1] 金海年：《新供给经济增长理论：中国改革开放经济表现的解读与展望》，载于《财政研究》2014年第11期。

[2] 贾康、苏京春：《经济学的“新框架”与“新供给”：创新中的重要联通和“集大成”境界追求》，载于《财政研究》2015年第1期。

[3][15] 周志太：《外国经济学说史》，中国科技大学出版社2012年版。

[4] 凯恩斯：《就业、利息和货币通论》，商务印书馆1999年版。

[5] 高鸿业：《〈通论〉译者导读》，商务印书馆1999年版。

[6] 纪明：《需求结构演进逻辑及中国经济持续均衡增长》，载于《社会科学》2013年第2期。

[7] 纪明、刘志彪：《中国需求结构演进对经济增长及经济波动的影响》，载于《经济科学》2014年第1期。

[8]《资本论》第3卷，人民出版社1975年版。

[9]《马克思恩格斯全集》第30卷，人民出版社1995年版。

[10]《马克思恩格斯选集》第2卷，人民出版社1995年版。

[11]《马克思恩格斯选集》第2卷，人民出版社1972年版。

[12]《马克思恩格斯选集》第2卷，人民出版社1972年版。

[13]《马克思恩格斯文集》第8卷，人民出版社2009年版。

[14]《马克思恩格斯选集》第2卷，人民出版社1995年版。

[15] 周志太：《多维视角下的农民增收问题研究》，载于《科学社会主义》2013年第1期，第108~111页。

以转型升级促中国制造“再领风骚”

周晓红[*]

国务院2016年4月印发的《中国制造2025》，是中国实施制造强国战略第一个10年的行动纲领。“中国制造2025”战略将极大地促进中国制造业的提升和发展。制造业在中国国民经济中具有十分重要的地位，是经济发展的引擎，是立国之本、兴国之器、强国之基。18世纪中叶开启工业文明以来，世界强国的兴衰史和中华民族的奋斗史一再证明，工业化是任何一个国家都不可逾越的阶段，一个国家经济发展的重点在制造业，难点在制造业，出路也在制造业。没有强大的制造业，就没有真正的竞争力，就没有国家和民族的强盛。打造具有国际竞争力的制造业，是中国提升综合国力、保障国家安全、建设世界强国的必由之路。

一、中国经济增长需要制造业支撑

目前，世界各国似乎都陷入了将扩张政策用到极致但仍不能走出经济低迷或者阻止经济下滑的困境，中国实施的稳增长政策虽然起到了保障经济增速稳步回落到合理区间的重要作用，但并未使经济止跌回升。究其原因是经济增长缺乏动力。以往长时期支撑中国经济高速增长的房地产、基础设施等相继出现历史需求峰值，出口的高增长也由于国内要素成本和汇率上升而难以为继。当务之急就是要找到动力并发动引擎。就目前看来，这个引擎不可能是外需，依靠土地、房地产、基础设施等大规模投资增长方式将失去动力，货币政策和财政政策也难以担此重任。大力发展服务业能否成为拉动经济增长的引擎？答案是否定的。因为服务业不可能大规模调动资本、技术和劳动力，只有制造业才

* 周晓红，中共江西省委党校工商管理教研部副主任、教授，主要研究方向为经济管理和企业管理。

能担此重任。制造业的振兴必然带动生产性服务业，进而带动整个服务业的发展，最终形成制造业与服务业良性互动，共同推动经济发展。

在过去的三十多年中，制造业作为增速最快的经济部门之一，一直是中国经济快速增长的引擎，在促进经济增长和吸纳就业方面发挥了重要的作用。事实表明，只要制造业能够维持较高增速，不断转型升级和提高国际竞争力，工业经济就能继续健康发展，制造业就能继续对国民经济发挥基础引擎作用。但近年来中国制造业增速放缓，导致经济进入中高速增长的新常态。而自2013年以来，中国服务业占GDP的比重不断上升，超过第二产业，目前已经接近50%。在经济下行尤其是制造业不景气的态势下，就业市场的表现却较为平稳。这一现象让很多学者、官员欣喜不已，认为中国经济已经到了一个转折期，即正在实现从制造业主导向服务业主导的结构转换。这种说法有一定道理，但它往往包含或明或暗的一种情绪，即工业经济已经“不行”或者“过时”，中国经济的增长要靠服务业来支撑了。这种看法显然是片面的，甚至是危险的。从工业化先行国家看，其产业结构变动过程和经济增速的规律是：从农业为主到工业为主速度是提高的，工业中轻工业到重工业、重工业从重基础到重加工，速度也是提高的，而从工业化社会进入以服务业为主导的后工业化社会时速度就会下降。尽管中国服务业比重已经超过制造业，但从总体上看，服务业劳动生产率明显低于制造业。2013年的数据显示，制造业每单位劳动力创造的产值约为11.1万元，而服务业单位劳动力的产出只有9.3万元，约为制造业的83%左右。有研究表明，中国制造业投资增加一个百分点，GDP将增加0.836个百分点；而装备制造业增加值每增加一个百分点，GDP将增加0.041～0.102个百分点。对于一个人均GDP仍很低的发展中国家来说，过早去工业化，让服务业过度扩张而挤占制造业，实质上是用低生产率部门取代高生产率部门。

事实上，中国第三产业比重相对上升是第二产业增加值增长率大幅度下降所导致。数据显示，2015年上半年，第三产业对经济的贡献超过第二产业，占比达到49.5%，第三产业增加值同比增长8.4%。而上半年第二产业增加值仅增长6.1%，延续七个季度的回落态势。近年来，中国制造业采购经理指数（PMI）一直在荣枯线（50%）上下徘徊，下半年以来更是超预期回落。全国工业生产者出厂价格（PPI）已经超过40个月的负增长，11月的PPI已达－5.9%。与增速下行压力相比，更具挑战性的工业企业利润已超过一年的负增长。服务业扩张趋势依旧，但不足以抵消制造业疲软的负面影响。因此，对2013年以来第三产业增加值比重超过第二产业这一现象要冷静对待。同时，统计资料显示，中国第三产业中占比较大的主要是金融业和批发零售业等，仍层次过多，成本过高，真正的生产服务业发展仍然严重滞后。即使制造业比重超过服务业，但制造业仍然是国家竞争力的核心所在，服务业发展潜力最大的生产性服务业，直接服务于制造业转型升级。

实践表明，没有哪个发达国家不是通过发展壮大以制造业为代表的工业而富强起来的，只有大力发展制造业才能维持经济增速，否则就会导致经济增长速度放缓。例如，英国是较早完成工业化进程的国家，在第一次世界大战期间，其制造业就业曾一度占到全民就业的45%，即使到了20世纪70年代，制造业就业仍占到全民就业的1/3左右。20世纪70年代到90年代是韩国经济腾飞的阶段，其制造业在全民就业的占比从70年代的15%，一路飙升到90年代的30%左右。即使是世界一流发达国家美国，仍然在孜孜不倦地强调发展制造业对国民经济的重要性。尤其是国际金融危机以后，美、日、德等工业强国，甚至英、法等传统的工业强国都在重新反思制造业在国民经济中的重要作用，并以更加积极的政策态势推动先进制造业发展。例如，美国提出“再工业化”、“制造业复兴”、“制造业行动计划”，德国提出“工业4.0计划”，欧盟提出“未来工厂计划”、日本提出“再兴战略”、法国提出“未来工业法国”等，都在客观上大大加快了“第三次工业革命”的进程。而印度是发展中国家以消费和服务业为主导发展模式的典型代表，20世纪90年代初其国民收入水平比中国高30%左右，而到2013年，中国的国民收入是印度的4.5倍。

当前制造业就业在中国全民就业的占比大约在15%左右，而中国劳动力占全球近1/5，出口仅占12%。借鉴那些成功完成工业化进程并顺利摆脱中等收入陷阱国家的经验，制造业在中国还有相当大的发展空间。在中国在第二产业还仍然是中国经济发展的基本支柱和发展重点的条件下，无论是就业、财税和环境问题，二元经济结构问题、城乡收入差距问题、不同群体和行业收入差距问题、落后的农村与发达的城市以及城乡基础设施建设严重滞后、城乡住房质量低劣问题等，都还有赖于第二产业尤其是制造业的更快发展。后工业化社会的主要标志是工业化任务已经完成，服务业比重超过50%，这是国际规律。但是中国还远远未到服务业为主导的时候。中国还有9亿农民，进城的农民工在城市只是打工，没有在城市生活定居，他们对城市服务业的消费近乎为零。中国不仅有9亿农村居民，而且在服务业的劳动力也只占40%，因此说中国已经从工业社会进入后工业社会为时过早，加快发展中国的实体经济和制造业丝毫不可松懈。

国际经验表明，即使随着工业化进程的推进，在工业化后期制造业比重会下降，但制造业永远是国民经济中最活跃、承载创造资源最多的部门。制造业不仅是技术创新的主要来源，还是技术创新的使用者和传播者。制造业作为技术创新的“土壤”，其主要功能不仅是集聚资本和创造就业，它还通过促进新技术的创新和扩散，提高经济增长效率，并在此过程中创造出更多高质量的工作岗位。同时，制造业对服务业的拉动作用不断增强，生产性服务业的规模扩张和质量提升，是制造业拉动作用的集中表现，是制造业发达的必然结果。而制造业持续疲软也将传导至服务业，因为制造业需求的减弱最终将影响到对服务业的需求。首先是一大批生产型服务业企业是以向制造业企业提供所需服务来维持运转的；其次是由于制造业下滑劳动者收入减少，其购买服务的能力受到制约必然影响非生产性服务业发展。因此，作为一个人均 GDP 尚不足世界均值的国家，中国在大力促进服务业发展的同时，必须牢固确立“制造立国”的理念和政策导向，十分重视和扶持制造业。

二、中国制造业面临的挑战

过去数十年中，中国已经形成了门类齐全、独立完整的制造业体系和较为雄厚的国内市场基础，使中国制造业赶超全球具有了比较优势。特别是经过改革开放三十多年的持续增长，中国已经是当之无愧的全球制造业第一大国，已有 220 多种工业品产量居世界第一。伴随中国经济高速发展，“中国制造”席卷世界。从表面看，似乎中国的制造业已经没有什么发展空间了，但深入看，除高铁等个别领域外，大部分产业的技术制高点都不在中国，廉价低值现象没有改变，价值提升速度低于成本提升速度，依靠低价劳动力、资源等的粗放型产业加快淘汰势在必行，工匠精神欠缺，房地产热、互联网热、股市热让大量资金“脱实向虚”，中国制造正在遭遇“成长的烦恼”。“大而不强”是中国制造业的基本现状，中国制造业的隐忧不容小觑，面临的挑战十分严峻。

一是国际知名品牌数量较少。虽然中国已是全球制造业第一大国，但从总体上看，中国仍然是一个品牌小国。2014 年全球企业最有价值的 100 个品牌中，美国有 59 个，日本有 7 个，作为新兴经济体的韩国也有 3 个，而中国仅有华为一家入围，排在第 94 位。2015 年《世界品牌 500 强》排行榜入选国家共计 27 个。从品牌数量的国家分布看，美国占据 500 强中的 228 席，继续保持品牌大国风范；英国以 44 个品牌入选位居第二；法国以 42 个品牌入选屈居第三。日本、中国、德国、瑞士和意大利是品牌大国的第二阵营，分别有 37 个、31 个、25 个、22 个和 17 个品牌入选。即使欧美经济低迷，但欧美国家的超级品牌似乎依然坚挺。中国虽然有 31 个品牌入选，但相对于 13 亿人口大国和世界第二大经济体，中国品牌显然还处于第三世界。这和一个制造业大国的国际地位极不相称。中国企业以数量而非品质取胜的状况未根本改变，现有品牌中具有自主知识产权的比重偏低，缺乏如美国的可口可乐和苹果、日韩的索尼和三星等具有广泛国际影响力的知名品牌。

二是科技创新能力不强。企业自主创新能力薄弱，不少企业尤其是民企尚未成为技术创新的主体，缺乏创新意识，消化能力不强，无法有效承接与吸收利用国际创新资源。中国关键技术和核心技术对外依存度高达 60%。国际上普遍认为，企业研发费用占营业收入的比例达到 2.5% 时，企业方可维持生存，5% 以上时才具有市场竞争力。而中国制造业企业 500 强 2012 年的这一比例仅为

1.87%，2013年规模以上制造业企业研发费用占主营业务收入的比例仅为0.85%。不少企业缺乏对接国际创新资源的平台与渠道，对国外市场的分析与了解程度不够，制约了企业科技创新与发展。人力资源成本上升、高素质的科技人员及科技创新团队缺乏是最关键的影响因素。而随着中国制造业技术水平的不断进步，技术引进的难度不断加大，后发优势不断弱化，在自主技术创新能力尚未形成的情况下，中国制造业全要素生产率增速呈现较明显的下滑态势。

三是产品质量水平仍然不高。近年来"中国制造"的产品质量整体向好，但同时问题也很多。国家监督抽查产品质量不合格率高达10%，出口产品长期处于国外通报召回问题产品数量首位。制造业每年直接质量损失超过2000亿元，间接损失超过万亿元。一些关键材料、关键零部件和核心系统，国产的质量和可靠性不高，长期依赖于进口，受制于人。如高铁轴承、核电主泵密封件、海上钻井平台定位系统、工程机械液压系统密封、汽车发动机等80%以上依靠进口。许多"中国制造"在价格提升的同时，品质和品牌形象并未同步提升，造成性价比相对下降；"中国制造"底气不足，进一步形成恶性循环。部分产品粗制滥造，违规成本过低，产品标准和质量管控不如发达国家等问题，导致消费者对"中国制造"的不信任感，宁可相信"曲线救国"，也要绕道去买。研究报告显示，2014年中国消费者全球奢侈品消费达到1060亿美元，占全球奢侈品销售额近一半。中国已经进入了品质化消费和个性化消费的新时代，消费需求的升级必然倒逼生产供给的升级。

四是生产性服务业发展滞后。从国际经验看，工业化中期以后，以研发为龙头的生产性服务业从传统工业中分离出来，做精、做专，在打造国际品牌中有决定性作用，如苹果的灵魂是研发和设计，没有自己的生产工厂。美国和德国以研发为龙头的生产性服务业占服务业的比重已经高达70%以上，占GDP的比重达43%左右，中国生产性服务业占服务业的比重不足35%，占GDP的比重仅为15%左右。即使与印度、俄罗斯等金砖国家相比，中国生产性服务业占GDP的比重也要比其低10个百分点左右。中国制造业大而不强，制造业人均产值只有发达国家的1/3，一个重要的原因在于，以研发为重点的生产性服务业比重严重偏低。这说明在制造业信息化、服务业快速发展的今天，没有生产性服务业的突破性发展，制造业的转型升级是很困难的。

五是粗放式扩张依旧。中国制造业发展总体是平推式的、缺乏高度和深度。高端生产装备和核心零部件技术长期受制于人，又对新兴技术和产业领域全球竞争的制高点掌控不足，致使制造业的整体竞争力不强。表现在：低端产业比重高，高技术产业比重低，产业结构距离中高端还有一定差距。中国虽在纺织、服装、化工、家用电器等较低的制造业科技领域享有领先地位，但在飞机制造、特种工业材料、医疗设备等高科技领域则由发达国家占据更大份额。高科技产品中，中国制造的部分处于价值链低端，核心技术和关键技术环节以国外的居多，由此产生高产值、低附加值等问题。由于受发达国家重回制造业和一些发展中国家制造业振兴的双重挤压，中国低端制造业的国际竞争力已经风光不再。此外，中国高消耗、高污染行业偏多，产业绿色化程度低。

六是劳动力素质难以提升。人社部数据显示，近年来全国农民工人数总量增速下降，劳动力供给已从无限供给向优先供给转变。2014 年全国农民工人数增长 501 万，增幅为 1.9%，较 2013 年水平回落 0.5 个百分点。目前劳动力市场上普通工人工资迅速上涨，助推了教育的机会成本。面对高企的劳动力成本，企业也逐渐探索以智能制造替代人工生产。虽然实施智能制造以后对工人的数量需求减少了，但劳动力素质的要求大大提高了。“机器换人”一方面将大量替代简单的人工劳动；另一方面也会提供更多高技能需求岗位。但由于制造业一线岗位“低人一等”的社会偏见。现在人们崇尚当白领，一线技工地位难比当年，使得技术技能型职业人才严重短缺。相比普工荒，技能人才缺乏已成为企业发展的羁绊。例如，制造业高级技工缺口每年高达 400 余万人。同时，工人流动性、不稳定性增强也使企业的培训成本大大提高。

三、加速转型升级是中国制造业的根本出路

历史和现实都表明，提升制造业素质不是靠投资就可以实现的，中国制造业 30 年来快速扩张的方式已难持续。一方面，由于世界经济不景气，国际市场对“中国制造”的需求大大萎缩；另一方面，中国制造业的发展受到了环境、资源等约束。尤其是随着中国成为第二大经济体以及市场法制环境的不断完善，原先的优势现已难以维持，亟须工业流程升级、产品升级、功能升级和价值链升级为内涵的转型升级，尽快从资源廉价和政策优惠为主向产业链条完备和市场制度完善为主转变。由于中国制造业复杂因素交织、矛盾态势并存的局面将是一个长期的趋势，需要培育政府定力、企业耐力和社会承受力，共同构建起运转良好的转型升级平台。

第一，实施创新驱动战略，增强创新发展能力。创新是产业结构转型升级的原动力，创新活动的竞争，不仅仅是一个企业或者一个产业的竞争，而是一个创新生态系统的竞争，涉及整个经济社会体制的改革和创新。波特指出，为什么有些国家的研发活力充沛，有些则不然？问题就在于，一个国家如何给企业提供比竞争对手更快速的创新和进步的产业环境。为此，一要建立健全以企业为主导的产业创新体系，健全和完善制造业协同创新网络，积极引导和支持创新要素向企业聚集。创新型企业可以凭借领先的技术和高新产品得到超额利润，进而支撑继续研发，形成良性循环，知识产权保护不力则会打破这种循环。因此要加快知识产权制度化、法治化建设，严格保护知识产权，知识产权保护要与国际接轨，最大限度地激励打造具有自主知识产权的著名品牌；二要打破

制约科技创新的体制机制障碍，强化科技创新的宏观统筹，协同科技、产业、金融、财税等政策，以提高全社会创新效率；三要将市场机制真正引入科技创新之中，根本扭转传统要素驱动的观念和机制，以适应新技术、新业态发展，使创新价值和人员价值能够通过要素价格得以体现。

第二，调整优化产业结构，推动产业迈向中高端。要加快改造提升传统产业，加大力度发展高端制造业和战略性新兴产业，促进新一代信息技术、高档数控机床和机器人、航空航天装备、海洋工程装备及高技术船舶、先进轨道交通装备、节能与新能源汽车等重点领域发展。使中国更多的高科技产品能够进入全球价值链中高端，改变高消耗、高污染、高产值、低收益的窘境，各个产业应尽量采用新技术，如互联网+、智能化、绿色化等。长期以来政府部门对优先发展的产业实施一系列优惠政策，这种“选择型”政策有利于少数产业非均衡发展，但往往顾此失彼，带来新的结构失衡，市场需求信号“失真”的负效应很大。因此，“中国制造”的转型升级路径必须突破传统制造业的范畴，这不仅要求政府主管部门在市场基础上形成新的发展思维，更要避免陷入一些“传统发展误区”。防止政府引导变成政府主导，避免再走全国一拥而上发展的老路，最终形成新一轮的低水平重复建设和产能过剩。产业政策应当尽量减少对个别行业的倾斜配置，重点促进更具普遍性的公共设施建设、共性技术研发、人力资本提升和消除产业发展的制度性障碍。

第三，推进信息化和工业化高度融合，加快中国制造向中国“智造”转型。目前，中国“世界工厂”的位置已经逐渐被东南亚的一些新兴国家所取代，中国制造业亟须向智能制造方向转移，传统制造业实现智能化和服务化是转型发展的必然趋势。要大力推动智能制造的发展，深化互联网的应用，加强工业云服务平台建设和大数据技术应用。大力发展与制造业相配套的生产性服务业，把以研发为龙头的生产性服务业发展作为实施“中国制造2025计划”的战略重点。力争到2025年，生产性服务业占GDP的比重接近发达国家的平均水平，走出一条以生产性服务业带动中国制造业发展的新路子。实行“互联网+”在技术、渠道等方面对助推中国制造业转型有积极意义。中国迈向工业4.0或从“互联网+”开始。这就需要把“互联网+”从消费品市场全面引入生产性领域，以信息化拉动制造业的转型升级。充分利用“互联网+”，实现商业模式创新，以奠定走向工业4.0的重要基础。“用户至上”是互联网思维的一个主要内容，也是互联网经济的核心价值，由此衍生出个性化、定制化的生产模式。互联网发展并非对制造业的颠覆，而是通过互联网来优化产业结构，增强制造业的创新能力，促进制造业转型升级，实现制造业的可持续发展。

第四，强化质量管理，培育知名品牌。必须提升先进质量技术和管理方法，推进质量品牌建设，开展质量管理培训和辅导，用科学的管理制度、标准和方法，对人、财、物、信息等各种生产要素进行有效的计划、组织、协调和控制，建立和完善质量标准体系、质量认证体系、质量检测体系和质量安全预警体系，形成贯穿产品研制、生产、检验、销售、服务全过程的质量安全管理体系，促进企业采用并行工程、敏捷制造、在线质量检测控制等具有两化融合特征的管理技术和方法。要完善质量为先、崇尚实业的体制机制，大力营造相应的社会共识和文化氛围。德、日制造早期也曾受到价廉质低困扰，德国通过“法律、标准、质量认证”三位一体的质量管理体系，促进了德国制造质量蜕变；日本在20世纪60年代实施“质量救国”战略，促使日本制造打开了欧美和全球市场。以此为鉴，我们应从国家层面牢固树立质量立国意识，推动制造业由粗放经营转向精致生产，以标准为先导强化质量管理，倡导“工匠精神”，把活做精做细，提高产品附加值比重，并在全社会引导树立质量诚信文化。同时，加强品牌设计、品牌建设和品牌维护，树立“中国制造”品牌的良好形象，对于质量好、市场占有率高、具有高附加值的品牌给予税收等方面的优惠和奖励。

第五，大力扶持民营企业，塑造新常态下的竞争优势。目前国内制造业占绝大多数的是民营企业，这也意味着民营企业将成为“中国制造2025”的重要参与主体。民营企业要把握科技创新与产业创新的发展方向和广阔空间，着力突破制造装备提升、自动化技术、工业机器人应用等重点领域。在经济周期加速、竞争愈加激烈的态势下，民营企业不能在市场上单打独斗，要共同努力塑造新常态下的竞争优势，加快产品转型和技术创新，优化产业流程，提升产品质量，全力应对转型升级的挑战。当前传统制造业发展模式已经发生了极大的转变，进入热门行业、赚快钱的模式已不可取，民营企业要沉下心来专注自身主营业务，努力自主研发、设计，创造优质的生产设备和优质的产品，培育新的核心竞争力，形成新的产业形态和商业模式，实现稳定的企业收益。政府部门要给予民营企业各方面的支持，如提供丰富的金融服务，缓解融资难、融资贵的问题，减轻税费负担，尤其是对小微企业减税，可以增强其活力，有利于稳增长促就业，还可以促进其转型升级。还要为民营企业提供法律服务以提升其法律地位，让民营企业在符合法律法规的基础上，放开手脚，用心经营，加速发展。

第六，加强教育培训，形成成熟的产业工人队伍。强有力的产业工人队伍是“中国制造”的坚强基石。在这方面，德国政府不遗余力投入，不仅有完备的双元制教育体系，还鼓励、支持企业对工人持续进行提升培训。即使在国际金融危机时期，德国政府也资助企业对暂时待岗的工人进行再培训。对此我们必须加倍重视。事实上，传统工人可以通过培训学习机器操作和配合作业，在新的岗位上实现更高的生产效率。广大的一线工人是生产力的根本，如果他们的培训没做好，再好的管理层和专业技术也无用武之地。缺乏成熟的产业工人队伍，短期内可能影响不太明显，但长期积累将导致行业水平和产品品质的低下。在贫困的农村地区，义务教育辍学率呈上升趋势，如果政府不及时干预，将出现技术性人才严重供给不足的局面。因此，需要进行教育结构的战略性调整，把发展职业教育置于更加突出的地位，加快发展切合产业需求的职业教育，推进产教深度融合，形成政府、企业、社会资本共同推动现代职业教育发展的合力，为制造业输送数量更多、质量更高、愿意投身制造业的技能型人才和创新型人才，使得“中国制造2025”具有坚实的人力资本支撑。

第七，健全绿色工业体系，走可持续发展之路。联合国工发组织认为，工业绿色化发展使生产和消费模式的可持续性更好，碳和污染物排放程度更低，对生态环境无污染并且更加安全。过去200多年的工业化进程，人类在创造物质财富的同时，彻底颠覆了人与自然的关系。工业文明带来的环境污染和气候变暖是化石能源广泛使用的严重副产品。推进工业绿色化有助于提高能源和资源使用效率，促进能源资源综合利用，控制产能过剩行业盲目扩张，以尽可能少的资源消耗和污染物排放完成制造业转型升级的历史任务。因此，加快传统产业绿色化改造势在必行。需要进一步整合资源，对节能环保型企业、高新技术企业实行税收优惠，着力推动生产效率低、资源消耗大、污染排放多的产业向资源消耗低、环境污染少、科技含量高的产业转型，积极发展高端装备制造、新能源、新材料、节能环保、新能源汽车、生物医药、电子信息等绿色新兴战略产业，实施绿色制造，建设绿色工厂，构建绿色低碳循环发展产业体系，提高经济绿色化程度。

第八，也是最关键的，即深化体制机制改革，营造制造业良好发展的环境。改革是一场真正的革命，深化体制机制改革其本质上是从政府主导和管理经济转向市场主导和调节经济。诺斯指出：“西方世界兴起的原因在于发展了一种有效率的经济组织。有效率的组织需要建立制度化的设施，并确立财产所有权，把个人的经济能力不断引向一种社会性的活动发展，使个人的收益率不断接近社会收益率。”因此，要通过改革，进一步转变政府职能，重构政府和市场的关系，发挥市场配置资源的决定性作用和政府的互补性作用。一是落实以简政放权为主要内容的行政体制改革，引进市场人才，运用现代科技，优化决策流程等途径，提高政府事中事后监管能力；二是理顺商品、要素价格形成机制；三是推进国有企业改革，除关系国家安全和经济命脉的少数国有企业，多数国有资本通过国资运营公司和国资投资公司形式，确保保值增值目标，而不纠结于控股与否，使各类市场主体公平竞争；四是改革财税金融体制，细化透明财政预算，构建稳定合理的政企关系框架。推进金融改革，引导储蓄流向多元化，完善资本市场，为结构调整和转型升级提供完善的低成本高效率的金融服务；五是优化创业创新环境，降低各行业市场准入门槛，建设统一规范竞争有序的现代市场体系，加强知识产权保护，稳定企业家、科研人员的预期，激发其创新积极性，排除泡沫经济的扰乱，促进创新要素流动和科技创新成果应用，完善政府、企业和居民诚信体系，营造有利于“中国制造”健康发展的市场经济环境。

参考文献

[1] 闫坤等：《为制造业发展营造适宜的财政环境》，载于《经济日报》，2015 年 11 月 5 日。

[2] 本文相关数据均来自于《人民日报》、《经济日报》、《南风窗》等报刊的公开资料，恕不一一标出。

[3] [美] 迈克尔·波特：《国家竞争优势》，华夏出版社 2002 年版。

[4] [美] 道格拉斯·诺斯：《西方世界的兴起》，华夏出版社 1999 年版。

论国有垄断行业按劳分配的实施环境和实现特点*

王云中　徐　杰**

中国国有垄断行业职工的过高收入已产生了一系列负面影响，并引起政府、社会和学者的高度关注。按劳分配仍是目前中国国有垄断企业最基本的收入分配关系，解决国有垄断企业职工过高收入问题，仍应依据、坚持和贯彻按劳分配原则。本文从解决中国国有企业职工过高收入的视角，创新性地区分了按劳分配原则的存在依据、基本内容规定、实施环境和实现特点等。提出按劳分配作为社会主义分配原则，其存在的基本依据和基本内容规定是相对固定不变的。但由于按劳分配实施的具体经济体制环境即实施环境的不同，使其在实现上会表现出不同的特点。改革开放以来，随着中国从计划经济经济向商品经济、市场经济过渡的不断深入，按劳分配实施的经济体制环境不断发生变化，按劳分配的实现表现出与传统理论和计划经济时期具有不同特点。例如，按劳分配的实施要适应商品经济和市场经济的要求，要与按生产要素分配原则相结合。近年来，随着中国国有垄断行业和一般竞争性行业的市场结构的形成，又出现了国有垄断行业职工超过一般竞争性行业职工的过高收入现象，并引发了诸如收入分配不公平等一系列负面影响。这表明按劳分配的实施，还应该适应新的经济环境的要求。因此，国有垄断行业职工的按劳分配报酬的实现，不仅应以其劳动要素的贡献为依据，还应兼顾到与处于不同市场结构中的一般竞争性行业的职工的劳动报酬是否公平；按劳分配在量上的实现应该是一个有兼顾的相对变动的弹性区间。研究当前国有垄断行业按劳分配的实施的新环境和新特点，有利于准确地把握中国当前国有垄断行业的收入分配关系，为规制国有垄断行业的收入分配提供理论依据。

* 本文系国家社会科学基金项目“我国劳动者报酬的基础理论、社会功能和规范、提高途径研究”（11BJL023）；江苏省高校优势学科建设工程资助项目的阶段性成果。

** 王云中，南京财经大学经济学院，教授；徐杰，南京财经大学经济学院，研究生。

一、当前国有垄断行业按劳分配的实施环境与实施特点

根据马克思的按劳分配理论，按劳分配作为社会主义劳动报酬的分配原则，存在的根本依据在于它存在的基本条件：生产资料社会主义公有制；生产力没有充分发展；旧的社会分工的存在。有了这些基本条件，就存在着按劳分配的必然性，就一定会存在着按劳分配。按劳分配的内容实质或基本规定：（1）在做了各项社会扣除之后，按照劳动者提供劳动的质量和数量分配劳动报酬；（2）剩余产品归劳动者整体或国家所有；（3）劳动者自身是分配的主体。马克思所揭示的按劳分配的客观必然性理论和按劳分配的基本规定的理论都是科学的、正确的。一般说来，按劳分配存在的基本条件和基本内容规定是确定不变的。国有垄断行业属于社会主义公有制经济的范畴，国有垄断行业中的劳动报酬分配，无论在分配的本质上和分配的特点上都属于按劳分配的范畴。这一点是肯定的。但是，马克思设想的按劳分配的实施的经济体制环境即实施环境与中国今天现实的经济体制环境具有明显差别。这些实施环境上的差别决定了按劳分配的不同实现特点。中国今天的按劳分配在实现特点上与马克思的设想有明显的不同。

按照马克思的设想，一国创造的国民收入在给劳动者按劳分配之前，要先做必要的社会扣除，其扣除的依据可以概括为是当时的经济社会发展需要。马克思设想的按劳分配的实施环境：生产资料社会占有制或全社会单一的公有制，整个社会为一个统一的分配单位，国家为统一的分配主体；整个社会经济单位由国家统一经营、统一收支、统一分配，各个经济单位没有自身独立的经济利益，各行各业在收入分配上是一致的，整个社会的按劳分配实行统一的分配标准，除了劳动者的个人能力和素质方面的差别外，没有别的因素会引起收入分配的差别。这样，国家对国民收入所做的扣除是统一的，扣除后的国民收入也要按照国家统一制定的标准来进行分配，这样就自然不会存在着一个在同一分配中存在的不同分配原则，并在实施分配中与之相衔接的问题，也不会产生不同行业之间的收入分配差距问题。

20 世纪 80 年代后，随着中国由传统的计划经济体制向商品经济和市场经济体制的转换，按劳分配实施的经济体制环境发生了变化，这些变化主要有：在基本经济制度和所有制结构上出现了公有制经济为主体，多种所有制共同发展的情况，与此相适应，收入分配方面出现了按劳分配为主体，多种分配方式并存的局面；公有制经济在经营管理方面出现了所有权和经营权相分离的情况，企业逐步成为了自主经营，自负盈亏，自我发展，独立核算的经济实体，收入分配不再以全国为单位进行，而是以企业为单位进行。这些按劳分配实施的体制环境的变化，使社会主义市场经济中的按劳分配出现了一些新的特点。这些特点包括：按劳分配中的“劳动”还不是直接的社会劳动，按劳分配的实现程

度要受到供求、价格、币值等市场关系的影响和制约；等量劳动获得等量报酬的原则还不可能在全社会范围内按统一的标准实现，按劳分配主要是以企业为单位来进行，在全社会范围内没有一个统一的标准；按劳分配是社会主义初级阶段分配方式的主体，但不是全社会唯一的分配方式；按劳分配的实现要采取商品、货币形式，等等。这些与计划经济中按劳分配实施中的不同特点，已经为中国学者的理论创新所解决，并取得共识。

在改革开放过程中，随着所有制结构的调整，逐步形成了公有制为主体多种所有制共同发展的基本经济制度，形成了生产要素属于不同所有者的多元所有制结构；不同所有者的生产要素投入到生产过程共同创造收益，生产要素的所有者要求按照生产要素对于创造收益的贡献参与分配。这样，中共党的十五大确立了劳动、资本、管理、技术等生产要素按贡献分配原则，按劳分配的实施又迎来了新的体制环境，即按劳分配的实施，要与按生产要素分配相结合。当时，关于按劳分配和按要素贡献分配的讨论，和本文相关的内容，主要是公有制经济内部或公有股权占主体地位的股份制经济中，体现在职工个人的劳动要素获得收益上的按劳分配和按生产要素分配相结合的讨论（整个社会范围内的按劳分配和按市场化要素分配的相结合问题，及公有制经济内部或公有股权占主体地位的股份制经济中，体现在职工个人的通过投资入股所获得的股权收益问题，不属于本文讨论问题的范围）。概括起来大体上有三种观点：第一种，板块式结合。即劳动者作为职工的劳动要素在收入分配中实行按劳分配，资本、技术、土地等物质生产要素在收入分配中实行按贡献分配。两者相结合只是因为两者在同一经济分配体中同时存在，而不是因为两者的互相衔接或融合。第二种，统一式结合。即劳动与资本、技术、土地和管理等均作为生产要素按照各自的贡献大小平等地参与收益分配，按劳分配和按生产要素的结合统一于按要素贡献分配。第三种，分层式结合。第一层次，劳动与资本、技术、土地和管理等均作为生产要素按照各自的贡献大小平等地参与收益分配，体现按要素贡献分配；第二层次，劳动要素再按照一定的标准获得一部分公有资本或公有股权的收益，以体现按劳分配或使按劳分配有别于按要素分配。由于当时国有企业和其他企业的收入分配差距还不明显，当时对于按劳分配和按生产要素分配的相结合的讨论，并没有考虑到国有垄断行业和一般竞争性行业的收入差距和收入分配公平问题，表现出当时讨论问题的局限。

在中国的改革开放进入到21世纪以后，随着国有企业从一般竞争性领域退出，向关系国民经济命脉的关键性领域和行业集中，并且通过兼并重组，形成了较大的规模经济和较高的市场集中度，其中一些国有企业取得了自然垄断地位。国有垄断企业通过强大的规模经济、较高的市场集中度，有的甚至通过控制或抬高销售价格等正当的和不正当的手段获得了较好的效益和较高的利润，并把这些利润在很大程度上被截留在企业用作职工的过高收入。另外，随着中国个体私营经济的长足发展，也形成了一个巨大的一般竞争性行业和市场，由于企业规模有限和市场竞争激烈，这些处于一般竞争性市场的行业的收益往往要低于国有垄断行业，并由此也形成了劳动报酬上的明显的差距。特别是最近几年来这种收入差距越来越大。由于这里的收入差距主要是由行业垄断造成的，因此是不公平的。这种情况要求我们进一步创新马克思的按劳分配理论，即在中国社会主义市场经济现阶段，国有垄断行业职工通过按劳分配获得的劳动报酬，还要考虑其与一般竞争性行业职工的收入差距问题，即对于国有垄断行业职工的高收入中，由于垄断因素形成的部分，要通过上缴利润形式加以剔除，以实现国有垄断行业和一般竞争性行业职工收入分配上的公平。同时，国有资本作为生产要素，也要依据其贡献并参照其他不同所有制的资本和处于不同市场结构的资本，获得一份利润收益。这就提出来一个新的问题，即国有企业的按劳分配的实施，既要与按生产要素分配相衔接，还要考虑与处于不同市场结构的行业之间的收入分配的公平。这样，中国现阶段多种所有制并存的社会主义市场经济条件下按劳分配的实施环境，决定了现阶段国有垄断行业按劳分配的实现特点：（1）按劳分配实施前的扣除份额，不仅应该依据公有制经济中的劳动者的整体利益的需要，还应参照一般竞争性行业的劳动报酬的份额，应照顾到与一般竞争性行业的劳动报酬分配相比较是否公平。由此，国有垄断行业中劳动者的按劳分配报酬水平，不仅应以其劳动要素的贡献为依据，还应兼顾到与其他不同市场结构中的劳动报酬是否公平。（2）由于国有企业的税收标准目前已经和其他所有制企业的标准相一致，因此，目前国有垄断行业在按劳分配实施前的扣除部分，主要体现在国有资本上缴利润的部分。国有资本所获得并上缴的利润份额要以其贡献为依据，并与其他处于不同市场结构的行业的资本利润水平相当，也是按劳分配实施前扣除多少的一个依据。

二、按劳分配在量上一定范围内的有兼顾的弹性区间实现

（一）按劳分配和按要素分配在量上界定的差别

按劳分配和按贡献分配作为产品分配关系，都是由生产要素所有制关系决定的。具体说来，是由中国社会主义初级阶段市场经济条件下公有制经济范围内的生产要素所有制关系决定的。在中国社会主义初级阶段市场经济条件下的公有制经济范围内同时并存着两种不同性质的生产要素所有制关系。一种是企业劳动者对公有产权的平等占有关系；另一种是生产要素的多元所有关系。这两种关系在分配上的要求和表现是不同的。而按劳分配和按贡献分配正是反映了这两种不同的关系要求。

按劳分配反映的是生产资料社会主义公有制基础上的劳动者共同占有生产

资料，共同劳动创造产品收益后平等参与收入分配的经济关系。如前所述，按劳分配的基本规定和内容是，在生产资料社会主义公有制经济范围内，劳动者把自己创造的社会财富，根据劳动者自身的经济社会发展的需要，做了一定量的必要的社会扣除之后，按照每个劳动者提供的劳动的数量和质量进行分配。这就决定，由于劳动者处在不同经济社会发展阶段的经济社会发展需要会有所不同，劳动者创造的社会财富在分配前的扣除份额的大小也不会相同，也就是说，扣除的部分可以有所调整，并由此决定，劳动者在扣除后所领取的按劳分配报酬的份额并不是一个确定的数值，而是一个可以相对变动的区间。

按生产要素贡献分配在公有制经济范围内反映的是生产要素的多元所有关系，体现了公有制经济范围内多种生产要素共同创造社会财富平等参与收入分配的要求。公有制范围内的生产要素多元所有关系是中国确立的基本经济制度或社会上存在的多种所有制关系在公有制经济中的反映和渗透。随着公有制经济的改革，公司制改造，投资主体的多元化，必然会在公有制经济中形成生产要素多元所有关系。在这种条件下，劳动、资本、技术和管理等共同创造社会财富的生产要素属于多元所有，必然形成按贡献平等参与收入分配的关系和要求。这种多种生产要素按贡献参与分配的关系，其本身的性质和与其所在的公有制经济分配关系的性质是有区别的。就其本身的性质来说，是商品经济或市场经济条件下，生产要素属于多元所有制，生产者不完全使用属于自己的生产要素，创造产品，参与收入分配的一般规律和要求。与商品经济或市场经济一样，并不反映社会制度性质，是一种中性的分配关系和要求。在生产者不完全使用属于自己的生产要素创造商品的情况下，由于产品是由属于多元所有的生产要素共同创造的，必然提出一个不同生产要素或多种生产要素参与收益分配的问题，并且这里的分配规则或标准则当然也只能是按照不同生产要素对于创造产品的贡献。而在技术、市场和制度等确定的条件下，不同生产要素对于创造财富的贡献是确定的，因此，按贡献分配在量上是一个确定的数值。

（二）按劳分配在量上一定范围内的有兼顾的弹性区间实现

根据上述，从数量关系上说，按生产要素分配的份额是个确定的数值，而按劳分配的数值却可以是一个相对有弹性的区间。同样根据上述国有垄断行业中按劳分配报酬水平的确定，不仅应以劳动者的劳动要素的贡献为依据，还应兼顾到与其他不同市场结构中的劳动报酬是否公平的分析，按劳分配在量上的确定应该是一个又兼顾的弹性区间，即可以适度高于或低于其劳动要素的贡献份额。这具体说来有三种情况：第一种情况，当国有垄断行业劳动者的劳动要素的贡献份额与其他处于不同市场结构的行业的劳动者的劳动要素贡献相等时，国有垄断行业的按劳分配份额就应该与其劳动者的劳动要素的贡献相等，国有垄断行业超过给职工支付劳动报酬以上的利润，就应该作为社会扣除部分或留给企业作为发展基金或上缴给国家作为公共用途。第二种情况，如果由于国有垄断行业的技术先进，规模经营等因素，致使其职工的劳动贡献高于其他不同市场结构的行业；或虽然劳动贡献并不高于其他行业，但却通过把垄断因素带来的丰厚利润截留下来转化为职工工资，也致使国有垄断行业职工在与其他不同市场结构的职工的同等劳动贡献的情况下，报酬却高于其他行业，在这种情况下，国有企业职工就应该适度减少一部分工资水平，以求得与其他不同市场结构的企业的职工的收入分配公平，而减少的部分应该作为社会扣除留给企业或上缴给国家。第三种情况，如果在某些条件下，例如，国有垄断行业过多地承担了社会责任，导致其不能正常地积累和创新，导致其职工的劳动贡献和劳动报酬低于其他市场结构的行业，那么，国有垄断行业职工就可以享受一部分国有资本的股权收益，以使其工资水平与处于其他市场结构的行业的职工的劳动报酬大体相当。对这个第三种情况需要进一步加以说明的是，这种情况不包括企业经营不善和管理落后所形成的国有垄断行业职工的劳动贡献和收入分配低于其他的情况。因为如果包括了这些情况，就会使其失去了自身努力的动力，就会是保护落后和懒惰。上述三种情况下，会使国有垄断行业职工的按劳分配的劳动报酬的实施是一个有兼顾的相对变动的弹性区间。在当前的国有垄断行业的职工报酬普遍高于其他市场结构的职工的工资水平的情况下，则应加大扣除份额，将企业的利润上缴给国家或留给企业作为发展基金，以实现其职工和其他行业职工的收入分配公平。

综上所述，中国社会主义初级阶段的多种所有制共同发展的所有制结构，商品经济和市场经济的经济运行方式，以及国有垄断行业职工在收入分配上过高于一般竞争性行业职工收入水平等，使国有垄断行业的按劳分配具有不同的实施环境和实现特点。国有垄断行业中的按劳分配的实现，要以劳动要素的贡献为依据，并同时兼顾与不同行业间的收入分配上的公平；国有垄断行业的按劳分配在数量上应该是一个有兼顾的相对变动的弹性区间。研究当前国有垄断行业按劳分配的实施的新环境和新特点，有利于准确地把握中国当前国有垄断行业的收入分配关系，为规制国有垄断行业的收入分配提供理论依据。

参考文献

[1] 王婷：《“按劳分配为主体”的含义辨析》，载于《经济学家》2013 年第 7 期，第 17 ~ 23 页。

[2] 和军：《按劳分配的比例范围不等同于公有制的比例范围》，载于《现代经济探讨》2013 年第 2 期，第 8 ~ 12 页。

[3] 张小慧：《按劳分配理论的中国化过程》，载于《商品与质量》2012 年第 3 期，第 113 ~ 114 页。

[4] 邹升平：《按劳分配理论认识误区释读》，载于《商业经济研究》2013 年第 2 期，第 12 ~ 14 页。

［5］梁军峰：《按劳分配与按生产要素分配相结合的模式分析》，载于《经济述评》2013年第5期，第18~19页。

［6］杨明洪：《按劳分配与按生产要素分配相结合的深层思考》，载于《福建论坛》2000年第4期，第18~21页。

［7］赵青：《按劳分配与按生产要素分配相结合的问题与对策分析》，载于《上海管理科学》2003年第2期，第52~54页。

［8］王学力：《按劳分配与按生产要素分配相结合理论和实践情况概述》，载于《山东劳动》1999年第9期，第10~11页。

［9］邓春：《按劳分配与按生产要素分配相结合问题研究综述》，载于《高校社科信息》1999年第5期，第13~17页。

［10］周为民、陆宁：《按劳分配与按生产要素分配》，载于《中国社会科学》2002年第4期，第4~13页。

［11］齐琳：《按要素分配与按劳分配探讨》，载于《法制与经济》2012年第2期，第91~92页。

［12］卫兴华：《关于按劳分配与按生产要素分配相结合的理论问题》，载于《经济管理学院学报》1999年第1期，第5~9页。

［13］耿素德：《关于坚持按劳分配与按生产要素分配相结合的思考》，载于《理论前沿》2002年第19期，第32~33页。

［14］顾钰民：《论按劳分配与按生产要素分配相结合》，载于《思想理论教育导刊》2002年第46期，第18~20页。

［15］卢嘉瑞：《论按劳分配与按生产要素分配相结合》，载于《河北经贸大学学报》2000年第1期，第5~13页。

［16］周桃英、徐国荣：《论按劳分配与按生产要素分配相结合》，载于《华东交通大学学报》2001年第9期，第78~81页。

［17］杨欢进：《论按生产要素与按劳分配的关系》，载于《河北经贸大学学报》2011年第4期，第22~26页。

［18］于金富：《马克思的按劳分配理论与我国现阶段社会主义分配制度》，载于《当代经济研究》2006年第11期，第41~44页。

［19］孔伟艳：《马克思的分配理论与我国现阶段分配制度》，载于《南方论刊》2012年第6期，第4~8页。

［20］邹升平：《正确理解马克思按劳分配理论及其实现途径》，载于《马克思主义研究》2010年第1期，第1~5页。

社会主义市场经济中的垄断与反垄断新析

高建昆　程恩富*

列宁的小册子《帝国主义是资本主义的最高阶段》发表后100年来，垄断在新兴的社会主义市场经济中得到发展和壮大。同时，为了克服垄断行为对经济社会发展的不利影响，社会主义市场经济从立法与司法两方面对垄断行为加以限制与约束。这种新发展，需要结合实践从理论上进行做出新的概括与阐释。

一、社会主义市场经济中的垄断

（一）生产经营与资本的集中

从生产经营与资本的集中程度看，中国社会主义市场经济也是以垄断组织为主要竞争主体的竞争经济，产业组织形式同样以垄断竞争型和寡头垄断型为主体，但生产与资本在每个行业的集中程度总体上要低于美国。在2015年世界500强企业榜单中①，中国共有106家企业上榜。而在2015年中国500强企业榜单中，上榜企业数在4~9家之间的行业有14个（美国有38个）。从在国民经济中的地位看，中国社会主义市场经济中的大企业是国民经济的支柱，但总体实力弱于美国。以吸纳就业的能力为例，在2015年中国500强企业中，雇员数量在30000~50000人的有47家（美国有70家），在50000~100000人的有41家（美国有174家），大于100000人的有28家（美国有67家）。从企业性质看，

---

* 高建昆，复旦大学马克思主义学院副教授，研究方向为中外经济学和马克思主义理论；程恩富，中国社会科学院学部委员、学部主席团成员兼马克思主义研究学部主任、经济社会发展研究中心主任、教授，研究方向为中外经济学和马克思主义理论。

① 本文引用的关于世界500强以及各国500强的数据，如无特别说明，均根据财富中文网的数据整理而得。

生产经营与资本的集中达到一定规模的垄断大企业，不仅有国有企业，而且有私有企业和外资企业。在2015年中国500强企业榜单中，中国电子信息产业集团有限公司为国有企业，而华为投资控股有限公司为私有制企业。2014年和2015年中国的外商直接投资分别达到1290亿美元和1360亿美元，成为全球主要的外商直接投资目的地①。

由此可见，在中国社会主义市场经济中，实体经济领域垄断的存在与发展仍然具有客观必然性。从绝对指标看，垄断表现为较大的企业规模；从相对指标看，垄断表现为较大的市场份额。较强的经济实力奠定了这些大企业在国民经济中的支柱地位。在中国国民经济总体上，以达到一定规模的国有企业为代表的公有制经济占主体地位，从而从经济基础上确保了中国市场经济的社会主义性质。但是，在一些重要的具体产业领域，尤其是代表现代科技发展方向的新兴产业领域，私有垄断企业（特别是外资私有垄断企业）占据主体地位。

（二）金融资本的垄断

在中国社会主义市场经济中，金融资本也具有一定的垄断性质。从规模看，中国金融领域的大企业自有资本规模较为庞大，从而具有一定的垄断优势。在进入2015年世界500强的106家中国企业中，金融领域的上榜企业多达18家。从在国民经济中的地位看，金融资本在国民经济中具有支配性影响。信贷资金运用方面，近年来中国金融机构人民币信贷资金运用的总规模远超过GDP的规模②。从企业性质看，中国金融领域的垄断大企业，不仅有国有企业，而且有私有企业和外资企业。在进入2015年世界500强的中国金融企业中，既有中国工商银行等国有金融企业，也有招商银行等法人股份制金融企业，中国民生银行等民营股份制金融企业，以及友邦保险等外资金融企业。

由此可见，在中国社会主义市场经济中，金融资本垄断的存在与发展具有客观必然性。首先，金融垄断资本发挥着服务于实体经济的核心职能。当前，由于中国刚在实践中开展金融机构以适当方式依法持有企业股权的试点，金融机构与实体经济中的企业还没有全面进行直接融合③。在此条件下，确保金融发展的速度与水平与实体经济，需要做好两方面工作：一是充分运用资本项目管制手段，并紧密结合中国资本市场的抗风险能力以及金融监管部门的监管能力来科学控制资本项目对外开放的程度与速度；二是从法律制度和日常监管角度全面加强对金融市场的监管。

其次，金融垄断资本发挥着富国强民的重要职能。中国金融资本垄断以国

---

① 数据引自“世界投资报告2015（概述）”和“世界投资报告2016（概述）”，联合国贸易与发展会议网站。

② 数据引自国家统计局网站。

③ 新华社：《中共中央国务院关于深化投融资体制改革的意见》，载于《人民日报》2016年7月19日。

有金融机构为代表的公有制金融资本为主，从而为金融垄断资本充分发挥富国强民功能奠定了基础。这是社会主义市场经济中的金融资本垄断与帝国主义金融垄断的本质区别。但是，在金融领域对外开放的进程中，中国要防止外国金融资本在中国通过参股、联合控股、建立分支机构等形式构成金融垄断。

二、社会主义市场经济中的反垄断

（一）反垄断的法律制度

在中国，反垄断法是消除垄断对经济发展负面效应的重要法律保障。

根据中国《反垄断法》，垄断协议、滥用市场支配地位、经营者集中以及滥用行政权力排除、限制竞争等行为都属于需要加以限制的垄断行为。而垄断协议和滥用市场支配地位是《反垄断法》预防和制止的重点。垄断协议形式的垄断行为是指“排除、限制竞争的协议、决定或者其他协同行为”[①]。滥用市场支配地位形式的垄断行为是指，经营者在相关市场内具有能够控制商品价格、数量或其他交易条件，或者能够阻碍、影响其他经营者进入相关市场能力的市场地位[②]。《反垄断法》列举了经营者集中的三种情形：经营者合并；经营者通过取得股权或资产的方式取得对其他经营者的控制权；经营者通过合同等方式取得其他经营者的控制权或能够对其他经营者施加决定性影响[③]。《反垄断法》对经营者集中的原则性规定是：经营者可以通过公平竞争自愿结合，实施集中；经营者集中应依据包括《反垄断法》在内的相关法律法规[④]。《反垄断法》明确禁止行政机关和法律、法规授权的具有管理公共事务功能的组织滥用行政权力排除、限制竞争的行为[⑤]。

此外，具有特殊地位的重要行业既依法受到保护，又要接受监管和调控。一是国有经济占控制地位的关系国民经济命脉和国家安全的行业。中国市场经济的社会主义本质，必然要求做强做优做大国有企业，从而不断增强国有经济的活力、控制力、影响力和抗风险能力。二是烟草等依法实行专营专卖的行业。《反垄断法》规定，在这些行业，“国家对其经营者的合法经营活动给予保护，

---

① 国务院反垄断委员会：《〈中华人民共和国反垄断法〉知识读本》，人民出版社 2012 年版，第 48 页。

② 国务院反垄断委员会：《〈中华人民共和国反垄断法〉知识读本》，人民出版社 2012 年版，第 99 页。

③ 国务院反垄断委员会：《〈中华人民共和国反垄断法〉知识读本》，人民出版社 2012 年版，第 137、144 页。

④ 国务院反垄断委员会：《〈中华人民共和国反垄断法〉知识读本》，人民出版社 2012 年版，第 24、25 页。

⑤ 国务院反垄断委员会：《〈中华人民共和国反垄断法〉知识读本》，人民出版社 2012 年版，第 202 ~ 210 页。

并对经营者的经营行为及其商品和服务的价格依法实施监管和调控”①。

总之，中国《反垄断法》并不是简单地禁止和反对由生产与资本的集中形成的垄断，而是反对以攫取垄断利润为根本目的，以垄断协议、滥用市场支配地位、经营者过度集中以及滥用行政权力排除、限制竞争为主要手段的垄断行为。这与现阶段发达国家反垄断法律的特点是相似的。

（二）反垄断的实践

2008年《反垄断法》实施以来，中国的反垄断实践越来越富有成效。截至2014年11月，商务部受理的垄断案件数量最多，已审结900余件②。而2014年监管部门就开出18亿元罚单③。

在中国反垄断的实践中，各类企业、行业协会和相关政府机构依法受到平等监管。在接受调查的企业中，既有国有企业和民营企业，也有外资跨国企业④。

在中国反垄断的实践中，《反垄断法》规定的各类垄断行为均被纳入监管范围。其中，垄断协议案件最为普遍，例如，2014年9月2日，浙江保险行业协会和23家省级保险企业因开会协商约定新车折扣系数以及根据市场份额商定统一的商业车险代理手续费而被处罚1.1亿元⑤。滥用市场支配地位的典型案件是：2015年2月10日，美国高通公司因收取不公平的高价专利许可费、没有正当理由搭售非无线通信标准必要专利许可和在基带芯片销售中附加不合理条件等三类滥用市场支配地位实施排除、限制竞争的垄断行为被罚款60.88亿元⑥。滥用行政权力排除、限制竞争的典型案件是：2015年6月3日，由于滥用行政权力组织电信运营商达成价格垄断协议、排除和限制相关市场竞争，云南省通信管理局被督促整改并停止相关做法。而参与垄断协议的四家电信运营商被罚款共约1318万元⑦。

由此可见，中国社会主义市场经济中的反垄断实践严格以相关法律制度为依据。首先，中国的反垄断实践充分贯彻《反垄断法》的公平性原则。各类企业、行业协会和相关政府机构等市场相关主体一律依法受到平等监管。其次，中国的反垄断实践对《反垄断法》的执行力度不依经济形势和经济政策而改变。这与现代发达资本主义国家的反垄断实践截然不同。在现代主要发达资本主义国家，反垄断法的条款及其解释，以及反垄断法的司法执行力度，都会随经济

---

① 国务院反垄断委员会：《〈中华人民共和国反垄断法〉知识读本》，人民出版社2012年版，第33~35页。

② 白丁：《反垄断执法无例外》，载于《人民日报》2014年11月3日。

③ 罗兰：《反垄断一年18亿罚单开给了谁》，载于《人民日报海外版》2015年1月3日。

④ 成慧：《我国反垄断调查不存在选择性执法》，载于《人民日报》2014年9月12日。

⑤ 黄深钢、朱亦楚：《浙江保险协会接受反垄断处罚》，载于《人民日报》2014年9月4日。

⑥ 白天亮：《高通为何被罚60亿》，载于《人民日报》2015年2月11日。

⑦ 朱剑红：《滥用权力组织电信垄断，不行!》，载于《人民日报》2015年6月4日。

形势和经济政策而进行针对性调整。

总之，在中国社会主义市场经济中，反垄断的立法与反垄断的司法能够实现良性互动。

三、社会主义市场经济中垄断与反垄断的理论解析与讨论

首先，社会主义市场经济中的垄断与帝国主义垄断的本质区别在于，社会主义市场经济中的垄断以国有企业为代表的公有制为主体，而帝国主义垄断以私人垄断资本为主体。这一本质区别决定了，社会主义市场经济中的垄断服务于国家的整体利益与人民的共同富裕，而帝国主义垄断服务于私人垄断利润的攫取。因此，中外马列主义并不是简单地否定以国有企业为代表的公有资本的规模垄断，而是批判与反对以攫取私人垄断利润为目的的国内外私有资本垄断，以及为私人垄断资本服务的帝国主义国家垄断。而在实践层面，党中央的文件和近年中国颁布的《反垄断法》，从未把社会主义全民所有制性质的国有大企业当作该反对的垄断组织。有的观点把社会主义市场经济中的反垄断简单理解为就是解体和反对国有大企业的规模垄断。以这种观点为指导的政策，必将削弱社会主义的经济基础，从而从根本上将社会主义市场经济的发展引向邪路，是极其错误和有害的。在当前深化改革中，各级党政部门应当自觉落实习近平总书记和《中共中央、国务院关于深化国有企业改革的指导意见》关于“坚定不移做强做优做大国有企业，不断增强国有经济活力、控制力、影响力、抗风险能力”的方针，而不是反向操作，搞变相的私有化、外资化和化大为小。

其次，社会主义市场经济中的规模垄断适应了现代生产力发展的客观要求，但以攫取垄断利润为目的而破坏市场竞争秩序的垄断行为，必须依法受到处罚与限制。这种必要的规模垄断能够促进规模经济，推动技术进步，并降低各类成本。以攫取垄断利润为目的而破坏市场竞争秩序的垄断行为，不仅不利于市场的有效竞争，而且会导致严重的贫富两极分化。因此，在社会主义市场经济中，反垄断的立法实践与司法实践并不是反对由于生产与资本的集中而形成的一般规模垄断，而是反对以攫取垄断利润为目的、并破坏市场竞争秩序的垄断经营行为。只有这样，社会主义市场经济才能既充分发挥适度规模垄断对生产力的促进作用，又能有效维护市场的正常竞争秩序，并防止严重的贫富两极分化。

最后，在社会主义市场经济中的反垄断实践中，市场相关主体的地位一律平等。各类企业（无论是国有企业，还是国内外私有企业）、各种行业协会以及各级政府相关机构都要依法受到平等监管。竞争规则的平等是市场经济中竞争公平性的集中体现。而竞争实力的平等并不是竞争公平性的体现。从静态看，由于市场竞争起点的不同，市场主体的竞争实力必然存在较大差异。从动态看，

市场竞争又进一步加强了在竞争中胜出的竞争主体的竞争实力。从本质上看，为片面追求竞争实力平等为削弱与瓦解国有企业的观点与做法恰恰违背了市场经济中竞争的公平性。那种以为社会主义市场经济为了实现公平竞争而应该是已经完全消灭或绝对禁止垄断的自由市场经济，以及以为不需要中方“控股份、控技术、控品牌”的三控型国有跨国公司的观点，都是幼稚的。

公共服务公私合作的实践、困境与对策

——以城市公共汽车为例

和　军*

一、引言

20 世纪 70 年代末，城市公共服务和基础设施行业兴起重塑政府行为、培植多元竞争主体的市场化浪潮，即打破行政垄断、改革政府公共管理，并将竞争机制和市场机制引入基础设施的建设和运营中来。公共物品理论、产权理论、委托代理理论等对公私合作和市场化改革提供了理论依据，各国也相继开展了公共汽车公私合作改革探索。

城市公共汽车是一种价格和技术排他的准公共物品，也是一项准经营性项目。世界银行根据基础设施的导致自然垄断的技术、公共服务义务以及外部效应等5个指标，评估了公共服务和基础设施的可售性。并根据成本收益分析，量化了其经营性系数（见表1）。

表 1　　公共服务和基础设施可售性评估

可售性指数	1	(1~1.8)	(1.8~3)	3
经营性系数	0	(0~1)	(0~1)	大于1
物品属性	公共物品	公共物品	准公共物品	准公共物品
项目属性	公益性	非经营性	准经营性	经营性

* 和军，辽宁大学经济学院教授、博士生导师；研究方向为产业经济、区域经济。

续养

可售性指数	1	（1~1.8）	（1.8~3）	3
投资主体和运作模式	政府财政投资、政府提供	政府财政投资、政府提供	政府提供或政府补贴市场提供	全社会投资，政府或市场提供
基础设施	国防、公共绿地	有线电视、学校	公共交通、自来水	资源回收、电信

资料来源：作者根据1994年世界银行发展报告有关内容归纳整理。

公共汽车行业沉没成本巨大，属于成本递减行业，准经营特性和社会公益性的矛盾目标容易使公共汽车运营陷入“马歇尔困境”。因此在适度规模选择“次优竞争”才能实现经济效率、公益效益和社会公平三者的协调。公私合作是明确公共汽车经营产权、破解“马歇尔困境”以及改革公共管理的基础和途径，为公共汽车公私合作提供了直接的理论支持。

二、中国公共汽车公私合作的必要性和实践

1. 公共汽车公私合作的必要性

（1）城市公共汽车的产品特性和经济特性决定了其必须接受政府规划。（2）缓解供需矛盾，加快城市建设的需要。（3）引入竞争机制，提高城市公共汽车运营效率的需要。（4）扩宽资金来源渠道，缓解财政压力的需要。（5）推进政府公共管理改革的需要。

表2　　公共汽车公私合作改革的原因

体制机制方面的原因	政府方面的原因	企业的原因
机构重叠，权责不明，人浮于事，监管不力且效率低下	政府经营连年亏损，运营成本过高，债务负担沉重	企业社会责任感缺乏，热线重叠，线路布局不合理
城市重要的基础设施，关系城市发展和正常运行秩序	经营管理陈旧，生产效率低下，缺乏市场活力和竞争力	资本和技术投入不足，为节约成本经常违法经营
行政垄断行业容易造成资源无效配置损害社会福利	多重经营目标且相互矛盾，公共资源浪费严重	基础设施建设落后，公共汽车服务质量低劣
推动政府公共管理改革，提高行政效率	政府过度保护和补贴，容易对政府补贴产生依赖	所有权和经营权分离，防止过度集权带了的危害

2. 中国公共汽车公私合作的实践

中国基础设施公私合作的实践最早可追溯到20世纪初的新宁铁路建设，它是由官方委托铁路公司设计建造的第一条民办铁路。改革开放以后，现代意义上的公共汽车公私合作实践大致分为四个阶段：初期尝试、探索迈进、改革热潮、制度创新（见表3）。初期尝试阶段，境外资本和管理经验大量流入中国境内，以BOT模式为主开启了中国公共汽车公私合作的序幕；2003年之后，PPP

模式被广泛应用于基础设施建设，各项政策法规相继出台使公私合作逐步规范化；2009 年多地相继实行公私合作改革，但遭遇金融危机政府实行积极的财政政策，民营投资遭遇玻璃门困境，出现逆民营化；但“民退国进”也使地方债务急剧膨胀，为缓解财政压力、推动公私合作，2014 以来已出台了多部规范公私合作的政策，对进一步推动公私合作进行探索与创新。

表 3　　　　中国公共汽车公私合作的实践

阶段	初期尝试	探索迈进	改革热潮	制度创新
时间	1984 ~ 2002	2003 ~ 2008	2009 ~ 2013	2014 至今
相关背景	改革开放，招商引资。1986 年颁布《关于鼓励外商投资的规定》，鼓励外资进入基础设施建设	经济快速增长，建设资金匮乏。2003 年提出放宽基础设施建设市场准入，允许和鼓励非公有资本进入	PPP 模式被大众所接受并被广泛应用。金融危机过，刺激经济的四万亿计划挤占民营发展空间	债务膨胀等后遗症使政府认识到市场和政府规制同样重要，PPP 模式再次受到高度重视
主要事件	北京、上海等城市改善经营管理，推行公共汽车市场化改革	合肥、十堰等城市引进社会资本，将公共汽车运营转让给民营企业	广州、重庆、深圳等城市相继放开经营权，实行多元化经营	2015 年 42 号文件：将 PPP 推广到公共汽车、养老等公共服务领域
备注	社会资本以外资为主，民营经济倍受争议，序幕开启	初见成效，PPP 模式被熟识，为后续改革奠定了基础	PPP 热潮以失败谢幕，公共汽车运营权重归国有，出现逆民营化	国欲退而民不进，重归国有后突破路径有待探索

资料来源：作者根据相关文献资料归纳整理。

三、中国公共汽车公私合作的困境：逆民营化

2007 年，北京公共汽车上市板块的“北京巴士”由于经营不善，正式放弃公共汽车运营，市场化改革彻底失败。同年，合肥公共汽车历时 5 年的多元化经营改革也因负债过高而搁浅夭折。随后，全国各地公共汽车公私合作改革相继失败，公共汽车经营权纷纷收归国有，出现了逆民营化现象（见表 4）。2008 年，全国首家尝试公共汽车全盘民营化的十堰，也以政府重新收回公共汽车经营权而谢幕。从 2009 ~ 2014 年，先后有上海、重庆、深圳、通辽、洛阳等城市，经历了公共汽车公私合作改革的瞩目“婚礼”后，由于亏损严重、公私矛盾等原因，没能将“婚姻”维持下去。2015 年，长沙县城乡公共汽车一体化改革，采用 PPP 模式吸引社会资本，但由于线路配置不均衡，导致热线重叠和冷线空缺的发展现状。截至 2015 年底，只剩少数城市的公共汽车行业在民营企业经营下挣扎维持，多数改革以失败落幕，公共汽车经营重归公有。

表4　　国内公共汽车公私合作失败案例

时间	典型案例	具体措施和结果	失败原因
1997～2007	北京公共汽车市场化改革	实行市场化改革的同时，加大财政补贴推行廉价公共汽车。上市板块的“北京巴士”退出公共汽车运营，重回公益性发展模式	市场化改革不彻底，经营管理不善，财政压力巨大，资金紧张
2002～2007	合肥公共汽车公私合作改革	实行多元化经营改革，各公司独立经营、自负盈亏。最终导致交通肇事增多，公共汽车服务质量不断退化	政府监管不力，公共汽车公司预期过于乐观，后期债务负担过重
2003～2008	十堰公共汽车民营化改革	将市内多条公共汽车线路以18年为合同期以承租形式转让给民营企业。公共汽车改革导致罢工频发，运营秩序紊乱，改革失败	国内首例无经验可循，忽视员工利益，企业社会责任感低
1999～2009	上海松江公共汽车市场化改革	引进社会资本和管理方法，将公共汽车资产市场经营。最终民营企业放弃公共汽车经营，公共汽车资产从上市公司剥离	民营资本增长低于城市建设和客运市场的发展，高负债低回报
2008～2010	广州公共汽车市场化改革	利用外资和银行贷款发展公共汽车，实行负债经营，经营主体多元化。票价听证一再延期，市民和企业利益无法协调	事前调研不够深入，部分部门缺乏大局意识，政府不能如约履行责任
2009～2010	重庆公共汽车放松规制改革	成立独立的规制管理机构。降低民营企业进入公共汽车行业的门槛，放松规制。规范公共汽车服务标准，引导有序竞争	城市布局分散，公共汽车基础设施落后，小企业抗风险能力较差
2006～2013	深圳公共汽车线路专营改革	实行经营权开放竞投政策，不再享受政府补贴，后改为线路专营制度。最终改革失败，重新落实公益扶持政策	政府不参与运营，企业自主定价过高，公共汽车服务质量下降
2012～2013	通辽公共汽车民营化改革	将部分公共汽车线路经营权转让给企业。因主城区公共汽车线路不合理，基础设施建设落后，最终11条线路经营权重归国有	缺乏统一管理，宏观调控不力，公私矛盾较多
2012～2014	洛阳公共汽车PPP模式改革	引入社会资本，采用PPP模式，国有股份只占1/5。最终经营不善导致亏损严重，服务能力下降	改革急于求成，公司管理水平低下，运营成本控制不够精细
2014～2015	长沙县城乡公共汽车一体化改革	政府搭建融资平台，激发民间投资热情，吸引社会资本发展城乡公共汽车。设立公共汽车集团，统一协调管理	热线过热，冷线过冷。城市线路重叠，郊区线路无人问津

资料来源：作者根据中外文献和网络资料归纳整理所得。

由上述分析可知公共汽车经营逆民营化的原因主要包括以下方面：

第一，市场机制不完善，设计规划不够科学。第二，公私合作矛盾重重，宏观调控不力。第三，政府监管不力，社会效益无法实现。第四，民营企业管理不规范，造成无序竞争。第五，价格规制受限，民营企业亏损严重。另外，部分民营企业为弥补亏损随意变更运行路线，降低发车频率导致公共汽车服务质量下降，导致交通事故频发，最终退出公共汽车运营。

四、进一步完善中国公共汽车公私合作的对策

中国公共汽车公私合作经历初期尝试、探索迈进、改革热潮之后，出现逆民营化发展。因此有必要通过深入分析国内外成功案例，总结经验教训，探索中国公共汽车公私合作的新出路。

公共汽车公私合作改革须立足于本国不同的民营经济发展现状、城市规划布局和政府财政状况，通过对国内外公共汽车改革成功案例分析，总结出促进改革成功的几个关键因素：第一，健全的市场机制和完善的立法。充分发挥市场机制的调节作用，吸引信用资质和经营能力俱佳的民营企业提供公共汽车服务。以细致的法律条文的形式严格规定公私双方在合作中的责任，使公私合作改革走上依法治理的道路。第二，政府部门的大力支持和严格监督。政府在维护公共利益履行社会责任的同时，还应根据实际制定科学的合作方式、细化合同条款。构建公共汽车改革的建融资平台，创新融资模式，积极引进社会资本和民营企业参与公共汽车改革，并负责监督项目运行。第三，设立专门的管理机构，培养专业化人才。统一管理坚持透明和不歧视的原则，可以提高行政效率，避免多部门管理带了的混乱和政出多门。公私合作需要法律、财务等方面的专业人才，充足的人才储备是保证公私合作成功的重要因素。第四，完善的财政补贴制度和风险分担机制。政府为提高整体社会效益，根据不同情况对公共汽车行业提供差额补贴，并建立补贴监督机制以落实各项补贴政策。为保证城市公共汽车服务的稳定性和民营资本的健康发展，政府主动承担部分风险。

通过以上分析不难发现：公私合作的成败和绩效受到法律、政府、监管等多种因素特别是体制环境和制度结构的影响和制约，由此提出以下对策建议。

（1）完善相关政策法规。中国现行有关公私合作的法律法规经过不断补充和修订，加强了法律监管、涵盖了多种合作方式、完善了财政补贴制度，但规范性文件层次较低缺乏权威性、相关公共汽车公私合作的配套法律不够完善存在监管盲区、缺乏对监管者的再监管民营经济合法权益缺乏保障。因此要加快法治环境建设，进一步完善公共汽车民营化相关法制体系，包括推动权威性的高层次立法、完整的指导公共汽车公私合作的基本法和相关配套法律，修订与之冲突的部门规章；严格程序立法，规范立项、融资、运营、监管等阶段的运作程序；明确公私双方的权利义务，充分保证民营经济的合法权益，增加项目吸引力和民营经济投资热情。

（2）提高政府公共管理能力。公私合作是创新公共管理的重要内容和突破口，但部分地方政府在公私合作中行为不当如存在过度管制和管制缺位、政府随意毁约谋求个人利益。因此，地方政府要实事求是地做好事前调研和规划，审慎民营化，严禁引为政绩盲目的民营化。不得无权限和超越管辖权的干预民

营化改革与公共汽车运营，慎用行政命令，坚持公平协商互利互惠的引进民营经济，政府不能利用自身的强势地位和信息优势与民争利，甚至忽视社会效益牟取暴利。政府要诚实守信和严格履约，优惠政策和回报承诺不能朝令夕改，政府换届和文件清理时要保证合作合同和引资承诺的有效性和稳定执行。

(3) 提升依法监管水平。公私合作不是政府卸任和甩包袱的接口和手段，经营职能和监管职能分离，反而对政府的监管职能和监管效率提出了更高的要求。中国行政监管主体和机构众多，各机构各自为政缺乏统一协调和密切配合，监管权被严重分割，政出多门分权不合理，导致多头重叠监管和监管空白的双重问题。政府应改革监管体制，摒弃计划经济体制下红头文件、行政命令等行政监管方法，破除行业壁垒加强法制监管；政府还应该改变以往重融资、轻监管的观念，尽快转变自身职能，加快专业技术人员的培养，提高监管效率。

(4) 优化监管方法手段。公共汽车公私合作存在公共物品、信息不对称等市场失灵现象，因此需要完善规制体制，实现经济效益和社会效益的协调和平衡。完善价格监管，实现社会效益的同时需要完善财政补贴机制；严格进入监管规范公共汽车运营，严格控制企业数量，避免低效供给和资源浪费；放松监管破除行业垄断，引入竞争主体和激励机制实现公私双赢；完善信息披露制度，保证公私双方公平公正。完善听证制度，扩大信息反馈渠道来源，降低交易成本，疏通社会监督渠道，降低信息不完全程度，实现公平竞争。

小城镇公共物品供给困境的实证分析

刘　铮*

改革开放以来，中国城镇化建设取得长足进展。城镇人口在中国总人口中所占比重逐年上升：改革开放之初，该比例从1978年的17.92%稳步上升到2012年的52.57%①。中国以年均1%的增速，仅用三十多年时间，在数量上赶上了西方发达国家近两百年的城镇化发展水平。与此同时，随着城镇化进程的快速推进，“重数量，轻质量”等问题逐渐暴露。在前一阶段的城镇化进程中，大城市周边的小城镇率先开始产业和人口聚集，基础设施建设快速推进，但是公共服务供给仍处于起步阶段，难以满足当地居民日益增长的生产生活需要。如何改善小城镇的公共服务供给，提高当地居民生活水平，成为不断提高“城镇质量”的重要议题。

2012年，中国共产党的十八大报告中提出，到2020年“城镇化质量明显提高”②；2013年，中央城镇化工作会议提出：“解决好人的问题是推进新型城镇化的关键”③。人的城镇化，内涵在于农业转移人口逐步享有和适应城镇居民的生产方式和生活水平。公共服务的供给情况，关乎城镇居民的生活质量与福利水平，是检验城镇化质量的重要指标。

一、小城镇公共物品供给不足

公共物品是一个经济学层面的定义。根据萨缪尔森（Samuelson，1954）给

---

* 刘铮，上海大学社会科学学院教授，研究方向为社会主义理论与实践，科学发展观研究。

① 数据来源：中国统计年鉴（2014）中国统计出版社，历年数据汇总。

② 胡锦涛：《坚定不移沿着中国特色社会主义道路前进，为全面建成小康社会而奋斗——在中国共产党第十八次全国代表大会上的报告》，载于《求是》2012年第22期，第3~25页。

③ 新华社．中央城镇化工作会议在北京举行［N］．人民日报，2013-12-15，(1).

出的公共物品经典定义，公共物品是指集团中所有成员完全均等消费的商品。萨缪尔森（1955）将公共物品的性质进一步分解为非竞争性和非排他性。但萨缪尔森所强调的“完全均等”只能局限于“纯公共物品”，这类物品的非竞争性和非排他性是绝对的，因而在现实中也较少。布坎南（Buchanan，1965）则拓展了公共物品的定义范畴，提出了俱乐部供给模型，提出了“非纯公共物品”的概念：Barzel（1969）将物品分为公共物品、私人物品和混合物品，从而将纯私人物品与纯公共物品的交集定义为“准公共物品”。在公共物品研究领域，形成了这样的共识：以排他性和竞争性作为界定物品是否公共物品以及是哪类公共物品的指标。一般地，完全排他且完全竞争的物品被界定为私人物品，相反，完全非排他且完全非竞争的物品则被界定为公共物品，其余则是准公共物品。而公共服务则不局限于其经济学界定，除了经济学意义上的公共物品，公共服务还包含市场供给不足的产品和服务，是社会福利最大化意义上的公共物品，因此，在一定程度上包含了价值判断的成分。

根据《中国城市统计年鉴（2014）》公布的数据，2013中国所有地级市市辖区及周边城镇两类地区当年部分代表性公共物品（服务）的供给情况整理如图1所示。

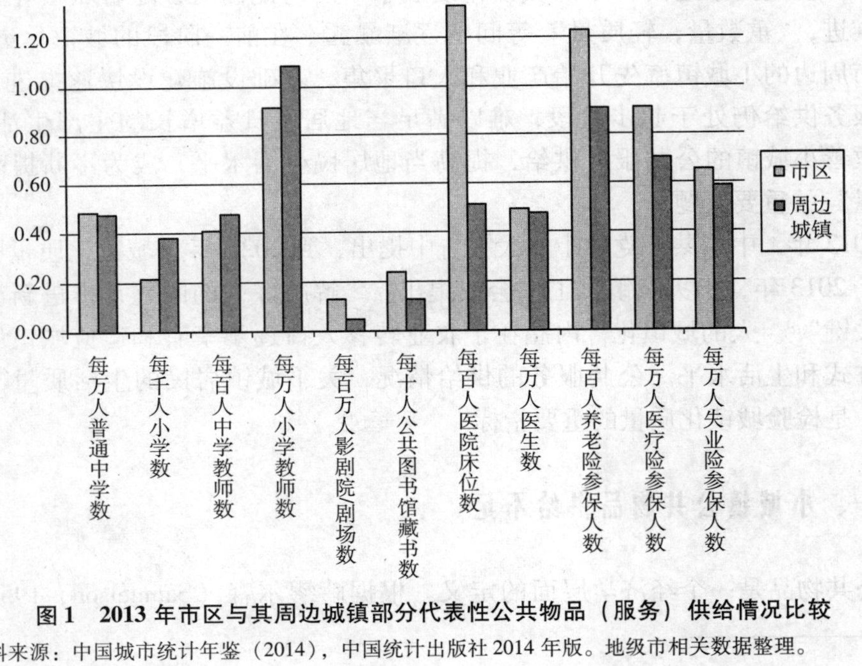

图1　2013年市区与其周边城镇部分代表性公共物品（服务）供给情况比较

资料来源：中国城市统计年鉴（2014），中国统计出版社2014年版。地级市相关数据整理。

由图1可见，市区的公共物品（服务）的供给情况普遍优于周边城镇。具体而言，在教育方面，市区的普通中学密度略高于周边城镇，中学教师的密度明显高于周边城镇，但小学及其师资的分布密度则低于周边城镇，这在很大程度上是因为每个行政区域的小学数量有严格的政策规定，而周边城镇的人口密度相对市区较低，则当地的小学及其师资的人均量较高；在文化方面，市区的影剧院/剧场密度、人均公共图书馆藏也明显高于周边城镇；在医疗卫生方面，市区医院床位密度是周边城镇的近三倍，而市区的医生分布密度也略高于周边城镇，这主要是因为市区的医院规模较大且对医生的专业资质要求较高，使得医生在市区从业的门槛相对周边城镇更高；在社保方面，市区的养老保险、医疗保险和失业保险的参保人数比例均高于周边城镇。

二、供给不足的成因分析

分析结果表明：以城市周边城镇为代表的小城镇公共物品供给，远低于中心城市水平，难以满足小城镇居民提高生活水平和质量的现实需求。形成这一问题的原因主要有三：

第一，城乡分割的财政投资体制，是小城镇公共物品投资不足的关键。计划经济年代形成的城乡分割的财政投资体制，决定了城市公共物品供给直接由政府投资，而作为“城之尾，乡之头”的小城镇公共物品供给，则基于小城镇原住地的农村财政及集体经济进行投资。1994 年分税制改革导致事权界定不明，事权、财权、税权不对称。① 直接影响了小城镇公共物品的有效供给。

第二，城乡经济发展不均衡，是小城镇财政资金来源不足的基础。小城镇的财政税收主要来源于第一产业和集体经济，第一、第二产业附加值的差异，是城乡差距的基础，直接影响到小城镇的财政收入，进而导致公共物品供给不足。

第三，单一的由政府主导的公共物品投资渠道，制约了小城镇公共物品有效供给。由于中国资本市场不健全，政府主导下的投融资方式存在明显的结构单一问题，市场化金融支持不足。具体而言，政府基建融资仍以银行业主导的间接融资为主，导致信贷风险分散不足（郭濂，2014），而信托和“城投债”等融资平台依然由政府主导，缺乏市场独立性和风险意识（钟培武，2014；赵芸淇和张新，2013）。

基本公共服务均等化，一方面要体现供给产品相同的数量和价格；另一方面要体现相同的质量标准。要保证小城镇居民与城市居民一样公平地享有公共物品供给，需要政府确保相应的财政投入，并科学规划，建立与市场经济相适应的公共物品供给渠道。

---

① 《城镇化与城市财政建设》课题组：《公共财政研究报告——城镇化与城市财政建设》，中国财政经济出版社 2014 年版。

三、供给途径的理论分析

（一）基于一般公共物品的讨论

以公共物品总需求为起点的研究，界定了公共物品与私人物品在需求曲线加总时的差异。相对于萨缪尔森（1954，1969）指出的公共物品个人效用垂直加总形成社会需求，而联合生产私人物品的社会需求曲线就是产量水平加总，Head和Shoup（1969）认为混合物品因具有公共和私人双重属性，其需求曲线呈现条件加总。据此，萨缪尔森（1954，1969）认为公共物品供给和转移支付（收入再分配）是政府的两大功能。这一阶段的理论认为，公共物品供给是政府的义务。

随着研究的深入，关于供给的主体的结论发生了变化。由于需求曲线垂直加总，Demsetz（1970）通过沉没成本分析指出，私人部门可以参与到公共物品的供给中，即排他可行时，私人部门可以有效供给公共物品，从而公共物品私人供给与私人物品市场供给结构一致，达到均衡。Auster（1977）提出，完全垄断者很难在公共物品供给上达到帕累托最优，反倒是竞争性供给能在长期均衡中趋向此类物品供给的最优。Russell（1987）认为，在融资供给的情况下，物品的私人供给和公共供给并不矛盾，即私人可以资助公共物品生产，反之，税收可以资助私人物品生产。至此，私人部门参与公共物品供应成为学界的广泛共识。

以公共物品效用特性为起点的研究，对公共物品对于受众个体的效用进行了细分研究，讨论了效用的异质性。这一视角的研究方法，始于Olson（1965）对私人利益与集团利益之间潜在冲突的分析，该理论引发了关于公共物品效用异质性的思考。就微观经济定价理论而言，对于效用存在异质性的商品，应实行歧视供给策略。但Hettich（1975）认为，在公共物品供给中，政府支持者的动机和效用应得到充分关注，政府在供给中不可能采取完全歧视，因此，政治体制以及消费—投票者联合机制成为解决供给问题的关键。联合供给的理论突破了以往政府或私人部门单一供给的视角。与之相似的主张是印第安纳学派的扩大融资范围理论（Ostrom，1978），旨在应对公共物品效用异质性。至此，私人部门与政府共同参与公共物品供应成为被广泛认可的主张。

综上所述，既有的经济学理论逐渐形成了这样的观点：公共物品的供给可以引入私人部门，并且可以采取灵活的融资方式，达成政府与私人部门的合作。这为PPP（Public－Private－Partnership）模式的应用提供了理论依据。

（二）基于自然垄断类公共物品的讨论

以城市给排水系统、电网系统、道路交通网络系统、垃圾处理系统、通信网络系统等为代表的公共基础设施，在公共物品及公共服务中占据了很大的比例。由于其物理性质和用途，这些基础设施形成了以下特点：建设投资规模较大、需求弹性较小、项目专用性显著。因而，这些项目在建设时期沉没成本较高，而运营时期是平均成本较低，具有显著的规模经济效应。此外，通信网络系统等依托现代信号传输技术的产业，由于标准化制式的限制，单个用户的效用与全网用户总数呈“倒U”形关系，即这一类型产业具有显著的网络效应。

在国外学者率先总结了自然垄断产业的的经济特征：产品的必需性、生产条件的天然优势、产品无法贮存、规模经济，并断言这些产业不会发生竞争，即使发生竞争也会失败（Farrer，1902）。还总结了三类形成自然垄断的要素：资源独占性、信息或特权独占性、生产业务特性（Ely，1937）。现代自然垄断理论认为自然垄断的经济特性主要包括：规模经济（Baumol，1977；Clarkson & Miller，1982；Sharkey，1982；Lipsey et al.，1987；Panzar，1989）、范围经济（Samuelson & Nordhaus，1998）、成本次可加性（Baumol et al.，1982）。李怀（2004）将网络经济效益总结为：高固定成本与低边际成本形成陡峭的评价成本曲线；外部性与规模呈非线性关系。进而提出自然垄断仅与网络效应有必然联系，而与规模经济、范围经济和成本次可加性没有必然关系。强网络经济效益的完全自然垄断产业不能引入竞争（城市给排水、铁路基础设施、输配电、市话网）；弱网络经济效益或仅具有规模经济的准自然垄断产业可引入适度竞争（发电、无线寻呼和移动通信、长话网）。这样的分类思路，对促进公共物品（服务）的有效供给，具有很强的启示作用。

四、对策与建议

（一）供给主体多元化：开启公私合作，引入私人部门

由于政府在财力和专业性上存在限制，因此，有必要引入私人部门与政府合作的 PPP（Public - Private - Partnership）模式，从而扩大公共物品（服务）供给总量，并且提高其供给质量。PPP 被界定如下：为开展基础设施建设和提供其他服务，公共部门和私营部门实体之间可能建立的一系列合作伙伴关系[①]。PPP 模式基于一致的项目目标，追求利益共享（控制私人部门过高利润）和风险分担，对生产和管理上的技术创新以及制度创新具有促进作用。改革开放以来，中国已在城市建设中开展了部分 PPP 实践，但依然面临法律法规不健全、监管缺位、过度集中于用户付费项目、风险分担不充分等问题（贾康和孙洁，2014）。鉴于此，本文建议引入由专业人士和最终用户共同组成的中间组织作为

① Public - Private Partnership（PPP）Handbook，Manila：ADB Publishing，2008.

协调和监督机构，同时在基建类项目中试点实物期权的激励方式分配利益和风险。

（二）资本结构多元化：推进投融资，加快地方财政改革

中国现行的城市公共物品（服务）供给的主要融资方式分为两类：第一，对于非经营性项目，主要采用代建形式，政府出资比例较高，通过补偿（支付管理费）或回购机制保证中标单位收益，有时在建成后的一定时期内转为经营性项目；第二，对于经营性项目，由于存在一定的营利性，多采取公共部门监督、私人部门主导、双方分担风险的 PPP 形式（BOT 为主）。而现阶段的小城镇，大多处于公共物品（服务）供给体系建设初期，仍以非经营性的基本公共物品（服务）为主。因此，政府仍是小城镇公共物品供给的主导。

同时，市场化融资渠道的限制，迫使公共物品（服务）的供给更加依赖地方财政。而地方财政也存在一系列历史遗留问题：针对以上问题，本文提出解决思路如下：

第一，完善资本市场，整合多元融资工具。有必要对现有的融资平台进行市场化整改，彻底扭转其由政府主导的现状，从而形成地方债务融资的支柱性工具。同时，有计划地逐步推进资产证券化，运用信托、基金、融资租赁等多元化的资本市场工具包。

第二，适度放开地方税权，稳定地方财源。财政分权加强地方政府进行公共服务投入的激励，同时与支出责任以及收入水平相关，这一结论已经得到了实证的验证（丁辉侠，2012）。就税源而言，可以因地制宜地开发较为稳定的税源（如物业税）；就征税方法而言，应考虑改变当下的“税种多，规模小，征收难度大”的现状；此外，借鉴英国的相关经验，可以将地方国有资本纳入财政预算（刘厚金，2011）。

第三，区分网络经济的强弱，对于弱网络经济效益或仅具有规模经济的准自然垄断产业可引入适度竞争，以增加该领域公共物品的供给，并不断提高服务质量。

参 考 文 献

［1］Samuelson，P. A.，The Pure Theory of Public Expenditure［J］. Review of Economics and Statistics，Vol. 36，1954，pp. 387 – 390.

［2］Samuelson，P. A.，A Diagrammatic Exposition of a Theory of Public Expenditure［J］. Review of Economics and Statistics，Vol. 37，1955，pp. 350 – 356.

［3］Buchanan，J. M.，An Economic Theory of Clubs［J］. Economica（New Series），Vol. 32，No. 125，1965，pp. 1 – 14.

［4］Barzel，Y.，The Market for a Semipublic Good：The Case of the American Economic Review［J］. The American Economic Review，Vol. 41，No. 4，1969，pp. 665 – 674.

［5］ Ostrom, E. , Parks, R. , Whitaker, G. , Percy, S. , The Public Service Production Process: A Framework for Analyzing Police Services ［J］. Policy Studies Journal, Vol. 7, 1978, pp. 381 - 389.

［6］ 杜万松：《公共产品、公共服务：关系与差异》，载于《中共中央党校学报》2011 年第 15 卷第 6 期，第 63 ~ 66 页。

［7］ 马庆钰：《公共服务的几个基本理论问题》，载于《中共中央党校学报》2005 年总第 9 卷，第 1 期，第 58 ~ 64 页。

［8］ 黄新华：《从公共物品到公共服务——概念嬗变中学科研究视角的转变》，载于《学习论坛》2014 年总第 30 卷第 12 期，第 44 ~ 49 页。

［9］ 王雅龄，季栋伟：《城市化进程中地方性公共物品的供给问题——以沧州市阶梯水价为例》，载于《中央财经大学学报》2010 年第 9 期，第 15 ~ 20 页。

［10］ 江明融：《公共服务均等化论略》，载于《中南财经政法大学学报》2006 年第 3 期，第 43 ~ 47 页。

［11］ Head, J. G. , Shoup, C. S. , Public Goods, Private Goods, and Ambiguous Goods ［J］. The Economic Journal, Vol. 79, No. 315, 1969, pp. 567 ~ 572

［12］ Demsetz, H. , The Private Provision of Public Goods ［J］. Journal of Law and Economics, Vol. 13, 1970, pp. 29 - 306

［13］ Auster, R. D. , Private Markets in Public Goods ［J］. Quarterly Journal of Economics, Vol. 91, No. 3, 1977, pp. 419 - 430

［14］ Hettich, W. , Bureaucrats and Public Goods ［J］. Public Choice, Vol. 21, No. 1, 1975, pp. 15 - 25

［15］ Kirchsteiger, G. , Puppe, C. . On the Possibility of Efficient Private Provision of Public Goods through Government Subsidies ［J］. Journal of Public Economics, Vol. 66, 1997, pp. 489 - 504

［16］ Bernstein, J. I. , Mamuneas, T. P. . Public Infrastructure, Input Efficiency and Productivity Growth in the Canadian Food Processing Industry ［J］. Journal of Productivity Analysis, Vol. 29, 2008, pp. 1 - 13

［17］ Buchanan, J. M. , Goetz, C. J. Efficiency Limits of Fiscal Mobility: An Assessment of the Tiebout Model ［J］. Journal of Public Economics, 1972, (1): 25 - 43.

［18］ Flatters, F. , Henderson, V. , Mieszkowski, P. . Public Goods, Efficiency, and Regional Fiscal Equalization ［J］. Journal of Public Economics, Vol. 3, No. 2, 1974, pp. 99 - 112

［19］ Fox, J. , Gershman, J. . The World Bank and Social Capital: Lessons from Ten Rural Development Projects in the Philippines and Mexico ［J］. Policy Sciences, Vol. 33, 2000, pp. 399 - 419

［20］ Florio, M. . Land Silvia Vignetti, Cost-benefit. Analysis of Infrastructure Projects in an Enlarged European Union: Returns and incentives ［J］. Economic Change and Restructuring, Vol. 38, 2005, pp. 179 - 210

［21］ Boadway, R. , The Theory and Practice of Equalization ［J］. Economic Studies, Vol. 50, 2004, pp. 211 - 254

［22］ Tiebout, C. M. A Pure Theory of Local Expenditures ［J］. The Journal of Political Economics, 1956, (10): 416 - 424.

［23］ Farrer, T. H. The State in its Relation to Trade ［M］. London: MacMillan, 1902.

［24］ Ely, R. T. Outlines of Economics ［M］. New York: MacMillan, 1937.

［25］ Baumol, W. J. On the Proper Cost Tests for Natural Monopoly in a Multiproduct Industry ［J］.

American Economic Review, 1977, 67: 809 - 822.

[26] Clarkson. K. W. , Miller, R. L. Industrial Organization: Theory, Evidence and Public Policy [M]. New York: McGraw - Hill Book Company, 182.

[27] Sharkey, W. W. The Theory of Natural Monopoly [M]. Cambridge: Cambridge University Press, 1982.

[28] Lipsey, R. G. , Steiner, P. O. , Purvis, D. D. Economics [M]. 8th ed. New York: Harper & Row, 1987.

[29] Panzar, J. C. Technological Determinants of Firm and Industry Structure // Schmalensce, R. , Willig, R. D. (eds) Handbook of Industrial Organization [M]. Amsterdam: Elsvier Science Ltd, 1989.

[30] 李怀:《基于规模经济和网络经济效益的自然垄断理论创新——辅以中国自然垄断产业的经验检验》,载于《管理世界》2004 年第 4 期,第 61 ~ 82 页。

[31] 贾康、孙洁:《公私合作伙伴机制:新型城镇化投融资的模式创新》,载于《中共中央党校学报》2014 年第 18 卷,第 1 期,第 64 ~ 71 页。

[32] 郭濂:《中国新型城镇化的路径选择与金融支持》,中国金融出版社 2014 年版。

[33] 钟培武:《城镇基础设施建设投融资:地方债务治理与模式创新》,载于《金融理论与实践》2014 年第 7 期,第 69 ~ 73 页。

[34] 赵芸淇、张新:《城市基础设施建设融资方式探析》,载于《经济体制改革》2013 年第 4 期,第 57 ~ 60 页。

[35] 丁辉侠:《财政分权、制度安排与公共服务供给——基于中国省级面板数据的实证分析》,载于《当代经济科学》2012 年第 34 卷第 5 期,第 105 ~ 112 页。

有对外贸易的社会再生产的充要条件与求解*

陶为群**

一、引言

马克思的两大部类社会再生产理论及其公式，对于研究国民经济运行具有重大的理论指导作用。马克思的社会再生产理论在社会再生产公式得到集中体现，社会再生产公式可以作为研究宏观经济运行的一个经济模型。但是，经典的马克思再生产公式是针对封闭经济。为了使马克思社会再生产理论能够对于当今的现实开放经济发挥理论指导作用，需要对经典的马克思再生产公式加以拓展，建立有对外贸易的社会再生产公式并研究公式的求解问题。

程恩富、马艳（2012）构建了一个带有较严格假定国际贸易条件的社会再生产模型，但是没有研究模型的求解问题①。陶为群（2014，2016）建立了含有生产资料、消费资料两种产品进出口的两大部类再生产模型，区别其中某种产品出口约束大的不同情形，尝试研究了有对外贸易的一般非平衡增长的求解及其条件②③。这些探索研究，都对于构建有对外贸易条件的社会再生产公式并研究这个公式的求解及其充分必要条件，提供了重要的启示。

构建有对外贸易条件的社会再生产公式应当尽可能贴近现实的经济。在现实中，一国的对外贸易是由国外因素和本国调节两个方面共同作用所决定，国外因素和本国调节都对对外贸易产生不能忽略的影响。所以，在有对外贸易的

---

* 本文系国家社会科学基金后期资助项目《马克思社会再生产理论深化与拓展的数理分析》（15FJL008）。

** 陶为群，中国人民银行南京分行研究员。主要研究马克思主义经济学、数量经济。

① 程恩富、马艳：《高级现代政治经济学》，上海财经大学出版社 2012 年版，第 207 ~ 222 页。

② 陶为群：《国际贸易条件下〈资本论〉再生产理论的平衡增长》，载于《资本论》研究（第 10 卷），陕西师范大学出版总社 2014 年版，第 202 ~ 210 页。

③ 陶为群：《对外贸易新常态下的社会再生产和经济增长》，载于《中国经济规律研究报告（2015 年）》，经济科学出版社 2016 年版，第 88 ~ 95 页。

两大部类社会再生产公式或者说构建的模型当中，需要明确反映国外因素的作用，也需要明确反映本国调节的作用。并且，对于有对外贸易的两大部类社会再生产而言，假如当年没有发生对外贸易也就是对外贸易发生额为零，那么这种特别情形下社会再生产就与经典的两大部类社会再生产情形相同。所以，在这种特别情形下，有对外贸易的两大部类社会再生产公式就应当简化成为经典的两大部类社会再生产公式；有对外贸易的两大部类社会再生产的求解及其充分必要条件就应当简化成为经典的两大部类社会再生产的求解及其充分必要条件。由此看来，有对外贸易的两大部类社会再生产公式及其求解应当能够与经典的两大部类社会再生产公式及其求解衔接；而经典的两大部类社会再生产及其求解也应当可以成为有对外贸易的两大部类社会再生产公式及其求解的一种特别情形。陶为群（2014）提出并证明了经典的两大部类扩大再生产的充分必要条件，也研究解决了经典的两大部类扩大再生产的一般求解问题，为研究有对外贸易的两大部类社会再生产公式及其求解提供了基础性条件。①

二、有对外贸易的社会再生产公式与内、外部平衡

概括地讲，经典的马克思再生产公式是表示社会再生产中生产资料、消费资料两个部类的产品价值构成和生产资料、消费资料总产品的供给与需求平衡的一组等式。从不同作用的区别来看，这组等式包括了定义方程、行为方程和均衡条件三种类型的方程。马克思的两大部类社会再生产理论把资本划分为购买生产资料的不变资本和购买劳动力的可变资本两个部分，它们的价值实现在实物上分别对应于生产资料和消费资料两种产品，把生产生产资料、消费资料的社会部门分别称为第Ⅰ、第Ⅱ部类。在现实中，通常国民经济的每个部门都进口生产资料、消费资料两种产品，这是因为本部门所需的生产资料、消费资料都难以完全国内自给，或者说不完全替代进口。不完全替代进口以国际贸易理论中的可获得性说（亦称存在性理论）作为理论基础，符合很多国家的现实情况。因此，为了提高与现实状况的贴近程度，就需要基于经典的马克思再生产公式和不完全替代进口的现实状况，建立有生产资料、消费资料两种产品进出口的两大部类社会再生产公式。

经典的马克思再生产公式具有十分明确的结构。第 j 部类（j = Ⅰ，Ⅱ。下同）在年初时点的总资本分解成用于购买生产资料的不变资本、购买劳动力的可变资本两个部分，分别记为 $C_j^{(t)}$，$V_j^{(t)}$，按照经典的马克思再生产公式中的假定，设 $C_j^{(t)}$ 和 $V_j^{(t)}$ 都是每年周转一次；那么，当年 $C_j^{(t)}$ 作为中间消耗转移到产品当中，$V_j^{(t)}$ 在产品当中新创造出来，并带来它的剩余价值 $M_j^{(t)}$。分别以 $C_j^{(t)}$，

① 陶为群：《两大部类扩大再生产的充分必要条件与求解》，载于《经济数学》2014 年第 3 期。

$V_j^{(t)}$，$M_j^{(t)}$，$X_j^{(t)}$，$Y_j^{(t)}$ 表示第 j 部类的不变资本、可变资本、剩余价值、总产品、新创造产品；以 h_j 表示第 j 部类的资本有机构成，e_j 表示剩余价值率。那么，在每个部类内部，总产值的各构成部分之间的关系被下面的定义方程所确定。

$$\begin{cases} V_j^{(t)} \equiv C_j^{(t)}/h_j \\ M_j^{(t)} \equiv e_j V_j^{(t)} \\ Y_j^{(t)} \equiv V_j^{(t)} + M_j^{(t)} \\ X_j^{(t)} \equiv C_j^{(t)} + Y_j^{(t)} \end{cases} \quad j = \text{I},\ \text{II}, \tag{1}$$

剩余价值 $M_j^{(t)}$ 是形成本部类的新增资本和企业所有者的剩余价值消费的唯一来源。对确定了含义的字母前面加符号 Δ 表示增量，并用 $M_{xj}^{(t)}$ 表示第 j 部类企业所有者把本部类的剩余价值中用于个人消费的部分。因而剩余价值的使用确定了下面的行为方程。

$$\Delta C_j^{(t)} + \Delta V_j^{(t)} + M_{xj}^{(t)} = M_j^{(t)} \quad j = \text{I},\ \text{II} \tag{2}$$

基于式（1），在每个部类内部，总产值的各构成部分之间保持固定不变关系，因而总产值增量的各构成增量之间也保持同样的固定不变关系。于是又存在下面的行为方程。

$$\begin{cases} \Delta V_j = \Delta C_j/h_j \\ \Delta M_j = e_j \Delta V_j \end{cases} \quad j = \text{I},\ \text{II} \tag{3}$$

将不完全替代进口作为基本假定之后，需要进一步表示出每个部类具有怎样的进口结构。以 ψ_j^C 表示第 j 部类生产资料消耗的本国自给率，则 $1-\psi_j^C$ 是生产资料的进口率；购买生产资料的不变资本 $C_j^{(t)}$ 要一分为二，其中的 ψ_j^C 比例购买本国的生产资料，$1-\psi_j^C$ 比例购买进口的生产资料。以 ψ^V，ψ^M 分别表示每个部类工资消费、企业所有者剩余价值消费中的本国自给率，即本国产消费品的份额，则 $1-\psi^V$，$1-\psi^M$ 分别表示相应的进口率。劳动者的工资消费 $V_j^{(t)}$ 要一分为二，其中的 ψ^V 比例购买本国消费资料，$1-\psi^V$ 比例购买进口消费资料。企业所有者剩余价值消费 $M_{xj}^{(t)}$ 也要一分为二，其中的 ψ^M 比例购买本国消费资料，$1-\psi^M$ 比例购买进口消费资料。ψ_{I}^C，ψ_{II}^C 和 ψ^V，ψ^M 可以完整体现社会再生产中每个部类的进口结构，是再生产模型中重要的结构参数。ψ_j^C 反映了生产资料不完全替代进口的程度；ψ^V，ψ^M 反映了消费资料不完全替代进口的程度。以 $EX_j^{(t)}$ 表示第 j 部类的产品出口，那么 $EX_j^{(t)}/Y_j^{(t)}$ 是第 j 部类的出口依存度；再以 $IM_{\text{I}}^{(t)}$，$IM_{\text{II}}^{(t)}$ 分别表示本国的生产资料、消费资料进口。

为了明确反映国外因素和本国调节都对对外贸易产生不能忽略的影响，这里假定，对于本国的生产资料或者消费资料总产品，其中有一种产品的出口所占比重是被国外因素所决定，而另外一种产品的出口所占比重可以由本国根据社会再生产的规模来调节。更明确地说，假定出口依存度 $EX_{\text{I}}^{(t)}/Y_{\text{I}}^{(t)}$ 或者 $EX_{\text{II}}^{(t)}/$

$Y_{II}^{(t)}$两者当中有一个是外生变量，而另一个是可以由本国调节的内生变量。由于生产资料的不完全替代进口，第j部类的不变资本$C_j^{(t)}$和新增不变资本$\Delta C_j^{(t)}$，都要一分为二，分别对应着本国自给的、进口的生产资料消耗。于是，社会再生产的生产资料均衡条件，就分解成本国自给的生产资料均衡条件、进口的生产资料均衡条件：

$$\sum_{j=I}^{II}\psi_j^C(C_j^{(t)}+\Delta C_j^{(t)})+EX_I^{(t)}=X_I^{(t)} \quad 0<\psi_I^C,\ \psi_{II}^C\leqslant 1 \tag{4}$$

$$\sum_{j=I}^{II}(1-\psi_j^C)(C_j^{(t)}+\Delta C_j^{(t)})=IM_I^{(t)} \tag{5}$$

由于消费资料的不完全替代进口，第j部类的可变资本$V_j^{(t)}$、新增可变资本$\Delta V_j^{(t)}$以及企业所有者用于个人消费的剩余价值$M_{xj}^{(t)}$，也都分别要一分为二，分别对应着本国自给的、进口的消费资料需求。于是，社会再生产的消费资料均衡条件，也分解成本国所生产的消费资料均衡条件、进口的消费资料均衡条件：

$$\sum_{j=I}^{II}\psi^V(V_j^{(t)}+\Delta V_j^{(t)})+\sum_{j=I}^{II}\psi^M M_{xj}^{(t)}+EX_{II}^{(t)}=X_{II}^{(t)} \quad 0<\psi^M\leqslant\psi^V\leqslant 1 \tag{6}$$

$$\sum_{j=I}^{II}(1-\psi^V)(V_j^{(t)}+\Delta V_j^{(t)})+\sum_{j=I}^{II}(1-\psi^M)M_{xj}^{(t)}=IM_{II}^{(t)} \tag{7}$$

式（1）至式（7）合在一起，就是有对外贸易的两大部类社会再生产公式，其中主要部分是本国和进口的生产资料、消费资料均衡条件式（4）至式（7）。实现社会再生产，就是从这个再生产公式中获得一组$\Delta C_j^{(t)}$，$\Delta V_j^{(t)}$，$M_{xj}^{(t)}$的解。如果没有发生对外贸易，则式（4）、式（6）中$\psi_I^C=\psi_{II}^C=1$并且$\psi^V=\psi^M=1$，并且$EX_I^{(t)}=EX_{II}^{(t)}=0$，式（5）、式（7）消失，那么这个再生产公式就简化成为经典的马克思社会再生产公式方程组①。所以，有对外贸易的两大部类社会再生产公式是对于经典的马克思社会再生产公式的拓展。

用两大部类新创造价值之间的比例$\varphi^{(t)}=Y_{II}^{(t)}/Y_I^{(t)}$表示两大部类总产品之间的结构状态变量。$\varphi^{(t)}$与参数$h_j$，$e_j$，$\psi_j^C$以及$\psi^V$，$\psi^M$，共同体现了有对外贸易的两大部类再生产的结构。

已经有研究指出有对外贸易的两大部类再生产具有一个特定的结果：遵循经典的马克思的再生产理论，对外贸易处于绝对平衡状态②。即：

$$EX_I^{(t)}+EX_{II}^{(t)}=IM_I^{(t)}+IM_{II}^{(t)} \tag{8}$$

三、有对外贸易的社会简单再生产的充分必要条件与求解

在简单再生产情形下，第j部类把剩余价值$M_j^{(t)}$全部用于企业所有者的个人

① 陶为群：《两大部类扩大再生产的充分必要条件与求解》，载于《经济数学》2014年第3期。

② 陶为群：《国际贸易条件下〈资本论〉再生产理论的平衡增长》，载于《资本论》研究（第10卷），陕西师范大学出版总社2014年版，第202~210页。

消费，该部类不形成新增不变资本，即 $\Delta C_j^{(t)}=0$，$\Delta V_j^{(t)}=0$，$M_{xj}^{(t)}=M_j^{(t)}$，因而在社会再生产公式当中，关于每个部类资本积累的变量都为零，是已经被确定的。然而，还有两个部类当中一个部类的出口依存度是待定变量，需要求解。根据本国自给的生产资料、消费资料均衡条件式（4）、式（6），得到：

$$\sum_{j=I}^{II}\psi_j^C C_j^{(t)}+EX_I^{(t)}=X_I^{(t)} \tag{9}$$

$$\sum_{j=I}^{II}\psi^V V_j^{(t)}+\sum_{j=I}^{II}\psi^M M_j^{(t)}+EX_{II}^{(t)}=X_{II}^{(t)} \tag{10}$$

在出口依存度 $EX_I^{(t)}/Y_I^{(t)}$ 是外生变量的情形下，将式（1）和 $\varphi^{(t)}$ 的表达式代入式（9），得到结构状态变量 $\varphi^{(t)}$ 的取值。

$$\varphi^{(t)}=\frac{1+e_{II}}{\psi_{II}^C h_{II}}\left[1-\frac{EX_I^{(t)}}{Y_I^{(t)}}+(1-\psi_I^C)\frac{h_I}{1+e_I}\right] \tag{11}$$

再将式（11）代入式（10），就确定了待定变量 $EX_{II}^{(t)}/Y_{II}^{(t)}$ 的取值。

$$\frac{EX_{II}^{(t)}}{Y_{II}^{(t)}}=\frac{1}{1+e_{II}}\left[1+h_{II}+e_{II}-(\psi^V+\psi^M e_{II})-\frac{\psi_{II}^C h_{II}(\psi^V+\psi^M e_I)}{(1+e_I)\left(1-\frac{EX_I^{(t)}}{Y_I^{(t)}}\right)+(1-\psi_I^C)h_I}\right] \tag{12}$$

在出口依存度 $EX_{II}^{(t)}/Y_{II}^{(t)}$ 是外生变量的情形下，将式（1）和 $\varphi^{(t)}$ 的表达式代入式（10），得到结构状态变量 $\varphi^{(t)}$ 的取值。

$$\varphi^{(t)}=\frac{(\psi^V+\psi^M e_I)(1+e_{II})}{(1+e_I)\left[h_{II}-(\psi^V+\psi^M e_{II})+(1+e_{II})\left(1-\frac{EX_{II}^{(t)}}{Y_{II}^{(t)}}\right)\right]} \tag{13}$$

再将式（13）代入式（9），就确定了待定变量 $EX_I^{(t)}/Y_I^{(t)}$ 的取值。

$$\frac{EX_I^{(t)}}{Y_I^{(t)}}=\frac{1+h_I+e_I}{1+e_I}-\frac{1}{1+e_I}\left[\psi_I^C h_I+\frac{\psi_{II}^C h_{II}(\psi^V+\psi^M e_I)}{h_{II}-(\psi^V+\psi^M e_{II})+(1+e_{II})\left(1-\frac{EX_{II}^{(t)}}{Y_{II}^{(t)}}\right)}\right] \tag{14}$$

四、有对外贸易的社会扩大再生产的充分必要条件与求解

因为每个部类的全部生产资料消耗当中，含有的本国生产的、进口的生产资料消耗保持着固定不变的比例，劳动者、企业所有者的剩余价值个人消费当中，含有的本国生产的、进口的消费资料也保持着固定不变的比例，所以无论对于生产资料还是对于消费资料，只要全社会对于本国生产那一部分的总体需求确定了，那么全社会对于进口那一部分的总体需求也就确定了。所以，关于

本国生产的生产资料均衡条件、进口的生产资料均衡条件的式（4）、式（5），只有一个是独立的。同样道理，关于本国生产的消费资料均衡条件、进口的消费资料均衡条件的式（6）、式（7），也只有一个是独立的。不失一般性，这里，就以分别表示本国生产的生产资料、消费资料均衡条件的式（4）、式（6）作为独立方程。所以，有对外贸易的社会再生产公式实际上只含有式（4）、式（6）两个独立方程。因为出口依存度 $EX_I^{(t)}/Y_I^{(t)}$ 或者 $EX_{II}^{(t)}/Y_{II}^{(t)}$ 两者当中有一个是外生变量，所以在这在两个独立方程当中，社会扩大再生产中待定的变量是两个部类的剩余价值积累率和一个部类的出口依存度，共三个变量。

将式（1）代入式（4），得到简化的本国生产的生产资料均衡条件：

$$\sum_{j=I}^{II} \psi_j^C \Delta C_j^{(t)} = (1-\psi_I^C) C_I^{(t)} + V_I^{(t)} + M_I^{(t)} - \psi_{II}^C C_{II}^{(t)} - EX_I^{(t)} \tag{15}$$

再将剩余价值使用的行为方程式（2）、式（3）代入式（6），得到简化的本国生产的消费资料均衡条件：

$$\sum_{j=I}^{II} [\psi^M(1+h_j) - \psi^V] \Delta V_j^{(t)} = \sum_{j=I}^{II} (\psi^V V_j^{(t)} + \psi^M M_j^{(t)}) - X_{II}^{(t)} + EX_{II}^{(t)} \tag{16}$$

因为式（15）和式（16）当中有三个待定变量，因而其中有一个可以作为自由变量，而另外两个变量可以作为自由变量的因变量，也就是自由变量的函数。一般情形下，劳动者的工资消费购买本国消费资料的比例 ψ^V 乘以每个部类的可变资本占全部资本的比重后，会低于企业所有者剩余价值消费购买本国消费资料的比例 ψ^M。即：

$$\frac{\psi^V}{1+h_j} < \psi^M \quad j = I,\ II \tag{17}$$

以 $\mu_j^{(t)}$ 表示第 j 部类的剩余价值积累率，那么根据剩余价值使用的行为方程式（2）和式（3），$\mu_j^{(t)}$ 与新增不变资本之间有变量替换关系式：

$$\Delta C_j^{(t)} = \frac{h_j}{1+h_j} M_j^{(t)} \mu_j^{(t)} \quad j = I,\ II \tag{18}$$

将式（18）和 $\varphi^{(t)}$ 的表达式分别代入式（15）、式（16），得到以积累率形式表现的关于资本积累均衡的方程组：

$$\begin{aligned} &\psi_I^C h_I \frac{e_I}{1+h_I}\mu_I^{(t)} + \varphi^{(t)} \psi_{II}^C h_{II}\left(\frac{1+e_I}{1+e_{II}}\right)\frac{e_{II}}{1+h_{II}}\mu_{II}^{(t)} \\ &= (1+e_I)\left(1-\frac{EX_I^{(t)}}{Y_I^{(t)}}\right) + (1-\psi_I^C)h_I - \varphi^{(t)}\psi_{II}^C h_{II}\frac{1+e_I}{1+e_{II}} \end{aligned} \tag{19}$$

$$\begin{aligned} &[\psi^M(1+h_I) - \psi^V]\frac{e_I}{1+h_I}\mu_I^{(t)} + \varphi^{(t)}\frac{1+e_I}{1+e_{II}}[\psi^M(1+h_{II}) - \psi^V]\frac{e_{II}}{1+h_{II}}\mu_{II}^{(t)} \\ &= (\psi^V + \psi^M e_I) - \varphi^{(t)}\frac{1+e_I}{1+e_{II}}\left[1+h_{II}+e_{II} - (\psi^V + \psi^M e_{II}) - (1+e_{II})\frac{EX_{II}^{(t)}}{Y_{II}^{(t)}}\right] \end{aligned} \tag{20}$$

当出口依存度 $EX_I^{(t)}/Y_I^{(t)}$、$EX_{II}^{(t)}/Y_{II}^{(t)}$ 分别是外生变量，分别是对于已经有研

究提出的生产资料、消费资料出口约束大的更为严谨界定。因此在生产资料出口依存度 $EX_I^{(t)}/Y_I^{(t)}$ 是外生变量情形下，需要首先使第Ⅰ部类实现扩大再生产，要将积累率 $\mu_I^{(t)}$ 作为自由变量而将 $\mu_{II}^{(t)}$ 作为 $\mu_I^{(t)}$ 的函数。和已经有研究获得的结果相同①，社会扩大再生产的充分必要条件是：

$$\frac{(1+h_{II})(1+e_{II})}{\psi_{II}^{C}h_{II}(1+h_{II}+e_{II})}\left[\frac{1+h_I+e_I}{1+e_I}-\frac{EX_I^{(t)}}{Y_I^{(t)}}-\frac{\psi_I^{C}h_I}{1+e_I}\left(1+\frac{e_I}{1+h_I}\right)\right]\leqslant$$
$$\varphi^{(t)}<\frac{1+e_{II}}{\psi_{II}^{C}h_{II}}\left(\frac{1+h_I+e_I}{1+e_I}-\frac{EX_I^{(t)}}{Y_I^{(t)}}-\frac{\psi_I^{C}h_I}{1+e_I}\right)\tag{21}$$

社会扩大再生产的解是：

$$\mu_{II}^{(t)}=\frac{1+h_{II}}{e_{II}}\left\{\frac{1+e_{II}}{\varphi^{(t)}\psi_{II}^{C}h_{II}}\left[\frac{1+h_I+e_I}{1+e_I}-\frac{EX_I^{(t)}}{Y_I^{(t)}}-\frac{\psi_I^{C}h_I}{1+e_I}\left(1+\frac{e_I}{1+h_I}\mu_I^{(t)}\right)\right]-1\right\}\tag{22}$$

和

$$\max\left\{0,\ \frac{(1+h_I)(1+e_I)}{\psi_I^{C}h_Ie_I}\left[\frac{1+h_I+e_I}{1+e_I}-\frac{EX_I^{(t)}}{Y_I^{(t)}}-\frac{\psi_I^{C}h_I}{1+e_I}-\varphi^{(t)}\frac{\psi_{II}^{C}h_{II}}{1+e_{II}}\left(1+\frac{e_{II}}{1+h_{II}}\right)\right]\right\}\leqslant$$
$$\mu_I^{(t)}\leqslant\min\left\{1,\ \frac{(1+h_I)(1+e_I)}{\psi_I^{C}h_Ie_I}\left(\frac{1+h_I+e_I}{1+e_I}-\frac{EX_I^{(t)}}{Y_I^{(t)}}-\frac{\psi_I^{C}h_I}{1+e_I}-\varphi^{(t)}\frac{\psi_{II}^{C}h_{II}}{1+e_{II}}\right)\right\}\tag{23}$$

并且要另外增加：

$$\frac{EX_{II}^{(t)}}{Y_{II}^{(t)}}=(1-\psi^{M})\frac{1+h_{II}+e_{II}}{1+e_{II}}-\frac{1}{\varphi^{(t)}(1+e_I)}\left[\psi^{V}\left(1+\frac{e_I}{1+h_I}\mu_I^{(t)}\right)+\psi^{M}e_I(1-\mu_I^{(t)})\right]$$
$$+\frac{\psi^{M}(1+h_{II})-\psi^{V}}{\varphi^{(t)}\psi_{II}^{C}h_{II}}\left[\frac{1+h_I+e_I}{1+e_I}-\frac{EX_I^{(t)}}{Y_I^{(t)}}-\frac{\psi_I^{C}h_I}{1+e_I}\left(1+\frac{e_I}{1+h_I}\mu_I^{(t)}\right)\right]\tag{24}$$

而在消费资料出口依存度 $EX_{II}^{(t)}/Y_{II}^{(t)}$ 是外生变量情形下，需要首先使第Ⅱ部类实现扩大再生产，因而要将积累率 $\mu_{II}^{(t)}$ 作为自由变量而将 $\mu_I^{(t)}$ 作为 $\mu_{II}^{(t)}$ 的函数。和已经有研究获得的结果相同，社会扩大再生产的充分必要条件是：

$$\psi^{V}(1+e_{II})\frac{1+e_I/(1+h_I)}{(1+e_I)\left[1+h_{II}+e_{II}-\psi^{V}\left(1+\frac{e_{II}}{1+h_{II}}\right)-(1+e_{II})\frac{EX_{II}}{Y_{II}}\right]}\leqslant$$
$$\varphi^{(t)}<\frac{(\psi^{V}+\psi^{M}e_I)(1+e_{II})}{(1+e_I)\left[1+h_{II}+e_{II}-(\psi^{V}+\psi^{M}e_{II})-(1+e_{II})\frac{EX_{II}^{(t)}}{Y_{II}^{(t)}}\right]}\tag{25}$$

社会扩大再生产的解是：

① 陶为群：《对外贸易新常态下的社会再生产和经济增长》，载于《中国经济规律研究报告（2015年）》，经济科学出版社2016年版，第88~95页。

$$\mu_{I}^{(t)}=\frac{1+h_{I}}{e_{I}[\psi^{M}(1+h_{I})-\psi^{V}]}\Big\{(\psi^{V}+\psi^{M}e_{I})-\varphi^{(t)}\frac{1+e_{I}}{1+e_{II}}\times$$

$$\Big[1+h_{II}+e_{II}-(\psi^{V}+\psi^{M}e_{II})-(1+e_{II})\frac{EX_{II}^{(t)}}{Y_{II}^{(t)}}+e_{II}\Big(\psi^{M}-\frac{\psi^{V}}{1+h_{II}}\Big)\mu_{II}^{(t)}\Big]\Big\} \quad (26)$$

和

$$\max\Big\{0,\frac{1+h_{II}}{e_{II}[\psi^{M}(1+h_{II})-\psi^{V}]}\Big\{\frac{1+e_{II}}{\varphi^{(t)}(1+e_{I})}\psi^{V}\Big(1+\frac{e_{I}}{1+h_{I}}\Big)$$

$$-\Big[1+h_{II}+e_{II}-(\psi^{V}+\psi^{M}e_{II})-(1+e_{II})\frac{EX_{II}^{(t)}}{Y_{II}^{(t)}}\Big]\Big\}\Big\}\leqslant$$

$$\mu_{II}^{(t)}\leqslant\min\Big\{1,\frac{1+h_{II}}{e_{II}[\psi^{M}(1+h_{II})-\psi^{V}]}\Big\{\frac{1+e_{II}}{\varphi^{(t)}(1+e_{I})}(\psi^{V}+\psi^{M}e_{I})$$

$$-\Big[1+h_{II}+e_{II}-(\psi^{V}+\psi^{M}e_{II})-(1+e_{II})\frac{EX_{II}^{(t)}}{Y_{II}^{(t)}}\Big]\Big\}\Big\} \quad (27)$$

并且要另外增加：

$$\frac{EX_{I}^{(t)}}{Y_{I}^{(t)}}=\frac{1+h_{I}+e_{I}}{1+e_{I}}\Big[1-\frac{\psi_{I}^{C}\psi^{M}h_{I}}{\psi^{M}(1+h_{I})-\psi^{V}}\Big]-\varphi^{(t)}\frac{\psi_{II}^{C}h_{II}}{1+e_{II}}\Big(1+\frac{e_{II}}{1+h_{II}}\mu_{II}^{(t)}\Big)$$

$$+\frac{\varphi^{(t)}\psi_{I}^{C}h_{I}}{\psi^{M}(1+h_{I})-\psi^{V}}\Big\{\frac{h_{II}-\psi^{V}-\psi^{M}e_{II}}{1+e_{II}}+1-\frac{EX_{II}^{(t)}}{Y_{II}^{(t)}}+\frac{[\psi^{M}(1+h_{II})-\psi^{V}]e_{II}}{(1+h_{II})(1+e_{II})}\mu_{II}^{(t)}\Big\} \quad (28)$$

如果没有发生对外贸易，那么 $EX_{j}^{(t)}/Y_{j}^{(t)}=0$，$\psi_{I}^{C}=\psi_{II}^{C}=100\%$ 和 $\psi^{V}=\psi^{M}=100\%$。则社会扩大再生产的充分必要条件式（21）或者式（25）都简化成为已经有研究给出的经典的社会扩大再生产的充分必要条件；社会扩大再生产的解式（22）、式（23）与式（24）或者式（26）、式（27）与式（28）也都简化成为已经有研究给出的经典的社会扩大再生产的解①。

① 陶为群：《两大部类扩大再生产的充分必要条件与求解》，载于《经济数学》2014 年第 3 期。

“一带一路”对中国进口贸易的影响研究

——逆向选择与道德风险的视角

王连顺*

一、引言

随着全球化进程的推进任何一个国家都不能孤立世界而存在，中国也是如此。随着中国经济的发展和对外开放程度的提高，进出口贸易总量持续上升（图1）。而且，进出口贸易对中国的经济发展的作用越来越不可忽视，据测算，从1997～2001年的5年进口对GDP的贡献率平均为10.2%，出口对GDP的贡献率平均为14.2%（吴振宇、沈利生，2004）。

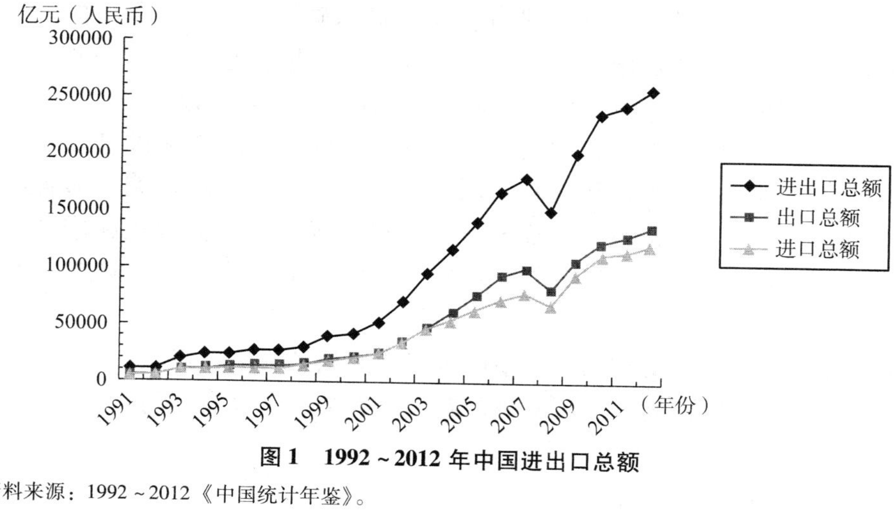

图1　1992～2012年中国进出口总额

资料来源：1992～2012《中国统计年鉴》。

* 王连顺，辽宁大学经济学院。

但随着进出口贸易的快速发展，贸易欺诈也越来越成为阻碍贸易发展进而对中国经济产生不利影响的因素。贸易欺诈的因素主要分为主观因素和客观因素，主观因素主要为主观罪错、贪利等因素，跟贸易主体本身偏好有关；客观因素中的重要表现之一为国际贸易中买卖双方远隔重洋，难以监督到对方的行为，所以当事人在很大程度上是凭各自意愿行事，这为一方欺诈另一方提供了前提。从以上原因可以看出，主观罪错、贪利等因素是由于贸易主体的主观偏好而导致的，有的贸易主体倾向于用欺诈手段来获取财富。以进口为例，由于进口商不知道哪些出口商是倾向于通过不劳而获即欺诈来获取财富，哪些出口商倾向于通过正规的贸易积累财富，这就产生了逆向选择问题；而在合同签订以后，由于进口商难以监督出口商的行为，就会导致出口商伪造发货单据在骗取货款以后而不发货、推迟发货或者发不符合质量标准的劣质货，由于国际贸易有关规则和惯例存在"盲点"和漏洞，司法协助弱、打击力度小，进口商事后很难维护自己的权益，从而给进口商造成巨大的损失，也影响了国际贸易的发展（张恒立，2001）。

"一带一路"战略的实施为贸易中的逆向选择与道德风险问题的解决提供了契机。"一带一路"即"丝绸之路经济带"与"21世纪海上丝绸之路"，2013年9月7日，习近平总书记访问哈萨克斯坦时提出，要用创新的合作模式共同建设"丝绸之路经济带"，2013年10月3日，习近平总书记在印度尼西亚国会发表演讲时提出，中国愿同东盟国家发展好海洋合作伙伴关系，共同建设21世纪"海上丝绸之路"。根据习总书记的讲话，建设"一带一路"要注重各国的"政策沟通"、"道路联通"、"贸易畅通"、"货币流通"、"民心相通"，积极推进中国与"一带一路"沿线国家和地区在通道方面的建设。（申现杰、肖金成，2014）。除此之外，一带一路的主要任务是促进基础设施互联互通，提升经贸合作水平，拓展产业投资合作，深化能源资源合作，拓宽金融合作领域，密切人文交流合作，加强生态环境合作（李朴民，2014）。由此可以看出"一带一路"的建设可以促进中国与沿线各国的交流，一定程度上消除中国进口商在进口时所面临的信息不对称问题，从而对中国的对外贸易产生深远影响。随着经济的迅速发展，中国对中东、东南亚等国家的油气资源的进口需求也在增加，足够的能源供给是经济发展不可或缺的要素，因此，有必要研究影响进口贸易的因素。

本文研究了信息不对称问题对中国进口商的福利影响，以及在"一带一路"战略实施中如何才能减轻信息不对称问题，增加中国进口商福利。

二、文献综述

国内关于"一带一路"问题的研究主要集中在以下几个方面。（1）对"一带一路”的内涵以及特点的研究。“一带一路”战略既有“团结互信、平等互利、包容互鉴、合作共赢”等传统精神，也包含了求和平、谋发展、促合作、图共赢的新时代精神，还具有包容性、开放性和广阔的地域延展性（盛毅、余海燕、岳朝敏，2015）。21 世纪海上丝绸之路从中国沿海出发，经过东南亚、南亚、波斯湾、红海湾及印度洋西岸各国，是中国开放经济的一部分。（陈万灵、何传添，2014）。（2）对“一带一路”的实施条件与必要性的研究。“一带一路”沿线国家具有较大的发展潜力，与中国有着较好的合作基础，应该建立一个合作机制来促进合作（罗雨泽，2015）；“一带一路”能够延续古丝绸之路的精神，促进中国对外开放，促进其他各国的发展（袁新涛，2014）；中国与西亚各国的贸易互补性较大，竞争性较小（韩永辉、罗晓斐、邹建华，2015）。（3）对“一带一路”实施中面临挑战的研究。“一带一路”战略主要面临两个挑战：第一，一些国家带来的挑战；第二，恐怖主义、海盗以及跨国有组织犯罪带来的新挑战（刘海泉，2015）。贸易壁垒的存在，“一带一路”区域整体市场化水平较低，基础设施建设落后（张楠，2015）。（4）关于如何实施“一带一路”战略的研究。建设新的国际贸易与投资体系，推进人民币国际化，鼓励对外投资（孙伟，2015）。（5）对“一带一路”战略的实施对国内各省市及经济布局产生影响的研究。山东作为重要省份，应根据自身特点与地理位置，支持“一带一路”的建设。（荀克宁，2015）。“一带一路”的建设能够直接促进东部与西部的发展，进而带动中部崛起（安树伟，2015）。（6）金融方面对“一带一路”影响的研究。在“一带一路”的建设中，要推进金融的“走出去”，进而带动实业的发展（蒋志刚，2014）。“一带一路”建设既为人民币国际化带来了机遇，也带来了挑战（保建云，2015）。

可以看出，以上文章较为全面地研究了“一带一路”，但较少涉及研究“信息”这个因素在“一带一路”中所起的重要作用。自然也没有注意到“一带一路”的建设通过“信息”这个重要的因素能对中国产生什么样的影响。

与以上文章不同的是，本文以贸易作为切入点，针对贸易中存在的信息不对称问题，研究了“一带一路”对战略的实施对信息不对称问题解决的影响，从而衡量了“一带一路”战略的实施对贸易的推动作用。文章主要分为以下几个部分：第三部分对进口中的逆向选择问题进行分析；第四部分对进口中的道德风险问题进行分析；文章的最后为结论与政策建议。

三、进口中逆向选择问题的模型分析

（一）基本假设

假设 1：中国的进口商为委托人，具有信息劣势；外国出口商为代理人，具有信息优势。因为在进口中出口商可以伪造发货单据来骗取进口商的货款，在进口商付款后实际上并不发货，或者发质量不达标的货物。

假设2：有两种出口商，即有欺骗偏好的出口商和没有欺骗偏好的出口商。是否具有欺骗偏好跟出口企业是否喜欢不劳而获等因素有关，是不可改变的。

假设3：对于没有欺骗偏好的出口商来说，提供的货物成本为c，而有欺骗偏好的出口商最终不会真正提供或提供劣质的商品，为了简便分析，我们令其提供的商品成本为0。

假设4：假设进口商被欺骗后会采取措施来追回货物，追回货物失败的概率为e，则其与有欺骗偏好的出口商进行交易的期望损失为e×c。

假设5：如果进口商认为出口商为没有欺骗偏好，则进口商愿意为货物支付的价格为p；若进口商认为出口商有欺骗偏好，则进口商愿意为货物支付的价格为p－e×c。

假设6：双方都知道有欺骗偏好的出口商的比例为a，且均匀分布。

假设7：进口商并不知道出口商是否为有欺骗偏好的企业，但可以要求出口商提供独立的第三方出具的资信证明来判断出口商是否为有欺骗偏好的企业，且双方都知道，有欺骗偏好的出口商与没有欺骗偏好的出口商提供同样的资信证明的成本是不同的，有欺骗偏好的企业的资信成本要高于没有欺骗偏好的出口商的资信成本。因为有欺骗偏好的企业往往规模小，手续不健全，存在时间短，比较难以获得独立第三方机构较高的评价。设资信评级水平为s，为了分析简便，假设有欺骗偏好的出口商的资信成本为2s，没有欺骗偏好的出口商的资信成本为s。

假设8：进口商认为提供资信评级水平不小s于的出口商为没有欺骗偏好的出口商，进口商愿意为货物支付的价格为p；提供的资信评级水平小于s的为有欺骗偏好的出口商，进口商愿意为货物支付的价格为p－e×c。

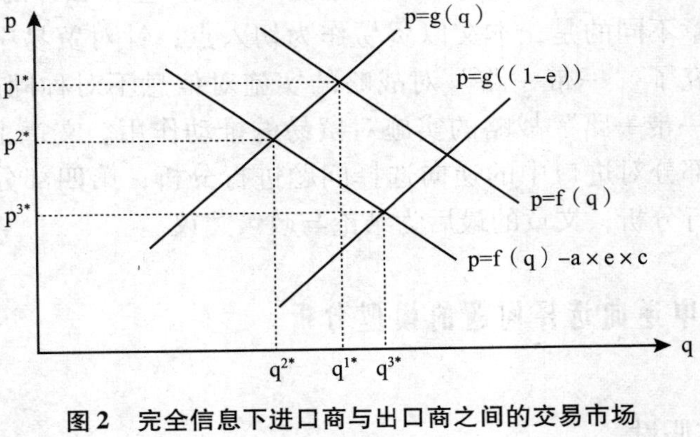

图2 完全信息下进口商与出口商之间的交易市场

假设9：设进口商对出口商支付的价格为π，出口商风险中性，有欺骗偏好的出口商的效用设为 u_1，则 $u_1=\pi-2s-(1-e)\times c$；没有欺骗偏好的出口商效用设为 u_2，则 $u_2=\pi-s-c$。

假设10：在整个市场中，进口商对货物的初始需求价格函数设为 $p=f(q)$，没有欺骗偏好的出口商的初始供给价格函数设为 $p=g(q)$，在此状态下，均衡价格为 $p_{1\cdot}$，均衡交易量为 $q_{1\cdot}$。

（二）模型分析

1. 完全信息情况

在此情况下，双方按照市场价格交易，均衡价格为 $p_{1\cdot}$，均衡交易量为 $q_{1\cdot}$。进口商的福利为：

$$\int_0^{q_{1\cdot}} f(q) - p_{1\cdot}dq \qquad (1)$$

2. 不对称信息情况无信号发送与甄别机制

在此情况下，由于进口商知道有欺骗偏好的出口商的比例为 a，被欺骗后追回货物失败的概率为 e，所以其期望受骗损失为 $a\times e\times c$，所以其需求价格函数修正为 $p=f(q)-a\times e\times c$；可以看出，与原来相比，需求价格曲线向下移动。

由于现在出口商里混入了有欺骗偏好的出口商，且有欺骗偏好的出口商的比例为 a，所以出口商的供给价格函数可以修正为 $p=g((1-e)q)$，与原来相比，同样的价格水平下，供给数量增加了，（增加的那一部分为混入的有欺骗偏好的出口商），供给价格曲线向右移动。

如图2所示，初始均衡点在曲线 $p=g(q)$ 与 $p=f(q)$ 的交点处，均衡价格为 $p_{1\cdot}$，均衡交易量为 $q_{1\cdot}$，首先需求价格曲线从 $p=f(q)$ 向下移动到 $p=f(q)-a\times e\times c$，均衡价格从 $p_{1\cdot}$ 下降到 $p_{2\cdot}$，均衡交易量从 $q_{1\cdot}$ 下降到 $q_{2\cdot}$ 然后，供给价格曲线从 $p=g(q)$ 向右移动到 $p=g(1-e)$，均衡价格从 $p_{2\cdot}$ 下降到 $p_{3\cdot}$，均衡交易量从 q 上升到 $q_{3\cdot}$。从以上分析可以看出需求价格曲线与供给价格曲线的变动都使均衡价格下降，所以 $p_{1\cdot}<p_{3\cdot}$，但是需求价格曲线的移动使均衡交易量下降，供给价格曲线的移动使均衡交易量上升。所以 $q_{1\cdot}$ 与 $q_{3\cdot}$ 的大小是不能确定的，取决于需求价格弹性与供给价格弹性与曲线移动的幅度。

从图中可以看出，有欺骗倾向的出口商数量或者比例 a 越大，供给曲线向右移动幅度越大 $q_{3\cdot}$ 就越大，$p_{3\cdot}$ 越小。

根据以上分析，在信息不对称且无信号发送与甄别机制的情况下，中国进口商的福利可以表示为：

$$\int_0^{q_{3\cdot}} f(q) - a\times e\times c - p_{3\cdot}dq - q_{3\cdot}a\times e\times c \qquad (2)$$

其中，$-q_{3\cdot}a\times e\times c$ 为进口商被欺骗后所受的期望损失。

用（2）-（1）得：

$$\int_{q_{1\cdot}}^{q_{3\cdot}} f(q) - a \times e \times c - p_{3\cdot} dq + q_{2\cdot}(p_{1\cdot} - p_{3\cdot}) - q_{2\cdot} \times a \times e \times c - q_{3\cdot} a \times e \times c \tag{3}$$

其中 $\int_{q_{1\cdot}}^{q_{3\cdot}} f(q) - a \times e \times c - p_{3\cdot} dq$

为需求价格曲线与供给价格曲线变动对均衡交易量的影响所导致的进口商福利的变化，当 $q_{3\cdot} > q_{1\cdot}$ 时，值为正，否则，则为负值；$q_{2\cdot}(p_{1\cdot} - p_{3\cdot})$

为曲线移动使均衡价格下降对进口商造成的福利；$-q_{2\cdot} \times a \times e \times c$

为需求的减少所造成的进口商福利的减少量；$-q_{3\cdot} a \times e \times c$

为进口商被欺骗后的期望损失。

从以上分析可以看出，当有欺骗偏好的出口商数量或比例 a 较大，使得 $q_{3\cdot}$ 增大，从而 $\int_{q_{1\cdot}}^{q_{3\cdot}} f(q) - a \times e \times c - p_{3\cdot} dq$ 增大；$p_{3\cdot}$ 减小，从而 $q_{2\cdot}(p_{1\cdot} - p_{3\cdot})$ 增大。同时中国进口商被骗后追回货物的概率 e 要足够大，使得 $-q_{2\cdot} \times a \times e \times c$ 与 $q_{3\cdot} a \times e \times c$ 变得足够小。这种情况下，存在信息不对称才会对进口商带来福利增量。但在实际中进口商一旦被骗，由于国际贸易有关规则和惯例存在“盲点”和漏洞，司法协助弱、打击力度小，进口商事后很难维护自己的权益，所以 e 是很小的，因此，一般来说，信息不对称且无信号发送与甄别机制会对进口商造成福利损失。

3. 不对称信息情况有信号发送与甄别机制

接下来分析出口商的行为。出口商要么会选择提供资信评级水平 s，要么会选择提供资信评级水平 0，而不会选择介于 0 到 s 之间或者大于 s 的资信评级水平。这是因为，在这里资信评级水平只是作为一种信号功能，任何大于 0 小于 s 的资信评级水平是不理想的，因为既然这样的资信评级水平并不能使进口商认为出口商是没有欺骗偏好的，那么这些成本就不应当被付出；同样地，既然 s 水平的资信评级水平已经使进口商认为出口商是没有欺骗偏好的，那么再高的资信评级水平只会使出口商成本上升，完全没有意义。

所以对于有欺诈偏好的出口商来说，当其选择不发送信号时，进口商对其支付的价格为 $p - e \times c$，其效用水平为：

$$u_1 = p - e \times c - 2s - (1 - e) \times c \tag{4}$$

当其选择发送信号水平为 s 时，进口商对其支付的价格为 $p - e \times c$，其效用水平为：

$$u_1 = p - 2s - (1 - e) \times c \tag{5}$$

对于有欺诈偏好的出口商来说，当其选择不发送信号时，进口商对其支付的价格为 $p - e \times c$ 其效用水平为：

$$u_2 = p - e \times c - s - c \tag{6}$$

当其选择发送信号水平为 s 时，进口商对其支付的价格为 p，其效用水平为：

$$u_2 = p - s - c \tag{7}$$

如果进口商想识别出不同类型的进口商，必须满足两个条件，第一，有欺骗偏好的进口商选择发送信号为0时的效用要高于选择发送信号为s时的效用，即式（4）-式（5）>0，解得：

$$s > 0.5 \times e \times c \tag{8}$$

第二，有欺骗偏好的进口商选择发送信号为s时的效用要高于选择发送信号为0时的效用，即式（7）-式（6）>0，解得：

$$s < e \times c \tag{9}$$

所以，当$0.5 \times e \times c < s^* < e \times c$进口商能把有欺骗偏好与没有欺骗偏好的出口商区分开来。但每位没有欺骗偏好的出口商要为此支付s^*的信息成本。

在此情况下出口商的供给价格函数可以由$p = g(q)$修正为$p = g(q) + s^*$，需求价格函数仍然为$p = f(q)$；新的均衡价格为$p_{4^\cdot}$，均衡交易量为$q_{4^\cdot}$，且因为供给价格曲线向右移动，所以$p_{4^\cdot} > p_2 \cdot q_{4^\cdot} < q_{3^\cdot}$，此时进口商福利为：

$$\int_0^{q_{4^\cdot}} f(q) - p_{4^\cdot} dq \tag{10}$$

令式（10）-式（11）得：

$$-\int_{q_{4^\cdot}}^{q_{1^\cdot}} f(q) - p_{1^\cdot} dq - (p_{4^\cdot} - p_{1^\cdot}) \times q_{4^\cdot} \tag{11}$$

显然式（11）是小于0的，所以在信息不对称有信号发送与甄别机制的情况下，跟完全信息相比，中国进口商福利受损了，受损源于出口商因发送信号导致成本上升，从而提高了价格和减少了交易量。

四、道德风险选择问题的模型分析

（一）基本假设

假设1：出口商有两种行为即在合同签订后欺骗（不发货或发劣质货）或不欺骗（照常发货）。出口商的选择用x表示，x=0表示欺骗，x=1表示不欺骗。出口商发货不发货取决于成本收益的比较，假设只有一种类型的出口商。

假设2：进口商在签订契约后无法监督出口商是否发货或是否发质量达标的货，但可以通过提高货物价格来激励出口商按契约发货。

假设3：折现率为θ。

假设4：双方为风险中性。

假设5：对于进口商来说，在出口商不欺骗的情况下的效用要高于出口商欺骗的情况。

假设6：若出口商选择欺骗，则欺骗后将会面临进口商的追讨，若进口商追讨成功（概率为 1 - e），则出口商被判定为欺诈，不仅要补交欠进口商的货物，而且由于信誉的损坏，以后各期将不会有进口商愿意与其交易，即以后各期收益为 0，若出口商胜诉，则不影响其信誉。

假设 7：假设不存在逆向选择问题，进口商对货物的支付价格为 p。

假设 8：出口商的保留效用为 u_0。

假设 9：其与假设同逆向选择问题分析中的假设。

（二）模型分析

1. 完全信息情况

完全信息下的进口商福利与在逆向选择问题分析中完全信息情况下相同即

$$\int_0^{q_1} f(q) - p_1 \cdot dq$$

2. 不对称信息情况

引理 1：若出口商第一期选择欺诈，那么以后各期其将继续选择欺诈。

出口商的第一期选择的目标是使第一期的效用加上以后各期效用的折现值达到最大，给定第一期以后各期的选择，则第一期的目标为：

$$\max_{x_{11}}(u(x_{11}) + u(x_{11}, \overline{x_{12}})\theta + u(x_{11}, \overline{x_{12}}, \overline{x_{13}})\theta^2 + \cdots + u(x_{11}, \overline{x_{12}}, \overline{x_{13}}, \cdots, \overline{x_{1n}},)\ \theta^{n-1}),\ (n \to +\infty)$$

假设第一期出口商会选择欺骗，即当 $x_{11} = 0$ 时上式最大，即：

$$\max_{x_{11}}(u(x_{11}) + u(x_{11}, \overline{x_{12}})\theta + u(x_{11}, \overline{x_{12}}, \overline{x_{13}})\theta^2 + \cdots + u(x_{11}, \overline{x_{12}}, \overline{x_{13}}, \cdots, \overline{x_{1n}},)\theta^{n-1}) = u(0) + u(x_{11}, \overline{x_{12}})\theta + u(x_{11}, \overline{x_{12}}, \overline{x_{13}})\theta^2 + \cdots + u(x_{11}, \overline{x_{12}}, \overline{x_{13}}, \cdots, \overline{x_{1n}},)\theta^{n-1} \quad (12)$$

现在来分析第二期出口商的选择，出口商的第二期选择的目标是使第二期的效用加上以后各期效用的折现值达到最大，给定第二期以后各期的选择，则第二期的目标为：

$$\max_{x_{21}}(u(x_{21}) + u(x_{21}, \overline{x_{22}})\theta + u(x_{21}, \overline{x_{22}}, \overline{x_{23}})\theta^2 + \cdots + u(x_{21}, \overline{x_{22}}, \overline{x_{23}}, \cdots, \overline{x_{2n}},)\theta^{n-1}),\ (n \to +\infty)$$

由式（12）可知令 $x_{21} = 0$，$\overline{x_{22}} = \overline{x_{12}}$，$\overline{x_{23}} = \overline{x_{13}}$，$\cdots \overline{x_{2n}} = \overline{x_{1n}}$，即可求出 $\max_{x_{21}}(u(x_{21}) + u(x_{21}, \overline{x_{22}})\theta + u(x_{21}, \overline{x_{22}}, \overline{x_{23}})\theta^2 + \cdots + u(x_{21}, \overline{x_{22}}, \overline{x_{23}}, \cdots, \overline{x_{2n}},)\theta^{n-1})$ 的最大值，所以若出口商第一期选择欺骗，则第二期依然会选择欺骗，以此类推，则出口商以后各期都会选择欺骗，证毕。

引理 2：若出口商第一期选择不欺诈，那么以后各期其将继续选择不欺诈。证明方法与引理 1 的方法相同，此处不再赘述，证毕。

根据引理 1 与引理 2，则出口商选择欺诈的效用为 u_q 为：

$$e \times p + (1 - e) \times (p - c) + e(e \times p + (1 - e) \times (p - c))\theta + \cdots$$

$$+e^{n}(e\times p+(1-e)\times(p-c))\theta^{n}$$
$$(n\rightarrow+\infty)$$

化简得：$\dfrac{p+c\times e-c}{1-e\theta}$

出口商不选择欺诈的效用为：

$$u_b=(p-c)+(p-c)\theta+(p-c)\theta^2+\cdots+(p-c)\theta^n,\ (n\rightarrow+\infty)$$

化简得：$\dfrac{p-c}{1-\theta}$

对于进口商来说，其目标是在激励出口商不欺诈的情况下把货物价格降到最低，对于出口商来说，其目标是在满足保留效用的前提下，在欺诈与不欺诈之间进行选择，以达到效用最大化。所以则有：

$$\min_{p} p \tag{13}$$

$$s.t.\ \frac{p-c}{1-\theta}\geqslant\frac{p+c\times e-c}{1-p\theta} \tag{14}$$

$$\frac{p+c\times e-c}{1-e\theta}>u_0 \tag{15}$$

式（13）为进口商支付最小化的目标函数，式（14）为出口商激励相容约束，即在此条件下出口商会选择不欺骗，式（15）微出口商参与约束，即出口商通过参与贸易至少能获得保留效用。

由式（14）可得：

$$p\geqslant\frac{ce+c\theta-2ce\theta}{\theta-e\theta}$$

且由式（15）可得：

$$p\geqslant(1-e\theta)u_0+c-ce$$

又因为式（13），所以式（14）、式（15）中有一为紧约束，即：

$$p=\min_{p}\left(\frac{ce+c\theta-2ce\theta}{\theta-e\theta},\ (1-e\theta)u_0+c-ce\right)$$

所以若要解决道德风险问题，则进口商提供的价格 p 须满足：

$$p=\min_{p}\left(\frac{ce+c\theta-2ce\theta}{\theta-e\theta},\ (1-e\theta)u_0+c-ce\right)$$

现在我们针对整个市场来分析，在道德风险条件下，进口商激励出口商不欺骗所采取的措施会对进口商的福利造成怎样的影响。

在市场中，价格并不是个体进口商能控制的，所以式（14）、式（15）依然是宽约束，等号不一定成立，我们首先假设式（15）成立，即出口商的参与约束成立，因为如果出口商不参与贸易，那么分析没有任何意义。在初始市场条件下，供给价格函数为 $p=f(q)$，需求价格函数为 $p=g(q)$ 均衡价格为 $p_1\cdot$，均衡交易量为 $q_1\cdot$，进口商福利为 $\int_0^{q_1\cdot}f(q)-p_1\cdot dq$ 。此时由于市场上存在许多出口商，所以进口商并不知道与自己达成交易的进口商的 c 为多少，但进口商可以根据出口商的分布，以及此时的均衡数量得知期望的 c，即 E(c) 的值，病根据 E(c) 的值来作出决策。若均衡价格 $p_{1\cdot}$ 满足激励相容约束条件（14），即：

$$p_{1\cdot} \geqslant \frac{E(c)e + E(c)\theta - 2E(c)e\theta}{\theta - e\theta}$$

说明此时均衡价格 $p_{1\cdot}$ 已经能够解决道德风险问题，因此道德风险问题不会对市场产生任何影响。如果 $p_{1\cdot} \leqslant \frac{E(c)e + E(c)\theta - 2E(c)e\theta}{\theta - e\theta}$，则进口商为了解决道德风险问题，会自愿在均衡价格之外额外提供 $\frac{E(c)e + E(c)\theta - 2E(c)e\theta}{\theta - e\theta} - p_{1\cdot}$ 的补偿来激励出口商不欺骗，类似于直接对进口商征税，这会造成进口商需求曲线下移 $\frac{E(c)e + E(c)\theta - 2E(c)e\theta}{\theta - e\theta} - p_{1\cdot}$，而出口商由于得到了额外补偿，类似于补贴，这会使出口商供给曲线下移 $\frac{E(c)e + E(c)\theta - 2E(c)e\theta}{\theta - e\theta} - p_{1\cdot}$，此时会形成新的均衡交易数量与均衡价格，而我们知道 E(c) 是跟均衡价格有关的，均衡价格越高，E(c) 越大，均衡价格的变动会造成曲线继续移动，直至到达均衡状态，且均衡价格 $p_{1\cdot}$ 满足：

$$p_{1\cdot} + \frac{E(c)e + E(c)\theta - 2E(c)e\theta}{\theta - e\theta} \geqslant \frac{ce + c\theta - 2ce\theta}{\theta - e\theta}$$

综上分析，所以有：

$$p = f(q) - \frac{E(c)e + E(c)\theta - 2E(c)e\theta}{\theta - e\theta} \tag{16}$$

$$p = g(q) - \frac{E(c)e + E(c)\theta - 2E(c)e\theta}{\theta - e\theta} \tag{17}$$

$$p + \frac{E(c)e + E(c)\theta - 2E(c)e\theta}{\theta - e\theta} \geqslant \frac{ce + c\theta - 2ce\theta}{\theta - e\theta} \tag{18}$$

只有当新的均衡价格同时满足式（16）、式（17）、式（18）时，才会达到稳定状态，且满足激励相容约束。

由于 $p_{1\cdot}$、$q_{1\cdot}$ 是 $p = f(q)$ 与 $p = g(q)$ 联立的解，所以 $p_{1\cdot}$、$q_{1\cdot}$ 满足：

$$p_{1\cdot} = f(q_{1\cdot})$$

$$p_{1\cdot} = g(q_{1\cdot})$$

即：

$$p_{1\cdot} = f(q_{1\cdot}) - \frac{E(c)e + E(c)\theta - 2E(c)e\theta}{\theta - e\theta}$$

$$p_{1\cdot} = g(q_{1\cdot}) - \frac{E(c)e + E(c)\theta - 2E(c)e\theta}{\theta - e\theta}$$

所以 $p_{1\cdot}$、$q_{1\cdot}$ 也是式（16）与式（17）的解，所以此时中国进口商的福利为：

$$\int_0^{q_{1'}} f(q) - \frac{E(c)e + E(c)\theta - 2E(c)e\theta}{\theta - e\theta} - p_{1'} dq \quad (19)$$

用此时的进口商福利减去初始状态下的进口商福利，即式（19）-式（1）=

$$-\int_0^{q_{1'}} \frac{E(c)e + E(c)\theta - 2E(c)e\theta}{\theta - e\theta} dq$$

显然，上式为负，为中国进口商为激励出口商不欺骗而付出的激励成本。所以在道德风险存在的情况下，中国进口商为激励出口商不欺骗，整体境况变差了。且：

$$\partial\left(-\int_0^{q_{1'}} \frac{E(c)e + E(c)\theta - 2E(c)e\theta}{\theta - e\theta} dq\right) \Big/ \partial e = -\int_0^{q_{1'}} \frac{E(c)(1-\theta)}{(1-e)^2\theta} \leqslant 0$$

所以，随着进口商被欺骗后追回货物失败的概率（即出口商胜诉）e 下降，进口商的福利损失是下降的。

五、一带一路与进口贸易

1. 降低出口商信号发送成本，间接增加进口商的利益。

在实际的国际贸易中，既存在逆向选择问题，又存在信号发送与甄别机制，所以出口商要支付发送信号的成本。根据我们以上的分析，此时出口商的供给价格函数为 $p = g(q) + s^*$，进口商的需求价格函数为 $p = f(q)$，进口商福利为 $\int_0^{q_{4'}} f(q) - p_{4'} dq$。当实施"一带一路"战略后，与周边国家的交流会降低信息成本 s^*，这会使出口商的供给价格函数向下移动，从而使均衡数量 $q_{4'}$ 上升与均衡价格 $p_{4'}$ 下降，增大进口商的福利。

2. 提高进口商追回货物概率（降低 e），进而提高进口商福利

在实际的国际贸易中，是存在道德风险问题的，所以根据我们以上的分析，此时进口商的福利为：

$$\int_0^{q_{1'}} f(q) - \frac{E(c)e + E(c)\theta - 2E(c)e\theta}{\theta - e\theta} - p_{1'} dq$$

$$\partial\left(\int_0^{q_{1'}} f(q) - \frac{E(c)e + E(c)\theta - 2E(c)e\theta}{\theta - e\theta} - p_{1'} dq\right) \Big/ \partial e$$

$$= -\int_0^{q_{1'}} \frac{E(c)(1-\theta)}{(1-e)^2\theta} \leqslant 0$$

2015 年 7 月 7 日，最高人民法院公布了《关于人民法院为"一带一路"建设提供司法服务和保障的若干意见》，其中指出要准确适用国际条约和惯例，准确查明和适用外国法律，并提出了推动缔结司法协助协定和积极倡导开展司法协助互惠意见。这将有利于中国进口商追回货物，提高进口商的利益。

六、结论以及政策建议

通过上面的分析，可以得到以下几点结论：

1. 信息不对称造成了中国进口商的福利下降

在逆向选择存在的条件下，与对称信息相比，无论是存在信号发送机制还是不存在信号发送与甄别机制，中国进口商的福利都使受损的；而在道德风险存在的情况下，如果初始的市场均衡价格低于激励出口商不欺骗的“激励价格”，那么为了激励出口商不欺骗，中国进口商不得不给出口商额外的补偿，而这使中国进口商福利降低。

2. 进口商被欺诈后追回货物概率的上升有利于进口商福利的上升

在逆向选择存在的情况下，若进口商被欺诈后追回货物概率较高，则进口商将不会因为惧怕被欺诈而降低自己的需求，而在道德风险存在的情况下，进口商也不必因担心被欺骗而提供给进口商额外的补偿，因为即使被欺骗，货物也是有很大可能被追回的。而这提高了进口商的福利。

进而提出以下几点建议：

1. “一带一路”建设中要注意司法方面的合作

由我们以上的推导可知，进口商被欺诈后追回货物概率的上升有利于提高中国进口商的福利，而进口贸易中发生的欺诈行为将涉及管辖权、取证、引渡及法律适用等一系列问题。由于司法协助手续复杂，各国在法律规定上不一致，在利害关系上也有冲突，这使得反贸易欺诈的国际合作制度至今未建立起来。从而导致进口商被欺诈后追回货物概率较低，不法分子得不到应有的惩罚。而这损害了中国进口商的福利。所以中国与各国要在“一带一路”的假设中加强司法上的合作与交流。

2. 一带一路建设中要加强双方的信息交流

一方面，可以建设双方企业信息统一查询系统，使中国能够较为方便地获取外国企业的信誉，注册资本等信息，降低信号发送的成本，从而促进贸易的发展；另一方面建立双方统一的货物运输与查询系统，使中国进口能够方便地查询到进口货物所处状态，从而使中国进口商能够以较低成本监督货物的运输，缓解道德风险问题。

参考文献

[1] 盛毅、余海燕、岳朝敏：《关于“一带一路”战略内涵特性及战略重点综述》，载于《经济体制改革》2015 年第 1 期，第 24 ~ 29 页。

[2] 陈万灵、何传添：《海上丝绸之路的各方博弈及其经贸定位》，载于《改革》2014 年第 3 期，第 74 ~ 83 页。

[3] 罗雨泽：《“一带一路”：和平发展的经济纽带》，载于《中国发展观察》2015 年版，第

50～52页。

［4］袁新涛：《丝绸之路经济带建设和21世纪海上丝绸之路建设的国家战略分析》，载于《东南亚纵横》2014年第8期，第3～8页。

［5］韩永辉、罗晓斐、邹建华：《中国与西亚地区贸易合作的竞争性和互补性研究—以“一带一路”战略为背景》，载于《世界经济研究》2015年第3期，第89～98页。

［6］刘海泉：《“一带一路”战略的安全挑战与中国的选择》，载于《太平洋学报》2015年第2期，第72～79页。

［7］张楠：《全面提升“一带一路”战略发展水平》，载于《宏观经济管理》2015年第2期，第20～24页。

［8］孙伟：《“一带一路”战略构想的基础及策略》，载于《宏观经济管理》2015年第4期，第41～43页。

［9］荀克宁：《打造俄蒙境外园区构筑山东“一带一路”建设新平台》，载于《东岳论丛》2015年第2期，第152～156页。

［10］安树伟：《“一带一路”战略构想的基础及策略》，载于《经济问题》2015年第4期，第1～4页。

［11］蒋志刚：《“一带一路”建设中的金融支持主导作用》，载于《国际经济合作》2014年第9期，第59～62页。

［12］保建云：《论“一带一路”建设给人民币国际化创造的投融资机遇市场条件及风险分布》，载于《天府新论》2015年第1期，第112～116页。

［13］吴振宇、沈利生：《中国对外贸易对GDP贡献的经验分析》，载于《世界经济》2004年第2期，第13～20页。

［14］张恒立：《国际贸易欺诈行为控制论》，载于《政治与法律》2001年第1期，第28～32页。

［15］申现杰、肖金成：《国际区域经济合作新形势与我国“一带一路”合作战略》，载于《宏观经济研究》2014年第11期，第30～38页。

［16］李朴民：《共建丝绸之路经济带，共享繁荣发展新机遇》，载于《宏观经济管理》2014年第8期，第4～5页。

国际农业垄断资本与发展中国家粮食安全问题研究

杨 静 冯 卓 陈 亮*

一、国际农业垄断资本改变全球粮食生产体系，引发粮食安全问题

在较长的历史时期内，农业以家庭自给自足为目的的自然经济生产形式为主。因此，当资本在近代开始介入粮食生产领域，并逐步建立起以追求利润最大化为目的的资本主义粮食生产方式，打破了原有自给自足的传统粮食生产方式时，资本彻底改变了农业的发展趋向。随着全球科技不断进步，社会经济持续发展，农业作为支撑国家运行的根基，受到以美国为代表的西方发达资本主义国家的高度重视，国家垄断资本主义逐渐形成并发展壮大，科技的进步也成为农业垄断集团积累垄断资本、攫取巨额利润的助推力。为了使农业垄断资本集聚更多的财富，发达资本主义国家以新自由主义思想为武器，以推动经济全球化为名号，无节制地向发展中国家输出农业垄断资本，引发驻在国的粮食安全问题乃至粮食危机。

1. 农业垄断资本在发达资本主义农业保护主义的庇护下快速发展壮大

经过工业革命后二百年的发展，发达资本主义国家的农业资本通过工业化程度的提高和对小农生产者的剥削，已具备了农业规模化经营的条件。第二次世界大战结束后，世界进入相对和平的发展时期，国家垄断资本主义逐渐成为资本主义扩张的主要形式。为了促使垄断资本能够更好的控制农业领域，各发达资本主义国家政府均施行干预和调控农业资本配置的政策和法律法规，促使工业垄断资本中过剩的部分进入农业领域，进一步加速了本国农业各产业价值链的垄断进程，促成了农业垄断集团的出现。此时这些国家的农业生产如马克

* 杨静，中国社科院马克思主义研究院研究员，研究方向为马克思主义政治经济学；冯卓，北京理工大学人文学院硕士研究生，研究方向为产业经济学；陈亮，中国人民大学中国经济改革与发展研究院副教授，研究方向为中国经济改革发展。

思指出的："资本主义农业生产指望获得眼前的货币利益的全部精神，都和供给人类世世代代不断需要的全部生活条件的农业有矛盾。"①

以美国为例，作为全球第一农业强国的美国，拥有当今世界上四大农业跨国垄断集团中的三家，其农业垄断资本主义的发展壮大更是离不开政府的扶植。美国因其地理位置的独特性，其美洲大陆本土在"二战"中未受到任何破坏，在战争中美国是最主要的粮食出口国，罗斯福政府为鼓励生产以满足农产品消费需求，出台《1942 农业稳定法》等法案，设置粮食最低收购价格，刺激大农场生产，促使美国的农业现代化进程能够持续发展，农业垄断资本的集聚过程不断推进，得到国家垄断资本主义则为农业现代化提供了所需的资金和市场。"二战"后，杜鲁门延续了前任政府的政策主张，继续增加政府财政对农产品支持力度，在 1948 年的经济咨文中，杜鲁门称当时的农业问题不是因为过剩农产品的销售，而且需要更多的农产品抑制价格上涨。此后，美国政府先后出台八部农业法，通过提供农业信贷、制定农产品价格等方式增加农业投资，在提高农业现代化程度的同时，也加速了农业生产的两极分化，使农业生产更加集中，农业资本垄断程度更高。

2. 国际农业垄断资本在推动全球粮食体系变化的同时，引发粮食安全问题

在发达资本主义国家政府的助推下，农业垄断资本迅速壮大，形成了从农产品生产到最终食品销售的全产业链垄断。然而，随着国内消费市场的饱和，以及二十世纪七十年代经济危机的爆发，各国政府无力继续支持原有政策，农业垄断资本需要寻求新的途径将大量过剩农产品及食品销售出去。各发达资本主义国家开始大肆宣扬新自由主义农业理论。而新自由主义农业理论的基础是理想化的农业家庭生产模型，将市场想象为完全竞争市场，参与者以追求利润最大化为目的。这一完全竞争的市场化理论不能完全适用于粮食体系中，国际农业垄断资本鼓吹该理论的主要目的在于迫使发展中国家政府放弃粮食定价权，让粮价由市场供需关系决定，使其能够顺利打入发展中国家的粮食提中去。

以拉丁美洲和非洲国家为代表的各发展中国家在发达资本主义国家的胁迫下，纷纷实施改革措施：取消农业生产补贴、取消补贴性的农业贷款、取消农产品最低收购价，政府退出农业产业链的各个环节，资本和技术均由私人部门提供等。然而，由于发展中国家的社会经济发展情况、农业结构和技术水平远远落后于发达资本主义国家，本国私人部门不能填补政府退出后农业投资市场和农业生产要素供给的空白，过度的市场化使得发展中国家的农业生产者无力承担开放条件下国际市场农业生产要素的价格，使得中小农业生产者面临破产的后果。更为严重的是，新自由主义农业理论还鼓励以市场为导向的土地制度，拉美等国的政府取消了土地买卖的管制政策，使破产的农民只有一条出路，即

① 《马克思恩格斯全集》（第 23 卷），人民出版社 1972 年版，第 697 页。

出售其所有的土地，这直接导致了土地的集中和垄断。

国际农业垄断资本通过改变驻在国的农业生产方式，逐渐在全球形成有利于农业垄断资本的世界粮食体系，而这种粮食体系不仅对发展中国家的农业可持续发展带来了破坏性影响，也对全球农业体系的正常运行产生严重冲击，导致粮食危机的产生。马克思极富远见地指出：“资本主义农业的任何进步，都不仅是掠夺劳动者技巧的进步，而且是掠夺土地技巧的进步，在一定时期内提高土地肥力的任何进步，同时也是破坏土地肥力持久源泉的进步。”[①] 农业垄断资本主导的农业生产方式对农业生产基础的破坏、对石油等化石能源的重度依赖以及对农业产品高度商业化和金融化直接导致了全球粮食危机的爆发。而且在推动农业生产方式变化的同时，农业垄断资本还给发展中国家粮食带来生态环境问题的治理困境。跨国垄断企业以竭泽而渔的心态，大量使用农药和化肥，并运用转基因等技术以牟求利润最大化。在此过程中，对驻在国土地和水资源的过度利用和破坏以及生态系统循环的破坏已无法逆转。

二、中国粮食安全的结构性问题及国际农业垄断资本的影响

1. 中国粮食安全问题中结构性问题

中国于2004年至2015年呈现出粮食生产十二连增的情况，小麦、大米、玉米等主粮基本能够实现供求平衡、自给自足，不存在大量进口的情况。但粮食自给率正逐年下降，由2009年的92.5%下降至2014年的87%[②]，远远低于95%的自给率红线。特别是粮食生产的结构性失衡问题突出，从粮食品种看，大豆等辅粮的供给短缺，甚至存在减产现象。中国粮食总产量以及玉米产量在2009年至2014年这六年内稳步大幅增长，增幅较大；而小麦和稻谷这两类主要口粮增幅不大，基本能够自给自足；大豆却出现明显缺口，甚至出现负增长，自给率逐年下降，由2013的16.16%下降至2014年的14.10%。粮食生产的结构性失衡与粮食对外依存度必然共同出现，中国大豆大量减产的同时，进口量却逐年快速增长，从2009年的4255万吨增长至2013年的6338万吨[③]，增幅达48.95%，自给率严重不足，进口依存度越来越高。

目前中国小麦和水稻的自给率多年保持在97%的水平以上，供求基本保持平衡。玉米虽然能够达到97%以上的自给率，但自2010年开始，已由净出口国变为净进口国，且自给率下降趋势明显。中国大豆自给率在20世纪90年代末开始大幅下降，2012年大豆自给率仅为18.3%。由此可见，中国粮食品种间的耕地使用矛盾日益严峻，为了保证主要口粮的产品，其他粮食作物的进口量必然

① 《资本论》（第1卷），人民出版社2004年版，第579页。

② 中国周刊：《我国粮食自给率跌至87%，5千万亩耕地中重度污染》，2014年7月15日。

③ 数据来源：国家统计局。

会上身。而大豆等辅粮自足率的逐年下降明显导致中国整体粮食自给率的下降，威胁中国粮食安全，随着全球粮食价格的高企以及粮食危机的爆发，中国粮食价格也在不断攀升，解决中国粮食生产的结构性矛盾问题已刻不容缓。

2. 国际农业垄断资本进入中国所带来的粮食安全问题

面对当前国际上复杂的农业市场竞争和发达资本主义国家持续实行农业保护主义政策的形势，中国粮食安全乃至整个社会经济都要经历严峻的考验。

（1）国际农业垄断资本进入中国农业产业链各环节对中国粮食安全的冲击。

农业垄断资本从种子繁育、粮食收储、农产品加工、食品销售及产品进出口这五个进入中国农业产业链，攫取利润，使中国粮食安全受到冲击。2000 年中国开放种业市场，允许外资进入后，农业垄断资本集团通过独资、合资以及合作经营的方式在中国不断扩大生产规模，截至 2013 年，中国共有 76 家外商投资农作物种子企业，主要以玉米和大豆种子生产为主，其研发和生产分布于中国东北、黄淮海以及西南等产区。因国际垄断集团控制了核心技术，且大幅增加自身品种的种植面积，将不断压缩国内种子企业的生存空间，且使中国从农业生产的源头便受制于人。

粮食的收储直接关系着中国粮食安全情况。随着中国粮油需求量的不断增加，国际农业垄断企业看到开展粮食收储环节的必要性和营利性，在中国粮食主产区逐渐拓展粮食收储业务。这一行为对中国粮食安全有巨大的冲击，因为垄断企业资金雄厚且经营灵活，中国的宏观调控政策不能有效发挥应有的作用。在国际粮食市场价格产生波动时，如果中国粮价相对稳定，将出现国际垄断企业争抢粮源的问题，而当中国粮价出现波动，国际垄断企业又可以通过收储和销售的方式从中牟利。2007 年，中国食用油市场出现价格波动，为了抑制价格持续上涨，当年 9 月中储粮集团向市场以低价投放 20 万吨储备食用油，但并未起到预期效果，究其原因，是国际垄断集团在中储粮集团投放储备食用油后不久便已将全部投放量购入进行收储，以用于高价投入市场以获取暴利。国际农业垄断集团行为已严重地影响了中国的粮食安全。

（2）国际农业垄断资本对中国粮食安全带来的巨大风险。

跨国垄断资本为了获得巨额的垄断利润，在发达资本主义国家农业保护政策和贸易保护政策的支持和配合下，在农业国际贸易和投资过程中采取不正当竞争手段，特别是发达资本主义国家在中国加入 WTO 时，要求中国做出削减进口关税、不对出口农产品进行补贴等承诺，使得农业部门成为中国加入该组织后受冲击最大的部门。农业跨国垄断集团迅速进入中国市场，涉足从种子生产、粮食种植、产品加工和销售的整个产业链，企图控制中国农业体系，使中国丧失粮食贸易主导权，对中国粮食安全产生负面影响。

农业跨国垄断集团在进入中国市场的同时，通过公司内部机制也将经营风险转移至中国，以减少企业所在国发生经济危机时对其产生的影响。而这种风险的转移是建立在浪费中国土地资源、威胁中国粮食安全、污染中国环境、破坏中国生态系统的前提下。中国改革开放伊始，跨国垄断企业已进入中国，但多数以建立销售代表处的形式存在。在中国加入 WTO 后，随着市场的逐步放开，国际垄断资本大量成立合资公司、设立分公司、进行项目投资和业务合并，中国成为跨国垄断企业新的试验田。剽窃中国良种用于其研发，并大量推广其生产的玉米、大豆等种子，占用中国耕地资源，破坏中国粮食种植结构，并达到分散其经营风险的目的。然而，随着金融危机的发生，跨国垄断集团风险转移的态势在不断加剧。农业作为社会经济发展的根基，一旦出现波动将影响到全体国民的基本生活并将波及到其他产业的正常运转，给中国粮食安全乃至国民经济带来难以预料和控制的风险。

三、当前形势下保障中国粮食安全的对策

为了化解国际农业垄断资本对中国粮食安全带来的负面影响，中国应果断采取应对措施，以加快农业产业结构转型为基础，以法律法规制约国际农业垄断资本为手段，以金融制度支持农业、农村经济发展为依托，尽快实现中国的农业现代化，保障中国粮食安全和社会经济的持续健康发展。

1. 加快推动中国的农业产业结构调整，尽快实现农业现代化

实现农业现代化是当前中国农业发展的核心目标，也是抵御国际农业垄断资本入侵中国农业系统、保障中国粮食安全的重要手段。加快推动中国农业产业的结构深度调整，把产业链、价值链等现代产业组织方式引入农业生产，才能真正实现中国农业现代化。

《中共中央关于全面深化改革若干重大问题的决定》中提出："鼓励农村发展合作经济，扶持发展规模化、专业化、现代化经营……鼓励和引导工商资本到农村发展适合企业化经营的现代种养业，向农业输入现代生产要素和经营模式。"针对当前中国农业科技水平仍与发达资本主义国家存在较大差距，导致农业生产效率不高，农产品的雷同化和单一化形象严重，农产品的附加值低，且在农业产业链中中国的龙头企业较少，与国际垄断集团的竞争缺乏合力的情况，在中国社会主义市场经济环境中，需要对中国现有农业生产过程中的各种生产要素以最优化原则进行再配置，将农业生产效率提高至最大化水平，实现农民的增收以及农业的可持续发展。

发展现代化农业需要农业科技的支持，中国应着力推动农业科技的进步，对国内现有的农业科学研究和农业技术开发进行整合，将自主研发新型良种及生物科技等先进农业科技作为全面提高中国粮食产品质量的重要任务，提高粮食生产的经济效益和环境友好程度。加强对粮食生产、储运、加工等环节的技术研发和推广，增强中国现代农业的市场竞争力，减少国际垄断资本主义以领

先的农业科技对中国粮食产业链的技术控制。

加快中国农业产业结构的调整还需要健全完善中国的现代农业社会化服务体系。中国政府要充分发挥社会主义国家的制度优势，运用宏观调控职能，引导资金、技术、人才等生产要素向农业合理流动并发挥积极作用，扶持农业生产形成规模化、专业化、现代化的经营模式，使中国农业生产模式在市场竞争中不落于国际农业垄断资本主义之后。

2. 运用法律和监管手段制约国际农业垄断资本，保障中国粮食安全

发达资本主义国家从立法和执法上对农业垄断资本的保护是农业垄断资本扩张的保护伞。而目前中国对保护农业产业和保障粮食安全上仍停留在政策制度层面，尚未上升到法律层面，粮食安全缺乏长期、持续、阶梯式的法律制度的保护。为适应当前世界粮食体系，中国应尽快建立能够有效保障的法律保障体系。

首先，中国需要针对粮食安全进行单独立法，真正将粮食安全从政府政策层面上升至国家法律层面，对跨国垄断集团已渗透的种子繁育、粮食收储、农产品加工等关系到粮食安全的重点环节进行严格立法，保证中国粮食主权，特别是要针对中国大豆、玉米等国际垄断资本过度参与的粮食产业进行单独立法，制止其滥用市场支配地位的行为，以减少粮食结构性矛盾对中国粮食安全的影响。

除构建覆盖整个农业产业链的法律体系外，中国还应加强对国际垄断集团的行为监管。国际垄断集团经过多年发展已对国际农业体系规则了如指掌，对发展中国家如何监控其投资、并购和垄断等行为有所准备。因此，中国应成立专业机构建立国内粮食全产业链的动态监控和安全预警机制，对重点粮食品种及主要跨国垄断集团进行监督管理。

金融化视域中的国际资本头寸与全球经济正义

宁殿霞*

《21 世纪资本论》通过庞大的历史数据证明资本主义以来不平等的新变化，著作中间透着 21 世纪资本的内涵、现象及其本质也具有鲜明的金融化的时代特征。但是在揭示不平等这一事实时，他用“头寸相等”表述了资本带来的不平等问题更多的集中在一个国家内部，而不是国家之间，这一结论让我们感觉意犹未尽，本文通过他的“头寸相等”（two positions are more or less equal，英文版第 40 页）背后存在的资源流动来揭示被他的形而上学研究方法遮蔽的全球不平等的深层逻辑。

一、资本头寸现象与资本本质之间的矛盾及其悖论

在分析不平等的过程中，皮凯蒂的资本概念具有鲜明的资本金融化的时代特征，而且与这一概念相伴随的是资本与生俱来的不平等的属性，他认为资本带来的不平等问题更多的集中在一个国家内部，而不是国家之间。“大部分国家，无论是富裕国家还是新兴国家，其收支情况都要比人们想象的更加平衡。”① 他用“头寸相等”来描述资本在国际流动过程中的平衡，这与他的著作所呈现的 21 世纪资本的内涵、现象及其本质之间存在着不一致。那么，“头寸相等”与 21 世纪资本的本性之间存在着怎样的逻辑关系呢？

21 世纪资本金融化的现实在皮凯蒂资本概念中准确地显现出来。金融化世界的资本是构成这一时代社会关系的主轴，作者用“资本等同于财富”展示了资本概念的两个特点，一是他的资本概念抽象出了 21 世纪资本金融化的特征；

---

* 宁殿霞，上海财经大学人文学院博士研究生、讲师，主要研究方向为马克思主义哲学、经济哲学。

① 皮凯蒂：《21 世纪资本论》，中信出版社 2014 年版，第 45 页。

二是这一概念符合马克思的资本概念，或者说他的资本概念的内涵属于马克思资本概念的一个方面。首先，皮凯蒂的资本概念体现了“资本金融化的强力发展导致人类生存世界已经被深度金融化”的特征。其次，这一资本概念体现了马克思资本概念的一个向度，即“资本所有权意义上执行价值分割权力的资本”①，这个资本构成了“实现价值增殖的生产关系”的一部分，就资本权力的价值分割层面来讲，“财富等同于资本”既没有违背也没有超越马克思的资本概念，而是表达了马克思资本概念的一个向度。总之，皮凯蒂通过“资本等同于财富”准确地把握了21世纪金融化的经济现实。他的资本概念是财富从存量转变为流量才得以成立的，即资本化了的财富，这种资本在流通中可以通过所有权执行价值分割权力。资本金融化不仅没有改变资本的本质，而且无论在时间上还是在空间上都放大了“最大化”占有剩余的能力。与马克思时代以产业资本为主导的工业时代相比，21世纪是以金融资本为主导的资本金融化的时代。首先，全球化、金融化使资本实现了时空叠加并在全球范围内自由流动。资本总体性及其扩张实现了经济全球化和金融全球化，全球化使人类生存的时空相比过去出现了前所未有的叠加。其次，资本金融化没有改变资本分割剩余价值的本质，但是分割的模式改变了、程度被强化了。在空间上，全球化作为资本扩张的结果为资本在全球范围内分割剩余价值创造了有利条件。在时间上，金融全球化不仅把现有的价值，而且把包括过去积累的和未来可能创造的价值（甚至包括没有可能出现的价值）全部融入资本金融体系，并在这一体系中进行分割，即再分配。总之，就资本的本性而言，21世纪资本追求最大化剩余价值的秉性没有变，但是资本分割（占有）剩余价值的深度、广度发生了深刻变化。“头寸相等”预设的平等与资本本质预设的不平等之间的矛盾及其悖论。皮凯蒂用“头寸相等”说明了资本带来的不平等问题更多的集中在一个国家内部，而不是国家之间，从而把不平等局限在某个国家之内，就此将国家之间存在的不平等一笔带过，避而不谈。他用“国民收入 = 国内产值 + 国外净收入”的等式说明“大部分国家，无论是富裕国家还是新兴国家，其收支情况都要比人们想象的更加平衡。”② 他用“全球收入 = 全球产出”说明“所有产出必须以某种收入的形式分配到劳动或资本上——或者是工资、薪水、酬金、奖金等（作为对工人和在生产过程中贡献了劳动力的人的报酬），或者是其他如利润、红利、利息、租金、版税等（作为对生产过程中使用的资本的所有者的报酬）。”③ 表面上看他的推理似乎天衣无缝，但事实上果真如此吗？从资本逻辑来分析，“资本只有一种生活本能，这就是增殖自身”，④ 实现增殖的手段就是流动。我们需要进

① 宁殿霞：《财富与不平等：21世纪资本的两个向度及其反思》，载于《现代经济探讨》2015年第9期。

② 皮凯蒂：《21世纪资本论》，中信出版社2014年版，第45页。

③ 皮凯蒂：《21世纪资本论》，中信出版社2014年版，第46页。

④ 《马克思恩格斯文集》第5卷，人民出版社2009年版，第269页。

一步追问：金融资本在国际间流动的目的是什么呢？难道就是为了一个头寸吗？只要“头寸相等”就没有不平等吗？

二、走向深层：头寸现象背后的双向流动机制

资本增殖的目的不能通过资本自身来实现，而必须通过流动来实现，只要流动就会有头寸，但是有了头寸的流动也不能实现增殖的目的，那么，资本通过什么手段实现增殖目的呢？资本增殖与国际资本头寸之间存在怎么样的内在关联呢？

资本增殖的目的只有在流动中才能实现。首先，资本流动的内驱力是利润率下降规律，这一规律决定了资本的竞争。像一切经济规律一样，利润率下降规律虽然只是一种趋势，但它却是一个占统治地位的趋势，是资本主义生产方式的前提。一方面，资本的扩大再生产决定了利润率下降，从而资本的贬值。另一方面，利润率下降决定了资本之间的加速竞争。其次，利润率下降规律驱动资本在时间与空间中加速流动。资本维持生命力在于不断占有剩余价值，从而实现价值增殖。资本是一种在各个不同阶段上循环运动的过程性存在，这个过程本身包含循环运动的不同状态与形式。与马克思的时代相比，资本金融化、金融全球化的21世纪，资本流动在时间与空间上实现了双重叠加，这使资本占有剩余的力度和广度也出现了叠加效应。最后，产业资本与金融资本的流动方式不一样，产业资本通过资本形态在时间上的变化生产剩余价值实现增殖，金融资本通过空间上的流动直接分割剩余价值实现增殖，皮凯蒂研究的注意力主要集中于后者。在金融化世界中，由于利润率下降的压力机制作用，资本的物质扩张阶段必将让位于金融扩张阶段。虽然各种资本都在增殖，但是，增殖的时间、手段、程度却大大不同。21世纪资本之所以能实现最大化的增殖就在于资本金融化。

21世纪资本通过推动资源流动的手段实现增殖。首先，金融全球化不能解决资本主义扩大再生产本身内生性的危机，但它却能快速转嫁危机。全球范围内的金融化是资本主义的又一次扩张过程，发达资本主义国家对发展中国家的操控和掠夺被有些人鼓吹的人人平等、利益一致所掩盖。正如美国原国务卿基辛格所言：“全球化对美国是好事，对其他国家是坏事”，因为它加速了贫富之间的差距。皮凯蒂的“头寸相等”正是遮蔽了这一点。资本通过在世界市场的流动而推动国际资源资本化，并在世界市场流动。其次，资本在国外的头寸表面上看是参与国际资本流动，实质却是推动国际资源流动。资本不流动就是僵死的，资本流动是为了资源的流动，金融全球化的本质决定资本在全球范围内攫取超额剩余价值。对于金融资本而言，要获取最大化的剩余价值就必须流动，流动的方向一定是能够带来超额剩余价值的地方，即资源丰富的地方，也就是

资本的流动是为了获取更广阔的资源，而不单单是头寸问题。

头寸现象与双向流动机制之间的奥妙之所在。首先，资本流动推动资源流动创造价值并实现价值增殖，从而推动经济发展。资本流动是为了获取优质资源并通过人力资源，自然资源，制度资源的优势创造价值从而获取超额剩余价值。其次，资本与劳动同时参与价值分割，但是，资本的原有价值通过转移得到保存、收回并获取更大收益，而资源自身却被消耗，虽然表面看上去也得到了补偿。按照皮凯蒂的分配模式，财富通过各种渠道按照一定份额分配在不同领域，就国际资本而言，无论是资本输出国还是资本输入国，都会实现“头寸相等”，皮凯蒂的这一观点完全正确，但重要的是资本输出国与资本输入国虽然持有资本“头寸相等”，但是前者在输出资本的同时会得到更多资本收益，而后者在输入资本的同时却大量消耗资源，尽管也得到补偿，但相比消耗而言却是相形见绌的。由此可见，皮凯蒂的数学化的头寸平静地遮蔽了资本与资源之间惊心动魄的双向流动。

三、祛蔽：资本头寸背后全球经济正义的深层追问

全球化是资本总体性的必经之路，同时，全球化又为资本积累，资本集中，资本集聚提供了最理想的环境。20 世纪下半叶，发达国家积累了大量过剩资本的同时，发展中国家正需要经济转型，发展中国家对国际资本的需求为发达国家大量过剩资本的流出创造了契机。资本在国际间流动实现了更快速度、更大规模的积累、集中与集聚，由此而来的不平等一定是更为剧烈的，皮凯蒂揭示的因承袭导致的不平等只是时间向度的不平等，而且只是一部分，至于空间向度的不平等，却因他形而上学的研究方法而被置于他的视野之外。所以，他揭示的不平等只是“冰山一角”。第一，皮凯蒂的“头寸相等”遮蔽了当代人与后代之间的不平等。皮凯蒂富人与穷人之间代际不平等的观点抓住了 21 世纪资本的主要现象学特征，但仅就时间坐标而言，这只是不平等现象的一部分，因为这一不平等不只是当代人之间的不平等，更是当代人与后代之间的不平等。他的全书的重要观点“富人的大部分收入并非来源于他们的工作，而是来自他们已拥有的财产”揭示了 21 世纪的代际不平等，这一点非常重要，但是他只看到了表面现象，而且只是表面现象的一部分。其实，财富等同于资本事实上是资本通约了一切价值并全部进入流通环节，包括过去积累的价值和未来可能的价值，其明显特征就是资本举债扩张，从而不仅占有过去积累的财富，而且预支了后代的财富，资本通过金融化通约了全球所有时间、所有空间可以通约的财富，这种对后代财富的预支导致未来的人也将处于贫困积累的状态。第二，皮凯蒂的“头寸相等”遮蔽了发达国家与发展中国家、国家内部发达地区与欠发达地区之间的不平等。他只看到作为结果的富人和穷人之间的不平等，而没有

看到这一不平等的深层原因。金融资本是金融全球化时代占有和掠夺财富的重要工具和手段。在全球化之前，创造财富主要靠劳动，资本积累主要靠扩大再生产，随着金融全球化的到来和互联网技术、信息技术、交通等的发展，原来的空间距离越来越小了，甚至没有了，这使得在全球范围内以最小的代价获取最大的收益成为可能，金融资本成为占优势资源的所有者的最好的掠夺工具和手段。金融资本为获取高额利润而向欠发达地方流动，因为欠发达国家和地区的劳动力、原料、辅助材料的价格都极其低廉或相对低廉。结果导致了高消耗的再生产主要集中于欠发达国家和地区，资本在这一区域实现低成本扩张，在资本所有者那里实现高利润积累。换句话说，皮凯蒂的生产中使用的资本所获得的版税、利息、红利、利润等报酬作为 G—G′中的 ΔG 的大部分合理合法地流向了发达国家，金融资本直接履行了 G—ΔG 的过程，而把 G′减去 ΔG 的消耗部分留在欠发达国家和地区，作为劳动的收入，即“工资、薪水、酬金、奖金等(作为对工人和在生产过程中贡献了劳动力的人的报酬)，”表面上看的确“头寸相等”，但是实质上却通过这一过程使欠发达国家和地区的资源遭到资本化并流向金融资本所有者的国家和地区。“发达国家资本的高利润率来源于发展中国家的资本的低利润率、劳动力的低工资和生态环境的净亏损。”① 这样的资本流通方式导致的结果是资本积累与贫困积累的两极分化。一面是发达国家和地区的免于生产和资源消耗的资本高积累，一面是欠发达国家和地区资源消耗的贫困积累。从皮凯蒂的观点看，“所有产出必须以某种收入的形式分配到劳动或资本上”，但是这样的机制毫无疑问会给欠发达国家和地区带来危机。

批判皮凯蒂的“头寸相等”是为了揭示21世纪资本范畴的时代内涵，揭示金融化带来的全球不平等，揭示作为人类对象化世界的国际资本金融体系与人类命运共同体之间的深层矛盾关系。在全球化、金融化背景下，表面上看所有产出都通过不同的形式“分配到劳动或资本上，”② 但是囊括了他所有结论整体逻辑的总公式 $r > g$ 中本身就暗含着金融资本在全球范围内流动带来的不平等。

① 鲁品越：《利润率下降规律下的资本高积累》，载于《财经研究》2015 年第 1 期。

② 皮凯蒂：《21 世纪资本论》，中信出版社 2014 年版，第 46 页。

二元经济转型的一般规律研究

——基于跨期国际比较分析的视角*

孙亚南　张桂文**

著名发展经济学家费景汉和拉尼斯把由二元经济向一元经济演变这一漫长的发展过程称为"转型增长"①，世界各国经济史上都经历过积累起大规模农业剩余劳动力，从而形成二元经济结构的过程②。一个经济体的二元经济转型过程大致可划分为三个阶段：二元经济转型初期（工业化起步到"刘易斯第一转折点"之前）、刘易斯转折阶段（"刘易斯第一转折点"与"刘易斯第二转折点"之间）、二元经济转型后期（"刘易斯第二转折点"到迈入高收入国家之前）③。当前，中国正处于二元经济转型的刘易斯转折阶段，这一关键阶段的跨越直接关系到中国能否顺利迈向高收入国家。

纵观人类社会发展史，从传统农业社会向现代工业社会的转型发展出现过三次大的浪潮④。三次浪潮中世界各国二元经济转型的历史与现实发展呈现多元性，但同时又有规律可循。本文将分别选取先行工业化国家中的英国、法国、德国，后起工业化国家和地区中的日本、韩国和中国台湾以及拉美国家中的巴西、墨西哥为研究对象，根据各国转型发展的经验事实，通过运用跨期国际比

* 本文系国家社会科学基金重大项目"制度变迁视角下的中国二元经济转型研究"（11&ZD146）、吉林省教育厅2017年度社会科学研究项目"科技创新驱动吉林省二元经济转型问题研究"、吉林财经大学马克思主义经济学研究中心科学研究项目"二元经济转型中产业结构演进及趋势研究"（2016MY001）的阶段性成果。

** 孙亚南，经济学博士，吉林财经大学经济学院讲师，研究方向为经济转型与发展；张桂文，经济学博士，辽宁大学经济学院教授，博士生导师，研究方向为经济转型与发展。

① 费景汉、拉尼斯：《增长和发展：演进观点》，洪银兴等译，商务印书馆2004年版，第4页。

② 蔡昉：《二元经济作为一个发展阶段的形成过程》，载于《经济研究》2015年第7期。

③ 张桂文：《二元转型及其动态演进下的刘易斯转折点讨论》，载于《中国人口科学》2012年第4期。

④ 罗荣渠：《现代化新论——中国的现代化进程》，华东师范大学出版社2013年版，第107~116页。

较分析的方法，提炼出二元经济转型的一般规律，以期为中国跨越刘易斯转折阶段、走出“中等收入陷阱”提供参考借鉴。

一、二元经济转型中工农业与城乡协调发展

1. 二元经济转型中的工农业协调发展

工农业协调发展的过程即通过农业发展为工业的扩张提供前提条件，利用工业扩张吸收农业剩余劳动力，带动传统农业改造，帮助农业实现由传统农业向现代农业的转变。二元经济转型中既要发挥工业的主导作用，也要重视农业的基础作用，忽略任何一方将会阻滞转型。

先行工业化国家在步入二元经济之前均发生了农业革命①，为工业革命奠定了基础。二元经济转型初期，农业为工业化发展做出了产品、要素、外汇、市场等多方面的贡献；工业化的发展通过带动农业剩余劳动力转移，促进了农业资源的优化配置。随着经济发展，各国根据自身情况对工农两大产业进行了调整。英国按照比较利益原则实行了区域内部分工，本国集中精力发展工业，将农业转移到海外殖民地和附属国，导致工农业发展逐渐失衡。进入刘易斯转折阶段后，英国农业发展日渐衰落。随着英国经济实力的逐渐下降和殖民帝国的瓦解，依靠海外供应粮食的方式无法持续。第二次世界大战后英国通过鼓励发展农场、扩大土地规模以实现规模经营、重视农业科研与农业教育、鼓励发展农业合作组织、限制农业劳动力的“超常”转移等措施鼓励农业发展，直到20世纪60年代才进入现代农业国家行列②。日本和韩国处理工农关系的方式较为相似，二元经济转型初期都重工轻农，到刘易斯转折阶段才开始重视农业，但小农经济一直占主导地位。而拉美国家自进入二元经济转型初期，工农业发展长期失调，严重制约着转型进程。

综上分析，二元经济转型不同阶段工农两大产业的作用、地位有所差异。二元经济转型初期，农业要发挥好对工业的促进作用，主要表现为产品贡献、要素贡献及外汇贡献等方面。进入刘易斯转折阶段，农业劳动力从无限供给变为短缺，农业产出减少致使粮价上涨，工业部门的发展在加强农业部门的资本积累的同时，通过提供先进的机械设备和生产技术以提高农业生产率应对可能出现的粮食危机，这一阶段农业发展最为重要。二元经济转型后期，工业化进入高级发展阶段，通过农业机械化、技术化等手段对传统农业进行改造，农业生产逐渐进入高质量、多品种、深加工的发展阶段，农业部门对工业发展的产品贡献再次凸显。可见，工农业作为二元经济转型的两大部门，不能顾此失彼，

① 卡洛·M. 奇波拉：《欧洲经济史：工业革命》（第三卷），吴良健等译，商务印书馆1989年版，第379页。

② 中国科学院中国现代化研究中心：《世界现代化进程的关键点》，科学出版社2010年版，第278页。

保持二者协调发展才是二元经济成功转型的关键。

2. 二元经济转型中的城乡协调发展

二元经济转型过程中，实现城乡协调发展，有利于更好地推进城市化，带动农村发展，并妥善安置农业剩余劳动力；有利于形成良好的产业布局，促进工业发展；有利于解决“三农”问题，促进城乡之间各种要素的双向流动，更好地促进农村发展。易言之，城乡发展的协调与否关系到二元经济转型的质量与速度。

自发性与无序性是先行工业化国家早期城市化发展的主要特点，导致二元经济转型初期，甚至在刘易斯转折阶段“城市病”问题集中爆发，尤以英国最为严重。德国在转型中总体上遵循了城乡协调发展的规律，虽然在转型初期也出现过城市住房拥挤、卫生条件差、传染病流行等“城市病”，但很快予以化解，德国主要采取建立城市群而非孤立发展大城市、实行农村就地城镇化、加强城市的带动和辐射作用等措施。后起工业化国家和地区中，台湾地区在二元经济转型中始终坚持城乡协调发展、城市规模与数量适度、城市化速度与质量同步提升、大中小城市同步发展的方针，避免了“城市病”。拉美国家多年来一直未处理好城乡发展之间的关系，导致虽然转型开始时间较早，但发展绩效不高，转型过程中过度城市化，忽视了乡村发展，农业二元化、农民贫困化、农村边缘化问题突出。

一个国家的二元经济转型过程是工业化、农业现代化与城市化相互作用的良性循环过程。农村的发展离不开城市的辐射和带动，城市的发展也离不开农村的促进和支持。通过工业化与农业现代化的相互促进，带动农业剩余劳动力的乡城迁移，缩小农业与工业的劳动生产率差距；通过城乡间工业的合理分工，实现工业化与城市化协调发展，缓解就业压力；通过城市与农村两大区域的良性互动，激发农民的有效需求，既要努力推进农民工市民化，也要促进城市资源、要素向农村流动，实现城乡统筹协调发展。因此，工业化、农业现代化、城市化三者之间的良性循环是保障农业剩余劳动力顺利转移，从而实现二元经济转型的必要条件。

二、二元经济转型中技术创新驱动

技术创新在二元经济转型中发挥着至关重要的作用，不仅是促进农业剩余劳动力转移的关键，还能够突破资源环境约束，促进两大部门均衡发展；既有助于扩大市场需求，克服需求不足约束，又能增加市场的有效供给，提高供给的质量和效率。

表 1　　韩国二元经济转型中技术创新特点与产业结构演进

二元经济发展阶段	技术创新演进历程	技术选择策略	产业发展重点
二元经济转型初期（20 世纪 60 年代初至 60 年代中后期）	技术引进与消化	劳动偏向型技术	劳动密集型产业为主导
刘易斯转折阶段（20 世纪 60 年代中后期至 80 年代初）	模仿创新阶段	资本偏向型技术	资本密集型产业为主导
二元经济转型后期（20 世纪 80 年代初至今）	技术发展内在化阶段（1980～1990）	知识偏向型技术	技术密集型产业为主导（高技术产业、高端制造业）
	技术自主创新阶段（1990 至今）		

先行工业化国家由于发展较早，可供学习和模仿的技术较少，只能通过自主创新实现技术进步。后起工业化国家和地区拥有可以向发达国家学习模仿的机会，能够利用“后发展优势”，通过技术引进、模仿创新走上自主创新道路，实现二元经济转型。韩国二元经济转型的历程即是该国从技术模仿走向技术创新大国的过程。从表 1 看出，在二元经济发展不同阶段韩国采取了不同的技术创新策略。韩国高度重视在技术模仿创新过程中形成本国的“适用技术”，将外生性后发优势转化为内生性能力，以实现跨越式发展。而拉美国家只注重技术引进，忽略了技术的消化与吸收，长期滞留于依赖外生性后发技术优势的发展模式，忽略了技术的内生化发展，失去了提高本国技术创新能力和创立自主产业的机会。技术创新不足导致技术落后和技术依赖，同时资本偏向型的技术引进策略导致农业剩余劳动力得不到较好的吸收，转型发展受到严重阻碍。

因此，二元经济转型不同阶段，技术创新的形式、路线、强度是不同的（见图 1），后起工业化国家和地区最为典型。在二元经济转型初期，主要通过引进与模仿发达国家的先进技术，选择劳动偏向型技术创新路线以吸收农业大量剩余劳动力。而进入刘易斯转折阶段，一国的劳动力不再无限供给，用工成本上升，资本偏向型技术创新路线为最佳选择。到二元经济转型后期，随着企业用

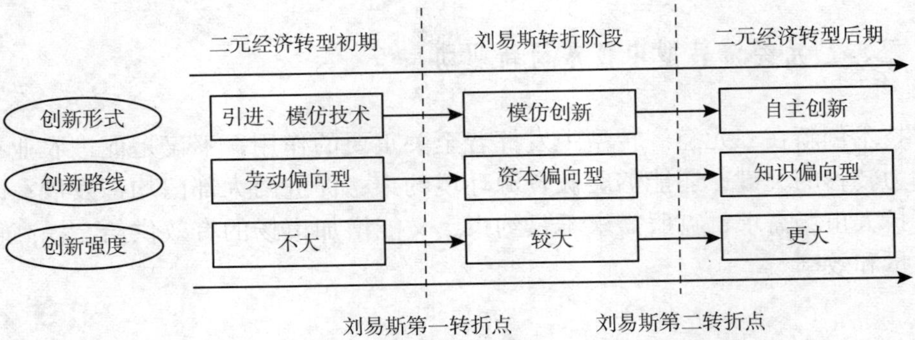

图 1　二元经济转型不同阶段技术创新的路线选择

工成本进一步上升，技术创新强度应进一步加强，倾向于自主创新为主要形式的技术进步，技术选择则表现为以知识偏向型技术为主，创新型国家逐渐培育起来。

三、二元经济转型中的制度创新及其作用

技术与制度在二元经济转型过程中存在着相互促进、相互作用的关系。制度是技术的前提与条件，技术的发展又必然伴随着制度的变革。二元经济转型不同发展阶段技术水平不同，要求相应的制度安排与之相适应，政府作为制度的供给者和公共政策的制定者，需要根据发展阶段变化而采取适宜的制度供给。二元经济转型初期，劳动力无限供给的特征使得该时期的制度安排和政策选择不受劳动力因素的约束，更多的是考虑如何促进资本积累的问题，很多经济体选择了城市工业扩张的道路；伴随着刘易斯转折阶段的到来，劳动力由无限供给变为短缺，通过供求关系导致要素价格变动，引发经济结构的调整；同时也会带来一系列利益格局的变化。因此，刘易斯转折阶段的到来，对经济社会适应自身发展的阶段性变化提出了新的制度需求。二元经济转型后期，更高的生产技术水平和劳动力状况对制度安排又提出了新要求，如技术战略的选择、产业政策的调整、人才培养机制等。教育作为一国人力资本投资最主要的途径，影响着人力资本的结构和质量，对一国经济发展与转型至关重要，以教育为例，分析随着二元转型不同阶段经济社会发展条件的变化，与之相关的教育制度和政策变革。

先行工业化国家中德国最早重视教育，二元经济转型初期已实现全民初等教育①。进入刘易斯转折阶段后，为了满足工业化对技术人才的需求，德国教育投入进一步增加，并开始重视职业教育，1919 年将职业技术教育的强制与普及从原来的区域性的规定扩大到全国，高等教育也偏向经济实际发展需要。同时针对“浮游群体”的“技术断层”开展专门培训，这都有利于二元转型中农业转移劳动力实现再就业。有学者指出，德国是沿着教育革命—政治革命—工业革命逐渐发展起来的，英国则是沿着政治革命—工业革命—教育革命的道路发展的②。英国一直固守老套的教育模式，未能根据经济发展需要进行教育转型，制约了后期转型进程。相对于先行工业化国家，后起工业化国家和地区更加重视教育，根据二元经济转型不同阶段的变化及时调整本国教育结构，为经济转型提供所需人力资本，加速了二元经济的转型进程。而拉美国家对教育的重视程度较差，阻碍了转型发展。

---

① 波斯坦、科尔曼、马赛厄斯：《剑桥欧洲经济史工业资本：资本、劳动力和企业》（第七卷上册），王春法等译，经济科学出版社 2004 年版，第 568 页。

② 贺国庆：《近代欧洲对美国教育的影响》，河北大学出版社 2000 年版，第 90 页。

事实上，二元经济转型中的所有政策设计和制度安排都需要根据转型的阶段性特征适时调整，有时甚至需要制度的超前供给，只有这样才能避免陷入相应的发展阶段陷阱，顺利进入高收入国家的行列。目前很多后进的发展中国家，恰恰在这些历史关节点上很少或忽视制度供给的作用，难以实现对先行工业化国家的赶超。

PPP 模式在城镇化中的作用：土地、产业与人口的视角*

方　达　张文辉**

一、引言及文献综述

2016 年国务院政府工作报告中指出要“深入推进以人为核心的新型城镇化，实现 1 亿左右农业转移人口和其他在党的常驻人口在城镇落户，……引导约 1 亿人在中西部地区就近城镇化”，这是在党的十八大、十八届三中全会及五中全会中关于新型城镇化问题提出的进一步具体要求，也指出了城镇化的重心在于“人口城镇化”。但通常意义上而言，城镇化包括人口城镇化、土地城镇化和产业城镇化三个方面（黄泰岩、石腾超，2013）的城镇化是相互影响的，要实现人口城镇化水平的提高，也需要进一步完善土地城镇化和产业城镇化中所面临的问题。

进一步讲，人口城镇化可根据进入城市的“意愿”和是否具备进入城市生活的“能力”划分为“主动城镇化”和“被动城镇化”，其中“主动城镇化”包括“有意愿 + 有能力”和“有意愿 + 无能力”，前者需要建立相应的制度引导农民顺利进入城市就可以提高主动城镇化水平，后者需要增加农民的收入提高他们在城市生活的能力。“被动城镇化”主要是指城市郊区农民因失去土地被动进入城市转变为城市居民的过程（张广辉、魏建，2016）。相比于“主动城镇化”而言，“被动城镇化”过程显得更为复杂，这也是本文重点研究的内容。

---

* 本文是国家社科基金重大项目“制度变迁视角下的中国二元经济转型研究”（11&ZD146）、2015 年辽宁省教育厅人文社会科学研究一般项目“新常态视角下土地财产权利影响城镇化的理论与实证研究——基于辽宁省的分析”（W2015182）和 2013 年度辽宁大学青年科研基金项目“土地红利分配与经济增长”（2013LDQN27）的阶段性成果。

** 方达，辽宁大学经济学院，研究方向为国民经济学；张广辉，辽宁大学经济学院副教授，研究方向为土地经济学、发展经济学。

随着经济发展水平的不断提高，城市郊区的农民集体所有土地不断被地方政府征收，转变为国有土地并被用作城市建设，该过程呈现出了城镇化的三个特征：（1）土地由农民集体所有转变为国有，体现了土地意义上城镇化水平的提高；（2）农民因为土地被全部征收而被动进入城市转变为城市居民，提高了被动城镇化水平；（3）被征收土地大多用于开发房地产项目或者建设企业等，在某种程度上提高了产业城镇化水平。被动城镇化是三种意义城镇化中的核心，其中土地城镇化是被动城镇化的前提，产业城镇化有助于被动城镇化的顺利进行。数字意义上城镇化水平的提高固然重要，但是更为重要的是如何提高被动城镇化水平的质量，即农民市民化后顺利实现城市体系中经济权利、政治权利以及社会权利（魏建，2010），而这进一步需要资金的投入。

根据中国市长协会（2010）的估算，按照每人需要10万元能够解决城镇化中的一系列问题进行估算，实现2000万人口进入城市就需要2万亿元资金。单纯依靠政府可能满足数量庞大的资金需求，这也进一步需要寻找资金的来源。

公私合作模式（Public – Private – Partnership，PPP）是寻找资金来源的有效途径，PPP主要是公共基础设施中的一种项目融资模式。从广义上来讲，指政府部门与私人部门合作提供公共产品、准公共产品或服务的一种模式。从狭义角度来看，指的是一系列的融资模式，包括CBO、TOT、BOT、BOOT及特许经营、服务协议等（和军、戴锦，2015）。具有以下几个优点：（1）减少政府投资开支，缓解财政压力。在PPP模式下，政府将原有需要财政完全投资的项目与民间机构合作，由民间进行一部分资金的筹集，在一定程度上缩减政府的开支。（2）提高资金利用效率。引入民间资本之后，民间资本逐利必然会提高资源的利用效率，提高公共产品或者服务的经济和社会效益。（3）企业与政府的互相监督，防止寻租等腐败行为的发生。（4）合理的风险分担结构。采用PPP模式，对所建设项目的风险不再由政府或者私人单独承担，而是合理的分配了双方所负责任，降低了双方参与项目的风险。（5）有效协调各方利益。项目建设中遇到的问题由利益各方按合同平等协商解决，一定程度上避免了利益冲突的升级扩大。

已有文献对PPP模式如何解决城镇化中的问题展开了研究，王祥卿（2012）以河南郑州为例，分析了PPP模式在城中村改造中分散风险、缓解财政压力、平稳企业现金流等作用；贾广葆（2015）通过对当前国家相关法律政策的分析认为，PPP模式在土地一级开发中有降低风险，多元化盈利的优势，但也存在相应监管经验不足等风险；曹君丽（2013）通过对深圳、山西、土耳其等国内外多地的公私合营项目的案例分析，提出了将PPP模式运用于我国城镇化融资领域的多种设想；郑巧凤（2015）通过对温州瓯江口新区土地开发的分析，提出PPP模式在土地开发过程中，要注意建立风险监管机制，协调各方利益等建议。

现有文献主要围绕PPP在土地城镇化中的问题展开研究，缺少PPP对人口城镇化以及产业城镇化两个维度影响的研究，这也正是本文的研究重点。从整体角度出发，进一步探讨 PPP 在土地城镇化、人口城镇化和产业城镇化中的影响。文章接下来主要分为以下几个部分：第二部分阐述土地城镇化、人口城镇化和产业城镇化中存在的问题以及原因；第三部分寻找 PPP 影响土地城镇化、人口城镇化和产业城镇化的途径。

二、土地、产业与人口视角的城镇化：问题与成因

（一）土地城镇化中存在的问题与成因：以“城中村”为例

大多数城市周边都存在城中村，从土地所有权状态角度可将城中村划分为：（1）全部土地属于国家所有，农民转变为城市居民，但仍居住在已经被城市包围的村庄；（2）部分土地属于国家所有，部分土地属于农民集体所有，农民身份并未改变；（3）列入城市框架但土地属于集体所有，农民身份未改变。对于后两种类型而言，都面临着土地继续被征收的过程，即土地城镇化。与一般的集体所有土地征收不同，城中村改造项目涉及的利益复杂，周期较长，需要较高资金投入，因此资金筹集是制约着城中村改造建设的主要原因。一般来说，根据城中村改造资金来源的主体不同，可分为政府投资型、村集体自筹型与企业开发型，不同类型的资金筹集面临不同问题。

1. 政府投资型

政府投资型是指由政府提出改造方案且根据方案配置资金，对城中村进行改造的一种方式。该模式下，资金主要来源于地方政府财政收入，由于财政活动的非营利性，使得项目收支关系的割裂，引发了资金使用的低效率。在某些地方财政资金不充裕的地区，城中村改造资金往往来源于地方政府债务，加之资金使用的低效率，最后往往给地方政府带来沉重的经济负担和严重的资源浪费。

以棚户区改造项目为例，国务院在 2013 年 7 月发布的《关于加快棚户区改造工作的意见》中提出明确要求，2013 ~ 2017 年完成各类棚户区改造 1000 万户。各地都将城中村改造纳入到棚项目，使得棚改项目大幅增加。以安徽为例，城中村纳入棚改项目改造棚户区数量分别为 80 万户和 150 万户，增幅近一半。从全国数据来看，2014 年全国各地上报的棚改计划数量为 425 万户，是当年中央计划的 2.7 倍。将城中村纳入到棚改区也意味着 更高的资金需求，地方政府将面临高多的债务压力。虽然中央财政已拨付棚改资金到各地区，但地方政府需要付出近 3 倍的配套资金，进一步加大了地方债务压力。

2. 村集体自筹型

村集体自筹模式是指在地方政府批准授权下，村集体作为城中村改造发起

单位，运用自身力量筹集城中村改造资金。该模式主要面临两个问题：（1）相比于政府与房地产企业而言，村集体对外筹集资金渠道较少。村集体通常是向村民集资，导致城中村改造资金来源。（2）村集体人员普遍不具备房地产开发以及相关管理经验，也导致该方式在实践中面临诸多问题。

白露区位于广西省柳州市，由马厂、白露两个城中村组成，总占地5000多亩，常住人口约4250人，城中村改造房屋总面积约40万平方米。早在2008年，两村村委会开始筹划对本村进行改造，但是由于马厂村、白露村集体收入人均收入较低，村集体财力薄弱，此外村委会筹资能力不强，没有企业愿意到此开发，导致城中村改造项目多年无实质进展①。

3. 企业开发型

企业开发型是政府将城中村改造项目通过招投标的方式承包给企业，由企业筹集资金改造城中村项目。该方式具有以下特征：（1）该方式减轻了政府负担，但由企业改造也面临着企业资金链断裂导致项目搁浅的风险；（2）城中村项目招投标过程中，村集体、地方政府和企业相互博弈，进一步提高了交易成本；（3）项目招标过程中易产生寻租活动，成为腐败来源。

企业开发过程中与村民产生冲突的现实案例屡见不鲜。云南晋宁房地产商与当地村民因土地补偿问题冲突不断，地方政府在该过程中也缺乏有效的监督协调，最终导致双方矛盾不断升级，在2014年10月14日的冲突造成8死18伤的重大伤亡事件②。

（二）人口城镇化中存在的问题与成因：精神层面与物质层面的分析

城市郊区农民的集体所有土地被地方政府征收，农民被动进入城市生活体系。如果缺乏有效的政策保障和引导，这些被动进入城市的农民容易成为“五失”农民，即失地、失保、失权、失业、失身份（孙绪民，周森林，2007），由此引发一系列社会问题与隐患。该过程不但不能提高被动进入城市农民的生活水平，还会让“五失”农民生活陷入困难。造成“五失”现象的原因至少包括两方面：（1）农民自身的主观原因，如文化水平相对较低，不适应城市生活，失去土地后观念转变困难等；（2）客观原因，如失地补偿款较低，对农民的后续就业缺乏有力保障机制，农民不能加入城镇保障体系等。进一步讲，通过清华大学发布的2013年中国城镇化大型入户调查数据（该数据涵盖中国大陆31个省、直辖市、自治区）从精神层面和物质层面对农民被动进入城市过程中的相关问题展开研究。

1. 精神层面

据调查数据显示，仅有38.1%的农民愿意转变为非农业户口，61.9%的农

① 资料来源：http：//epaper. gxnews. com. cn/ngcb/html/2015－11/11/content_ 2659490. htm

② 资料来源：http：//news. xinhuanet. com/local/2014－10/16/c_ 1112858475. htm

民不愿意转变为非农业户口。这在一定程度上表明，更多的农民不愿意放弃拥有土地的农村户籍。而城市郊区因征地被动进入城市的农民会产生对城市生活的抵触心理，影响其进入城市的生活态度，阻挠征地行为，造成矛盾升级。又进一步导致原有市民降低对新融入失地农民好感度，甚至产生歧视心理，反过来又会打消农民融入城市的积极性，如此反复，造成主观态度上的恶性循环。这种恶性循环的不断继续，给农民融入城市带来心理与物质上的双重障碍，最终造成“五失”现象的发生。

2. 物质层面

农民被动进入城市后还需要相应的配套资金，这又引出了物质层面的问题，主要包括：

（1）当农民转变为城市居民后面临着“失地”“失权”“失身份”。土地被征收前，农民通过土地实现了政治权利、经济权利社会权利。土地被征收后，农民的政治权利、经济权利和社会权利不再以土地为核心，而是被打碎嵌入到城市分散的权利内（魏建，2010），各个权利在实现的过程中面临诸多困境。从调查数据中发现，有 35% 不愿意“农转非”的农民是想保留土地，而在已经“农转非”农民中，也有约 35% 的比例不愿意交回承包土地。农民失去土地就意味着农民失去了一项稳定的经济来源与长期保障，而大多数落户中小城市的失地农民却又享受不到太多的城市居民权益，造成农民权利得失不对等，影响市民化农民利益。

（2）地方政府过度依赖土地财政导致农民所获土地补偿较低。从这个意义上而言，农民的“失地”也意味着“失财产”。地方政府通过征收方式以较低的价格获得土地，再通过招拍挂的方式出让土地获得较高收益。2003 ~ 2012 年，地方政府共征地 374 万公顷，获得 15. 2 万亿出让金，净收益约 5. 5 万亿①。由于城市建设资金存在缺口，60% 左右的土地出让金被用作城市建设资金而并非反补给农民，造成了失地农民“失财产”。据清华大学的调查数据显示，失地农民在失去土地后，平均生活水平下降 46% 。

（3）“失业”“失保”现象的发生。从地方政府角度而言，由于资金匮乏等原因导致缺乏对失地农民的后续保障机制与长远发展规划，让其在被动城镇化的过程中“失业”“失保”。按照《土地管理法》的规定，耕地征收补偿包括土地补偿费、安置补助费及地上附着物和青苗的补偿费。但实践中安置补助费大多直接给予农民，而并未对农民进行实质安置。多数地区对于失地农民的补偿标准相对较低，农民得到的补偿款不能支撑其继续投资、创业、维持生计（如图 1、图 2 所示）。从失地农民本身角度来看，原本文化水平不高，缺乏职业技能培训的农民又很难再城市中找到相对较好的工作，不得不寻找低收入、高负

① 资料来源：http：//www. zhglnb. com. cn/article_ show. asp? articleid = 13110

荷、无保障的工作维持生计。这就导致了农民在失去土地后就业、创业困难，甚至出现返贫的现象。

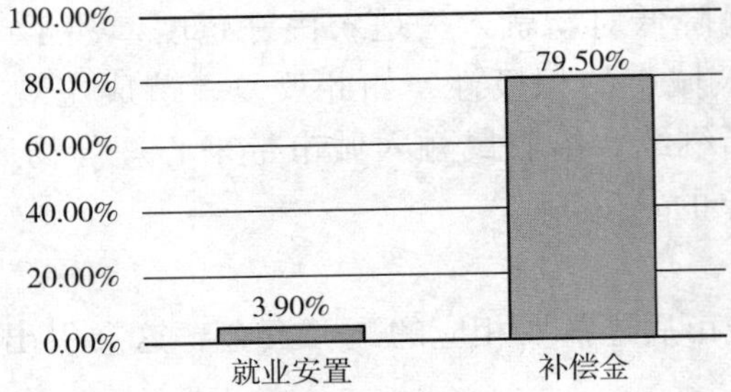

图1　承包地被征后农民获得补偿方式比例

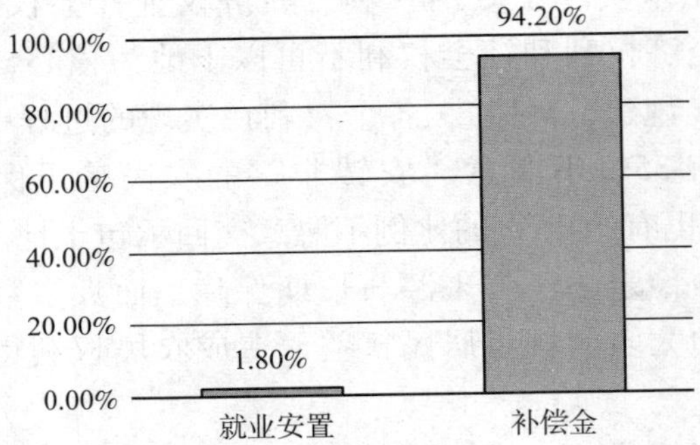

图2　房屋被拆后农民获得补偿方式比例

（三）产业城镇化的问题与成因：资源浪费与环境污染视角

工业化是城镇化的基础，没有工业化作为支撑与保障，城镇化就无从谈起。被动城镇化与产业城镇化关系最为密切，大多数政府征用郊区农村土地，主要目的就是进行经济开发，发展工业。在实际进程中，产业城镇化却遇到了一些明显的问题：（1）一些地区盲目扩大城市规模，将相对不具有的开发价值的郊区变为开发区，开发密度较低，经济效益薄弱，土地浪费现象严重。（2）一些地区政府单纯的为了追求经济效益，不加审核的引进一些落后产能，造成了高污染、高能耗的现象。

1. 环境污染

当前，全国各地兴起了一股建设开发区的热潮，特别是在中小城市，各种产业园区项目纷纷上马，这也符合当前中国城镇化的需求。然而，有一些地区不考虑当地经济发展状况，盲目的征占郊区土地，开发区项目上马之后却鲜有企业问津，“圈而不建”的现象十分明显。

安徽涡阳工业园区位于涡阳县城北部，为省级开发区，园区规划用地面积

10.284 平方公里。但是目前在开发区内，除了三星化工等企业建好的寥寥几座厂房与围墙之外，却有大面积的荒地。该项目在 2011 年就开始向樊西村征地，共征用村土地 500 余亩，但是却迟迟未见利用①。

涡阳县工业园案例仅仅是一个缩影，在全国许多地区都有着这样“有地无业”的产业园区。此类园区在严重浪费土地资源的同时，也造成了许多被征地农民的失业，给当地社会造成了诸多不稳定影响。究其原因是中小城市政府城市建设资金不足与建设需求旺盛之间的矛盾。随着我国经济的快速发展，中小城市也需要进行城市的扩建与基础设施的优化，其中一部分资金需要由中央财政出资，另一部分需要地方政府自行筹集。在一些经济不发达，财政状况不乐观的中小城市，为了筹措资金，政府不得不进行征地出售活动。盲目快速的征地招商，从短期看增加了一定的收入，提高了地方政绩，缓解了财政压力，但是从长远看，闲置与浪费的土地，反而增加了地方的财政负担。为了缓解财政压力，通过政绩考核，政府不得不再次征地卖地……如此以往，形成了“需求—征地—招商—浪费—负担—需求”的恶性循环。

2. 环境污染

从污染密集型产业的变化情况来看，“十一五”规划以来，东部地区污染密集型产业比重均已有所下降，而中、西部的比重则开始上升（刘巧玲、王奇、李鹏，2012）。在中国一些经济基础薄弱，发展相对落后的中西部城市，经济开发区建立后往往找不到资质优良的项目。为了弥补建设开发区的费用，缓解地方财政压力，落后地区的政府不得不作为落后产能的承接者。泸溪县地处湖南省湘西自治州，位于沅江与河峒河交汇处，是国家生态示范县。但是，在 2015 年 6 月的一次该省领导暗访中，却发现在该县的武溪工业集中区，有近 20 家电解锌厂、电解锰厂、化工厂、钙锰磷肥厂等聚集在此。这些工厂多采用的是因为污染严重已经被淘汰的生产工艺，且都没有有效的排污设备，所有工业“三废”都是直接排放。直排或超排的废气、废渣、废水，不仅污染空气，而且对周边的土壤、河流造成巨大的破坏。

该问题的矛盾之处在于，中西部城市相对于东部城市，不具备技术、人才、资本等优势，对高新技术、现代服务业等优质企业的吸引力相对薄弱。但是中小城市以其廉价的资源、劳动力、土地，相对低水平的监督管理，吸引着一大批在大城市无法立足的企业。这样的条件必然引起中小城市开发区招商质量的下降。高污染，高能耗企业的集聚，最终导致了中小城市开发区的生态环境急剧恶化，影响城镇化的质量。

（四）三类问题的相互关系

在被动城市化进程中，土地、人口、产业三个层面出现的问题不是孤立存

① 资料来源 http：//ah.ifeng.com/industry/yuanqu/detail_2015_12/08/4634099_0.shtml

在的，三者之间存在着相互关联、相互影响、相互制约的关系。

土地（空间）城镇化是被动城镇化的起因，也是被动城镇化带来的人口、产业问题的原因。随着城市经济水平的提高，原有的空间不能满足城市的进一步发展，这势必需要向郊区扩张土地。由于资金的问题，导致规划、建设、实施、监管等都无法按计划实施，这其中任意一个环节出现混乱，都会造成土地开发的失败。且当城镇扩张规模过大且无后续配套资金时，就会出现城中村无法治理、"五失"农民无法安置、工业园区荒废等多个层面的问题。

被动城镇化中人口层面呈现的问题主要是农民在失去土地后缺乏后续的谋生方式，造成其一方面原因是因为土地开发后补偿资金的流失；另一方面原因是后续产业发展无力，配套安置资金不足，不能为当地的农民提供就近就业的机会，导致大多数失地农民流入城市，在不适应改变的情况下造成"五失"的现状。因此，人口城镇化上的问题是土地、产业在被动城镇化出现问题的必然结果。

产业是城镇化的支柱，缺乏产业的城镇化无异于空中楼阁。正是因为产业的发展与城镇化的发展水平不一致，才导致了所征占的土地利用不合理，有城无业现象的产生。而有城无业的现象又驱使着当地农民被迫进入城市，成为最廉价的劳动力，因此就出现了人口城镇化层面的种种问题。

总结三个层面问题的共性，我们发现，无论各层面问题的个性表现如何，缺乏资金都是其主要的内在原因。引入有效的筹资融资模式，缓解政府单方面力量资金不足的问题，是解决这三个层面各种问题的重要手段。

三、土地、人口与产业城镇化中存在问题的解决途径：PPP的视角

土地城镇化、人口城镇化与产业城镇化三者之间紧密联系，要解决被动城镇化进程中所带来的问题，不能单单从某个或某几个方面入手，只有将三个层面的因素都考虑在内，从三个角度的共性问题——资金问题入手，才有可能真正的解决被动城镇化带来的问题。为了促进新型城镇化的健康可持续发展，应逐步建立和完善透明化、强约束、多元化的新型城镇化资金保障长效机制（牛润盛，2015）。基于此，笔者建议引入当前在其他一些领域已经取得实际效果的PPP（即公私合营）模式，来参与整个郊区城镇化建设的过程，以在一定程度上解决上文所述问题。

（一）土地城镇化与PPP模式

土地城镇化的资金问题，PPP模式可以较好的解决资金的来源与资金的运用效率问题。仍然以城中村改造项目为例，不论是政府、企业还是村集体自筹，这三种筹资融资模式都存在着相应的弊端，而如果采取公司合营则可以在一定

程度上解决这一问题。在具体操作过程中，主要有以下几个过程：在城中村改造项目上马之前，由政府对城中村改造项目的体量、所需资金、具体情况、可行性与潜在风险做出初步调查报告，并向社会公布。在初步确定项目的基本情况后，进入项目的招商筹备阶段，在这一阶段，应该由政府针对城中村改造项目成立地方融资平台，寻求有意愿参与建设企业共同协商成立新的公司，进行该项目的建设经营。在招商结束后，进入项目的融资阶段，政府与企业、私人（村集体）签订协议，确定出资比例，风险分配，建设分工，明确后续责任。最后，在项目实施的阶段，按照协议进行改造项目，并且由各个利益方选派代表对工程进行监督。

这样的模式具有以下优点：第一，资金由单方筹集转为多方筹集，单独每一方的资金压力变小，有利于保证资金来源的充足。第二，将原有的政府债通过成立公司转化为企业债，更有利于减轻政府财政在城中村改造中的包袱，使得财政匮乏的中小城市也能真正负担得起城中村项目。第三，政府出面寻求合作伙伴，签订协议共担风险，解决了村集体经济基础薄弱，筹资渠道狭窄，风险承受能力较弱的问题。第四，在项目进行过程中由企业、政府、村集体各自选派代表进行监督，通过不同利益方的监管，能够最大限度的使得资金使用透明化，防止腐败现象的方式，提高资金使用效率，节约资源。第五，重大事项由各方共同商议决策，可以使得在改造过程中出现的问题得到更为科学合理的对策，尽可能的照顾各方利益。

（二）人口城镇化与 PPP 模式

人口城镇化，不是简单的将在被动城市化过程中失去土地或者宅基地的农民纳入城镇户口，更实际的问题是要解决其在就业上的问题，进而解决其生活保障的问题。引入 PPP 模式，采用市场与政策相结合的手段，解决失地农民的就业安置与生活保障问题。

1. 征迁补偿金方面

引入私人企业（如房地产企业）进行开发，以市场价格为主导，对涉及征迁的农民进行补偿，来代替原有的政府低价征地的行为。同时，政府对企业进行监督管理，由政府牵头协调企业与农民之间的利益，确保补偿金的按时支付，保证农民的权益。如此一来，就可以使农民得到一笔合理的补偿金，减少政府低价征地、房地产商拖欠补偿金等现象的发生，不让农民在失地的同时又失去财产。

2. 就业安置方面

PPP 模式下，政府可以与引入的开发企业进行协商，在建造、开发的环节中，优先雇佣当地失地农民，或者在开发招标时将企业承诺吸纳当地农民就业作为招标条件。同时，政府还可以在合理的范围内，开设一些辅助开发的公益性岗位，解决生活困难的失地农民的就业问题。通过这样的运作，既不需要大幅的增加政府开支用于失地农民安置，企业又不需要花费大量成本进行招工，实现了失地农民、政府、企业在PPP模式下的多方共赢。

3. 权利保障方面

政府除了要加强农民的基本保障之外，如医疗、养老、最低生活保障之外，还可以创造性的引入资质优良的保险公司。政府与保险公司协商，设立针对于失地、失业农民的商业保险，在农民自愿的前提下，以相对的优惠参保，或者以部分补偿款作为投保资金，切实发挥商业保险的有效补充作用，让农民不再“失保”“失权”。

（三）产业城镇化与PPP模式

要发挥产业对于城镇化的驱动作用，就要对引入产业进行合理的规划与科学的探讨，使得开发区土地切实发挥其应有的价值。PPP模式进行合作建设产业园区，不同与原有的简单招商，在条件允许的情况下，笔者建议采用DB－OF，即设计、建造、融资与运营模式建设开发区，让有意与政府合作开发的企业参与开发区建设的全过程，使得开发区不再呈现“空壳化”。

1. 设计环节

政府可以先行发布消息，征求有意入驻本地开发区的企业，甄选资质优良的企业，听取企业方对开发区建设的相关意见。若条件可行，可以由企业与政府人员共同组成团队，对开发区的规划进行合理的设计与商讨。为企业量身打造开发区，让开发区真真正正能为企业提供便利，提高开发区，特别是中小城市开发区的吸引力，以解决中小城市开发区招商困难的现象。

2. 建造与融资环节

采取与建设企业合伙成立新公司的模式，在提供一定启动资金后，公司自负盈亏。一方面建设账目能够更为透明独立，便于监督与管理；另一方面，由民间资本参与，涉及私人利益，在企业追求利润最大化的动机下，相比于原有的政府全程投资，企业考虑到自身的资金状况，必然会注重资金的利用效率，从而提高开发区建设的效率。

3. 运营环节

政府可以考虑购买企业服务，引入专门的经营管理公司对开发区的后续运营与维护进行开发。政府只要严格设定管理标准，加强监督管理工作，而不是在运营上面面俱到。这样做有以下几个优点：第一，专业的市场化的经营可以避免圈而不建的现象发生，提高土地的利用效率；第二，将运营交给专业的公司进行管理，可以使政府腾出精力，更多的用于监管核审领域，拒绝承接落后淘汰产能；第三，企业的管理运营比政府更具有灵活性，可以对优化产业结构，促进产业化与城镇化协调发展起到推动作用。

参考文献

[1] 李强：《主动城镇化与被动城镇化》，载于《西北师大学报（社会科学版）》2013 年第 11 期。

[2] 中国经济网：《国家统计局：2015 年中国城镇化率为 56.1%》，http://www.ce.cn/xwzx/gnsz/gdxw/201601/19/t20160119_8371558.shtml.

[3] 张广辉、魏建：《土地红利分配："重工业化，轻城镇化"到"工业化、城镇化并重"的转变》，载于《经济学家》2013 年第 12 期。

[4] 中国市长协会：《中国城市发展报告 2010》，中国城市出版社 2011 年版。

[5] 和军、戴锦：《公私合作伙伴关系（PPP）研究的新进展》，载于《福建论坛（人文社会科学版）》2015 年第 5 期。

[6] 魏建：《嵌入和争夺下的权利破碎：失地农民权益的保护》，载于《法学论坛》2011 年第 11 期。

[7] 王祥卿：《PPP 模式下城中村改造问题研究——以郑州市为例》，载于《中国房地产》2012 年第 1 期。

[8] 贾广葆：《土地一级开发整治引入 PPP 模式的若干思考》，载于《南都学坛》2015 年第 5 期。

[9] 曹君丽：《金融支持城镇化建设模式研究——基于公私合营（PPP/PFI）项目融资的视角》，载于《技术经济与管理研究》2013 年第 1 期。

[10] 郑巧凤：《温州市瓯江口新区土地开发 PPP 模式研究》，载于《国土与自然资源研究》2015 年第 4 期。

[11] 黄泰岩、石腾超：《规避城市化厄运的关键与途径》，载于《当代经济研究》2013 年第 10 期。

[12] Sawyer. Public Private Partnerships, the Levels of Public Investment and the New Member States [M]. Transit Stud Rev 17: 494 - 512.

[13] Pollock & D. Price. "Public Risk for Private Gain?", The Public Audit Implications of Risk Transfer and Private Finance, Unison, London 2004.

[14] 孙绪民、周森林：《论我国失地农民的可持续生计理论探讨》，载于《理论探讨》2007 年第 5 期。

[15] 刘巧玲、王奇、李鹏：《我国污染密集型产业及其区域分布变化趋势》，载于《生态经济》2012 年第 1 期。

[16] 牛润盛：《新型城镇化资金供需分析》，载于《金融论坛》2015 年第 3 期。

政治经济学创新与供给侧改革

——中国经济规律研究会第26届年会综述

兰 玲 徐 曼*

2016年5月21~22日，中国经济规律研究会以“政治经济学创新与供给侧改革”为主题，在辽宁大学召开第26届年会。中国社科院马克思主义研究学部主任程恩富会长、中国社科院学部委员杨圣明名誉会长、厦门大学吴宣恭教授、首都经济贸易大学文魁教授、武汉大学简新华教授、北京师范大学白暴力教授等，以及来自全国高等院校和科研院所的百余位专家学者出席了会议。辽宁大学党委书记周浩波教授致辞，辽宁大学经济学院院长谢地副会长主持了本次会议。

一、马克思主义政治经济学的创新与发展

习近平总书记指出，学习马克思主义政治经济学基本原理和方法论，要同中国经济发展实际相结合，不断形成新的理论成果，要立足中国国情和中国发展实践，揭示新特点新规律，提炼和总结中国经济发展实践的规律性成果，把实践经验上升为系统化的经济学说。与会专家学者一致认为，要坚持马克思主义政治经济学的基本原理，创新中国特色社会主义政治经济学，不断推进马克思主义政治经济学的学科体系、学术体系和话语体系的建设和创新。

1. 中国特色社会主义政治经济学的创新与应用

程恩富认为，发展中国的社会主义市场经济，要坚持中国特色社会主义政治经济学的八个重大原则，即：科技领先型的持续原则、民生导向型的生产原

* 兰玲，吉林师范大学；徐曼，中国社会科学院研究生院。

则、公有主体型的产权原则、劳动主体型的分配原则、国家主导型的市场原则、绩效优先型的增速原则、结构协调型的平衡原则和自力主导型的开放原则。不断发展的马列主义及其中国化经济理论已经能够科学解释和根本解决一切重要的经济问题，关键在于决策者是否真正集思广益，学好用好现代政治经济学。杨圣明认为，中国特色社会主义政治经济学的研究对象是公有制的生产关系、分配关系和消费关系，马克思主义政治经济学的理论基础是辩证唯物主义和历史唯物主义，政治经济学在中国依然具有强烈的阶级性，要站在唯物史观的高度，从认识论、发展论和价值论相统一的角度来发展当代马克思主义政治经济学。吴宣恭认为，“五大发展理念”紧紧围绕满足人民群众日益增长的物质和文化需要、促进人的全面发展这一社会主义经济的根本目的，集发展方向、发展方式、发展条件、发展维度、发展路径、发展目标为一体，高度概括和综合了社会主义基本经济规律多维度加深扩展的内涵，全面反映了社会主义经济的本质要求，极大丰富了马克思主义的科学发展观。中国社会科学院马研院侯为民研究员认为，“共享发展”是社会主义制度属性与价值诉求的统一，具有极强的现实指向性，是中国的改革实践与社会主义现代化建设最终目标的统一，推进共享发展，既要正视当前社会主体分化、利益分化的现实，又要科学分析改革的依靠力量、改革对象和改革范围，使市场经济体制中的社会主义因素成为经济社会发展的基础性力量。

2. 马克思主义政治经济学基本原理的时代性解读

白暴力对马克思主义政治经济学进行了数理分析，他在马克思经济理论的基础上，构建了系统的宏观经济模型，为解决中国经济建设中的现实问题提供了研究和决策的数量分析基础。中国社会科学院马研院余斌研究员批评了“互联网+”时代交换劳动创造价值、网民上网时间等于劳动时间、虚构虚拟价值、网民形成了一个新阶级、互联网可以去垄断等一些错误观点。他认为，电子技术和互联网的出现虽然加速了信息的生成与流动，加速了生产的变革和新形成的关系的变化，但马克思主义基本原理的科学性决定了其仍然适用于这个时代。淮北师范大学段学慧教授认为，按比例发展规律既适用于宏观经济领域，也适用于微观经济领域，计划机制和价值规律都是实现按比例发展的手段，在以私有制为主体的市场经济条件下，价值规律强制性地为按比例规律开辟道路；在未来的自由人联合体中，按比例规律是通过计划手段来实现的；在社会主义初级阶段，应当把计划调节和市场调节结合起来，处理好政府与市场的关系。

3. 马克思主义政治经济学的学科发展

杨圣明认为，要培养和选拔坚持马克思主义的人才，改变政治经济学研究的西化问题。河南财经政法大学刘美平教授认为，必须以马克思主义政治经济学的学科建设和马克思主义基本原理学科建设为主要抓手和突破口，以课程改革为中心，以高校干部任免、人才培养、职称评审、科学研究、社会服务等方面为重点，进行深刻的高校层面意识形态教育工作的全面改革。

二、供给侧结构性改革的学理与对策

习近平总书记强调，供给侧改革同西方经济学的供给学派不是一回事，供给侧结构性改革，重点是解放和发展社会生产力，从根本上使中国供给能力更好地满足广大人民日益增长、不断升级和个性化的物质文化与生态环境需要，从而实现社会主义的生产目的。与会专家学者运用马克思主义政治经济学的基本原理对供给侧结构性改革进行了学理研究，并着重从制度改革方面对中国供给侧结构性改革提出了政策建议。

1. 供给侧结构性改革：马克思主义政治经济学的解读

南开大学何自力教授认为，需求侧管理与供给侧管理是宏观调控的两种具体形式，中国要建立供给侧管理与需求侧管理相统一的宏观调控体制。文魁认为，结构性改革更为深刻的理论内涵是供给结构如何与需求结构相匹配，他把这种结构平衡的资源配置的理想状态叫作资源配平，并提出马克思的再生产理论，特别是关于两大部类平衡关系的论述为在资源配平意义上的结构性改革提供了理论依据。北京大学曹和平教授梳理了供给侧结构性改革这一提法的由来，深度解读了供给侧结构性改革中的五个理念、四个全面、五个支柱及“三去一降一补”的政策措施。西北大学任保平教授认为，马克思主义政治经济学中的分工理论是供给侧改革的理论依据，中国的供给侧改革应通过社会分工深化、企业内部分工调整，以及国内分工与国际分工相协调三个方面，促进旧分工体系向新分工体系的转化，从而解放生产力和改善生产关系。谢地认为，供给侧结构性改革的理论依据源于马克思主义政治经济学，现实依据则是中国微观、中观、宏观、国际经济关系、政府治理等不同层面广泛存在的供给侧结构性矛盾，因此，供给侧结构性改革的着力点就是通过机制、体制和制度创新，破解供给侧结构性矛盾。吉林大学魏益华教授运用马克思关于“第二种含义的社会必要劳动时间”的理论来解释中国供给侧结构性改革的必要性，认为在促进中国企业增加有效供给的过程中，政府要实现改革供给结构和提升供给质量两个目标。

2. 供给侧结构性改革：公有制为主体与加强政府调节的政策建议

简新华认为，结构性改革是与结构调整优化有关的制度改革，目前的生产过剩、有效供给不足和有效需求不足等背后的原因都是制度性缺陷，因此，供给侧和需求侧都要进行结构性改革，特别是与所有制结构、分配结构有关的改革，应当增强社会主义经济特征和经济规律的作用，减弱资本主义经济特征和经济规律的作用。福建三明学院钟卫华教授认为，经济体制改革过度市场化和过度私有化是中国出现产能过剩的主要原因，要解决产能过剩问题，必须发挥好政府对市场的调控作用，同时要注重公有制经济的引领和主导作用。武汉大学龙斧教授、浙江财经大学田家官教授都对此问题阐述了自己的观点。

三、供给侧改革需要正确处理的若干问题

习近平总书记强调，要坚持和完善社会主义基本经济制度和社会主义基本分配制度，坚持社会主义市场经济的改革方向，用新的发展理念来引领和推动中国经济发展，特别是供给侧改革。与会学者从所有制与分配制度的改革及创新动力等方面阐述了供给侧改革需要正确处理的若干问题。

1. GDP与宏观经济运行

四川大学张衔教授、龙斧教授都反对用GDP作为判断宏观经济的指标，可以用人均可支配收入作为替代性指标，来判断宏观经济结构，并提出可以根据马克思的政治经济学原理来建立一套马克思主义宏观经济学的宏观经济统计指标，来衡量中国社会主义宏观经济结构。

2. 公有与私有

南京财经大学何干强教授、吴宣恭教授、侯为民研究员都认为，深化改革必须坚持公有制的主体地位，做大做优做强国有企业，发挥公有制经济在民生事业建设中的导向作用。淮北师范大学张作云教授批判了把中外一切上市公司和股份制公司都说成是“新公有制企业”的理论，认为这是打着“公有制”的招牌，把中国改革开放引向邪路的新自由主义理论。吉林大学纪玉山教授对中国医疗卫生事业的市场化、私有化体制改革方向进行了批判。

3. 收入与分配

曲阜师范大学刘刚副教授批判了基于比较优势理论提出的由于工资上涨而增大滑入“中等收入陷阱”风险的观点，他认为，比较优势理论不能解释劳动在国民收入中份额持续减少的现象，而应用知识产权优势与工资变动的生产方式基础是可以解释和解决这一问题的。辽宁大学赵桂芝教授对中国农村居民收入分配的动态演变给予了多维测度与解析，以居民福祉改善为基准，提出了以提高农民福利水平作为收入分配改革的最终目标，推出财税新政和关注城镇化进程的对策建议。南京财经大学王云中教授、上海财经大学宁殿霞博士也就此问题谈了自己的观点。

4. 创新与发展

吉林大学李政教授分析了创新在技术超越型国家的发展路径，比较了日本、韩国和以色列等国的创新经验，探讨了其对中国技术赶超的启示问题。中国民航大学王勇教授、黑龙江大学魏枫副教授、西安交通大学张慧芳副教授都对创新与发展的关系谈了自己的见解。